Düsseldorfer Jahrbuch
Beiträge zur Geschichte des Niederrheins

Band 88

KLARTEXT

Düsseldorfer Jahrbuch

Beiträge zur Geschichte des Niederrheins

88. Band

Herausgegeben vom Düsseldorfer Geschichtsverein

Klartext Verlag · Essen · 2018

Redaktionsschluss des Düsseldorfer Jahrbuchs ist der 30.9. jeden Jahres.

Titelbild: Die Papiermaschine PM3 im LVR Industriemuseum Alte Dombach (Foto: Peter Henkel).

Ein Nachweis des Inhalts der bisherigen Bände des „Düsseldorfer Jahrbuchs" (DJb) sowie der Vorgängerpublikation „Beiträge zur Geschichte des Niederrheins" (BGNrh), findet sich unter:

http://www.duesseldorfer-geschichtsverein.de/publikationen.html

Digitalisate der frühen Ausgaben (derzeit Band 1, 1886–15, 1900) finden sich unter: http://digital.ub.uni duesseldorf.de/periodical/structure/103079

Weblink: www.duesseldorfer-geschichtsverein.de

eMail : kontakt@duesseldorfer-geschichtsverein.de

Der Druck des Jahrbuches wurde durch die Stadt Düsseldorf gefördert, wofür dem Kulturausschuss Dank gebührt. Für großzügige Unterstützung dankt der Düsseldorfer Geschichtsverein auch dem Landschaftsverband Rheinland sowie mehreren Vereinsmitgliedern. Alle Mitglieder und Förderer haben sich um die Erforschung und Vermittlung der Geschichte der Stadt Düsseldorf und des Rheinlandes verdient gemacht.

ISBN 978-3-8375-1989-1

Herausgegeben vom Düsseldorfer Geschichtsverein e.V.
Anschrift der Geschäftsstelle und der Schriftleitung:
Worringer Straße 140, 40210 Düsseldorf (Stadtarchiv Düsseldorf).
Zusammenstellung und Layout: Susanne Richter.
Umschlaggestaltung: Susanne Richter.
Druck: druckhaus köthen GmbH & Co. KG, Köthen.
Kommissionsverlag: Klartext Verlag Essen.

Inhalt

Ein unbekannter Gartenplan von Maximilian Friedrich Weyhe. Mit 14 Abbildungen. Von Lucrezia *Hartmann* 9

Düsseldorfer Advokat-Anwälte, Advokaten und Notare in der Mitte des 19. Jahrhunderts. Ein Beitrag zur Geschichte des Düsseldorfer Bürgertums. Mit sechs Abbildungen. Von Sebastian *Beck* 25

Düsseldorf und die Welt. Erste Überlegungen für ein Forschungsfeld. Mit fünf Abbildungen. Von Stefanie *Michels* 77

Otto Pankok und der Erste Weltkrieg. Eine historisch-biographische Collage. Mit elf Abbildungen. Von Norbert *Fasse* 101

Die ehemalige Ziegelei Peter Jorissen und ihre Tongruben in Düsseldorf-Ludenberg. Eine Spurensuche. Mit neun Abbildungen. Von Gaby und Peter *Schulenberg* 131

Die Lazarett-Werkstätten für Industriearbeiter in Düsseldorf-Oberbilk. Eine in Vergessenheit geratene Düsseldorfer Initiative während des Ersten Weltkriegs. Mit acht Abbildungen. Von Horst A. *Wessel* 155

Die Geschichte der Düsseldorfer Kriminalpolizei von 1926 bis 1938. Werkstattbericht zu einem Forschungsprojekt der Mahn- und Gedenkstätte Düsseldorf. Mit zwölf Abbildungen. Von Bastian *Fleermann* 183

Kleinere Beiträge

Auf kaiserlichen Befehl. *Ein Einblattdruck aus dem 15. Jahrhundert im Stadtarchiv Düsseldorf.* Mit fünf Abbildungen. Von Clemens *von Looz-Corswarem* 213

Marie Gallison-Reuter – eine Wanderin zwischen den Welten. Mit sechs Abbildungen. Von Annett *Büttner* 237

Der anarcho-syndikalistische Fabrikarbeiter und Schmied Anton Rosinke (1881–1937). Zum 80. Jahrestag seines Todes durch Gestapofolter. Mit sieben Abbildungen. Von Hans Bernd *Ashauer-Jerzimbeck* 249

Zur Gründungsgeschichte des Kaiser Wilhelm-Institutes für Eisenforschung. Mit drei Abbildungen. Von Manfred *Rasch* 277

Die Industrieroute Rheinschiene. Industriekultur zwischen Bonn und Wesel erlebbar machen. Ein Werkstattbericht. Mit acht Abbildungen. Von Peter *Henkel* 301

Chronik der Stadt Düsseldorf für 2017. Bemerkenswerte Ereignisse. Von Andrea *Trudewind* 327

Besprechungen

Agnes *Maagh, Die merowingerzeitliche Siedlung von Meerbusch-Strümp, Rhein-Kreis Neuss.* Besprochen von Clemens *von Looz-Corswarem* 337

Theo *Haefs, Kultus- und Kunstgegenstände in den Kirchen und Kapellen der Pfarrei Hildegundis von Meer in Meerbusch.* Besprochen von Hanns Michael *Crass* 338

Peter Christoph *Slawek, Adelige Amtleute und ihr Lohn für Loyalität?!* Die Entstehung der klevischen Unterherrschaften Wissen und Diersfordt unter Herzog Johann II. in den Jahren 1497/98. Besprochen von Clemens *von Looz-Corswarem* 339

Joachim *Schüll, Schull.* Niederländische Schiffer auf dem Rhein vom 15. bis 18. Jahrhundert: Eine Familiengeschichte. Besprochen von Clemens *von Looz-Corswarem* 341

Klaus *Jörns, Die Stuckdekorationen in der ehemaligen Jesuiten- und Hofkirche St. Andreas in Düsseldorf.* Besprochen von Julia *Lederle-Wintgens* 342

Doris *Törkel* / Stefan *Schweizer* / Christof *Baier* (Hrsg.), *Gärten und Parks in Düsseldorf.* Gartenkunst und Landschaftskultur vom 17. bis zum 21. Jahrhundert. Besprochen von Hanns Michael *Crass* 343

Friedrich *Ahrens, Pufferstaat zwischen Preußen und Frankreich.* Das Großherzogtum Berg und seine Postversorgung (1806–1813): Das Postbotenedikt und seine Auswirkungen. Beitrag zur Bergischen Postgeschichte. Besprochen von Clemens *von Looz-Corswarem* 345

Guido *von Büren* / Michael D. *Gutbier* (Hrsg.), *Das Preußische Jahrhundert.* Jülich, Opladen und das Rheinland zwischen 1815 und 1914. Besprochen von Clemens *von Looz-Corswarem* 346

Ernst *Huckenbeck*, *Vom niederrheinischen Schulwesen in den ersten Jahrzehnten des 19. Jahrhunderts*. Besprochen von Horst A. *Wessel* 347

Cordula *Grewe, Wilhelm Schadow*. Werkverzeichnis der Gemälde mit einer Auswahl der dazugehörigen Zeichnungen und Druckgraphiken, hrsg. v. Bettina *Baumgärtel* u. Hans *Paffrath*. Besprochen von Hanns Michael *Crass* 349

Christa *Holtei, Die Düsseldorfer Malerschule*. Kunst – Geschichte – Leben. Besprochen von Hanns Michael *Crass* 351

Roland *Kanz* / Christiane *Pickartz* (Hrsg.), Düsseldorfer Malerschule. Gründerzeit und beginnende Moderne. Besprochen von Hanns Michael *Crass* 352

Sabine *Brenner-Wilczek* / Peter *Hasubek* / Joseph Anton *Kruse* (Hrsg.), *Immermanns theatralische Sendung*. Karl Leberecht Immermanns Jahre als Dramatiker und Theaterintendant in Düsseldorf (1827–1837). Zum 175. Todestag Immermanns am 25. August 2015. Besprochen von Hanns Michael *Crass* 355

Helga *Becker, Anton Josef Reiss (1835–1900)*. Leben und Werk. Besprochen von Hanns Michael *Crass* 358

Hartmut *Frank* / Karin *Lelonek* (Hrsg.), *Peter Behrens*. Zeitloses und Zeitbewegtes: Aufsätze, Vorträge und Gespräche 1900–1938. Besprochen von Benedikt *Mauer* 361

Karsten Heinz *Schönbach, Die deutschen Konzerne und der Nationalsozialismus 1926–1943*. Besprochen von Horst A. *Wessel* 362

Wolfgang *Ruppert, Künstler im Nationalsozialismus*. Die „Deutsche Kunst", die Kunstpolitik und die Berliner Kunsthochschule. Besprochen von Hanns Michael *Crass* 367

Maurice Philipp *Remy, Der Fall Gurlitt*. Die wahre Geschichte über Deutschlands größten Kunstskandal. Besprochen von Benedikt *Mauer* 369

Wolfgang *Pehnt, Paul Böhm* – Buildings and Projects / Bauten und Projekte. Besprochen von Julia *Lederle-Wintgens* 372

Salvio *Incorvaia, Der klassische Punk*. Eine Oral History. Biografien, Netzwerke und Selbstbildnis einer Subkultur im Düsseldorfer Raum 1977–1983. Besprochen von Enno *Stahl* 373

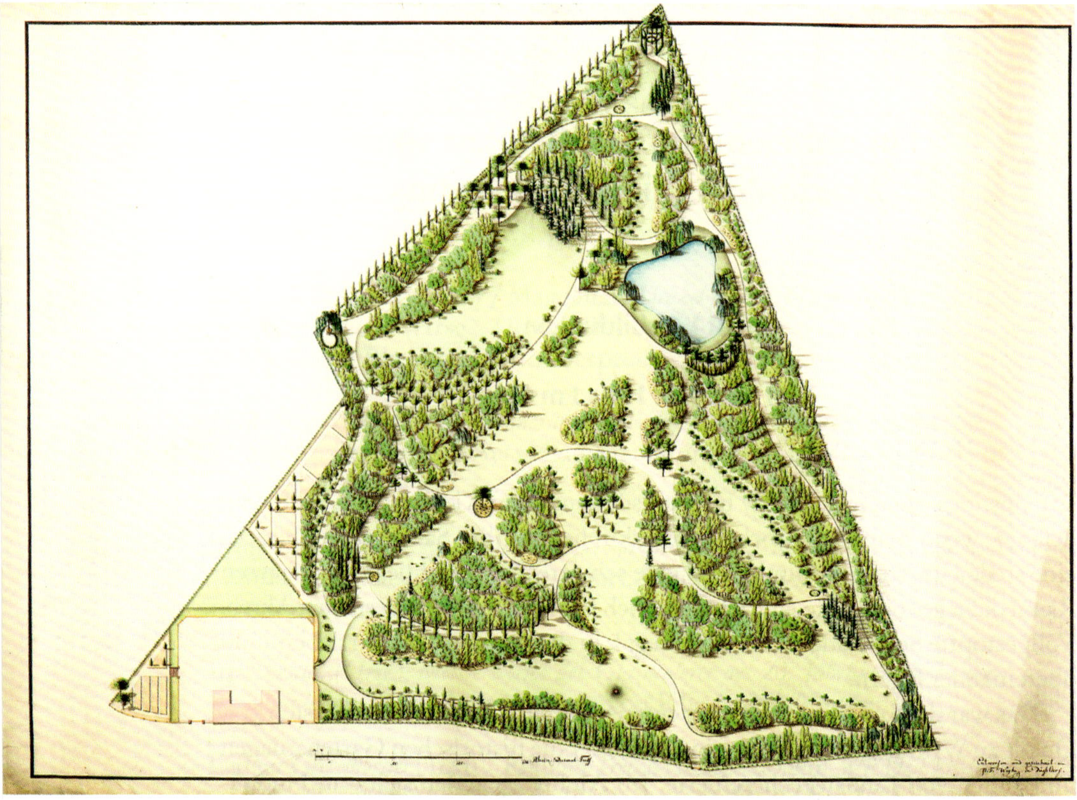

Abb. 1: Gartenplan von Maximilian Friedrich Weyhe (Archiv des Fürsten von Quadt und Wykradt und Isny, A K unverz.).

Das Werk des Gartenkünstlers Maximilian Friedrich Weyhe (1775–1846) ist gründlich erforscht und in zwei Monographien publiziert.[2] Doch dieser Plan ist vor ungefähr 200 Jahren in der Versenkung verschwunden und nur durch den oben erwähnten glücklichen Zufall wieder ans Tageslicht gelangt.

Zunächst fällt der Umriss des Grundstücks auf: ein fast gleichseitiges Dreieck, dessen linke Seite einen auffälligen Doppelknick aufweist. Die reale Länge zweier Seiten beträgt dem Maßstab zufolge etwa 600 Fuß = gut 188 Meter, die der dritten (rechten) Seite etwa 550 Fuß = etwa 170 Meter. Die untere Seite ist offenbar die Straßenseite. In die linke Ecke fügen sich als auffallend gegen das Gartengelände abgeschottete Einheit ein Hof mit Haus und Nutzanlagen.

2 Helmut Schildt, Maximilian Friedrich Weyhe und seine Parkanlagen, Düsseldorf 1987. Margaret Ritter, Maximilian Friedrich Weyhe 1775–1846. Ein Leben für die Gartenkunst, Düsseldorf 2007.

An der von einer Mauer oder auch einem Gitter geschlossenen Straßenseite des geräumigen Hofes sieht man ein hufeisenförmiges Gebäude, zweifellos ein Wohnhaus, rechts und links davon zwei Tore. Böschungen trennen den Hof von einem Rasenstück gegenüber dem Haus sowie von einem Nutzgarten im linken äußersten Winkel. Dorthin führt eine Treppe – ob hinauf oder hinab, ist nicht zu erkennen; gegenüber, auf der rechten Hofseite, öffnet sich in der Mauer der Zugang zum Garten.

Tritt man durch dieses Tor, befindet man sich in einem durch einen Gehölzgürtel beinahe hermetisch gegen die Umgebung abgeschirmten Gartenraum, dessen Grenzen dicht gesetzte hohe schlanke Laubbäume markieren. Den Gehölzgürtel begleitet ein sanft schwingender Rundweg, von dem sich abwechslungsreiche Blicke in und über den Binnenraum bieten. Vom Rundweg abzweigende ebenfalls geschwungene Wege laden ein zu Gängen durch eine malerische Gartenlandschaft, in der sich zwischen Baum- und Gebüschzonen Wiesen ausbreiten und alleinstehende Bäume und Sträucher sowie Blumenbeete Akzente setzen. Alleen und Reihen kleiner Bäumchen und Büsche entlang von Gehölzsäumen sind zu entdecken sowie ein in das Grün eingebetteter Weiher. (Abb. 2).

Abb. 2: Detail: Weiher.

Mehrere Sichtachsen queren das Gelände. Schon beim Betreten des Gartens durch das Hoftor sieht man geradeaus über eine langgestreckte, von Gehölzen gerahmte Wiesenpartie bis zur rechten Ecke. Wendet man sich dagegen etwas nach links, öffnet sich eine Blickachse bis zum Weiher. Auch von einem Aussichtspunkt in dem auffallenden Knick der linken Seite wird das Auge zum Weiher gelenkt. Schließlich eröffnet sich eine weitere Blickachse von der Laube in der oberen Ecke hinüber zur gegenüberliegenden, unteren Seite. Alle diese Sichtbeziehungen lassen innerhalb

Abb. 3: Detail: Laube.

Abb. 4: Detail: Ruheplatz mit Baum und Ringbank.

Abb. 5: Detail: Ringpflanzung.

Abb. 6: Detail: abwechslungsreiche Pflanzung.

der so deutlich artikulierten Gartengrenzen auch Weite erfahren.

An das Erlebnis von Intimität ist ebenfalls gedacht. Dafür bieten sich Stellen an wie in der oberen Ecke die berankte Laube (Abb. 3); im Knick der linken Seite der runde, vermutlich auf einer Anhöhe gelegene Ruheplatz, den ein Baum mit ausladender Krone und ringförmiger Sitzbank beschattet (Abb. 4); unweit des Hofbezirks der von hohen Bäumen umstellte kreisrunde Platz am Wegrand (Abb. 5); und schließlich das halbrunde, von Bäumen und Buschwerk eingehegte Plätzchen am Weiher.

Der Plan ist bis in die kleinsten Details sorgfältig gezeichnet. Die verschiedenen Gehölzarten sind nach Wuchs und Farbe deutlich charakterisiert, sodass man zwischen Nadel- und Laubbäumen und zudem zwischen verschiedenen Baumarten unterscheiden kann. Vier verschiedene Grüntöne sind zu erkennen (Abb. 6). Bei den hohen Bäumen entlang der Grundstücksgrenzen handelt es sich ziemlich sicher um die im frühen 19. Jahrhundert als Parkbäume beliebten und von Weyhe bevorzugten Pyramidenpappeln. Trauerweiden oder -birken umstehen den Weiher, auch den Aussichtsplatz am Knick der linken Seite beschattet ein

Baum mit hängender Krone. Die kleineren Bäume entlang von Wegen und Gehölzsäumen sind wahrscheinlich überwiegend Obstbäume.

Schattierungen deuten Höhenunterschiede an: die Uferböschung rund um den Weiher ist ebenso gut zu erkennen wie der Abhang des kleinen Aussichtshügels links und die schon erwähnten Böschungen im Hof. Schattierungen sowie unterschiedlich betonte Linien machen auch sichtbar, dass die Wege zwischen den Wiesen abgesenkt sind (Abb. 2–6).

Unverkennbar kommt in dem Plan die Idee des Landschaftsgartens zum Ausdruck, jenes Stils, für den M. F. Weyhe sich schon früh entschieden hat und der auch alle seine Entwürfe prägt. Eines von dessen wichtigsten Elementen, das Wasser, laut Friedrich Ludwig von Sckell die *Seele* des Gartens[3], hat er in Gestalt des Weihers wie in den meisten anderen seiner Gartenanlagen auch hier integriert. Erben des geometrischen Gartenstils sind die Alleen, die Weyhe ebenso wenig ablehnte wie Sckell und auch in zahlreichen anderen Anlagen angepflanzt oder bei Umgestaltungen vom vorhandenen Bestand übernommen hat. Persönliche Vorlieben wie die sogenannte Ringpflanzung – ein Kreis von Bäumen um einen runden Platz – hat er auch hier realisiert (Abb. 5). Ganz ungewöhnlich ist dagegen die fehlende Beziehung zwischen Haus und Garten.

Leider lässt die Signatur zu wünschen übrig, denn sie verschweigt sowohl das Datum als auch einen Hinweis auf den Auftraggeber (Abb. 7). Damit beginnt das Rätselraten: Für wen und für welchen Ort war der Entwurf gedacht?

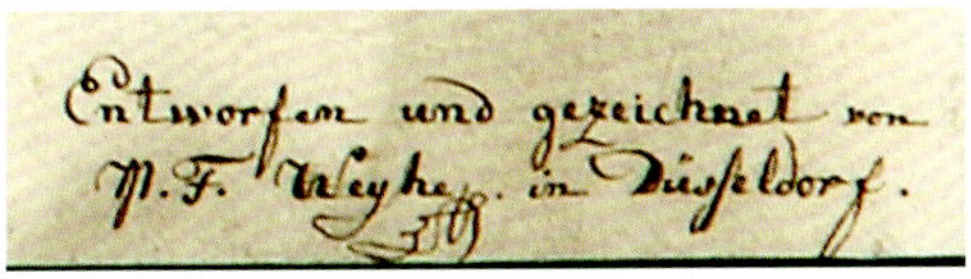

Abb. 7: Detail: Signatur.

Der Auftraggeber und die Familie von Quadt zu Wykradt und Isny

Der Fundort legt nahe, im Auftraggeber einen der Reichsgrafen von Quadt-Wykradt zu sehen. Die Familie – darunter Erbhofmeister des Herzogtum Geldern und der Grafschaft Zuitphen sowie Rittmeister im Dienst des Kurfürsten von Brandenburg und der niederländischen Generalstaaten – stammte vom Niederrhein und besaß seit dem 16. Jahrhundert die Reichsherrschaft Wickrath als Lehen.[4] Wilhelm Bertram von Quadt zu Wykradt (1652–1713), dessen Vater bereits als Reichsfreiherr bestätigt worden war, erweiterte den Besitz um die Reichsherrschaft Schwanenberg.[5] Die gesamte Herrschaft umfasste nun Schloss

3 Friedrich Ludwig von Sckell, Beiträge zur bildenden Gartenkunst für angehende Gartenkünstler und Gartenliebhaber, München 1818, Nachdruck Worms 1982, S. 55.

4 Heute Stadtteil von Mönchengladbach.

5 Heute Ortsteil der Stadt Erkelenz.

und Flecken Wickrath sowie zehn Dörfer. Sein Enkel Wilhelm Otto Friedrich (1717–1785) wurde von Kaiser Franz I. 1752 in den Reichsgrafenstand erhoben und erwarb 1756 vom Kurfürsten von Brandenburg die Herrschaft Wolffern (Gelderland) als Lehen. Als vierzig Jahre später die Franzosen das Rheinland besetzten, verlor sein Sohn Reichsgraf Otto Wilhelm (1758–1829) die Herrschaften Wickrath und Schwanenberg, konnte aber die niederländischen Güter behalten. Er musste das 1746–1763 erbaute Barockschloss Wickrath verlassen und ließ sich in Düsseldorf nieder. Der Friedensschluss von Lunéville besiegelte 1801 die Abtretung der linksrheinischen Territorien des ehemaligen Heiligen Römischen Reichs an Frankreich und damit die Enteignung der bisherigen Standesherren.

Für ihre Verluste sprach ihnen am 25. Februar 1803 der Reichsdeputationshauptschluss eine Entschädigung zu, überwiegend in Form von Territorien in Süddeutschland. So heißt es im Beschlusstext unter anderem: *Dem Grafen von Quadt, wegen Wickerath und Schwanenberg: die Abtey und Stadt Isny, und eine jährliche Rente mit 11,000 Gulden von Ochsenhausen.*[6] Dabei wurden die im Allgäu gelegene Reichsstadt Isny und die Reichsabtei St. Georg zu einer Reichsgrafschaft vereinigt. Schon zwei Wochen später, am 8. März 1803, zog Otto Wilhelm als neuer souveräner Herr feierlich in Isny ein – nun mit dem Titel Reichsgraf von Quadt zu Wykradt und Isny. Dort blieb er jedoch anscheinend nicht lange, sondern kehrte einem familiengeschichtlichen Eintrag zufolge *alsbald wieder* nach Düsseldorf zurück.[7] Konkreter heißt es in einem Lebenslauf, der nach seinem Tod beim Trauergottesdienst verlesen wurde, er habe Isny nach zwei Monaten wieder verlassen.[8] Beide Angaben erscheinen indes fragwürdig, wenn man die spätere Biographie des Grafen – so spärlich die überlieferten Daten sind – in Betracht zieht. Zwei Gründe sollen ihn zur Rückkehr bewogen haben: einerseits eine Abneigung gegen den Ort Isny, den er als Schneeloch bezeichnet haben soll, andererseits seine Ablehnung bestimmter Gesetze des neugeschaffenen Königreichs Württemberg, besonders der Pflicht zur Anwesenheit in Württemberg und zum mindestens dreimonatigen Aufenthalt in der Residenzstadt Stuttgart.[9] Da aber Isny erst 1806 mediatisiert und Württemberg zugeschlagen wurde, ist es auch denkbar, dass er mindestens 1806 noch dort gelebt hat, da er sonst von den missliebigen Vorschriften nicht betroffen gewesen wäre. Fest steht jedenfalls, dass der Graf (jetzt nicht mehr Reichsgraf) um 1811 ein Stück

6 Karl Zeumer (Bearb.), Quellensammlung zur Geschichte der Deutschen Reichsverfassung in Mittelalter und Neuzeit, Tübingen 1913, S. 509ff.

7 FQAI, Repertorium über das Hochgräflich Quadt-Wykradt-Isny'sche Familien-Archiv, Bd. 1, 1867–1896, Bl. 118.

8 FQAI, Bü 57, Ableben des Grafen Otto, im Trauergottesdienst verlesener Lebenslauf.

9 Ebd.

Land in Pempelfort, außerhalb des ehemaligen Festungsrings von Düsseldorf, gekauft hat.[10] Fest steht auch, dass er 1812 Isny samt allen anderen Besitzungen in Württemberg, Bayern und Vorderösterreich an seinen älteren Sohn Erbgraf Wilhelm Otto Friedrich (1783–1849) abgetreten hat.[11] Die in der niederländischen Provinz Gelderland gelegenen Herrschaften Loenen und Wolffern behielt er sich vor. Der Aufenthalt in Isny könnte also durchaus wesentlich länger gedauert haben als berichtet. Im Jahr 1816 soll er noch einmal nach Isny gereist sein, um Sohn und Schwiegertochter zu besuchen.[12]

Der Düsseldorfer Wohnsitz des Grafen Otto Wilhelm von Quadt ist unbekannt. In seinem Testament vom 26. Mai 1826 ist davon keine Rede, wohl aber von dem Pempelforter Grundstück *am Steinweg* [...] *vor dem Flinger Tor.* Er schreibt: ... *finde ich mich bewogen* [...] *über den von mir bewohnten Garten in Pempelfort Commune Düsseldorf, der mir seit einem fünfzehnjährigen Besitz so manche Freude gewährte, nach meinem Tode zu disponieren:* ... und später, im Artikel 1, erklärt er *Meinen jüngsten Sohn Friedrich Wilhelm Graf von Quadt von Wyckradt zu Isny* [...] *Oberstleutnant in Königlichen Niederländischen Diensten als Erbe alles dessen, was ich in den Königlichen preußischen Staaten aquiriert habe oder noch aquirieren könnte, nämlich*

a) meinen Garten am Steinweg in Pempelfort Commune Düsseldort gelegen mit seinen Gebäulichkeiten und Mobilarschaft, überhaupt alle Ab- und Dependentien, kurz so und in dem Zustand, in welchem er sich bei meinem Absterben befinden wird ...[13]

Im Lebenslauf des Grafen, der nach seinem Tod am 29. Januar 1829 beim Trauergottesdienst im März 1829 verlesen wurde, heißt es, Otto Wilhelm von Quadt-Wykradt-Isny habe in Düsseldorf *in der größten Zurückgezogenheit* gelebt, *und zwar in den letzten Jahren auf seinem nahe bey der Stadt gelegenen Landgute in Pempelfort.*[14] Während der Erbverhandlungen stellte sich heraus, dass die Besitzer der Düsseldorfer Stadtwohnung, Bernhard und Dominikus Kalt, wegen rückständiger Hausmiete von den Erben 116 Reichstaler und 40 Bergisch Courant forderten.[15] Falls diese Forderungen zu Recht bestanden, wäre daraus zu schließen, dass der Graf zumindest zeitweise nur über beschränkte Mittel zum Lebensunterhalt verfügte. Darauf deutet auch sein Versuch hin, den älteren Sohn zur Rückgabe der Herrschaft Isny zu bewegen, wozu dieser verständlicherweise nicht bereit

10 FQAI, Bü 55, Testament.
11 FQAI, Bü 43, Nr. 8 Übergabevertrag vom 29.5.1812. In Isny leben bis heute Nachkommen dieses Sohnes.
12 S. Anm. 8.
13 FQAI, Bü 55, Testament.
14 FQAI, Bü 57, Ableben des Grafen Otto.
15 FQAI, Bü 56, Erbverhandlungen der Kinder des Grafen Otto, Nr. 2, 12.10.1830.

war.[16] Ob der daraus resultierende Konflikt vor dem Tod des Vaters gelöst werden konnte, ist unbekannt.

Das *Gärtlein* erwähnt der Graf in mehreren Briefen an Wilhelm Otto in Isny. Nach einem anscheinend längeren Besuch des jüngeren Sohnes Friedrich in Düsseldorf schreibt er etwa, er finde das Haus leer und fühle sich einsam. Doch nachdem er sich mit dem monatelang vernachlässigten Garten und den *Bäumchen* darin beschäftigt habe, gehe es ihm wieder besser.[17]

Dem Testament ist zu entnehmen, dass sich außer ihm selbst ein Gärtner um den Garten gekümmert hat, denn dieser soll nach seinem Tod wie auch ein *Bedienter* und der Kutscher ein Andenken von *200 Tahler* [...] *fünfhundert Thaler Bergische Courant* erhalten.

Der Ort

Wo befand sich nun dieser Garten? Ein Besuch im Düsseldorfer Vermessungs- und Katasteramt bringt rasch Aufschluss. Auf dem Katasterplan des Jahres 1830 fällt ein dreieckiges Grundstück auf, das exakt den gleichen Umriss zeigt wie unser Gartenplan (Abb. 8).[18] Mit einer Seite grenzt es an die heutige Oststraße, mit den beiden anderen Seiten an zahlreiche deutlich kleinere Grundstücke. Benannt ist es *Am Flinger Steinweg,* als Besitzer ist – wenn auch mit falsch geschriebenem Namen – *Quarth Graf Friedrich von Wickrath,* also der im Testament genannte Erbe, eingetragen. Unterhalb des Namens hat jemand das Wort *Lustgarten* eingefügt. Die nördliche Ecke nimmt ein Gebäudekomplex ein: links, hart an der Straße, ein Haus mit zwei Seitenrisaliten wie auf Weyhes Plan, ihm gegenüber zusätzlich ein beinahe gleich langes und dahinter ein drittes kleineres Gebäude. Alle drei Bauten bilden zusammen eine Art Hof, der deutlich gegen das Gartengelände abgegrenzt ist. An der gegenüberliegenden südlichen Seite des Grundstücks findet sich wie auch im Gartenplan ein Weiher, allerdings nicht wie dort mit organisch gerundeten Ufern, sondern mit fast quadratischem Umriss. Trotz der kleinen Abweichungen handelt es sich zweifellos um das *Landgut* bzw. *Gärtlein,* in dem Graf Otto Wilhelm von Quadt die letzten Lebensjahre verbracht hat.

Seit dem 17. Jahrhundert hielten sich wohlhabende Düsseldorfer Bürger den Sommer über in ihren Obst-, Gemüse- und Lustgärten vor der Stadt auf, später wohnten viele – so auch der berühmte Philosoph Friedrich Heinrich

16 FQAI, Bü 47, Correspondenz 1812–1828, Brief von Wilhelm Otto Friedrich an seine Schwester Luise Marie Gräfin von Goltstein, datiert Isny, den 15.9.1828.

17 FQAI, Bü 47, Correspondenz 1812–1828, Brief vom 8. August 1820.

18 Vermessungs- und Katasteramt Düsseldorf, Alt Pempelfort Flur 8, Blatt V.

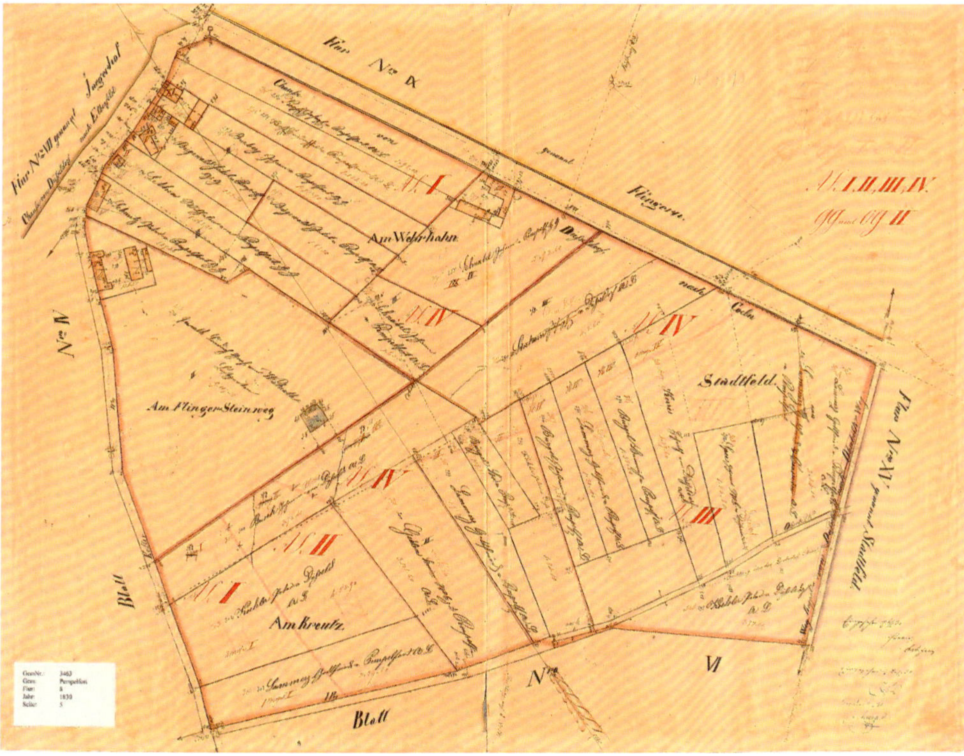

Abb. 8: Katasterplan von 1830 (Vermessungs- und Katasteramt Düsseldorf).

Jacobi – das ganze Jahr dort.[19] Otto Wilhelm von Quadt-Wykradt-Isny tat es ihnen gleich. Im Jahr 1811, demselben, in dem die Stadt Düsseldorf südlich des Fiskalischen Hofgartens und des Flüsschens Düssel ein großes Areal privater Wiesen kaufte, erwarb er in der Nähe das Grundstück südlich der Villa Jacobi, auf dem in der Folgezeit sein Garten entstehen sollte.

Es ist auf einem ungefähr 1790 gezeichneten Plan der Stadt Düsseldorf gut zu erkennen (Abb. 9).[20] Dieser zeigt außerhalb der noch vorhandenen Festungsanlagen ein kleinteiliges Mosaik aus von Hecken eingefassten Grundstücken, teils mit Gebäuden besetzt, teils als Gärten gestaltet. Nach Osten durchschneidet es der breite Flinger Steinweg (heute Schadowstraße und Am Wehrhahn), der sich nach einer Kreuzung als Allee fortsetzt. Außerhalb dieser kleinteiligen Zone umgeben größere, als Wiesen oder Felder gekennzeichnete und ebenfalls von Hecken gesäumte Parzellen die Stadt. Wo kurz vor besagter Kreuzung der

19 Die Villa Jacobi und der dazugehörige Garten zwischen Jacobistraße und Pempelforter Straße wurde 1861 vom Künstlerverein Malkasten erworben.

20 Stadtmuseum Düsseldorf (STM), E 25.

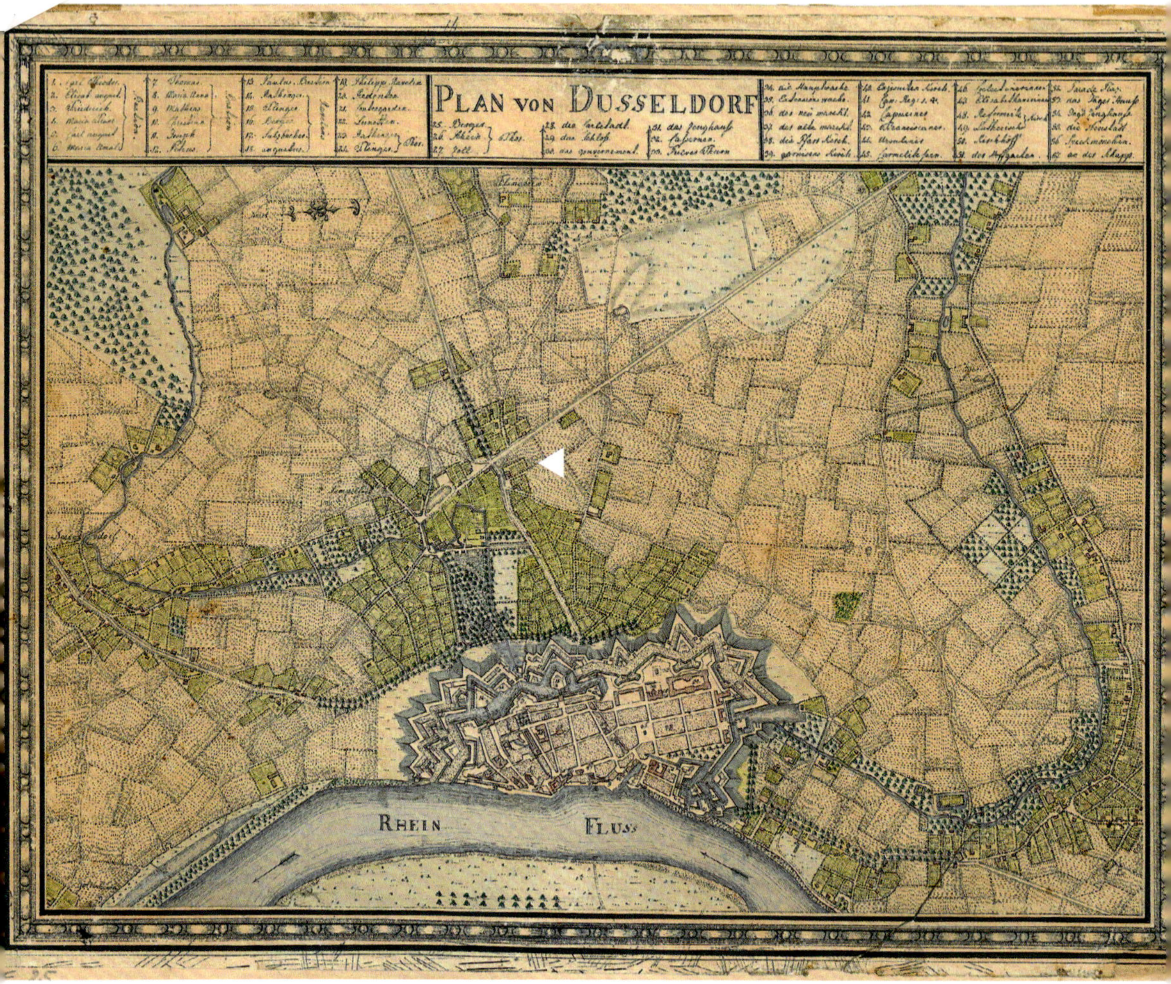

Abb. 9: Plan von Düsseldorf, kolorierte Federzeichnung 24,5 × 32,1 cm, 1790 (Stadtmuseum Düsseldorf, E 25). Der weiße Pfeil markiert den Garten.

Flinger Steinweg im spitzen Winkel mit einer schmalen Straße (der heutigen Oststraße) zusammentrifft, liegt ein Garten nebst Gebäude, an den sich eine große, ungefähr dreieckige Fläche anschließt: der zukünftige Garten von Otto Wilhelm von Quadt-Wykradt-Isny. Ob er das Gebäude übernommen, umgebaut oder zugunsten eines Neubaus abgerissen hat, lässt sich nicht feststellen.

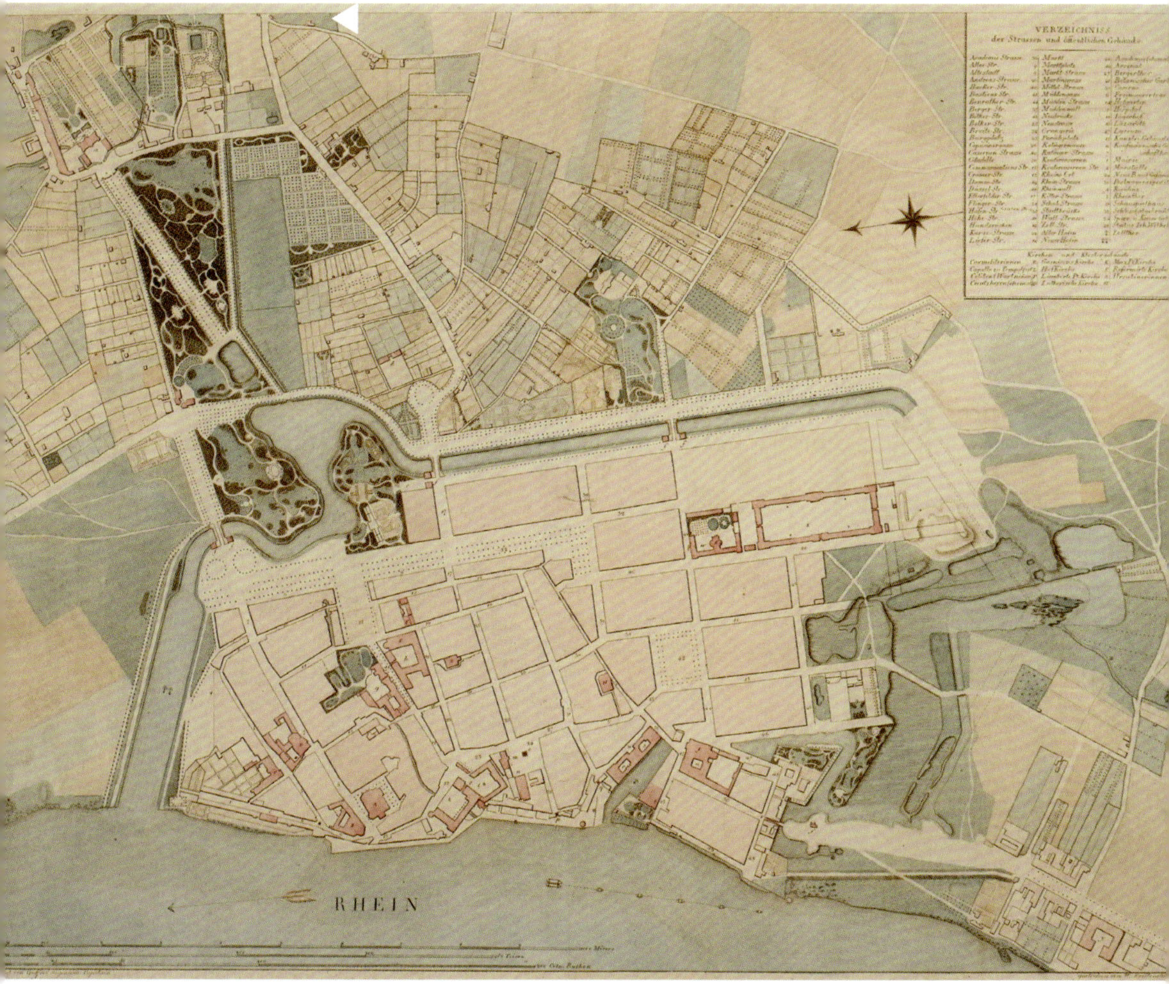

Abb. 10: Plan von Düsseldorf, kolorierter Stahlstich 44 × 53 cm, gezeichnet von Guffroi Ingenieur Capitain und gestochen von W. Breitenstein 1809 (Stadtmuseum Düsseldorf, E 52 a). Der weiße Pfeil markiert das Quadt'sche Grundstück.

Auch auf einem späteren Plan aus dem Jahr 1809, der *Düsseldorf mit seinen Umgebungen nach geschleiften Festungswerken* zeigt, ist am oberen Rand noch ein Teil dieses Grundstücks zu sehen. Hier soll nun Maximilian Friedrich Weyhe, wie sein bisher unbekannter Entwurf verrät, einen Garten anlegen (Abb. 10).[21]

21 STM, E 52 a.

Maximilian Friedrich Weyhe

Abb. 11: Maximilian Friedrich Weyhe, Lithographie ca. 1818.

Als Sohn des kurfürstlichen Hofgärtners in Brühl hatte Weyhe (1775–1846) von 1789 bis 1792 eine Gärtnerlehre bei seinem Onkel Peter Joseph Lenné d. Ä. in Bonn absolviert und war danach, 1793, zu einer Reise aufgebrochen, die ihn nach Karlsruhe, Rastatt und schließlich Wien führte. Seine Rückreise von Wien über Prag und Frankfurt nach Brühl ist für das Jahr 1797 bezeugt. 1799 hat er Kassel besucht. Ein Aufenthalt in England ist nicht nachweisbar. Doch auch ohne diesen hatte er in Karlsruhe, Rastatt, Wien und Kassel-Wilhelmshöhe Gelegenheit, den aus England stammenden Landschaftsgarten kennenzulernen und zu studieren, den Stil also, der sein Werk entscheidend prägen sollte.

Ab 1801 war der junge M. F. Weyhe „Botanischer Gärtner" an der Centralschule des Roerdepartements in Köln und wurde schon in dieser Zeit als Berater und Gutachter nach Düsseldorf gerufen, um an dem „Plan für die Schleifungs- und Verschönerungsarbeiten" an den ehemaligen Festungswerken mitzuwirken, der Grundlage für die städtebauliche Neuordnung Düsseldorfs und die Gestaltung öffentlicher Grünanlagen in den folgenden Jahren. Zu Beginn des Jahres 1804 trat er hier eine Stelle als kurfürstlicher Hofgärtner an. In den folgenden Jahren wurden unter seiner Ägide der Grüngürtel um die Stadt mit zahlreichen Alleen (darunter die heutige Königsallee), der neue Hofgarten und die Erweiterung des Fiskalischen Hofgartens geplant und ausgeführt.

Nicht nur mit städtischen und staatlichen Aufgaben, sondern auch mit zahlreichen privaten Aufträgen machte er sich früh einen Namen und wurde zum meistgefragten Gartengestalter im Rheinland und in Westfalen. In den Jahren zwischen 1808 und 1819 plante er neben den Düsseldorfer Anlagen zum Beispiel Gärten für die Schlösser Kalkum und Velen, für die Familie Sels in Neuss und für den Park auf dem Aachener Lousberg (Abb. 11).

Auch als profunder Kenner der Botanik und speziell der Dendrologie genoss er einen überregionalen Ruf. Trotz seiner Verdienste vor allem um den Düsseldorfer Hofgarten wurde er erst 1826 zum Garteninspektor, 1833 schließlich zum Gartendirektor befördert. *Dieser Mann hat Düsseldorf seine kunstvollen Garten=Anlagen und alle seine schönen Umgebungen geschaffen, die weithin gerühmt werden,* ist auf seinem Totenzettel zu lesen.[22]

So überrascht es nicht, dass Otto Wilhelm von Quadt-Wykradt-Isny den angesehenen Hofgärtner gebeten hat, einen Garten für sein neu erworbenes Grundstück zu entwerfen. Leider ließ sich bisher nirgends ein schriftlicher Hinweis auf den Auftrag oder auch nur auf Kontakte zwischen den Beiden finden, weder Briefe noch Verträge, weder Rechnungen noch ein Pflanzplan. Allein die Katasterkarte von 1830 kann als Bestätigung für den Auftrag dienen. Wegen der Abweichungen zu Weyhes Plan muss allerdings leider offenbleiben, ob es sich bei diesem um den endgültigen Entwurf handelt, ob und welche Veränderungen er erfahren hat und in welcher Form er realisiert worden ist.

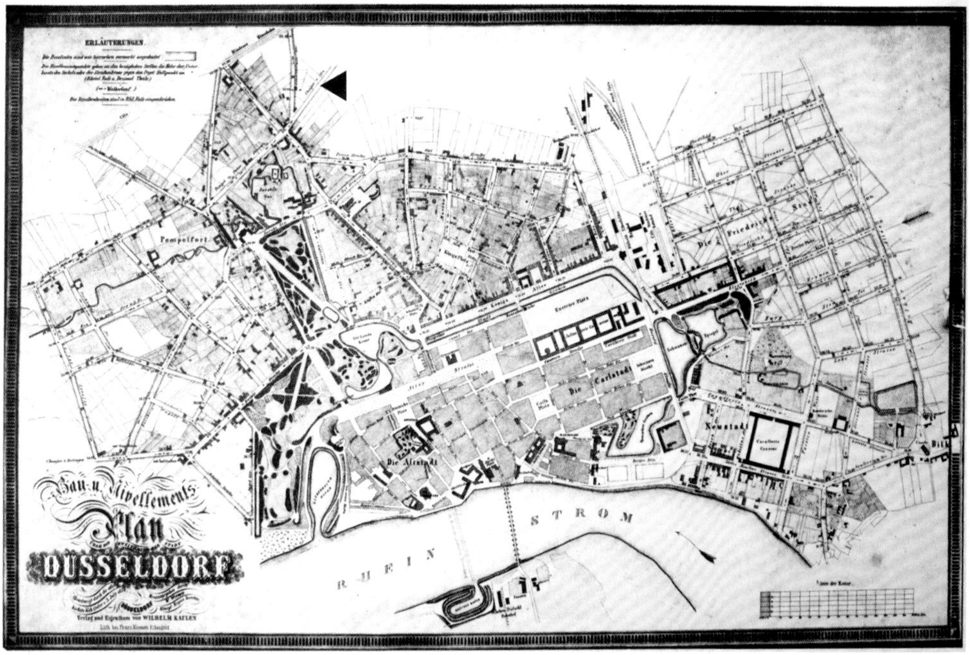

Abb. 12: „Bau- und NivellementsPlan über die Erweiterung der Stadt Düsseldorf", Lithographie, 54×81 cm, 1854 (Stadtmuseum Düsseldorf, E 65). Der schwarze Pfeil markiert das Quadt'sche Grundstück.

22 StAD 0-1-7-1042.

Schicksal des Gartens

Auch die weitere Geschichte des Gartens bleibt im Dunkeln, solange keine neuen Dokumente auftauchen. Der Erbe, Otto Wilhelms Sohn Friedrich Wilhelm aus seiner zweiten Ehe (1788–1860) starb ohne Nachkommen. Da er als Oberst in niederländischen Diensten stand, hielt er sich vermutlich nicht allzu oft in Düsseldorf auf. Entweder hat er selbst das Grundstück irgendwann verkauft, oder es hat nach seinem Tod auf Betreiben der Familie den Besitzer gewechselt.

Ein *Bau- und Nivellements-Plan über die Erweiterung der Stadt Düsseldorf* aus dem Jahr 1854 zeigt an der Stelle des Gartens ein bis auf Haus und Nebengebäude immer noch unbebautes Dreieck, daran angrenzend die länglichen schmalen Grundstücke, die schon auf der Katasterkarte von 1830 eingetragen waren (Abb. 12).[23]

Auf einem Katasterplan von 1866 sieht dieses Dreieck schon deutlich anders aus (Abb. 13).[24] Zwar sind noch der Weiher und der Hofbereich mit dem Wohnhaus zu erkennen, doch an zwei Seiten des Dreiecks reihen sich bereits eine ganze Reihe kleinerer, überwiegend bebauter Grundstücke aneinander.

Noch später ist vom Garten nur ein zwischen geschlossenen Häuserzeilen, Einkaufszentrum und Parkhaus eingezwängter, vornehmlich als Parkplatz genutzter Innenhof geblieben. Der Komplex zwischen Oststraße, Am Wehrhahn, Cantador- und Leopoldstraße lässt von dem ehemaligen *Gärtlein* nichts mehr ahnen. Dieses Schicksal teilt es nicht nur mit anderen Gartenanlagen von Weyhe, sondern mit vielen anderen historischen Gärten (Abb. 14).[25]

23 STM, E 65.

24 Vermessungs- und Katasteramt Düsseldorf, Katasterplan, Gem. Nr. 3110 Flur VIII, 1866. Die Oststraße ist hier mit Peters Straße bezeichnet.

25 Dies ist die bearbeitete Fassung eines Aufsatzes, der erstmals in „Die Gartenkunst" 2, 2017, S. 325–332 publiziert worden ist.

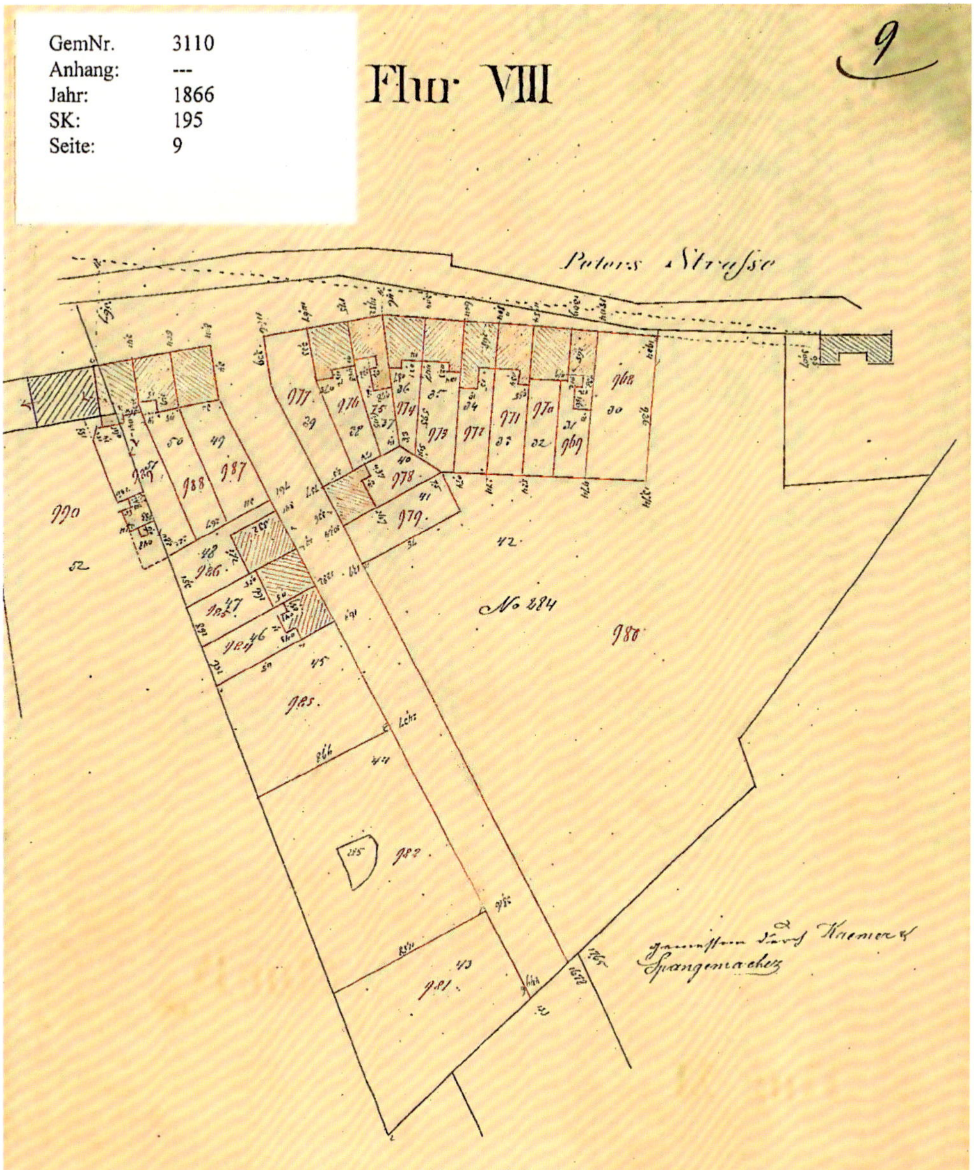

Abb. 13: Katasterplan, Gem. Nr. 3110 Flur VIII, 1866 (Vermessungs- und Katasteramt Düsseldorf).

Abb. 14: Innenhof an der Stelle des ehemaligen Gartens, Mai 2017 (Foto Lucrezia Hartmann).

Dank

An dieser Stelle danke ich herzlich allen, die meine Nachforschungen großzügig unterstützt und Abbildungen zur Verfügung gestellt haben: Reiner Falk im Kreisarchiv Ravensburg, der entscheidend zur Zuordnung des Gartenplans beigetragen hat, Helmut Gründer im Vermessungs- und Katasteramt Düsseldorf, Klaudia Wehofen im Stadtarchiv Düsseldorf, Bernd Kreuter im Stadtmuseum Düsseldorf, Dr. Peter Klefisch und Meinolf Woste im Landesarchiv Nordrhein-Westfalen in Duisburg und Dr. Brigitt Sigel in Zürich für die kritische Durchsicht des Manuskripts und die nützlichen Korrekturvorschläge.

Düsseldorfer Advokat-Anwälte, Advokaten und Notare in der Mitte des 19. Jahrhunderts

Ein Beitrag zur Geschichte des Düsseldorfer Bürgertums[1]

Mit sechs Abbildungen

Von Sebastian B e c k

I Einleitung

Die Geschichte des Düsseldorfer Bürgertums im 19. Jahrhundert ist bisher kaum erforscht worden.[2] Der Aufsatz will deshalb eine kleine, aber wichtige Teilgruppe des Düsseldorfer Bürgertums zur Jahrhundertmitte untersuchen: Die 20 Juristen, die Anfang 1855 in Düsseldorf als Advokat-Anwalt, Advokat oder Notar praktizierten.[3] Als Methode wird die Kollektivbiographie

1 Abkürzungen: AEKR = Archiv der Evangelischen Kirche im Rheinland; LAV NRW R = Landesarchiv Nordrhein-Westfalen, Abteilung Rheinland; StAD = Stadtarchiv Düsseldorf; Adressbuch = Adreß-Buch der Bürgermeisterei Düsseldorf (1855, 1856) bzw. Adreßbuch der Oberbürgermeisterei Düsseldorf (1859–1890); Amtsblatt = Amtsblatt der Regierung zu Düsseldorf; JMBl. = Justiz-Ministerial-Blatt für die Preußische Gesetzgebung und Rechtspflege; Handbuch = Handbuch über den Königlich Preußischen Hof und Staat.

2 Einziger Überblick: Hugo Weidenhaupt (Hrsg.), Düsseldorf. Geschichte von den Ursprüngen bis ins 20. Jahrhundert, Bd. 2, Düsseldorf ²1990, S. 502–511. – Über das Bürgertum einiger anderer Städte sind im Rahmen des von Lothar Gall geleiteten DFG-Projektes „Stadt und Bürgertum im 19. Jahrhundert“ Studien entstanden.

3 Sie sind aufgeführt: Adressbuch 1855, S. 170. – Das Jahr 1855 wurde vor allem deshalb gewählt, weil sich so über das Düsseldorfer Bürgerbuch aus den Jahren 1854–1860 leicht erste Informationen zu den Personen finden ließen. Allerdings stellte sich heraus, dass das Bürgerbuch für einige Juristen ein falsches Geburtsdatum angibt. – Allgemein zur Berufsgeschichte: Helga Huffmann, Geschichte der rheinischen Rechtsanwaltschaft, Köln 1969. – Hannes Siegrist, Advokat, Bürger und Staat. Sozialgeschichte der Rechtsanwälte in Deutschland, Italien und der Schweiz (18.–20. Jh.), Frankfurt 1996. – Wilhelm Weisweiler, Geschichte des rheinpreußischen Notariates, Essen 1916–1925. – Zu Düsseldorfer Anwälten und Notaren: Guntram Fischer, Staatsanwälte, Rechtsanwälte, Notare, in: Düsseldorf und sein Landgericht 1820–1970, Düsseldorf 1970, S. 128–159. – Siegfried

gewählt.[4] Behandelt werden: Berufliche Laufbahn, Herkunft, Konnubium, ökonomische Lage, politisches und religiöses Verhalten, kulturelle und soziale Aktivitäten, Vereinsmitgliedschaften, Titel- und Ordensverleihungen. Eine Gruppe von 20 Personen ist einerseits groß genug, um typische Merkmale der Gruppe erfassen zu können; andererseits ist sie noch übersichtlich genug, um auf einzelne Mitglieder eingehen zu können.

Um das Leben der 20 Juristen zu rekonstruieren, wurden sehr unterschiedliche Quellen benutzt. An Hand der Personalnachrichten im „Amts-Blatt der Königlichen Regierung zu Düsseldorf" und im „Justiz-Ministerialblatt für die Preußische Gesetzgebung und Rechtspflege" ließen sich die Karriereschritte der Juristen verfolgen sowie Titel- und Ordensverleihungen für sie ermitteln. Adressbücher gaben Auskunft über Mitgliedschaften in Unternehmensleitungen, Kirchen- und Vereinsvorständen. Außerdem wurden herangezogen: Akten des Stadtarchivs und des Landesarchivs, Zeitungen sowie die typischen personengeschichtlichen Quellen (Personenstandsurkunden, Totenzettel, Todesanzeigen). Nur geringen Informationswert für die vorliegende Arbeit hatten die im Stadtarchiv Düsseldorf aufbewahrten Nachlässe von Anton Bloem, der Notarenfamilie Euler und der Familie Windscheid.

Vorab müssen die Begriffe „Advokat-Anwalt" und „Advokat" erklärt werden: In Deutschland war am Ende des Mittelalters aus dem kanonischen Recht die Unterscheidung zwischen Prokurator und Advokat übernommen worden. Die Vertretung der Parteien vor Gericht übernahm der Prokurator, die juristische Beratung der Advokat.[5] Entsprechend unterschied das napoleonische Recht, das im Rheinland auch unter der preußischen Herrschaft lange gültig blieb, zwischen Anwalt (*avoué*) und Advokat (*avocat*). Im Rheinland kam es oft vor, dass jemand zugleich Advokat und Anwalt, eben Advokat-Anwalt, war.[6] In preußischer Zeit konnte dann zum Anwalt nur noch ernannt werden, wer Advokat war und als solcher mindestens ein Jahr praktiziert hatte.[7] So waren alle Anwälte Advokat-Anwälte. Der Advokat war entweder die Vorstufe zum Advokat-Anwalt oder ein ehemaliger Advokat-

W. Frank, Die Düsseldorfer Anwaltschaft bis 1820, Diss. Köln 1985. – Heinz Neuber, Die Entwicklung der Düsseldorfer Rechtsanwaltschaft 1820–1878, Düsseldorf 1975.

4 Zur Kollektivbiographie: Wilhelm Heinz Schröder (Hrsg.), Lebenslauf und Gesellschaft. Zum Einsatz von kollektiven Biographien in der historischen Sozialforschung, Stuttgart 1985.

5 Gerhard Buchda/Albrecht Cordes, Anwalt, in: Handwörterbuch zur deutschen Rechtsgeschichte (HRG), Bd. 1, Berlin ^{2}2008, Sp. 255–263, hier Sp. 257.

6 1812 praktizierten am Gericht erster Instanz in Köln 15 Advokat-Anwälte. Siegrist, Advokat (wie Anm. 3), S. 173.

7 Archiv für das Civil- und Criminal-Recht der Königl. Preuß. Rhein-Provinzen. Fünfter Band/Zweite Abteilung, Köln 1824, S. 4f.

Anwalt, der (etwa aus Altersgründen) seine Anwaltschaft aufgegeben hatte, aber weiterhin als Advokat arbeitete. Bei Gericht konnte nur der Advokat-Anwalt Anträge stellen. Der Advokat konnte zwar ein Plädoyer halten, aber nur bei Zusammenarbeit mit einem Advokat-Anwalt.[8]

Die Advokat-Anwälte wurden entweder für den Appellationsgerichtshof in Köln oder für ein Landgericht ernannt. Für jedes dieser Gerichte war die Zahl der Advokat-Anwälte vorgeschrieben.[9] Die Advokaten wurden für den ganzen Bezirk des Appellationsgerichtshofes Köln, der im Wesentlichen mit der preußischen Rheinprovinz zusammenfiel, ernannt.[10] Ihre Zahl war nur zwischen 1855 und 1860 begrenzt.[11] Anwälte, die bei einem Friedensgericht zugelassen waren, gab es nicht. Denn die Friedensgerichte waren während der Französischen Revolution geschaffen worden, um weitgehend ohne Prozess- und Formvorschriften zu verhandeln.[12] In der Praxis konnte aber jeder vor einem Friedensgericht als Bevollmächtigter auftreten: Advokat-Anwälte, Advokaten oder sogenannte Winkelkonsulenten, also Personen, die nur eine geringe oder gar keine juristische Qualifikation besaßen.[13]

Die Unterscheidung von Advokat-Anwälten und Advokaten bestand im Rheinland bis 1879, als für das ganze Reichsgebiet die Rechtsanwaltsordnung vom 1. Juli 1878 in Kraft trat.[14] Seitdem gibt es nur noch Rechtsanwälte.

II Die Untersuchungsgruppe: Advokat-Anwälte, Advokaten und Notare im Jahr 1855 und ihre Karrieren

Zunächst sollen die einzelnen Advokat-Anwälte, Advokaten und Notare, die 1855 in Düsseldorf praktizierten, mit den wichtigsten Daten ihrer Karriere vorgestellt werden:

8 Sauer, Die rheinische Rechtsanwaltschaft, in: Deutsche Juristen-Zeitung 31, 1926, Sp. 1249–1253, hier Sp. 1250.

9 Amtsblatt 1820, S. 274.

10 Siehe die Veröffentlichungen über Ernennungen im Amtsblatt und im JMBl., z. B. JMBl. 1848, S. 2.

11 Huffmann, Geschichte (wie Anm. 3), S. 107f.

12 Michael Nießen, Die Aachener Friedensgerichte in französischer und preußischer Zeit. Ein Beitrag zur Rechts- und Sozialgeschichte der Stadt Aachen im Zeitalter der Industrialisierung, Aachen 1991, S. 15.

13 Zu der breiten Palette der Vertreter vor den Aachener Friedensgerichten im Jahr 1850: ebd., S. 157.

14 Reichs-Gesetzblatt 1878, S. 177–198.

Advokat-Anwälte beim Landgericht Düsseldorf

1) *Friedrich Bracht*, * Recklinghausen 2. November 1781[15], † Düsseldorf 4. Februar 1855[16], ab 1804 Kanzlei-Advokat in Recklinghausen[17], ab 1812 Advokat-Anwalt beim Appellhof Düsseldorf[18], 1815 Justizkommissar in Recklinghausen, 1817 Advokat-Anwalt in Elberfeld bzw. Düsseldorf[19], ab 1820 Advokat-Anwalt beim Landgericht Düsseldorf[20], bis zu seinem Tod Advokat-Anwalt.[21]
2) *Andreas Courth*, * Vettweiss 19. August 1779 [22], † Düsseldorf 17. März 1867[23], um 1803 Gerichtsschreiber in Köln[24], um 1804 Gerichtsübersetzer in Krefeld[25], seit 1806 Advokat[26], wohl zunächst am Appellhof zu Lüttich[27], 1806/1807 Notar für den Kanton Neersen[28], von 1809 bis 1820 Anwalt am Tribunal erster Instanz bzw. Kreisgericht Krefeld[29], ab 1820 Advokat-Anwalt am Landgericht

15 Genealogisches Handbuch bürgerlicher Familien, Bd. 8, Görlitz 1901, S. 53. – Herjo Frin, Das Doktordiplom des Johann Albert Sander von 1665, seine Familienchronik 1667–1694 und die der Familie Bracht zu Recklinghausen 1709–1810, in: Archiv für Sippenforschung 45, 1979, S. 177–190, hier S. 184.
16 StAD, Standesamt Düsseldorf-Mitte, Sterbefälle 1855 Nr. 130.
17 Frin, Doktordiplom (wie Anm. 15), S. 185.
18 STAD, 7-0-2-1278.0000: Totenzettel Friedrich Bracht.
19 Genealogisches Handbuch bürgerlicher Familien, Bd. 8, Görlitz 1901, S. 54.
20 Neuber, Entwicklung (wie Anm. 3), S. 57.
21 Amtsblatt 1855, S. 428.
22 StAD, Bürgerbuch der Stadt Düsseldorf 1854–1860, C, Bl. 30.
23 StAD, Standesamt Düsseldorf-Mitte, Sterbefälle 1867 Nr. 420.
24 Dieter Hangebruch, Notariatsurkunden aus den Kanzleien Volkard Heinrich Schmidt und Johann Nepomuk Courth, Krefeld 1994, S. 319. – Nach Buschbell soll Courth zwei Jahre lang Hilfsgerichtsschreiber (*commis greffier*) beim Zivilgericht in Köln, dann drei Jahre lang Gerichtsschreiber (*greffier*) beim Friedensgericht in Köln und seit 1804 Angestellter (*premier clerc*) bei seinem Bruder, dem Krefelder Notar Johann Nepomuk Courth, gewesen sein. Gottfried Buschbell, Die Notariatskammer in Krefeld, in: Die Heimat. Zeitschrift für niederrheinische Heimatpflege 18, 1939, S. 235–242, hier S. 237.
25 Hangebruch, Notariatsurkunden (Anm. 24), S. 475.
26 LAV NRW R, Gerichte Rep. 4 Nr. 16: Advokaten und Anwälte (1817–1869), Bl. 98.
27 StAD, 7-0-2-2358.0000: Totenzettel Andreas Courth.
28 Hugo Ressler, Die heimischen Notare und ihre Register im 19. Jahrhundert, in: Heimatbuch des Kreises Kempen-Krefeld 24, 1973, S. 108–112, hier S. 112.
29 LAV NRW R, Gerichte 11 Nr. 1499: Tabellen der am Appellationsgericht und im Bereich der Kreisgerichte Aachen, Köln, Krefeld, Bonn und Malmedy tätigen Richter, Prokuratoren, Friedensrichter, Gerichtsschreiber, Anwälte, Gerichtsvollzieher, Notare und Advokaten (1815), Dritte Tabelle. Die bei dem Kreisgerichte Crefeld angestellten Anwälte betreffend. – Amtsblatt 1820, S. 279.

Das im Zweiten Weltkrieg zerstörte Hontheim'sche Palais in der Akademiestraße, in dem bis 1870 das Düsseldorfer Landgericht untergebracht war (Foto um 1900) (StAD 035-250-001).

Düsseldorf[30], 1860 nachgesuchte Entlassung als Anwalt[31], bis zu seinem Tod noch Advokat.[32]

3) *Jakob Friderichs*, * Düsseldorf 4. Januar 1800[33], † Düsseldorf 27. Mai 1868[34], spätestens ab 1827 Advokat[35], spätestens seit 1828 Advokat-Anwalt[36], 1861 auf eigenen Antrag Entbindung von der Anwaltschaft[37], 1864 als Advokat nachgesuchte Entlassung aus dem Justizdienst.[38]

30 Amtsblatt 1820, S. 279.
31 Amtsblatt 1860, S. 444.
32 JMBl. 1867, S. 98.
33 StAD, Bürgerbuch der Stadt Düsseldorf 1854–1860, F, Bl. 87.
34 StAD, Standesamt Düsseldorf-Mitte, Sterbefälle 1868 Nr. 811.
35 StAD, Standesamt Düsseldorf-Mitte, Heiraten 1827 Nr. 28.
36 StAD, Standesamt Düsseldorf-Mitte, Geburten 1828 Nr. 205.
37 Amtsblatt 1861, S. 356.
38 Amtsblatt 1864, S. 234.

4) *Wilhelm Weiler*, * Düsseldorf 10. März 1807[39], † Düsseldorf 9. April 1875[40], ab 1830 Advokat in Düsseldorf („Weiler II")[41], ab 1831 Anwalt am Landgericht Düsseldorf[42], 1860 als Advokat-Anwalt nachgesuchte Entlassung aus dem Justizdienst.[43]
5) *Ludwig Joseph Kramer*, * Köln 6. Juni 1807[44], † Düsseldorf 28. Mai 1877[45], ab 1833 in Düsseldorf[46], bis 1834 Advokat, dann Advokat-Anwalt am Landgericht Düsseldorf[47], 1874 Ausscheiden als Anwalt[48], aber weiterhin Advokat.[49]
6) *Karl Rings*, * Düsseldorf 4. März 1802[50], † Düsseldorf 13. Oktober 1873[51], ab 1831 Advokat in Düsseldorf[52], ab 1834/1835 Anwalt am Landgericht Elberfeld[53], ab 1836 Advokat-Anwalt am Landgericht Düsseldorf[54], bis zu seinem Tod Advokat-Anwalt.[55]
7) *Anton Jacob Bloem*, * Wesel 9. November 1814[56], † Berlin 5. Februar 1884[57], ab 1841 Advokat am Landgericht Düsseldorf[58], ab 1842 Anwalt am Landgericht Düsseldorf[59], 1872 nur noch Advokat und nachgesuchte Entlassung aus diesem Amtsverhältnis.[60]

39 StAD, Bürgerbuch der Stadt Düsseldorf 1854–1860, W, Bl. 49.
40 StAD, Standesamt Düsseldorf-Mitte, Sterbefälle 1875 Nr. 669.
41 Amtsblatt 1830, S. 460. Bis 1849 gab es beim Landgericht Düsseldorf einen Advokaten Weiler I. Amtsblatt 1850, S. 124. Er scheint mit Wilhelm Weiler nicht näher verwandt gewesen zu sein.
42 Amtsblatt 1831, S. 614.
43 Amtsblatt 1860, S. 444.
44 StAD, Bürgerbuch der Stadt Düsseldorf 1854–1860, K, Bl. 335.
45 StAD, Standesamt Düsseldorf-Mitte, Sterbefälle 1877 Nr. 882.
46 StAD, Bürgerbuch der Stadt Düsseldorf 1854–1860, K, Bl. 335.
47 Amtsblatt 1835, S. 76.
48 Amtsblatt 1874, S. 215.
49 Jahrbuch der Preußischen Gerichtsverfassung 12, 1876, S. 235.
50 StAD, Bürgerbuch der Stadt Düsseldorf 1854–1860, R, Bl. 72.
51 StAD, Standesamt Düsseldorf-Mitte, Sterbefälle 1873 Nr. 1762.
52 Amtsblatt 1831, S. 72.
53 Amtsblatt 1835, S. 40.
54 Amtsblatt 1837, S. 16.
55 Amtsblatt 1874, S. 51.
56 StAD, Bürgerbuch der Stadt Düsseldorf 1854–1860, B, Bl. 247.
57 Todesanzeige: Düsseldorfer Anzeiger vom 7.2.1884.
58 Amtsblatt 1842, S. 32.
59 Amtsblatt 1842, S. 463.
60 JMBl. 1872, S. 122. – Adressbuch 1872, I. Teil, S. 16 nennt Bloem noch Advokat-Anwalt.

Urkunde über die Ernennung des Advokaten Anton Jacob Bloem zum Anwalt beim Landgericht Düsseldorf, unterzeichnet vom preußischen Justizminister Mühler, Berlin, am 4. Oktober 1842. Bloem heißt darin ausnahmsweise Jakob Anton Bloem (StAD 4-3-0-1.0000).

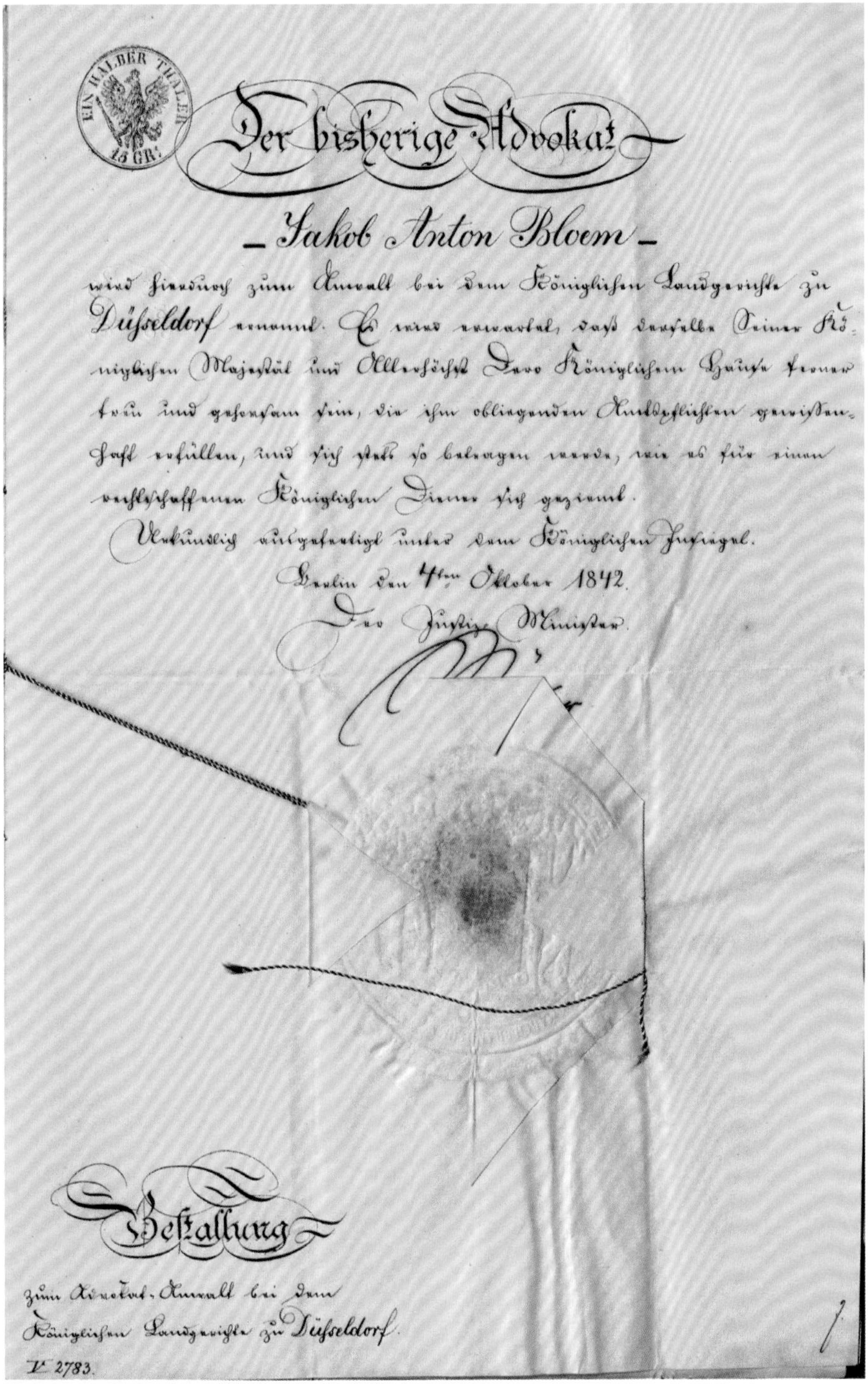

EIN HALBER THALER 15 GR.

Der bisherige Advokat

– Jakob Anton Bloem –

wird hierdurch zum Anwalt bei dem Königlichen Landgerichte zu Düsseldorf ernannt. Es wird erwartet, daß derselbe Seiner Königlichen Majestät und Allerhöchst Dero Königlichem Hause ferner treu und gehorsam sein, die ihm obliegenden Amtspflichten gewissenhaft erfüllen, und sich stets so betragen werde, wie es für einen rechtschaffenen Königlichen Diener sich geziemt.

Urkundlich ausgefertigt unter dem Königlichen Insiegel.

Berlin den 4ten Oktober 1842.

Der Justiz-Minister

Bestallung

zum Advokat-Anwalt bei dem Königlichen Landgerichte zu Düsseldorf.

V 2783.

8) *Gustav Wilhelm Kusenberg*, * Düsseldorf 9. Juli 1819[61], † Swinemünde 15. Juli 1877[62], ab 1845 Advokat am Landgericht Düsseldorf[63], ab 1846 Anwalt am Landgericht Düsseldorf[64], 1871 als Advokat-Anwalt nachgesuchte Entlassung aus dem Justizdienst.[65]

9) *Heinrich Stiesberg*, * Holthausen 11. Dezember 1815[66], † Düsseldorf 10. November 1892[67], ab 1846 Advokat[68], ist 1848 Advokat in (Mönchen-)Gladbach[69], ab 1848 Anwalt am Landgericht Düsseldorf[70], 1888 in der Liste der Rechtsanwälte gelöscht.[71]

10) *Eberhard Joseph Hertz*, * Düsseldorf 25. März 1821[72], † Düsseldorf 4. Januar 1904[73], ab 1847 Advokat zu Düsseldorf[74], ab 1849 Anwalt am Landgericht Düsseldorf[75], 1871 nachgesuchte Entlassung als Anwalt[76], 1878 noch Advokat[77], nach dem Inkrafttreten der Rechtsanwaltsordnung 1879 Rechtsanwalt[78], wohl 1880 aus der Rechtsanwaltschaft ausgeschieden.[79]

11) *Eugen Windscheid*, * Düsseldorf 28. Oktober 1819[80], † Köln 6. Mai 1881[81], ab 1848 Advokat zu Düsseldorf[82], ab 1849 Anwalt am Landgericht Düsseldorf[83], 1867 Verlust der Eigenschaften als Advokat und als Anwalt durch Beschluss des Disziplinarrates.[84]

61 StAD, Standesamt Düsseldorf-Mitte, Geburten 1819 Nr. 483.
62 Gothaisches Genealogisches Taschenbuch der Briefadeligen Häuser 13, 1919, S. 486.
63 Amtsblatt 1845, S. 264.
64 Amtsblatt 1847, S. 44.
65 JMBl. 1871, S. 242.
66 StAD, Bürgerbuch der Stadt Düsseldorf 1854–1860, S, Bl. 90.
67 StAD, Standesamt Düsseldorf-Mitte, Sterbefälle 1892 Nr. 2938.
68 Amtsblatt 1846, S. 346.
69 StAD, Standesamt Düsseldorf-Mitte, Heiraten 1848 Nr. 278.
70 JMBl. 1848, S. 387.
71 JMBl. 1888, S. 207.
72 StAD, Bürgerbuch der Stadt Düsseldorf 1854–1860, H, Bl. 186.
73 StAD, Standesamt Düsseldorf-Mitte, Sterbefälle 1904 Nr. 49.
74 Amtsblatt 1848, S. 188.
75 Amtsblatt 1849, S. 373.
76 JMBl. 1871, S. 201.
77 Adressbuch 1879, Teil II, S. 104.
78 Adressbuch 1880, II. Teil, S. 107.
79 Er fehlt in einem Verzeichnis der Rechtsanwälte des Landgerichtsbezirks Düsseldorf von September 1880. LAV NRW R, Gerichte Rep. 11 Nr. 684: Verleihung von Titeln an Rechtsanwälte und Notare, Bd. 1 (1879–1890), Bl. 74–79. – Hertz' Ausscheiden ist weder im JMBl. noch im Amtsblatt veröffentlicht worden.
80 StAD, Bürgerbuch der Stadt Düsseldorf 1854–1860, W, Bl. 150.
81 LAV NRW R, Personenstandsregister, Köln S Nr. 1451/1881.
82 Amtsblatt 1848, S. 437.
83 JMBl. 1849, S. 443.
84 Amtsblatt 1867, S. 409f.

12) *Engelbert von Fuchsius*, * Düsseldorf 31. Juli 1822[85], † Düsseldorf 2. April 1870[86], ab 1849 Advokat in Düsseldorf[87], ab 1850 Anwalt am Landgericht Düsseldorf[88], bis zu seinem Tod Advokat-Anwalt.[89]
13) *Engelbert Frings*, * Uerdingen 26. Juli 1824[90], † Berlin (auf einer Reise) 26. September 1889[91]; ab 1851 Advokat in Düsseldorf[92], ab 1853 Anwalt am Landgericht Düsseldorf[93], 1880 Ausscheiden aus der Rechtsanwaltschaft.[94]

Advokaten in Düsseldorf

1) *Christian Evelt*, * Münster 8. April 1788[95], † Düsseldorf 25. August 1865[96], seit 1809 in Düsseldorf[97], ab 1812 lizensierter Anwalt beim Tribunal in Düsseldorf, dann Advokat beim Düsseldorfer Appellationshof bis zu dessen Auflösung 1819[98], ab 1820 Advokat-Anwalt am Landgericht Düsseldorf[99], 1853 von der Anwaltschaft entbunden[100], bis zu seinem Tod Advokat.[101]
2) *Carl Friedrich Innozenz Lützeler*, * Aldenhoven 12. Februar 1792[102], ab ca. 1812 Advokat[103], bis 1820 Advokat-Anwalt am Kreisgericht Krefeld[104], ab 1820 Advokat-Anwalt am Landgericht Kleve[105], ab 1825 Advokat-Anwalt

85 StAD, Bürgerbuch der Stadt Düsseldorf 1854–1860, F, Bl. 105.
86 StAD, Standesamt Düsseldorf-Mitte, Sterbefälle 1870 Nr. 511.
87 Amtsblatt 1849, S. 373.
88 Amtsblatt 1850, S. 412.
89 Amtsblatt 1870, S. 242.
90 StAD, Bürgerbuch der Stadt Düsseldorf 1854–1860, F, Bl. 93.
91 Todesanzeige: Düsseldorfer Anzeiger vom 28.9.1889. – Bericht über den Stand und die Verwaltung der Gemeinde-Angelegenheiten der Stadt Düsseldorf für den Zeitraum vom 1. April 1889 bis 31. März 1890, Düsseldorf (1890), S. 7.
92 Amtsblatt 1851, S. 648.
93 Amtsblatt 1853, S. 404.
94 JMBl. 1880, S. 270.
95 StAD, Standesamt Düsseldorf-Mitte, Heiraten 1827 Nr. 45. – Harry Sebetzky, Heiratsregister der Pfarrei St. Maximilian in Düsseldorf von Okt. 1820–1831, in Düsseldorfer Familienkunde, hier 51, 2015, S. 16.
96 StAD, Standesamt Düsseldorf-Mitte, Sterbefälle 1865 Nr. 1176.
97 StAD, Bürgerbuch der Stadt Düsseldorf 1854–1860, E, Bl. 285,
98 LAV NRW R, Gerichte Rep. 4 Nr. 16: Advokaten und Anwälte (1817–1869), Bl. 99.
99 Amtsblatt 1820, S. 279.
100 Amtsblatt 1853, S. 404.
101 Amtsblatt 1866, S. 27.
102 StAD, Bürgerbuch der Stadt Düsseldorf 1854–1860, L, Bl. 142.
103 Amtsblatt der Königlichen Regierung zu Köln 1824, S. 245–248, Nr. 80.
104 Amtsblatt 1820, S. 284.
105 Amtsblatt 1820, S. 284.

am Rheinischen Appellationsgerichtshof in Köln[106], ab 1843 Anwalt am Landgericht Elberfeld[107], 1852 nachgesuchte Entlassung als Anwalt am Landgericht Elberfeld[108], ab 1852 Advokat in Düsseldorf[109], 1858 als Advokat nachgesuchte Entlassung aus dem Justizdienst[110], um 1860 Rentner in Düsseldorf[111], 1861 Wegzug nach Königswinter.[112]

Notare in Düsseldorf

1) *Karl Peter Heinrich Coninx*, * Geldern 3. Juli 1799[113], † Düsseldorf 21. August 1867[114], ab 1824 Notar im Friedensgerichtsbezirk Richrath (Wohnsitz Langenfeld)[115], ab 1825 Notar in Düsseldorf[116], bis zu seinem Tod Notar.[117]
2) *Joseph Euler*, * Düsseldorf 20. Februar 1804[118], † Düsseldorf 27. Oktober 1886[119], ab 1830 Notar für den Friedensgerichtsbezirk Opladen (Wohnsitz Langenfeld)[120], ab 1837 Notar in Düsseldorf[121], bis zu seinem Tod Notar.[122]
3) *Oswald Hagdorn*, * Düsseldorf 4. März 1808[123], † Düsseldorf 19. April 1859[124], ab 1838 Notar in Uerdingen[125], ab 1839 Notar in Neuss[126], ab 1840 Notar in Düsseldorf[127], bis zu seinem Tod Notar.[128]

106 Amtsblatt 1825, S. 180.
107 Amtsblatt 1843, S. 417.
108 Amtsblatt 1853, S. 15.
109 Amtsblatt 1853, S. 32.
110 Amtsblatt 1859, S. 64.
111 StAD, 0-1-2-7.0000: Die Aufstellung der Wahllisten und die Wahl der Gemeinde- resp. Stadtverordneten nach der Gemeinde-Ordnung vom 11.3.1850 und Städte-Ordnung vom 15.5.1856, Bd. 1 (1850–1870), Bl. 140.
112 Mitteilung des StAD vom 13.4.2017 aus der Einwohnermeldekartei.
113 StAD, Bürgerbuch der Stadt Düsseldorf 1854–1860, C, Bl. 23.
114 StAD, Standesamt Düsseldorf-Mitte, Sterbefälle 1867 Nr. 1109.
115 Amtsblatt 1824, S. 573.
116 Amtsblatt 1825, S. 567.
117 Amtsblatt 1868, S. 20.
118 StAD, Bürgerbuch der Stadt Düsseldorf 1854–1860, E, Bl. 284.
119 StAD, Standesamt Düsseldorf-Mitte, Sterbefälle 1886 Nr. 2604.
120 Amtsblatt 1830, S. 528.
121 Amtsblatt 1837, S. 300.
122 JMBl. 1886, S. 284.
123 StAD, Bürgerbuch der Stadt Düsseldorf 1854–1860, H, Bl. 18.
124 StAD, Standesamt Düsseldorf-Mitte, Sterbefälle 1859 Nr. 375.
125 Amtsblatt 1838, S.256.
126 Amtsblatt 1840, S. 44.
127 Amtsblatt 1841, S. 36.
128 Amtsblatt 1859, S. 395.

4) *Johann Franz Heinrich Lützeler*, * Aldenhoven 23. Dezember 1796[129], † Düsseldorf 10. Juli 1879[130], ab 1825 Notar bei den Friedensgerichten zu Elberfeld[131], ab 1840 Notar in Düsseldorf[132], bis zu seinem Tod Notar.[133]
5) *Karl Hubert Otto*, * Ratingen 8. April 1808[134], † Düsseldorf 24. Juli 1896[135], ab 1839/1840 Notar für den Friedensgerichtsbezirk Lützerath (westlich von Cochem)[136], ab 1841 Notar in Düsseldorf[137], 1886 als Notar nachgesuchte Entlassung aus dem Justizdienst.[138]

Die vorgestellten Juristen waren zwischen 1779 (Courth) und 1824 (Frings) geboren. Bei den vier ältesten (Bracht, Courth, Evelt, C. Lützeler) lag der Berufseinstieg noch in der napoleonischen Zeit. Die jüngsten waren kurz nach der Achtundvierziger-Revolution Advokat-Anwalt geworden. Am längsten amtierte Heinrich Stiesberg, der noch bis 1888 Rechtsanwalt war. So deckt die Berufstätigkeit der hier vorgestellten Personen den größten Teil des 19. Jahrhunderts ab.

Von den 20 Juristen waren neun in Düsseldorf geboren, wenn von den damaligen Düsseldorfer Stadtgrenzen ausgegangen wird. Beim Zugrundelegen der heutigen Stadtgrenzen müsste noch der in Holthausen geborene Heinrich Stiesberg mitgezählt werden. Acht weitere waren im nördlichen Teil der Rheinprovinz geboren: vier im Regierungsbezirk Düsseldorf, drei im Regierungsbezirk Aachen und einer im Regierungsbezirk Köln. Nur zwei waren außerhalb der Rheinprovinz, nämlich in Westfalen geboren: Friedrich Bracht in Recklinghausen und Christian Evelt in Münster. Bracht soll aber *schon früh seinen Wohnsitz nach Düsseldorf* verlegt haben.[139] Seine Mutter war in Düsseldorf geboren; ihr Vater Johann Anton Deycks war hier Advokat, Titular-Hofrat, Schöffe sowie 1749 und 1763 Bürgermeister gewesen.[140] Brachts Bruder Johann Vinzenz Josef Bracht war seit 1789 Kanoniker am Düsseldorfer Marienstift.[141]

129 StAD, Bürgerbuch der Stadt Düsseldorf 1854–1860, L, Bl. 141.
130 StAD, Standesamt Düsseldorf-Mitte, Sterbefälle 1879 Nr. 1206.
131 Amtsblatt 1825, S. 567.
132 Amtsblatt 1841, S. 36.
133 JMBl. 1879, S. 193.
134 StAD, Bürgerbuch der Stadt Düsseldorf 1854–1860, O, Bl. 121.
135 StAD, Standesamt Düsseldorf-Mitte, Sterbefälle 1896 Nr. 1992.
136 Amts-Blatt [der Regierung Koblenz] 1840, S. 79.
137 Amtsblatt 1842, S. 32.
138 Amtsblatt 1886, S. 291.
139 StAD, 7-0-2-1278.0000: Totenzettel Bracht.
140 Genealogisches Handbuch bürgerlicher Familien, Bd. 8, Berlin 1901, S. 47. – Friedrich Lau, Geschichte der Stadt Düsseldorf. Von den Anfängen bis 1815. Zweite Abteilung: Urkunden und Akten, Düsseldorf 1921, S. 291.
141 Er wurde 1816 Regierungs- und Schulrat bei der Düsseldorfer Regierung. Zu ihm: Edmund Rothkranz, Die Kirchen- und Schulpolitik der Düsseldorfer Regierung in den

Karl Otto und Anton Bloem sind bereits als Kinder mit ihren Familien nach Düsseldorf gekommen: Otto wohl 1819.[142] Bloem war nach dem Bürgerbuch seit dem 1. Mai 1821 in Düsseldorf gemeldet; vielleicht ist aber der 1. Mai 1826 richtiger, an dem Bloems Vater nach Düsseldorf versetzt wurde.[143]

Die vier ältesten Juristen haben ihre Ausbildung noch in der napoleonischen Zeit erhalten. Andreas Courth und Carl Lützeler, die aus dem damals französischen linksrheinischen Gebiet stammten, hatten das Lizentiat der Rechte (*Licence en droit*) erworben, das ein dreijähriges Studium an einer Rechtsschule voraussetzte.[144] Über Courths Ausbildung heißt es 1815: *Studirte von 1799 bis 1804 zum Theile die Rechte an der Centralschule zu Köln, 1806 idem zu Paris, wo er zum Lizentiaten promoviert wurde.*[145] Lützeler wohnte 1812 als *Licencie en droit* bei seinen Eltern in Aldenhoven.[146] Friedrich Bracht hatte in Düsseldorf (wohl an der Rechtsakademie), in Münster und (ab 1801) in Göttingen studiert.[147] 1812 wurde er an der Universität Duisburg zum Doctor juris promoviert.[148] Über Christian Evelts Ausbildung ist nichts bekannt. Sein Totenzettel nennt ihn aber *Doctor der Rechtskunde.*[149]

Alle übrigen 16 Juristen haben an der 1818 gegründeten Universität Bonn studiert. Karl Rings hatte, bevor er zu Jura wechselte, katholische Theologie studiert – jedenfalls im Wintersemester 1821/1822 und Sommersemester 1822. Anton Bloem und Gustav Kusenberg waren neben Jura auch für Kameralwis-

Jahren 1820–1840. Johann Vinzenz Josef Bracht (1771–1840), in: Düsseldorfer Jahrbuch 52, 1966, S. 1–66.

142 Das ergibt sich aus dem Nachruf für seinen Bruder: Franz Otto. Nekrolog. Aus dem Düsseldorfer Journal besonders abgedruckt, Düsseldorf 1857, S. 4.

143 StAD, Bürgerbuch der Stadt Düsseldorf 1854–1860, B, Bl. 247. – Horst Heidermann, Anton Bloem (1814–1884) – Anwalt der Demokraten, in: Düsseldorfer Jahrbuch 76, 2006, S. 111–149, hier S. 113.

144 Luitwin Mallmann, Französische Juristenausbildung im Rheinland 1794–1814. Die Rechtsschule von Koblenz, Köln/Wien 1987, S. 61.

145 LAV NRW R, Gerichte Rep. 11, Nr. 1499: Tabellen der am Appellationsgericht und im Bereich der Kreisgerichte Aachen, Köln, Krefeld, Bonn und Malmedy tätigen Richter, Prokuratoren, Friedensrichter, Gerichtsschreiber, Anwälte, Gerichtsvollzieher, Notare und Advokaten (1815), Dritte Tabelle. Die bei dem Kreisgerichte Crefeld angestellten Anwälte betreffend. – Die Kölner Zentralschule, an der auch Gesetzeskunde unterrichtet wurde, bestand von 1798 bis 1804. Mallmann, Juristenausbildung (wie Anm. 144), S. 34, 39, 42.

146 LAV NRW R, Roer-Dep. 1702: Bevölkerungsliste Mairie Aldenhoven (1812), Bl. 14.

147 StAD, 7-02-1278.0000: Totenzettel Friedrich Bracht. – Götz v. Selle (Hrsg.), Die Matrikel der Georg-August-Universität zu Göttingen 1734–1837, Hildesheim/Leipzig 1937, S. 419.

148 Wilhelm Rotscheidt (Hrsg.), Die Matrikel der Universität Duisburg 1652–1818, Duisburg 1938, S. 307.

149 StAD, 7-0-2-3816.0000: Totenzettel Christian Evelt.

senschaften immatrikuliert.[150] Josef Euler, Ludwig Joseph Kramer, Gustav Kusenberg, Engelbert von Fuchsius und Engelbert Frings haben ihr Studium in Heidelberg fortgesetzt.[151] Für Jurastudenten aus der preußischen Rheinprovinz war im 19. Jahrhundert ein Studium in Heidelberg deshalb attraktiv, weil auch im Großherzogtum Baden praktisch der Code civil galt. Das seit 1810 geltende „Badische Landrecht" war eine ins Deutsche übertragene und den lokalen Verhältnissen angepasste Fassung des Code civil.[152] In Berlin haben außerdem noch studiert: Karl Coninx, Anton Bloem, Gustav Kusenberg und Eugen Windscheid.[153] Über den Besuch weiterer Universitäten konnte wegen fehlender Matrikel-Editionen nichts ermittelt werden.

Diejenigen Juristen, die in preußischer Zeit Advokat wurden, waren bei der Ernennung zwischen 23 Jahre (Weiler) und 30 Jahre (Stiesberg) alt. Für die preußische Zeit galt auch, dass alle Advokaten nach ein oder zwei Jahren die Anwaltschaft erhielten. Einzige Ausnahme war Karl Rings, der übrigens zunächst beim Landgericht Elberfeld Advokat-Anwalt wurde.[154] Einige Advokat-Anwälte gaben – teilweise schon in mittlerem Alter – die Anwaltschaft

150 Karl Coninx hat in Bonn von 1819 bis 1821 studiert; vorher war er in Münster immatrikuliert. Freundliche Mitteilung des Universitätsarchivs Bonn vom 23.3.2017. – Die Immatrikulationsdaten der übrigen Juristen ergeben sich aus: Verzeichniss der auf der Universität Bonn immatriculirten Studirenden (ab Wintersemester 1821/1822; ab Wintersemester 1833/1834: Verzeichniß der Studirenden auf der Rheinischen Friedrich-Wilhelms-Universität zu Bonn).

151 Gustav Toepke/Paul Hintzelmann, Die Matrikel der Universität Heidelberg, Heidelberg 1884–1916, Bd. V, S. 311, 342, 604, 699, 737. – Anton Bloem steht nicht in der Heidelberger Matrikel. Damit dürfte die Angabe seiner Tochter, er habe auch in Heidelberg studiert, falsch sein. StAD, 4-3-0-8.0000: Schreiben Antonie Bloem an Dr. Wentzcke vom 23.11.1920.

152 Hans-Jürgen Becker, Das Rheinische Recht und seine Bedeutung für die Rechtsentwicklung in Deutschland im 19. Jahrhundert, in: Juristische Schulung. Zeitschrift für Studium und Ausbildung 25, 1985, S. 338–345, hier S. 340.

153 Für Coninx: Verzeichniß der Studirenden auf der Königlichen Universität zu Berlin … Michaelis bis Ostern 1822, Berlin 1822, S. 8. – Für die übrigen: Amtliches Verzeichniß des Personals und der Studirenden auf der Königl. Friedrich-Wilhelms Universität zu Berlin.

154 Seit den Fünfzigerjahren dauerte es länger, bis ein Advokat zum Anwalt ernannt wurde. Das haben auch die Söhne unserer Juristen zu spüren bekommen. Beispielsweise wurden Otto Euler und Ferdinand Coninx 1861 bzw. 1862 Advokaten, aber erst 1869 Anwälte. Amtsblatt 1862, S. 96, 364; 1869, S. 128. Demzufolge nahm die Zahl der Advokaten in Düsseldorf deutlich zu: 1863 standen 14 Advokat-Anwälten 14 Advokaten gegenüber. Adressbuch 1863, S. 163. Diese Entwicklung hing möglicherweise damit zusammen, dass die Zahl der bestandenen Assessorprüfungen in Preußen um 1860 einen Höchststand erreichte und deshalb auf die Anwaltsstellen zu viele Bewerber kamen. Vgl. Thomas Kolbeck, Juristenschwemmen. Untersuchungen über den juristischen Arbeitsmarkt im 19. und 20. Jahrhundert, Frankfurt 1978, S. 116f.

auf, blieben aber Advokat. Auch die 1855 auftretenden Advokaten Evelt und Lützeler waren solche ehemaligen Advokat-Anwälte. Bis zum Tod Advokat-Anwalt blieben nur Bracht, der früh verstorbene Fuchsius und Rings, der sich vielleicht wegen seines geringen Einkommens den Ruhestand nicht leisten konnte. Bis zu ihrem Tod Advokat blieben nur Courth und Evelt. Welche Amtspflichten Eugen Windscheid verletzt hatte, dass der Disziplinarrat ihn am 11. Mai 1867 von Advokatur und Anwaltschaft ausschloss, konnte nicht geklärt werden.[155] Er scheint damals aber gar nicht mehr in Düsseldorf gewohnt zu haben. Jedenfalls steht er nicht mehr in dem Adressbuch der Oberbürgermeisterei Düsseldorf, das sich auf den 1. April 1867 bezieht. Die Einwohnermeldekartei gibt an, Windscheid sei in eine Irrenanstalt in Köln eingeliefert worden, nennt dafür aber kein Datum.[156] Jedenfalls starb er 1881 im Kölner Alexianerkloster, wo damals auch *einige unheilbare ruhige Geisteskranke, welche weder ärztlicher Behandlung noch besonderer Aufsicht bedürfen*, gepflegt wurden.[157]

Die Notare waren beim Antritt ihrer ersten Stelle zwischen 25 und 31 Jahre alt. Alle Notare – auch die gebürtigen Düsseldorfer – hatten, bevor sie nach Düsseldorf kamen, Notariate in anderen Orten inne. Coninx kam bereits nach einem Jahr in Langenfeld nach Düsseldorf, Franz Lützeler erst nach 15 Jahren in Elberfeld. Vier der fünf Notare haben ihren Beruf bis zum Tod ausgeübt. Nur Karl Otto ließ sich pensionieren – und das auch erst mit 78 Jahren. Lützeler und Euler waren sogar noch mit über 80 Jahren Notar. Über Euler hieß es in seinem Nachruf dann auch: *Bis in sein hohes Alter wußte er sich die Berufsfreudigkeit zu erhalten, welche die Arbeit nicht als eine Last empfand, sondern als eine willkommene Beschäftigung begrüßte und der ein warmes Interesse für Alles, was das Notariat betraf, zu Grunde lag.*[158] Siegrist weist darauf hin, dass das Notariat „in vielen Gebieten Europas eine relativ einkommenssichere und nicht allzu anstrengende berufliche Altersposition ehemaliger Advokaten“ gewesen ist.[159]

155 Amtsblatt 1867, S. 409f. – JMBl. 1867, S. 358. – Düsseldorfer Anzeiger vom 21.10.1867.

156 Mitteilung des StAD vom 13.4.2017 aus der Einwohnermeldekartei.

157 LAV NRW R, Personenstandsregister, Köln, S, Nr. 1451/1881. – Albert Guttstadt, Krankenhaus-Lexikon für das Königreich Preussen. Die Anstalten für Kranke und Gebrechliche und das Krankenhaus-, Irren-, Blinden- und Taubstummenwesen im Jahre 1885, [I. Theil], Berlin 1885, S. 458.

158 Zeitschrift für das Notariat 31, 1886, S. 259f.

159 Hannes Siegrist, Die Rechtsanwälte und das Bürgertum. Deutschland, die Schweiz und Italien im 19. Jahrhundert, in: Jürgen Kocka (Hrsg.), Bürgertum im 19. Jahrhundert. Deutschland im europäischen Vergleich, Bd. 2, München 1988, S. 92–123, hier S. 107.

III Soziale Herkunft

Um die soziale Herkunft der Juristen zu klären, wurden die Berufe ihrer Väter und – soweit es mit einem vertretbaren Aufwand möglich war – ihrer Großväter ermittelt:

Name	**Vater**	**Väterlicher Großvater**	**Mütterlicher Großvater**
Anton Jacob Bloem[160]	Isaac Bloem, Haupt-Steuer-Amts-Controlleur	Antonius Bloem, Chirurg	Jacob Paulus, Kaufmann
Friedrich Bracht[161]	Franz Edmund Bracht, Advokat, kurkölnischer Hofrat	Johann Vincenz Bracht, Advokat, Bürgermeister von Recklinghausen, Hofrat	Johann Anton Deycks, Hofrat, Altrat-Schöffe und Stadtsyndikus zu Düsseldorf
Karl Coninx[162]	Norbert Casimir Anton Coninx, Amtmann von Kessel, Bürgermeister von Geldern	J. B. Coninx, Kanzler des höchsten Gerichtshofes des Herzogtums Geldern, Vorsteher des Lehenshofes	
Andreas Courth[163]	Heinrich Courth, Gutsbesitzer		
Joseph Euler[164]	Adrian Euler, Notar	Anton Euler, Advokat	Heinrich Wilbert, Schuhmachermeister

160 StAD, Standesamt Düsseldorf-Mitte, Heiraten 1843 Nr. 280. – Heidermann, Bloem (wie Anm. 143), S. 111. – StAD, Standesamt Düsseldorf-Mitte, Sterbefälle 1877 Nr. 1789.

161 Genealogisches Handbuch bürgerlicher Familien, Bd. 8, Berlin 1901, S. 45–48. – Zur Familie Deycks: Else Rümmler, Die Deycks in Düsseldorf, in: Jan Wellem 9, 1957, S. 6–9.

162 StAD, Standesamt Düsseldorf-Mitte, Sterbefälle 1867 Nr. 1109. – LAV NRW R, Zivilstandsregister, Geldern, S, Nr. 28/1814. – Hans Reckmann, Das neuzeitliche Gerichtswesen in der Stadt Geldern, Kevelaer 1972, S. 72. – Matrikel (wie Anm. 148), S. 249.

163 LAV NRW R, Gerichte Rep. 11, Nr. 1499: Tabellen der am Appellationsgericht und im Bereich der Kreisgerichte Aachen, Köln, Krefeld, Bonn und Malmedy tätigen Richter, Prokuratoren, Friedensrichter, Gerichtsschreiber, Anwälte, Gerichtsvollzieher, Notare und Advokaten (1815), Dritte Tabelle. Die bei dem Kreisgerichte Crefeld angestellte Anwälte betreffend.

164 StAD, Standesamt Düsseldorf-Mitte, Heiraten 1831 Nr. 141. – StAD, Standesamt Düsseldorf-Mitte, Sterbefälle 1837 Nr. 27. – StAD, Standesamt Düsseldorf-Mitte, Sterbefälle 1821 Nr. 40.

Name	Vater	Väterlicher Großvater	Mütterlicher Großvater
Christian Evelt[165]	Thomas Evelt, Hutfabrikant zu Münster	Johann Christian Evelt, Hutmachermeister zu Münster	Johann Dietrich Striethorst, Mühlenpächter zu Rheine
Jakob Friderichs[166]	Wilhelm Friderichs, Hofrats-Fiskal, Advokat beim Appellationsgerichtshof	Jakob Wilhelm Heinrich Friderichs, Advokat, Schöffe, Bürgermeister, Titular-Hofrat	Johann Wilhelm Herschbach, Gerichtsschreiber
Engelbert Frings[167]	Franz Heinrich Frings, Kaufmann		
Engelbert von Fuchsius[168]	Johann Joseph Goswin Maria von Fuchsius, Oberbürgermeister	Johann Engelbert von Fuchsius, Präsident des Kassationshofes bzw. des Oberappellationsgerichtshofes	C. A. Stammel, Amtsschreiber auf Ehrenbreitstein
Oswald Hagdorn[169]	Leonard Hagdorn, Kaufmann	Johann Joseph Hagdorn, Kaufmann	Christian Hammann, Seidenfabrikant
Eberhard Joseph Hertz[170]	Joseph Hertz, Bau-Condukteur		
Ludwig Joseph Kramer[171]	Johann Baptist Balthasar Kramer, Advokat-Anwalt	Friedrich Joseph Kramer, Kaufmann	Johann Georg Sugg, Kaufmann

165 StAD, Standesamt Düsseldorf-Mitte, Heiraten 1827 Nr. 45. – Deutsches Geschlechterbuch, Bd. 181, Limburg an der Lahn 1979, S. 117f.

166 StAD, Standesamt Düsseldorf-Mitte, Heiraten 1827 Nr. 28. – Düsseldorfer Addreß-Kalender und Taschenbuch für Geschäftsleute im Großherzogthum Berg und die benachbarten Gegenden. Auf das Jahr 1814, Düsseldorf [1814], o.S. – Carl vom Berg, Beiträge zur Düsseldorfer Familienkunde VII, in: Jan Wellem 5, 1930, S. 144–147, hier S. 146. – StAD, Standesamt Düsseldorf-Mitte, Heiraten 1823 Nr. 176.

167 LAV NRW R, Zivilstandsregister, Köln, H, Nr. 468/1852.

168 StAD, Standesamt Düsseldorf-Mitte, Sterbefälle 1870 Nr. 511. – Gothaisches Genealogisches Taschenbuch der Briefadeligen Häuser 6, 1912, S. 273. – Paul Wentzcke, Düsseldorfer Oberbürgermeister: 4. Josef von Fuchsius, in: Jan Wellem 3, 1928, S. 385–392, hier S. 392.

169 StAD, 7-0-3-17.0001: St. Maximilian Geburten 1805–1809, S. 38f. – StAD, Standesamt Düsseldorf-Mitte, Sterbefälle 1832 Nr. 528. – StAD, Standesamt Düsseldorf-Mitte, Sterbefälle 1829 Nr. 359.

170 StAD, Standesamt Düsseldorf-Mitte, Geburten 1821 Nr. 213.

171 StAD, Standesamt Düsseldorf-Mitte, Sterbefälle 1877 Nr. 882. – LAV NRW R, Zivilstandsregister, Köln S Nr. 1039/1836. – LAV NRW R, Zivilstandsregister, Köln, S, Nr. 2003/1843.

Name	Vater	Väterlicher Großvater	Mütterlicher Großvater
Gustav Kusenberg[172]	Wilhelm Kusenberg, Gutsbesitzer bzw. Kaufmann	Johann Anton Kusenberg, Gutsbesitzer	Johann David Schombart, Kaufmann
Carl Lützeler, Franz Lützeler[173]	Johann Wilhelm Lützeler, Notar	Joh. Jacobus Lützeler, Schöffe zu Kaster	
Karl Otto[174]	Michael Joseph Otto, Stadtsekretär, Notar	Bernhard Otto, Stadtsekretär	Ignatz Scholl, Hofkammerrat
Karl Rings[175]	Peter Joseph Anton Rings, Kammersekretär, später Regierungssekretär	Johann Christian Michael Rings, Hofkammerrat	Johann Carl Monten, Prokurator
Heinrich Stiesberg[176]	Peter Stiesberg, Ackerer bzw. Kleidermacher		Johann Malzburg, Ackersmann
Wilhelm Weiler[177]	Friedrich Christian Weiler, Auditeur beim bergischen Staatsrat	Joseph Anton Weiler, Geheimsekretär	Johann Wilhelm Degreck, Obersteuereinnehmer
Eugen Windscheid[178]	Ferdinand Windscheid, Steuerrat, Hypothekenbewahrer	Johann Wilhelm Windscheid, Geheimer und Oberappellationsgerichtsrat, Hofkammer-Fiskal	Franz Joseph Servaes, Kreisphysikus zu Düsseldorf

172 StAD, Standesamt Düsseldorf-Mitte, Personenstandsurkunden 1810 Nr. 159. – StAD, Standesamt Düsseldorf-Mitte, Geburten 1819 Nr. 483. – StAD, Standesamt Düsseldorf-Mitte, Sterbefälle 1868 Nr. 2.

173 StAD, Standesamt Düsseldorf-Mitte, Heiraten 1821 Nr. 57. – LAV NRW R, Zivilstandsregister, Köln H Nr. 281/1826. – Wilhelm Lützler, Genealogische Betrachtungen eines Memoriensteins, in: Mitteilungen der Westdeutschen Gesellschaft für Familienkunde 81/82, 1993/94, S. 146–151, 169–177, hier S. 149.

174 StAD, Standesamt Düsseldorf-Mitte, Heiraten 1846 Nr. 147. – LAV NRW R, Zivilstandsregister, Ratingen S Nr. 26/Erste Hälfte 1816. – StAD, Standesamt Düsseldorf-Mitte, Sterbefälle 1848 Nr. 26

175 StAD, 7-0-3-12-0036, St. Lambertus Taufen 1797–1802, S. 156. – StAD, Standesamt Düsseldorf-Mitte, Sterbefälle 1831 Nr. 243. – StAD, Standesamt Düsseldorf-Mitte, Sterbefälle 1853 Nr. 32.

176 StAD, Standesamt Düsseldorf-Mitte, Heiraten 1848 Nr. 278. – StAD, Standesamt (Düsseldorf-)Benrath, Sterbefälle 1849 Nr. 100. – StAD, Standesamt (Düsseldorf-)Benrath, Sterbefälle 1867 Nr. 102.

177 StAD, Standesamt Düsseldorf-Mitte, Heiraten 1847 Nr. 237. – StAD, Standesamt Düsseldorf-Mitte, Sterbefälle 1813 Nr. 371. – StAD, Standesamt Düsseldorf-Mitte, Sterbefälle 1857 Nr. 1000.

178 StAD, Standesamt Düsseldorf-Mitte, Heiraten 1851 Nr. 221. – LAV NRW R, Personenstandsregister, Köln S Nr. 1451/1881. – Ferdinand von Fuchsius, Nachrichten über die

Von den 20 Juristen waren immerhin sieben Sohn eines Advokaten oder Notars: Bracht, Euler, Friderichs, Kramer, die beiden Lützelers und Otto. Besonders groß war die Berufsvererbung bei den Notaren. Von den fünf Notaren waren drei Notarssöhne.[179] Sechs Juristen, also ein weiteres Drittel, waren Beamtensöhne: Bloem, Coninx, Fuchsius, Rings, Weiler und Windscheid. Ihre Väter hatten oft auch Jura studiert: Friedrich Weiler und Ferdinand Windscheid in Heidelberg, Josef von Fuchsius in Münster.[180] Norbert Coninx hatte in Duisburg studiert, wahrscheinlich ebenfalls Jura, denn er war 1783 Referendarius am Justizkollegium in Geldern.[181] Ob der Baukondukteur Joseph Hertz im öffentlichen Dienst stand, muss dahingestellt bleiben. Die übrigen Väter waren oft Kaufleute oder Gutsbesitzer. Ein ausgesprochener sozialer Aufsteiger scheint Heinrich Stiesberg als Sohn eines Ackerers und Kleidermachers gewesen zu sein.

Auch unter den Großvätern überwogen Juristen, Beamte und Kaufleute. Wenn die Berufe der Großväter betrachtet werden, sind familiäre Traditionen zu erkennen: Bei Bracht, Euler und Friderichs war nicht nur der Vater, sondern schon der Großvater Advokat oder Notar. Bei Fuchsius, Rings und Weiler standen nicht nur die Väter, sondern auch beide Großväter im öffentlichen Dienst. Einige Juristen standen familiär in der Tradition der Düsseldorfer und der bergischen Führungsschicht des 18. Jahrhunderts. Ein Vater und drei Großväter hatten dem Düsseldorfer Magistrat angehört: Leonhard Ägidius Hagdorn (Altrat, 1794 Bürgermeister), Johann Anton Deycks (Schöffe, 1749 und 1763 Bürgermeister), Heinrich Jakob Friderichs (Schöffe, 1779, 1789 und 1803 Bürgermeister) und Johann Wilhelm Windscheid (Jungrat).[182] Mit Johann Engelbert von Fuchsius und Johann Wilhelm Windscheid hatten zwei Großväter zu den hohen Beamten des Herzogtums Berg gehört.[183]

Mehrere der untersuchten Personen – insbesondere diejenigen, die aus Juristenfamilien stammten – hatten auch Onkel oder Brüder, die Juristen waren. Als Beispiele seien genannt: Ein Bruder von Anton Bloem war Julius Bloem,

Familie Windscheid, Düsseldorf 1891, S. 38 u. Stammtafel. – Deutsches Geschlechterbuch, Bd. 173, Limburg an der Lahn, 1976, S. 439–441.

179 Auch Weisweiler weist auf die Vererbung des Notarsberufes in einigen Familien hin: Weisweiler, Geschichte (wie Anm. 3), Bd. 2, S. 218.

180 Toepke/Hintzelmann, Matrikel (wie Anm. 151), Bd. IV, S. 362; Bd. V, S. 2. – Wentzcke, Oberbürgermeister (wie Anm. 168), S. 385.

181 Matrikel (wie Anm. 148), S. 249. – Reckmann, Gerichtswesen (wie Anm. 162), S. 72.

182 Lau, Geschichte (wie Anm. 140), Zweite Abteilung, S. 291–295.

183 Zu Johann Engelbert von Fuchsius: Meent W. Francksen, Staatsrat und Gesetzgebung im Großherzogtum Berg (1806–1813), Frankfurt 1982, S. 233ff. Zu Johann Wilhelm Windscheid: Fuchsius, Nachrichten (wie Anm. 178). – Guntram Fischer, Düsseldorf und seine Rechtsakademie. Ein Beitrag zur Düsseldorfer Universitätsgeschichte, Düsseldorf 1983, S. 213ff.

der bis 1849 Advokat am Landgericht Düsseldorf („Bloem II") war und dann nach Elberfeld wechselte.[184] Ein Vetter der beiden war der 1907 verstorbene Düsseldorfer Rechtsanwalt und Geheime Justizrat Emil Anton Bloem.[185] Ein weiterer Bruder von Carl und Franz Lützeler war Ludwig Lützeler, der dem Vater als Notar in Aldenhoven nachfolgte.[186] Ein Bruder Wilhelm Weilers, Carl Josef Weiler, war Notar und Justizrat in Aachen.[187] Ältere Brüder Eugen Windscheids waren der bereits 1845 verstorbene Advokat-Anwalt Franz Windscheid und der bedeutende Jurist Bernhard Windscheid.[188]

IV Familiäre Verflechtungen

Von den 20 Juristen starb nur Karl Rings als Junggeselle.[189] Alle anderen waren verheiratet, einige auch mehrmals. Es sollen nun das Heiratsalter und die Herkunft der Ehefrauen untersucht werden:

Name	Jahr der Heirat	Alter bei der Heirat	Name und Geburtsort der Ehefrau sowie deren Alter bei der Heirat	Schwiegervater
Anton Bloem	1) 1843 2) 3)	1) 29 Jahre 2) 3)	1) Franziska Schieffer, * Köln, 24 Jahre 2) Karoline Dupré * Braunschweig 1829 3) Doris Baake[190]	1) Franz Andreas Schieffer, Kaufmann zu Düsseldorf[191] 2) Franz Christian Dupre, Kreis-Einnehmer[192]

184 Wohnungs-Anzeiger und Adreßbuch der Oberbürgermeisterei Düsseldorf pro 1850, S. 16. – Amtsblatt 1850, S. 124; 1851, S. 52. – Neue Deutsche Biographie, Bd. 2, Berlin 1955, S. 312.

185 Auch er war ein Enkel des Chirurgen Antonius Bloem. Deutsche Ahnenreihen, Heft 13, Reihen 2315–2807, Köln 2006, S. 17. – Zu ihm: Vera Torunsky, Die Abgeordneten der Rheinischen Provinziallandtage und Landschaftsversammlungen. Ein biographisches Handbuch, Bd. 1, Köln 1998, S. 55f.

186 Weisweiler, Geschichte (wie Anm. 3), Bd. I, S. 126 Anm. 2.

187 Eduard Arens/Wilhelm L. Janssen, Geschichte des Club Aachener Casino, Aachen ^{2}1964, Nr. 301.

188 Friedrich Klein, Bernhard Windscheid. 26.6.1817–26.10.1892. Leben und Werk, Berlin 2014, S. 447.

189 StAD, Standesamt Düsseldorf-Mitte, Sterbefälle 1873 Nr. 1762.

190 Heidermann, Bloem (wie Anm. 143), S. 148.

191 StAD, Standesamt Düsseldorf-Mitte, Heiraten 1843 Nr. 280. Die Braut heißt in der Heiratsurkunde Maria Franziska Antonia Elisabetha Henrietta Apollinaria Hubertina Friedricka Schieffer. Auf ihrem Grabstein stand nur *Franziska geb. Schieffer.* Rheinische Friedhöfe, Heft 5: Der Golzheimer Friedhof zu Düsseldorf, Köln 1990, Nr. 506.

192 StAD, Standesamt Düsseldorf-Mitte, Sterbefälle 1869 Nr. 1299. – StAD, Bürgerbuch der Stadt Düsseldorf 1854–1860, B, Bl. 247.

Name	Jahr der Heirat	Alter bei der Heirat	Name und Geburtsort der Ehefrau sowie deren Alter bei der Heirat	Schwiegervater
Friedrich Bracht	1808	26 Jahre	Katharina von Dorsten, * Düsseldorf, 25 Jahre	Johann Rütger Ambrosius von Dorsten, Kurpfälzischer Regierungsrat[193]
Karl Coninx	1828	29 Jahre	Franziska Petronella Wilhelmine Dewies, * Ratingen, 19 Jahre	Joseph Dewies, Gerichtsschreiber[194]
Andreas Courth	1824	45 Jahre	Maria Catharina Ludmilla Pael, * Kornelimünster, 21 Jahre	Johann Peter Pael, Steuer-Einnehmer[195]
Joseph Euler	1831	27 Jahre	Antonie Luise Blin, * Langst, 19 Jahre	Jacob Ludwig Blin, Gutsbesitzer[196]
Christian Evelt	1) 1815 2) 1827	1) 27 Jahre 2) 38 Jahre	1) Helene von Forckenbeck, 36 Jahre, * wohl Münster 2) Marie Margarethe Eleonore Caroline Fourier, * Elberfeld, 37 Jahre	1) Friedrich Christian von Forckenbeck, Geheimer Hofrat, Leibmedikus[197] 2) Adolph Fourier, Steuer-Einnehmer[198]
Jakob Friderichs	1) 1827 2) 1859	1) 27 Jahre 2) 59 Jahre	1) Wilhelmine Walburgis (von) Fuchsius, * Düsseldorf, 21 Jahre 2) Josephine Lamberz, * Bonn, 47 Jahre	1) Johann Engelbert (von) Fuchsius, Präsident beim Appellationshof[199] 2) Jacob Lamberz, Advokat und Justizrat in Bonn[200]

193 Genealogisches Handbuch bürgerlicher Familien, Bd. 8, Görlitz 1901, S. 53f.

194 LAV NRW R, Zivilstandsregister, Ratingen, H, Nr. 15/1828.

195 LAV NRW R, Zivilstandsregister, Geilenkirchen, H, Nr. 19/1824. – StAD, Standesamt Düsseldorf-Mitte, Sterbefälle 1834 Nr. 757.

196 StAD, Standesamt Düsseldorf-Mitte, Heiraten 1831 Nr. 141.

197 StAD, Standesamt Düsseldorf-Mitte, Heiraten 1818 Nr. 45. – Bernd Walter, Die Beamtenschaft in Münster zwischen ständischer und bürgerlicher Gesellschaft. Eine personengeschichtliche Studie zur staatlichen und kommunalen Beamtenschaft in Westfalen (1800–1850), Münster 1987, S. 405.

198 StAD, Standesamt Düsseldorf-Mitte, Heiraten 1827 Nr. 45.

199 StAD, Standesamt Düsseldorf-Mitte. Heiraten 1827 Nr. 28 (die Adelsprädikate fehlen in der Urkunde).

200 Torunsky, Abgeordneten (wie Anm. 185), Bd. 1, S. 149. – StAD, Standesamt Düsseldorf-Mitte, Sterbefälle 1862 Nr. 408.

Name	Jahr der Heirat	Alter bei der Heirat	Name und Geburtsort der Ehefrau sowie deren Alter bei der Heirat	Schwiegervater
Engelbert Frings	1) 1852 2) 1860	1) 28 Jahre 2) 36 Jahre	1) Maria Amalia Hubertina Dübyen, * Köln, 25 Jahre 2) Franziska Amalia Hasenclever, * Düsseldorf, 25 Jahre	1) Hermann Joseph Dübyen, Notar[201] 2) Ferdinand Hasenclever, Kaufmann bzw. Rentner in Düsseldor[202]
Engelbert von Fuchsius	1849	26 Jahre	Auguste Arnoldine Hubertine Windscheid *Uerdingen, 25 Jahre	Ferdinand Windscheid, Hypothekenbewahrer und Steuerrat in Düsseldorf[203]
Oswald Hagdorn			Louise Kahler, * Düsseldorf 1822	Carl Kahler, Apotheker in Düsseldorf[204]
Eberhard Hertz	1855	34 Jahre	Helene Josephe Pütz, * Düsseldorf, 28 Jahre	Vitus Pütz, Rentner[205]
Ludwig Kramer	1834	27 Jahre	Elisabeth Schem, * Warendorf, 21 Jahre	Franz Schem, Kaufmann[206]
Gustav Kusenberg	1862	43 Jahre	Anna Schadow, * Berlin, 23 Jahre[207]	
Carl Lützeler	1821	29 Jahre	Elisabeth Adolphine Bernardine Josephe Stercken, * Düsseldorf, 19 Jahre	Franz Georg Joseph Stercken, Rentner[208]
Franz Lützeler	1826	29 Jahre	Elisabeth Amalia Lenzen, * Düsseldorf, 22 Jahre	Theodor Johann Joseph Lenzen, Appellationsrat zu Köln[209]

201 LAV NRW R, Zivilstandsregister, Köln H Nr. 468/1852.

202 StAD, Standesamt Düsseldorf-Mitte, Geburten 1835 Nr. 275, Heiraten 1860 Nr. 267.

203 StAD, Standesamt Düsseldorf-Mitte, Heiraten 1849 Nr. 92. – Der Geburtsort der Braut war Uerdingen, wo Ferdinand Windscheid von 1821 bis 1824 Ober-Zoll- und Steuer-Inspektor war. Klein, Windscheid (wie Anm. 188), S. 48.

204 StAD, Bürgerbuch der Stadt Düsseldorf 1854–1860, H, Bl. 18. – StAD, Standesamt Düsseldorf-Mitte, Geburten 1822 Nr. 379. – Carl Kahler war später Ökonomierat und Gutsbesitzer in Norf. StAD, Standesamt Düsseldorf-Mitte, Heiraten 1859 Nr. 322.

205 StAD, Standesamt Düsseldorf-Mitte, Heiraten 1846 Nr. 147.

206 StAD, Standesamt Düsseldorf-Mitte, Heiraten 1848 Nr. 278.

207 StAD, Standesamt Düsseldorf-Mitte, Heiraten 1847 Nr. 237.

208 StAD, Standesamt Düsseldorf-Mitte, Heiraten 1851 Nr. 221.

209 StAD, Standesamt Düsseldorf-Mitte, Heiraten 1855 Nr. 83.

Name	Jahr der Heirat	Alter bei der Heirat	Name und Geburtsort der Ehefrau sowie deren Alter bei der Heirat	Schwiegervater
Karl Otto	1846	38 Jahre	Anna Maria Henrietta Schmitz, * Düsseldorf, 33 Jahre	Caspar Laurenz Anton Schmitz, Landrentmeister zu Düsseldorf[210]
Heinrich Stiesberg	1848	32 Jahre	Gertrud Hohmann, * Düsseldorf, 24 Jahre	Simon Hohmann, Kaufmann zu Düsseldorf[211]
Wilhelm Weiler	1847	40 Jahre	Magdalena Staehely, * Elberfeld, 25 Jahre	Johann Abraham Staehely, Kaufmann[212]
Eugen Windscheid	1851	31 Jahre	Maria Theresia Adolphine Arndts, * Düsseldorf, 21 Jahre	Christian Joseph Arndts, Geheimer Regierungsrat zu Düsseldorf[213]

Die Juristen waren bei ihrer ersten Eheschließung zwischen 26 und 45 Jahre alt; der Median lag bei 29 Jahren. Die Bräute waren oft deutlich jünger, in vielen Fällen zehn Jahre und mehr. Besonders große Altersunterschiede gab es bei Courth (24 Jahre) und Kusenberg (20 Jahre). Nur Christian Evelts erste Frau Helene von Forckenbeck war älter als ihr Mann, und das sogar um neun Jahre. Sie und Karl Ottos Frau waren bei den Erst-Ehen der Juristen die einzigen Frauen, die bei der Heirat älter als 30 Jahre waren. Von den 24 Ehefrauen waren zehn in Düsseldorf geboren. Neun weitere waren in der nördlichen Rheinprovinz geboren, teilweise in der Nähe Düsseldorfs (Ratingen, Langst, Elberfeld, Uerdingen). Nach Ausweis der Heiratsurkunden wohnten aber von diesen schon fünf bei der Hochzeit in Düsseldorf: Franziska Schieffer, Antonie Luise Blin, Marie Margarethe Eleonore Caroline Fourier, Auguste Arnoldine Hubertine Windscheid und Magdalena Staehely.

Überraschenderweise waren Heiraten in der eigenen Berufsgruppe selten. Nur der zweite Schwiegervater von Friderichs war Advokat und nur der erste Schwiegervater von Frings Notar. In elf Fällen waren die Schwiegerväter höhere oder mittlere Beamte (darunter allein drei Kreis- oder Steuereinnehmer) oder Richter. Fünf Schwiegerväter waren Kaufleute. Einige Schwiegerväter sind

210 StAD, 7-0-2-9331.0000: Totenzettel Elisabeth Kramer. – StAD, Standesamt Düsseldorf-Mitte, Sterbefälle 1888 Nr. 2214.

211 Gothaisches Genealogisches Taschenbuch der Briefadeligen Häuser 13, 1919, S. 486 (mit falschem Geburtsdatum für Gustav Kusenberg).

212 StAD, Standesamt Düsseldorf-Mitte, Heiraten 1821 Nr. 57.

213 LAV NRW R, Zivilstandsregister, Köln H Nr. 281/1826. – Zu T. J. J. Lenzen: Friedrich Weimar Steinfartz, Der jülich-bergische Landrentmeister Johann Christian Steinwartz und sein Familienkreis, in: Jan Wellem 1965, S. 23–26, 37–40, 57–59, 69–72, 92–94, hier S. 57–59. – Fischer, Düsseldorf (wie Anm. 183), S. 245–248.

offensichtlich recht wohlhabend gewesen. Vier hatten 1812 in der Liste der Höchstbesteuerten Düsseldorfs gestanden: Fuchsius (*President de la cour d'appel*), Stercken (*Propriétaire*), von Dorsten (*Propriétaire*) und Lenzen (*Procureur imperial du Tribunal des Domains*).[214] Jacob Ludwig Blin hatte 1809 zu den 550 Höchstbesteuerten des Roer-Departements gehört.[215] Er, Simon Hohmann, Christian Arndts, Ferdinand Windscheid und Ferdinand Hasenclever waren 1852 bei der Gemeinderatswahl in der ersten Klasse wahlberechtigt.[216]

Sichtbar werden auch einige Verschwägerungen: Jacob Friderichs hatte eine Tante von Engelbert von Fuchsius geheiratet, dessen Frau wiederum Schwester von Eugen Windscheid war. Die Ehefrauen von Karl Otto und Eberhard Joseph Hertz waren Cousinen.[217] Mehrere Söhne der untersuchten Juristen wurden ebenfalls Anwalt oder Notar. Zwei Beispiele: Von den Söhnen Joseph Eulers wurde Otto Rechtsanwalt in Düsseldorf und Eduard Notar in Aachen.[218] Von Franz Lützelers Söhnen starb Theodor schon 1863 als Advokat-Anwalt, Franz 1890 als Notar und Carl 1902 als Landgerichtspräsident in Köln.[219]

Welche Verbindungen hatten die Juristen zu anderen Führungsschichten? Von den 20 Juristen gehörte nur Engelbert von Fuchsius zum Adel. Sein Großvater Johann Engelbert Fuchsius hatte 1792 den Reichsadel erhalten.[220] Drei Juristen waren mit Adeligen verheiratet: Friedrich Bracht sowie – jeweils in erster Ehe – Christian Evelt und Jakob Friderichs. Evelts Schwiegervater Forckenbeck war 1804 geadelt worden.[221] Eine Tochter Jacob Friderichs heiratete 1847 den

214 Monika Degenhard, Liste der Höchstbesteuerten von Düsseldorf aus dem Jahre 1812, in: Düsseldorfer Familienkunde 51, 2015, S. 6–8.

215 Peter Kriedte, Krefeld und die Notablengesellschaft der französischen Zeit, in: Annalen des Historischen Vereins für den Niederrhein 208, 2005, S. 203–224, hier S. 215f.

216 Liste der Gemeinde-Wähler der Sammtgemeinde Düsseldorf. Nach amtlicher Mittheilungen, o. O. (1852).

217 Ottos Schwiegermutter Marie Sibilla Pütz, verheiratet mit Caspar Laurenz Anton Schmitz, und Hertz' Schwiegervater Vitus Pütz waren Kinder des Derendorfer Ackermannes Wilhelm Heinrich Pütz und seiner Frau Elisabeth Wenders. StAD, Standesamt Düsseldorf-Mitte Heiraten 1811 Nr. 125; Heiraten 1819 Nr. 104.

218 StAD, Findbuch „Nachlass Nr. 6: Nachlass Notarenfamilie Euler", S. 13. Dort heißt es irrtümlich, Otto sei auch Notar gewesen. Dessen richtiger Beruf: Bericht über den Stand und die Verwaltung der Gemeinde-Angelegenheiten der Stadt Düsseldorf für den Zeitraum vom 1. April 1904 bis 31. März 1905, Düsseldorf [1905], S. 338.

219 StAD, Standesamt Düsseldorf-Mitte, Sterbefälle 1863 Nr. 1167 und 1890 Nr. 1756. – LAV NRW R, Personenstandsregister, Köln II, S, Nr. 545/1902.

220 Gothaisches Genealogisches Taschenbuch der Briefadeligen Häuser 6, 1912, S. 273.

221 Walter, Beamtenschaft (wie Anm. 197), S. 405. – Unklar ist die Adelsqualität von Brachts Schwiegervater Ambrosius von Dorsten. Sein Vater war Obersteuereinnehmer sowie Richter der Herrschaft Neuerburg. StAD, Standesamt Düsseldorf-Mitte, Sterbefälle 1829 Nr. 248. In Adelslexika ist die Familie nicht zu finden. Handelte es sich um usurpierten Adel?

Regierungsreferendar Alexander von Sybel, der später Ministerialrat in Straßburg war und dessen Vater 1831 als Regierungsrat geadelt worden war.[222] Es handelte sich in allen Fällen um neueren Beamtenadel. Gustav Kusenbergs Sohn Otto, preußischer Regierungsrat, heiratete 1899 eine Brunhild von Puttkamer und erhielt 1913 den hessischen Adel.[223]

Die verwandtschaftlichen Beziehungen zur Unternehmerschaft wurden erst in der zweiten Jahrhunderthälfte zahlreicher – wahrscheinlich, weil erst dann die Unternehmer in Düsseldorf begannen, eine führende Rolle zu spielen. Die Schwiegermutter Joseph Eulers stammte aus der Krefelder Seidenfabrikantenfamilie de Greiff.[224] Ein Bruder Anton Bloems war Gustav Bloem, Zündhütchenfabrikant und Vorsitzender der Düsseldorfer Handelskammer.[225] Zwei Töchter von Engelbert Frings heirateten in Unternehmerfamilien: Leonie heiratete 1875 Franz Johann Guilleaume, der später als Inhaber der Bonner Firma „Franz Anton Mehlem" zum Geheimen Kommerzienrat ernannt wurde.[226] Adele heiratete 1888 den Arzt Albert Poensgen, dessen gleichnamiger Vater die Düsseldorfer Röhrenindustrie begründet hatte.[227] Coninx' Sohn Julius war 1873 Mitgründer der Düsseldorfer Eisen- und Drahtindustrie AG und gehörte bis 1899 ihrem Vorstand an.[228]

V Berufliches Ansehen, wirtschaftliche Lage

Über das berufliche Ansehen der einzelnen Juristen geben Aussagen von Zeitgenossen sowie Nachrufe Aufschluss. Carl Schorn, der von 1853 bis 1861 Staatsprokurator am Landgericht Düsseldorf war, schrieb in seinen Lebenserinnerungen über die Justizräte Friderichs, Kramer, Hertz und Kusenberg, sie seien *sehr angesehene und gesuchte Anwälte und Vorbilder für Anstand und gute Sitten*

222 StAD, Standesamt Düsseldorf-Mitte, Heiraten 1847 Nr. 209. – Gothaisches Genealogisches Taschenbuch der Briefadeligen Häuser 13, 1919, S. 758. – Zu Alexander von Sybel: Neue Deutsche Biographie, Bd. 25, Berlin 2013, S. 733.

223 Gothaisches Genealogisches Taschenbuch der Briefadeligen Häuser 13, 1919, S. 486.

224 StAD, Standesamt Düsseldorf-Mitte, Sterbefälle 1858 Nr. 382. – Zur Familie de Greiff: Ludwig Beck, Krefelder Familien, in: Die Heimat. Zeitschrift für niederrheinische Kultur- und Heimatpflege 50, 1979, S. 189–192 und 51, 1980, S. 151–158, hier S. 156–158.

225 Zu Gustav Bloem: Bericht der Handelskammer zu Düsseldorf über das Jahr 1901. Zweiter Teil, Düsseldorf 1902, S. 16–20.

226 Robert Steimel, Mit Köln versippt, Bd. 2, Köln-Zollstock (1956), Tafel 278.

227 Deutsches Geschlechterbuch Bd. 123, Glücksburg 1958, S. 287f., 295.

228 Sebastian Beck, Der Unternehmer Emil von Gahlen (1828–1919). Ein Beitrag zur Düsseldorfer Industriegeschichte, in: Düsseldorfer Jahrbuch 86, 2016, S. 171–212, hier S. 186–189.

gewesen.[229] Und 1862 meinte Karl Rodbertus, bekannter Nationalökonom und 1848 Fraktionsführer in der preußischen Nationalversammlung, über seinen Freund Anton Bloem, er sei *einer der angesehensten Advokaten am Niederrhein.*[230]

Über Andreas Courth schrieb sein Totenzettel: *Seine Gesetzeskenntniß und juristischer Scharfsinn, Fleiß und Amtstreue, erwarben ihm die Hochachtung seiner Amtsgenossen und das Vertrauen seiner Mitbürger.*[231] Franz Lützeler war nach Aussage seines Totenzettels *wegen seiner ausgezeichneten juristischen Kenntnisse und praktischen Bewährung allgemein hochgeachtet und geschätzt.*[232] Ein Nachruf auf Joseph Euler rühmte *die hervorragende Stellung, welche derselbe nicht nur in unserm Rheinpreußischen Notariats-Vereine, sondern auch im weiteren Kreise der deutschen Notariats-Welt eingenommen.*[233] Euler hatte 1844 ein Buch „Ueber das Notariat in Rheinpreußen" und 1858 das „Handbuch des Notariats in Preußen" veröffentlicht.[234] Auch in Berufsverbänden war er aktiv. 1858 wurde er in den Vorstand des „Vereins für das Notariat in Rheinpreußen" gewählt.[235] 1860 war er als einziger Düsseldorfer Mitglied des ersten deutschen Juristentages.[236] 1871 gehörte er zum Gründungskomitee des „Notariats-Vereins für Deutschland und Österreich" und wurde dessen Präsident.[237] Weiter war er Ehrenmitglied des niederösterreichischen und des böhmischen Notariatsvereins.[238] Ein bedeutender Notar muss auch Karl Coninx gewesen sein; um 1840 soll er der meist-beschäftigte Notar der Rheinprovinz gewesen sein.[239]

Ein besonderes Ansehen dürften auch die Vorsitzenden des Disziplinarrates der Advokaten und Advokat-Anwälte am Landgericht Düsseldorf besessen ha-

229 Karl Schorn, Lebenserinnerungen. Ein Beitrag zur Geschichte der Rheinlande im neunzehnten Jahrhundert, Bonn 1898, Bd. 2, S. 97. – Zu Schorn: Heinrich Best/Wilhelm Weege, Biographisches Handbuch der Abgeordneten der Frankfurter Nationalversammlung 1848/49, Düsseldorf 1998, S. 303.

230 Hans Rosenberg, Machteliten und Wirtschaftskonjunkturen. Studien zur neueren deutschen Sozial- und Wirtschaftsgeschichte, Göttingen 1978, S. 236.

231 StAD, 7-0-2-2358.0000: Totenzettel Andreas Courth. – Der Quellenwert von Totenzetteln könnte in Frage gestellt werden, weil sie wahrscheinlich oft das Bild eines Verstorbenen idealisiert haben. Andererseits richteten sie sich in erster Linie an dessen Bekannte, denen zumindest kein völlig falsches Bild geboten werden konnte.

232 StAD, 7-0-2-10931.0000: Totenzettel Johann Franz Heinrich Lützeler.

233 Zeitschrift für das Notariat 31, 1886, S. 259.

234 Ebd., S. 260.

235 Zeitschrift für das Notariat 3, 1858, S. 120.

236 Verhandlungen des Ersten deutschen Juristentages, Berlin 1860, S. 362.

237 Zeitschrift für das Notariat 16, 1871, S. 240, 328.

238 Weisweiler, Geschichte (wie Anm. 3), Bd. 2, S. 402.

239 Paul-Georg Custodis, Die Düsseldorfer Familie Custodis. Hinweise auf Briefquellen aus dem 19. Jahrhundert, in: Düsseldorfer Jahrbuch 82, 2012, S. 203–217, hier S. 206f.

ben.[240] Vorsitzender war in den Fünfzigerjahren Jakob Friderichs.[241] Später führten Ludwig Kramer und Engelbert Frings den Vorsitz.[242] Die Rechtsanwälte beim Landgericht Düsseldorf schrieben 1889 in einer Todesanzeige für Frings, er habe sich als Vorsitzender des ehemaligen Disziplinarrates *durch Tüchtigkeit, Ehrenhaftigkeit und Pflichttreue ein dauerndes Andenken gesichert*.[243] Als 1879 die neue Rechtsanwaltsordnung Anwaltskammern schuf, wurde Frings in den Vorstand der Anwaltskammer für den Oberlandesgerichtsbezirk Köln gewählt. Da er aber 1880 aus der Rechtsanwaltschaft ausschied, dauerte diese Mitgliedschaft nur ein Jahr.[244]

Für die ersten sieben Monate des Justizjahres 1858/1859 liegt die Zahl der Zivilsachen vor, die für die Advokat-Anwälte im Register der beim Landgericht Düsseldorf anhängigen Prozesse, der sogenannten Rolle, verzeichnet waren. Das Gefälle war sehr groß: Kramer 227 Sachen, von Fuchsius 191 Sachen, Bloem 139 Sachen, Kusenberg 123 Sachen, Stiesberg 111 Sachen, Friderichs 104 Sachen, Hertz 98 Sachen, Windscheid 44 Sachen, Frings 36 Sachen, Courth 32 Sachen, Rings 30 Sachen, Weiler 27 Sachen. Rings gewährte außerdem in 259 Fällen einem Advokaten seine Assistenz, was zumindest 1858/1859 die anderen Advokat-Anwälte nur

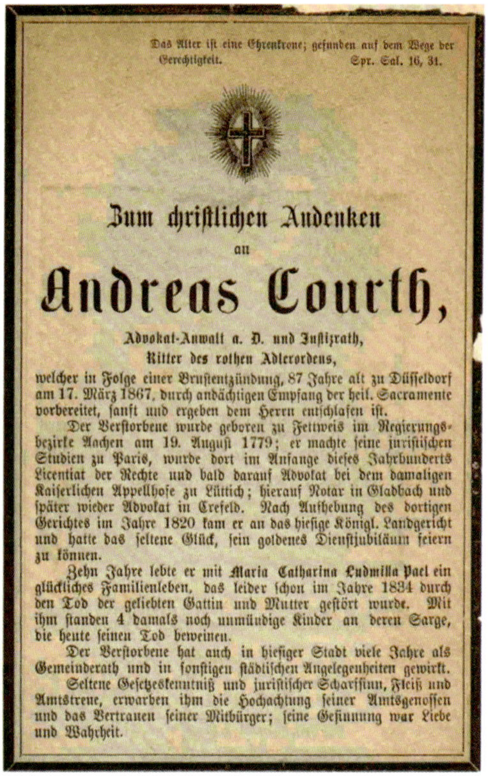
Das Alter ist eine Ehrenkrone; gefunden auf dem Wege der Gerechtigkeit. Spr. Sal. 16, 31.

Zum christlichen Andenken

an

Andreas Courth,

Advokat-Anwalt a. D. und Justizrath,

Ritter des rothen Adlerordens,

welcher in Folge einer Brustentzündung, 87 Jahre alt zu Düsseldorf am 17. März 1867, durch andächtigen Empfang der heil. Sacramente vorbereitet, sanft und ergeben dem Herrn entschlafen ist.

Der Verstorbene wurde geboren zu Fettweis im Regierungsbezirke Aachen am 19. August 1779; er machte seine juristischen Studien zu Paris, wurde dort im Anfange dieses Jahrhunderts Licentiat der Rechte und bald darauf Advokat bei dem damaligen Kaiserlichen Appellhofe zu Lüttich; hierauf Notar in Gladbach und später wieder Advokat in Crefeld. Nach Aufhebung des dortigen Gerichtes im Jahre 1820 kam er an das hiesige Königl. Landgericht und hatte das seltene Glück, sein goldenes Dienstjubiläum feiern zu können.

Zehn Jahre lebte er mit **Maria Catharina Ludmilla Pael** ein glückliches Familienleben, das leider schon im Jahre 1834 durch den Tod der geliebten Gattin und Mutter gestört wurde. Mit ihm standen 4 damals noch unmündige Kinder an deren Sarge, die heute seinen Tod beweinen.

Der Verstorbene hat auch in hiesiger Stadt viele Jahre als Gemeinderath und in sonstigen städtischen Angelegenheiten gewirkt.

Seltene Gesetzeskenntniß und juristischer Scharfsinn, Fleiß und Amtstreue, erwarben ihm die Hochachtung seiner Amtsgenossen und das Vertrauen seiner Mitbürger; seine Gesinnung war Liebe und Wahrheit.

Totenzettel des Advokat-Anwalts a.D. Andreas Courth (1779–1867) (StAD 7-0-2-2358).

240 Die Disziplinarräte an den rheinischen Landgerichten wurden 1844 geschaffen; die Vorsitzenden wurden vom Generalprokurator ernannt. Verordnung, betreffend die Ausübung der Disziplin über Advokaten und Anwalte [!] im Bezirke des Appellationsgerichtshofes zu Cöln. Vom 7. Juni 1844, in: Gesetz-Sammlung für die Königlichen Preußischen Staaten 1844, Berlin [1844], S. 175–178.

241 Jahrbuch der Preußischen Gerichtsverfassung 1, 1851, S. 293; 2, 1852, S. 256; 3, 1854, S. 223; 4, 1856, S. 207.

242 Ebd. 6, 1863, S. 277; 10, 1872, S. 230; 11, 1874, S. 228; 12, 1876, S. 230.

243 Düsseldorfer Anzeiger vom 30.9.1889.

244 Constantin Privat, Anwaltschaft im Wandel. 125 Jahre Rechtsanwaltskammer Köln 1879–2004, Köln 2004, S. 47, 274.

sehr selten oder gar nicht taten.[245] Bei Andreas Courth lässt sich die geringe Zahl der Sachen damit erklären, dass er 1859 bereits 80 Jahre alt war. Die Zahl der Strafverteidigungen ist nicht bekannt. Engelbert von Fuchsius soll aber im Justizjahr 1861/1862 immerhin 229 Verteidigungen übernommen haben.[246]

Auch die Einkommen waren sehr unterschiedlich. Die Mehrheit gehörte aber nach ihrem Einkommen zur Oberschicht. Das zeigt die Wählerliste für die Gemeinderatswahl von 1852: Die erste Klasse umfasste 146 Wähler. An der Spitze standen der Rentner Peter Göring und der Kommerzienrat J. G. Spatz mit einem Steueranschlag von je 6.000 Talern; der geringste Steueranschlag betrug 1.500 Taler. Hier war die Mehrheit der untersuchten Juristen wahlberechtigt: Karl Coninx (Steueranschlag von 3.500 Talern), Andreas Courth, Jacob Friderichs, Wilhelm Weiler (je 3.000 Taler), Ludwig Kramer (2.500 Taler), Joseph Euler, Eberhard Hertz, Gustav Kusenberg, Karl Otto (je 1.800 Taler), Anton Bloem und Christan Evelt (je 1.500 Taler). Zur zweiten Klasse gehörten 351 Wähler mit Steueranschlägen zwischen 1.500 und 700 Talern. Hier konnten Franz Lützeler (1.500 Taler), Friedrich Bracht, Oswald Hagdorn (je 1.000 Taler) und Engelbert von Fuchsius (700 Taler) wählen. Die dritte Klasse hatte 858 Wähler mit Steueranschlägen zwischen 700 und 250 Talern. Von den untersuchten Juristen war hier nur Eugen Windscheid (500 Taler) wahlberechtigt. In der Liste fehlten Karl Lützeler, der erst 1852 nach Düsseldorf kam, Heinrich Stiesberg, Engelbert Frings und Karl Rings.[247] Frings, Karl Lützeler (als Rentner) und Stiesberg konnten 1860 in der zweiten Klasse wählen, wie auch Bloem, Evelt und Franz Lützeler. Windscheid war wieder der einzige unserer Juristen, der nur zur dritten Klasse gehörte.[248] Rings fehlte auch in dieser Wählerliste. Offensichtlich war sein Einkommen zu gering, um wahlberechtigt zu sein. Auch 1848 hatte sein Einkommen nur 100 Taler betragen.[249]

Einkommen und Vermögen stammten nicht nur aus juristischer Tätigkeit. Die Mehrheit der untersuchten Juristen verfügte über – mitunter beträchtlichen – Hausbesitz in Düsseldorf. Das zeigt die Düsseldorfer Polizeiverordnung von 1858 über die Nummerierung der Häuser, die alle damaligen Hausbesitzer nennt. Wilhelm Weiler besaß sieben Häuser und zwei unbebaute Grundstücke. Karl Otto hatte drei Häuser und ein unbebautes Grundstück.

245 LAV NRW R, Gerichte Rep. 11 Nr. 1265: Das Institut der Advokaten und Anwälte in den Rheinprovinzen (1831–1871). – Friedrich Bracht war bereits verstorben.

246 Fischer, Staatsanwälte (wie Anm. 3), S. 146.

247 Liste (wie Anm. 216).

248 StAD, 0-1-2-7.0000: Die Aufstellung der Wahllisten und die Wahl der Gemeinde- resp. Stadtverordneten nach der Gemeinde-Ordnung vom 11. März 1850 und Städte-Ordnung vom 15. Mai 1856, Bd. 1 (1850–1870), Bl. 140.

249 Verzeichniß der Communal-Einkommensteuer-Anschläge der Sammtgemeinde Düsseldorf für das Jahr 1848, Düsseldorf 1848, S. 69.

Eberhard Hertz besaß drei Häuser, seine Frau zwei Häuser. Über je zwei Häuser verfügten Christian Evelt, Franz Lützeler und Karl Lützeler. Nur fünf der Juristen hatten 1858 (zumindest in Düsseldorf) keinen Hausbesitz: Engelbert Frings, Oswald Hagdorn, Gustav Kusenberg, Karl Rings und Eugen Windscheid.[250] Einige Juristen hatten auch Landbesitz: Andreas Courth hatte 1824 in der Gemeinde Vorst (heute Tönisvorst) für 12.200 Taler das freiadelige Rittergut, „die Donk" genannt, mit ungefähr 120 Morgen gekauft.[251] Friedrich Bracht war Gutsbesitzer in Bilk.[252] Joseph Euler kaufte in Flingern Grundstücke, die später teilweise zum Eulerhof gehörten.[253] Die Witwe des Notars Coninx, Wilhelmine geb. Dewies, besaß 1882 den Büsgeshof in Ratingen mit 35 ha.[254] Wilhelm Weiler war vielleicht Rittergutsbesitzer.[255]

Auch in Wirtschaftsunternehmen waren die Juristen aktiv. Tätigkeiten für oder in Wirtschaftsunternehmen wurden nämlich im 19. Jahrhundert zu einem wichtigen Arbeitsfeld für Anwälte.[256] Friedrich Bracht war um 1830 Justitiar des 1823 in Elberfeld gegründeten Deutsch-Amerikanischen Bergwerksvereins.[257] Joseph Euler gehörte 1845 zu den Gründern der Düsseldorfer Allgemeinen Versicherungs-Gesellschaft für See-, Fluss- und Land-Transport, war länger als 40 Jahre Mitglied ihrer Verwaltung und war bei seinem Tod 1886 ihr Präsident.[258] Er saß auch viele Jahre im Verwaltungsrat

250 Die Düsseldorfer Polizeiverordnung von 1858. Die alten und neuen Hausnummern. Mit einer Einführung in die Entstehung der Hausnumerierung im ausgehenden 18. und beginnenden 19. Jahrhundert von Heike Blumreiter, Düsseldorf 2005. – Auch der bereits 1855 verstorbene Friedrich Bracht muss Hausbesitzer gewesen sein. Das Haus Schwanenmarkt 8 gehörte nämlich 1858 seinen Erben.

251 Hubert Lüstraeten, Der Krefelder Notar Johann Nepomuk Courth, in: Die Heimat. Zeitschrift für niederrheinische Heimatpflege 34, 1963, S. 72–88, hier S. 76.

252 Genealogisches Handbuch bürgerlicher Familien, Bd. 8, Görlitz 1901, S. 54. – Rüttger Brüning (Hrsg.), Offizielles Adress-Buch für Rheinland-Westphalen, Elberfeld [1833/34], S. 16. – Als Abgeordneter des vierten Standes auf dem Provinziallandtag hat Bracht eine Grundsteuer von mindestens 20 Talern zahlen müssen. Amtsblatt 1826, S. 32.

253 StAD, Findbuch „Nachlass Nr. 6: Nachlass Notarenfamilie Euler", S. 14.

254 P. Ellerholz, Handbuch des Grundbesitzes im Deutschen Reich, Teil 1: Das Königreich Preußen,.Lieferung 9: Die Rheinprovinz, Berlin 1882, S. 202f.

255 Hüttenberger spricht im Zusammenhang mit der Feier zum 25-jährigen Jubiläum Gerhard Baums als Mitglied der Handelskammer 1856 vom „Advokat und Rittergutsbesitzer Weiler." Weidenhaupt, Düsseldorf (wie Anm. 2), Bd. 2, S. 507. Allerdings ist in den entsprechenden Zeitungsberichten nur vom *Advokat-Anwalt Weiler* die Rede. Düsseldorfer Zeitung vom 7.11.1856; Düsseldorfer Journal vom 7.11.1856.

256 Siegrist, Rechtsanwälte (wie Anm. 159), S. 106.

257 Hans Kruse, Deutsche Briefe aus Mexiko mit einer Geschichte des Deutsch-Amerikanischen Bergwerksvereins 1824–1838, Essen 1923, S. XVII, LI.

258 Amtsblatt 1846, S. 487–490. – Todesanzeige für Euler, in: Düsseldorfer Volksblatt vom 29.10.1886

der Düsseldorfer Dampfschifffahrts-Gesellschaft.[259] Wilhelm Weiler war 1846 Kommanditist der Gasanstalt Sinzig & Co.[260]

Anton Bloem war 1855 Vizepräsident des Verwaltungsrates der Düsseldorf-Elberfel-der Eisenbahn.[261] Im März 1872 – also im selben Jahr, in dem er aus dem Justizdienst ausschied – wurde er Aufsichtsratsmitglied der neu gegründeten Düsseldorfer Baubank.[262] Als zur gleichen Zeit die rheinischen und westfälischen Kreditgenossenschaften in Köln die Rheinisch-Westfälische Genossenschaftsbank gründeten, saß Bloem im Gründungskomitee und wurde Mitglied der Direktion, schied dort aber bereits im Januar 1874 wieder aus.[263] Bloems Tätigkeit bei der Genossenschaftsbank führte dazu, dass er sich strafrechtlicher Verfolgung ausgesetzt sah. Ursache war die Gründung der Stolberger Glashütten-Aktiengesellschaft, bei der sich die Gründer hohe Gewinne verschafft hatten, wie es in den damaligen „Gründerjahren" häufig vorkam. Die Stolberger Glashütten-AG war am 26. Oktober 1872 von der Rheinisch-Westfälischen Genossenschaftsbank und vier Personen aus dem Aachener Raum gegründet worden. Bloem trat in den Aufsichtsrat ein. Einen Monat vorher, am 28. September, hatte die Genossenschaftsbank eine Glashütte in Stolberg für 160.000 Taler gekauft, von denen aber 30.000 Taler an eine der vier Personen als Kommissionsgebühr abgetreten wurden. Die Genossenschaftsbank verkaufte dann die Glashütte für 200.000 Taler an die neu gegründete Aktiengesellschaft. Dieser Gewinn der Genossenschaftsbank von 40.000 Talern und die Kommissionsgebühr von 30.000 Talern wurden an die Gemeinschaft der Gründer abgetreten, die so einen Gewinn von 70.000 Talern gemacht hatten. Schließlich wurden die meisten Aktien an ein Konsortium verkauft, dessen Mitglieder über diesen Gewinn nicht unterrichtet worden waren. Deshalb wurden die beiden Direktoren der Genossenschaftsbank, also auch Bloem, und die vier anderen Gründer wegen Betruges angeklagt. Am Landgericht Aachen sprachen die Zuchtpolizeikammer und – im Berufungsverfahren – die Appellkammer die Angeklagten frei. Das Obertribunal in Berlin hob die Freisprüche am 4. Mai 1876 auf und verwies das Verfahren an die Appellkammer des Land-

259 Zeitschrift für das Notariat 31, 1886, S. 260.

260 Otto Most, Geschichte der Stadt Düsseldorf, Bd. 2, Düsseldorf 1921, S. 117. – S. a. Hans Seeling, Gas-Ingenieur Clément Leprince und Düsseldorfs erstes Gaswerk Sinzig & Comp. (1848–1866), in: Düsseldorfer Jahrbuch 74, 2003, S. 193–245, bes. S. 223f.

261 Adressbuch 1855, S. 191.

262 Anzeige der Düsseldorfer Baubank vom 21.3.1872, in: Düsseldorfer Zeitung vom 27.3.1872.

263 Der Aktionär. Internationales Zentral-Organ für den Mobiliar-Besitz 19, 1872, S. 119, 121. – Bekanntmachung der entsprechenden Eintragungen ins Handelsregister: Deutscher Reichsanzeiger und Königlich Preußischer Staats-Anzeiger (Berlin) vom 26.3.1872 und 26.1.1874.

gerichtes Düsseldorf. Diese sprach am 9. Mai 1877 die Angeklagten erneut frei. Das öffentliche Ministerium (= Staatsanwaltschaft) legte dagegen das Rechtsmittel der Kassation ein. Von einem erneuten Urteil des Obertribunals ist aber nichts bekannt.[264]

Engelbert Frings hatte, als er 1889 starb, über 23 Jahre lang der Direktion der Niederrheinischen Dampfschleppschifffahrts-Gesellschaft angehört und hatte dort die letzten sechs Jahre den Vorsitz geführt. Auch war er Mitglied der Verwaltung der Düsseldorfer Allgemeinen Versicherungs-Gesellschaft für See-, Fluss- und Landtransport gewesen.[265] Auch Ludwig Kramer war Direktor der Niederrheinischen Dampfschleppschifffahrts-Gesellschaft.[266] Heinrich Stiesberg war Vorsitzender des Verwaltungsrates der Düsseldorfer Gewerbebank, die 1875 in Konkurs geriet.[267]

264 Die Rechtsprechung des Königlichen Ober-Tribunals in Straf-Sachen, Bd. 17, Berlin 1876, S. 307–317. – Otto Glagau, Der Börsen- und Gründungs-Schwindel in Deutschland (Zweiter Theil von „Der Börsen- und Gründungs-Schwindel in Berlin“), Leipzig 1877, S. 200–202. – Düsseldorfer Anzeiger vom 9. und 11.5.1877. – Justinus Moeller, Gründerprocesse. Eine criminalpolitische Studie, Berlin ^{2}1876, S. 78–90. – Zu den Verfahren beim Landgericht Aachen: Echo der Gegenwart (Aachen) vom 2., 3., 4. und 5.6.1875 (jeweils Zweites Blatt), 10.6.1875 (Erstes Blatt), 19. und 20.11.1875 (jeweils Zweites Blatt). – Bloems Tochter Antonie erinnerte sich 1920 – also etwa 45 Jahre später – in einem Brief an den Düsseldorfer Stadtarchivar Paul Wentzcke, ihr Vater sei ab etwa 1873 bei einer Niederrheinischen Industriegesellschaft in Düsseldorf tätig gewesen und nach deren Konkurs angeklagt worden. Zunächst sei er schuldig gesprochen, dann aber vollständig freigesprochen worden. StAD, 4-3-0-8.0000: Sieben Seiten handschriftliches Schreiben von Antonie Bloem, Wiesbaden an Dr. P. Wentzcke mit Angaben über ihre Verwandtschaft insbes. über ihren Vater Jakob Anton Bloem (1920). Wahrscheinlich hat Antonie Bloem hier den Prozess wegen der Stolberger Glashütten-AG gemeint. Eine Niederrheinische Industriegesellschaft hat es wohl nicht gegeben. Sie war damals jedenfalls nicht im Handelsregister des Düsseldorfer Handelsgerichtes eingetragen. Jahres-Bericht der Handels-Kammer zu Düsseldorf pro 1874, Düsseldorf (1875), S. 89ff.

265 Siehe die Todesanzeigen für Frings in: Düsseldorfer Anzeiger vom 29.9.1889. – Die Familie Frings scheint schon länger mit der Niederrheinischen Dampfschleppschifffahrts-Gesellschaft verbunden gewesen zu sein. 1853 hatte der Direktion ein Ed. Frings zu Uerdingen angehört. StAD, 0-1-2-174.0000: Die Actien-Gesellschaften und deren Vermögen resp. Beaufsichtigung. Bd. 1 (1853–1873), Bl. 2.

266 Adressbuch 1875, III. Teil, S. 89.

267 Adressbuch 1875, III. Teil, S. 90. – Zur Düsseldorfer Gewerbebank: Axel Rosch, Die Entstehung und Entwicklung des Bankenplatzes Düsseldorf. Von Beginn der Industrialisierung bis zur Entindustrialisierung (1850–1961), Hamburg 2012, S. 101–104.

VI Politische Aktivitäten

Friedrich Bracht gehörte von 1826 bis 1837 als Abgeordneter des vierten Standes dem rheinischen Provinziallandtag an.[268] Von diesem wurde er 1827 in die sogenannte Revisionskommission in Berlin entsandt, die die Vorbehalte gegenüber der geplanten Einführung des preußischen an Stelle des französischen Rechts in der Rheinprovinz erörtern sollte. Es war wohl nicht zuletzt Brachts Engagement zu verdanken, dass der König vorerst von der Einführung des preußischen Rechts absah.[269] Noch 1855, als Bracht starb, hob der Totenzettel seinen Einsatz für das französische Recht hervor: … *auch in weiteren Kreisen bekannt sind seine Bemühungen, mit welchen er für die Erhaltung unserer Rechtsinstitutionen allzeit thätig gewesen ist.*[270] Dass Bracht bei den preußischen Behörden schlecht angeschrieben war, zeigt ein Bericht des Düsseldorfer Regierungspräsidenten Anton Graf zu Stolberg-Wernigerode vom 22. November 1836 darüber, wie die Bevölkerung den Straßburger Putschversuch des späteren Napoleon III. beurteile. Stolberg-Wernigerode zählte Bracht, der damals in Bilk wohnte, zu den Personen, *welche früher Napoleonisten waren u. jezt der revolutionairen Partei angehören.* Er arbeite *mit angestrengten* [!] *Eifer gegen das Gouvernement* und sei *wirklich sehr gefährlich.* Seine Hauptwirksamkeit sei eine versteckte. Der Bericht wurde auch dem Justizminister Kamptz vorgelegt. Dieser meinte, Bracht sei ihm *bereits seit 1817 von der in jenem Berichte geschilderten und noch weit schlimmern Seite sehr genau bekannt.* In den größeren Städten um seinen Wohnort Bilk sei er *der Mittelpunkt der gegen*

In Gott meine Hoffnung.

„Wenn Jemand Gottesfurcht lieb hat, so besteht sein Thun in großen Tugenden; denn sie lehret Mäßigkeit und Klugheit, Gerechtigkeit und Starkmuth, welche das Nützlichste ist im Menschenleben." Weish. 8, 7.

Zum Gedächtniß

an

Friedrich Bracht

Dr. jur. und Advokat-Anwalt in Düsseldorf,

welcher am 4. Februar 1855 Morgens gegen 7½ Uhr, durch einen Schlaganfall getroffen, unter dem Gebet der Seinigen, sanft und gottergeben im Herrn entschlief.

Er war geboren zu Recklinghausen am 2. Nov. 1781, verlegte aber schon früh seinen Wohnsitz nach Düsseldorf, wo er theilweise wie auch in Münster und Göttingen seine Studien machte. Im J. 1804 begann er seine Laufbahn als Advokat und im J. 1812 als Advokat-Anwalt bei dem damaligen Appellhofe in Düsseldorf. Seine weise Einsicht, seinen graden Sinn und sein liebes Gemüth ehrten seine Mitbürger durch seine wiederholte Wahl als Mitglied des rheinischen Landtags, und als solchem wurde ihm die Auszeichnung zu Theil, in die Commission für die Gesetzrevision in Berlin erwählt zu werden. Ihm selber aber wurde für das Gute, Rechte und Wahre kein Opfer zu schwer und auch in weiteren Kreisen bekannt sind seine Bemühungen, mit welchen er für die Erhaltung unserer Rechtsinstitutionen allzeit thätig gewesen ist.

Fast 47 Jahre lebte er in einer wahrhaft glücklichen Ehe mit Frau Catharina von Dorsten, von deren Seite ihn der Tod unerwartet hinweggenommen, — der treuen Gattin, den Söhnen und Töchtern, der ganzen Familie zum tiefsten Schmerz. — Mag der Tod ihn äußerlich überrascht haben, wohl gedachte der edle Mann in seinem Innern einer ungewissen Abrufung, wie sein letztes Wort in einem unvollendeten Briefe an den fernen Sohn ausspricht, und Gott wird nicht unvorbereitet gefunden haben ihn, der nach frommer Gewohnheit täglich im Gebete vertrauensvoll sein Herz zu seinem Schöpfer erhob.

Bewahren wir in Liebe sein Andenken und beten im Namen Jesu, daß er ewig selig lebe bei Gott!

Totenzettel des Advokat-Anwalts Friedrich Bracht (1781–1855) (StAD 7-0-2-1278).

268 Torunsky, Abgeordneten (wie Anm. 185), Bd. 1, S. 72.

269 Ernst Landsberg, Das rheinische Recht und die rheinische Gerichtsverfassung, in: Joseph Hansen (Hrsg.), Die Rheinprovinz 1815–1915. Hundert Jahre preußische Herrschaft am Rhein, Bd. 1, Bonn 1917, S. 149–195, hier S. 157–162.

270 StAD, 7-0-2-1278.0000: Totenzettel Friedrich Bracht.

die Preußische Regierung gerichteten Intrigen.[271] Leider wird nicht gesagt, worin die Gefährlichkeit und die Intrigen Brachts bestanden haben sollen. War damit Brachts Verteidigung des napoleonischen Rechts gemeint? Kamptz könnte so gedacht haben; er war nämlich ein unbedingter Verfechter der Einführung des preußischen Rechts in der Rheinprovinz.

Andere Juristen haben sich im Vormärz daran beteiligt, Feste zu veranstalten, bei denen Abgeordnete für ihre regierungskritische Haltung gefeiert wurden. So fand am 4. Juli 1843 in Düsseldorf ein Bankett für die Abgeordneten des rheinischen Provinziallandtages statt, nachdem sich dieser einstimmig gegen den Regierungsentwurf eines neuen Strafgesetzbuches ausgesprochen hatte. Zu den 18 Männern, die das Fest organisierten, gehörten auch die Juristen Coninx, Euler und Weiler.[272] Für den 1. August 1847 war ein Festessen für die rheinischen Abgeordneten des Vereinigten Landtages geplant, das aber verboten wurde. An einer vorbereitenden Versammlung für dieses Fest hatten auch Anton Bloem und Joseph Euler teilgenommen.[273]

In der Achtundvierziger-Revolution haben die untersuchten Juristen unterschiedliche Positionen eingenommen.[274] Bei den Maiwahlen 1848 wurden Joseph Euler, Anton Bloem und Oswald Hagdorn sowohl für die Wahl der deutschen als auch für die Wahl der preußischen Nationalversammlung zu Wahlmännern gewählt.[275] Sie waren Kandidaten des Vereins für demokratische Monarchie.[276] Dagegen hatten im April 1848 Ludwig Kramer, Gustav Kusenberg, Karl Otto und Wilhelm Weiler einen Wahlaufruf unterschrieben, dessen Initiatoren von Weidenhaupt und Wiesemann als reformkonservativ-katholische Koalition bezeichnet werden. Dieser forderte auch eine *demokratisch-konstitutionelle Monarchie,*

271 Geheimes Staatsarchiv Preußischer Kulturbesitz, I. HA Rep. 77 Ministeriums des Innern, Tit. 505 Nr. 3 Bd. 2: Volksaufstände und Tumulte im Düsseldorfer Regierungsbezirk (1835–1840), Bl. 71–79, bes. Bl. 73–74, 79.

272 Most, Geschichte (wie Anm. 260), S. 60. – Zu den Abgeordnetenfesten auch: Ute Schneider, Politische Festkultur im 19. Jahrhundert. Die Rheinprovinz von der französischen Zeit bis zum Ende des Ersten Weltkrieges (1806–1918), Essen 1995, S. 99–122.

273 Dieter Dowe, Aktion und Organisation. Arbeiterbewegung, sozialistische und kommunistische Bewegung in der preußischen Rheinprovinz 1820–1852, Hannover 1970, S. 121.

274 In der Achtundvierziger Revolution waren auch die Düsseldorfer Advokat-Anwälte Hugo Wesendonck (Mitglied der deutschen Nationalversammlung), Christian Widenmann (Unterstaatssekretär im Reichsministerium der Justiz) und Jacob Scherer (seit 1849 Abgeordneter in der preußischen Zweiten Kammer) aktiv. Sie werden hier aber nicht berücksichtigt, weil sie 1855 nicht mehr in Düsseldorf lebten.

275 Düsseldorfer Journal und Kreis-Blatt vom 5.5.1848. – Die Wahlen waren (wie auch die späteren Wahlen zum preußischen Parlament) indirekt: Zuerst wurden in den sogenannten Urwahlen Wahlmänner gewählt, die dann die Abgeordneten wählten.

276 Hugo Weidenhaupt/Falk Wiesemann (Hrsg.), Düsseldorf während der Revolution 1848/49, Münster 1983, Dok. 19.

d. h. eine Monarchie mit wahrer, allgemeiner Volksvertretung und Verantwortlichkeit der Minister. Der Aufruf betonte aber stärker die religiöse Freiheiten, insbesondere die Unabhängigkeit der Glaubensgenossenschaften vom Staat.[277] Dass die Unterzeichner nicht alle Katholiken waren, zeigt die Unterschrift des Protestanten Kusenberg.

Bloem und Euler wurden mit je 87 von 147 beziehungsweise 143 Stimmen zu Abgeordneten der preußischen Nationalversammlung gewählt.[278] Sie schlossen sich dort der Fraktion der Linken an, traten dann aber zum Zentrum Rodbertus über, das Linksliberale und gemäßigte Demokraten vereinte.[279] Bloem wurde Mitglied der Verfassungskommission.[280] Dort fungierte er zusammen mit dem Abgeordneten Joseph Evelt als Berichterstatter für den Entwurf einer Kommunalordnung.[281] Euler sprach in der Nationalversammlung am 1. August gegen die Todesstrafe.[282]

Anton Jacob Bloem (1814–1884), Advokat-Anwalt, 1848 Mitglied der preußischen Nationalversammlung (StAD 180-060-121).

277 Ebd., Dok. 17. – Most, Geschichte (wie Anm. 260), S. 66 bringt den Wahlaufruf mit einem Verein für konstitutionelle Monarchie in Verbindung, der im Wahlaufruf aber nicht genannt wird.

278 Düsseldorfer Journal und Kreis-Blatt vom 10.5.1848.

279 Richard Schrader, Die Fraktionen der preußischen Nationalversammlung von 1848, Diss. Leipzig 1923, S. 24, 195. – Zum Zentrum Rodbertus: Manfred Botzenhart, Deutscher Parlamentarismus in der Revolutionszeit 1848–1850, Düsseldorf 1977, S. 447–449.

280 Susanne Böhr, Die Verfassungsarbeit der preußischen Nationalversammlung 1848, Frankfurt 1992, S. 38. – Zu Bloems parlamentarischer Tätigkeit: Heidermann, Bloem (wie Anm. 143), S. 122–131.

281 K. G. Rauer, Protokolle der von der Versammlung zur Vereinbarung der Preußischen Verfassung ernannt gewesenen Verfassungs-Kommission, Berlin 1849, S. 14f. – Joseph Evelt war Bruder des Düsseldorfer Advokaten Christian Evelt. Deutsches Geschlechterbuch, Bd. 181, Limburg a. d. Lahn 1979, S. 118.

282 Stenographische Berichte über die Verhandlungen der zur Vereinbarung der preußischen Staats-Verfassung berufenen Versammlung, Bd. 1, Berlin 1848, S. 667: *Die Revolution hat eine scharfe Trennungslinie gezogen zwischen der alten und der neuen Zeit. Die neue Zeit hat ein neues Element gewonnen – ich möchte es ihr Lebensprinzip nennen, – die Humanität: die Anerkennung des Menschenrechts und des Menschenwerths in Jedem. Diese Anerkennung wird das Bewußtsein der Menschenwürde in alle Schichten des Volkes tragen und eine höhere Gesittung herbeiführen* [...] *Ich bin überzeugt, daß Preußen die freisinnigste Verfassung Europa's erhalten wird. In einem solchen Staate ist*

Nachdem der preußische König eine Verfassung oktroyiert hatte, wurden im Januar 1849 die beiden Kammern gewählt. Bei der Wahl zur Zweiten Kammer wurden Eugen Windscheid, Joseph Euler, Anton Bloem, Christian Evelt und Ludwig Joseph Kramer zu Wahlmännern gewählt. Die ersten drei waren Kandidaten der demokratischen Partei.[283] Evelt und Kramer sind wohl Kandidaten der Konstitutionellen gewesen. Kramer war nämlich im Juli 1848 Vorstandsmitglied des damals gegründeten Allgemeinen Bürgervereins gewesen.[284] Evelt hatte in einem Zeitungsartikel die Verfassung als Vereinbarung zwischen König und Volk verstanden: *Also wollen wir uns Alle vereinigen, Hand in Hand mit dem König gehen, streng unsere Rechte und Freiheiten wahren, aber auch die Rechte der Krone achten, und die Verfassung wird kein Stück Papier werden, was zwischen König und Volk geschoben ist, sondern die Verfassung wird ein Dach werden, was beide schützt und beide verbindet zu einem schönen Ganzen, zum Wohle des Volkes, was das Endziel Aller ist!*[285] Bei der Wahl zur Ersten Kammer wurde Notar Lützeler zum Wahlmann gewählt; seine Parteistellung ist nicht erkennbar.[286] Bei der Wahl der Abgeordneten der Zweiten Kammer unterlagen die demokratischen Kandidaten, darunter auch Anton Bloem.[287] Im März 1849 wurde erneut ein Demokratischer Verein gegründet.[288] Am 14. März wurde Joseph Euler mit 132 von 137 Stimmen zum Vorsitzenden gewählt. Anton Bloem wurde zweiter stellvertretender Vorsitzender und Eugen Windscheid erster Schriftführer.[289]

Nach der Achtundvierziger-Revolution bemühte sich der Advokat-Anwalt Wilhelm Weiler, das Ansehen der Stadt Düsseldorf bei den Hohenzollern wie-

die Todesstrafe unmöglich. Beim Lesen dieses Zitats wird verständlich, dass Eulers Totenzettel 1886 schrieb, er habe *ein warmes Interesse für die idealen Ziele* gehabt und sei eine begeisterungsfähige Natur gewesen. StAD, 7-0-2-3808.0000: Totenzettel Joseph Euler. – Über Bloems Einstellung zur Todesstrafe schrieb Lassalle am 26.3.1849 an Marx, *daß er sich wirklich jetzt zum Glauben an die Guillotin bekehrt hat, was schon ein Fortschritt.* Gustav Mayer (Hrsg.), Ferdinand Lassalle. Nachgelassene Briefe und Schriften, Bd. 3: Der Briefwechsel zwischen Lassalle und Marx. Nebst Briefen von Friedrich Engels und Jenny Marx an Lassalle und von Karl Marx an Gräfin Sophie Hatzfeldt, Stuttgart/Berlin 1922, S. 6.

283 Düsseldorfer Journal und Kreis-Blatt vom 24. und 25.1.1849.

284 Düsseldorf während der Revolution (wie Anm. 276), Dok. 24.

285 Düsseldorfer Zeitung vom 25.1.1849. Der Artikel ist auf den 20.1.1849 datiert. – Übrigens hat Evelt in einem offenen Brief an Notar Euler erklärt, nicht von der demokratischen Partei zum Wahlmann gewählt worden zu sein. Düsseldorfer Zeitung vom 26.1.1849.

286 Düsseldorfer Zeitung vom 31.1.1849/Beilage. – Niemanns Angabe, Lützeler sei Demokrat gewesen, lässt sich dem Zeitungsartikel nicht entnehmen. Dietmar Niemann, Die Revolution von 1848/49 in Düsseldorf. Geburtsstunde politischer Parteien und Bürgerinitiativen, Düsseldorf 1993, S. 210.

287 Düsseldorfer Journal und Kreis-Blatt vom 7.2.1849.

288 Niemann, Revolution (wie Anm. 286), S. 212.

289 Anzeige des Demokratischen Vereins in: Düsseldorfer Journal und Kreis-Blatt vom 16.3.1849.

derherzustellen. Am 24. und 25. August 1849 reisten 75 Düsseldorfer Bürger zu der Burg Rheinstein bei Bingen und überreichten dort dem Prinzen Friedrich von Preußen eine Adresse, er möge nach Düsseldorf zurückkehren. Weiler trat als Sprecher der Gruppe auf.[290] Weilers Aktivitäten trafen spätestens auf Kritik, als er mit einer Unterschriftenaktion versuchte, diejenigen Gemeinderäte zum Rücktritt zu zwingen, die im August 1848 gegen die Begrüßung des Königs gestimmt hatten. Am 21. Oktober 1849 sprachen *Mehrere Bürger Düsseldorfs* in einem Zeitungsartikel von einem Gerücht, die *hiesige reactionaire Partei* wolle *ihre schamlose Servilität so weit treiben, Listen der hiesigen Bürgerschaft in Umlauf zu setzen, um durch Sammlung von Unterschriften unsere wackeren Gemeinderäthe zu veranlassen, des Königl. Mißfallens wegen von ihren Posten zurückzutreten*. Über Weiler hieß es: *An der Spitze jener reactionären Partei steht allerdings ein Mann, der im verflossenen Jahre keine Gelegenheit vorüber ließ, der Demokratie seine Sympathie an den Tag zu legen, der nunmehr schweifwedelnd vor der Macht des Siegers, Gemeinderäthe ausstoßen will.*[291] Weiler entgegnete in einem Artikel *An die Bürger Düsseldorfs*: Seine politischen Gesinnungen seien *stets unverändert dieselben geblieben*. Die *Epuration des Gemeinderaths* habe der König verlangt.[292] Weiler hatte 1848 Ferdinand Freiligrath vor Gericht verteidigt[293], dürfte also damals tatsächlich Sympathien für die Demokratie gehabt haben. 1844 hatte ihn der Landrat Raitz von Frentz sogar zu den schlecht gesinnten Personen gezählt.[294] In der Düsseldorfer Oberschicht scheinen Weilers Aktivitäten auf Zustimmung gestoßen zu sein. Als die Wähler der ersten Klasse am 11. Januar 1850 eine Vorwahl für die Gemeinderatswahl veranstalteten,

290 Düsseldorfer Journal und Kreis-Blatt vom 28.8.1849. Nach diesem Zeitungsartikel war die Adresse mit 2.000 Unterschriften versehen. Das war aber übertrieben. Die Adresse war nämlich offensichtlich identisch mit der im StAD vorhandenen Bittschrift Düsseldorfer Bürger an den Prinzen Friedrich vom 23.8.1849, die nur 1.435 Unterschriften hat. Erster Unterzeichner war Weiler. Sonst hatten noch von den hier untersuchten Juristen unterschrieben: Courth, Windscheid, Bracht, von Fuchsius, Hagdorn, Euler, Friderichs und Coninx. Zu den Unterzeichnern gehörten damit auch Männer, die sich während der Revolution als Demokraten engagiert hatten. Es wäre also falsch, den Unterzeichnern pauschal eine gouvernementale Haltung nachzusagen. StAD, 0-2-1-123.0000: Bittschrift Düsseldorfer Bürger an den Prinzen Friedrich von Preußen (1849 August 23). – Zu Prinz Friedrich: Inge Zacher, Prinz Friedrich von Preußen 1794–1863. Soldat, Repräsentant des Königs und Kunstfreund. Seine Jahre in Düsseldorf 1821–1848, in: Düsseldorfer Jahrbuch 76, 2006, S. 27–110.

291 Düsseldorfer Zeitung vom 21.10.1849/Zweite Beilage. – Siehe auch Most, Geschichte (Anm. 260), S. 329f.

292 Düsseldorfer Journal und Kreis-Blatt vom 25.10.1849.

293 Heidermann, Bloem (Anm. 143), S. 131.

294 Christina Frohn, Der organisierte Narr. Karneval in Aachen, Düsseldorf und Köln von 1823 bis 1914, Marburg 2000, S. 227.

wurde Weiler auf den ersten Platz der Kandidatenliste gesetzt. Er lehnte die Kandidatur allerdings ab.[295]

Einige der untersuchten Juristen fungierten 1855 und 1858 bei den Wahlen zum Hause der Abgeordneten, wie die preußische Zweite Kammer seit 1855 hieß, als Wahlmänner: Karl Coninx (1855), Andreas Courth (1855), Jakob Friderichs (1855, 1858), Ludwig Kramer (1858) und Karl Otto (1855, 1858).[296] Ihre Parteistellung lässt sich nicht feststellen. Möglicherweise haben sie dem politischen Katholizismus nahegestanden, der damals die Wahlen in Düsseldorf dominierte. Zumindest trifft das auf Karl Otto zu, der Mitglied des Piusvereins und der Kasino-Gesellschaft war (s. VII). Friderichs sollte Anfang 1854 auf Vorschlag des Regierungspräsidenten im Wahlbezirk Neuss/Grevenbroich, wo eine Nachwahl für die Zweite Kammer stattfand, der Kandidat der Gouvernementalen werden; er erklärte aber, ein Mandat nicht annehmen zu können.[297]

Bei der Abgeordnetenhauswahl von 1861 gehörten Bloem, Kramer und Friderichs zu den Wahlmännern.[298] Bloem war bei den Urwahlen – wie auch der nicht gewählte Joseph Euler – Kandidat der freisinnigen Partei gewesen.[299] Er wurde sogar Kandidat bei den Abgeordnetenwahlen. Ein Zeitungsartikel wies auf seine parlamentarische Erfahrung von 1848 hin. Außerdem hieß es: *Die politisch Entschiedenen unter den Wahlmännern, welche Gewicht auf die Continuität der freisinnigen Bestrebungen von 1848* [...] *und der liberalen Bestrebungen von 1862 legen, werden voraussichtlich ihre Stimmen Hrn. Blöm zuwenden, der in der langen Reaktionsperiode fest blieb in der Opposition gegen alle reaktionären Bestrebungen in der Gemeinde wie im Staat, und der mit seiner außerordentlichen Beredsamkeit für so viele politische Verfolgte zu einer Zeit auftrat, als es schon als Vergehen angerechnet wurde, die Gegner des Hrn.* v. *Manteuffel und v. Kleist-Retzow zu vertheidigen.*[300] Bei der Abgeordnetenwahl erhielt Bloem aber nur drei von 330 Stimmen.[301]

295 Düsseldorfer Journal und Kreis-Blatt vom 15.1.1850.

296 StAD, 0-1-2-23.0000: Die Wahlen für das Abgeordnetenhaus, früher II. Kammer. Bd. 2 (1855–1876), Bl. 28–31, 90–93.

297 Otto Röttges, Die politischen Wahlen in den linksrheinischen Kreisen des Regierungsbezirkes Düsseldorf, Kempen 1964, S. 173f.

298 StAD, 0-1-2-23.0000: Die Wahlen für das Abgeordnetenhaus, früher II. Kammer. Bd. 2 (1855–1876), Bl. 181–184. – Zu den Wahlen in der sogenannten Neuen Ära: Erich Uelsmann, Beiträge zur niederrheinischen Parteigeschichte, insbesondere zur Neuen Aera und zum Verfassungskonflikt (1858–1863), in: Annalen des Historischen Vereins für den Niederrhein 109, 1926, S. 93–144.

299 Niederrheinische Volks-Zeitung vom 19.11.1861.

300 Niederrheinische Volks-Zeitung vom 4.12.1861. – Otto von Manteuffel war 1850–1858 preußischer Ministerpräsident, Hans von Kleist-Retzow 1851–1858 Oberpräsident der Rheinprovinz. – Zur Verteidigung von Revolutionsanhängern vor Gericht durch Bloem: Heidermann, Bloem (wie Anm. 143), S. 131–137.

301 Niederrheinische Volks-Zeitung vom 6.12.1861.

Bei der Wahl zum konstituierenden Reichstag des Norddeutschen Bundes am 12. Februar 1867 war Bloem Kandidat der Nationalliberalen.[302] Nachdem er die Stichwahl nicht erreicht hatte, forderte er seine Wähler auf, dort für den Linksliberalen Groote zu stimmen.[303] Ludwig Kramer hatte einen Wahlaufruf für den früheren Landrat Raitz von Frentz unterzeichnet, der als Altliberaler galt.[304] Einen Monat vor der am 31. August stattfindenden Wahl zum ersten Reichstag des Norddeutschen Bundes meldete der „Düsseldorfer Anzeiger", Kramer sei Kandidat der Gouvernementalen. Er sei im Privatleben geachtet und werde auch von der Geistlichkeit geschätzt. Kramer dementierte aber die Kandidatur schon in der nächsten Ausgabe.[305] Er unterzeichnete dann Wahlaufrufe für Otto Michaelis und vor der Ersatzwahl, die notwendig wurde, weil Michaelis das Mandat nicht annahm, für den Obertribunalrat Bloemer. Auch Heinrich Stiesberg unterzeichnete den Wahlaufruf für Bloemer.[306] Michaelis und Bloemer waren Kandidaten der Gouvernementalen.[307] Bei der Abgeordnetenhauswahl des gleichen Jahres waren Stiesberg, Friderichs, Lützeler und Kramer Wahlmänner der Nationalliberalen.[308]

Bei der Reichstagswahl vom 3. März 1871 war Anton Bloem wieder Kandidat – diesmal der *vereinigten liberalen Parteien*.[309] Allerdings war er unter den Liberalen umstritten. Advokat-Anwalt Knorsch erklärte öffentlich, Bloems Kandidatur sei angesichts seiner Niederlagen von 1861 und 1867 aussichtslos.[310] In einer Wahlversammlung wurde Bloem vom Standpunkt der Fortschrittspartei kritisiert. Er selbst hatte in derselben Versammlung vorher versprochen, im Reichstag für die freiheitliche Entwicklung des deutschen Staates nach Innen und Außen zu wirken. Mit den sozialen Grundsätzen eines Lassalle sei er nicht einverstanden, er habe aber ein warmes Herz für die Arbeiter.[311] Bloem erhielt 4.376, der Zentrumskandidat aber 6.835 Stimmen.[312] 1873 gehörten zum liberalen Wahlkomitee der Stadtgemeinde Düs-

302 Norbert Schloßmacher, Düsseldorf im Bismarckreich. Politik und Wahlen. Parteien und Vereine, Düsseldorf 1985, S. 180, 256.

303 Düsseldorfer Anzeiger vom 23.2.1867.

304 Düsseldorfer Anzeiger vom 31.1.1867. – Schloßmacher, Düsseldorf (wie Anm. 302), S. 182.

305 Düsseldorfer Anzeiger vom 31.7. und 1.8.1867.

306 Düsseldorfer Anzeiger vom 5.9. und 19.10.1867.

307 Schloßmacher, Düsseldorf (wie Anm. 302), S. 187f., 190.

308 Düsseldorfer Zeitung vom 1.11.1867. Der Gegner der Nationalliberalen war bei dieser Wahl die „Volkspartei". Dass unter den nationalliberalen Wahlmännern auch zwei katholische Pfarrer waren, zeigt, dass der Konflikt zwischen Nationalliberalismus und Katholizismus, wie er später im Kulturkampf auftrat, noch keine Rolle spielte.

309 Düsseldorfer Anzeiger vom 13.2.1871.

310 Düsseldorfer Anzeiger vom 15.2.1871.

311 Düsseldorfer Zeitung vom 4.3.1871.

312 Schloßmacher, Düsseldorf (wie Anm. 302), S. 260.

seldorf Anton Bloem, der nun als *Director* bezeichnet wurde, Franz Lützeler und Heinrich Stiesberg.[313] Engelbert Frings und Heinrich Stiesberg gehörten 1876 dem Volkswirtschaftlichen Wahlverein für den Wahlkreis Düsseldorf an, der für Schutzzölle eintrat.[314] Beide waren eng mit Wirtschaftsunternehmen verbunden (s. V).

Somit sind nur vier der untersuchten Juristen politisch nicht irgendwie hervorgetreten: Fuchsius, Hertz, Karl Lützeler und Rings. 1855 gehörten Friderichs, Fuchsius und Notar Lützeler dem Gemeinderat an. Über die Hälfte der untersuchten Juristen hat aber irgendwann einmal ein kommunalpolitisches Amt ausgeübt[315]:

Friedrich Bracht	1819–1821 Gemeinderat[316]
Andreas Courth	1829–1831 und 1835–1846 Gemeinderat[317]
Karl Peter Heinrich Coninx	1838–1846 Gemeinderat[318], 1849 zum stellvertretenden Gemeindeverordneten (I. Klasse) gewählt[319], 1850–1852 Gemeindeverordneter (I. Klasse)[320]
Wilhelm Weiler	Seit 1846 Gemeindeverordneter (I. Klasse)[321], 1847 zurückgetreten[322]
Anton Bloem	1846 zum stellvertretenden Gemeindeverordneten (II. Klasse) gewählt[323]
Joseph Euler	1846 zum stellvertretenden Gemeindeverordneten (I. Klasse) gewählt[324]

313 Düsseldorfer Anzeiger vom 27.10.1873.

314 StAD, 0-1-3-7134.0000: Volkswirtschaftlicher Wahl-Verein Bd. 1 (1876), Bl. 5. – Zum Volkswirtschaftlichen Wahlverein: Schloßmacher, Düsseldorf (wie Anm. 302), S. 94f.

315 Bis 1846 wurde der Gemeinderat ernannt, seitdem nach dem Dreiklassenwahlrecht gewählt. Seit 1856 hieß er Stadtverordnetenversammlung. Stellvertretende Gemeindeverordnete gab es nur von 1846 bis 1850.

316 Most, Geschichte (wie Anm. 260), S. 38.

317 Ebd.

318 Ebd.

319 Düsseldorfer Zeitung vom 20.2.1849/Beilage.

320 Bericht (wie Anm. 218), S. 337.

321 Düsseldorfer Zeitung vom 11.10.1846.

322 StAD, 0-1-2-3.0000: Die Gemeinde-Ordnung vom 23.7.1845. Wahl und Einführung der Gemeindeverordneten. Bd. 1 (1845–1850), Bl. 201.

323 Düsseldorfer Zeitung vom 11.10.1846.

324 Düsseldorfer Zeitung vom 12.10.1846.

Ludwig Joseph Kramer	1848 Beigeordneter[325]
Jacob Friderichs	1849 zum Gemeindeverordneten (I. Klasse) gewählt[326], 1850–1868 Gemeinde- bzw. Stadtverordneter (I. Klasse)[327]
Franz Lützeler[328]	1849 zum stellvertretenden Gemeindeverordneten (II. Klasse) gewählt[329], 1850–1874 Gemeinde- bzw. Stadtverordneter (II. Klasse)[330]
Engelbert von Fuchsius	1855–1870 Gemeinde- bzw. Stadtverordneter (II. Klasse)[331]
Karl Otto	1857–1870 Gemeinde- bzw. Stadtverordneter (III., dann II. Klasse)[332]
Engelbert Frings	1881–1889 Stadtverordneter (II. Klasse)[333]

Fast alle wurden von der ersten oder zweiten Klasse in den Gemeinderat bzw. die Stadtverordnetenversammlung gewählt. Von weiteren Ämtern, die die hier interessierenden Juristen übernommen haben, sollen nur genannt werden: Jakob Friderichs gehörte von 1854 bis 1865 als stellvertretender Abgeordneter des dritten Standes dem Provinziallandtag an.[334] Er war in den Fünfziger- und Sechzigerjahren auch Mitglied des Kreistages.[335] Engelbert Frings wurde 1888 in den Bezirksausschuss des Regierungsbezirks Düsseldorf gewählt.[336] Eugen Windscheid saß 1852 als Vertreter der Bürgerschaft im Komitee für die Provinzial-Gewerbe-Ausstellung.[337]

325 Die Bezirksregierung ernannte Ludwig Joseph Kramer im April 1848 zum Beigeordneten. Er wurde bereits im Oktober auf eigenen Antrag entlassen. StAD, 0-1-2-51.0000: Die Wahl der Verwaltungsdeputationen, Bd. 1 (1824–1849), Bl. 119. 130.

326 Düsseldorfer Zeitung vom 20.2.1849/Beilage.

327 Bericht (wie Anm. 218), S. 339.

328 Lützeler war bereits in Elberfeld von 1830 bis 1833 Stadtrat gewesen. Rolf Becker, Kommunale Selbstverwaltung und Polizei in der werdenden Industriegroßstadt Elberfeld, Diss. Wuppertal 1987, S. 111.

329 Düsseldorfer Zeitung vom 20.2.1849/Beilage.

330 Bericht (wie Anm. 218), S. 344.

331 Ebd., S. 339.

332 Ebd., S. 345.

333 Ebd., S. 339.

334 Torunsky, Abgeordneten (wie Anm. 185), Bd. 1, S. 149.

335 StAD, 0-1-2-12.0000: Die Wahlen der Kreisstände und Landräte. Spezialia. Bd. 1 (1828–1874), Bl. 94. – Adressbuch 1855, S. 167; 1856, S. 207; 1859, II. Abt, S. 58; 1863, S. 160; 1865, S. 177; 1867, S. 178.

336 Amtsblatt 1888, S. 545. – Der Bezirksausschuss nahm Aufgaben der Verwaltung und der Verwaltungsgerichtsbarkeit wahr. Max Bär, Die Behördenverfassung der Rheinprovinz seit 1815, Bonn 1919, S. 197.

337 Most, Geschichte (wie Anm. 260), S. 493.

VII Konfession und kirchliches Engagement

Von den 20 untersuchten Juristen waren 18 katholisch; nur Anton Bloem und Gustav Kusenberg waren evangelisch.[338] Das Konfessionsverhältnis entsprach damit recht genau demjenigen der Düsseldorfer Bevölkerung im Jahr 1855 (81,1 % katholisch, 17,7 % evangelisch).[339] Engelbert Frings ist möglicherweise altkatholisch geworden.[340] Es gab drei konfessionelle Mischehen: Joseph Euler war mit der evangelischen Antonia Blin verheiratet. Die beiden Söhne wurden katholisch, die beiden Töchter evangelisch erzogen.[341] Anton Bloem hatte 1843 in erster Ehe die Katholikin Franziska Schieffers geheiratet; die Kinder wurden katholisch erzogen.[342] Engelbert Frings heiratete in zweiter Ehe 1860 Franziska Amalie Hasenclever, die evangelisch war.[343] Zumindest die Tochter Adele war evangelisch.[344]

Einige Juristen engagierten sich in den Pfarrgemeinden: Ludwig Joseph Kramer und Karl Hubert Otto waren lange Präsident bzw. Rendant des Kirchenvorstandes von St. Andreas; Jakob Friderichs war lange Präsident des Kirchenvorstandes von St. Maximilian; Heinrich Stiesberg war am Anfang der Siebzigerjahre Mitglied des Kirchenvorstandes von St. Maximilian.[345] Kramer und

338 Siehe die Konfessionsangaben in: StAD, Bürgerbuch der Stadt Düsseldorf 1854–1960. Dass hier auch Friedrich Bracht als evangelisch bezeichnet wird, ist wohl ein Fehler. Siehe Torunsky, Abgeordneten (wie Anm. 185), Bd. 1, S. 72. Brachts Name fehlt auch in den Mitgliederlisten der Evangelischen Gemeinde. AEKR, 4 KG 005 (Evangelische Kirchengemeinde Düsseldorf) Nr. 14: Gemeindegliederverzeichnisse (1773–1848). Auch in den Akten zu Übertritten zur Evangelischen Kirche taucht er nicht auf. AEKR, 4 KG 005 (Evangelische Kirchengemeinde Düsseldorf) Nr. 19: Eintritte und Übertritte (1774–1891). – Zur Dominanz von Katholiken in der rheinischen Justiz des 19. Jahrhunderts: Thomas Mergel, Zwischen Klasse und Konfession. Katholisches Bürgertum im Rheinland 1794–1914, Göttingen 1994, S. 35, 42f.

339 Most, Geschichte (wie Anm. 260), S. 18.

340 Deutsches Geschlechterbuch, Bd. 123, Glücksburg 1958, S. 295 bezeichnet Frings als altkatholisch. Er fehlt allerdings in den Mitgliederlisten der Düsseldorfer altkatholischen Gemeinde von 1875 und 1886. LAV NRW R, BR 0007 Nr. 29031: Bildung einer altkatholischen Parochie des Land- und Stadtkreises Düsseldorf. Bericht (wie Anm. 218), S. 339 bezeichnet Frings als katholisch.

341 StAD, Bürgerbuch der Stadt Düsseldorf 1854–1860, E, Bl. 284.

342 AEKR, 4 KG 005 (Evangelische Kirchengemeinde Düsseldorf) Nr. 15: Familienbuch (1841–1844 [1864]), S. 421. Konfession der Kinder nach einer Kopie aus der Einwohnermeldekartei des StAD. – Bloems zweite Frau Karoline Dupré war dagegen evangelisch. StAD, Bürgerbuch der Stadt Düsseldorf 1854–1860, B, Bl. 247. Falsch demnach: Heidermann, Anton Bloem (wie Anm. 143), S. 115.

343 StAD, Standesamt Düsseldorf-Mitte, Heiraten 1860 Nr. 267. Konfession der Braut: StAD, Bürgerbuch der Stadt Düsseldorf 1854–1860, H, Bl. 76.

344 StAD, Standesamt Düsseldorf-Mitte, Heiraten 1888 Nr. 399.

345 Siehe die Angaben über die Kirchenvorstände in den Düsseldorfer Adressbüchern von 1855 bis 1875.

Otto gehörten seit spätestens 1856 dem Vorstand des Vereins zur Erziehung und Pflege katholischer Waisenknaben an – Kramer zeitweise als Vorsitzender, Otto zeitweise als Schriftführer.[346] Otto gehörte 1848 zu den Mitgründern der katholischen höheren Töchterschule und saß lange Zeit in ihrem Kuratorium.[347] Mitgliedschaften in katholischen Vereinen waren aber selten. Der Piusverein hatte 1850 347 Mitglieder; unter ihnen befand sich von den hier untersuchten Juristen nur Karl Otto.[348] Als Katholiken 1856 die Kasino-Gesellschaft gründeten, wurde Notar Otto zum Schriftführer gewählt; Mitglieder waren auch die Advokat-Anwälte Wilhelm Weiler und Heinrich Stiesberg.[349] Als 1869 und 1883 in Düsseldorf Katholikentage stattfanden, gehörten zu den Mitgliedern die Notare Euler und (allerdings nur 1869) Otto.[350]

Die Haltung während des Kulturkampfes war offensichtlich nicht einheitlich. 1873 versuchte der preußische Staat mit den Maigesetzen größeren Einfluss auf die Ausbildung der Geistlichen und auf die Besetzung kirchlicher Stellen zu

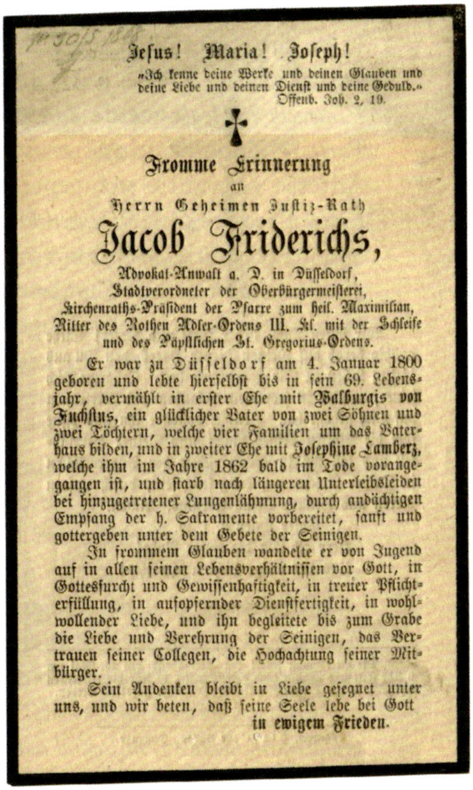

Jesus! Maria! Joseph!

„Ich kenne deine Werke und deinen Glauben und deine Liebe und deinen Dienst und deine Geduld.“
Offenb. Joh. 2, 19.

✝

Fromme Erinnerung
an
Herrn Geheimen Justiz-Rath
Jacob Friderichs,
Advokat-Anwalt a. D. in Düsseldorf,
Stadtverordneter der Oberbürgermeisterei,
Kirchenraths-Präsident der Pfarre zum heil. Maximilian,
Ritter des Rothen Adler-Ordens III. Kl. mit der Schleife
und des Päpstlichen St. Gregorius-Ordens.

Er war zu Düsseldorf am 4. Januar 1800 geboren und lebte hierselbst bis in sein 69. Lebensjahr, vermählt in erster Ehe mit **Walburgis von Fuchsius**, ein glücklicher Vater von zwei Söhnen und zwei Töchtern, welche vier Familien um das Vaterhaus bilden, und in zweiter Ehe mit **Josephine Lamberz**, welche ihm im Jahre 1862 bald im Tode vorangegangen ist, und starb nach längeren Unterleibsleiden bei hinzugetretener Lungenlähmung, durch andächtigen Empfang der h. Sakramente vorbereitet, sanft und gottergeben unter dem Gebete der Seinigen.

In frommem Glauben wandelte er von Jugend auf in allen seinen Lebensverhältnissen vor Gott, in Gottesfurcht und Gewissenhaftigkeit, in treuer Pflichterfüllung, in aufopfernder Dienstfertigkeit, in wohlwollender Liebe, und ihn begleitete bis zum Grabe die Liebe und Verehrung der Seinigen, das Vertrauen seiner Collegen, die Hochachtung seiner Mitbürger.

Sein Andenken bleibt in Liebe gesegnet unter uns, und wir beten, daß seine Seele lebe bei Gott **in ewigem Frieden.**

Totenzettel des Advokat-Anwalts a.D. Jakob Friderichs (1800–1868) (StAD 7-0-2-4484).

346 Siehe die Düsseldorfer Adressbücher seit 1856. – Zum Katholischen Knabenwaisenverein: Ulrich Brosza, 100 Jahre Caritasverband für die Stadt Düsseldorf. Die Geschichte der Caritas in Düsseldorf von den Anfängen bis zur Gegenwart, Köln 2004, S. 115–117.

347 Most, Geschichte (wie Anm. 260), S. 256. Ottos Kuratoriumsmitgliedschaft ist in den Düsseldorfer Adressbüchern von 1856 bis 1877 verzeichnet. Mosts Angabe, die Schule sei bereits in den Fünfzigerjahren wieder eingegangen, ist demnach falsch.

348 StAD, 0-1-2-1372: Verschiedene Vereine. Bd. 2 (1849–1864), Bl. 425–433. – Zum Düsseldorfer Piusverein: Brosza, 100 Jahre (wie Anm. 346), S. 112–115.

349 StAD, 0-1-2-1372: Verschiedene Vereine, Bd. 2 (1849–1864), Bl. 286, 297. – Zur Kasino-Gesellschaft: Schloßmacher, Düsseldorf (wie Anm. 302), S. 28.

350 Verhandlungen der zwanzigsten General-Versammlung der katholischen Vereine Deutschlands in Düsseldorf am 6., 7., 8. und 9. September 1869. Amtlicher Bericht, Düsseldorf 1869, S. 356, 369. – Verhandlungen der XXX. General-Versammlung der Katholiken Deutschlands zu Düsseldorf am 10., 11., 12. und 13. September 1883, Düsseldorf 1883, S. 309. Bei dem auf S. 310 genannten Rechtsanwalt Frings handelt es sich wahrscheinlich nicht um Engelbert Frings, sondern um einen Peter Frings.

Mehrere der Juristen engagierten sich im Karneval und im Schützenwesen. Ludwig Joseph Kramer, Wilhelm Weiler und Anton Bloem waren in den frühen Vierzigerjahren Vorstandsmitglieder des Allgemeinen Vereins der Carnevalsfreunde.[370] Bloem erhielt 1859 ein Ehrendiplom des Vereins.[371] Er war 1849 auch Vorstandsmitglied des St. Sebastianus-Schützenvereins.[372] Joseph Euler wurde dort 1850 zum Vorstandsmitglied gewählt.[373] 1856 wurde Engelbert von Fuchsius in den Vorstand gewählt. Wilhelm Weiler gehörte damals als Ehrenmitglied dem Vorstand an.[374]

Anton Bloem war auch als Freimaurer sehr aktiv. Zwischen 1859 und 1872 übte er verschiedene Ämter in der Düsseldorfer Loge „Zu den drei Verbündeten“ aus. Von 1861/1862 bis 1862/1863 und von 1869/1870 bis 1871/1872 war er Meister vom Stuhl.[375] 1879/1880, als er schon in Frankfurt wohnte, war er Ehrenmeister der Loge „Zu den drei Verbündeten“, außerdem Ehrenmitglied der Großen National-Mutterloge „Zu den drei Weltkugeln“ in Berlin und der Loge „Minerva-Rhenania“ in Köln.[376] Franz Lützeler war in seiner Elberfelder Zeit Mitglied der dortigen Loge „Hermann zum Lande der Berge“ gewesen. 1844 war er Mitglied der Loge „Zu den drei Verbündeten“ in Düsseldorf.[377] 1867/1868 stand er dort aber nicht mehr im Mitgliederverzeichnis.[378]

Recht umfangreich war das Engagement der hier untersuchten Juristen im Düsseldorfer Kulturleben. Über Joseph Euler hieß es in einem Nachruf: *Eine große Vorliebe hatte er für die Musik, welche er selbst ausübte und für welche er ein mehr als gewöhnliches Verständniß besaß. Mit der Entwickelung des Musiklebens in seiner Vaterstadt Düsseldorf war er als langjähriger Vorsitzender des allgemeinen Musikvereins enge verknüpft.*

370 Frohn, Narr (wie Anm. 294), S. 223.

371 Ebd., S. 258.

372 Wilhelm Herchenbach, Düsseldorf und seine Umgebung in den Revolutionsjahren von 1848–1849, Düsseldorf (1882), S. 137.

373 Düsseldorfer Zeitung vom 10.4.1850.

374 Düsseldorfer Zeitung vom 22.4.1856.

375 Johannes Erbach, Geschichte der St. Johannis-Freimaurer-Loge „Zu den drei Verbündeten“ im Or. zu Düsseldorf a. Rhein 1806–1912, Düsseldorf ^{2}[1912], S. 118, 120.

376 Mitglieder-Verzeichniss der unter Constitution der grossen National-Mutterloge der Preussischen Staaten: genannt zu den drei Weltkugeln arbeitenden Johannis-Freimaurer-Loge zu den drei Verbündeten und der damit verbundenen Delegirten Altschottischen Loge zur Morgenröthe am Rhein im Or. zu Düsseldorf. Für das Maurerjahr 1879/80, o. O. o. J., S. 3.

377 Rick de Jong, Die Düsseldorfer Freimaurer. Ihre Logen – Ihr Wirken. Ein Zwischenbericht, o. O. 1982, Bd. 2, S. 124, 243.

378 Mitglieder-Verzeichniß der unter Constitution der grossen National-Mutter-Loge der Preussischen Staaten: genannt: zu den drei Weltkugeln arbeitenden St. Johannis-Freimaurer-Loge zu den drei Verbündeten und der damit verbundenen delegirten Altschottischen Loge zur Morgenröthe am Rhein im Orient zu Düsseldorf. Für das Maurerjahr 1867/68, o. O. u. J.

Joseph Euler (1804–1886), Notar, Justizrat und 1848 Mitglied der preußischen Nationalversammlung (StAD 180-150-077).

Die Erinnerung an die musikalische Blüthe Düsseldorfs hat er treu bewahrt und in Vorlesungen verwerthet, welche er im dortigen wissenschaftlichen Vereine mit der lebendigen Anschaulichkeit des Selbsterlebten hielt. Auch für die Interessen der Düsseldorfer Künstlerschaft trat er thätig ein, indem er bei Gründung der städtischen GemäldeGallerie [!] *in hervorragender Weise mitwirkte und zur Erwerbung des Jakobi'schen Gartens für den Künstlerverein Malkasten wesentliche Dienste leistete.*[379] Auch Karl Schorn, der von 1853 bis 1861 in Düsseldorf gelebt hat, schildert Eulers Haus als einen gesellschaftlichen und kulturellen Mittelpunkt der Stadt: *Außerhalb der Künstlerkreise war das Haus des Notars Euler durch seine Geselligkeit berühmt, vorzüglich im Sommer auf dessen Landsitz im nahen Flingern, wo sich in ungezwungenster Weise Künstler und Kunstfreunde sonntäglich als für ein- und allemal geladene Gäste zusammenfanden.* [...] *Auch das städtische Haus der Familie war namentlich in den Tagen der Pfingstconcerte stets der Sammelpunkt von Musikfreunden und Künstlern.*[380]

Jakob Friderichs gehörte 1833 zu den Gründern des Theatervereins.[381] Von 1848 bis 1864 war er Vorsitzender des Kunstvereins für die Rheinlande und Westfalen.[382] 1852/1853 waren zehn unserer Juristen Mitglieder des Kunstvereins für die Rheinlande und Westfalen: Bloem, Bracht, Coninx, Courth, Euler, Friderichs, von Fuchsius, Kramer, Stiesberg und Weiler.[383] Als 1846 der Verein zur Errichtung einer Gemälde-Galerie gegründet wurde, wurden die Notare Coninx und Euler in das fünfzehnköpfige

379 Zeitschrift für das Notariat 31, 1886, S. 260f.

380 Schorn, Lebenserinnerungen (wie Anm. 229), Bd. 2, S. 113.

381 Heinrich Riemenschneider, Theatergeschichte der Stadt Düsseldorf, Bd. 1, Düsseldorf 1987, S. 271.

382 StAD, Findbuch zum Depositum 4-159 (Kunstverein für die Rheinlande und Westfalen 1829–1979 [2011]) und 5-4-6 (Plakatsammlung des Kunstvereins), S. XII.

383 Correspondenz-Blätter und Verhandlungen des Kunst-Vereins für die Rheinlande und Westphalen in Düsseldorf. Vierundzwanzigstes Verwaltungsjahr vom 11. September 1852 bis 3. September 1853, Düsseldorf 1853, S. VII–X. – 1843/1844 waren auch Christian Evelt und Franz Lützeler Vereinsmitglieder gewesen. Verhandlungen des Kunst-Vereins

Gründungskomitee gewählt. Euler hatte möglicherweise den Gründungsaufruf verfasst. Auch Christian Evelt nahm an der Gründungsversammlung teil.[384] Zu den Mitgliedern des Verwaltungsrats gehörten 1859 Courth, Euler und Kramer, 1875 neben Euler und Kramer auch Stiesberg.[385]

Die Advokat-Anwälte Bloem, Hertz und Stiesberg sowie Notar Euler waren 1865 außerordentliche Mitglieder im Künstlerverein Malkasten.[386] Einige Juristen hatten unter ihren Schwiegersöhnen und Nachkommen Maler: Schwiegersohn des Notars Coninx war der Maler Emil Hünten (1827–1902).[387] Schwiegersohn des Notars Euler war der Maler Marc Louis Benjamin Vautier.[388] Eulers Sohn Otto Euler (1835–1925) heiratete 1866 Marie Bendemann, Tochter des Malers Eduard Bendemann und der Lida Schadow. Ihr Sohn war der Maler und Graphiker Eduard Euler (1867–1931).[389] Ein Enkel von Friedrich Bracht war der Landschaftsmaler Eugen Bracht (1842–1921).[390] Ob Anna Schadow aus Berlin, die 1862 Gustav Kusenberg heiratete[391], zu der Künstlerfamilie Schadow gehörte, konnte nicht geklärt werden.

Sehr aktiv im musikalischen Vereinsleben waren Anton Bloem und Eberhard Hertz. Beide waren 1865 Vorstandsmitglieder des Allgemeinen Musikvereins, des Instrumental-Musikvereins und des Städtischen Orchesters (Hertz hier als stellvertretender Vorsitzender). Bloem war außerdem Vorstandsmitglied des Gesang-Musik-Vereins und Verwaltungsratsmitglied der Städtischen Tonhalle.[392] Hertz war mehrere Jahre lang Vorsitzender des Allgemeinen Musikvereins.[393] Engelbert Frings war von 1880–1889 Vorsitzender

für die Rheinlande und Westphalen. Fünfzehnter Jahrgang, vom 5.8.1843 bis 3.8.1844, Düsseldorf 1844, S. XIf.

384 StAD, 0-1-2-620.0000: Der Verein zur Errichtung einer Gemäldegalerie. Generalia, Bd. 1 (1846–1914), Bl. 3, 8. – Weidenhaupt, Düsseldorf (wie Anm. 2), Bd. 2, S. 461 mit Anm. 516.

385 Adressbuch 1859, III. Teil, S. 75. – Adressbuch 1875, III. Teil, S. 90.

386 Mitglieder-Verzeichniß des Künstler-Vereins Malkasten pro 1865, S. 6ff., Universitäts- und Landesbibliothek Düsseldorf.

387 StAD, Standesamt Düsseldorf-Mitte, Heiraten 1857 Nr. 132. – Zu Hünten: Hans Paffrath (Hrsg.), Lexikon der Düsseldorfer Malerschule 1819–1918, 3 Bde., München 1997–1998, hier Bd. 2, S. 151f.

388 Jacques Longchamps, Marc Louis Benjamin Vautier (Der Ältere). Eine Monographie, Petersberg 2015, S. 48.

389 Peter von Gebhardt, Deutsche Stammtafeln (in Listenform), Bd. 3, Leipzig 1932, Sp. 217f. – Zu Eduard Euler: Paffrath, Lexikon (wie Anm. 387), Bd. 1, S. 334.

390 Genealogisches Handbuch bürgerlicher Familien, Bd. 8, Görlitz 1901, S. 56. – Paffrath, Lexikon (wie Anm. 387), Bd. 1, S. 183ff.

391 Gothaisches Genealogisches Taschenbuch der Briefadeligen Häuser 13, 1919, S. 486.

392 Adressbuch 1865, S. 192f.

393 Adressbuch 1868, S. 200. – Adressbuch 1875, Teil 3, S. 90.

des Städtischen Musikvereins.[394] Bei den Niederrheinischen Musikfesten, die in Düsseldorf stattfanden, gehörten mehrere der untersuchten Juristen dem Komitee an: Friderichs (1830, 1833, 1836, 1839, 1842), Euler (1839, 1845, 1853, 1855), Bloem (1845, 1853, 1855, 1860, 1863, 1866), Herz (1853, 1855, 1860, 1863), Stiesberg (1860, 1863, 1866), von Fuchsius (1866).[395]

Das soziale Engagement der untersuchten Juristen scheint eher gering gewesen zu sein. Dass Kramer und Otto Vorstandsmitglieder des Vereins zur Erziehung und Pflege katholischer Waisen-Knaben waren, wurde schon erwähnt. Die Notare Euler und Coninx beteiligten sich 1844 an dem Versuch, für den kurz zuvor gegründeten „Zentralverein für das Wohl der arbeitenden Klassen" einen Bezirksverein für den Regierungsbezirk Düsseldorf zu gründen. Der preußische Innenminister genehmigte aber die Gründung nicht.[396] Engelbert Frings war mindestens 30 Jahre lang Mitglied des Kuratoriums des St. Hubertus-Hospitals bzw. Stifts.[397]

Die Gründung einer gemeinnützigen Stiftung ist nur von der Witwe Eberhard Hertz' bekannt. Sie schuf 1904 die Hertz-Stiftung mit 10.000 Mark. Die Erträge sollten an jedem Todestag ihres Gatten (4. Januar) an zehn arme Familien verteilt werden. Außerdem vermachte sie dem Orchester-Pensionsfonds 10.000 Mark.[398] Auch die am 24. Februar 1900 verstorbene Witwe Wilhelm Weilers hatte testamentarisch der Städtischen Armenverwaltung 30.000 Mark, deren Zinsen beim Eintritt des strengen Winters an notdürftige Familien verteilt werden sollten, sowie dem Orchester-Pensions-Fonds 14.000 Mark vermacht.[399] Dass beide Witwen in ihren Schenkungen den Orchester-Pensions-Fonds berücksichtigten, zeigt noch einmal die Liebe vieler Juristen zur Musik.

394 StAD, Findbuch zu 7-2-4-69.0000 (Städtischer Musikverein), S. VI.

395 Most, Geschichte (wie Anm. 260), S. 509–517.

396 Joseph Hansen (Hrsg.), Rheinische Briefe und Akten zur Geschichte der politischen Bewegung 1830–1850, Bd. 1, Essen 1919, S. 699–706. – Heinz Richard Schneider, Bürgerliche Vereinsbestrebungen für das „Wohl der arbeitenden Klassen" in der preußischen Rheinprovinz im 19. Jahrhundert, Bonn 1967, S. 19–28.

397 Adressbuch 1859ff. – Todesanzeige des Kuratoriums für Frings: Düsseldorfer Anzeiger vom 29.9.1889.

398 Bericht über den Stand und die Verwaltung der Gemeinde-Angelegenheiten der Stadt Düsseldorf für den Zeitraum vom 1. April 1903 bis 31. März 1904, Düsseldorf o. J., S. 113f.

399 Bericht über den Stand und die Verwaltung der Gemeinde-Angelegenheiten der Stadt Düsseldorf für den Zeitraum vom 1. April 1900 bis 31. März 1901, S. 79, 100. – Zu den Stiftungen des Sohnes Karl Weiler: Hugo Weidenhaupt, Aus Düsseldorfs Vergangenheit. Aufsätze aus vier Jahrzehnten, Düsseldorf 1988, S. 156.

IX Auszeichnungen

Für die untersuchten Juristen konnten folgende Titel- und Ordensverleihungen festgestellt werden[400]:

	Titel	Orden
Karl Peter Heinrich Coninx (* 1799)	Justizrat (1853)[401]	Roter Adlerorden IV. Klasse (1842)[402]
Andreas Courth (* 1779)	Justizrat (vor 1834)[403]	Roter Adlerorden IV. Klasse mit dem Abzeichen für 50-jährige Dienstzeit (1857)[404]
Joseph Euler (* 1804)	Justizrat (1874)[405]	Roter Adlerorden IV. Klasse (1880)[406]
Christian Evelt (* 1788)	Justizrat (vor 1836)[407]	Roter Adlerorden IV. Klasse (1860)[408]
Jakob Friderichs (* 1800)	Justizrat (1833)[409] Geheimer Justizrat (1861)[410]	Roter Adlerorden IV. Klasse (1847)[411] Roter Adlerorden III. Klasse mit der Schleife (1854)[412] Ritter des päpstlichen St. Gregoriusordens[413]
Engelbert Frings (* 1824)	Justizrat (1874)[414]	Roter Adlerorden IV. Klasse (1880)[415]
Eberhard Hertz (* 1821)	Justizrat (1870)[416]	

400 Das Jahr der Verleihung ist in Klammern angegeben. Meist handelt es sich um das Jahr, in dem die Verleihung im JMBl. oder im Amtsblatt bekannt gegeben worden ist. In einigen Fällen könnte die Verleihung also bereits im Vorjahr erfolgt sein.
401 JMBl. 1853, S. 258.
402 JMBl. 1842, S. 358.
403 Handbuch 1834, S. 498.
404 JMBl. 1857, S. 74.
405 JMBl. 1874, S. 198.
406 JMBl. 1880, S. 247. Anlass: Dienstjubiläum.
407 Handbuch 1836, S. 518.
408 JMBl. 1860, S. 50.
409 Amtsblatt 1834, S. 28. – Der Justizratstitel ist in Preußen also nicht erst seit 1835 verliehen worden, wie Siegrist, Advokat (wie Anm. 3), S. 627 schreibt.
410 Amtsblatt 1861, S. 356. Anlass: Entbindung von der Anwaltschaft.
411 JMBl. 1847, S. 313.
412 JMBl. 1854, S. 26.
413 Todesanzeige, in: Düsseldorfer Zeitung vom 29.5.1868.
414 JMBl. 1874, S. 198.
415 JMBl. 1880, S. 270. Anlass: Ausscheiden aus der Rechtsanwaltschaft.
416 JMBl. 1870, S. 210.

	Titel	Orden
Ludwig Joseph Kramer (* 1807)	Justizrat (1850)[417]	
Gustav Kusenberg (* 1819)	Justizrat (1862)[418]	Roter Adlerorden IV. Klasse (1871)[419]
Franz Lützeler (* 1796)	Justizrat (1859)[420]	Ritter des Hohenzollern'schen Hausordens[421]
Karl Otto (* 1808)	Justizrat (1879)[422]	Roter Adlerorden III. Klasse mit der Schleife (1886)[423]
Heinrich Stiesberg (* 1815)	Justizrat (1867)[424]	Roter Adlerorden IV. Klasse (1875)[425]

Damit erhielten zwölf der Juristen, also 60 Prozent, den Titel als Justizrat; die meisten von diesen erhielten außerdem noch einen Orden. Weder Titel noch Orden erhielten: Anton Bloem, Friedrich Bracht[426], Engelbert von Fuchsius, Oswald Hagdorn, Karl Lützeler, Karl Rings, Wilhelm Weiler, Eugen Windscheid. Über die Gründe lässt sich nur spekulieren: Hat es bei Bloem und Bracht, vielleicht auch bei Hagdorn und Windscheid, an ihrem politischen Verhalten im Vormärz bzw. 1848/1849 gelegen? Dann hätten wahrscheinlich auch Eulers demokratische Aktivitäten 1848/1849 dazu geführt, dass er erst in hohem Alter ausgezeichnet wurde. Sind Fuchsius, Hagdorn, Weiler und Windscheid zu früh gestorben bzw. zu früh aus dem Dienst ausgeschieden? War bei Rings, Weiler und Windscheid die anwaltliche Praxis zu gering? Bei Weiler könnte auch eine Rolle gespielt haben, dass der Disziplinarrat mehrmals gegen ihn wegen überhöhter Honorarforderung eingeschritten ist.[427]

Die Verleihungen erfolgten in ganz unterschiedlichem Alter. Friderichs wurde bereits mit 33 Jahren Justizrat, Otto erst mit 71 Jahren. Coninx erhielt den Roten Adlerorden IV. Klasse mit 43 Jahren, Evelt mit 71 Jahren. In der Regel wurde der Rote Adlerorden nach dem Justizrats-Titel verliehen. Das könnte dafür sprechen,

417 JMBl. 1850, S. 406.
418 JMBl. 1862, S. 162.
419 JMBl. 1871, S. 242. Anlass: Entlassung aus dem Justizdienst.
420 Amtsblatt 1860, S. 43.
421 Todesanzeige, in: Düsseldorfer Zeitung vom 10.7.1879.
422 JMBl. 1879, S. 446.
423 Amtsblatt 1886, S. 291. Anlass: Entlassung aus dem Justizdienst.
424 JMBl. 1867, S. 194.
425 JMBl. 1875, S. 20f.
426 Dass Kruse, Briefe (wie Anm. 257), S. LI Bracht als Justizrat bezeichnet, ist wohl ein Irrtum. Vielleicht hat er Justitiar und Justizrat verwechselt. Bracht wurde nämlich sonst nirgendwo so genannt.
427 Neuber, Entwicklung (wie Anm. 3), S. 69.

Auf Befehl Seiner Majestät des Königs

bezeugt die General-Commission in Angelegenheiten der Königlich Preußischen Orden hierdurch, daß Seine Majestät dem Justizrath und Notar Joseph Ignatius Maria Aloysius Euler zu Düsseldorf

den Rothen Adler-Orden vierter Classe zu verleihen geruht haben. Zur Beglaubigung ist dieses Zeugniß unter unserer Unterschrift und Siegel ausgefertigt worden.

Berlin, den 22ten Oktober 1880.

General-Commission in Angelegenheiten der Königlich Preußischen Orden

Urkunde über die Verleihung des Roten Adlerordens vierter Klasse an Notar Joseph Euler (Berlin, 22. Oktober 1880) (StAD, 4-6-2-6.0008).

dass der Rote Adlerorden höher bewertet wurde als der Justizrats-Titel.[428] Der Rote Adlerorden wurde oft bei einem Dienstjubiläum oder beim Ausscheiden aus dem

428 Dagegen galt bei Unternehmern der Kommerzienrats-Titel mehr als eine Ordensverleihung. Karin Kaudelka-Hanisch, Preußische Kommerzienräte in der Provinz Westfalen und im Regierungsbezirk Düsseldorf (1810–1918), Dortmund 1993, S. 252. – Vielleicht waren die Unternehmer besonders daran interessiert, als „Herr Kommerzienrat“ eine herausgehobene Form der Anrede zu erhalten. Dagegen besaßen Juristen auch ohne den Justizrats-Titel als „Herr Advokat-Anwalt“ oder „Herr Notar“ bereits prestigeträchtige Formen der Anrede.

Dienst verliehen. Es wurde darauf geachtet, dass zwischen einer Titel- und einer Ordensverleihung mehrere Jahre vergingen. Als Eberhard Hertz 1871 aus der Anwaltschaft ausschied, schrieben der Landgerichtspräsident und der Oberprokurator dem Justizminister, sie würden Hertz für eine Auszeichnung, etwa eine Ordensverleihung, vorschlagen, *wenn nicht demselben noch im Juni v*[origen] *J*[ahres] *eine solche Anerkennung durch Verleihung des Charakters als Justizrath zu Theil geworden wäre.*[429]

In den Todesanzeigen und Totenzetteln für die ausgezeichneten Juristen erwähnten die Angehörigen immer den Justizrats-Titel, oft auch die Orden. Das spricht dafür, dass die Juristen diesen Auszeichnungen einen gewissen Wert beigemessen haben. Nicht entscheiden lässt sich, ob sie eine regierungsfreundlichere Haltung eingenommen haben, um Titel oder Orden zu erhalten.

X Zusammenfassung

Durch Kombination verschiedenster Quellen konnte ein Bild derjenigen 20 Juristen gezeichnet werden, die 1855 in Düsseldorf als Advokat-Anwalt, Advokat oder Notar praktizierten. Als Ergebnis kann festgehalten werden:

Die meisten Juristen stammten aus Düsseldorf oder dem übrigen nördlichen Rheinland; das traf auch auf die meisten ihrer Ehefrauen zu. Dieser regionalen Einbindung entsprach, dass die Juristen meist katholisch waren und – soweit sie nach 1818 studierten – alle an der Universität Bonn studiert hatten. Was ihre soziale Herkunft, ihr Konnubium und ihren gesellschaftlichen Verkehr betraf, so waren sie außer mit der eigenen Berufsgruppe am engsten mit höheren und mittleren Beamten verbunden. Das kann daran gelegen haben, dass Düsseldorf in der Mitte des 19. Jahrhunderts eine Beamtenstadt war. Es könnte aber auch von der „Staatslastigkeit" herrühren, die dem deutschen Bürgertum oft nachgesagt wird. Dazu würde auch die häufige Verleihung des Justizrats-Titels und von Orden passen. Andererseits waren viele Juristen politisch aktiv: als Wahlmann, als Unterzeichner von Wahlaufrufen oder als Mitglied des Stadtrates. Anton Bloem und Joseph Euler waren sogar 1848 demokratische Abgeordnete der preußischen Nationalversammlung. Umfangreich war auch das Engagement der Juristen im Kulturleben. Insgesamt kann gesagt werden, dass die Advokat-Anwälte, Advokaten und Notare trotz ihrer kleinen Zahl eine zentrale Gruppe des Düsseldorfer Bürgertums waren.

429 LAV NRW R, Gerichte Rep. 11 Nr. 1198: Die Advokaten und Anwälte im Landgerichtsbezirk Düsseldorf (1866–1873), Schreiben des Landgerichtspräsidenten und des Oberprokurators an den Justizminister vom 21.6.1871. – In diesem Aktenband ist keine Rede davon, dass Hertz den Roten Adlerorden IV. Klasse erhalten hat, wie Neuber, Entwicklung (wie Anm. 3), S. 73 behauptet.

Düsseldorf und die Welt

Erste Überlegungen für ein Forschungsfeld[1]

Mit fünf Abbildungen

Von Stefanie Michels

„Regionen und Welten", so titelte Johannes Paulmann 2013 programmatisch in der Historischen Zeitschrift.[2] Seine Grundfrage war, ob es regionale Besonderheiten in der Art ihrer Beziehung zur Welt gibt. Zeitlich bezog sich Paulmann auf das 19. und frühe 20. Jahrhundert, also der Phase in der europäischen Geschichte, in der Weltbeziehungen in imperialen Bahnen gedacht und strukturiert waren.[3]

1 Die Ideen zu diesem Forschungsfeld wurden maßgeblich von Caroline Authaler mitentwickelt. Ich danke Yağmur Karakis und Michael Rösser für Anmerkungen zu früheren Versionen dieses Artikels und Niels Hollmeier, Andreas Göttmann und den Studierenden vergangener Semester für wertvolle Archiv- und Recherchearbeiten. Erste Ergebnisse liegen vor in Form eines Stadtplans (2015), einer App (HistoriaApp) (2017), zweier Broschüren (2014 und 2017), sowie auf der Projektwebseite www.deutschland-postkolonial.de (2017). Ich werde im Folgenden auch aus diesen grauen Veröffentlichungen zitieren, um die beteiligten Studierenden stärker sichtbar zu machen.

2 Johannes Paulmann, Regionen und Welten: Arenen und Akteure regionaler Weltbeziehungen seit dem 19. Jahrhundert, in: Historische Zeitschrift 296, 2013, S. 660–699.

3 Somit scheint in der Wissenschaft angekommen, was auf lokaler Ebene von zivilgesellschaftlichen Gruppen seit den 1990er Jahre begonnen wurde: die Suche nach kolonialen Spuren vor Ort, meist in einer Stadt (Hamburg, Freiburg, Bielefeld, München, Berlin, Leipzig, Köln, etc. in Düsseldorf hat es eine solche „postkolonial-Gruppe" bisher nicht gegeben). Am eindrücklichsten lässt sich diese Entwicklung in Hamburg verfolgen. In dieser Stadt entstand Ende der 1990er Jahre mit „Hamburg postkolonial" die erste Aktivistengruppe, die sowohl publizistisch als auch im Stadtraum durch Ausstellungen und Stadtrundgänge präsent war. Die so entstandenen stadtpolitischen Diskussionen konnte der 2011 auf eine Professur für Afrikanische Geschichte berufene Jürgen Zimmerer nutzen, um vom Hamburger Senat eine Forschungsstelle für Hamburgs postkoloniales Erbe an der Hamburger Universität einzurichten. Das Spektrum der Themen der stadtbezogenen postkolonial-Gruppen bewegte sich meist von kolonialen Interessenverbänden, Missionsgesellschaften, über einzelne lokal bekannte Kolonialprotagonisten zu Völkerschauen, Kolonialwissenschaften, Völkerkundemuseen und Straßennamen – letztlich ein Kanon, der theoretisch und methodisch nicht begründet wurde und zu einer Enthistorisierung

Seinen Überlegungen für Südwestdeutschland folgend fragt dieser Beitrag, was Düsseldorfs Beziehungen zur Welt im 19. und 20. Jahrhundert im Gegensatz zu anderen Regionen Deutschlands auszeichnete. Eine systematische und umfassende, empirisch tief und breit angelegte Forschung zu dem Thema fehlt bislang. Im Folgenden werden exemplarisch Verbindungen Düsseldorfs mit der Welt zusammengetragen und Thesen für die regionale Spezifik aufgestellt. Weitere Forschung wird zeigen, ob diese Thesen belastbar sind.

Im 19. Jahrhundert wandelte sich Düsseldorf von einer kleineren Residenz- und Garnisonsstadt zu einer eng mit den Industrien des Ruhrgebietes verzahnten Industrie- und Bankenstadt. Spezifisch für Düsseldorf im 19. Jahrhundert waren: Kunst, Krieg und Industrie. Die beiden ersten Themen waren dabei Vermächtnisse aus Düsseldorfs Zeit als frühneuzeitliche Residenzstadt. Der dritte Aspekt kam im späten 19. Jahrhundert dazu und führte zum Aufstieg Düsseldorfs zu einer Großstadt. Parallel zu diesem Prozess begann geopolitisch die sogenannte hochimperiale Phase, in der die Großmächte Europas um globale Vorherrschaft konkurrierten und in Asien und Afrika imperiale Strukturen aufbauten, auch Deutschland war ab 1884 dabei. Staatliche Kolonialpolitik wurde in Berlin, der Hauptstadt des Deutschen Reiches gemacht. In Düsseldorf schlug sich diese imperiale Geschichte Deutschlands jedoch nicht nur peripher – in Relation zu Berlin – nieder. Aufgrund seiner historischen Voraussetzungen hatte Düsseldorf im 19. und 20. Jahrhundert eine spezifische Verbindung zur Welt – sie unterschied sich von Berlin, ebenso wie von Köln[4] und anderen Großstädten.

Zunächst erfolgt ein knapper Überblick über die Ausgangslage: was zeichnete Düsseldorf als Stadt im 19. und 20. Jahrhundert im Gegensatz zu anderen deutschen Städten aus. Anschließend werden die drei Bereiche vorgestellt, in denen Düsseldorfs Beziehungen zur Welt regional spezifisch waren: Welt als Markt, Welt als Ausstellung und Welt als Kriegsschauplatz.

kolonialer Prozesse und Dynamiken beitrug. Lediglich für Bayern liegt eine monographische wissenschaftliche Untersuchung vor, der es gelingt, regional und zeitlich spezifische Aspekte eines „Kolonialismus in der Heimat" herauszuarbeiten. Ein Fazit dieser Studie ist, dass das koloniale Projekt in Bayern nicht staatlich gelenkt war, sondern eher von kleinen zivilgesellschaftlichen Interessengruppen ohne gemeinsame Agenda teilweise widersprüchlich getragen wurde. Zudem richteten sich expansive Interessen in Bayern eher Richtung Balkan, denn nach Übersee und ermöglichten so beispielsweise den Bau des Donaukanals, vgl. Markus Seemann, Kolonialismus in der Heimat. Kolonialbewegung, Kolonialpolitik und Kolonialkultur in Bayern 1882–1943, Berlin 2011.

4 Vgl. für Köln: Marianne Bechhaus-Gerst/Anne-Kathrin Horstmann (Hrsg.), Köln und der deutsche Kolonialismus. Eine Spurensuche, Köln 2013.

1 Ausgangslage

Zwischen 1709 und 1714 entstand mit dem Anbau der dreigeschossigen Gemäldegalerie an das Düsseldorfer Residenzschloss einer der ersten reinen Museumsbauten Europas in Düsseldorf. Zwar ging die Gemäldesammlung 1805/1806 nach München, jedoch wurde dies von Preußen durch den Bau der Kunsthalle kompensiert. 1819 entstand die „Königlich-Preußische Kunstakademie" in Düsseldorf und in ihr die „Düsseldorfer Malerschule", die als „cosmopolitan school"[5] einen internationalen Ruf hatte, gleichzeitig aber eine regionale Selbstbehauptung gegenüber Berlin und Preußen versuchte.

In kurpfälzischer Zeit waren bereits Regimenter in Düsseldorf stationiert gewesen. Zwischen 1794 und 1815 war Düsseldorf von französischer Besatzung und Kriegsereignissen betroffen und wurde ab 1815 offizieller Standort preußischer Garnisonen. Ab 1848 waren es drei Regimenter, die Düsseldorf prägten: das 5. Westfälische Ulanenregiment[6], das 11. Husarenregiment und das 39. Niederrheinische Füsilierregiment.

Ab Ende des 19. Jahrhunderts wurde Düsseldorf dann zunehmend durch Wirtschafts- und Finanzeliten geprägt. Ende des 19. Jahrhunderts gründeten sich in Düsseldorf eine Reihe von Interessenverbänden Industrieller mit gleichzeitig regionaler und globaler Ausrichtung, so der „Verein zur Wahrung der wirtschaftlichen Interessen im Rheinland und in Westfalen". Auch die Zentralverbände einiger Schlüsselindustrien saßen in Düsseldorf – und nicht etwa in Berlin, so der 1876 gegründete „Centralverband Deutscher Industrieller" und der „Verein Deutscher Eisenhüttenleute" (1880 – mit Vorgängerverein 1860), der „Verein Deutscher Maschinenbau-Anstalten", der „Verein Deutscher Werkzeugmaschinenfabrikanten". 1904 schließlich der „Stahlwerksverband", der Düsseldorf zum wichtigsten deutschen Eisen- und Stahlverkaufsort im Deutschen Reich erhob. Bis heute wird Düsseldorf der „Schreibtisch des Ruhrgebiets" genannt. Informellen Niederschlag fand diese Verbindung von Industrie, Finanz- und Lobbyinteressen im 1912 gegründeten bis heute existierenden Industrie-Club Düsseldorfs. Düsseldorfs Ruf als Ausstellungsstadt war ebenfalls der Verbindung dieser Interessen geschuldet und schlug sich personell in Wilhelm Marx nieder.

5 Martina Sitt, Die Rolle der Düsseldorfer Malerschule im 19. Jahrhundert, in: Guido Siebert (Hrsg.), Brudermord im Schwurgericht. Naumburg und die Düsseldorfer Malerschule (1819–1918), Petersberg 2015, S. 80–87, hier S. 85. Der gute Ruf ging Ende des 19. Jahrhunderts zugunsten Münchens zur Neige, vgl. ebd.

6 Kasernenstandort Düsseldorf Roßstr. 1929 errichtete der Kameradschaftsverband ehemaliger Ulanenein Denkmal zur Erinnerung an die 1914–1918 gefallenen Soldaten des 5. Westfälischen Ulanenregiments an prominenter Stelle auf dem GeSoLei-Gelände (heute Joseph-Beuys-Ufer).

Als Oberbürgermeister und erster Vorsitzender des Industrie-Clubs stand er für die Verbindung von Stadtpolitik und Wirtschaft ebenso wie Heinrich Lueg, Geheimer Kommerzienrat und Industrieller, der hauptverantwortlich für die „Große Industrie-, Gewerbe- und Kunstausstellung" von 1902 war.[7]

Düsseldorf wurde seit dem späten 19. Jahrhundert zu einer Stadt der ambitionierten Ausstellungen. Spezifisch für Düsseldorf war dabei die Verbindung von Kunst- und Industrieausstellung und somit eine Integration von Düsseldorf als Stadt der Kunst und Stadt der Industrie. Im Gegensatz zu anderen Städten Deutschlands, die stärker von einem etablierten Großbürgertum geprägt waren, kam es in Düsseldorf im 19. Jahrhundert nicht zur Gründung eines Völkerkundemuseums. Ebenso fehlte Düsseldorf eine Universität, an der sich Wissenschaftler und Studierende mit weltbezogenen Themenfeldern beschäftigten, es entsprechende wissenschaftliche Vereinigung gab und Studierende aus anderen Teilen der Welt die Stadt geprägt hätten. Düsseldorf verfügte über einen Binnenhafen und trat darüber in Beziehung zu Produkten aus aller Welt und auch zu einer globalen Arbeiterschaft. Mit den großen Seehafenstädten, wie Amsterdam, Liverpool und Hamburg war dies jedoch nicht zu vergleichen. Düsseldorf war im 19. Jahrhundert also durch die Eingliederung nach Preußen zunächst marginalisiert worden, um ab Ende des 19. Jahrhunderts durch die zunehmende Bedeutung der Eisen- und Stahlindustrie in Ruhrgebiet und Bergischem Land rasant zu expandieren.

Wie schrieb sich nun die oben beschriebene regionsspezifische Ausgangslage in Düsseldorfs Beziehungen zur Welt ein?

1) Vertreter der Industrie interessierten sich besonders für Absatz- und Rohstoffmärkte.
2) Durch die Ausstellungen holte sich Düsseldorf die Welt als Prestige und Erlebnis an den Rhein.
3) Durch die Beteiligung an Kriegen gingen Soldaten aus Düsseldorf in die Welt.

Alle diese Bereiche waren aber keine Einbahnstraße – eine globalhistorische Perspektive auf die Stadtgeschichte fragt auch danach, wie Menschen aus dem globalen Süden[8] in Düsseldorf und mit Düsseldorfern interagierten. Diese theoretisch-methodische Prämisse ergibt ein Narrativ jenseits von eurozentrischen Erzählmustern und ist gerade im Rheinland besonders einleuchtend: Düsseldorf

7 Vgl. Industrie-Club e.V., Treffpunkt der Eliten. Die Geschichte des Industrie-Clubs Düsseldorf, Düsseldorf 2012.

8 Die Begriffe ‚globaler Süden' und ‚globaler Norden' bezeichnet die Gegenwart asymmetrischer Beziehungen, die historisch aus den modernen europäischen Kolonialmächten und deren Kolonien entstanden ist. Sie sind nicht rein geographisch gedacht und ersetzen wertende Begriffe wie ‚Dritte Welt'.

war selbst mehrfach Kriegsschauplatz und (französisch) besetztes Gebiet, auf dem auch Soldaten aus dem globalen Süden eingesetzt wurden. Durch seine Kunst- und Industrieausstellungen wurde Düsseldorf für Menschen aus aller Welt attraktiv, sei es als Arbeitskräfte oder als offizielle Delegation. Die Menschen aus aller Welt und auch aus dem globalen Süden, die so nach Düsseldorf kamen, temporär oder dauerhaft, gingen zahlreiche Beziehungen ein. Dadurch kam es durchaus zu Überschneidungen und Berührungspunkten zu den in der Stadt aktiven Düsseldorfern mit Weltbeziehung. Diesen Punkt werde ich im Verlauf am Beispiel transregionaler Familiengeschichten von Nayo Bruce und Josef Mambingo beleuchten, die in Düsseldorf nicht so bekannt sind wie die des Afro-Deutschen Hilarius Gilges.[9]

II Düsseldorf und die Welt als Markt

Am 29. Januar 1881 wurde in der städtischen Tonhalle in Düsseldorf der „Westdeutsche Verein für Kolonisation und Export" (WVKE) gegründet. Er war damit der erste deutsche Verein, der das Wort „Kolonisation" im Vereinsnamen führte.[10] Es verwundert nicht, dass die rheinische Wirtschaft zu den frühen Fürsprechern für die Errichtung von Kolonien als Absatzmärkte und Rohstofflieferanten gehörte und dafür agitierte.[11] In der Vereinsgründung und bei den

9 Zu Mambingo entsteht derzeit an der Heinrich-Heine-Universität eine Masterarbeit von Tobias Dörpinghaus, vgl. bereits Jacqueline Linkamp, Josef Mambingo und seine Familie, in: Joel Scharff/Caroline Authaler/Niels Hollmeier (Hrsg.), Düsseldorfer Globalgeschichte(n) Wechselwirkungen zwischen Düsseldorf und der Welt, Düsseldorf 2017, S. 20ff.

10 Vorgängerorganisationen mit ähnlichem Programm waren der 1878 in Berlin gegründete „Centralverein für Handelsgeographie und Förderung deutscher Interessen im Ausland", vgl. intensiv dazu: Ulrich Soénius, Koloniale Begeisterung im Rheinland während des Kaiserreichs, Köln 1992; Gründungsmitglieder des WVKE aus Düsseldorf waren der Ire William Thomas Mulvany, der Industriefunktionär Henry Axel Bueck, der Kommerzienrat Wilhelm Pfeiffer sowie der Mediziner und spätere Kaufmann Dr. Albert Pönsgen, vgl. Tim Mörsch, Politische Vereine, in: Tim Mörsch (Hrsg.), Kolonialismus vor Ort. Kolonialbewegung und Vereine in Düsseldorf, Düsseldorf 2014, S. 4f.

11 In der Forschung ist diese Betätigung jedoch überlagert durch die Konzentration auf die 1888 entstandene und in Berlin ansässige „Deutsche Kolonialgesellschaft". Tatsächlich entstand diese aus regionalen Vorgängerorganisationen. Der „Westdeutsche Verein für Kolonisation und Export" war eine der drei wichtigsten darunter. Die erste Generalversammlung hielt der WVKE 1883 in der städtischen Tonhalle in Düsseldorf ab. Bereits hier wurde beschlossen, enger mit dem 1882 in Süddeutschland gegründeten „Deutschen Kolonialverein" zusammenzuarbeiten, der in der Folge, nämlich im November 1885 seine Generalversammlung auch in Düsseldorf abhielt. Der Vorstand des WVKE war ebenfalls anwesend und die Versammlung beschloss die Fusion der beiden Verbände, vgl. hierzu ausführlich Soénius, Begeisterung (wie Anm. 10).

beteiligten Akteuren zeigte sich bereits die Verflechtung von wirtschaftlichen und politischen Interessen, wie sie für die rheinische Wirtschaftselite typisch war. Dabei vertraten die rheinischen Interessensverbände der Schwerindustrie ab 1879 die Forderung nach protektionistischer Politik, verbunden mit der – allerdings recht vagen – Idee von Handelskolonien.[12] Eine Besonderheit des WVKE war die zentrale Beteiligung des Leiters der 1828 gegründeten Rheinischen Mission[13], Friedrich Fabri, und des Journalisten Hugo Zöller, der für die Kölnische Zeitung schrieb und 1884 selbst aktiv koloniale Gebiete für Deutschland sicherte.[14] 1869 hatte Fabri die Missions-Handelsgesellschaft gegründet, die ausschließlich wirtschaftliche Ziele verfolgte. Er nutzte das Netzwerk der Missionare im südwestlichen Afrika für seine wirtschaftlichen Ziele und kam dabei sehr oft mit diesen in Konflikte. 1884 verließ er die Mission. Die Missions-Handelsgesellschaft wurde als Kapitalgesellschaft betrieben. Sie war seit 1880 so gut wie bankrott. Fabri suchte nun nach Investoren für Minengesellschaften, die im südwestlichen Afrika nach Rohstoffen schürfen sollten. 1881 fand er mit F.A. Hasenclever aus Düsseldorf einen Investor. Friedrich Fabri war damals einer der politischen Vordenker deutscher Kolonisation, entwickelte konkrete wirtschaftliche Pläne und kleidete diese in politische, soziale und entwicklungspolitische Argumente.[15] Er ist einer der Hauptakteure,

12 Vgl. Elfie Bendikat, Organisierte Kolonialbewegung in der Bismarck-Ära, Heidelberg/Brazzaville 1984.

13 Sie entstand aus dem Zusammenschluss mehrerer in der Region aktiven protestantischen Missionsgesellschaften: Elberfeld (1799), Barmen (1818), Wesel (1822), Köln (1822). Geld wurde von lokalen „Hilfsvereinen" aus dem Rheinland und Westfalen gesammelt und 1829 die ersten vier Missionare in die britische Kapkolonie im südlichen Afrika entsandt. Sie arbeiteten dabei noch mit der London Missionary Society zusammen, erschlossen sich ab 1842 allerdings ein eigenes Missionsfeld nordwestlich der Kapkolonie, im Namaland, im heutigen Namibia. Fabri war 1857 zum ersten „Inspektor" im Hauptquartier in Barmen ernannt worden. Die rheinische Mission wurde die größte protestantische Mission in Deutschland und erweiterte ihr Missionsgebiet auf Borneo (1835), China (1847), Sumatra (1861) und Nias (1865). Südwestafrika blieb aber das wichtigste Missionsfeld. Die rheinische Mission hatte bereits 1868 beim preußischen König und den Briten um Schutz für ihre Missionsstationen in Südwestafrika gebeten.

14 Britta Wiese, Hugo Zöller, die Kölnische Zeitung und das koloniale Projekt, in: Marianne Bechhaus-Gerst/Anne-Kathrin Horstmann (Hrsg.), Köln und der Kolonialismus, Eine Spurensuche, Köln 2013, S. 31–36.

15 Fabris 1879 veröffentlichtes Manifest: „Bedarf Deutschland der Colonien" gab darin auf über 100 Seiten die Antwort „ja" und zwar aus vier verschiedenen Gründen: nationales Prestige, Auswanderungsgebiete, Absatzmärkte und soziale Integration. 1880 bat Fabri beim Reichskanzler Bismarck erneut um Schutz. 1883 erwarb der Bremer Kaufmann Adolf Lüderitz viel Land von Josef Brederiks von Bethanien für 500 Pfund und 60 Gewehre. Fabri setzte sich seit September 1883 dafür ein, dass das Deutsche Reich über dieses Gebiet ein Protektorat (v. a. gegenüber England) aussprach und verband damit wirtschaftliche Aktivitäten, wie Handel, Bergbau und Eisenbahnbau. Otto von Bismarck schickte am 24. April

die Otto von Bismarck am 24. April 1884 dazu veranlassten, über Gebiete im südwestlichen Afrika, die vom Bremer Kaufmann Lüderitz erworben worden waren, den staatlichen „Schutz" auszusprechen. So wurde der britischen Kapkolonie signalisiert, dass das Deutsche Reich nun territoriale Besitzansprüche auf das Gebiet anmeldete Mit diesem Datum beginnt aus deutscher Sicht die staatliche Betätigung als Kolonialmacht.

1888 kam der Zentralisierungsprozess der verschiedenen kolonialen Lobbyverbände mit der Gründung der Deutschen Kolonialgesellschaft (DKG) mit Sitz in Berlin zum Abschluss. Die DKG bildete in der Folge lokale Abteilungen aus – in Düsseldorf bestand diese von 1890 bis 1921 und wieder ab 1931.[16] Ab 1890 zeigt sich in Düsseldorf für die Beteiligung der DKG das für Deutschland typische Muster: Der Zentralverein in Berlin errichtet lokale Abteilungen. Es gehört zum guten Ton der bildungs- und großbürgerlichen Elite Mitglied in diesen Abteilungen zu sein. Diese Art von kolonialer Betätigung ist somit Teil eines größeren bildungsbürgerlichen Elitenprozesses. Dieser Prozess verlief in Düsseldorf ganz ähnlich wie in anderen deutschen Städten.

Bei der Mehrheit der breiteren Bevölkerung Düsseldorfer war keine „koloniale Begeisterung"[17] ausgebrochen, das sollte sich im Prinzip auch nicht ändern.[18]

ein entsprechendes Telegramm nach Kapstadt und erklärte das deutsche Protektorat über die von Lüderitz erworbenen Gebiete. 1883 wurde Fabri Vize-Präsident des Deutschen Kolonialvereins, 1885 Ehrenmitglied der Gesellschaft für deutsche Kolonisten und ab 1887 Exekutiv-Komitee-Mitglied der Deutschen Kolonialgesellschaft. 1884 legte er sein Amt als Missionsinspektor nieder, vgl. ausführlich: Klaus J. Bade, Friedrich Fabri und der Imperialismus in der Bismarckzeit. Revolution – Depression – Expansion. Freiburg i. Br. 1975 und Nils Ole Oermann, Mission, Church and State Relations in South West Africa under German Rule (1884–1915), Stuttgart 1999, S. 29–32.

16 Die Leitung in Düsseldorf übernahm der Bergwerksdirektor Paul von Schwarze, der auch dem Gesamtvorstand der DKG angehörte. Nach dessen Tod folgte 1894 Albert Poensgen, ein Gründungsmitglied des WVKE, vgl. Marvin Halfmann, Albert Poensgen und die Kolonialgesellschaften, in: Scharff/Authaler/Hollmeier, Golbalgeschichte(n) (wie Anm. 8), S. 13–16.

17 Anders: Soénius, Begeisterung (wie Anm. 10).

18 Bei den von kolonialen Themen bestimmten Reichstagswahlen von 1907, bei denen in Düsseldorf in Bezug auf Kolonien auf beiden Seiten polemisiert wurde, gewann der kolonialkritische Kandidat des Zentrums den Wahlkreis in einer Stichwahl gegen den ebenfalls kolonialkritisch eingestellten Kandidat der Sozialdemokraten, vgl. Caroline Authaler/Stefanie Michels (Hrsg.), „Ein Sieg für die Kolonialkritiker 1907", Düsseldorfs Globalgeschichte. Ein Stadtplan, Düsseldorf 2015. Die 1908 erfolgte Umbenennung der Kaulbachstraße (nach München verzogener Protagonist der Düsseldorfer Malerschule) in Wissmannstraße (galt 1908 als Kolonialheld, da er 1889 in Ostafrika die deutsche Kolonie mit Waffengewalt erhalten hatte und 1905 während der erneuten Krise der deutschen Kolonialherrschaft starb) in Unterbilk stand damit im Widerspruch zum Wahlsieg der kolonialkritischen Kandidaten 1907 (auch in Bilk hatte das Zentrum 1907 die meisten Stimmen geholt).

Abb. 1: Ehemalige Eisenbahnstrecke in Togo, mit Schwellen und Schienen aus Eisen. Die abgebildeten Schwellen sind alle mit der Prägung „Krupp 1906" oder „Krupp 1910" versehen (Foto Verf. 2016).

Zwischen 1879 und 1884 – den entscheidenden Jahren staatlicher kolonialer Betätigung Deutschlands – waren Düsseldorf und das Rheinland zentral für die Umsetzung der Forderung nach kolonialer Betätigung, insbesondere als Absatz- und Rohstoffmärkte für die Industrie.

Folgerichtig gründeten sich in Düsseldorf und im Rheinland zahlreiche Handels- und Plantagenunternehmen, die in den deutschen Kolonien tätig waren. Die Geschäfte der großen rheinischen Schlüsselindustrien in deutschen Kolonien gehören noch zu den kaum erforschten Themen.

Bekannter sind die kleineren – und oft wirtschaftlich wenig erfolgreichen Neugründungen, wie die 1895 gegründeten Westdeutsche Handels- und Plantagengesellschaft[19], die 1904 gegründete Sisal-Agavengesellschaft, die in Deutsch-Ostafrika, dem heutigen Tanzania tätig war, und der 1899 gegründeten und in Kamerun tätigen „Moliwe-Pflanzungsgesellschaft" – diese bestand bis 1939 und war erst nach dem Ersten Weltkrieg für ihre Investoren ertragreich.[20]

Auch die Gründung der „Westafrikanischen Pflanzungsgesellschaft" (WAPV) im Jahr 1897 ist so eng mit rheinischen Netzwerken verbunden, dass sie – trotz Gründung in Berlin – als rheinisches Kolonialunternehmen bezeichnet werden kann. Maßgeblich beteiligt waren Eugen Zintgraff, gebürtiger

19 Aktiv in Deutsch-Ostafrika und Kenia (Handelsniederlassungen in Lindi und Mombasa, Plantagen bei Tanga). Sie betrieb Im- und Exporthandel und baute folgende Produkte an: Kokospalmen, Sisal, Kautschuk, Kapok, Kaffee, Ölpalmen (Schoeller, Westdeutsche Handels- und Plantagengesellschaft, in: Heinrich Schnee (Hrsg.), Deutsches Koloniallexikon, Berlin 1920, Bd. 3, S. 704; online unter: http://www.ub.bildarchiv-dkg.uni-frankfurt.de/Bildprojekt/Lexikon/Standardframeseite.php (2.2.2018).

20 An allen dreien war der Düsseldorfer Albert Poensgen beteiligt. Poensgen, Gründungsmitglied des WVKE übernahm 1894, nach dem Tod des Bergwerksdirektors Paul von Schwarze die Leitung der Düsseldorfer Abteilung der DKG. Von 1898 bis zu seiner Auflösung 1908 war Poensgen Mitglied des Kolonialrates in Berlin, eines Gremiums, das die Kolonialabteilung des Auswärtigen Amtes beriet. Es handelte sich dabei um ein Ehrenamt. Der Kolonialrat wurde 1908 aufgelöst, da es Konflikte mit dem Reichstag gegeben hatte, der sich umgangen fühlte. Es wurden in der Folge Kommissionen gebildet, die in den Ministerien angesiedelt waren, beispielsweise die 1911 gegründete „ständige wirtschaftliche Kommission" des Reichskolonialamtes, vgl. v. König, Kolonialrat, in: Schnee, Koloniallexikon (wie Anm. 19), S. 338.

Düsseldorfer, und Max Esser aus Köln.[21] Eugen Zintgraff hatte von 1886–1891 im Auftrag des Auswärtigen Amtes, das für die Deutschen unbekannte Hinterland der deutschen Kolonie Kamerun bereist und gute Beziehungen – auch militärische – zu dem einflussreichen König Galega im kamerunischen Grasland aufgebaut.[22] Wenige Jahre später konnte er eine Gruppe von Investoren – schwerpunktmäßig aus dem Rheinland – zur finanziellen Beteiligung an der WAPV bewegen. Gemeinsam mit dem Bankier Max Esser aus Köln reiste er nach Kamerun, um die Plantagen zu errichten.[23] Die Plantagen benötigten Land und Arbeitskräfte. Für beides wurde koloniale Gewalt eingesetzt, sei es in Form von Kriegen, kolonial oktroyierten Landverordnungen und kolonialstaatlicher Zwangsarbeiterrekrutierung.[24] Das Arbeiterrekrutierungssystem gelang aber auch durch die Aktivierung vorkolonialer Wirtschaftsstrukturen, wie der Sklaverei und der Tributhegemonien des Königs Galega aus Bali. Zu den Kunden der WAPV in Deutschland gehörte die Firma Henkel & Co., die von der WAPV Palmöl für die Waschmittelherstellung bezog. Für die Firma Henkel, die seit 1907 ihren Firmensitz in Holthausen, heute Düsseldorf hatte, war Palmöl eines der wich-

Abb. 2: Statue des Königs Galega vor dem Palast in Bali, Kamerun. In der Inschrift wird der Düsseldorfer Eugen Zintgraff (in der kamerunisierten Schreibweise) erwähnt (Foto von Caroline Authaler 2016).

21 Christian Nischwitz, Von der Plantage zum Waschmittel, in: Scharff/Authaler/Hollmeier, Golbalgeschichte(n) (wie Anm. 9), S. 28–31. Nischwitz hat im Konzernarchiv von Henkel hierzu Verträge mit dem Hauptmann Menzel aus dem Jahr 1912 gefunden, in denen es heißt: *Im Auftrage der Firma Henkel & Co. geht Herr Hauptmann Menzel zum Zwecke der Gewinnung oder der Vermittlung von Ankäufen von Palmfrüchten nach Afrika* (zit. n. Nischwitz, Plantage, S. 31).

22 Vgl. hierzu unsere Dokumentation auf www.deutschland-postkolonial.de und Eugen Zintgraff, Nord Kamerun, Berlin 1895.

23 Vgl. ausführlich zu Essers Aktivitäten in Kamerun: Elizabeth Chilver/Ute Röschenthaler, Cameroon's Tycoon. Max Esser's Expedition and its Consequences, Oxford 2001. Zintgraff erkrankte in Kamerun und starb auf der Rückreise 1898.

24 Vgl. Patrice Mandeng, Auswirkungen der deutschen Kolonialherrschaft in Kamerun, Hamburg 1973.

tigsten Rohstoffe. Erste Forschungen im Firmenarchiv von Henkel ergaben, dass Henkel 1912 mindestens eine Expedition bestellte, die in Kamerun direkt Verträge über die Lieferung von Palmöl abschließen und die Möglichkeiten einer Anlage von eigenen Palmölplantagen eruieren sollten. Hierzu scheint es aber nicht gekommen zu sein.

Stellvertretend für die Suche nach Rohstoff- und Absatzmärkten außerhalb deutscher Kolonien können die Remscheider Brüder Mannesmann stehen. Sie waren die Gründer der Mannesmann Röhrenwerke, schieden 1893 jedoch aus dem Vorstand und dem Unternehmen aus und versuchten sich in der Folge als Kaufleute – ab 1906 mit einem Schwerpunkt in Marokko.[25] Sie schlossen 1908 weitreichende Verträge über Rohstoffnutzung und Landrechte mit der marokkanischen Regierung ab, die in die diplomatischen Verwicklungen zwischen Berlin und Paris gerieten (sogenannte „Marokkokrise"). Die marokkanische Regierung stellte sich dabei auf die Seite der Familie Mannesmann. Bis zum Ausbruch des Ersten Weltkriegs war die Familie Mannesmann in Marokko aktiv. Vier der fünf Mannesmannbrüder und ihre Ehefrauen verlegten sogar ihren Hauptwohnsitz nach Marokko. Umgekehrt nutzte die marokkanische Regierung ihre Kontakte zur Familie Mannesmann für ihre eigenen Interessen: Der marokkanische Außenminister Sidi Mohamed Ben Asus erhielt 1907 durch Vermittlung der Brüder Mannesmann in Berlin beim Auswärtigen Amt die Möglichkeit, die marokkanischen Interessen persönlich vorzutragen. Auf dem Weg nach Berlin legte er einen Zwischenstopp bei der Familie Mannesmann in Remscheid ein.[26]

Sidi Mohamed Ben Asus war damit kein Einzelfall: Seit den Opiumkriegen war vielen Menschen im globalen Süden klargeworden, dass die Europäer ihre Waffen einsetzten, um sich wirtschaftliche Vorteile zu verschaffen. Es begann ein „Wettlauf gegen die Zeit"[27], mit dem Ziel, Europa waffentechnisch und wirtschaftlich die Stirn bieten zu können. Bekanntlich hat letztlich bis zum Ersten Weltkrieg nur Japan diesen Wettlauf gewonnen, v. a. weil es keine Kredite zur Finanzierung von militärischer Aufrüstung und Industrialisierung benötigte. Das Wissen Europas und der USA wurde schlagartig weltweit höchst relevant und Wissens- und Handelsexpeditionen aus aller Welt bereisten Europa und die USA: Die bekannteste ist die Iwakura-Mission Japans (1871–1873), bei der der

25 Vgl. Horst A. Wessel, Globale Unternehmensaktivitäten im Spannungsfeld von unternehmerischem Gestaltungswillen und (wirtschafts-)politischen Realitäten. Das Beispiel der Familie Mannesmann aus Remscheid, in: Susanne Hilger/Ulrich S. Soénius (Hrsg.), Familienunternehmen im Rheinland im 19. und 20. Jahrhundert, Köln 2009, S. 66–102.

26 Vgl. ebd., S. 88.

27 Jane Burbank/Frederick Cooper, Imperien der Weltgeschichte. Das Repertoire der Macht vom alten Rom und China bis heute, Frankfurt/New York 2012.

Düsseldorfer Kaufmann Louis Kniffler[28] zur Ehrenbegleitung gehörte. Aber auch aus vielen anderen Gebieten kamen Delegationen oder Einzelpersonen, wie dem Osmanischen Reich (einschließlich Ägypten), Äthiopien, Westafrika, China und Indien. Auf Düsseldorf waren diese Persönlichkeiten durch die hier stattfindenden (Industrie- und Gewerbe-)Ausstellungen aufmerksam geworden.

Ende Juli 1904 besichtigte eine chinesische Regierungsdelegation die Maschinenfabrik Haniel & Lueg.[29] 1906 besuchte die „Kaiserliche Chinesische Studienkommission" im Rahmen einer weltweiten Reise auch Düsseldorf und hielt sich zwei Tage in der Stadt auf. Geleitet wurde die Kommission vom Kaiserlichen Vizekönig und Generalgouverneur zweier Provinzen, Tuang Fang, daneben waren weitere hohe Beamte und Militärs vertreten.[30] In Düsseldorf wurde die Kommission vom Stahlwerk-Verband empfangen, sie besichtigte die Rheinische Metallwaren- und Maschinenfabrik, in der auch Schusswaffen hergestellt wurden, die städtische Kunsthalle, das Apollo-Theater, den Künstlerverein „Malkasten" und die städtische Tonhalle. Der Besuch erregte großes Aufsehen und wurde von vielen Menschen begleitet. Auf der Ebene der Kunst entwickelte sich im Folgenden eine recht lebhafte Beziehung zwischen Düsseldorf und China: Tuan Fang kaufte in der städtischen Kunsthalle drei Bilder für 3.000 Mark und schenkte der Stadt ein Bild aus China, das im Oktober 1907 von zwei chinesischen Gesandtschaftsmitgliedern in Düsseldorf übergeben wurde. Tuang Fang gab bei Düsseldorfer Künstlern weitere Bilder in Auftrag. Mit seinem Tod 1911 endeten diese Beziehungen.[31] Die wirtschaftlichen Beziehungen zwischen Düsseldorf und China blieben jedoch bestehen: 1913 lieferte die Rheinische Metallwaren- und Maschinenfabrik schwere Waffen nach China. Nach einer längeren Pause, u. a. bedingt durch den Ersten Weltkrieg und die politisch instabilen Verhältnisse in China, wurden die wirtschaftlichen Beziehungen zu Deutschland und auch zu Düsseldorf 1928 unter veränder-

28 Louis Kniffler (1827–1888), der 1859 in Nagasaki das erste deutsche Handelsunternehmen in Japan errichtet hatte, kehrte erst 1865, nachdem er vier Jahre zuvor zum preußischen Vizekonsul ernannt worden war, nach Düsseldorf zurück. Über sein Unternehmen gelangten Textilien und Waffen nach Japan. Seine Waren bezog er aus einem europäischen Handelsnetz, Gewehre kamen aus England, Kanonen von Krupp aus Essen. Vgl. Tim Otto, Düsseldorf und Japan, in: Scharff/Authaler/Hollmeier, Golbalgeschichte(n) (wie Anm. 8), S. 32–34, sowie Benedikt Mauer, Düsseldorf und Japan. Eine Beziehungsgeschichte, Düsseldorf 2011.

29 Vgl. Lothar Pützstück, Düsseldorf und China, in: Cord Eberspächer/Lothar Pützstück/Michael Ruhland (Hrsg.), Düsseldorf in China 1731–2011, China in Düsseldorf 1728–2011. Eine Spurensuche, Düsseldorf/Beijing/Shanghai 2011, S. 33–82, hier S. 53. Düsseldorf war aber eher ein Zwischenstopp auf dem Weg nach Krupp in Essen.

30 Zwei höhere Offiziere, hohe Staatsbeamte und der Präsident des Kulturministeriums in Peking, Tai Hung Tse. Vgl. ebd., S. 52.

31 Vgl. minutiös zu diesem Besuch: ebd., S. 53–65.

ten politischen Verhältnissen in China von chinesischer Seite aus reaktiviert. Delegationen reisten in beide Richtungen. Ende August/Anfang September 1930 besuchte der chinesische Gesandte Tsian Tso Ping Düsseldorf und rheinische Industriebetriebe, in Düsseldorf die Vereinigten Stahlwerke. Dabei war er besonders interessiert an Stahlröhren. Laut Berichten der Tagespresse waren die rheinischen Unternehmen sehr offen dafür ihre Produkte auf den chinesischen Markt zu bringen. In der NS-Zeit kam es bis zum Kriegseintritt Chinas auf Seiten der Sowjetunion im Jahr 1941 zu einer weiteren Intensivierung der wirtschaftlichen Beziehungen für Düsseldorf besonders im Bereich der Rüstungsindustrie. 1936 wurde zwischen der 1934 gegründeten „Handelsgesellschaft für industrielle Produkte" und der chinesischen Regierung ein langfristiger Liefervertrag vereinbart, an dem Rheinmetall-Borsig mit der Lieferung von Haubitzen beteiligt war.[32]

Da Düsseldorf keine Universität hatte, kam es nicht zu einer Ansiedlung von Studierenden aus dem globalen Süden, wie beispielsweise in Berlin.[33] Einzelne Kinder und Jugendliche aus dem globalen Süden kamen jedoch zur Ausbildung nach Düsseldorf und ins Rheinland. Sie besuchten hier Schulen. Am prominentesten waren dabei drei Kinder des aus Togo stammenden Nayo Bruce, die von 1911 bis 1918 das Internat Neu-Düsselthal der Graf-Recke-Stiftung besuchten. Nayo Bruce war seit 1900 als eigenständiger Unternehmer und Manager im Unterhaltungsgewerbe tätig und tourte mit einer teilweise über 30 Personen umfassenden Gruppe von Artistinnen und Artisten durch Europa. Die während dieser Zeit geborenen Kinder wurden in Internaten oder in Pflegefamilien auf Kosten des Vaters erzogen und ausgebildet. Die drei Geschwister in Düsseldorf erhielten stets gute Zeugnisse. Am Ende des Ersten Weltkriegs, 1918, starb einer der drei Geschwistern: Fritz. Die beiden Schwestern Lisa und Annie blieben bis 1924 auf der Schule. 1926 kehrten sie nach Togo zurück. Dort nahmen sie aufgrund ihrer Deutschkenntnisse und ihres Lebensweges einen Platz in der politischen Elite des Landes ein.[34]

32 Vgl. ebd., S. 72–75.

33 Explizit thematisiert wird dies in dem Zeitungsartikel über einen chinesischen Praktikanten bei der Düsseldorfer Eisenbahn 1932, der in Berlin Ingenieurswissenschaften mit dem Spezialgebiet Eisenbahnwesen studierte, vgl. dafür Pützstück, Düsseldorf (wie Anm. 28), S. 74.

34 Sie arbeiteten zunächst für die Bremer Mission in Lomé als Lehrerinnen. Annie Bruce unterrichtet Deutsch am Goethe-Institut in Lomé, vgl. ausführlich Rea Brändle, Nayo Bruce. Geschichte einer afrikanischen Familie in Europa. Zürich 2007. Die Zeugnisse finden sich im Stadtarchiv Düsseldorf, StAD 4-167-0-564.0000; s. a. Leopold Wolff, Die Familie Bruce und die ‚Togotruppe', in: Scharff/Authaler/Hollmeier, Golbalgeschichte(n) (wie Anm. 9), S. 47ff.

III Düsseldorf und die Welt als Ausstellung

Ende des 19. Jahrhunderts hatte sich Düsseldorf als Ausstellungsstadt etabliert. Die Stadt orientierte sich an „Weltausstellungen" der großen internationalen Vorbilder: London (1851), Chicago (1893), Paris (1900). Ziel und Anspruch von „Weltausstellungen" war es, einen dokumentarischen Überblick über die „Welt" zu schaffen – die „Welt" in Miniatur an dem Ort der Weltausstellung abzubilden. Damit bildeten die Weltausstellungen des 19. Jahrhunderts auch eine Selbstbeschreibung westlichen Fortschrittsdenkens und das europäische Idealbild einer imperialen Weltordnung ab, in der Europäer bzw. der Westen die Führung innehatten. Einige dieser Ausstellungen verwiesen explizit auf die Kolonien.[35]

Die Ausstellungen in Düsseldorf hatten zwar eher einen regionalen Ansatz, einzelne Elemente von Weltausstellungen wurden jedoch integriert, so auch die Idee eines „Vergnügungsparks" für die breitere Bevölkerung, in dem Menschen und Konsumgüter aus aller Welt für die lokale Bevölkerung erfahrbar gemacht wurden. Eine Besonderheit Düsseldorfs war, dass ab 1880 Gewerbe- und Industrieausstellungen stets mit Kunstausstellungen kombiniert wurden. Düsseldorf erhob damit Anspruch darauf, durch die als Leistungsschau konzipierte Ausstellung international sichtbar zu werden. Gleichzeitig stand jede der großen Ausstellungen für eine städtebauliche Erweiterung. Somit ist das Stadtbild Düsseldorfs heute nicht nur als Materialisation eines regionalen Anspruchs zu sehen, sondern gleichzeitig als eine Position zur Welt. Die Weltbeziehungen, die sich die Ausstellungsplaner vorstellten, gingen in die Konzeption der Ausstellungsflächen, der Ausstellungsarchitektur, des Ausstellungsdesigns und auch der ausgestellten Objekte ein. Vieles davon ist bis heute in Düsseldorf präsent, beispielsweise der 1874 eröffnete Zoo, auf dessen Gelände 1880 die „Große Industrie- und Gewerbeausstellung" stattfand.[36] Zoologische Gärten waren im späten 19. Jahrhundert zentrale Orte,

35 Weltausstellungen fanden im 19. Jahrhundert in Europa, den USA und Australien statt, ab 1970 auch in Asien. Die erste deutsche Weltausstellung war die Expo im Jahr 2000 in Hannover. Bis 1931 (Gründung Bureau International des Expositions [BIE] in Paris) waren verschiedene Ausstellungskonzepte nicht klar voneinander getrennt, z. B. Gewerbeausstellungen, Kolonialausstellungen, oder Weltausstellungen. Die Ausstellung in London 1851, die meist als erste „Weltausstellung" geführt wird, hatte den Titel: „Great Exhibition of the Works of Industry of All Nations", vgl. Alexander C.T Geppert, Weltausstellungen, in: Europäische Geschichte Online (EGO), hrsg. vom Leibniz-Institut für Europäische Geschichte (IEG), Mainz 2013–06-20. URL: http://www.ieg-ego.eu/gepperta-2013-de URN: urn:nbn:de:0159-2013052109 (30.1.2018).

36 Auf dem Gelände des heutigen Zoos steht eine umfangreiche historische Erinnerungstafel, der „Zoopark" wird als Inschrift, als Straßenbahnhaltestelle, in der Restauration,

an denen sich breitere Bevölkerungsschichten in eine Beziehung zur Welt begeben konnten. Die in diesen Zoos lebenden einheimischen Tiere und die aus anderen Weltregionen und anderen Klimazonen stammenden Tiere waren ein Beweis für die Aneignung der Welt durch Europa. Einen zoologischen Garten zu besitzen war von daher auch immer ein Prestigeprojekt, mit dem sich die Stadt in die Riege derjenigen Städte einordnen konnte, die die wirtschaftlichen und logistischen Mittel besaßen, Tiere aus fernen Ländern auf dem eigenen Stadtgebiet zu halten und der Bevölkerung vorzuführen. Eine Großstadt brauchte einen Zoo.[37]

Für den Zoo in Düsseldorf wurde eine eigene Landschaft mit Hügeln, einer Burgruine und einem Teich geschaffen. Die Umgestaltung der Landschaft steht gleichfalls für die Idee einer Verbesserung der Natur durch das Eingreifen des Menschen. Die Architektur in den Zoologischen Gärten, beispielsweise der Elefantenhäuser und der Gaststätten, folgte oft dem, was als „fremd" galt. Das Beispiel der Zoos zeigt also auch eine Neugierde auf die Welt, die durchaus ambivalent war – durch nüchternes Interesse ebenso gekennzeichnet wie durch Sensationslust bis hin zum Voyeurismus unter gleichzeitigem zumindest diffusem Bewusstsein der Gewalttätigkeit kolonialer Expansion in außereuropäische Gebiete. Dieses Spannungsfeld lässt sich umso mehr anhand der Auftritte von Menschen aus diesen Gebieten in den Zoologischen Gärten und den Vergnügungsparks von Ausstellungen, Jahrmärkten und Zirkusvorstellungen zeigen.[38] Sowohl Tiere als auch

den anliegenden Straßennamen und Parkbereichen „Zooviertel" erinnert, sowie auf der Webseite der Stadt Düsseldorf. Institutionell ist der Aquazoo der Nachfolger des nach 1945 verschwundenen Zoos.

37 Der erste Zoo in Europa im heutigen Sinne wurde 1828 in London eröffnet, 1844 folgte Berlin, vgl. Jürgen Osterhammel, Die Verwandlung der Welt. Eine Geschichte des 19. Jahrhunderts, München 2009, S. 554. Noch heute klingt der bescheidene Stolz auf den Zoo auf der Internetseite der Stadt Düsseldorf durch: „Die Düsseldorfer Anlage konnte sich nie mit den großen Tierparks in Hamburg, Berlin oder Köln messen" (https://www.duesseldorf.de/stadtgruen/park/zoopark.html [7.2.2018]). Allerdings hatte Kölns Zoo bereits 1860 eröffnet.

38 Besonders erfolgreich war in Düsseldorf eine Veranstaltung, die sich „Schaustellung der Samoaner Truppe" oder „Samoa-Karawane" nannte und 1896 und erneut 1911 im Zoo gastierte. Insgesamt traten im Düsseldorfer Zoo bis zu seiner Zerstörung 1943 gut zwei Dutzend Mal Menschen in exotisierende Inszenierungen auf. Sie stammten aus Australien, Ägypten, Benin, Ceylon, China, Finnland, Ghana, Indien, Kamerun, Namibia, Nordamerika, Samoa, Somalia, Sudan und Zimbabwe, vgl. Lothar Pützstück, Afrika und Düsseldorf im Deutschen Reich (1871–1945), in: AfrikanerInnen in Deutschland und schwarze Deutsche – Geschichte und Gegenwart, Münster 2004, S. 57–73; Caroline Authaler, Tiere aus Kamerun im Zoo, auf: deutschland-postkolonial.de (7.2.2018); Felix Rissel, Exotenbilder. Völkerschauen in Düsseldorf im 19. und 20. Jahrhundert. Unveröffentlichte BA-Arbeit, Universität Düsseldorf 2013. Bei den

Abb. 3: Postkarte „Arabisches Café, Düsseldorf", gelaufen am 4. September 1901 (Privatsammlung Stefanie Michels).

Menschen wurden von einem professionalisierten unternehmerischen Netz bereitgestellt. In Deutschland hatte die Firma Hagenbeck, die in Hamburg

großen Ausstellungen waren die Bauten teilweise sehr aufwändig und es kamen auch Objekte aus den jeweiligen Ländern zum Einsatz, die teilweise in den Sammlungen Düsseldorfer Museen verblieben. 1902 in der „Kunst- und Gewerbeausstellung" wurde für das „arabische Dorf" eine Moschee nachgebaut. Inhaber des „arabischen Dorfes" war die Firma Sifico & Co und damit ein aus Ägypten stammender Mann. 1904 wurde an gleicher Stelle im Rahmen der „Kunst-, Garten- und Gewerbeausstellung" eine indische Straße und ein japanischer Garten mit Teehaus aufgebaut, in dem vier Japanerinnen beschäftigt waren (Christian Tagsold, Japan und Düsseldorf – eine Geschichte von über 150 Jahren, in: Caroline Authaler/Stefanie Michels, Stadtplan Düsseldorfer Globalgeschichte vor 1945, Düsseldorf 2015; 1926 auf der GeSoLei waren neben einem Alpendorf wieder ein „arabisches Dorf" und ein „nubisches Dorf" aufgebaut. Die Beliebtheit des Themas „arabisches Dorf" geht auf die Pariser Weltausstellung von 1900 und der „Rue de Caire"zurück. Kairo und Ägypten waren zu diesem Zeitpunkt bereits von einem beginnenden bildungsbürgerlichen Tourismus betroffen, die mit Postkarten und Fotografien gewisse – auf die Malerei des 18. Jahrhunderts zurückgehende – Bilderrepertoires gesetzt hatten. Wie Edward Said (1978) zeigte, war es die Malerei des 18. Jahrhunderts, die ein Bild des Orient als Gegenbild des Occidents schufen, vgl. Edward Said, Orientalismus, Frankfurt a. M. 2012 (Original 1978).

seit 1907 selbst einen Zoo betrieb, eine beherrschende Marktstellung und war auch Partner des Düsseldorfer Zoos. Die Firma Hagenbeck arbeitete dabei mit vielen Subunternehmern zusammen – auch solchen aus dem globalen Süden. Für den aus Kamerun stammenden Düsseldorfer Josef Mambingo wurde eine Anstellung im Zoo ab 1936 eine zentrale Voraussetzung für sein Leben in der NS-Zeit und darüber hinaus.

Menschen aus dem globalen Süden waren seit dem späten 19. Jahrhundert in vielfältiger Weise als Schausteller in Deutschland und auch in Düsseldorf präsent. Düsseldorf scheint sich diesbezüglich vom Rest Europas nicht unterschieden zu haben. Klassische Auftrittsorte waren der Zoo, die Rheinwiese, Vergnügungsparks im Rahmen der Ausstellungen sowie das Apollo-Theater, Varietés und Zirkusunternehmen. Die meisten der an diesen Aufführungen mitwirkenden Personen befanden sich nur kurzfristig in Europa. In der älteren Forschung und der aktivistisch ausgerichteten Beschäftigung mit diesem Phänomen wurden vor allem die exotisierenden und stereotypen Darstellungsweisen in den Vordergrund gestellt. Neuere Forschung hat demgegenüber begonnen, die Interessenlagen der beteiligten „Artist*innen of Color“[39] in den Vordergrund zu stellen. Im Kaiserreich waren wirtschaftliche und politische Motivationen zum Abschluss entsprechender Engagements maßgeblich. Das Unternehmen von Nayo Bruce war vornehmlich wirtschaftlich motiviert. Er gastierte zwei Mal in Düsseldorf, ein Mal im Frühjahr 1900 und ein Mal 1911 für ein längeres Gastspiel.[40]

In der Weimarer Republik, besonders aber in der NS-Zeit wandelten sich die Gründe jedoch. Nachdem Deutschland seine Kolonien verloren hatte, waren einige „Kolonialmigranten“ teilweise wider Willen in Deutschland gestrandet. Mit unklarem Aufenthaltstitel war die Unterhaltungsbranche für viele ein Ort, der ihnen gerade wegen ihres Aussehens Arbeit ermöglichte.[41] In der NS-Zeit verschärfte sich diese Situation. In dieser prekären Lage boten die kolonialrevisionistischen Kreise Möglichkeiten des Lebens und Überlebens. Menschen aus den ehemaligen deutschen Kolonien, die

39 Vgl. Susann Lewerenz, Geteilte Welten. Exotisierte Unterhaltung und Artist*innen of Color in Deutschland 1920–1960, Köln 2017.

40 Vgl. Brändle, Nayo Bruce (wie Anm. 34) und Wolff, Familie Bruce (wie Anm. 34).

41 Aufschlussreich ist der Fall von Peter Makembe aus Kamerun. Er lebte in Berlin und bekam mit zwei weiteren Kamerunern über eine vom Auswärtigen Amt bezuschusste Gesellschaft ein Arbeitsangebot als „Aufseher“ oder „Maschinenschlosser“ für 150 Mark pro Monat auf der GeSoLei in Düsseldorf 1926 angeboten. Makembe lehnte diese ab mit dem Hinweis auf laufende Miet- und etwaige Transferkosten (vgl. für den Vorgang Bundesarchiv Berlin, R1001/4457, B. 204, 208); allgemein zum Thema: Robbie Aitken, Eve Rosenhaft. Black Germany. The Making and Unmaking of a Diaspora Community, Oxford 2013.

in Deutschland lebten, waren in diesen Kreisen als potenzielle Fürsprecher wichtig. Diese hatten bereits die rassifizierend argumentierenden Kampagnen während der Rheinlandbesetzung kritisiert, indem sie darauf hingewiesen hatten, dass es eine Interessensgemeinschaft zwischen Deutschland und den Menschen aus seinen ehemaligen Kolonien gäbe. In der NS-Zeit setzten viele diese Argumentation fort, so Kwassi Bruce, ein weiterer Sohn Nayo Bruces, in seiner Denkschrift 1934 an das Auswärtige Amt.[42]

Die Stadt Düsseldorf entwickelte sich in der NS-Zeit zwischen 1935 und 1937 zu einer Hochburg des kolonialen Gedankens. Ausgangspunkt war das „Kolonialfest“ von 1935 und die zu diesem Anlass unter der Ägide der Stadt stattfindende Errichtung des Kolonialkriegerdenkmals im Stadtgebiet.[43] Als danach die Planungen für die Ausstellung „Schaffendes Volk“ begannen, flossen koloniale und kolonialrevisionistische Vorschläge mit ein. Für die Ausstellung wurde das Stadtgebiet wiederum erheblich erweitert. Dabei entstanden zwei sogenannte Mustersiedlungen in der Golzheimer Heide, u. a. die Gustloff-Siedlung. Die Golzheimer Heide war für die NS-Propaganda aus drei Gründen passend: Zum einen hatte sich hier das Militärlager befunden, in dem die Franzosen während der Ruhrbesetzung stationiert waren.[44] Zum zweiten lag hier ein Erinnerungsort an Albert Leo Schlageter: Die französischen Militärs hatten ihn 1921 dort exekutiert. Schlageter war Teil jener nationalistischen Kreise, die militanten Widerstand gegen die Rheinlandbesatzung leisteten. 1921 hatte er in Düsseldorf-Gerresheim strategisch wichtige Eisenbahnschienen gesprengt – diese Geschichte hat durchaus Parallelen zu einer kolonialen Situation. Der Ort seiner Hinrichtung auf der Golzheimer Heide wurde von deutsch-nationalen Kreisen bereits unmittelbar nach seiner Hinrichtung zu einem Erinnerungsort. Die NS-Propaganda vereinnahmte ihn und den Erinnerungskult um ihn und plante im Rahmen der Ausstellung „Schaffendes Volk“ eine monumentale Erinnerungsstätte. Zum dritten befanden sich in der Golzheimer Heide wilde Siedlungen, die von Personengruppen bewohnt wurden, die sich keinen Mietraum in Düsseldorf leisten konnten.

Die Straßennamen, die 1936 für das neu erschlossene Gebiet vergeben wurden, bezogen sich auf „verdiente Männer deutscher Kolonien“.[45]

42 Vgl. Kwassi Bruce, Denkschrift, in: Peter Martin/Christine Alonzo, Zwischen Charleston und Stechschritt. Schwarze im Nationalsozialismus, München 2004, S. 411–416.

43 Vgl. zur Vorgeschichte des Denkmals den folgenden Abschnitt.

44 Vgl. Stefanie Schäfers, Vom Werkbund zum Vierjahresplan. Die Ausstellung Schaffendes Volk Düsseldorf 1937, Düsseldorf 2001.

45 Vgl. für den Vorgang StAD 0-1-24-1269.000 und 0-1-4-15919. Aus einer großen Zahl potenzieller Namen wurden letztlich folgende ausgewählt: Lüderitz, Peters, Leutwein,

Der Wert der Kolonien.

Die große Kolonialausstellung in Düsseldorf.

Am 14. und 15. Mai wurde in Verbindung mit der großen Tagung des Reichskolonialbundes in Düsseldorf eine Kolonial-Ausstellung im Löbbecke-Museum eröffnet. In dem Gelände des Zoo wurde ferner ein Negerdorf aufgebaut, welches neben verschiedenen Originalhütten auch eine Bananen- und Tabak-Pflanzung zeigt. Das ganze Dorf ist von Palmen und anderen Tropenpflanzen umsäumt, ein typisch afrikanischer Anblick, der noch durch die Anwesenheit einiger Neger aus verschiedenen Stämmen der deutschen Kolonien erhöht wird. Es war interessant, den früheren Askaris zuzuhören, die sich mit alten Kolonialsoldaten aus Deutsch-Ost unterhielten. Es wurde dann natürlich nur Kisuaheli gesprochen, ein Negerdialekt, bei dem man bei längerem Zuhören lachen muß, so merkwürdig klingt die Sprache für unsere Ohren.

Die Ausstellung im Löbbecke-Museum ist insofern von großer Bedeutung, als sie neben der Reichsausstellung „Schaffendes Volk", welche die Ideen und Ausführungen des Vierjahresplanes in jeder Form zeigt, eindeutig hervorhebt, daß das deutsche Volk trotz aller technischen Neuigkeiten als „Volk ohne Raum" niemals auf seinen Lebensraum verzichten kann.

Unter Lebensraum versteht man nicht nur Ansiedlungsmöglichkeiten in den Kolonien, sondern vor allen Dingen Ausfuhr unserer industriellen Erzeugnisse und Beschaffung von Rohstoffen, die wir im eigenen Lande nicht selbst herstellen können. Große Karten unserer Kolonien zeigen, was dort angebaut wird, welche Naturprodukte zur Verfügung stehen und wieviel Erzlager vorhanden sind, die teilweise unter den Mandatsregierungen nicht ausgebeutet werden und die wir so dringend brauchen.

In der zweiten Abteilung werden die großen Verdienste unserer Tropenmediziner, die in aller Welt geschätzten Erzeugnisse unserer chemischen Industrie in der Bekämpfung der Tropenkrankheiten und in unseren Kolonien vorkommenden Insekten in großen Sammlungen gezeigt. Gebrauchsgegenstände und Waffen sowie Erzeugnisse der Eingeborenen usw. vervollständigen den überwältigenden Eindruck der Ausstellung.

Die Ausstellung trägt dazu bei, die teilweise noch große Unkenntnis über die überragende Bedeutung der Kolonialfrage zu beseitigen und jedem Volksgenossen zu zeigen, daß er sich hinter die Idee des Führers stellt und seinerseits durch den Erwerb der Mitgliedschaft im Reichskolonialbund die Schlagkraft dieser Bewegung erhöht, die sich die koloniale Durchdringung des deutschen Volkes zum Grundgedanken gemacht hat.

G. Roßmüller.

Sie hatten sich viel zu erzählen. Ehemalige Askaris und zwei alte Kolonial-Soldaten im Negerdorf.
2 Aufnahmen RKB.

Der Bundesführer General Ritter von Epp und der Gauverbandsleiter des Reichskolonialbundes Düsseldorf Pg. Jünnemann im Gespräch mit zwei Eingeborenen aus Deutsch-Ost. Im Hintergrund Hauptgeschäftsführer S.S.-Oberführer Rümann.

Abb. 4: Zeitungsartikel „Der Wert der Kolonien. Die große Kolonialausstellung in Düsseldorf" (Remscheider Generalanzeiger vom 21. Mai 1935).

Die Idee rührte aus dem Jahr 1935, als das Kolonialkriegerdenkmal am Frankenplatz aufgestellt wurde. Damals diskutierte die Stadtverwaltung

Solf, Meyer-Waldeck, Woermann, Soden und Trotha. Wissmann nicht, weil er bereits 1908 verwendet worden war, vgl. StAD 0-1-4-15919, Straßenumbennungen, 1935–1937.

die Frage, ob der Platz in „Kolonialplatz" umbenannt werden sollte. Dies wurde abgelehnt, weil es eine Anweisung gab, nicht ohne triftigen Grund die alten Straßennamen zu verändern. Als dann im Rahmen der Ausstellung „Schaffendes Volk" neue Straßennamen gebraucht wurden, wurde die Idee aufgegriffen. Damit wäre eine Verbindung zwischen der NS-Idee des idealen Siedlungsraums und den ehemaligen deutschen Kolonien geschaffen worden – dazu kam es jedoch nicht.

Die Kolonialstraßen wurden 1937 durch Pioniere der NS-Bewegung (die sogenannten „Blutzeugen") ersetzt, was vermuten lässt, dass den überseeischen Gebieten nun doch weniger Gewicht beigemessen wurde.[46] Die kolonialen Straßennamen wurden nun in das ebenfalls neu erschlossene, jedoch am dörflichen südlichen Stadtrand gelegene – und damit weit weniger zentrale – Urdenbach verlegt.

IV Düsseldorf und die Welt als Kriegsschauplatz

Aus Düsseldorf nahmen im frühen 20. Jahrhundert auch Soldaten an Kriegseinsätzen außerhalb Europas teil. 1900 meldeten sich aus Düsseldorf und Umgebung 45 Freiwillige für das „Ostasiatische Expeditionskorps" zum Einsatz gegen die Yihetuan (im Westen fälschlich „Boxer" genannt) in China. Insgesamt nahmen 150–200 Soldaten aus Düsseldorf und Umgebung an diesem Krieg teil.[47] Am Krieg gegen Herero und Nama im damaligen Deutsch-Südwestafrika von 1904–1908 nahmen fünfzig Düsseldorfer Soldaten teil.[48] Das in Düsseldorf stationierte „Niederrheinische Füsilier-Regiment Nr. 39" setzte den fünf aus ihren Reihen in Deutsch-Südwestafrika ums Leben gekommenen Mitgliedern 1909 ein Denkmal. Dieses Denkmal mit der Inschrift *Es starben den Heldentod in Deutsch-Südwestafrika* und den Namen der in Deutsch-Südwestafrika gestorbenen Soldaten wurde im Innenhof der Kaserne in der Roßstraße aufgestellt. Französische Soldaten beschädigten es während der Besetzung Düsseldorfs nach dem Ersten Weltkrieg.

Mit den alliierten Truppen kamen auch Soldaten aus dem globalen Süden ins Rheinland und nach Düsseldorf. Im Ersten Weltkrieg kämpften auf Seiten Frankreichs über 500.000 Soldaten aus den französischen Kolonien in

46 Bislang fanden sich allerdings in den Quellen weder Hinweise auf Gründe für diesen Meinungsumschwung noch Belege für eine interne Debatte zu diesem Thema.

47 Vgl. Pützstück, Düsseldorf (wie Anm. 29), S. 40, 42.

48 Über die regulär in den Kolonialtruppen dienenden Düsseldorfer gibt es bisher keine systematische Erhebung.

Europa.[49] Auch unter den alliierten Besatzern des Rheinlandes ab 1918 waren Kolonialsoldaten.[50]

Ab 1920 begannen Proteste gegen die Präsenz von Kolonialsoldaten im Rheinland.[51] Die durch Vereine und Einzelpersonen getragene internationale Kampagne bediente sich dabei rassifizierender und sexualisierter Bilder und Sprache, deren Ziel die Entmenschlichung und Dämonisierung der Kolonialsoldaten und damit auch der sie einsetzenden Franzosen war. Die französische Regierung antwortete mit einer Gegenkampagne. Deren Ziel war es, die fehlende faktische Grundlage der behaupteten von Kolonialsoldaten begangenen Verbrechen zu belegen.

Ab 1923 ebbte die Kampagne ab, die in ihr entworfenen Bilder und der Diskurs um „Rasse" sollten Deutschland jedoch nachhaltig prägen. In Düsseldorf waren erst zur Ruhrbesetzung französische Truppen stationiert und zwar in der Golzheimer Heide – unter ihnen eine unbekannte Anzahl französischer Kolonialsoldaten. Während sich die Deutschen auf der einen Seite bis 1918 durch die diversen Wissensinstitutionen als überlegene Besatzer und auf der Stufenleiter der Weltgeschichte stets am obersten Ende einordnen konnten, verunsicherte das von alliierten Kolonialsoldaten besetzte Rheinland diese scheinbare Gewissheit. Die zahlenmäßig stärkste Konfrontation der deutsche

49 Großbritannien setzte zu Beginn des Krieges Truppen aus Indien in Europa ein, fuhr aber generell eine segregierte Politik im Ersten Weltkrieg. Kolonialtruppen wurden vornehmlich auf außereuropäischen Kriegsschauplätzen eingesetzt (Naher Osten, Afrika). Deutsche Kolonialsoldaten kämpften wahrscheinlich ausschließlich außerhalb Europas (Afrika, Pazifik). Die deutsch-ostafrikanische Truppe unter General von Lettow-Vorbeck kapitulierte erst nach dem Waffenstillstand in Europa, was ihm und seinen afrikanischen Soldaten, den Askari, den Ruf einbrachte „im Felde unbesiegt" gewesen zu sein. Der „Mythos der treuen Askari" lag in der Weimarer Republik parallel zur Dolchstoßlegende. Die vermeintliche Todestreue der afrikanischen Soldaten zu ihren weißen Führern wurde in der NS-Zeit propagandistisch noch einmal überhöht, vgl. Stefanie Michels, Schwarze deutsche Kolonialsoldaten. Früher Kosmopolitismus und mehrdeutige Repräsentationsräume, Bielefeld 2009.

50 Die Gesamtzahl französischer Besatzungstruppen im Winter 1919 wurde auf 200.000 Mann geschätzt. Im Januar 1920 wurde sie reduziert auf 85.000. Im Sommer 1920 waren es schätzungsweise 30–40.000 Kolonialsoldaten (die Alliierten selbst geben die Zahlen geringer an: 14–25.000). Die Besatzungszeit dauerte im Rheinland insgesamt von 1919–1930. Wie lange genau schwarze Truppen zu den Besatzern gehörten, ist nicht ganz klar. Offiziell nahm Frankreich 1923 mit der Ruhrbesetzung Abstand vom Einsatz von Kolonialsoldaten – vgl. Tina Campt, Other Germans, Black Germans and the Politics of Race, Gender and Memory in the Third Reich, Ann Arbor 2005, S. 35.

51 Ab April 1920 wurden die Kolonialtruppen im besetzten Rheinland in einer transnationalen Öffentlichkeit wahrgenommen. Auslöser war ein Vorfall in Frankfurt, wo es zu Auseinandersetzungen zwischen einer Gruppe von Frankfurtern und einigen Kolonialsoldaten kam. Weiße Frauen waren aktiv an der Debatte beteiligt, beispielsweise die Rheinische Frauenliga. Der Höhepunkt lag im Jahr 1921. Im Jahr 1922 wurden die öffentlichen Kampagnen weitgehend eingestellt, vgl. Sandra Maß, Weiße Helden – Schwarze Krieger. Zur Geschichte kolonialer Männlichkeit in Deutschland 1918–1964, Köln/Weimar/Wien 2006.

Staatsbürger bzw. der rheinischen Bevölkerung mit Menschen aus dem globalen Süden fand somit innerhalb eines Besatzungsverhältnisses statt.

Dabei waren die alliierten Besatzungssoldaten und auch die Kolonialsoldaten durchaus attraktiv für deutsche Frauen. Sie traten in unterschiedliche Beziehungen zu ihnen, von dem Wunsch nach Liebesheiraten, Familiengründungen bis zu Prostitution. Ein Vermächtnis der politischen und publizistischen Kampagne gegen solche Verbindungen war eine neue Sichtbarkeit für die aus diesen Beziehungen geborenen Kinder und eigens für diese geprägte Begriffe und Kategorien.[52] Im 1925 erschienenen Buch „Mein Kampf" bezog sich Adolf Hitler direkt auf diese Personengruppe.[53] Das Thema kam 1920 nicht neu auf, sondern war bereits seit 1904/1905 durch politische Debatten („Rassenmischehen") und auch durch die Wissenschaft (Eugenik) gesetzt.

1929 allerdings wurden die Kinder von deutschen Frauen mit alliierten Kolonialsoldaten als Teil der deutschen Gesellschaft anerkannt, indem nunmehr eine staatliche Debatte darüber entbrannte, von den abwesenden Vätern und von Frankreich in Vertretung Unterhalt zu fordern.[54] Die NS-Politik führte den rassisch ausschließenden Diskurs dann wieder ein. Es wurden zunächst alle Personen, die möglicherweise alliierte Kolonialsoldaten als Väter hatten, registriert. Im Jahr 1937 wurden an vielen dieser Menschen Sterilisierungen vorgenommen – die auch nach der existierenden NS-Rassegesetzgebung illegal waren. Unter den registrierten Personen waren auch solche, die mit der Rheinlandbesatzung nichts zu tun hatten, beispielsweise die Kinder von Josef Mambingo.[55]

52 Das Wort „Rheinlandbastard" wurde 1919–1922 in deutschen Zeitungskampagnen verwendet. Es gibt keine gesicherten Zahlen über die tatsächlichen Verbindungen und Familiengründungen zwischen den schwarzen Besatzungssoldaten und deutschen Frauen. Die Zahlen der Kinder sind nur Schätzungen. Sie belaufen sich auf 600–800. In den Regierungsbezirken Aachen, Düsseldorf, Koblenz, Trier und Wiesbaden wurden insgesamt 4.500 uneheliche Besatzungskinder gezählt. Vgl. Alexandra Przyrembel, „Rassenschande." Rheinheitsmythos und Vernichtungslegitimation im Nationalsozialismus, Göttingen 2003; Julia Roos, Kontinuitäten und Brüche in der Geschichte des Rassismus. Anregungen für die Erforschung der „Rheinlandbastarde" aus einem privaten Briefwechsel, in: Birthe Kundrus/Sibylle Steinbacher (Hrsg.), Kontinuitäten und Diskontinuitäten. Der Nationalsozialismus in der Geschichte des 20. Jahrhunderts, Göttingen 2013, S. 154–170.

53 Sein Argument war, dass die Vermischung von sogenannten Arierinnen mit sogenannten Nicht-Ariern der Niedergang der „Zivilisation" sei, zit. nach Stefan Goodwin, Africa in Europe, Plymouth 2009, S. 218.

54 Vgl. Roos, Kontinuitäten (wie Anm. 53), S. 169.

55 Zwei seiner Kinder starben 1944 in Düsseldorfer Krankenhäusern, ob Sterilisierungen durchgeführt wurden, ist unklar. Die überlebende Tochter Mambingos heiratete, Kinder sind allerdings nicht bekannt. Vgl. für die Erwähnung der Kinder und generell: Rainer Pommerin, Sterilisierung der Rheinlandbastarde. Das Schicksal einer farbigen deutschen

Ab 1935 geriet der aus Kamerun stammende Düsseldorfer Josef Mambingo in das Blickfeld der Stadt, die ihn allerdings in der Folge unterstützte. Er lebte bereits seit 1922 in Düsseldorf und hatte eine Familie mit vier Kindern gegründet. Wer auf wen aufmerksam wurde, ist in der Forschung noch nicht geklärt. Bekannt ist, dass die Stadt Düsseldorf Mambingo 1936 „aus kolonialpolitischen Gründen“[56] im Zoo beschäftigte. Mambingo trat ebenfalls deutschlandweit in der Uniform der ostafrikanischen Kolonialsoldaten, der Askari auf.[57] Wie viele Menschen in ähnlicher Situation, z. B. Mohamed Husen, nutzte er das positive Bild, das in Deutschland seit dem Ersten Weltkrieg von den Askari existierte, für seine Zwecke. Von 1936 bis 1946 war Mambingo auf verschiedenen Positionen bei der Stadt Düsseldorf angestellt. Aus seiner Personalakte geht hervor, dass sich die Stadt an vielen Stellen für ihn eingesetzt hat und seine wirtschaftliche und letztlich auch gesundheitliche Situation dennoch 1945 eine sehr schlechte war. Mambingo starb 1952 in Düsseldorf.

Ist das Maß der Unterstützung von Josef Mambingo durch die Stadt Düsseldorf während der NS-Zeit außergewöhnlich? Fast scheint es so. Wodurch erklärt sich das Phänomen in einer Stadt, in der 1933 der schwarze Kommunist Hilarius Gilges von der SS brutal ermordet wurde – und zwar sowohl aufgrund seiner politischen wie auch seiner rassifizierenden Verortung durch seine Gegner.[58] Im Fall Mambingos ist das Gegenteil der Fall – er wurde zum „Arbeiter“ ohne jede rassifizierende Bezeichnung (1939).[59] Es gibt bisher keinen Hinweis darauf, dass sich Gilges und Mambingo kannten, jedoch sehr wohl, dass Mambingo Kontakt zu anderen Kamerunern in der Region hielt. Der ebenfalls aus Kamerun stammende Max Bisam aus Wesel war zu seiner Hochzeit nach Düsseldorf angereist und fungierte als Trauzeuge.[60] Mambingo unterhielt also regionale Netzwerke zu anderen Kamerunern – die meisten lebten in Hamburg und Berlin, zu seiner Hochzeit kam ein Kameruner vom Niederrhein.

Minderheit 1918–1937, Düsseldorf 1979. Weitere Erkenntnisse wird möglicherweise die MA-Arbeit von Tobias Dörpinghaus erbringen.

56 StAD, Personalakte Mambingo, 0-1-5-15802.0000.

57 Ich danke Robbie Aitken für den Hinweis auf Mambingo in einer Fotografie der Bremer Kolonialtagung von 1938. In Essen übergab er 1938 an den Oberbürgermeister öffentlichkeitswirksam eine Spende für das Winterhilfswerk, vgl. Thomas Morlang, Askari und Fitafita. ‚Farbige‘ Söldner in den deutschen Kolonien, Berlin 2008, S. 155.

58 Vgl. dazu Frank Sparing, Hilarius Gilges. Ein von der SS ermordeter Arbeiter und Kommunist, in: Peter Martin/Christine Alonzo (Hrsg.), Zwischen Charleston und Stechschritt. Schwarze im Nationalsozialismus, Hamburg/München 2004, S. 549–556.

59 StAD, Personalakte Mambingo, 0-1-5-15802.0000.

60 Standesamt Düsseldorf, Gerresheim H Nr. 161/1922. Ich danke Robbie Aitken für den Hinweis auf die Biographie Max Bisams.

Abb. 5: Der aus Kamerun stammende Düsseldorfer Josef Mambingo in der Uniform der Askari 1938 in Bremen (Bildarchiv der Deutschen Kolonialgesellschaft, Universitätsbibliothek Frankfurt am Main, Bildnummer 057-7041d-13).

Ausblick

Düsseldorfs Beziehungen zur Welt und der Welt zu Düsseldorf waren im 19. Jahrhundert durch die rheinische Industrie, die großen Ausstellungen, im Fall Tuang Fangs auch der Künstler, Kriegseinsätze und die Präsenz von Menschen aus dem globalen Süden in spezifischer Weise geprägt. Sie unterschied sich von anderen Regionen und Großstädten in Deutschland, in denen es Universitäten, wissenschaftliche Gesellschaften, Völkerkundemuseen, starke Missionsgesellschaften und staatliche Kolonialbehörden gab. Anstatt eines Gesamtbildes entsteht für Düsseldorf, wie für andere Regionen auch, der Eindruck einer starken Fragmentierung. Fest steht, dass die Düsseldorfer Stadtgeschichte in ihrer Stadtentwicklung, Architektur, Denkmälern, Straßennamen und Archiven untrennbar verwoben ist mit Beziehungen zur Welt, die sich im 19. und 20. Jahrhundert in imperialen Bahnen vollzogen. Eine fundierte systematische und theoretische methodische Gesamtschau bleibt bisher ein Desiderat – und der gegenwärtige Beitrag versteht sich daher als ein Forschungsbericht.

Otto Pankok und der Erste Weltkrieg

Eine historisch-biographische Collage[1]

Mit elf Abbildungen

Von Norbert Fasse

Prolog: Zeitpanorama um 1914

Wir Deutsche fürchten Gott, aber sonst nichts auf der Welt; wir stehen in Not und Gefahr des Vaterlandes nur noch fester zu Kaiser und Reich.[2] Solch vollmundige Losungen waren an Kaisers Geburtstag vor 1914 landauf, landab zu hören, und sie fanden im Besitz- und Bildungsbürgertum weitgehende Zustimmung.

Als am 1. August 1914 der Erste Weltkrieg begann, hatte es Wilhelm II. zusammen mit seiner Reichsregierung und Militärführung verstanden, Russland als Angreifer darzustellen und die eigene fahrlässig kriegstreibende Rolle nicht öffentlich werden zu lassen. Die ausgegebene Parole vom aufgezwungenen Verteidigungskrieg gegen eine Phalanx von Feinden erschien der großen

1 Dieser Beitrag stellt die überarbeitete und erweiterte Textgrundlage zu einem rezitatorisch-musikalischen Abend dar, den die Otto-Pankok-Gesellschaft am 20.9.2014 im Pankok-Museum Haus Esselt (Hünxe-Drevenack) veranstaltet hat, um anhand von Briefen, Tagebuch-Auszügen und anderen Selbstzeugnissen von Otto Pankok und weiteren Künstlern ein Zeitpanorama von Haltungen, Fronterfahrungen und Kriegswirkungen aufzuspannen, die die jüngere Generation von Künstlern und Intellektuellen von 1914 an nachhaltig geprägt hat. Die musikalischen Akzente setzten Günter Gall, Sänger, Gitarrist und Liedermacher (Osnabrück), und Konstantin Vassiliev, Konzertgitarrist und Komponist (Castrop-Rauxel), mit Liedern u. a. von Kurt Tucholsky, Bert Brecht, Mascha Kaléko und Erich Kästner. Als Hausbroschüre im November 2014 nur für Besucher des Pankok-Museums gedruckt, möchten wir den geringfügig bearbeiteten Text im 100. Jahr nach dem Kriegsende 1918 einem erweiterten Publikum zugänglich machen.

2 Bekenntnis, im Januar 1913 im Rahmen der Kaisergeburtstagsfeier des Borkener Kriegervereins abgegeben vom Vereinspräsidenten, zitiert nach *Borkener Zeitung* vom 28.1.1913; vergleichbare Äußerungen ließen sich aus vielen weiteren Städten Rheinland-Westfalens zitieren.

Mehrheit glaubhaft. Selbst die sozialdemokratische Partei des August Bebel, die kurz zuvor noch große Friedenskundgebungen organisiert hatte, stimmte am Ende den Kriegskrediten zu und fügte sich in den vom Kaiser ausgerufenen Burgfrieden ein.[3]

Nun wurde von allen Bevölkerungsschichten einmütiges Bekenntnis, nationale Gesinnung und tatkräftige Unterstützung der zu den Truppen einberufenen Männer erwartet. Die Erregung und patriotische Begeisterung der bürgerlichen, namentlich der bildungsbürgerlichen Schichten war groß, ihre Einsatzbereitschaft an der sogenannten Heimatfront beeindruckend. Dafür sorgten die Presse, dafür sorgten die staatlichen Behörden bis hinunter zu den Stadt- und Gemeindeverwaltungen. Mobilisierung von oben und Selbstmobilisierung von unten gingen Hand in Hand. Das intellektuelle Deutschland, Professoren, Akademiker, Schriftsteller und Künstler, machte keine Ausnahme. Die überwiegend beklommene Haltung, die in den Unterschichten, in großstädtischen Arbeitervierteln und in der bäuerlichen Bevölkerung vorherrschte, wurde indes marginalisiert.[4] Kaum jemand übersah im Sommer 1914, dass dieser Krieg für die Mehrheit der Menschen zu einer einschneidenden Grenzerfahrung wurde. Das gilt auch für die bildenden Künstler, die als Soldaten an den Fronten mitkämpften, das gilt für den einundzwanzigjährigen Otto Pankok und seine Künstlerfreunde.

Die heute nur noch schwer verständliche Begeisterung für den Krieg erwuchs aus verklärten Vorstellungen vom soldatischen Kampf, sie erwuchs auch aus der Hoffnung auf heilsame Wirkungen, die ein Krieg haben würde. Der allgemeine Stolz auf die wirtschaftliche Stärke des Deutschen Reiches und auf seine industrielle und wissenschaftliche Führungsrolle in Europa war nämlich mit mancherlei Skepsis gepaart. Die christlichen Kirchen, die konservativen Parteien, auch viele Hochschullehrer, Schriftsteller und Intellektuelle empfan-

3 Zur Julikrise 1914, zur deutschen Risikopolitik und zur Verantwortung für den Krieg nach wie vor überzeugend Volker Ullrich, Die nervöse Großmacht 1871–1918. Aufstieg und Untergang des deutschen Kaiserreichs, Erw. Neuausg., Frankfurt a. M. 2013 ([1]1997), S. 250–263 einschließlich der Erörterung der neueren Forschungen S. 730–735. Die riskante Außenpolitik der Reichsleitung seit 1911 und den Weg in den Krieg kritisch zusammenfassend Heinrich August Winkler, Der lange Weg nach Westen, Bd. 1: Deutsche Geschichte vom Ende des Alten Reiches bis zum Untergang der Weimarer Republik, München 2000, S. 310–333; ferner Wolfgang J. Mommsen, Die Urkatastrophe Deutschlands. Der Erste Weltkrieg 1914–1918, Stuttgart 2002; Gerhard Hirschfeld/Gerd Krumeich, Deutschland im Ersten Weltkrieg, Frankfurt a. M. 2013; Annika Mombauer, Die Julikrise. Europas Weg in den Ersten Weltkrieg, München 2014; Sönke Neitzel, Weltkrieg und Revolution 1914–1918/19, korrig. Nachdruck, Bonn 2011, S. 18–26.

4 Gut zusammengefasst bei Hirschfeld/Krumeich, Deutschland (wie Anm. 3), S. 51–70; ebenso bündig bei Jeffrey Verhey, Augusterlebnis, in: Gerhard Hirschfeld/Gerd Krumeich/Irina Renz (Hrsg.), Enzyklopädie Erster Weltkrieg, Paderborn [2]2014, S. 357–360.

Ironische Distanz zum Militärischen: Zeichnung von Otto Pankok in einem Skizzenbuch des Jahres 1915, in armeetypischen Abkürzungen betitelt mit „Vizefeldwebel Pankok, Infanterie-Regiment 57, 6. Kompanie" (Pankok Museum Haus Esselt, © Otto-Pankok-Stiftung).

den ein tiefes Unbehagen gegenüber der sich entfaltenden Moderne. Sie sahen Individualismus, Egoismus und Materialismus auf dem Vormarsch, ebenso Atheismus, moralischen Verfall, Schmutz und Schund. Die kontinuierlich wachsenden sozialdemokratischen Organisationen mit ihren Demokratisierungsforderungen galten den Bürgerlich-Konservativen als Gefahr für Sitte und Moral, Vaterland und autoritäre Ordnung.

Auch die moderne Kunst, die sich gegen die verkrusteten Akademien wandte und mit Sezessionen und Künstlergruppen von sich reden machte, wurde den „zersetzenden" Kräften zugerechnet. In einem Krieg – einmal ausgebrochen – sah man die Chance, diesen Entwicklungen Einhalt zu gebieten. Verloren geglaubte Tugenden wie Tapferkeit, Opferbereitschaft und Pflichterfüllung sollten wiedererweckt werden. Die verbreitete Sehnsucht nach Einigkeit und Volksgemeinschaft richtete sich nun auf die gemeinsame Verteidigung des Vaterlandes. Der Krieg sollte – auch aus kirchlicher Sicht – eine geradezu reinigende Wirkung haben.[5]

5 Nicole Hartje-Grave, Der Schock der Realität – Deutsche Künstler im Ersten Weltkrieg, in: Gerhard Finckh (Hrsg.), Das Menschenschlachthaus. Der Erste Weltkrieg in der

Otto Pankok: Karikatur auf die militärische Ausbildung, vermutlich zwischen Dezember 1914 und Mai 1915 entstanden, mit handschriftlichen Kommentaren. Oben: *„Erstes Laubhüttenfest. I.M. [=Ihrer Majestät?]“* Unten: *„Wenn es stillgestanden heisst, zuckt man zusammen, als wenn eine Biene einen – Stillgestanden – in den Hintern sticht.“* (Pankok-Archiv Haus Esselt, loses Blatt im Tagebuch-Bestand, © Otto-Pankok-Stiftung).

Eine engagierte Avantgarde jüngerer Schriftsteller und Künstler jedoch hatte an der behäbigen Selbstgefälligkeit des bürgerlich-konservativen Kulturbetriebs durchaus gelitten und einen eigenen Idealismus verfochten, um die herrschenden Verhältnisse zu überwinden.

Stimmen

So schrieb Franz Marc bereits im Januar 1911 in einem Brief an Maria Franck: *In unserer Epoche des großen Kampfes um die neue Kunst streiten wir als „Wilde“, nicht Organisierte gegen eine alte, organisierte Macht. Der Kampf scheint ungleich; aber in geistigen Dingen siegt nie die Zahl, sondern die Stärke der Ideen.*[6]

Überdruss an den unbeweglichen gesellschaftlichen und politischen Verhältnissen empfand auch der junge expressionistische Dichter Georg Heym, als er 1910 in sein Tagebuch schrieb: *Es ist immer das gleiche, so langweilig, langweilig, langweilig. Es geschieht nichts, nichts, nichts. Wenn doch einmal etwas geschehen wollte, was nicht diesen faden Geschmack von Alltäglichkeit hinterläßt. Würden einmal wieder Barrikaden gebaut. Ich wäre der erste, der sich darauf stellte, ich wollte noch mit der Kugel im Herzen den Rausch der Begeisterung spüren. Oder sei es auch nur, daß man einen Krieg begänne, er kann ungerecht sein. Dieser Frieden ist so faul, ölig und schmierig wie eine Leimpolitur auf alten Möbeln.*[7]

französischen und deutschen Kunst, Ausst.-Kat. Von der Heydt-Museum Wuppertal, 8.4.–27.7.2014, Wuppertal 2014, S. 32–105, hier S. 34.

6 Brief vom 21.1.1911, zit. nach Uwe M. Schneede, Die Avantgarden im Kampf, in: 1914. Die Avantgarden im Kampf, Ausst.-Kat. Bundeskunsthalle Bonn, 8.11.2013–23.2.2014, Köln 2013, S. 20–33, hier S. 21.

7 Zit. nach Kira van Lil, Otto Dix und der Erste Weltkrieg. Die Natur des Menschen in der Ausnahmesituation, Mikrofiche-Ausgabe, phil. Diss. Univ. München, München 2000, S. 8.

Thomas Mann resümierte denn auch im September 1914: *Wie hätte der Künstler, der Soldat im Künstler nicht Gott loben sollen für den Zusammenbruch einer Friedenswelt, die er so satt, so überaus satt hatte. – Krieg! Es war Reinigung, Befreiung, was wir empfanden, und eine ungeheure Hoffnung.*[8] Max Liebermann schreibt Ende August 1914 in einem Brief: *Kriege scheinen nötig zu sein, um den im Frieden allzu üppig wuchernden Materialismus einzudämmen.*[9]

Und noch im April 1915 sollte Franz Marc als Soldat an seine Frau schreiben: Krieg ist *doch nichts anderes* [...] *als die bösen Zeiten davor; was man vorher in der Gesinnung beging, begeht man jetzt mit Thaten; aber warum? Weil man die Verlogenheit der europäischen Sitte nicht mehr aushielt. Lieber Blut als ewig schwindeln; der Krieg ist ebensosehr Sühne als selbstgewolltes Opfer, dem sich Europa unterworfen hat, um in's Reine zu kommen mit sich.*[10]

Diese bei Schriftstellern und Künstlern verbreiteten Gedanken korrespondierten ungewollt mit einem kriegerisch-nationalistischen Denken. Charakteristisch war das Buch des ehemaligen Generals Friedrich von Bernhardi – *Deutschland und der nächste Krieg* –, das 1912 erschien und sofort große Resonanz fand. Bernhardi traf den Nerv eines verbreiteten Denkens, indem er schrieb:

Der Krieg ist in erster Linie eine biologische Notwendigkeit, ein Regulator im Leben der Menschheit, der gar nicht zu entbehren ist, weil sich ohne ihn eine ungesunde, jede Förderung der Gattung [...] *ausschließende Entwicklung ergeben müßte.*[11] Gewendet auf die außenpolitische Lage folgerte Bernhardi, *daß wir den Krieg um unsere Weltmachtstellung unter keinen Umständen vermeiden können und daß es keineswegs darauf ankommt, ihn möglichst lange hinauszuschieben, sondern vielmehr darauf, ihn unter möglichst günstigen Bedingungen herbeizuführen.*[12]

Dagegen waren nüchterne Stimmen eindeutig in der Minderheit. Geradezu visionär wirkt noch heute der Roman des Hamburger Lehrers und Reformpädagogen Wilhelm Lamszus, der 1912 erschien: *Das Menschenschlachthaus. Bilder vom kommenden Krieg.* Getrieben von einer Reserveübung, die er beim preußi-

8 Zit. nach Reinhard Rürup, „Weltkrieg" – „Volkskrieg" – „Kulturkrieg". Die Bedeutung des Ersten Weltkrieges für die deutsche Geschichte, in: Rolf Spilker/Bernd Ulrich (Hrsg.), Der Tod als Maschinist. Der industrialisierte Krieg 1914–1918, Ausst.-Kat. Museum Industriekultur Osnabrück, 17.5.–23.8.1998, Bramsche 1998, S. 12–21, hier S. 16.

9 27.8.1914 an Gustav Kirstein, zit. nach Schneede, Avantgarden (wie Anm. 5), S. 24.

10 Brief vom 6.4.1915, in: Ausst.-Kat. Bonn (wie Anm. 6), S. 307; ferner in: Hartje-Grave, Schock (wie Anm. 5), S. 43; Peter Paret, Betrachtungen über deutsche Kunst und Künstler im Ersten Weltkrieg, in: Wolfgang Mommsen (Hrsg.), Kultur und Krieg. Die Rolle der Intellektuellen, Künstler und Schriftsteller im Ersten Weltkrieg, München 1996, S. 155–164, hier S. 157.

11 Zitiert nach Ausst.-Kat. Osnabrück (wie Anm. 8), S. 11; siehe auch Ullrich, Großmacht (wie Anm. 3), S. 229.

12 Zit. nach ebd., S. 229.

schen Militär an modernen Waffen hatte absolvieren müssen, schrieb er das *Menschenschlachthaus* innerhalb weniger Tage nieder:

Wohl keiner unter uns hat je ein Schlachtfeld mit eigenen Augen geschaut. Aber wir habens von anderen gehört und habens bei anderen gelesen, wie 70/71 ein Schlachtfeld ausgesehen hat und haben wie mit eigenen Augen Granaten die Leiber zerreißen sehen. Und auch das wissen wir: es blieben damals vor vierzig Jahren trotz minderwertiger Kanonen und Gewehre über hundertzwanzigtausend Tote auf dem Felde der Ehre. Wieviel Prozent der Lebenden wird sich der Krieg von heute holen? Es werden Heere auftreten so ungeheuer, wie sie die Erde nie gesehen hat. Allein Deutschland stellt über sechs Millionen Soldaten ins Feld. Frankreich fast ebensoviel. War da 70/71 mehr als ein ausgedehntes Vorpostengefecht? Es schwindelt mir, wenn ich die Waffen vor mir sehe. Und wenn ich daran denke, wie sie aufeinander losmarschieren, will mir der Atem stocken.[13]

Und zur Kriegstechnik schrieb Lamszus: Hinter den Fußsoldaten *rücken die Geschütze an.* [...] *und tausend schwarze Schlünde sehen unheimlich zum Himmel auf.* [...] *Und schon fliegt das Geschoss, und wir fühlen einen Augenblick das Eisen flitzen. Es surrt in der Luft. Ein Knall – und tausend Meter vor uns über der anreitenden Kavallerie ist das Geschoss zerplatzt und hat seinen Bleiregen* [...] *gestreut. Und nun das zweite, dritte, vierte, fünfte, sechste Geschütz.*[14]

Sarkastisch folgert der Autor: *Das Kriegsmaschinenwesen hat sich zu genialer Höhe, zu künstlerischer Höhe entwickelt. 240 Kugeln und mehr in der Minute! Welch ein Wunderwerk der Technik ist solch ein Maschinengewehr.* [...] *Es ist, als ob der Tod die Sense auf das alte Eisen geworfen hätte, als ob er nun ein Maschinist geworden wäre.* [...] *Das ist es, was mir bis zum Halse steht. Von Technikern, von Maschinisten werden wir vom Leben zum Tode befördert.*[15]

Von dem schmalen Roman waren nach drei Monaten bereits 100.000 Exemplare verkauft; 1913 beschloss der SPD-Parteitag in Jena die Herausgabe einer verbilligten Volksausgabe in 20.000 Exemplaren. Doch dem Erfolg folgten die Repressionen. Der Kronprinz forderte vom Hamburger Senat, Lamszus sofort aus dem Schuldienst zu entlassen, der Verkauf des Buches wurde in der Hansestadt zeitweilig verboten. Die reaktionäre Presse tobte. Wilhelm Lamszus wurde als *schlechter Deutscher* denunziert, als *nervenschwacher Feigling*, als *anarcho-syndikalistischer Revolutionär* und als *vaterlandsloser Geselle* sowieso.[16]

13 Wilhelm Lamszus, Das Menschenschlachthaus. Visionen vom Krieg. Erster und Zweiter Teil, neu hrsg. u. eingeleitet von Andreas Pehnke, Bremen 2014, S. 27.

14 Ebd., S. 31.

15 Ebd., S. 32.

16 Zit. nach Andreas Pehnke, Vorbemerkungen, in: ebd., S. 7–21, hier S. 14.

Rückblende: Der junge Pankok

Im Sommer 1914 hat Otto Pankok, gemessen an seinen 21 Jahren, bereits eine beachtliche Entwicklung hinter sich. Er hat sich mit den Ausbildungsbedingungen zweier Kunstakademien herumgeschlagen und kennt die aktuellsten Kunstströmungen der Zeit. Er ist offenbar ein selbstbewusster Kopf, folgt einem eigenen künstlerischen Kompass und prüft genau, wer und was ihn weiterbringt und was nicht. Der Krieg unterbricht diesen Weg abrupt.

Akzeptiert vom Vater, der als Arzt und Sanitätsrat in Mülheim-Saarn eine angesehene Position hat, und gefördert von der Mutter, kann er seine zeichnerische Begabung schon während der Gymnasialzeit entfalten. Er erhält eine Atelierhütte im elterlichen Garten und reist seit er sechzehn ist in den Ferien nach Holland, um zu malen und Werke von Rembrandt, van Gogh und den zeitgenössischen Niederländern zu studieren. Vor allem die Werke van Goghs und des belgischen Dichters Emile Verhaeren schärfen Pankoks Sinne für die elementare Natur und Landschaft und für die einfachen Menschen.

Schon auf der ersten Reise wird Pankok von seinem Schulfreund Hermann Hundt begleitet, der ein Jahr später – nach der mittleren Reife – das Gymnasium verlässt, um einen künstlerischen Weg einzuschlagen und schließlich ein Studium an der Kunstakademie Düsseldorf zu beginnen. In den folgenden Jahren bleiben beide einander eng verbunden.

Im Frühjahr 1912 legt Otto Pankok in Mülheim an der Ruhr das Abitur ab. Es gelingt ihm, den obligatorischen Wehrdienst in der preußischen Armee aufzuschieben[17], und er schreibt sich an der Königlich-Preußischen Kunstakademie in Düsseldorf ein. Zu diesem Zeitpunkt hat er „seine Technik, mit Kohle zu zeichnen, schon so weit perfektioniert, dass er mit einer breiten Palette unterschiedlichster Grauwerte eine überzeugende Lebendigkeit in seinen Bildern hervorrufen“ kann.[18]

An der Akademie, die noch den Geist der klassischen Genre- und Landschaftsmalerei des langjährigen Rektors Eduard von Gebhardt atmet, besucht er die Malklasse von Professor Adolf Männchen und den Abendkurs Akt. Doch schon bald gewinnt er den Eindruck, dass ihn das nicht weiterbringt. Rückblickend wird er 1930 in seinem Buch *Stern und Blume* schreiben:

17 Cyrus Overbeck/Oliver Müller, Otto Pankok. Maler, Grafiker, Bildhauer. Eine Biographie, Düsseldorf 1995, S. 63.

18 Jörg Schmitz, Otto Pankoks künstlerischer Werdegang bis 1921, in: Beate Reese (Hrsg.), Otto Pankok zum 120. Geburtstag. Kohlebilder und Grafiken aus der Sammlung des Kunstmuseums Mülheim an der Ruhr, Ausst.-Kat. Kunstmuseum Mülheim a. d. R., 15.9.2013–12.1.2014, Leipzig 2013, S. 89–103, hier S. 94.

Professor Adolf Männchen erschien eines Tages mit einem Zollstock in der Klasse, um nachzuweisen, daß alle meine Bilder nach dem goldenen Schnitt aufgebaut wären. Als ihm der Beweis tatsächlich gelungen zu sein schien, war mir die Malerei für Wochen verleidet, weil ich bei jedem Strich denken mußte: ist das auch goldener Schnitt? Ich war lange befangen und voll Wut, bis ich endlich den Beschluß faßte, auf den goldensten aller Schnitte zu husten, und mir einzureden begann, daß gerade in der Abweichung von einer Regel das Leben und das Lebendige liege.[19]

Bereits nach sechs Wochen verlässt er also die Akademie und reist, um Abstand zu gewinnen, erneut in die Niederlande. Dann, im Sommer 1912, besucht er in Köln die große internationale Ausstellung des Sonderbunds westdeutscher Kunstfreunde und Künstler. Geleitet von Karl Ernst Osthaus hat der Sonderbund eine außergewöhnliche Schau der modernsten europäischen Kunst organisiert, um – wie es im Katalog heißt – *die vielumstrittene Malerei unserer Tage* vorzustellen. Hilfreich unterstützt hat das Vorhaben der Avantgarde-Galerist Alfred Flechtheim.

Für den jungen Pankok dürfte diese Ausstellung ein außergewöhnliches Erlebnis gewesen sein. In 29 Sälen sind über 600 Werke zu studieren, über 100 Gemälde von van Gogh, eigene Räume für Cézanne, Picasso, Gauguin und Munch. Ebenso vertreten sind Werke von Matisse, Braque, Derain, Signac, Mondrian, Segantini, Jawlensky und El Greco. Auch die deutschsprachigen Expressionisten sind repräsentiert: Ferdinand Hodler, Oskar Kokoschka, Egon Schiele, Karl Hofer, Wassily Kandinsky, Franz Marc, Wilhelm Lehmbruck, Paul Klee und Max Pechstein. Pankok begegnet hier gleichsam dem Who is Who der europäischen Moderne.

Im Oktober 1912 setzt er sein Studium an der Hochschule für bildende Kunst in Weimar fort, die als fortschrittlich gilt. Zunächst besucht er die Klasse von Fritz Mackensen, des Mitbegründers der Worpsweder Malerkolonie, wechselt aber – da Mackensen krank wird – zu dem österreichischen Professor Albin Egger-Lienz, bei dem er auch nach Mackensens Rückkehr bleibt. Hinzu kommt ab November ein Radierkurs. Hier in Weimar taucht er in das subkulturelle Studentenleben ein und findet unkonventionelle Künstlerfreunde. Im Rückblick auf diese Zeit sollte er in fortgeschrittenem Alter schreiben:

Es wurde viel getrunken und viel gearbeitet. Alle strebten aus der spießigen Welt heraus: Peter Röhl, Gert Wollheim, Carl Lohse, Otto Herbig, Diet Plätzer, Schickert und Arthur Fischer. Uns allen ist das Arbeiten in der Nähe Eggers sehr gut bekommen, doch haben wir

19 Otto Pankok, Stern und Blume. Nachdruck des vom Freihochschulbund Düsseldorf 1930 herausgegebenen und verlegten Textes, als Begleitheft zur Ausstellung „Otto Pankok. Das Jugendwerk", 29.3.–3.5.1987, hrsg. vom Städtischen Museum Mülheim, Mülheim an der Ruhr 1987, S. 11f.

uns alle gehütet, ins Dekorative abzurutschen.[20] Gert Wollheim und Carl Lohse bleibt Pankok bis Anfang der 1920er-Jahre eng verbunden.

Im Frühjahr 1913 wird Pankok jedoch auch der Weimarer Hochschule überdrüssig. Die Studienbedingungen verschlechtern sich, die Klasse von Egger-Lienz ist so überfüllt, dass er zwei Wochen lang keinen Platz bekommt.[21] Bereits im November hatte er sich um ein Meisteratelier beworben. Als sein Antrag nun abgelehnt wird, entscheidet er sich, auch die Weimarer Hochschule zu verlassen. *Zum landschaftern*, schreibt er seinen Eltern, *braucht man nicht nach Weimar zu gehen.*[22] Mitte Mai 1913 beendet er also auch diese Episode.[23] Im Jahr 1930 schrieb er rückblickend in *Stern und Blume*:

In meiner dreivierteljährigen akademischen Laufbahn traf ich auch auf den Maler Egger-Lienz, der immerhin seine dünnen impressionistischen Schüler einmal mit der Nase auf Realitäten stieß. Bei aller Achtung vor ihm war er mir doch im Grunde äußerst ärgerlich. Es war mir ärgerlich, daß er von Monumentalität redete wie die Hausfrau von Butter und es meist doch nur zur vergröberten Dekoration brachte, daß er eine wichtige Seite nicht kannte, eine Seite des Lebens, die ich längst gefunden hatte. [...] *Er verbannte alles Einmalige, Wunderbare und nannte es Zufälligkeit. Er kannte nur das Prinzip der Form.* [...]

Mit einer Handbewegung tat er Manet, Monet und Cézanne als Optik ab. Mich machte es wütend, wie er [Richard] *Wagner für den Riesen des Jahrhunderts erklärte, und wie er im stillen seine eigenen Bilder und Farben mit Wagners Musiken verglich.* [...] *immerhin, auch dieser hatte etwas Wohltuendes, wenn man an den Kreis seiner Schüler denkt.* [...] *Aber mir war es genug. Eines Tages knallte ich die Tür zu und stürzte zum Bahnhof. Nie wieder Akademie!*[24]

Bald darauf zieht Pankok nach Dötlingen im Landkreis Wildeshausen. Seit der Jahrhundertwende zählt der kleine Ort neben Worpswede und Dangast zu den drei Künstlerkolonien im Raum Bremen. Schon 1901 hatte die Zeitschrift *Die Kunsthalle* über Dötlingen berichtet: *Alte, zum Teil uralte, oft* [...] *windschiefe, strohgedeckte Häuser* [und] *Höfe, die mit breiten Dornenhecken* [...] *eingefriedigt und von mächtigen Eichen umgeben sind,* [...] *verleihen dem Orte eine ganz besondere malerische*

20 Brief an seinen Biographen Rainer Zimmermann, zit. nach Michael Euler-Schmidt, Gert Heinrich Wollheim. Eine biographische Dokumentation bis 1919, in: Gert H. Wollheim 1894–1974. Gemälde, Zeichnungen, Dokumente. Zum 90. Geburtstag des Künstlers, hrsg. vom Stadtmuseum Düsseldorf, Düsseldorf 1984, S. 7–18, hier S. 14.

21 Overbeck/Müller, Otto Pankok (wie Anm. 17), S. 50.

22 Zit. nach Rolf Jäger (Bearb.), Biographie, in: Rainer Zimmermann/Bernhard Mensch/Karin Stempel (Hrsg.), Otto Pankok 1893–1966. Retrospektive zum 100. Geburtstag, Oberhausen 1993, S. 288–305, hier S. 289.

23 Overbeck/Müller, Otto Pankok (wie Anm. 17), S. 52.

24 Pankok, Stern und Blume (wie Anm. 19), S. 12.

Schönheit, die dadurch noch erhöht wird, dass das Terrain ein hügeliges ist und überall die wundervollsten Fernsichten bietet.[25]

Hier glaubt der zwanzigjährige Pankok alles zu finden, was er zum Malen braucht: Ruhe und Konzentration, eine ursprüngliche Landschaft und unverstellte, einfache Menschen.[26] In *Stern und Blume* wird er über diese Zeit schreiben:

Endlich allein. Es begann ein herrliches Jahr in einem oldenburgischen Dorf in ungeheurer Einsamkeit, ein Schwelgen in Kohle und Papier, ein Suchen nach dem Wesen des Menschlichen bei armen abgetriebenen Weibern und Tagelöhnerinnen, die wie aus dem Sandboden aufgewachsen waren, fraßen, was sie der Erde abrangen, in Tuberkulose und Schmutz hinstarben und wieder völlig zu Erde wurden. Ich suchte der Natur und den Elementen so nahe zu sein wie diese einfachen Menschen in ihren Hütten und auf ihren Feldern, zu denen mein Instinkt mich getrieben.

Otto Pankok ist nun ungeheuer produktiv und schafft eine Vielzahl von Werken. Es gibt in diesem Jahr, das im August 1914 abrupt enden wird, jedoch auch Unterbrechungen. So fährt er im Sommer 1913 mit seinem alten Schulfreund Werner Gilles, der im Mülheimer Gymnasium noch in der Prima sitzt, für einige Tage zum Malen in die Niederlande. Gilles sollte ein Jahr später ein Stipendium für die Kunsthochschule Kassel erhalten.

Im August 1913 kommen Hermann Hundt und Piet Leysing, ein weiterer Malerkollege, nach Dötlingen, und im Januar 1914 reist Pankok für zwei Monate nach Paris und besucht die öffentlichen Abendakt-Kurse der *Académie russe* und der *Académie de la Grande Chaumière*. Im März kehrt er nach Dötlingen zurück. *Überall Impressionismus und Rodin – hing einem zum Hals heraus*, schreibt er seinen Eltern.[27] Wieder kommen Besucher, darunter erneut Hermann Hundt. Gleichwohl vollzieht Pankok in diesem einen Jahr – so Rainer Zimmermann – den „Durchbruch zum eigenen Schaffen".[28] Mit einer ersten größeren Einzelausstellung in einer Oldenburger Galerie macht er den Schritt in die Öffentlichkeit.

Er selbst schrieb 1930: *Ohne dieses eine rauschhafte Jahr des Anfangs und der Bestätigung wäre die Folgezeit nicht ertragbar gewesen. Als es vorüber war, standen eines Tages feldgraue Posten an den Eisenbahnlinien.*[29]

Das Auftauchen der feldgrauen Militärposten erlebt Otto Pankok mit seinem Weimarer Studienfreund Carl Lohse, der ihn im Sommer 1914 besucht. Der gebürtige Hamburger ist schon als Jugendlicher von Alfred Lichtwark, dem

25 Artikel des Bremers Johann Beyer vom 20.12.1901, zit. nach Wikipedia, Stichwort „Künstlerkolonie Dötlingen"; 18.9.2014.

26 Schmitz, Werdegang (wie Anm. 18), S. 94.

27 Zit. nach Rainer Zimmermann. Otto Pankok. Das Werk des Malers, Holzschneiders und Bildhauers, Berlin 1972, S. 16.

28 Ebd., S. 15.

29 Pankok, Stern und Blume (wie Anm. 19), S. 12.

Direktor der Hamburger Kunsthalle, gefördert worden und verspricht sich von Dötlingen nun Anregungen für eigene ländliche Motive.[30]

Über das ostfriesische Haselünne reisen auch sie gemeinsam nach Holland. Später sollte Lohse schreiben: *Während wir die verschiedenen Städte und Galerien durchstreiften, lasen wir die Nachricht vom Schuss in Sarajewo. Wir brachen sofort ab* […]. *Wir zweifelten nicht, dass es Krieg geben würde, und mussten also, wenn wir noch unbeschwert nach Hause kommen wollten, unsere sieben Sachen packen* […]. *Ich konnte gerade noch den letzten offiziellen Schnellzug von Bremen nach Hamburg benutzen, bevor das gesamte Eisenbahnnetz für jeglichen Zivilverkehr gesperrt war.*[31] Otto Pankok kehrt mit etwas Verzögerung ebenfalls zu den Eltern nach Mülheim-Saarn zurück. Die Zukunft erscheint ihm höchst ungewiss.

Kriegsbeginn August 1914

Anfang August 1914 kennt Wilhelm II. keine Parteien mehr, er kennt nur noch Deutsche. Vaterlandslose Gesellen will er nirgends mehr ausmachen, jetzt heißt die Parole: Burgfrieden im Innern. *Neider überall zwingen uns zu gerechter Verteidigung. Man drückt uns das Schwert in die Hand*, ruft er bei einer Balkonrede an die Berliner Massen am 31. Juli aus. Und vor den Abgeordneten des Reichstags am 4. August: *An die Völker und Stämme des Deutschen Reichs ergeht Mein Ruf, mit gesamter Kraft, in brüderlichem Zusammenstehen* […] *zu verteidigen, was wir in friedlicher Arbeit geschaffen haben. Nach dem Beispiel unserer Väter fest und getreu, ernst und ritterlich, demütig vor Gott und kampfesfroh vor dem Feind, so vertrauen wir der ewigen Allmacht* […].

Wie verhielt sich das geistige Deutschland, wie verhielten sich die aufstrebenden und arrivierten Künstler dazu? Natürlich unterschiedlich. Etliche meldeten sich freiwillig zum Kriegseinsatz, sei es als Soldat, Sanitäter, Kartograph oder als Kriegsmaler, darunter Franz Marc, August Macke, Ernst Ludwig Kirchner, Erich Heckel, Max Slevogt, Otto Dix und Max Beckmann.

So manche ließen sich von der allgemeinen patriotischen Stimmungslage erfassen und unterstützten die Kriegspropaganda. Andere schwankten zwischen Faszination und Skepsis. Nicht wenige hegten die Hoffnung, dass der Krieg eine allgemeine Erneuerung oder aber neue Impulse für das eigene Schaffen bringen würde, wieder andere grenzten sich aus pazifistischer Grundhaltung von der Kriegsbegeisterung ab.

30 Künstlerkolonie Dötlingen (wie Anm. 25).

31 Zit. nach ebd.

Stimmen

Oskar Schlemmer, Mitte März 1915 rückblickend in seinem Tagebuch: *Erst ganz Soldat, Gefühl als Teil des Ganzen, Hochgefühl beim Aufmarsch. Selbstbewusstsein gegenüber den Zurückbleibenden, Beschützer, Ausgesandter, Held.*[32]

Der Österreicher Oskar Kokoschka: *Da ich wehrpflichtig war, war es angezeigt, daß ich mich als Kriegsfreiwilliger meldete, bevor ich gezwungen wurde, mitzutun.*[33] In einem Brief an seinen Verleger nennt er als Beweggrund auch: … *weil es eine ewige Schande sein wird, zu Hause gesessen zu haben.*[34]

Karl Scheffler, Redakteur der Zeitschrift *Kunst und Künstler*: *Dieser Krieg muss eine Schule des Talents werden. Denn indem der Idealismus sich erneuert, muss sich wie von selbst die Kraft künstlerischer Darstellung erneuern.*[35]

Franz Marc schreibt im Oktober 1914 seinem Freund Kandinsky, er sehe im Krieg, in dem er nun stehe, *den heilsamen, wenn auch grausamen Durchgang zu unsern Zielen*, er *werde Europa reinigen, „bereit" machen.* Kandinsky antwortet knapp und voller Unverständnis: *Ich dachte, dass für den Bau der Zukunft der Platz auf eine andere Art gesäubert wird. Der Preis dieser Art Säuberung ist entsetzlich.*[36]

Ernst Barlach, Tagebuch vom 3. August 1914: *Ich schrieb heute an Frl. Tina, daß mir die Kriegsstimmung wie eine Erlösung vorkommt. Die Menschen müssen an etwas Allgemeines Großes denken und ihren persönlichen Kram hintansetzen. Und wirklich sieht es aus, als ob sie froh darüber wären und sich wohl dabei befänden!* […] *Aber ich sehe auch das Andre, die einfachen Frauen, die mit ihren Männern bedenklich sitzen und gehen, ihre Kinder neben ihnen hertrotten als wäre es das letzte – oder vorletzte Mal, dann muß ich denken: sie tragen die schwerste Last. Ihnen ist der Alltag gedoppelt. Das Festtägliche zu erfassen haben sie keinen Sinn und keine Zeit, die Schönheit des Großen ist ihnen vorenthalten, für sie heißt es: große Schwere und großer Schmerz.*[37]

Max Ernst notiert: *August 1914. Und dann die große Schweinerei. Niemand aus dem Freundeskreis hat's eilig sein Leben zu opfern, für Gott, König und Vaterland. Arp haut nach Paris ab (als Elsässer).*[38]

32 Zit. nach Uwe M. Schneede (Bearb.), Künstler in Uniform, in: Ausst.-Kat. Bonn (wie Anm. 6), S. 300–325, hier S. 312.

33 Autobiographische Erzählung von 1971, zitiert nach Régine Bonnefoit/Gertrud Held, Oskar Kokoschka 1915–1917. Vom Kriegsmaler zum Pazifisten, in: ebd., S. 246–253, hier S. 246.

34 Zit. nach ebd.

35 Zit. nach Hartje-Grave, Schock (wie Anm. 5), S. 35.

36 Zit. nach Schneede, Avantgarden (wie Anm. 6), S. 24.

37 Ernst Barlach, Güstrower Tagebuch (1914–1917). In der Fassung der Handschrift. Kritische Leseausgabe, hrsg. von Ulrich Bubrowski, Hamburg 2007, S. 18.

38 Zit. nach Schneede, Avantgarden (wie Anm. 6), S. 26.

II. Bataillon des Regiments unterstand. Immerhin war ihm bereits in diesem niedrigsten Unteroffiziersrang ein „Bursche“, ein sogenannter Putzer zugeordnet. Der erste namens Lotz sollte offenbar schon gegen Ende September sein Leben lassen, der zweite hieß Peter Grundmann. Was das Regiment im Juni und Juli 1915 absolvierte, liest sich in der Chronik knapp: *Die Ausbildung der Ergänzungsmannschaften wurde mit allen Mitteln gefördert, und fanden Kompagnie- und Bataillonsbesichtigungen statt.* Am 5. August erhielt das Regiment Befehl, in der folgenden Nacht ein Reserve-Infanterie-Regiment abzulösen, das in vorderster Linie lag.

Motiv aus dem Skizzenbuch: Provin, 17. September 1915 (Pankok Museum Haus Esselt, © Otto-Pankok-Stiftung).

Zur Entwicklung der Lage ist vermerkt: *Im Westen hatten die schweren Angriffe der Engländer und Franzosen nur geringen Geländegewinn erzielt. Sie wurden im Herbst 1915 fortgesetzt. Gleichzeitig griffen jene zwischen Armentières und Arras, diese in der Champagne zwischen Reims und den Argonnen an.* [...] *Nach dreitätigem unausgesetztem Trommelfeuer hatte am 25.9. der Infanterieangriff eingesetzt und an fast allen Einbruchstellen Gelände gewonnen, das nur zum geringen Teil durch Gegenangriffe wieder eingebracht werden konnte. Die französisch-englische Herbstoffensive zeigte zum ersten Male alle Kennzeichen der Material- und Dauerschlacht und leitete damit zu der in den späteren Kriegsjahren im Westen herrschenden Kampfart über.*

Vom 25. September an überstand Otto Pankok in seiner 6. Kompanie schweres britisches Artillerie-Trommelfeuer und zwei Gasangriffe und wurde ab dem 2. Oktober bei den Kämpfen um den sogenannten Abschnitt Hohenzollernwerk, ebenfalls nahe La Bassée, eingesetzt. Dazu heißt es in der Regimentsgeschichte ausführlich:

Die am 25.9. auch auf dem südl. Kanalufer von La Bassée begonnene Herbstoffensive der Engländer war besonders hartnäckig. [...] *südwestl. Auchy war es dem Feinde gelungen, das Hohenzollernwerk und die Stellungen südl. davon zu nehmen* [...]. *Erbitterte Kämpfe tobten um dieses Werk, das fast täglich seinen Besitzer wechselte.*

Durch die ununterbrochene und äußerst wirksame Artilleriebeschießung des Feindes war kaum ein Graben von der gründlichsten Zerstörung verschont geblieben. Die Kampfgräben boten nur unzureichenden Schutz gegen Feuer und Wetter, so daß die täglich stärkste Verluste erleidenden Truppen der vorderen Linie erschreckend bald abgekämpft waren. […] *Die Kampfstellung hatte drei Fronten* […], *da die englische Stellung mit drei vorspringenden Sappen* [= Laufgräben] *sich halbbogenförmig um den linken Flügel zog. Zwei deutsche Sappen waren gegen diese vorgetrieben, an deren Köpfen die Handgranatenkämpfe Tag und Nacht nicht aufhörten. Am 8.10. wurde nach dreistündiger Artillerie- und Minenwerfervorbereitung ein Handgranatenangriff angesetzt, um* […] *die Verbindung mit der 117. Infanterie-Division herzustellen* […].

Um 4.30 nachm. waren die Barrikaden in beiden Sappen durch Sprengung beseitigt und der Sturmangriff begann: An der Spitze der in den Sappen vorgehenden Sturmkolonnen starke Handgranatentrupps, dahinter Träger mit gefüllten Sandsäcken, um rasch, wenn es erforderlich wurde, Barrikaden herzustellen. Hinter diesen Trupps mit Gewehren und Handgranaten, dem solche zur Absuchung der Unterstände und zur Verteidigung der Brustwehren folgten. Am Schlusse Ersatzmannschaften für die außer Gefecht gesetzten Handgranatenstürmer.

In der westlichen Sappe ging anfangs der Angriff flott voran, kam aber durch eine explodierende Mine, welche die vorderen Trupps tötete oder verwundete, zum Stehen und führte dann zum Rückzuge, weil gleich nach der Sprengung der Feind mit einem auf dem diesseitigen Trichterrand eingebauten M.G. [Maschinengewehr] *und mit einem weiter rückwärts befindlichen M.G. und Minenwerfer ein wirksames Feuer auf die Sturmkolonne eröffnete. Schritt vor Schritt zurückweichend konnte sie erst an der Ausgangsstelle den Verfolger aufhalten und sein weiteres Vordringen verhindern.*

Otto Pankok: Porträt seines „Putzers" Lotz im Unterstand, 12.9.1915 (Skizzenbuch) (Pankok Museum Haus Esselt, © Otto-Pankok-Stiftung).

Auch der Angriff in der östlichen Sappe war anfangs gut vorangekommen bis zu dem Augenblicke, wo die Sprengung erfolgte. Sofort nach derselben eröffnete der Feind ein heftiges M.G.-Feuer und ging selbst zum Angriff vor. Unter großem Verlust mußte sich auch diese Sturmkolonne bis zum Ausgangspunkte zurückziehen, wo sie durch eine starke Barrikade der Verfolgung Einhalt gebot.

Was in diesem Gefecht mit Otto Pankok geschah, hat Aloys Greither in seinem Buch über den jungen Pankok 1977 so beschrieben: „Seinem Putzer hatte Otto Pankok sein Leben zu verdanken. Bei einer Grabensprengung […] wurde er verschüttet und nach seiner Befreiung aus dem Schutt war er unfähig, ein Glied zu rühren. Aber er hörte, daß man ihn für einen Toten hielt, den man bei dem notwendig gewordenen Rückzug liegen lassen wollte. Mit letzter

Energie hob er ein wenig seine Hand. Peter Grundmann sah es, packte ihn auf seine Schulter und trug ihn aus der Gefahrenzone heraus."[49]

In der Regimentschronik heißt es weiter: *In der Nacht vom 10./11.10. wurde das II. Bataillon abgelöst und in Billy untergebracht. Bei diesen Kämpfen hatte es 6 Off*[iziere], *62 U*[nteroffiziere]. *u. M*[annschaften] *durch Tod, 5 Off. und 143 U. u. M. durch Verwundung eingebüßt.*

Lazarett und Kriegstrauma

Mit Datum vom 3. November 1915 erhalten die Eltern aus dem Feldlazarett 1 des VII. Armeekorps einen Feldpostbrief: *L*[iebe] *A*[lle], *dem Leutnant d.* R. *Pankok wurde das Eiserne Kreuz verliehen wegen hervorragender Tapferkeit in den Kämpfen am Hohenzollernwerk. – Hiermit hat er den Gipfelpunkt seiner militärischen Laufbahn erreicht. – Eben war die alte französische Schwester bei mir mit einem Strauß von den letzten Rosen, parceque vous avez reçu la croix de fer. Ich bin nämlich ihre heimliche Liebe. Der Stabsarzt meinte, ich sollte nicht zu lange aufstehen. Das tue ich denn auch nicht und halte mich weiter duck. …*

Eine muntere, mit Selbstironie durchsetzte Haltung legt der Patient Otto Pankok da an den Tag. Doch der Schein trügt, jedenfalls bleibt sie nicht stabil. Die Verschüttung, die Erstickungsangst im gesprengten Graben und die Furcht, zurückgelassen zu werden, hinterlassen zwar keine schweren körperlichen Verletzungen, aber sie haben traumatische Wirkungen. Die folgenden beiden Jahre verbringt Pankok überwiegend in Lazaretten und Sanatorien. Am 27. Mai 1916 erhält der Vater einen Arztbrief aus einem Offiziersgenesungsheim in Garmisch:

Sehr geehrter Herr College,
nach dreiwöchiger Beobachtung und Behandlung Ihres Herrn Sohnes möchte ich Ihnen mitteilen, daß ich weder bei der körperlichen noch bei der psychischen Untersuchung irgendwelche Symptome von Leiden des Centralnervensystems gefunden habe, die auf eine organische Erkrankung schliessen lassen.

Alle Symptome erklären sich restlos aus der erlittenen Gehirnerschütterung und den schweren Erlebnissen im Felde, die auf eine sensitive Künstlernatur besonders intensiv wirken mussten. Die starken Kopfschmerzen und die Schlaflosigkeit sind nur zeitweise besser und treten manchmal noch mit alter Intensität auf […]

Weit wichtiger als diese Beschwerden […] *war mir vom ersten Augenblick an die schwere Depression des Pat*[ienten] *darüber, daß seine künstlerische Produktion für immer verloren sei. Meine psychotherapeutischen Bemühungen, ihm kräftige Gegensuggestion zu geben, wirken ganz*

49 Aloys Greither, Der junge Otto Pankok. Das Frühwerk des Malers, Düsseldorf 1977, S. 63.

Lazarettmotiv, 19. Oktober 1915, aus: Skizzenbuch aus dem Jahr 1915 (Pankok Museum Haus Esselt, © Otto-Pankok-Stiftung).

allmählich auf ihn und nach 2 missglückten Versuchen hat er gestern zu meiner großen Freude eine ausgezeichnete Porträtskizze in einer halben Stunde angefertigt, die offenbar auf der Höhe seines früheren Schaffens steht und mit der er selbst auch sehr zufrieden ist. [...] *Auf Schwankungen in seinem Befinden müssen wir natürlich gefasst sein, doch ist diese erste wohlgelungene künstlerische Leistung von eminenter Bedeutung für seine psychische Genesung.*

Doch so schnell geht es nicht, und Otto Pankok ist beileibe kein Einzelfall. Eine rapide wachsende Zahl von Soldaten erleidet psychische Zusammenbrüche, teilweise mit erheblichen körperlichen Auswirkungen. Pankoks Freund Hermann Hundt scheint 1917 oder 1918 so weit seelisch beeinträchtigt zu sein, dass er einen ruhigen Posten in einer Offiziersbibliothek erhält. Nach einiger Zeit schreibt er selbstironisch von seiner Neurose, die er mit Baldrian kurieren soll.[50] Auch bei anderen Künstlern zeigen die existentiellen Kriegserfahrungen Wirkung.

Georg Groß, selben Alters wie Pankok, wird bereits 1915 aus dem Kriegsdienst entlassen und schreibt Ende September 1915: *Meine Zeit, die ich in der Kandare des Militarismus verbracht habe, war ein ständiges Wehren – und ich weiß, ich habe keine Handlung getan, die mich nicht im tiefsten Grunde anwiderte.*[51]

Aus pazifistischem Protest amerikanisiert er seinen Namen ein Jahr später und nennt sich George Grosz. Anfang Januar 1917 wird er wieder eingezogen, kommt wegen eines Zusammenbruchs jedoch in eine Nervenheilanstalt und wird schließlich als „dauernd kriegsunbrauchbar“ entlassen.[52] *Meine Nerven gin-*

50 Undat. Brief von Hundt im Otto-Pankok-Archiv, Haus Esselt.

51 Zit. nach Lucian Hölscher, Der Geschichtsbruch von 1914, in: Ausst.-Kat. Bonn (wie Anm. 6), S. 10–17, hier S. 13.

52 Zit nach Ausst.-Kat. Bonn (wie Anm. 6), Katalogteil „Perspektiven für's 20. Jahrhundert. 1915–1918“, S. 191.

gen entzwei, ehe ich dieses Mal nah Front verweste Leichen und stechenden Draht sah [...], notiert er am 15. März 1917.[53] Aus der Frontpsychiatrie hat er seinem Schwager geschrieben: *Dunkel ist um mich alles und beinschwarz flattern die Stunden fort* [...] *ich bin bei Gott nicht mehr fröhlich, mein Menschenhass ist ins Ungeheure gewachsen* [...] *mir scheint es, als werde ich langsam dem Trübsinnswahn entgegengehen* ...[54]

Ernst Ludwig Kirchner wird Ende 1915 als „militäruntauglich" vom Dienst suspendiert. Auch Max Beckmann wird 1915 nach einem Zusammenbruch beurlaubt und später nur noch fern der Front im Kaiserlichen Hygiene-Institut in Straßburg eingesetzt.[55]

Oskar Schlemmer schreibt in einem Brief bereits im Januar 1915: *Ich bin nicht mehr der Kerl, der sich im August freiwillig gemeldet hat. Körperlich nicht mehr, und ganz besonders in Gesinnung.*[56] In sein Tagebuch notiert er Mitte März 1915: *Draußen, infolge der Strapazen, Materie gegen Geist. Apathische Ergebenheit* [...] *Lazarett Aachen. Menschen-Minderwertigkeiten, und dies sich steigernd bis zum Menschenhass. Anarchismus.* [...] *Zerstörungslust an all dem, das vorher angebetet wurde. Verhaltene Lust zum Malen, dagegen Lesen* [...], *Leben erhalten, selbst mit schlechten Mitteln.*[57] Und im November 1917 schreibt er: *Der jämmerliche Zustand des Künstlers, wenn er am Schaffen verhindert ist, äußerlich oder innerlich. Der Zweifel an sich, der sich dann einstellt.*[58]

Otto Pankok wird im April 1917 schließlich aus der Armee entlassen. Zeitweise hält er sich bei seiner Schwester in Berlin auf, danach geht er nach Vechta im Oldenburger Land, wo er versucht, an seine Dötlinger Menschendarstellungen anzuknüpfen. Hier erlebt er das Kriegsende und die provinziellen Wirkungen der Novemberrevolution.

Einbruch des Expressionismus und Ausbruch der Kriegsnerven[59]

Pankok, Wollheim und Freunde in Remels, Ostfriesland

Zu Jahresbeginn 1919 begibt sich Otto Pankok mit dem zurückgekehrten Hermann Hundt nach Remels in Ostfriesland, um Ulf Lüken, einen Kommilitonen aus Düsseldorfer Akademietagen, zu besuchen. Da auf dem Land eine deutlich

53 Zit. nach ebd.
54 Zit. nach Hölscher, Geschichtsbruch (wie Anm. 51), S. 13.
55 Schneede, Beckmann (wie Anm. 41), S. 48.
56 Zit. nach Schneede, Avantgarden (wie Anm. 6), S. 26.
57 Zit. nach Schneede, Künstler (wie Anm. 32), S. 312.
58 Zit. nach ebd., S. 321.
59 Otto Pankok in einem späteren, für Ausstellungszwecke geschriebenen handschriftlichen Lebenslauf (Otto-Pankok-Archiv, unsigniert).

bessere Versorgungslage als in der Stadt herrscht, bleiben sie schließlich bis zum Spätherbst. Unter dem Titel *Museum und junge Kunst* sendet Pankok bereits im Januar 1919 einen Artikel an den *Düsseldorfer Stadtanzeiger*, mit dem er vor dem Hintergrund der Kriegserfahrungen eine andere Kunstpolitik fordert:

Während die Düsseldorfer Kunst einen zarten Hauch des Impressionismus verspürt – andere behaupten, er sei unbemerkt geblieben – ist in den Zentren des übrigen Europa der Sturm des Expressionismus auf Windstärke 12 gestiegen. Man schließt hier die Fenster, denn es genügte, als vor einigen Jahren 2 Schöpfungen Slevogts und Liebermanns hereingeweht waren, was in Berlin vor einem Menschenalter eine ähnliche Wirkung gehabt haben mag. Aber das war vor einem Menschenalter und – man ließ dort die Fenster offen.

Soll das auch weiterhin so bleiben? Soll Düsseldorf auch weiterhin nur der kurze Aufenthaltsort der großen Künstler sein, der Ort der Reaktion und Stagnation? Ihr Freunde und Förderer der Kunst, fort mit diesem Zagen und Zaudern! Eins tut uns not: Jugend, Jugend und Jugend! Mag sie sich wild gebärden, mag sie lallen, es sind doch neue Worte, die aus ihrem Munde erklingen.[60] – Der Text bleibt natürlich ungedruckt.

Als Pankok Ostern 1919 erneut zu Besuch in Berlin ist, trifft er Gert Wollheim wieder, der im Krieg eine schwere Bauchverletzung erlitten hat und von den Kriegserfahrungen nicht minder gezeichnet ist. Wollheim entschließt sich, Pankok nach Remels zu folgen. Bald kommt aus Hamburg auch Carl Lohse hinzu, der aus britischer Gefangenschaft entlassen worden und von seinen Kriegserlebnissen offenbar noch nachhaltiger aus der Bahn geworfen ist als die anderen.

Gemeinsam mit den Kollegen verlegt sich Pankok nun mit Verve auf expressionistische, zeitweise auch kubistische und dadaistische Gestaltungsmittel. Die ins neu begonnene Tagebuch ab August geschriebenen Gedichte spiegeln eine schwankende, vom Krieg nach wie vor beeinträchtigte geistig-seelische Verfassung:

Was starrt ihr in die Welt, ihr Fensterreihen,
Ihr ausgebrannten Augen, ewig ohne Schlaf?
Was platzen dort Granaten und dröhnen, mir durch Ohr und Hirn?
Raschelnde Würmerhaufen stinken.
Menschenschreie kreischen durch die Glut,
Verreckender Soldaten Angstgebrüll!
O hundert Sonnen in und über mir,

60 Zit. nach Jäger, Biographie (wie Anm. 22), S. 291. Zum Aufenthalt in Remels siehe auch Günter Goebbels, Von Remels nach Düsseldorf: Ein Künstlertreffpunkt in Ostfriesland 1919, in: Gertrude Cepl-Kaufmann/Gerd Krumeich/Ulla Sommers (Hrsg.), Krieg und Utopie. Kunst, Literatur und Politik im Rheinland nach dem Ersten Weltkrieg, Essen 2006, S. 75–83.

Jetzt will ich tanzen über namenlosem Weh
Den wilden Tanz des Lebens![61]

Im Tagebuch reflektiert er vor allem über seine Kunst. – Pankok am 24. August: *Die Schleusen sind geöffnet, durch die mit Macht die Disharmonien in die Kunst eindringen. Die Zeit ist nahe, (denn sie rast ja mit Windeseile) in der die Disharmonien alles an Harmonie verdrängt haben werden.*

Was dann? Gibt es tatsächlich einen Weg, der aus der Kunst hinaus wieder ins Chaos zurückführt? Das Chaos, der Tod, die Materie siegen ja schließlich doch, und die Kunst ist eine Seifenblase. Doch sie ist schön und macht das Leben erträglich. Es wird daher gut sein zu bremsen. Heute war großer Arbeitstag. Ein Studienkopf (Jan Schmidt) am Morgen. Dann eine Radierung der Kartoffelsäcke, des Schmidtschen Studienkopfes, des Neubaues, des großen Thoeneportraits. Schließlich draußen in der Sonne Wollheim radierend. Wir haben ein Radierduell gemacht und haben beide vor Lebensfreude gebrüllt.

Wollheim schafft in Remels ein großes Gemälde, ein Triptychon mit dem Titel *Der Verwundete*, dessen Sujet mit der eigenen erlittenen Verletzung korrespondiert. Der Theaterschriftsteller und Journalist Gerth Schreiner, den Wollheim und Pankok Anfang 1920 in Düsseldorf kennenlernen werden, sollte es noch 1939 im niederländischen Exil eindrucksvoll beschreiben:

Unter den Bildern, die Gert Wollheim nach der Heimkehr gemalt hatte, war eines, das einen Verwundeten auf dem Schlachtfeld darstellte. Am Rande eines Granattrichters, vom giftigen Licht einer Leuchtkugel beschienen, bäumte sich zwischen zwei zerschossenen Bäumen in schauriger Einsamkeit ein Mensch auf. Sein Bauch war von Bajonett-Stichen und Granatsplittern zerrissen. Seine Füße bohrten sich vor furchtbarem Schmerz in braungrüne Erde. Sein Gesicht aber war der unendlichen Ewigkeit zugekehrt. Die Augen, zwischen […] *Schmerz verzerrten Muskeln, waren geblendet und geschlossen. Arme und Hände bemühten sich nicht, das mit den Därmen aus dem Leib quellende Leben zurückzuhalten. Sie waren in klagender Frage erhoben. Vor diesem Menschen in seiner Qual lag ein lebloser, blutbefleckter Gegenstand, das Bajonett, das ihn zerfetzt hatte.* […]

Die Erde war zerrissen und schwärte Gift aus. Die Bäume waren zersplittert. Zerrissen war der Mensch. Und zerrissen war das Licht. Zerrissen war die Harmonie der Farben. Grenzenlos war der Schmerz. Unendlich aber war die innere Schau, denn hinter den geschlossenen Lidern sahen die Augen durch die Zerstörung des Leiblichen hindurch. Wollheim […] *hatte sich damit von einer Vision befreit, die seit seiner eigenen schweren Verwundung auf ihm lastete.*[62]

61 Otto Pankok, Tagebuch 6.8.1919–16.10.1919, undatierter Eintrag, überschrieben mit *3. Abend*, S. 9f.

62 Gerth Schreiner, Die Republik der vierzehn Jahre, Bilthoven 1939, zit. nach: Ulrich Krempel (Hrsg.), Am Anfang. Das Junge Rheinland. Zur Kunst- und Zeitgeschichte einer Region 1918–1945, Ausst.-Kat. Städtische Kunsthalle Düsseldorf, 9.2.–8.4.1985, [Düsseldorf] 1985, S. 22f., hier S. 23. – Gerth Schreiner (1892–1940) hatte vor dem Ersten Weltkrieg

Otto Pankok: Gerth Schreiner II (1920, Holzschnitt). Das Porträt des Mitstreiters im „Aktivistenbund 1919" und im Künstlerkreis um Johanna Ey wurde im Dezember 1920 im Buch 3 des Aktivistenbundes veröffentlicht (© Otto-Pankok-Stiftung).

Diese gaben nämlich den Protesten der „Alten Künstler" – die alle darauf hinausliefen: Werke von Künstlern aus den „Feindbundländern" auszustellen, solange Teile von Deutschland von den „Feinden" besetzt seien, kränke den nationalen Stolz – nach und verweigerten Ausstellungsräume. Aber die Ausstellung fand doch statt. Das Warenhaus Tietz stellte dafür ein Stockwerk zur Verfügung. Und sie wurde ein großer Erfolg [...].[65]

Das war die Situation, resümiert Gerth Schreiner: *auf der einen Seite die Künstler* [...] *– gespalten in die „Alten", die das Motiv verloren hatten und sich mit der mehr oder minder vollendeten formalen Gestaltung zeitfremder Stoffe begnügten, und in die „Jungen", die, erfüllt von Geschichten und Gefühlen, die nach Gestaltung drängten, alle Formen der „alten, vermaledeiten Zeit" sprengen wollten; auf der anderen Seite die Menge des Volks: ein Publikum, das nach der „Entwertung aller Werte"* [...] *unter der Parole „nach uns die Sintflut" sich auslebte, und riesige Massen, die aus dem Chaos eine neue Gemeinschaft der Menschen erstehen lassen wollten, aber nicht wußten, wie sie das machen mußten, weil ihre Führer vor lauter real-politischem Lavieren die allgemeine Richtung in die Zukunft verloren hatten; und aus der großen Überschwemmung ragend: die festen Pfeiler alter Organisationen und dazwischen auf treibenden Flößen kleine Gruppen, die mit gerettetem Kompaß festes Land suchten.*[66]

Otto Pankok ist in allen drei Künstlergruppen mittendrin, arbeitet an den *Aktivistenbüchern* und an den Zeitschriften *Junges Rheinland* und *Das Ey* mit und ist an ihren diversen Ausstellungen beteiligt. Doch letztlich sucht er auch in dieser turbulenten Szenerie eine authentische Ausrichtung. Er lernt die junge, kunstbegeisterte Journalistin Hulda Droste kennen, die schnell von ihm eingenommen ist – weil *unser aller Rebellentum uns damals sofort vereinte,* wie sie rückblickend bekennen sollte.[67] Womöglich war sie es, auf deren Besuch die Eltern

65 Schreiner, Republik (wie Anm. 62), S. 22f.

66 Ebd., S. 23.

67 Zu den Umständen des Kennenlernens siehe Berto Perotti, Begegnung mit Otto Pankok, Düsseldorf 1959, S. 13 auf Basis von Notizen Hulda Pankoks; Zitat: Hulda Pankok rückblickend in ihrer Grabrede für Johanna Ey (1947), zitiert nach Zimmermann, Otto Pankok (wie Anm. 27), S. 19.

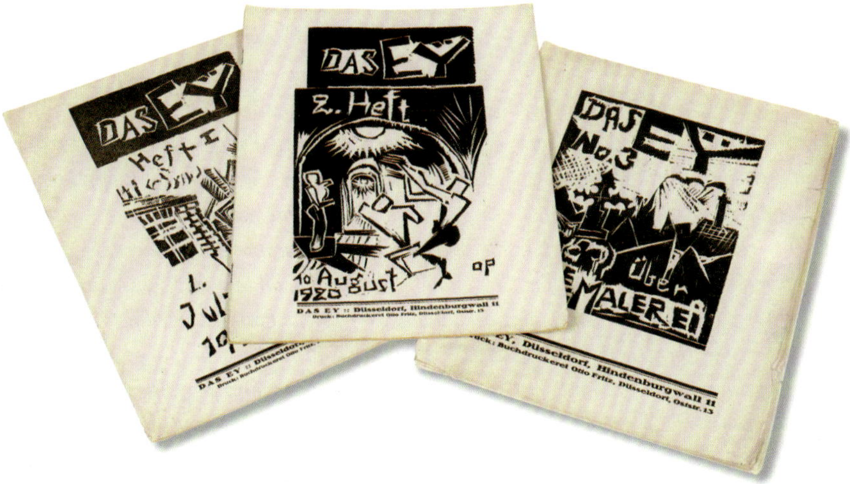

Otto Pankok gestaltete per Holzschnitt die Titelseiten aller drei in der zweiten Jahreshälfte 1920 erschienenen Ausgaben der Zeitschrift „Das Ey" (© Otto-Pankok-Stiftung, Foto: Ketterer Kunst, Hamburg, Auktion 426, 23.24.11.2015, Lot 99).

in einem Brief im Oktober 1920 Bezug nehmen, als sie Pankoks Geschwistern in verhaltener elterlicher Sorge schreiben: *Gestern Nachmittag kam O*[tto] *aus D*[üsseldor]*f uns besuchen, eine junge Dame mit, ein sehr liebes und gebildetes Mädchen, das wohl das Zeuge dazu hätte, unserem rauhen zottigen Bären das Fell zu glätten und seine innere Wildheit zu zähmen. Ob es dazu kommen wird?*

Otto Pankok und Hulda Droste jedenfalls heiraten im Jahr 1921. Pankoks Ringen um einen eigenen künstlerischen Weg führt neben äußeren Konflikten zur Entzweiung mit Wollheim und dem Vorstand des *Jungen Rheinlands*. Doch diese Entwicklungen verdienen ebenso eine eigene, durchaus abendfüllende Darstellung wie die künstlerischen und kulturellen Aufbrüche rund um *Das Junge Rheinland* selbst.[68] Pankok formuliert ein vorläufiges programmatisches

68 Aus der umfrangreichen Literatur seien in Ergänzung zu dem von Ulrich Krempel hrsg. Ausst.-Kat. Düsseldorf (wie Anm. 62) nur genannt: Dix – Pankok – Wollheim. Freunde in Düsseldorf 1920–1925. Mit Texten von Johanna Ey, Conrad Felixmüller, Otto Pankok, Gerth Schreiner, Paul Westheim u. Gert Wollheim, hrsg. von der Galerie Remmert und Bath, Düsseldorf 1989; Das Junge Rheinland. Künstler – Werke – Dokumente, hrsg. von der Galerie Remmert und Bath, Düsseldorf 1996; Susanne Anna/Annette Baumeister (Hrsg.), Das junge Rheinland. Vorläufer, Freunde, Nachfolger, Ostfildern 2008; ferner in dem Sammelband von Cepl-Kaufmann u. a., Krieg und Utopie (wie Anm. 60) die Beiträge von Stephan von Wiese, Gert H. Wollheim. Kunst und Politik im Umkreis des „Jungen Rheinland" (S. 84–92); Rudolf Schmitt-Föller, Die Düsseldorfer Künstlergruppe „Akti-

Resümee, das sich noch als Bekenntnis zum Expressionismus liest und unter dem Titel *Aprilpredigt* im siebten Heft *des Jungen Rheinlands* im April 1922 erscheint:

Ich möchte ausdrücken, daß diese Zeit eindeutig zu sein hat. [...] *Eine einfache Aussage wird gemacht, nicht ein Wälzer vollgeschrieben. Darstellung einer Straßenbahn z. B.: Dem Maler ist am Herzen, auszudrücken, daß sie quietscht. Also müssen alle Linien und Farben des Bildes bemüht sein zu quietschen, d. h. also dem Mitmenschen übermitteln, was der Maler wahrnahm oder übermitteln wollte.* [...] *Ohne die Kraft zu vergeuden, sagen wir klug nur, was uns am meisten bedrängt, dies aber mit Pauken und Trompeten.* [...]

Seht aber den falschen Götzen in die Augen. [...] *Durchschaut ihr Gebahren! Durchhört ihr Gebrüll! Und verwechselt nichts. Die Kunst kann Radau vertragen* [...], *aber sie ist nicht Radau!* [...] *Es gilt, was Merimée über die Russen sagte: „Eure Dichter suchen vor allen Dingen die Wahrheit, und die Schönheit kommt dann ganz von selbst; die unsrigen gehen aber einen entgegengesetzten Weg: sie streben vor allem nach Effekt, Esprit und Glanz, und wenn sich dabei die Gelegenheit bietet, die Wahrscheinlichkeit nicht zu verletzen, so nehmen sie unter Umständen das mit in Kauf." Das auch gilt für die Malerei von heute. Effekt, Glanz, Esprit. Man sucht nach Malerei und nicht nach Wahrheit. Auf die Wahrheit aber kommt es an, und Malerei kommt dann ganz von selbst. Nach diesem blufflosen Ausdruck der Wahrheit muß gesucht werden, nach dieser Idee, sie ist Fundament und Baumaterial. Unser Glaube ist hin, unser Wissen zerschmolz. Für uns blieb nur eins: Handeln, auf die Wahrheit losgehen. Und ob das schön ist? – Was soll uns das?*[69]

Statt eines Nachworts

Auf die Wahrheit politisch-publizistisch losgegangen ist in diesen Jahren auch einer wie Kurt Tucholsky. Ob das die Mehrheit schön fand? Was sollte ihm das, als er Anfang August 1924, zum zehnten Jahrestag des Kriegsbeginns, in der Zeitschrift *Die Weltbühne* schrieb:

vistenbund 1919" (S. 93–103); Martina Padberg, Der „apokalyptische Ton". Anmerkungen zu einem expressionistischen Bildmotiv (S. 194–204); Peter Barth, Wegbereiter der Neuen Kunst – Kunsthändler im Rheinland: Alfred Flechtheim, Hans Koch, Johanna Ey, Karl Nierendorf (S. 373–383); siehe ferner Michael Hausmann, Johanna Ey. A critical reappraisal, phil. Diss. University of Birmingham 2010, digitalisiert zugänglich unter http://archiv.ub.uni-heidelberg.de/artdok/2351/1/Hausmann_Johanna_Ey_a_critical_reappraisal_2010.pdf; 1.2.2018. – Zu Pankoks weiterer Entwicklung kurzgefasst neuerdings: Norbert Fasse, „Mehr Gehalt, mehr Wahrhaftigkeit". Innerer Kompass, künstlerisches Arbeiten und widerständiges Handeln bei Otto Pankok, in: Volker Neuhaus/Per Øhrgaard/Jörg-Philipp Thomsa (Hrsg.), Freipass. Forum für Literatur, Bildende Kunst und Politik. Schriften der Günter und Ute Grass Stiftung, Bd. 3, Berlin 2018, S. 72–122, insbes. S. 87–115, zu Günter Grass, Otto Pankok und die Kunstakademie Düsseldorf nach 1945 S. 72–80.

69 Zit. nach: Ausst.-Kat. Düsseldorf (wie Anm. 62), S. 33f.

kurze – Geschichte einer Ziegelei auf der Mittelterrasse oberhalb der Rheinebene nachvollzogen werden.

Die geologischen Grundlagen

Der Standort der ehemaligen Ziegelei Jorissen befindet sich unmittelbar am Westrand der infolge tertiärer Lockersande durch Flüsse und Bäche stark zerklüfteten Hauptterrasse des Niederbergischen Landes auf der schmalen, zungenförmigen Mittelterrasse bei Ludenberg. Ältere Rheinterrassenschotter lagern hier auf tertiären Deckschichten.[3]

Beide Terrassen sind mehr oder weniger überlagert von pleistozänem Löss, einem sehr feinen lockeren Flugstaub, zusammengesetzt aus Kalk-, Quarz- und Feldspat-Partikeln sowie Tonsubstanzen. Diese stehen auf der Hauptterrasse infolge Erosion nur noch in Mulden bis zu 5 m stark an, während auf der Ludenberger und Gerresheimer Mittelterrasse im Windschatten der Hauptterrasse bis zu 24 m Mächtigkeit erreicht werden. Für den Sonderforschungsbereich „Klima- und Landschaftsgeschichte“ innerhalb des Forschungsprogramms „Our way to Europe“ zur ersten Besiedlung des Rheinlandes durch den modernen Menschen im Aurinacien (vor ca. 40.000–30.000 Jahre) wurden im März 2009 von Studenten der Universität Köln unter Leitung von Dr. Peter Fischer zwischen Ratinger Weg und dem Wildpark auf einer Kuppe Rammkernuntersuchungen zur zeitlichen Bestimmung der Lössablagerungen durchgeführt. Diese Schichten reichten an dieser Stelle bis in 19 m Tiefe. Das älteste Sediment hatte ein Alter von ca. 180.000 bis 140.000 Jahren.[4] Unter atmosphärischem Einfluss entkalkt Löss und verlehmt.[5] Aus diesem Lösslehm lässt sich bereits ein gebrauchsfähiger Ziegelstein für ein Innenmauerwerk brennen. Zusammen mit Ton bildete er einen hervorragenden Grundstoff für die Ziegelindustrie, die in Ludenberg ein Ballungszentrum hatte.[6]

3 Werner Paeckelmann/Ernst Zimmermann (Hrsg.), Erläuterung der geologischen Karte Preußens und benachbarten deutschen Ländern, hrsg. v. d. Preußischen Geologischen Landesanstalt, Lieferung 234 (Blatt Mettmann), Berlin ²1930, S. 5–7 sowie 49–50.

4 Wir danken im Namen des FKI Herrn Dr. Peter Fischer (heute Geographisches Institut der Universität Köln) für die Überlassung erster Auswertungen der Bohrkernuntersuchungen. Außerdem gilt unser herzlicher Dank dem Geologen Dr. Holger Kels (heute Köln), ohne dessen Voruntersuchungen in den Bauausschachtungen Am Wildpark dieses Projekt nicht zustande gekommen wäre.

5 Paeckelmann/Zimmermann, Erläuterungen (wie Anm. 3), S. 49f.

6 Gaby u. Peter Schulenberg, Der Lössaufschluss am Wildpark; in: Peter Henkel (Hrsg.), Industriepfad Düsseldorf-Gerresheim, Düsseldorf ²2017, S. 22f.

Beginn und Ende des Unternehmens

Durch Vergleich historischer Karten, die Auswertung der Firmenakten aus dem Stadtarchiv und Hinzuziehung allgemeiner Wirtschaftsdaten kann die Firmengeschichte in Teilen rekonstruiert werden. Auf der topographischen Karte TK 25 der Preußischen Neuaufnahme 1892 ist das Gebiet der späteren Ziegelei noch unbebaut dargestellt, ein deutlich sich abzeichnendes Plateau spricht jedoch dafür, dass auf dem Gelände bereits in den Jahren vor der Errichtung der Ziegelei Lehm abgebaut wurde. Die erste Flurkarte mit dem Standort der Ziegelei Jorissen datiert vom 10. Dezember 1898. Sie ist Teil der eingereichten Pläne für das Baugesuch zur Errichtung des Betriebes. Sie zeigt einen Ringofen südlich der Provinzialstraße nach Mettmann/Düsseldorf (heute Bergische Landstraße) und nordöstlich des Communalwegs nach Gerresheim (heute Gräulinger Straße). In der Topographischen Karte von 1909 ist die Ziegelei mit Ringofen, Nebengebäuden, Wohnhaus und Seilförderung von den östlichen Lehmgruben Richtung Ringofen bereits voll und ganz verzeichnet, ebenfalls in der Topographischen Karte Nr. 25 von 1913.

Eine Flurkarte vom 21. September 1912, deren Richtigkeit ein vereidigter Landmesser bescheinigt, zeigt innerhalb der Flur 18 detailliert neben Produktionsgebäuden die Grenzen des zur industriellen Nutzung vorgesehenen Geländes auf. Dies reicht im Westen bis zum Straßendamm der Bergischen Landstraße im Verlauf der heute noch erhaltenen historischen Hohlwegtrasse im Hang des Gallbergs. Deren neue, 1907 für den Straßenbahn- und Kraftfahrzeugverkehr freigegebene Serpentinenführung schneidet in einer Schleife diese Flurgrenze. Im Nordosten grenzt der Besitz am „Hexberg“ an die Parzelle eines später errichteten Gestüts, im Osten und Süden an den Dernbuschweg. Die gesamte Fläche bedeckt rund 25 Hektar, wobei nur etwa ein Hektar auf die Produktionsstätten entfällt, der verbliebene Rest ist als Abbaufläche für Lösslehm aus den Hängen des Gallberges und Ton aus der Pillebachaue vorgesehen. Im Jahr 1926 sind auf der Topographischen Karte Nr. 25 die Gebäude und der Ringofen schon nicht mehr eingezeichnet, nur das flache Plateau, auf dem sie standen. Auf einem Luftbild vom 22. März 1945 ist der verfallene Ringofen durch ausgeprägte Bewuchsmerkmale noch als Oval auf einer ansonsten kaum bewachsenen Fläche erkennbar. Nur das ehemalige Wohnhaus der Ziegler ist noch vorhanden.

Peter Jorissen gründete seine Firma an der beschriebenen Stelle als letzte innerhalb der Massierung von Ziegeleien in unmittelbarer Umgebung.[7] Es

7 Erste Nennung der Ludenberger Ziegeleien: Kehne vor 1892; Lennarz und Piel 1888; Vorgänger der Ziegelei Florack um 1880; Florack selbst 1892, Niermann 1896; Dachziegelfabrik van Houwten 1897.

ist davon auszugehen, dass die tiefgründigen Lössvorkommen nördlich und westlich des Gallbergs bzw. beidseits der Gräulinger Straße bereits parzelliert und von den hier ansässigen Ziegeleien in Anspruch genommen bzw. abgebaut wurden. Jorissen musste sich daher mit dem verbliebenen Areal am Südhang des Gallberges und den Tonvorkommen in der Pillebachaue abfinden. Doch die Lehmabbauflächen standen durch die veränderte Führung der Bergischen Landstraße ab 1907 nur noch begrenzt zur Verfügung. Die Ton- und Lehmvorkommen erreichen am Gallberg nicht die Mächtigkeit wie weiter westlich, außerdem stehen hier oberflächennaher tertiärer Schotter und Ablagerungen älterer Rheinterrassen an. Zudem wird ein (noch heute) hoher Grundwasserstand in den Abbauflächen am Fuß der Gallberghänge trotz des kanalisierten Baches den Abbau erschwert haben. Dies alles spricht für einen entscheidenden Nachteil gegenüber den benachbarten Konkurrenten. Hinzu kamen die allgemeine Rezession und der Rückgang der Bautätigkeit während des Ersten Weltkriegs sowie die Reparationsleistungen und die Kohleverknappung durch die Ruhrgebiets-Besetzung nach Kriegsende. Dies alles wird zum Niedergang und zur Schließung der Ziegelei vor oder während des Ersten Weltkrieges geführt haben. Als letztes Schriftstück in den Firmenakten ist ein Papierbogen mit einem flüchtigen handschriftlichen Vermerk vorhanden *Plan vom Wohnhause zwecks Unterlage für beabsichtigte Rationierung den hl*[8] *(unleserlich) -meister eingesand. 7/3 20.* Wahrscheinlich ist hier das als einzige Baulichkeit noch vorhandene Ziegler-Wohnhaus gemeint, welches wohl für eine Wieder- bzw. Weiterbenutzung vorbereitet wurde.

Ein interessanter Hinweis erfolgte 2008 durch eine Bewohnerin des nahen Dernbuschwegs. Sie konnte sich an die Erzählungen ihrer Mutter erinnern, die als Kind oft zu den Pferden lief, die auf einer Gleisbahn die Loren aus der Tongrube am Gallberg zum Maschinenhaus ziehen mussten. Etwa um 1925 seien jedoch die flächigen Lehm- und Tonabgrabungen bereits so verbuscht gewesen, dass dort ein Western-Film mit Cowboys und Indianern gedreht worden sei. An diese Dreharbeiten habe sie sich immer lebhaft erinnert.

Über den Firmeninhaber Peter Jorissen ist bisher wenig bekannt. Auf den Baugesuchen von 1898 ist nur *Peter Jorissen Düsseldorf-Grafenberg* vermerkt. Ein illustrierter Briefkopf vom 5. Juli 1904 mit der Inschrift *Peter Jorissen-Maschinenfabrik* zeigt eine größere Fabrikanlage vor einem bewaldeten Höhenzug. In einem Halbrund sind Preismedaillen mit den Umschriften *Frankfurt 1881*, *Düsseldorf 1884 und 1885* sowie *Amsterdam 1884* abgebildet. Der Schriftblock neben dieser Darstellung führt unter anderem auf: *Spezialitäten Drahtseiltriebe für Schmalspurbahnen nach eigenen Patenten; Kipp- und Rollwagen für Ziegeleien.* Im Düsseldorfer Adressbuch

8 Erklärung: hl = hoc loco = an diesem Ort.

P. JORISSEN
Maschinen-Fabrik
SPECIALITÄTEN:
Drahtseiltriebe für Schmalspurbahnen
nach eigenen Patenten, billigster Transport.
Wagen für Kleinbahnen mit patentirten Central-Zug- u. Stossapparaten.
Feste und bewegliche Geleise mit Weichen, Drehscheiben
Kipp- und Rollwagen etc.
für Ziegeleien, Bauunternehmungen, Forst- und landwirthschaftliche Zwecke
Transport- und Handfuhrgeräthe aller Art.

Telegramm-Adresse: Jorissen, Düsseldorf-Grafenberg
Fernsprecher Fabrik No. 191. — Privat No. 2695
Reichsbank-Giro-Conto

~~Düsseldorf-Grafenberg, den~~ 190

Kaiserburg b. Gerresheim, den 5. Juli 1904

An
die Polizei = Verwaltung
G e r r e s h e i m .
+++++++++++++++++++++++++++++++++++

Ich bekenne mich hiermit zum Empfange der mir am 27.

Abb. 2.: Briefkopf Jorissen (Stadtarchiv Düsseldorf / FKI).

von 1910 ist als Standort die Grafenberger Allee 323a eingetragen. Ein eigener Briefkopf für das Ziegeleiunternehmen scheint nicht existiert zu haben. Auf dem erhaltenen Schriftverkehr ist unter der Zeichnung der Maschinenfabrik die eingedruckte Zeile *Düsseldorf-Grafenberg, den* jeweils handschriftlich durchgestrichen und mittels Schreibmaschine durch die Adresse *Kaiserburg b. Gerresheim, den* ersetzt worden (Abb. 2).

Auf verschiedenen offiziellen Kartenwerken zwischen 1888 und 1946 ist diese Fabrik unmittelbar östlich des Bahnhofes Grafenberg zwischen dem Grafenberger Walzwerk und der Lokomotivenfabrik Hohenzollern eingetragen. Die Firmierung wechselt dabei von *Baessler und Jorissen-Fabrik für eiserne Transportmittel* 1888 und 1906 zur *Masch.- und Feldbahnfabrik v. P. Jorissen* im Jahr 1922. Noch in einer Stadtkarte von 1946 ist sie nahe der Grafenberger Allee an diesem Standort vermerkt.

Die technischen Einrichtungen

Wenn auch wohl nur lückenhaft erhalten, ist durch Lagepläne und Detailpläne zum Baugesuch des Herrn Peter Jorissen, Düsseldorf-Grafenberg, an den Kreisausschuss des Landkreises Düsseldorf die technische Ausstattung der

Ziegelei verhältnismäßig gut nachvollziehbar. Durch Widersprüche und Abweichungen bei den unterschiedlich datierten Planwerken kann jedoch nicht immer festgelegt werden, ob diese auch dementsprechend ausgeführt wurden[9].

Auf einem dem Baugesuch beigefügten Lageplan im Maßstab 1:500, Bürgermeisterei Gerresheim, Gemeinde Ludenberg, Flur 18, vom 25. November 1898 sind im Winkel zwischen dem Communalweg nach Gerresheim, der heutigen Gräulinger Straße und der Provinzialstraße von Düsseldorf nach Mettmann, der heutigen Bergischen Landstraße, zwei 16-Kammer-Ringöfen von je 52 m Länge unmittelbar südlich der Provinzialstraße eingezeichnet. Zwischen beiden Baukörpern befindet sich eine Tunnel-Trockenanlage mit elf Trockenkanälen von insgesamt 37 m Länge und 18 m Breite[10]. Nach Osten schließt sich ein Kessel- und Maschinenhaus mit außenliegendem Kamin und Brunnen an. Abseits der technischen Anlagen ist nahe der heutigen Gräulinger Straße der Standort eines Wohnhauses festgelegt.

Ein mit „Blatt 3" gekennzeichneter Lageplan vom 10. Dezember 1898 gibt die Gesamtgröße des Grundstückseigentumes des Peter Jorissen mit 122.000 qm an, wobei nun nur ein Ringofen mit umlaufendem Fußweg verzeichnet ist. Der zweite Ringofen kam wohl nicht über die Planungsphase hinaus.

Detaillierte Auskunft zur Konstruktion des langovalen Ringofens mit Schornstein in der Mitte gibt das gleiche Blatt mit Schnittzeichnungen und Ansichten im Maßstab 1:50 bzw. 1:100. Der 16-Kammer Ringofen hat auch hier eine Länge von 52 m und eine Breite von 18 m. Wiedergegeben ist hierbei der reine Baukörper ohne überstehende Dachkonstruktion, so dass sich der Ofen gemäß einer nebenstehenden Schnittzeichnung auf 64 m Gesamtlänge berechnen lässt. Die Brennkammern sind 3,80 m breit und 2,70 m hoch. Im regelmäßigen Abstand von 10 m verlaufen Füchse unter der Ofensohle. Sie können gemäß Schnittzeichnung von einer Arbeitsbühne unter dem Dach aus durch sogenannte eiserne Glocken (Schließventile) zur Regelung der Heißluft bzw. Frischluftzufuhr mit Zugstangen zum Kamin hin geöffnet und geschlossen werden.[11] Unterzeichnet wurde der Plan von P. Jorissen als Bauherr und Fr..... [unleserlich] als Ausführender. Die Prüfung des Plans erfolgte laut Stempel am

9 Vgl. hierzu ebenfalls den Abschnitt „Archäologische Spurensuche".

10 Kanaltrockenöfen zum Trocknen der Ziegelrohlinge wurden erstmals 1884 von Friedrich Hoffmann konstruiert. Mit Formlingen bestückte Etagenwagen wurden in nebeneinander liegende Kanäle eingefahren und Warmluft aus dem Ringofen mittels eines Ventilatorensystems über unterirdisch verlegte Rohrleitungen in diese Kanäle eingeblasen. Am unteren Ende der Kanäle stand zur Abführung der Feuchtluft und zur Erzeugung des notwendigen Zuges ein Kamin.

11 Zur Technik und Brennweise eines Ringofens vgl. ausführlich Peter Henkel/Jürgen Wiener (Hrsg.), Die Spur der Steine (Schriftenreihe des FKI 4), Düsseldorf 2016, S. 8f.

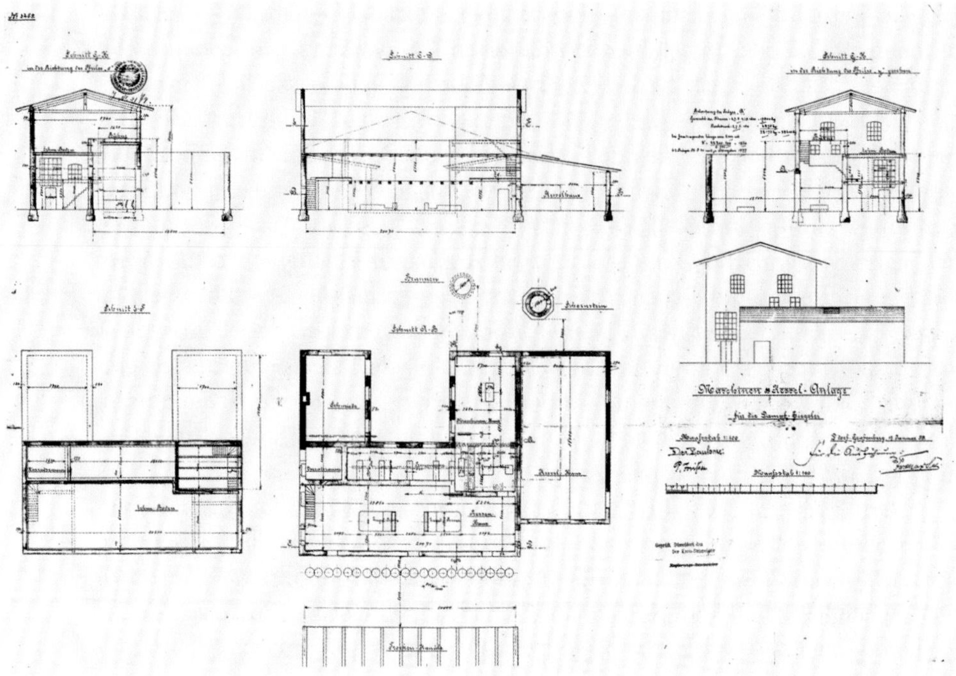

Abb. 3: Planunterlagen zum Ringofen und Maschinenhaus vom 12. Januar 1899 (Stadtarchiv Düsseldorf / FKI).

9. März 1899 durch den Kreis-Baumeister, die Inventarisierung mit Stempel des Kreis-Ausschusses des Landkreises Düsseldorf unter I. Nr. 2174 (Abb. 3).

Mit Datum vom 12. Januar 1899 wurde beim Kreis-Baumeister auf einem A2-Plan im Maßstab 1:100 die Detailplanung für das Maschinen- und Kesselhaus der Dampfziegelei eingereicht. Das Gebäude hat hierauf einen U-förmigen Grundriss mit Schmiede und Dampfmaschinenhaus in den jeweiligen Seitenflügeln, einem kleinen Vorratsraum, der Transmission im Mitteltrakt sowie zwei Ziegelpressen im westlich anschließenden Gebäudeteil. Das gesamte Bauwerk hat eine Länge von 21 m und eine Breite von 19 m. Nach Südwesten schließt sich das Kesselhaus mit 15,5 m Länge und 8,5 m Breite an. Nach Westen sind als Ergänzung in 1,5 bzw. 5 m Abstand zur Außenmauer kreisrunde Schächte und Trockenkanäle eingezeichnet, nach Osten in 6 m Abstand ein Brunnen sowie der frei stehende Kamin des Kesselhauses. Ein Schnitt durch das geplante Produktionsgebäude zeigt das erste Geschoss mit Kesselhaus und dem Sockel für den Kessel selbst sowie anschließend das zweigeschossige Maschinenhaus mit dem Sockel für die Dampfmaschine im Erdgeschoss. Das zweite Geschoss ist unterteilt in eine Bühne oberhalb der Dampfmaschine sowie einem etwas tiefer liegenden Schm[...].-Boden[12]. Die Firsthöhe des Gebäudes beträgt 11 m, das Kesselhaus mit nur schwach geneigtem Flachdach ist 5 m hoch.

Zu diesem Planwerk haben sich leider nur einige wenige schriftliche Erläuterungen erhalten. Demnach war *die ganze Anlage für eine tägliche Produktion von 40.000 Normalziegeln vorgesehen. Von den beiden Pressen aus werden die fertigen Steine in sogenannte Etagenwagen*[13] *geladen und dann in die Trockenkanäle geschoben. Aus denselben gelangen sie ohne Umladung in die Ringöfen zum Brennen. Der zu verarbeitende Lehm wird mittels eines Seilaufzuges auf den Boden des Pressehauses geschafft. Im Übrigen ist die Fabrikation wie bei Ringofenziegeleien allgemein üblich. Bei vollem Betrieb werden annähernd 40 Personen benötigt, für deren Unterkunft in hinreichender Weise gesorgt ist.*[14]

Mehrere handbeschriebene Seiten nehmen die Berechnungen der Bodenbeanspruchung bzw. die Stabilitätsberechnung eines Kamins von 25 m Höhe sowie die Stabilitätsberechnung für eine Kaminsäule von 35 m Höhe ein. Erstere wurden durch den Eschweiler Bauunternehmer G. Lütgen-Borgmann GmbH mit Datum vom 26. Januar 1899 ausgeführt und laut Stempel vom Rheinischen Dampfkessel-Überwachungs-Verein am 18. März 1899 geprüft. Die Berechnung für den zweiten, höheren Kamin nahm der Bauausführende des Bauherrn P. Jorissen am 10. Dezember 1898 selber vor. Hier stempelte als geprüft der Kreis-Baumeister.[15] Als letzte Beilage ist noch die statische Berechnung der Eisenkonstruktion für das Maschinenhaus-Dach und für eine tragende eiserne Säule im selben Haus erhalten, datiert am 10. Dezember 1898.

Die Genehmigung für den Einsatz eines feststehenden Zweiflammrohr-Dampfkessels mit Innenfeuerung und 8 Atm. Dampfspannung, gebaut von der Gewerkschaft „Orange" zu Buhnke, erfolgte am 4. April 1899, die Abnahmeuntersuchung durch den Rheinischen Dampfkessel-Überwachungsverein am 3. Juni 1899. Und ein weiteres Schreiben führt aus: *Dem Peter Jorissen zu Düsseldorf-Grafenberg wird aus seinem Antrag in Angemäßheit der §§ 16ff der Ringofenbauverordnung vom 4. September 1869/19. Juli 1884 sowie auf Grund des § 109 des Zuständigkeitsgesetzes vom 1. August 1886 zur Anlage einer Ringofenziegelei auf dem Grundstücke Flur 18 der Gemeinde Ludenberg hiermit die Genehmigung erteilt.* Unterzeichnet sind die zweiseitigen Ausführungen: *Düsseldorf, den 17. Juni 1899. Der Kreisausschuss des Landkreises Düsseldorf, gez. von Kühlwetter.*

12 Der unleserliche Begriff ließ sich nicht klären. Es könnte hier das Becken zur Sümpfung / Mischung der Tonmasse gemeint sein. Dieses stand zumeist in der zweiten Etage oberhalb der Ziegelpressen.

13 Etagenwagen: Mit Gummibereifung oder auf Schienen laufender Karren mit Stapelregal-Aufbau zur Aufnahme von Ziegelrohlingen.

14 Handschriftlich mit Datum vom 24.1.1899, Unterschrift des Bauherrn und des Ausführenden. Die Mitarbeiter- und Produktionszahlen gehen von zwei Ringöfen aus.

15 Laut Genehmigung der Dampfkesselanlage vom 16.1.1899 gehörte der 25 m-Kamin zum Kesselhaus.

Auch das Wohnhaus für die Ziegler *als dauernder Wohnsitz der Arbeiter* wird in einem Erläuterungsbericht zum Baugesuch am 24. Januar 1899 ausführlich beschrieben. In dem zweigeschossigen Ziegelbau waren demnach zwei Familienwohnungen, Speiseraum und Küche vorgesehen. Die erste Etage sollte einen Schlafraum für 18 Personen aufnehmen, das Erdgeschoss desgleichen zwei für 15 und sieben Personen.[16] Das Trinkwasser sollte der Gerresheimer Wasserleitung entnommen werden, die Aborte außerhalb des Gebäudes liegen.

Bereits am 11. August desselben Jahres müssen große Teile des Betriebs und auch der Ringofen bereits fertig gebaut worden sein, denn in einem handschriftlicher Vermerk teilt die Polizei-Verwaltung Gerresheim dem Königlichen Gewerbeinspektor in Düsseldorf mit: *Der Ringofen ist noch mit Geländer zu versehen; im Übrigen ist die Anlage im Wesentlichen gem. Vorlage ausgeführt.*

Bis zum Jahr 1906 fehlen dann leider Unterlagen zu weiteren technischen Einrichtungen der Ziegelei. Mit Datum vom 9. April 1906 wird Herrn P. Jorissen der Einbau eines Dampfüberhitzers *Patent Steinmüller* von 33 qm Heizfläche vom Kreis-Ausschuss genehmigt. Dieser Überhitzer soll in den bereits seit 1899 betriebenen Dampfkessel eingebaut werden. Mit dieser technischen Verbesserung sollen laut einer beigefügten Zeichnung die Rauchgase zur Ziegel-Trockenanlage geleitet werden. Diese neue Verfahrensweise führte zu einem Streitfall mit umfangreichem amtlichen Schriftverkehr, der nun, nach der Eingemeindung Gerresheims nach Düsseldorf im Jahr 1909, über das Bürgermeister-Amt Hubbelrath bzw. über die Polizeiverwaltung Hubbelrath und über das Bürgermeister-Amt Metzkausen abgewickelt wurde.

Mit Datum vom 13. Juni 1911 schrieb die Königliche Gewerbeinspektion Düsseldorf-Land zu Düsseldorf an den Ersten Amtsanwalt per Adresse *hier*: *Der Ziegeleibesitzer Jorissen und sein Betriebsdirektor Ihrke haben an der von ihnen betriebenen Ringofenziegelei Kaiserburg und an der damit verbundenen Dampfkesselanlage zu Ludenberg bei Gerresheim, zwei gewerbliche Anlagen, die einer besonderen Genehmigung gem. § 16 bzw. 24. R.G.O. bedürfen, ohne neue Genehmigung wesentliche Änderungen im Betriebe vorgenommen. Sie leiten nämlich die Rauchgase des Ringofens nicht mehr durch den 35 m hohen Kamin, wie das die maßgebende Genehmigung vom 17. Juni 1899 vorsieht, sondern vermittels einer Exhaustoranlage durch die Trockenanlage und lassen sie durch einen niedrigen, dicht über dem Dach eines Schuppens ausmündenden Holzschlot in die Luft entweichen. Das gleiche geschieht mit den Rauchgasen der Dampfkesselanlage, die demzufolge, nicht wie es die Konzession vom 25. März 1899 vorsieht, mit natürlichem sondern mit künstlichem Zuge betrieben wird. Diese Änderungen sind wesentlich im Sinne §§ 25 und 147 Abs. 1. Ziff. 2. R.G.O. Nachdem die Firma trotz wiederholter Aufforderung und Verwarnung die*

16 Den Verfassern war das erst nach 1970 abgerissene Wohnhaus noch bekannt. Es hatte drei Geschosse, so dass anzunehmen ist, dass die „Familienwohnungen" im dritten Geschoss vorgesehen waren.

für diese Änderungen erforderliche Genehmigung nicht eingeholt hat und ohne Genehmigung die Anlage weiterbetreibt, bitte ich, gegen die für den Betrieb verantwortlichen Personen, den Ziegeleibesitzer Peter Jorissen wohnhaft zu Düsseldorf, Neanderstr. 12 und den Ziegeleidirektor August Ihrke, wohnhaft zu Gerresheim, Heyestr. 49[17]*, auf Grund §§ 16,24,25 und 147 Abs. 1. Ziff. 2. sowie § 151.* R.G.O. *das Strafverfahren einzuleiten und mir von dem ergangenen Urteile so zeitig Mitteilung zu machen, das es mir möglich bleibt um Einlegung der Berufung zu ersuchen. Gez. Dr. Kirchner.*

In dieser Sache, in der ihm durch die Gewerbepolizei 60 Mark Geldstrafe bzw. sieben Tage Haft angedroht wurden, falls er nicht innerhalb einer Frist von 14 Tagen Zeichnungen, Beschreibungen und statische Berechnungen vorlege, reichte Peter Jorissen gegen die Polizeiverwaltung Metzkausen als amtliches Vollstreckungsorgan Klage ein, wie einem Bescheid des Kreissauschusses des Landkreises Düsseldorf vom 10. Juli 1912 zu entnehmen ist. Seine Begründungen: Die Verfügung sei in seiner Abwesenheit dem Ziegelmeister Albert Rosenberg zugestellt worden. Die Auflage sei ungerechtfertigt, da die Rauchgasbelästigung bei seinem Ziegelwerk in keiner Weise größer sei als bei den sechs umliegenden Ziegeleien. Die bei dem Betriebe entstehenden Dünste könnten in bequemer Weise in die bereits vorhandenen drei Kamine eingeleitet werden. Bezüglich des Fristversäumnisses führte er aus, er habe von der Zustellung der Verfügung an einen Ziegelei-Arbeiter nicht rechtzeitig Kenntnis erhalten, und ergänzte, die Ziegelei-Arbeiter stünden ja auch nicht in seinen Diensten.[18] Aus formellen Gründen stellte der Kreisausschuss das Verfahren ein, da die Weigerung, die erforderlichen Unterlagen einzureichen, an sich schon unter Strafe stehe und *es anerkannter Grundsatz des Oberverwaltungsgerichtes sei, daß die Androhung und Festsetzung einer Strafe zur Erzwingung einer Handlung unzulässig sei, wenn die Unterlassung der Handlung bereits durch Gesetz mit Strafe angedroht sei.* Letztendlich setzten sich die gesetzlichen Vertreter wohl doch gegen den Ziegeleibesitzer durch, denn am 4. September 1912 reichte Jorissen einen detaillierten Plan und die schriftliche Erläuterung zu einer Ventilatorenanlage zur Absaugung der Feuergase von Dampfkessel, Ringofen und Trocknerei durch die Kamine ein.

Die Genehmigungsurkunde des Kreisausschusses wurde darauf hin am 23. November 1912 ausgestellt. In ihr wird bewilligt, die Trockenanlage umzuändern und die Ringofengase durch die Trockenanlage zu leiten. Ein Passus sei hier wörtlich wiedergegeben: *Die Betriebsunternehmerin ist verpflichtet, durch entsprechende Einrichtung der Feuerungsanlage sowie durch Anwendung geeigneter Brennstoffe*

17 Das Haus Heyestraße 49 in Gerresheim ist noch heute in der Fassadengestaltung unverändert erhalten.

18 Üblicherweise waren die Ziegeleiarbeiter nicht Angestellte des Ziegeleibesitzers, sondern des zuständigen Betriebsdirektors oder auch des Ziegelmeisters, dem Verantwortlichen für den Betrieb.

und sorgsamer Wartung auf eine möglichst vollständige Vermeidung der Rauchentwicklung hinzuwirken. Für den Fall, daß die betroffenen Einrichtungen sich als nicht ausreichend zur Verhütung von Gefahren, Nachteilen oder Belästigungen durch Rauch, Ruß oder Flugasche erweisen sollte, behält sich die Beschlußbehörde vor, die Bedingungen, unter denen die Genehmigung erteilt ist, abzuändern oder zu ergänzen. Jeden durch den Betrieb der Anlage für die umliegenden Grundstücke und für die Bewohner in der Umgebung verursachten Schaden hat der Antragsteller zu ersetzen. Dies ist der einzige Passus, der auf mögliche Rauchbelästigungen Bezug nimmt. Ansonsten fehlen in den Akten Beschwerden von Anwohnern über Schmutz und Staub, wie sie bei vielen Industrieanlagen im Düsseldorfer Stadtgebiet überliefert sind.[19] Jorissen lag wohl in dem zu dieser Zeit sehr dünn besiedelten Areal zu weit von Gerresheim und anderen Nachbarn entfernt, um Beschwerden hervorzurufen.

Die Produktions- und Arbeitsbedingungen

Leider nehmen die Produktions- und Arbeitsbedingungen der Ziegelei Jorissen in den wenigen hierzu erhaltenen Akten nur einen geringen Raum ein. Nur einmal wird eine konkrete Zahl der Mitarbeiter genannt: Am 4. Mai 1904 wurden 31 Arbeiter beschäftigt.

Sehr aufschlussreich gestaltet sich der erhaltene Bericht über eine Betriebskontrolle durch die Königliche Gewerbeinspektion zu Düsseldorf an die Polizei-Verwaltung Gerresheim vom 7. Juni 1904 unter Tagebuch-Nr. 1594. Dieser Text wird hier wörtlich wiedergegeben: *Bei der Besichtigung der Ringofenziegelei P. Jorissen in Ludenberg 58 ist folgendes zu bemerken gefunden:*

1.) Entgegen den Bestimmungen des §105, Abs. 2+3 G.O. wird ein Verzeichnis über die Sonntagsarbeit der Brenner[20] *nicht geführt und diesen nicht die gesetzlich vorgeschriebene Ruhezeit gewährt.*

2.) Zuwider der Vorschrift des § 4 Abs. 1 der R.P.V.[21] *vom 29.7.1896 über Arbeitswohnungen auf Ziegeleien befindet sich mitten auf dem Ringofen ein Aufenthaltsraum für die Brenner, welcher zu beseitigen ist.*

3.) Im Arbeiterschlafhaus war ein für 14 Mann ausgerichteter Schlafraum entgegen der Vorschrift des § 4 Abs. 5 der R.P.V. *mit 17 Mann belegt, am Eingang des unteren Schlafraums fehlten die durch Abs. 8a a. O. vorgeschriebenen Raumangaben.*

19 Vgl. Stefanie Geissler, Rauchende Schlote. Industrieentwicklung in Düsseldorf; in: Susanne Anna (Hrsg.), Ökologische Stadt, Ausst-Kat. Stadtmuseum Düsseldorf 6.2.–2.5.2010, Düsseldorf 2010, S. 84–89.

20 Brenner waren für die kontinuierliche Steuerung des Brennvorgangs im Ringofen zuständig.

21 Rheinische Provinzial Verordnung.

4.) Der Kohleaufzug für den Ringofen entspricht nicht den Vorschriften der §§ 20+21 der Landespolizei-Verordnung vom 18.11.1899 betr. die Einrichtung von Aufzügen. Der Aufzug scheint der durch § 31 bez. § 34 Ziff. 10 der Verordnung vorgeschriebenen Untersuchung noch nicht unterworfen zu sein und bitte ich das Erforderliche veranlassen zu wollen.

5.) Der Trog der Lehmschnecke war nicht mit einem Schutznetze oder Schutzstangen versehen.

6.) Vor dem Vorgelege der Dynamomaschine fehlt eine Einfriedung.

7.) der Accumulatorenraum steht nicht unter ständiger Lüftung.

Wegen der unter Ziff. 1, 2, 3 und 4 bezeichneten Zuwiderhandlungen verfüge ich ergebenst die gemäß § 151 G. O: verantwortlichen Personen in Strafe zu nehmen, im übrigen aber auf die Abstellung der vorgefundenen Mängel hinzuwirken und von dem Veranlassten unter Angabe der Höhe der Strafmaße Mitteilung zu machen (Unterschrift unleserlich).

In einer Erwiderung durch den Ziegeleidirektor Ihrke am 5. Juli 1904 konnten einige Feststellungen aus dieser Mängelliste entkräftet werden, so dass die Gewerbeinspektion die Punkte 5, 6 und 7 nicht weiter verfolgte. Der Verstoß gegen die Sonntagsarbeit sowie der nicht vorschriftsmäßige Kohleaufzug am Ringofen führten jedoch zu einem regen Schriftverkehr und füllten die Akten. Sage und schreibe ein Jahr und drei Monate beschäftigten die fehlende Sicherheitsvorrichtung sowie die versäumte Abnahmebescheinigung die Gewerbe-Inspektion, den beeidigten Sachverständigen der Ziegeleigenossenschaft beim Landgericht und der Handelskammer in Köln, das Bürgermeisteramt und die Polizeiverwaltung von Ludenberg sowie einen Polizeisergeanten Pelzer, der immer wieder zur Anzeige brachte, dass der Kohleaufzug entgegen den Bestimmungen und den schriftlichen Versicherungen des Ziegeleidirektors Ihrke nicht oder nur zeitweise außer Betrieb genommen worden sei. Erst am 4. Oktober 1907 erfolgte nach Erfüllung aller behördlichen Forderungen die Abnahme und Betriebserlaubnis.

Ähnlich problematisch wurde die Tatsache verhandelt, dass bei Kontrollen immer wieder Verstöße gegen die Arbeitsordnung und hier besonders gegen die Regelungen der Sonntags- und Schichtarbeitszeit festgestellt wurden. Die Arbeitszeiten wurden in der Arbeitsordnung der Ziegelei vom 15. März 1901 in einem Nachtrag vom 13. Mai 1908 neu geregelt.[22] Trotzdem setzten sich die Verstöße fort. Noch in Begehungsprotokollen der Gewerbe-Inspektion vom 28. Mai 1910 bzw. vom 4. Mai 1911 wurde bemängelt, dass den Schichtarbeitern an Sonntagen entgegen den gesetzlichen Bestimmungen zu wenig Ruhezeiten gewährt, die 24-stündige Betriebsruhe am Wochenende nicht eingehalten würden und *schließlich sind die Arbeiterunterkunftsräume entgegen § 5 der Polizei-Verordnung*

22 Die Arbeitsordnung vom 15.3.1901 mit Nachtrag vom 15.5.1908 wurde dem Schreiben als Anlage beigefügt.

vom 29.07.1896 über Arbeiterwohnungen auf Ziegeleien vor Beginn der Ziegeleikampagne und Einzug der Arbeiter im Frühjahr nicht fertig geweißt worden![23]

In den Jorissen-Akten fehlt jeder Hinweis auf Kinderarbeit, z. B. Anzeigen der örtlichen Gendarmerie oder der Gewerbeaufsicht, obwohl diese trotz Verbots durch die preußische Regierung in Ziegeleien an der Tagesordnung war.[24] Dies besagt nicht, dass Kinderarbeit nicht auch in dieser Ziegelei stattgefunden hat; es fehlen entsprechende Schriftstücke in den unvollständigen Akten.

Als abschließendes Bonmot soll ein leider nur fragmentarisch erhaltener Schriftverkehr in Rekonstruktion dargelegt werden, der die ganze Härte der Preußischen Gesetzgebung aufzeigt: Die Königliche Gewerbeinspektion teilte im März 1911 dem Vorsitzenden des Kreisausschusses des Landkreises Düsseldorf mit, dass der Ziegelmeister Rosenberg seinen Zieglern Bier mit 1 Pf., also rund 9 % Nutzen, verkaufe. Im Vorjahr habe den Feststellungen nach sein Nutzen sogar 2 Pf. betragen. Nach den gültigen Anweisungen falle dieser Bierverkauf unter den Begriff Schankwirtschaft und wäre, falls keine Konzession erteilt worden wäre, also unzulässig! Der Bürgermeister von Metzkausen wurde darauf hin informiert und ersucht, den Bierverkauf auf Grund § 15, Abs. 2 G.O. einstellen zu lassen oder die erforderliche Genehmigung einzufordern. Am 2. Mai 1911 um zehn Uhr überbrachte Polizei-Sergeant Pelzer, bereits als verlängerter Arm des Gesetzes in Sachen „Kohleaufzug“ bekannt, Rosenberg bzw. in Vertretung dem anwesenden Ingenieur Ihrke einen *Behändigungsschein* mit der Aufforderung, den Bierverkauf an die Ziegler der Ziegelei Jorissen einzustellen. Der rührige Beamte Pelzer überwachte dieses Verbot höchstpersönlich und teilte seinen Vorgesetzten handschriftlich am 18. Mai 1911 mit: *Rosenberg hat den Verkauf von Flaschenbier eingestellt, den Antrag auf Genehmigung einer Konzession will er nicht stellen.* Und nach dem Motto „Vertrauen ist gut, Kontrolle ist besser“ stellte er in einer Notiz am 10. Juli 1911 lapidar fest: *Nach den gemachten Feststellungen verkauft Rosenberg kein Flaschenbier mehr.*

Archäologische Spurensuche

Das intensive Studium der Firmenakten führte dazu, die nur wenigen ortskundigen Bürgern bekannten Ruinen in dem Wäldchen zwischen Bergischer Landstraße und Gräulinger Straße nun endgültig als bauliche Reste der Ziegelei Jorissen zu identifizieren.

23 Eine Ziegeleikampagne währte witterungsbedingt etwa von März bis Oktober eines Jahres.

24 Vgl. Willi Bender, Vom Ziegelgott zum Industrieelektroniker, Bonn 2004, S. 55f.

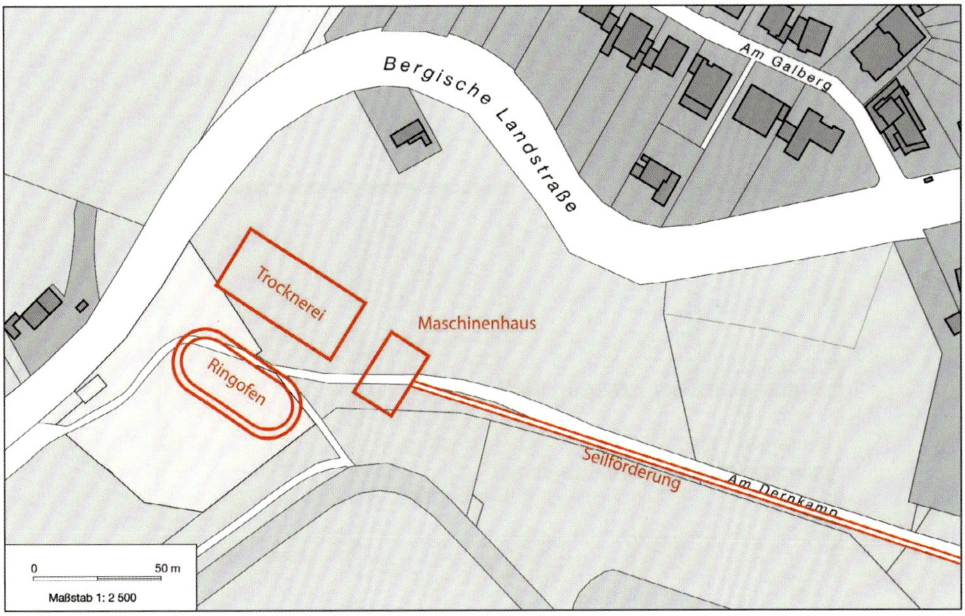

Abb. 4: Rekonstruktionszeichnung der im Boden erhaltenen Bauteile der Ziegelei nach dem archäologischen Befund (LVR-Amt für Bodendenkmalpflege im Rheinland).

Vom 4. Februar bis 6. März 2008 fanden daher Begehungen bzw. Befundaufnahmen durch ehrenamtliche Mitarbeiter des LVR/Amt für Bodendenkmalpflege im Rheinland aus Düsseldorf und dem Kreis Mettmann sowie Mitgliedern des Förderkreises Industriepfad auf dem gesamten ehemaligen Nutzungsgelände der Ziegelei statt (Abb. 4).[25] Viele Spuren der untergegangenen Jorissen-Ziegelei erschließen sich erst auf den zweiten Blick. Die ehemaligen Löss- und Lösslehm-Abbauflächen mit zum Teil noch steilen, sehr gut erkennbaren Abbaukanten am Gallberg und zum Pillebach hin nehmen heute ein Waldstück mit altem Baumbestand sowie ein Feuchtgebiet mit artenreicher Flora und Fauna ein. Am hangseitigen Weg Am Dernkamp, hart an der Geländekante zum Feuchtgebiet, sind noch zwei überwachsene Ziegelstützen vorhanden, auf denen die Stützen der Seilförderanlage standen. Über diese und zusätzlich über eine von Pferden gezogene Lorenbahn, deren Trasse als Hohlweg im Wald erhalten ist, wurde der

25 Der Bericht wurde registriert beim LVR Amt für Bodendenkmalpflege im Rheinland unter Nr. OV08/016. Unser Dank gilt den Mitarbeitern des Forstbezirks Mitte sowie der Unteren Landschaftsbehörde Düsseldorf, welche die Dokumentation im Naturschutzgebiet genehmigte und aktiv unterstützte. Außerdem danken wir herzlich Bernhard Kamps (Neuss) und Thomas Boller (Düsseldorf) für die Rekonstruktion technischer Details und die Identifizierung von Gebäudeteilen.

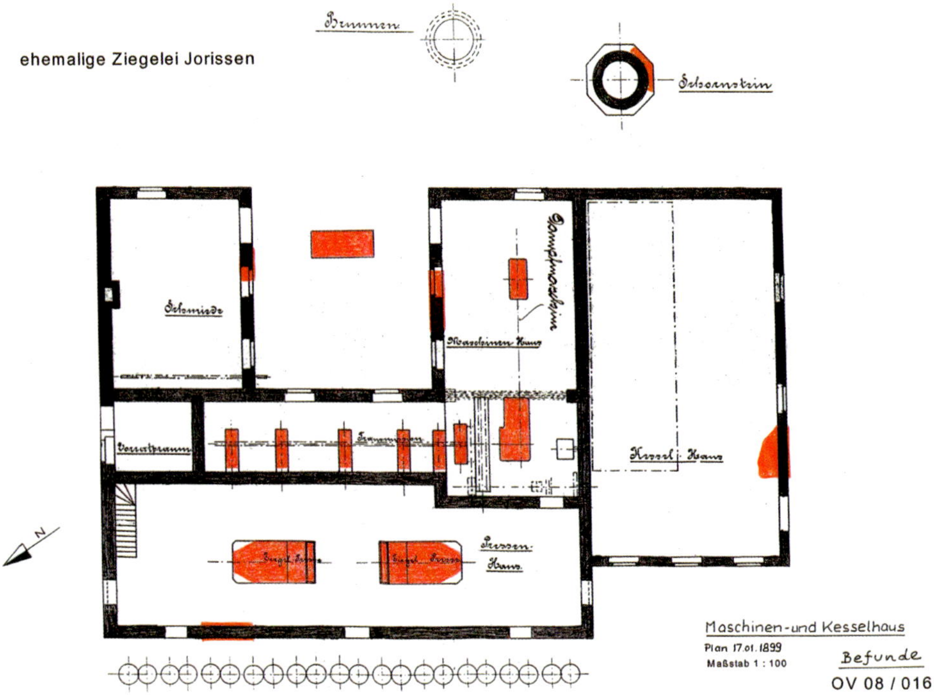

Abb. 5: Der Grundriss des Maschinenhauses mit archäologisch nachgewiesenen Fundamenten in rot (Archiv G. u. P. Schulenberg).

Lehm zum Maschinenhaus transportiert. Die nach Aufgabe der Ziegelei und damit der Pferdebahn demontierten Schienen fanden sich 2012 an Stelle von Holzbalken im Dachstuhl des heute liebevoll restaurierten Hauses oberhalb der Bergischen Landstraße wieder.

Die Baufluchten des U-förmig angeordneten, ehemals zweigeschossigen Maschinenhauses, eingeteilt in Kesselhaus, Dampfmaschinenraum, Transmissionsreihe, Pressenhaus, Vorratsraum und Schmiede mit einer erkennbaren überbauten Fläche von 28 × 18 m lassen sich im bewaldeten Teil des Geländes zwischen dem Hohlweg im Norden und der Geländekante im Süden in Teilen noch deutlich an den Abbruchspuren und der Geländeformation erkennen (Abb. 5). Das rechteckige Fundament der Seilzuganlage zum Obergeschoss, wo sich das Mahlwerk des Kollers befand, liegt annähernd mittig als Querriegel zwischen den Seitenflügeln des Gebäudes. Von der nordöstlich angebauten Schmiede lässt sich, außer einer schwachen linearen Erhöhung und einer durch Baumsetzungen verworfenen Wand aus Schamotteziegeln bzw. durch Hitzeeinwirkung verglasten Backsteinen, keine Innenbebauung erkennen.

Abb. 6: Die Fundamente der Transmission und der Ziegelpressen im Maschinenhaus (Foto: Verf.).

Nach Nordwesten schließt sich der Längs-Trakt mit fünf rechteckigen, in Reihe angeordneten Transmissionssockeln an. Es handelt sich um ziegelgemauerte Sockel mit rechteckigen Grundrissen. Die Fundamentbreiten variieren zwischen 0,47 m und 0,60 m bei einer Länge von 1,75 m. Beide Längsseiten und eine Schmalseite sind lotrecht ausgebildet, während die verbleibende Stirnseite in ca. 60 Grad abgeschrägt ist. In allen Fundamenten sind noch die Ankerbolzen für die Verschraubung der aufliegenden Maschinenteile vorhanden. Für die Aufnahme der Bolzen wurden in den Fundamenten Aussparungen gemauert, die nach der Montage der ausgerichteten Maschinen mit Beton vergossen wurden (Abb. 6).

Die Bauart für die Fundamente der beiden Ziegelpressen ähnelt stark den zuvor beschriebenen Transmissionssockeln. Auch hier sind die Sockel aus Ziegeln gemauert und an den Außenflächen mit Zementmörtel glatt verputzt. Zur Aufnahme der gusseisernen Ziegelpresse wurde ein Fundament von ca. 2,70 m^2 Grundfläche hergestellt. In die Oberfläche sind Vertiefungen und Nischen eingearbeitet. Antriebsräder oder andere tieferliegende Maschinenteile konnten so in diese eingebunden werden. Eine der Vertiefungen ist mit Kies verfüllt. Sie könnte als Sickerloch für Kondenswasser gedient haben. Die Maschinen wurden vor dem Verguss der Grundrahmen mit Montagehilfen „auf Höhe" gebracht. Für diese Unterfütterungen benutzte man Kanthölzer und Ziegel. Es konnten noch mehrere einbetonierte Holzunterlagen im Bereich der Maschinenauflager festgestellt werden. Diese Montagehilfen sind beim Unterguss der Rahmen mit Beton nicht mehr entfernt worden. Der nordwestliche Gebäudeabschluss des Maschinenhauses ist nur noch anhand von Abbruchspuren und Mörtellagen erkennbar. Das Hausfundament ist jedoch, wie eng begrenzte Sondagen zeigen, im Untergrund fast durchgängig vorhanden.

Dagegen ist vom Dampfmaschinentrakt noch das mit Eisenbändern verstärkte, zweiteilige Ziegel-/Betonfundament der Dampfmaschine selbst unmittelbar an der Oberfläche erhalten. Die Ankerbolzen der Arretierung ragen teilweise noch aus dem Boden. Fragmente von zweifarbig gebrannten Bodenkacheln zeigen an, dass der Raum, wie damals bei derartigen Anlagen üblich, nicht nur rein funktional gestaltet war.

Das südlich angebaute Kesselhaus ist bis auf eine Gebäudekante, wenige Estrichreste sowie Kohlen- und Schlackenbrocken unter dem Weg Am Dernkamp und unter dichtem Bewuchs verschwunden, jedoch konnte der Sockel seines ehemals 25 m hohen Schornsteins in der Böschung zum Pillebach hin lokalisiert und teilweise freigelegt werden. Von den westlich des Maschinenhauses anschließenden Trockenkanälen, die sich gemäß dem Baugesuch zwischen Maschinenhaus und der Böschung der Bergischen Landstraße erstreckt haben sollen, sind keine Bauspuren gefunden worden. Möglicherweise sind sie nicht nach den Bauplänen ausgeführt worden bzw. nicht in massiver Ziegelbauweise.

Der Ziegelbrand selbst erfolgte in dem etwa 55 m langen Ringofen, welcher dem Lageplan von 1912 nach zwischen der Bergischen Landstraße und der steilen Böschung zum Pillebach auf der heutigen Spielplatzwiese stand. Ziegelbrocken, Asche und Kohle in den zahlreichen Maulwurfshügeln sowie rot von Ziegelbruch und Ziegelstaub verfärbte Bodenpartien weisen deutlich auf seinen Standort hin. Diese Verfärbungen konnten an mehreren Stellen nachgewiesen und damit die Lage des Ofens rekonstruiert werden.[26] Ebenfalls erhalten blieben in der erodierten Hangkante zum Pillebach hin zwei geziegelte rechteckige Pfeiler, auf denen wohl die Stützbalken des Schleppdaches auflagen. Vervollständigt wird das Bild durch eine Ziegelmauer unterhalb der Bergischen Landstraße, welche die Böschung gegen den zwischen Ringofen und Straße verlaufenden Fahrweg absicherte.

26 Vgl. Frithjof Nilden/Bernhard Kamps/Gaby u. Peter Schulenberg, Die Ziegelei Peter Jorissen – eine späte Entdeckung, in: Archäologie im Rheinland 2008, Stuttgart 2009, S. 174–177.

Das gesamte Areal der untergegangenen Ziegelei Jorissen wurde auf Grundlage der beschriebenen Kartierung als industriegeschichtlicher Fundplatz in die Fundliste des LVR eingetragen.

Fast gleichzeitig mit der beschriebenen archäologischen Kartierung wurden Pläne öffentlich, dass auf der Spielplatzwiese, unmittelbar auf dem Standort des potenziellen Bodendenkmals „Ringofen Jorissen", ein unterirdisches Regenwasserklär- und Rückhaltebecken errichtet werden solle. Der LVR-Amt für Bodendenkmalpflege im Rheinland meldete als Träger öffentlicher Belange gegen diese Planung Bedenken an und schlug vor, das Becken nach Westen zu verschwenken und die Fundamente des Ringofens ungestört im Boden zu belassen. Nach einer Sachstandsermittlung mit Suchschnitten durch das Amt für Bodendenkmalpflege im Rheinland/Außenstelle Overath an den Stellen, an denen die Ringofenfundamente zu vermuten waren, konnten tatsächlich die Ausmaße des Ringofens mit einem sehr guten Erhaltungszustand bestätigt werden.[27] Für Düsseldorf ist dieser industriearchäologische Befund einmalig. Von ehemals weit über 40 Ringofenziegeleien im Stadtgebiet sind mit Ausnahme des nahebei gelegenen, nur noch teilweise erhaltenen Ringofens Sassen alle Standorte inzwischen überbaut worden. Aus diesem Grund wurde nach Ortsterminen und Gesprächen zwischen dem Amt für Bodendenkmalpflege sowie Vertretern der Stadtverwaltung der Standort des geplanten Regenwasserklärbeckens nach Westen verlegt und das Areal des Ringofens zur archäologischen Schutzzone erklärt.

Wenige Jahre später, beim Bau eines Spielgerätes auf der Wiese, legten ehrenamtliche Mitarbeiter der Außenstelle Overath weitere massive Fundamente unmittelbar außerhalb des Ringofens frei, die jedoch nicht sicher einer technischen Einrichtung zugeordnet werden konnten. Möglicherweise handelt es sich um die Widerlager einer der Trocknungsanlagen, wie sie im Baugesuch von 1898/1899 beschrieben werden (Abb. 7).[28] Nicht ohne Grund hat der Förderkreis Industriepfad an dieser wichtigen Stelle seines industriegeschichtlichen Pfades eine Stele zur Ziegelei Jorissen sowie zusätzlich am Maschinenhaus eine erklärende Hinweistafel in Bild und Text aufgestellt. Die Arbeit der „Arbeitsgruppe Ziegelei Jorissen" wurde in einer gemeinsam vom Landschaftsverband Rheinland, der Nordrhein-Westfalen-Stiftung und dem Rheinischen Verein für Denkmalpflege initiierten Wanderausstellung „Unser Denkmal – Wir machen mit" in Text, Bild sowie in einem Kurzfilm gewürdigt.

27 Die Projektnummer des LVR/ABR lautet OV09/185.

28 Die Fundstelle ist registriert beim LVR/ABR unter Projektnummer OV/12-044.

Abb. 7: Fundamente des Stützsockel für die Dachträger des Ringofens und wohl der Trockenanlage (G. u. P. Schulenberg).

Die ehmaligen Lehmgruben – Natur aus zweiter Hand

Im Gebiet der Ludenberger Ziegeleien nimmt der Pillebach die Oberflächen-Hangwässer des Gallbergs und der Gerresheimer Höhen im Norden bzw. Osten sowie die Zuflüsse aus den westlichen Hängen von der Hardt auf. Er entspringt mit mehreren Quellen am westlichen Gallberghang und auf dem ehemaligen Truppenübungsplatz nördlich des Gallbergs, durchfließt in einer mehr oder weniger ausgeprägten Senke die Mittelterrasse parallel zur Hangkante des Gallbergs sowie der Gerresheimer Höhen und mündet im Quellenbusch nahe der ehemaligen Glashütte in die Düssel. Im Mittelalter war die Pillebachaue so sumpfig, dass die Stadt Gerresheim nach Osten keine steinerne Befestigung benötigte und ihre Bebauung an der natürlichen Steilkante zur Aue hin endete. Für die Ton-Lehm-Gruben beiderseits des Gallbergs wird dieser Wasserreichtum ein permanentes Problem gewesen sein. Bereits in der Karte der Preußischen Neuaufnahme 1892 ist der Pillebach als schnurgerader Entwässerungsgraben mit einem nordöstlichen Parallelgraben durch die Feuchtwiesen des Dernkamp abgebildet.

Beim letzten Großangriff auf das Düsseldorfer Stadtgebiet am 22. Februar 1945 schlugen auch am Dernkamp zahlreiche Bomben ein.[29] Die Trichter füllten sich mit Wasser und wurden schnell von der Pflanzen- und Tierwelt als zusätzlicher Lebensraum angenommen. Der Gerresheimer Lehrer und Heimatforscher Heinz Stemmer beklagte 1956 in einer lebhaft geschriebenen Schilderung des Feuchtgebiets am Gallberg den durch die Tieferlegung und Regulierung des Pillebaches veränderten Naturzustand.[30] Von der vielfältig in den ehemaligen Abgrabungen und den weit über 20 Bombentrichtern vorhandenen Tier-und Pflanzenwelt führt er neben einer großen Anzahl Pflanzen und Libellen unter anderem auch Laubfrosch, Kammmolch, Kreuzkröte, Bekassine und Nachtigall auf.[31]

In dieser Zeit nach 1950, von ihm jedoch nicht erwähnt, entstand im südlichsten Ausläufer des Feuchtgebiets eine Schuttdeponie von etwa 250 × 150 m Fläche, deren planierte Oberfläche später teilweise als Reit- und Turnierplatz für das Gerresheimer Reitercorps diente und etwa ab 1970 mit Bäumen bepflanzt wurde. Dieser Zustand des Landschaftsbildes am Dernkamp blieb laut dem Kartenbild bis in die zweite Hälfte des 20. Jahrhundert unverändert, wobei die letzten Bachlauf- und Profilveränderungen sowie Ausbaumaßnahmen am Pillebach mittels Betonstufen und -rinnen noch bis 1960/1970 erfolgten.[32]

Erst nach 1980 entwickelten ehrenamtliche Naturschützer des Bund Umwelt und Naturschutz sowie des Rheinisch-Bergischen Naturschutzvereins aus Düsseldorf erste Überlegungen zur Renaturierung des Pillebaches in diesem Teilabschnitt, weil durch die permanente Mahd der Uferböschungen und den durchgehenden Ausbau die Austrocknung der ehemaligen Tongruben drohte und ein massiver Artenschwund festgestellt worden war. Als erste kleine Maßnahmen wurden unter anderem eine Rücknahme der Mahd auf zweimal jährlich und eine Bepflanzung der Uferböschung mit heimischen Gehölzen gefordert sowie mittel- bis langfristig ein Rückbau und ein naturnahes Mäandrieren des

29 Foto Firmenarchiv Sassen (Stadtarchiv Düsseldorf) sowie Luftbild der Alliierten vom 19.3.1945.

30 Heinz Stemmer, Am Fuße des Gallbergs, in: Rund um den Quadenhof 1956, Heft 1, S. 33–35.

31 Bei Holger Pieren, Entwicklungs- und Pflegeplan 2005 für das Naturschutzgebiet Pillebachtal/Dernkamp/Gallberg, erstellt v. d. Biologischen Station Urdenbacher Kämpe im Auftrag der Stadt Düsseldorf, März 2005, wird von den hier genannten fünf Arten nur noch die Nachtigall als Einzelbeobachtung aufgeführt. Auch für das Jahr 2017 ist dies laut der Unteren Naturschutzbehörde Düsseldorf unverändert gültig.

32 Vgl. Pieren (wie Anm. 31), S. 8.

Abb. 8: Blick von der Abbauwand der ehemaligen Tongrube in die heutige „grüne Wildnis" (Mark Ansorg, Dortmund).

Bachlaufs vorgeschlagen. 1982 informierten die Naturschützer gezielt städtische Behörden, Politiker und Bürger über ihr Anliegen.[33]

Bereits 1984 erfolgten daraufhin, nachdem auch das Kanal- und Wasserbauamt der Stadt Düsseldorf seine Widerstände auf Druck der öffentlichen und politischen Meinung aufgegeben hatte, erste Baumpflanzungen im Bereich des Dernkamp und eine starke Einschränkung der Böschungsmahd. Die inzwischen stark verlandeten Teiche wurden entschlammt und durch Abgrabungen erweitert. Nach weiteren Kartierungen und Gewässeruntersuchungen durch den ehrenamtlichen Naturschutz in Zusammenarbeit mit der Unteren Landschaftsbehörde dauerte es bis 1997, dass anlässlich eines internationalen Studentencamps im nordwestlichen Teil des Dernkamp der Pillebach auf mehreren hundert Metern renaturiert wurde. Weitere partielle Freilegungen folgten seitdem und sind für die Zukunft noch vorgesehen.[34]

33 Im Pillebach nur noch totes Wasser, in: Rheinische Post (Düsseldorf), Beilage „Bei uns in Gerresheim, Hubbelrath und Vennhausen", vom 22.1.1982. Die Verfasser des vorliegenden Aufsatzes waren u. a. maßgebend an Vorplanung und Durchsetzung der Renaturierung beteiligt.

34 Der Pillebach kehrt zurück in sein Bett, in: NRZ (Düsseldorf) vom 29.5.2009 über den Bauabschnitt Peckhausweg/Gerricusstraße im Winter 2009/2010.

Abb. 9: Natur aus zweiter Hand – die ehemalige Tongrube der Ziegelei Jorissen (G. u. P. Schulenberg).

Mit behördlicher Festsetzung vom 4. Juli 1996 und in einer Erweiterung auf Flächen östlich und südwestlich des Gallbergs 1998 wurde das „Naturschutzgebiet Pillebachtal/Dernkamp" auf der Grundlage der amtlichen und ehrenamtlichen Untersuchungen festgeschrieben.[35] Bei der zuletzt genannten Erweiterung wurde auch die Waldfläche mit den baulichen Relikten der Ziegelei Jorissen in das Naturschutzgebiet mit einbezogen (Abb. 8).

Nachdem während der Euroga 2002plus der Pillebach innerhalb des Programms der Landeshauptstadt Düsseldorf als typisches Beispiel für eine ehemals naturfeindliche Gestaltung mit einer positiven Entwicklung hin zur Biotopvernetzung genannt worden war, konnte 2005 in einem derzeit aktuellen

35 Bez.-Reg. Vorgang 51.2.1.02.01-4/95 sowie Amtsblatt Düsseldorf Nr. 42/43 vom 24.10.2009.

Entwicklungs- und Pflegekonzept für das Gebiet noch einmal die Hochwertigkeit dieses Kulturlandschaftsraumes festgestellt werden: „Das insgesamt 70 ha große Areal mit Wald- Wiesen und Ackerflächen sowie seinen Teich- und Röhrichtbereichen innerhalb der ehemaligen Tongruben bis hin zu den bachbegleitenden Auenwaldfragmenten zeigt sich mit über 355 Farn- und Blütenpflanzen, 71 Vogelarten, Insekten, Libellen und Amphibien als ausgesprochen artenreich. Hervorzuheben ist die Bedeutung der strukturreichen Erlen-Eschenbestände und des Weiden-Mischwaldes sowie das Kleinrelief aus feuchten Senken am Dernkamp als Vielfalt unterschiedlicher Lebensräume auf relativ engem Raum."[36] Dementsprechend weist eine Industriepfad-Stele des Förderkreises zu dieser „Natur aus zweiter Hand" an markanter Stelle zwischen Pillebach und dem großen Schilfteich auf die Bedeutung der ehemaligen Industriebrache für die Kulturlandschaft hin (Abb. 9).

Resümee

Die Firmenakten der Ziegelei Jorissen geben ein für die Zeit um 1900 alltägliches Bild eines mittelgroßen Unternehmens von der ersten Planung, der technischen Einrichtung, den Arbeitsverhältnissen und den zu vermutenden Gründen ihres Scheiterns wieder. Erst auf den zweiten Blick erschließen sich die erhaltenen, auf intensive Nutzung zurückzuführenden Kulturlandschaftsrelikte südlich und östlich des Gallberges. Zusammen mit dem glücklicherweise in Teilen erhaltenen Ringofen Sassen in der Wohnsiedlung Am Wildpark, dem geologischen Denkmal „Lösswand" im Naturschutzgebiet „Tongruben Ratinger Weg", dem Bodendenkmal „Ziegelei Jorissen" und dem Biotop „Ehem. Ton- und Lehmgruben der Ziegelei Jorissen" innerhalb des Naturschutzgebietes „Dernkamp / Pillebachtal" bilden diese Natur- und Geschichtszeugnisse ein für das Rheinland einmaliges Ensemble eines fast untergegangenen Industriezweiges, dessen Wert und Erhaltungswürdigkeit nicht hoch genug eingeschätzt werden kann. Wir danken allen Beteiligten, die zu diesem Ergebnis beigetragen haben.

36 Pieren (wie Anm. 31), S. 73ff.

Die Lazarett-Werkstätten für Industriearbeiter in Düsseldorf-Oberbilk

Eine in Vergessenheit geratene Düsseldorfer Initiative während des Ersten Weltkriegs

Mit acht Abbildungen

Von Horst A. Wessel

Aus nahe liegenden Gründen ist in den vergangenen Jahren der Erste Weltkrieg das Thema vieler kleinerer und vor allem auch umfangreicherer Beiträge gewesen; dabei sind zahlreiche Facetten dieses ersten „großen Völkerringens" betrachtet worden. Auch die meist schwierigen Bemühungen, nicht selten erfolglos gebliebenen Versuche, die verwundeten Soldaten nach ihrer Entlassung aus dem Lazarett bzw. nach dem Krieg wieder ins Arbeitsleben zu reintegrieren und ihnen dadurch die Möglichkeit zu geben, für ihre existentielle Sicherung und die ihrer Familie selbst Sorge tragen zu können, haben Beachtung gefunden. Dagegen ist in Vergessenheit geraten, dass man dies, nämlich die parallele Durchführung von Heil- und beruflichem Wiedereingliederungs-Verfahren, bereits in einem frühen Stadium des Krieges in Düsseldorf mit vorbildlichem Ergebnis betrieben hat. Das, was ab 1915 in Düsseldorf-Oberbilk praktiziert wurde, stellte insofern etwas grundlegend Neues dar, als die Arbeit nicht in erst eingerichteten Versuchswerkstätten, sondern im Industriebetrieb in Zusammenarbeit mit gesunden Arbeitern stattfand.[1]

1 Heute spricht man in etwas anderem Zusammenhang von „Inklusion".

–181

Eine industrielle Arbeitstherapie für Verwundete

Die Abteilung Düsseldorfer Röhren- und Eisenwalzwerke des Montankonzerns „Phoenix", Aktiengesellschaft für Bergbau und Hüttenbetrieb[2], die bis 1910 unter der Firma Düsseldorfer Röhren- und Eisenwalzwerke[3] vormals Poensgen[4] selbständig gewesen war, hatte zu Beginn des Jahres 1915 als erstes Unternehmen im Deutschen Reich in Absprache und mit Unterstützung durch die Militärverwaltung damit begonnen, Verwundeten während ihrer Lazarettbehandlung eine „Arbeitstherapie" anzubieten. Die nicht im Lazarett, sondern in den industriellen Werkstätten und in der Produktion selbst durchgeführten Maßnahmen hatten zum Ziel, die Gesundheit wiederherzustellen und eine an die Behinderung angepasste bzw. wieder die volle Arbeitsfähigkeit zu erreichen.

Zweck der Arbeitstherapie

Es gibt keinen Hinweis darauf, dass man dies bezweckt hat, um die Produktion zu steigern oder die Produktionskosten zum Vorteil des Unternehmens zu senken – wenn überhaupt von einem Vorteil, der nicht der betroffenen Person zugute kam, die Rede ist, dann dem „unserer nationalen Arbeit". Vielmehr spricht alles dafür, dass die Genesung und der Verwundete selbst der Grund für diese Maßnahme waren. Man war der Auffassung, dass beispielsweise ein steifes Glied möglichst bald zu praktischer Arbeit sowie Hebung der Gelenkigkeit und Geschicklichkeit benutzt werden sollte. Davon würde doch meist das spätere Erwerbsschicksal entscheidend abhängen. Außerdem handelte das Unternehmen nicht aus eigener Initiative, sondern auf Wunsch der für die Lazarette zuständigen Abteilung der Militärverwaltung. In Düsseldorf gab es außerdem eine „Verwundeten-Schule". Diese befasste sich jedoch hauptsäch-

2 „Phoenix", Aktien-Gesellschaft für Bergbau und Hütenbetrieb zu Hoerde i. W., (Hoerde) 1908; „Phoenix", Aktien-Gesellschaft für Bergbau und Hüttenbetrieb, Geschichtliche Darstellung und gegenwärtiger Stand des Phoenix, Aktien-Gesellschaft für Bergbau und Hüttenbetrieb in Hoerde. Denkschrift zum 60jährigen Bestehen des Unternehmens im Jahre 1912, [Hoerde] 1912.

3 Lutz Hatzfeld, Die Handelsgesellschaft Albert Poensgen Mauel-Düsseldorf. Studien zum Aufstieg der deutschen Stahlindustrie 1850 bis 1872 (Schriften zur Rheinisch-Westfälischen Wirtschaftsgeschichte NF 11), Köln 1964; Horst A. Wessel, Die Unternehmer der Familie Poensgen in der Eifel und in Düsseldorf, in: Ulrich S. Soénius (Hrsg.), Bewegen – Verbinden – Gestalten. Unternehmer vom 17. bis zum 20. Jahrhundert. Festschrift für Klara van Eyll (Schriften zur rheinisch-westfälischen Wirtschaftsgeschichte 44), Köln 2003, S. 71–86.

4 Heinrich Kelleter, Die Geschichte der Familie Poensgen, Teil 1, Düsseldorf 1908; Edmund Strutz (Hrsg.), Deutsches Geschlechterbuch, Bd. 123, Glücksburg 1958.

lich mit theoretischem Unterricht und bot außerdem die Gelegenheit, sich an Werkzeugmaschinen praktisch auszubilden. Hier konnten sich aus der Lazarettbehandlung entlassene ungelernte Arbeiter zum Facharbeiter ausbilden.

Letztlich profitierten alle davon, vor allem die Verwundeten im Reservelazarett „Phoenix" in Düsseldorf-Oberbilk. Die dauernd für den weiteren Militärdienst Untauglichen erhielten durch die Einschulung in ihren früheren bzw. die Umschulung in einen neuen Beruf die Möglichkeit, weiterhin beruflich tätig zu sein; sie erreichten eine wirtschaftliche Selbständigkeit über ihren (meist kargen) gesetzlichen Rentenanspruch hinaus. Die Arbeitsverwendungsfähigen wurden während des Krieges nach Möglichkeit in ihrem erlernten Beruf beschäftigt. Alle leichter Kriegsbeschädigten kamen in den Genuss einer Arbeitstherapie, die sie sinnvoll forderte, ihre Kenntnisse auf dem neuesten Stand hielt und ihnen außerdem noch einen Zusatzverdienst ermöglichte. Ziel der Behandlung bzw. Einschulung war es, den Versehrten durch systematische Schulung wieder voll leistungs- und konkurrenzfähig in seinem erlernten Beruf zu machen. Das kam ihm selbst zugute; außerdem nahm er den Allerschwerstverwundeten, die auf „Gnadenbrotstellen" bitter angewiesen waren, keine der wenigen vorhandenen Plätze weg.

Die Kriegsbeschädigten sollten durch die Arbeitstherapie in die Lage versetzt werden, trotz ihrer Verwundung wieder in Arbeit zu kommen, möglichst in ihrem früheren Beruf. Die Betätigung in Lazarett-Werkstätten sollte dazu beitragen, das Heilverfahren zu unterstützen, die möglichst volle Gebrauchsfähigkeit des beschädigten Glieds oder die frühere Leistungsfähigkeit des Erkrankten zu bewirken. Hier wurde Arbeit als Heilfaktor im sozialen Sinne gesehen. Das war nicht neu. Bereits Jahre zuvor hatten einzelne Unfallberufsgenossenschaften aus diesem Grunde Werkstätten zur Wiedereinschulung Unfallverletzter eingerichtet.[5] Eine allgemeine Einführung war hauptsächlich am Widerstand der Unfallverletzten gescheitert, die darin ein Instrument zur Rentenreduzierung sahen.

Anreger und Träger der Arbeitstherapie

Im Bestand R „Deutsche Röhrenwerke" des Salzgitter AG-Konzernarchivs/Mannesmann-Archivs in Mülheim an der Ruhr befindet sich ein Aktenordner mit zahlreichen Dokumenten zu dem beim Phoenix, Abt. Düsseldorf, unterhaltenen Reservelazarett[6] ; u. a. sind die Quittungen überliefert, die die für das

5 Bei den Reha-Maßnahmen, beispielsweise im Unfallklinikum in Duisburg-Buchholz, ist das auch heute noch der Fall.

6 Salzgitter AG-Konzernarchiv/Mannesmann-Archiv, R 1. 1067.1

Lazarett getätigten Einkäufe etc. belegen. Darin liegt eine Veröffentlichung, die die im Beitrag behandelten Werkstätten für Verwundete betrifft.

Träger der Initiative „Lazarett-Werkstätten" war der Hüttendirektor Dipl.-Ing. Paul Probst (1873–1959), der seit 1899 dem Unternehmen in leitender Funktion angehörte und mit dem Vorstandsmitglied Ernst Poensgen befreundet war.[7] Die Anregung kam von einer Abteilung des VII. Armee-Korps in Münster. In enger Abstimmung mit ihr erfolgte auch die Umsetzung. Die Erkenntnis, dass es aus mehreren Gründen sinnvoll war, eine gewerbliche Tätigkeit in die Behandlung Verwundeter einzubeziehen, ist das eine, ein anderes jedoch die Realisierung der Idee. Allerdings gelang das in Anbetracht der zahlreichen versicherungsrechtlichen Fragen, die vorab geklärt werden mussten, bemerkenswert rasch. Im Februar 1916 erschien auf vielfachen Wunsch, u. a. vom stellvertretenden Generalkommando in Münster, im Düsseldorfer Verlag von Schmitz & Olbertz ein kurzer Erfahrungsbericht.[8] Dieser ist in einen technischen und einen medizinischen Teil gegliedert und enthält als Anhang zahlreiche Formulare und Listen für die industrielle Verwaltung und die gewerblichen Betriebe sowie einen Organisationsplan für die Einrichtung eines Industrie-Lazaretts.

Düsseldorf war während des Ersten Weltkriegs nicht nur das große Nachschubzentrum, sondern auch zentraler Lazarettstandort für die Westfront. Krankenhäuser, Schulen und Ausflugslokale wurden zu Lazaretten umgerüstet. Weil die dadurch zur Verfügung gestellten Kapazitäten nicht ausreichten, richteten auch Düsseldorfer Unternehmen, beispielsweise die Mannesmannröhren-Werke[9], Henkel[10] und die Malfarbenfabrik Schmincke[11], sowie die Düsseldorfer Abteilung des Phoenix, Reservelazarette ein. Letzteres war im August 1914 als Reservelazarett II im Bürogebäude der Zentralverwaltung an der Kölner Straße in Oberbilk mit 52 Betten entstanden und der Militärverwaltung zur Verfügung

7 Beispielsweise hatte er mit diesem im Jahre 1906 eine Wandertour durch die kanadischen Rocky Mountains unternommen; vgl. Horst A. Wessel (Hrsg.), „Eine Spritztour durch die Alpen Nordamerikas". Vortrag von Ernst Poensgen (1871–1949) im Deutschen Alpenverein/Sektion Düsseldorf im Jahre 1906, in: Der Berg. Das Magazin des Deutschen Alpenvereins Sektion Düsseldorf 1, 2017, S. 20f.

8 Paul Probst/K. L. Schmitz, Lazarett-Werkstätten für Industrie-Arbeiter. Entwicklung, Organisation und Betrieb. Ein Beitrag zur Kriegsbeschädigten-Fürsorge, Düsseldorf 1916.

9 Horst A. Wessel, Kontinuität im Wandel. 100 Jahre Mannesmann 1890–1990, Düsseldorf 1990, S. 175; ders., Erfolgreich unter verschiedenen Flaggen. Die Geschichte des Mannesmannröhren-Werkes in Bous/Saar und seiner Stahlwerke 1886–1998, Essen 2007, S. 84.

10 Wilfried Feldenkirchen/Susanne Hilger, Menschen und Marken. 125 Jahre Henkel 1876–2001, Düsseldorf 2001, Chronik, S. 18.

11 Horst A. Wessel (Hrsg.), Adele Statz, geb. Biesenbach, Tagebuch Juli 1914–August 1919/ Nachtrag 1923 (in Vorb.), Eintrag v. 25.12.1914.

Abb. 1: Gruppenaufnahme Verwundeter aus dem Ersten Weltkrieg vor dem Mannesmann-Haus (Salzgitter AG – Mannesmann-Archiv Mülheim an der Ruhr).

gestellt worden. Zunächst war es nur darum gegangen, zusätzlich zu den bei weitem nicht ausreichenden Krankenhauskapazitäten Unterbringungs- und Behandlungsmöglichkeiten für verwundete Soldaten zu schaffen, die von den Feldlazaretten zur weiteren Behandlung in die Heimat gebracht wurden. Um den Genesenden die Zeit zu verkürzen, wurde wie in den anderen Lazaretten auch eine kleine Werkstatt eingerichtet, in der Flecht- sowie Papp- und Holzschnittarbeiten ausgeführt werden konnten.

Im Februar 1915 besuchte der Geheime Medizinalrat Prof. Dr. Oskar Witzel[12] in seiner Eigenschaft als chirurgischer Beirat des VII. Armeekorps das Lazarett des Phoenix an der Kölner Straße. Nach Gesprächen mit den Verwundeten und der Werksleitung schlug er vor, den Versuch zu machen, die zur Arbeit Fähigen

12 Dr. med. Oskar Witzel (1856–1925), Prof. an der Friedrich-Wilhelms Universität Bonn; dieser war verheiratet mit Clara Mannesmann (1862–1953), Tochter des Remscheider Fabrikanten Arnold Mannesmann (1812–1881); Horst A. Wessel (Hrsg.), A. Mannesmann, Remscheid-Bliedinghausen. 1796–2014. Von der Feile zum hochpräzisen Maschinenelement, Remscheid 2014, S. 139.

ihren Möglichkeiten entsprechend im Werk zu beschäftigen. Das Unternehmen erklärte sich zu diesem Versuch bereit. Die Bedingungen einschließlich Vergütung wurden durch das Lazarettdirektorium II in Düsseldorf mit dem stellvertretenden Sanitätsamt Münster besprochen und festgelegt. Da es sich um ein Hüttenwerk handelte, in dem die Genesenden eingesetzt werden sollten, ging es vor allem darum, ehemalige Hüttenarbeiter, die sich schon länger in Behandlung befanden, wieder an ihre frühere Arbeit heranzuführen. Deshalb wurden die dem Generalkommando unterstehenden Reservelazarette und angegliederten Vereinslazarette im Mai 1915 angewiesen, die bei ihnen untergebrachten Hüttenarbeiter dem Reservelazarett II der Abteilung Phoenix in Düsseldorf *zur Arbeitstherapie* zu überweisen.[13]

Klärung von Versicherungsfragen

Zunächst galt es jedoch, die durch einen industriellen Arbeitseinsatz aufgeworfenen Fragen der Versicherung gegen Krankheit, Unfall und Invalidität, der Haftpflicht und der angemessenen Entlohnung zu klären. Mannschaftsdienstgrade waren gemäß § 554, Abs. 1, Nr. 2 der Reichsversicherungsordnung nach dem Mannschafts-Versorgungsgesetz versicherungsfrei. Bezüglich der Unfallversicherung mussten Soldaten, die außerhalb ihres militärischen Dienstverhältnisses in versicherungspflichtigen Betrieben tätig waren, als Arbeiter dieser Betriebe versichert werden. Das galt auch für Soldaten, die während der Dienstzeit beurlaubt waren, um bei Kasernenbauten tätig zu sein, die von einem privaten Baugewerbetreibenden ausgeführt wurden und von dem sie ihren Lohn erhielten. Diese Grundsätze wurden nun auch für beschäftigte Kriegsbeschädigte während ihres Lazarettaufenthalts angelegt.

Für die Zeit, in der sie zum Zweck der Wiederherstellung ihrer Gesundheit und Arbeitsfähigkeit zur Arbeitstherapie innerhalb des Lazarettbetriebs von der Militärverwaltung kommandiert waren, unterlagen sie nicht der Reichsversicherungsordnung, sondern dem Mannschafts-Versorgungsgesetz. Sobald jedoch die Kriegsbeschädigten in unfallversicherungspflichtige Betriebe zur Beschäftigung beurlaubt wurden, traten sie in diese Betriebe als versicherungspflichtige Arbeiter ein und unterlagen den Bestimmungen der Reichsversicherungsordnung. Bezüglich der Haftpflichtversicherung schloss der Arbeitgeberverband der nordwestlichen Gruppe des Vereins Deutscher Eisen- und Stahlindustrieller mit der Mannheimer-Versicherungs-Gesellschaft einen Vertrag, demzufolge die Verbandsmitgliedsfirmen eine Prämie pro Kopf und Jahr des versicherten

13 Probst/Schmitz, Lazarett-Werkstätten (wie Anm. 8), S. 5f.

Kriegsbeschädigten in Höhe von einer Mark zahlten. Auch mit der Hütten- und Walzwerks-Berufsgenossenschaft wurde ein Vertrag geschlossen, der die eingesetzten Kriegsbeschädigten gegen Unfall versicherte und außerdem die Regulierung von Sachschäden bis 50.000 Mark pro Ereignis betraf.

Entlohnung, Taschengeld und Abzüge

Mit dem Sanitätsamt war vereinbart worden, dass nur die wirklich geleistete Arbeit entlohnt werden sollte. Da die Entlohnung gleichzeitig zur Mehrarbeit anregen sollte, wurde ein Lohnsystem entwickelt, dass die geleistete Arbeit gemäß den Akkord- und Tagelohnsätzen bewertete. Diese Summen wurden den Beschäftigten gutgeschrieben und verzinst – an die bereits während des Krieges einsetzende Geldentwertung dachte man damals noch nicht. Um den Beschäftigten einen direkten Anreiz zu geben, erhielten sie von ihrem Lohn ein Taschengeld. Dieses wurde alle 14 Tage, ebenso wie den übrigen Arbeitern die Abschlagslöhnung, ausgezahlt. Die Kriegsbeschädigten erhielten für zwei bis drei Stunden 20 Pfennige, für die halbe Schicht 40 Pfenige und für die volle Schicht 80 Pfennige. Die geleistete Arbeit wurde täglich in ein Arbeitsbuch eingetragen und durch den Meister bzw. den Vorarbeiter bestätigt. Zweimal monatlich gingen die Arbeitsbücher ins Lohnbüro, wo die entsprechenden Akkord- bzw. Tagelohnsätze ausgerechnet wurden.

Durch diesen zusätzlichen Verdienst konnte insbesondere bei Familienvätern das Einkommen, das sich während eines Lazarettaufenthalts aus dem Sold, dem Krankengeld bzw. der Kranken- oder Invalidenrente sowie der Heimatsfamilienunterstützung zusammensetzte, wesentlich gesteigert werden. Um den Charakter und den Wert der Arbeitstherapie herauszustellen und damit die Beschäftigten Sorgfalt auf ihre Arbeitskleidung legten, wurden sie mit den Kosten für zwei Arbeitsanzüge (je 4,50 Mark) und die bei der Arbeit zur Unterscheidung von den übrigen Arbeitern zu tragende Militärmütze (1,90 Mark) sowie für das wöchentliche Waschen ihrer Arbeitskleidung (0,60 Mark) belastet.

Werbung und Auswahl der Teilnehmer

Von den 30 verwundeten Soldaten des eigenen Reserve-Lazaretts meldeten sich sofort vier zur Arbeit im Werk, und zwar ein Dreher, zwei Schlosser und ein Schreiner, zwei Tage darauf kam ein fünfter, ein Rohrrichter, hinzu. Die Militärverwaltung überwies Freiwillige auch aus anderen Lazaretten, so dass bereits ein Monat nach Beginn des Versuchs die Hälfte der Insassen des

Abb. 2: Verwaltungsgebäude, Röhrenwerk I und Drahtwerk in Düsseldorf-Oberbilk an der Kölner Straße 1912 (Salzgitter AG – Mannesmann-Archiv Mülheim an der Ruhr M 30.463).

Phoenix-Lazaretts im Werk arbeitete. Die Werksleitung war daran interessiert, vorrangig die verwundeten Arbeiter der eigenen Abteilungen in das Reservelazarett „Phoenix" zu bekommen, um ihnen so die Gelegenheit zu geben, nach Möglichkeit ihrer früheren Tätigkeit nachgehen zu können. Diese befanden sich in großer Zahl in den verschiedenen Lazaretten, meist außerhalb Düsseldorfs. Man beschaffte sich die Adressen und fragte ab Herbst 1915 die Betreffenden, ob sie willig seien, sich während der Lazarettbehandlung wieder praktisch in ihren früheren Beruf einzuüben.

Im bejahenden Falle war ein Fragebogen auszufüllen, der u. a. nach der Art und Schwere der Verwundung, nach Beruf und der früheren Abteilung fragte. Danach entschieden der Lazarettdirektor, Oberstabsarzt Dr. Junkermann, und der technische Direktor, ob der Verwundete für die Lazarett-Werkstätten geeignet war. War das der Fall, erhielt der Betreffende eine entsprechende Mitteilung und ein Formblatt für den Antrag auf *möglichst schleunige Verlegung in das Reservelazarett „Phoenix", Lazarett-Werkstätten für Industrie-Arbeiter, Düsseldorf, Cölnerstraße 72.* Gleichzeitig gelangte ein Schreiben an das Lazarett, in dem sich der Verwundete befand, zum Versand. Es informierte über den Zweck der Verlegung und enthielt als Anlage die entsprechende Verfügung des stellvertretenden Generalkommandos des VII. Armeekorps. Weil man auch werksfremden Arbeitskräften die Chance nicht verwehren wollte, waren darin die verschiedenen Berufe der Hütten- und der Industriearbeiter sowie die Betriebe mit ihren Arbeitsstätten genannt.

An Berufen waren innerhalb eines Monats nach Beginn der Maßnahme hinzugekommen: Schmiede, Maschinenschlosser, Maschinisten und Kesselwärter. Es folgten Ofenschweißer, Stocher, Kohlenfahrer, Walzer, Kranmaschinisten, Bediener für Elektro-Steuerapparate, Platz- und Hilfsarbeiter, ferner Hobler, Rohrbieger, Oxihydridschweißer, Elektromonteure, Kesselstocher, Zuschläger und Arbeiter für hydraulische Pressen. Zum Einsatz kamen die Kriegsversehrten im Rohr- und im Stabeisenwalzwerk, im Drahtziehwerk, in der Rohrbiegerei sowie in den verschiedenen Werkstätten mit vorwiegend handwerklichen Tätigkeiten. Die Meister waren angewiesen worden, die Kriegsbeschädigten entsprechend einzuweisen und darauf zu achten, dass die Arbeit auf die Art und die Schwere der Verwundung sowie auf das Allgemeinbefinden Rücksicht nahm und nach Bedarf unterbrochen wurde. Arbeitsbeginn war, soweit es die Gesundheit erlaubte, für alle 6.00 Uhr in der Frühe.

Tagesplan und Kontrolle der Maßnahme

Der Tagesplan sah wie folgt aus: 5.40 Uhr Wecken; bis 6.00 Uhr Ankleiden und Frühstücken; Punkt 6.00 Uhr Arbeitsbeginn; 8.00 Uhr zweites Frühstück; 11.45 Uhr Arbeitsschluss; Waschen, Umziehen, Lazarettappell; orthopädische Übungen, ärztliche Sprechstunde, Visite, Verbände; 13.00 Uhr Mittagessen, Ruhepause; 14.00 Uhr Arbeitsbeginn oder Ausgang; 15.30 Uhr Kaffeepause; 18.00 Schichtschluss; Waschen, Umziehen, orthopädische Übung, Heißluft usw.; 18.30 Uhr Abendessen; Abendausgang für Vollschichtarbeiter; 22.00 Uhr (im Winter 21.00 Uhr) Nachtruhe. Urlaub wurde entsprechend der geleisteten Arbeit bewilligt. Die in Vollschicht arbeitenden Versehrten erhielten einen Abendurlaub von 19.00 bis 21.00 Uhr. Die Übrigen hatten nur während der Nachmittagsstunden Ausgang.

Auch für die Tätigkeiten im Lazarett hatte sich bald ein fester Ablauf ergeben: Am Montag standen Impfen, orthopädische Saalkontrolle und die Führung von Gästen auf dem Plan; am Dienstag der Lazarettappell, Nachuntersuchungen und Krankengeschichten; am Mittwoch war Hauptverbandstag, außerdem gemeinsame Beratungen; am Donnerstag Lazarettappell, Nachuntersuchungen und Krankengeschichten; am Freitag Werkvisite und Arbeitsverordnungen; am Samstag spezielle Untersuchungen, Funktionsnachprüfungen, Invalidisierungszeugnisse.

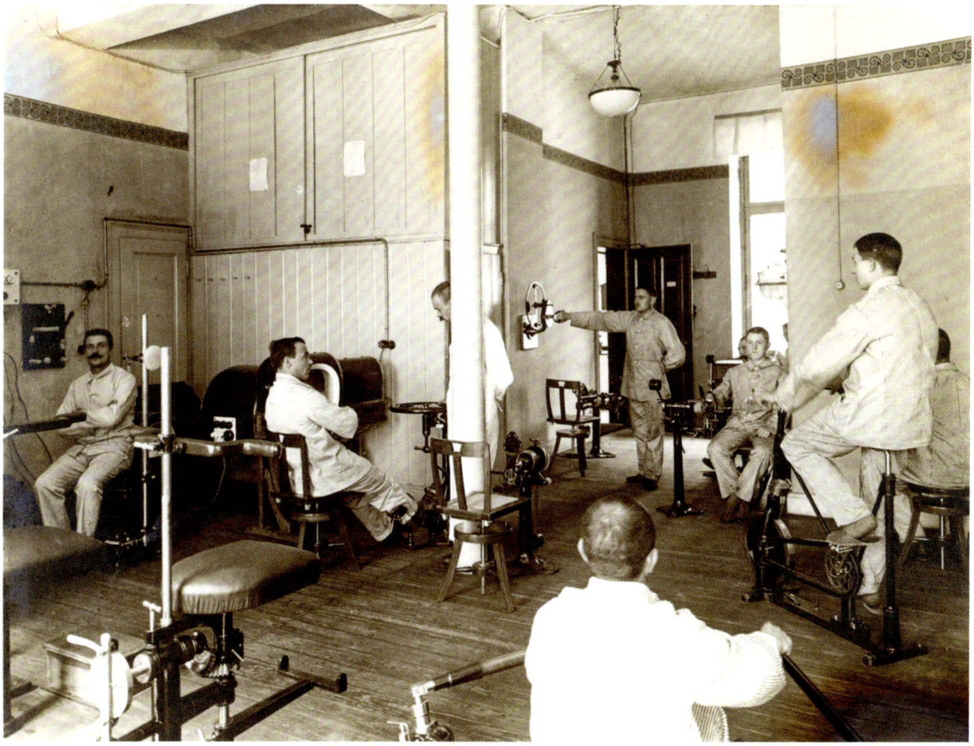

Abb. 3: Orthopädisches Lazarett des Reservelazaretts Phoenix in Oberbilk (Josef Henne, 1916; StAD 101-500-020).

Die Werkvisite, auch Werkrundgang genannt, nahm im Rahmen der industrielazarettärztlichen Tätigkeit eine besondere Stellung ein. Zunächst lernte das medizinische Personal dabei die normalen Gewohnheitsbewegungen und Kraftanforderungen der einzelnen Berufsarten kennen. Auf dieser Grundlage konnten die Schwierigkeiten bei der Einarbeitung besser eingeschätzt und die tägliche Arbeitsdauer richtig bemessen werden. So wurde beim Feilen besonders der linke Arm gefordert; beim Schmieden war der feste Griff der rechten Hand entscheidend; an der Fräsmaschine waren beide Hände starken Drehbewegungen ausgesetzt; beim Kesselstochen musste besonders die rechte Seite eine starke Kraftanstrengung leisten; an der kleinen Schleifmaschine wurden die Gelenke des rechten Armes in besonderem Maße beansprucht, an der Stoßmaschine das rechte Schultergelenk.

Außerdem konnte vor Ort den Lehrmeistern die physiologische Eigenart jeder einzelnen Beschädigung dargelegt und die Anweisung für die richtige Inanspruchnahme der übungsbedürftigen Glieder gegeben werden. Der Arzt prüfte, ob der Versehrte die erforderlichen Bewegungen korrekt ausführte und mit welcher Ausdauer er sie hintereinander auszuführen imstande war. Wesentlich genauer als bei der Untersuchung im Lazarett vermochte er bei der Beobachtung des Patienten an der Maschine den Grad der Invalidität und die wirkliche Beeinträchtigung seiner Erwerbsfähigkeit zu beurteilen. Außerdem durfte der Versehrte das Gefühl haben, dass die Schulung ärztlich begleitet und ihm nicht mehr zugemutet wurde, als ihm guttat bzw. als medizinisch zu verantworten war. Den gesunden Mitarbeitern wurde klar, dass es sich bei diesen Maßnahmen um eine soziale Kriegsbeschädigtenfürsorge handelte. Änderungen, die die Arbeit und die Zeitdauer betrafen, wurden beim Rundgang besprochen, den Betroffenen mitgeteilt und anschließend Werkstättenplan und Werkliste erneuert.

Die straffe Disziplin erleichterte den Tagesablauf in Lazarett und Betrieb; außerdem ermöglichte sie es, das Arbeitstherapieverfahren fortlaufend zu überwachen. Dies geschah in gleich vierfacher Hinsicht: Über die Pünktlichkeit und Genauigkeit in der Durchführung der gesamten Verordnungen wachten der Feldwebel und die Sanitätsunteroffiziere; über den Verlauf des körperlichen Heilungsprozesses waren der Arzt durch regelmäßige Nachuntersuchungen sowie die Schwestern beim Verbandswechsel und durch unmittelbare Beobachtung genau im Bilde; die Einhaltung des praktischen Lehrgangs oblag der Betriebsaufsicht, und für den richtigen Gebrauch der zu übenden Gliedmaßen sorgte der ausbildende Lehrmeister. Schon nach wenigen Arbeitstagen fand eine Untersuchung und Besprechung des körperlichen Befindens und des Einflusses der Arbeit auf den Gesamtzustand statt, auf deren Ergebnis sich ggf. eine Verordnung für längere Zeit stützte.

Erste Erfahrungen

Schmerzen, die in den ersten Wochen regelmäßig im Anschluss an die Arbeit beobachtet wurden, stellten nach Auffassung des Arztes meist keine Verschlimmerung des objektiven Zustandes dar, sondern waren ein physiologischer Effekt der neuen Beanspruchung der beschädigten Glieder, Muskeln und Sehnen. Häufiger musste die Arbeit ausgesetzt werden, weil das Allgemeinbefinden sich der zunächst ungewohnten neuen Lebensführung nicht so schnell anzupassen vermochte. Die Ursache lag oft genug in dem vor Aufnahme der Arbeit wochen- und monatelangen untätigen Herumliegen in rein medizinischen Lazaretten, die den Versehrten während der oft langwierigen Wundheilung zu wenig Möglichkeit und Anleitung zur systematischen Beschäftigung gaben.

Allerdings traten manchmal auch Ermüdungszustände und rapide Verschlechterungen des Allgemeinbefindens ein, deren Ursachen nicht offensichtlich waren. Man vermutete, dass große Operationen, der langwierige Heilungsprozess u. a. m. den Menschen so belasteten, dass eine neurasthenische Muskelschwäche mit Appetitlosigkeit, Blutarmut, Gewichtsabnahme und Antriebsschwäche die Folge waren. In diesen Fällen wurde die Arbeitstherapie ausgesetzt und die Versehrten wurden für vier bis sechs Wochen zur Erholung in eine entsprechende Einrichtung verlegt. Danach verlief die Einschulung meist ohne Schwierigkeiten. Im Gegenteil, mehrfach, so der leitende Lazarettarzt, *waren die Leute nicht wieder zu erkennen, so sehr hatten sich Aussehen und Arbeitsfreudigkeit zu ihrem Vorteil gehoben.*[14]

Widerstände und erste Erfolge

Obwohl zunächst neben der Klärung der arbeits- und versicherungsrechtlichen Angelegenheiten auch Widerstände im Unternehmen, beispielsweise bei den betroffenen Meistern und Vorarbeitern, jedoch auch bei manchen der Kriegsversehrten, insbesondere im Hinblick auf die Kosten für die Arbeitskleidung und die Höhe des Taschengelds, zu überwinden waren, entwickelte sich die Therapie rasch sehr erfolgreich. Allmählich wurden soviel Verwundete überwiesen, dass eine Erweiterung des Reservelazaretts „Phoenix" in Oberbilk notwendig wurde. Mit 30 Betten hatte man im Frühjahr 1915 begonnen; nach einigen Monaten wurde die Bettenzahl auf 70 erhöht; ein Jahr nach Beginn der Maßnahme zählte man bereits 100 Betten. Weil bereits die Aufnahme der Verwundeten aus den eigenen Werken an Grenzen stieß, stellte das Unternehmen den Antrag, das Sanitätsamt möge auch für die Phoenix-Abteilungen in Hoerde und Ruhrort die Einrichtung von Lazarett-Werkstätten genehmigen. Darauf hin wurde in Hoerde das bei der Hütte gelegene „Alte Hüttenhospital" mit 92 Betten und in Ruhrort das Katholische Krankenhaus in Duisburg-Laar mit 125 Betten für den genannten Zweck hergerichtet.

Unterbringung der Verwundeten und Einrichtung des Lazaretts

In Oberbilk waren die 100 Kriegsbeschädigten in drei Häusern auf dem Fabrikgelände untergebracht. Im Hauptgebäude befanden sich die Operations- und Verbandszimmer, der orthopädische Übungssaal mit 18 Geräten, mit der elektro-medizinischen Massage- und Heißlufteinrichtung für Arm-, Bein- und Rumpfbehandlung, sowie der gemeinsame Speisesaal, ferner das Geschäftszim-

14 Probst/Schmitz, Lazarett-Werkstätten (wie Anm. 8), S. 34.

mer, ein Untersuchungsraum und das Arztzimmer. Turn- und Spielplatz mit gärtnerischen Anlagen boten Gelegenheit für sportliche Betätigung und Erholung im Freien. In unmittelbarer Nähe des Lazaretts befanden sich für die werktätigen Kriegsversehrten, getrennt von denen für die übrigen Arbeiter, beheizbare Wasch- und Umkleideräume, ebenso eine Badeanstalt. An Hilfskräften standen dem leitenden Arzt ein Röntgentechniker, drei ausgebildete Krankenschwestern, ein massagekundiger Krankenwärter, ein erfahrener Sanitätsfeldwebel, sowie zur Aufsicht im Lazarett, Betrieb und bei den orthopädischen Übungen zwei Sanitätsunteroffiziere zur Seite.

Aufnahmeuntersuchung und Beurteilung der Einsatzfähigkeit

Nach dem Eintreffen im Reservelazarett in Düsseldorf erfasste der Feldwebel die Personalien; dann nahm der leitende Arzt u. a. mit Hilfe eines *Röntgendurchleuchtungsapparats*[15] eine genaue Untersuchung vor. Neben dem Allgemeinzustand machte der Arzt sich ein Bild von dem anatomischen und dem gegenwärtigen funktionellen Befund. Im Anschluss daran wurde ein Heilplan aufgestellt. Je nach Lage des Falles wurden orthopädische Übungen und Verbände, Schutzeinrichtungen, Arbeitshilfen, Bäder, Massagen, Behandlungen mit Elektrizität, Heißluft, innere Medikation, Bewegung, Ruhe, Schonung, oder stundenweise Arbeit – als allgemeine Beschäftigung, als praktische Orthopädie oder als Berufseinschulung – verordnet.

Der technische Leiter war dabei zugegen und beurteilte, nachdem er sich ein Bild von dem Zustand des verletzten Glieds gemacht hatte, die Arbeitsfähigkeit des Kriegsversehrten. Dieser wurde über seine Tätigkeit vor der Einberufung zum Militär befragt. Bei der technischen Berufsberatung wurde festgestellt, ob der Beschädigte seinen alten Beruf behalten konnte, behalten wollte oder aber wechseln musste. Die enge Zusammenarbeit zwischen dem Arzt und dem technischen Leiter des Werkes erwies sich als notwendig und zweckmäßig zugleich. Denn ersterer kannte die im Werk anfallenden Arbeiten nicht im Einzelnen und war daher auf die Kenntnisse und Erfahrungen des Praktikers angewiesen. Dagegen konnte der Arzt ärztliche Bedenken bei der Berufswahl und der Berufseinschulung geltend machen. Beispielsweise konnte er bei großen und empfindlichen Narben davor warnen, einen Beruf zu wählen, bei dem die

15 Der Röntgentechniker P. Pulkowski aus Stettin hatte seine gesamte Einrichtung der Militärverwaltung zur Verfügung gestellt; sie wurde in den oberen Räumen des Lazaretts installiert. Es war ein regelrechtes Röntgenlaboratorium, in der „jeder komplizierte Fall wenigstens durch Aufnahme festgehalten, in manchen Fällen auch mehrfach durchleuchtet wurde“. Ebd., S. 16.

Belastung zu groß war und u. U. die Gefahr des Narbenaufbruchs bestand.

Abb. 4: Dr. med. Christian Bruhn, Gründer der Westdeutschen Kieferklink (undatiertes Foto eines Gemäldes aus unbekannter Hand; StAD 180-060-190).

Bei Versteifungen, Muskelschwund und Lähmungen, bei künstlichen Gelenken und vergleichsweise lange andauernden Zuständen, kam zunächst bei der Arbeit im Betrieb mehr der orthopädische Zweck in Betracht; bei leichteren Verletzungen oder auch endgültigen Zuständen (z. B. bei Amputationen) sowie inneren Erkrankungen wurde sofort mit der Berufseinschulung begonnen. Litten die Versehrten unter einer großen allgemeinen Schwäche, so beschäftigte man sie zunächst mit leichtesten Arbeiten wie Blaupausen, Abziehen von Schreiblisten, Magazinarbeit und Werkzeugausgabe. Rheumatiker und Beinverletzte erhielten nach Möglichkeit eine bewegungsreiche Arbeit; allerdings wurde darauf Bedacht genommen, dass sie keiner Zugluft ausgesetzt waren. Bei Verletzungen an Knie- und anderen Beingelenken kam ein Arbeitsplatz an einer Walze nicht in Betracht. Alle in der Heilung fortgeschrittenen Beinverletzten wurden angehalten, an einem gemeinschaftlichen wöchentlichen Abendspaziergang teilzunehmen. Zahn-, Augen- und schwierige Ohrkranke sowie komplizierte chirurgische Fälle wurden an Spezialisten, verwiesen und bei diesen möglichst ambulant behandelt oder wenn erforderlich auch in die betreffenden Kliniken verlegt.[16] Nach Abschluss dieser Zwischenbehandlung wurde die Einschulung fortgesetzt.

16 Der Düsseldorfer Zahnarzt Christian Bruhn (1868–1942) hatte zu Beginn des Krieges drei seiner Häuser in der Nähe des Hofgartens als Privatlazarett, hauptsächlich für kieferverletzte Soldaten zur Verfügung gestellt; es war Teil des Kgl. Reservelazaretts II Düsseldorf und umfasste bei Kriegsende 682 Betten. Nach dem Krieg ist es als „Stätte der Krankenversorgung“ sowie als Einrichtung für Forschung und Lehre für Zahn-,

Ein Formular, das vom Arzt ausgefüllt und vom technischen Leiter gegengezeichnet wurde, enthielt Angaben über die Funktionsbehinderung, die Belastbarkeit und außerdem über die Glieder, die der Kriegsbeschädigte hauptsächlich bei der Arbeit benutzen sollte, um eine größere Funktionsfähigkeit zu erreichen. Dieses Formular ging an den Betriebsleiter der Abteilung, in der dieser beschäftigt werden sollte, wurde vom Betriebsleiter und dem Meister abgezeichnet und an das Büro zurückgesandt. Auf einer für jede Werkstatt bzw. Walzabteilung geführten Liste wurde aufgeführt, welche Tätigkeit wie viele Stunden der Lazarettschüler ausüben sollte.

Belehrung und Anleitung

Schon während der Berufsberatung sowie im weiteren Verlauf der Behandlung und Einschulung wurde der Lazarettschüler über den Zweck, das Ziel und die Art der für ihn vorgesehenen Arbeitstherapie und über den Begriff der Erwerbsminderung belehrt und aufgeklärt. Vor allem galt es auch der Befürchtung entgegenzuwirken, dass die Arbeitstherapie entscheidenden Einfluss auf die spätere Militärrente habe. Eine Verbesserung der Erwerbs- und Gebrauchsfähigkeit des beschädigten Glieds hatte nach den geltenden Richtlinien auf die Höhe der bei der Entlassung festzusetzenden Militärrente keinen oder nach rechnerischem Nachweis nur einen so geringfügigen Einfluss, dass dieser gegenüber dem materiellen Vorteil des erhöhten sozialen Werts zahlenmäßig bedeutungslos war. Kriegs-, Verstümmelungs- und Alterszulage würden unberührt bleiben; die eigentliche Rente könne nur im Maß der Erwerbssteigerung durch Gewöhnung im Umfang von höchstens 10 bis 15 % gemindert werden. Diese Gewöhnung aber würde, weil sie sich später auf jeden Fall einstellen würde, dann doch zu Abzügen führen. Die früher erlangte Leistungsfähigkeit und damit ein besserer Lohn sowie der Tatbestand, möglichst bald wieder im erlernten Beruf tätig werden zu können, seien wesentlich höher zu bewerten – zumal man das Gefühl haben dürfe, nützliche Arbeit zu leisten, wieder konkurrenzfähig zu sein und von einer meist knappen Rente unabhängig zu werden. Bei jeder Neuaufnahme wurde auf die Möglichkeit des Anspruchs auf Kranken- und Invalidenrente hingewiesen und die erforderlichen Bescheinigungen wurden ausgestellt.

Einfache Schutzvorrichtungen, Hilfsmittel und Arbeitshilfen wurden nach Genehmigung durch das stellvertretende Sanitätsamt im eigenen Fabrikbetrieb

Mund- und Kieferheilkunde (Westdt. Kieferklinik) fortgeführt worden und war später die Keimzelle der heutigen Heinrich-Heine-Universität Düsseldorf.

hergestellt. Das galt insbesondere für Bandagen, Manschetten sowie Schutz- und Stützschienen bei empfindlichen Narben, Kontrakturen (Versteifungen und Verkürzungen), Pseudarthrosen (Scheingelenken nach Brüchen) und Lähmungen. Diese wurden je nach Lage des Falles nur während, oder nur außerhalb der Arbeit getragen. Abgesehen davon legte man nachdrücklichen Wert darauf, dass der Kriegsbeschädigte bei der Arbeit im Betrieb ohne Hilfsmittel arbeiten lernte.

Arbeitstherapie für Armverletzte

Nach der Ausgabe der Arbeitskleidung (Arbeitsanzug und Mütze) und der individuellen Einweisung am Arbeitsplatz konnte mit der Arbeitstherapie im Betrieb begonnen werden. Diese soll am Beispiel der zahlreichen Armversehrten veranschaulicht werden. Die Arbeiter waren bzw. sind meist ausgeprägte Rechts- zuweilen Linkshänder. Nun galt es, weit mehr als bisher bis zu einem gewissen Fähigkeitsgrad die Ausbildung der beiden Hände zu berücksichtigen. Dadurch sollte die Leistungsfähigkeit zum Vorteil des Kriegsversehrten entschieden verbessert werden. Bei einem rechtsarmig Verwundeten war man nicht nur darauf bedacht, ihn mit seiner verletzten rechten Hand bzw. der Armprothese in seine frühere Tätigkeit einzuschulen, sondern auch seine linke Hand zu der Arbeitsfähigkeit zu bringen, die früher seine rechte Hand hatte. Die Prothese unterstützte die linke Hand bei der Arbeit; bei dem linksarmig Verletzten verhielt es sich umgekehrt. Selbstverständlich bedurfte es bis zur Erzielung zählbarer Fortschritte eine gewissen Einübung und außerdem, nach einer Amputation, spezieller Prothesen. Der Fortschritt, der bei der Herstellung künstlicher Glieder[17] inzwischen erreicht worden war, erlaubte es weitaus mehr Kriegsversehrten, sich wieder in ihren alten Beruf einzuarbeiten, als man früher geglaubt hatte.

Rasch musste man erkennen, dass es nicht reichte, den Lazarettschüler einem Arbeiter beizugeben, der die in Betracht kommende Tätigkeit ausübte, und diesen anzuweisen, ihn unter Aufsicht des Meisters oder Vorarbeiters mitarbeiten zu lassen. Man ging deshalb zu einer individuellen, wenn auch zeit- und personalintensiven Ausbildung über. Man richtete, beispielsweise in der Werkzeugmacherei und in der Reparaturschlosserei, in der elektrischen Reparatur- und in der Schreinerwerkstatt, spezielle Werkstätten bzw. Lehrecken mit Werkbänken und Werkzeugmaschinen ein. Hier wurden die Lazarettschüler von den Vor-

17 Es gab in diesen Jahren Preisausschreiben für künstliche Glieder, die hohe Erwartungen weckten.

arbeitern unterrichtet. Nicht immer konnten die Kriegsversehrten die Arbeit in ihrem alten Beruf direkt wiederaufnehmen. Man gab ihnen zunächst eine Tätigkeit, die mehr auf die Bewegung des verletzten Glieds Rücksicht nahm. Das konnte beispielsweise das Hoch- und Niederdrücken von Türhebeln an den Öfen betreffen, das während der Arbeitszeit viele Male erfolgte. Die Hebel standen so, dass das Schultergelenk auf jeden Fall mitarbeiten musste. Ähnlich verhielt es sich mit der Drehung der Handräder an den elektrischen Kontrollern; für die Handverletzten war das eine Übung der praktischen Orthopädie.

Erfahrungen der ersten vier Monate

In den ersten vier Monaten nach der Einrichtung der Lazarett-Werkstätten (April bis August 1915) sammelte man Erfahrungen über 85 Fälle. Darunter befanden sich drei Kopf-, vier Brust-, sechs Becken-, 43 Arm-, 17 Bein-, sieben mehrfach Verletzte und fünf innerlich Kranke. Es überwogen also bei weitem die an den Extremitäten Verletzten. Mit den Kopfverletzten wurden insgesamt schlechte Erfahrungen gemacht. Immer wieder musste die Arbeit wegen Kopfschmerzen, Schwindel, Ohrensausen, Empfindlichkeit gegen Maschinenlärm, wegen Anfällen von Ohnmacht und Übelkeit sowie allgemeiner Schwächezustände unterbrochen werden. Das galt auch für Fälle, in denen die Verletzung bereits lange, beispielsweise fast ein Jahr, zurücklag. Aufgrund dieser Erfahrungen, wurden Kopfverletzte später nicht mehr in das Lazarett in Oberbilk aufgenommen. Es kam mehrfach vor, dass Verwundete an ein allgemeines Heimatlazarett überwiesen wurden, weil die Verwundung einen Arbeitseinsatz noch nicht zuließ oder weil die Verletzung derart war, dass ihre Verwendung für sie selbst und für die mit ihm Beschäftigten eine Gefahr bedeutete. Da die Meldung zur Tätigkeit in den Lazarett-Werkstätten freiwillig erfolgte, durfte man davon ausgehen, dass nur Arbeitswillige nach Oberbilk kamen. Trotzdem hatte es zwei Fälle gegeben, in denen die Arbeitswilligkeit sehr zu wünschen übrig ließ.

Beispiele aus der betrieblichen Praxis

Was beim Phoenix in Oberbilk geleistet wurde, mögen einige konkrete Beispiele veranschaulichen.[18] Die gerade erwähnte praktische Übung mit dem Türhebel

18 Diese finden sich in der Veröffentlichung von Probst/Schmitz, Lazarett-Werkstätten (wie Anm. 8), S. 11–15.

fand Anwendung bei der Schulung von Kriegsversehrten mit bestimmten Schussverletzungen für die Arbeit an den Öfen. Hier wurden verletzte Ellbogen- und Schultergelenke beweglich gemacht und gestärkt. Die Kriegsversehrten hatten die Gelegenheit, sich während der Arbeit zu setzen. Da die Entfernung zur Ofentüre etwa neun Meter betrug, konnten sie sich allmählich an die Hitze, die die Ofenarbeiter damals und noch viele Jahre danach bei ihrer Arbeit ertragen mussten, gewöhnen. Danach kamen sie zur Bedienung der Chargiervorrichtungen, wo sie noch näher an den Öfen standen, und schließlich, nach einer weiteren Steigerung ihrer Leistungsfähigkeit, an ihre alte Stelle.

Ein Heizer, der nicht mehr in der Lage war zu stochen, wurde zum Kesselwärter umgeschult. Dadurch machte man sich – nicht zuletzt zu dessen Vorteil – die Erfahrungen an den Kesseln zunutze. Eine sorgfältige und gewissenhafte Wartung der Kesselbetriebe war wegen der hohen Explosionsgefahr mit ihren schweren Folgen für Mensch und Anlagen unabdingbar. Der Heizer wurde zunächst in der Reparaturwerkstatt mit dem Instandsetzen von Armaturen und Nebenapparaten für Kessel beschäftigt, dann zur weiteren Ausbildung den Kesselwärtern nacheinander in verschiedenen Abteilungen überwiesen. Hierbei wurde auch großes Gewicht auf die Instandhaltung der Pumpen- und Absauganlagen gelegt. Abschließend wurde der geschulte Kesselwärter durch einen der Dampfkessel-Überwachungsvereine geprüft.

Ein dem Reservelazarett überwiesener Reparaturschlosser war in seinen motorischen Fähigkeiten durch Schussverletzungen der rechten Hand und der linken Schulter stark behindert. Es kam also darauf an, ihm Arbeiten zu geben, die den Gebrauch der rechten Hand durch Zugreifen verbesserten und einer Versteifung des linken Schultergelenks vorbeugten. Diese fanden sich beim Schneiden von Gewinden mit einer Handkluppe[19] und beim Feilen. Nachdem dadurch entscheidende Fortschritte erzielt worden waren, wurde der Kriegsversehrte zunächst noch an den in der Reparaturwerkstatt befindlichen Werkzeugmaschinen beschäftigt. Schließlich ging es mit den Reparaturkolonnen in den Betrieb, wo er dann seine volle Leistungsfähigkeit wieder erreichte.

Ähnlich verlief zunächst die Ausbildung zum Maschinisten. Hier folgte als zweite Stufe die Tätigkeit als zweiter Mann zur Bedienung kleinerer Maschinen, Luft- und Gas-Kompressoranlagen. Nach der Einschulung zur Halbschicht wurde ihm die Bedienung einer größeren Maschine übertragen, schließlich in Vollschicht eine Walzenzugmaschine. Um bei ihm das Bewusstsein der Selbständigkeit zu heben, erhielt er zum guten Ende eine der kleineren Maschinen zur Aufsicht, Wartung und Reparatur zugewiesen.

19 Dabei handelt es sich um ein zwingenartiges Handwerkszeug, um Gewinde zu schneiden.

Ein Kriegsversehrter, der mit Schussverletzungen im linken Arm und in einem Unterschenkel im Oberbilker Lazarett lag, wurde erfolgreich zum Kranführer umgeschult. Die linke Hand hing wie gelähmt herunter und konnte nur durch Schleudern von rechts nach links und zurück bewegt werden. Sein Stehvermögen war infolge der noch eiternden Wunde stark eingeschränkt. Zunächst wurde er an zwei Kontrollern, d. h. elektrischen Anlassapparaten, die auf dem Boden angebracht waren, zur Bedienung einer Chargiervorrichtung beschäftigt. Hierbei konnte er zeitweise sitzen, war jedoch gezwungen, auch mit der linken Hand das eine Handrad des einen Kontrollers zu bedienen. Anschließend kam er in die elektrische Reparatur-Werkstatt, um auch mit der geschwächten Hand, die inzwischen jedoch schon an Kraft gewonnen hatte, das Reinigen sowie die Reparatur von Motoren, Kontrollern und Schaltern selbst vornehmen zu können, soweit es die Kranführer machen mussten. Sobald er nach Ansicht des Arztes auf eine Leiter steigen durfte, um zu seinem Arbeitsplatz auf dem Kran zu kommen, erfolgte die Überweisung als Hilfskranführer auf einem in fünf Meter Höhe fahrenden Kran. In dessen Führerkorb war ein Doppelsitz eingebaut, so dass er, weil das Fahren anfangs ermüdete, sich setzen konnte. Während dessen bediente der eigentliche Kranführer, der ihn anlernte, das Hebezeug.

Bei der Einübung von Werkzeugschlossern war man anfangs so vorgegangen, dass man den betreffenden Kriegsversehrten nach der Kräftigung seiner Glieder und der Aufhebung von Versteifungen an der Werkzeugmaschine, an der er früher tätig gewesen war, hatte arbeiten lassen. Dann stellte man das Schulungsprogramm um und wies ihn in die Bedienung sämtlicher Werkzeugmaschinen, die sich in der Werkzeugmacherei befanden, ein. Dabei stellte sich öfter heraus, dass die Beschäftigung an der einen oder anderen Maschine dem einen Verwundeten mehr zusagte und er dadurch seine ursprüngliche Leistungsfähigkeit trotz seiner Verwundung wieder erreichte.

Bei inneren Krankheiten und leichten Verletzungen, bei denen nicht vorab die Bewegungsfähigkeit verbessert werden musste, konnte man früher mit der Wiedereinschulung in den früheren Beruf beginnen. Die Kriegsbeschädigten, für die vorerst keine praktische Therapie in den Werkstätten geeignet war, fanden vorübergehend eine Beschäftigung in den Büros oder in den Magazinen, beispielsweise beim Kopieren der vielen Werklisten, die täglich in die einzelnen Abteilungen gingen, bzw. in der Werkzeug- oder Magazinausgabe. Sobald sie mehr leisten konnten, übernahmen sie eine andere, anspruchsvollere Tätigkeit. Es gab immer wieder Arbeiten, mit denen in ihrer Bewegungsfähigkeit eingeschränkte Menschen wenigstens einige Stunden am Tag beschäftigt werden konnten.

Arbeits- und Zeitstudien von Winslow Taylor

Abb. 5: Frederick Winslow Taylor (1856–1915) (aus: Frederick Winslow Taylor, Eduard Gaugler [Hrsg.], The Principles of Scientific Management. Vademecum zu dem Klassiker der Wissenschaftlichen Betriebsführung, Düsseldorf 1996).

Es liegt auf der Hand, dass man sich bei dieser individuellen Ein- bzw. Umschulung von Kriegsversehrten auch die Erkenntnisse zunutze machte, die der amerikanische Ingenieur Frederick Winslow Taylor (1856–1915) bei seinen Arbeits- und Zeitstudien gewonnen und zu einem Arbeitssystem entwickelt hatte.[20] Dabei wird die Arbeitstätigkeit in ihre einzelnen Funktionen zerlegt und die günstigen Bewegungen für eine bestimmte Arbeit unter Berücksichtigung einer richtigen Zeiteinteilung für die Ausführung werden festgestellt. Dementsprechend wurden in Oberbilk bei der Überwachung berücksichtigt:

- das Erkennen und Ausscheiden aller fehlerhaften und nicht notwendigen Bewegungen
- die Übertragung der Arbeitsweise der leistungsfähigsten Arbeiter auf die übrigen
- die wissenschaftliche Bestimmung der Höchstleistung, die ein Arbeiter tagaus, tagein ohne Schädigung seiner Gesundheit erbringen konnte
- die richtige Verteilung der Verantwortung; die einzelnen Arbeiter hatten lediglich ihre Facharbeit in kürzester Zeit fertigzustellen; alle Nebenarbeiten, wie das Heranschaffen von Material und die Einrichtung sollte von besonderen, weniger qualifizierten Arbeitern geleistet werden
- die Entlohnung der Arbeiter gemäß ihrer Leistung und ihrer Geschicklichkeit.

20 Frederick Winslow Taylor, Shop Management, in: Transactions. American Society of Mechanical Engineers 27, 1903, S. 1337–1480; ders., The Principles of Scientific Management, London 1911.

Zusammenarbeit von Lazarett und Betrieb

In Oberbilk wurden auch die Veränderungen berücksichtigt, die bei den Kriegsversehrten hinsichtlich Gesundheit, Zufriedenheit, Erfahrungen, Geschicklichkeit etc. eintraten. Zwischen Lazarett und Betrieb gab es eine enge Abstimmung und eine dichte Kommunikation. Wenn einer der Lazarett-Schüler wegen Unpässlichkeit nicht zur Arbeit kommen konnte oder auf Anordnung des Arztes aussetzen musste, dann gab es eine unverzügliche schriftliche Meldung. Ebenso machten die Meister Mitteilung über Unpünktlichkeit, Gleichgültigkeit und Unregelmäßigkeiten. Manchmal ließ es sich nicht vermeiden, gemäß der Fabrikordnung, die allen Beschäftigten vor Aufnahme der Arbeit ausgehändigt wurde, kleine Strafen zu verhängen. Allerdings wurde das als Hilfe zur Wiedereinfügung in die Ordnung eines Industriebetriebs betrachtet; außerdem wurde dadurch eine militärische Bestrafung vermieden.

Frauentätigkeit in der Eisen- und Stahlindustrie

Eine Besonderheit für die damalige Zeit stellte zweifelsohne die Mitwirkung von Frauen im Betrieb dar. In den Lazaretten, auch in den von Unternehmen unterhaltenen Reservelazaretten waren die Schwestern in der Pflege und als OP-Helferinnen unverzichtbar, aber in den damaligen Hüttenbetrieben hatte es vor dem Krieg nicht einmal in den Sozial- und medizinischen Abteilungen Frauenarbeitsplätze gegeben; allenfalls in den Chefetagen der Verwaltung hatten mit der Schreibmaschine vereinzelt Frauen als Sekretärinnen Einzug gehalten. Im Verlauf des Krieges hatten dann vielerorts Frauen, den Platz der zum Militärdienst eingezogenen Männer einnehmen müssen. Aber in den Hüttenwerken geschah das im Ersten Weltkrieg, abgesehen von der Munitionsfertigung, nur ausnahmsweise.[21]

Bei der Düsseldorfer Röhren- und Eisenwalzwerke AG hatte es ein beachtenswertes weibliches Engagement bereits früh gegeben, aber außerhalb der Werksmauern. Martha Poensgen (1873–1966), die Schwester des legendären Ernst Poensgen (1871–1949) hatte sich nach dem Vorbild ihrer Mutter bereits um die Jahrhundertwende um das Wohl der Arbeiterfamilien in den Werken in Oberbilk und Lierenfeld gekümmert und eine Einrichtung geschaffen, die in Lierenfeld feste Büro- und Sprechstunden abhielt. 1909 hatte sie gemein-

21 Horst A. Wessel, 100 Jahre Stahlrohre aus Rath 1899–1999, Düsseldorf 1999, S. 14; ders. Erfolgreich unter verschiedenen Flaggen. Die Geschichte des Mannesmannröhren-Werkes in Bous/Saar und seiner Stahlwerke 1886–1998, Essen 2007, S. 73–84.

Abb. 6: Ernst Poensgen (Martin Knauer, undatiert; StAD 180-480-087).

Abb. 7: Martha Poensgen (1873–1966), langjährige Schriftführerin und Archivarin des Familienverbandes (Salzgitter AG – Mannesmann-Archiv Mülheim an der Ruhr).

sam mit der Düsseldorfer Sozialpolitikerin Dr. Marie Baum (1874–1964)[22] den Hauspflegeverein für Düsseldorf und Umgebung, der zeitweise mehr als 50 Hauspflegerinnen beschäftigte, gegründet. Auch während des Ersten Weltkrieges wurde sie in besonderer Weise aktiv, indem sie die Leitung der Düsseldorfer Zentralstelle der Organisation für Kindererholungen in den neutralen Niederlanden übernahm.[23] Nach dem Krieg war sie Vorsitzende des Verbands

22 Dirk Hainbuch/Florian Tennstedt (Bearb.), Biographisches Lexikon zur Geschichte der deutschen Sozialpolitik 1871 bis 1945, Bd. 1: Sozialpolitiker im Deutschen Kaiserreich 1871 bis 1918, Kassel 2010, S. 9.

23 Wie das Tagebuch von Adele Statz, vgl. Anm. 11, deren Tochter die Kinder auf der Fahrt nach und aus den Niederlanden begleitet hat, sind Tausende während der Notjahre in den Genuß der Ferien gekommen.

der Hauspflege im Bund Düsseldorfer Frauenvereine sowie Geschäftsführerin des Paritätischen Wohlfahrtsverbandes für die Rheinprovinz.[24]

Im vorliegenden Fall handelte es sich „um die Mitarbeit von geeigneten Schwestern, die sich mit Interesse auch der technischen Seite der Lazarett-Werkstätten widmen."[25] Sie nahmen unterschiedliche Aufgaben wahr. So bildeten sie oft die Vermittlerinnen zwischen den Verwundeten und der Leitung sowohl des Lazaretts als auch des Betriebs. Auch gaben sie die Mitteilungen des Arztes im Lazarett, jedoch auch im Betrieb weiter und berichteten laufend über Veränderungen, die bei den Lazarett-Schülern während der Beschäftigung im Betrieb bemerkbar wurden. Die drei im Lazarett „Phoenix" tätigen ausgebildeten Krankenschwestern nahmen das gesamte zur Krankengeschichte gehörende Material, die Untersuchungsbefunde, die Berichte über den Heilungsverlauf, die Listenführung für die Arbeitsordnung, das Ergebnis des Werkrundgangs sowie einen Teil des täglichen Schriftverkehrs u. a. m. durch Stenogramm auf und sorgten für die ordnungsgemäße Übertragung und Registrierung durch Schreibmaschinenkräfte. Selbstverständlich waren bei dem wöchentlich stattfindenden Rundgang durch die Werkstätten und die Walzwerksbetriebe neben dem Arzt und dem technischen Direktor sowie dem Lazarett-Feldwebel zwei Schwestern dabei – auch diese waren vom Unternehmen gegen Unfall versichert worden.

Weg der Wiedereingliederung bzw. Feststellung dauernder Arbeitsunfähigkeit

Das Wiedereingliederungsverfahren galt nicht schon als abgeschlossen, wenn der Kriegsversehrte das nächste Ziel der Arbeitstherapie, nämlich in Vollschicht zu arbeiten, erreicht hatte, sondern erst dann, wenn eine weitere Steigerung seiner Arbeitskraft, die auch die Höhe der Entlohnung spiegelte, nicht mehr festgestellt werden konnte. Entsprechend wurde durch militärärztliches Zeugnis bestätigt, dass bei dem Kriegsbeschädigten durch wochenlange Vollschichtarbeit eine volle Eingewöhnung und Einarbeitung erzielt worden war. Während nach den damaligen Erfahrungen der Unfallversicherungsmedizin nach erheblichen Unfällen durchschnittlich ein Zeitraum von 30 Monaten bis zum Abschluss der Wiedereingewöhnung veranschlagt wurden, trat dieser Zustand beim militärischen Einschulungsverfahren in erheblich kürzerer Zeit ein. Das wurde

24 Horst A. Wessel, Viele Erinnerngsorte, dennoch fast vergessen – die Familie Poensgen; in: Benedikt Mauer/Enno Stahl (Hrsg.), Düsseldorfer Erinnerungsorte, Essen 2018, S. 331–334.

25 Probst/Schmitz, Lazarett-Werkstätten (wie Anm. 8), S. 16.

vor allem auf die schulmäßige, systematisch betriebene Form der Einschulung zurückgeführt. Die Unfallpraxis ging von einer Gewöhnung in einer bestimmten Zeit aus, unabhängig davon, wie diese genutzt wurde, also eine regelmäßige, von selbst eintretende Erscheinung war. Dagegen setzte die in Oberbilk betriebene Methode darauf, dass diese Gewöhnung um so schneller eintreten würde, je intensiver die Zeit vom Verletzten genutzt würde. Die größte Wirkung würde durch schulmäßige Übung im Rahmen einer speziellen Arbeitstherapie erzielt. Für allgemein erreichbar wurde ein Maß von zehn bis 15 % gehalten.

Die Gewöhnung vollzog sich in zwei Phasen: einmal in der Zeit der Einarbeitung, die abgeschlossen war, wenn eine Vollschichtleistung von zehn Stunden Arbeitsdauer ohne Beschwerden durchgeführt werden konnte. Die zweite Phase betraf die Zeit, die nötig war, damit dieser die Vollschichtleistung ohne Unterbrechung längere Zeit hindurch so durchhalten konnte, ohne seine Verletzung während der Arbeit als bewusste Störung zu empfinden. Das waren nach den in Oberbilk gemachten Erfahrungen etwas mehr als zwei Monate. Zwar blieb auch dann noch eine Minderung an Arbeitsgeschwindigkeit und Geschicklichkeit und damit auch an Leistung dauernd bestehen. Das konnte zum Teil durch ein hohes Maß an Eifer und Willenskraft ausgeglichen werden. Aber das war kein direktes Ergebnis der in den Lazarett-Werkstätten praktizierten Wiedereingewöhnungs-Therapie. Deshalb sollte dies auch keine Berücksichtigung bei der Bemessung der Rentenhöhe finden.

Der Arzt machte mit Verweis auf den in Auszügen beigefügten Arbeitsbericht einen Rentenvorschlag. Bei den invalide Werdenden wurde gleichzeitig beim zuständigen Ersatztruppenteil ein Gesuch um Beurlaubung zur früheren Arbeitsfirma gestellt. War dies das Werk „Phoenix“ in Oberbilk, so konnte der Betreffende bis zum Abschluss des Invalidisierungsverfahrens im Lazarett bleiben, dort verpflegt und entlohnt werden. Die als arbeitsverwendungsfähig Entlassenen konnten zum Einsatz bei ihrem früheren Arbeitgeber beurlaubt werden, wenn dieser Rüstungsaufträge ausführte. Diese erhielten sofort bis auf weiteres Zivilstatus und konnten ohne Unterbrechung, die vielleicht den Erfolg der Arbeitstherapie hätte gefährden können, ihre Arbeit fortsetzen.

In einzelnen Fällen nahm die Einschulung einen nicht zufriedenstellenden Verlauf, weil die Betreffenden wiederholt den Wunsch äußerten, eine andere Arbeit zu versuchen, anstatt mit Ausdauer die sich ihnen entgegenstellenden Schwierigkeiten zu überwinden. Im Großen und Ganzen beobachtete man durch die mit Übersicht und Bedacht gewählte Einarbeitung eine sehr günstige Wirkung auf das körperliche und seelische Befinden der Kriegsbeschädigten. Deren Stimmung besserte sich, ihr Interesse an der Arbeit erwachte. Das Selbstwertgefühl wuchs und das Bewusstsein, wieder für sich selbst und ggf. die Familie mit eigener Kraft sorgen zu können, halfen über viele Schwierig-

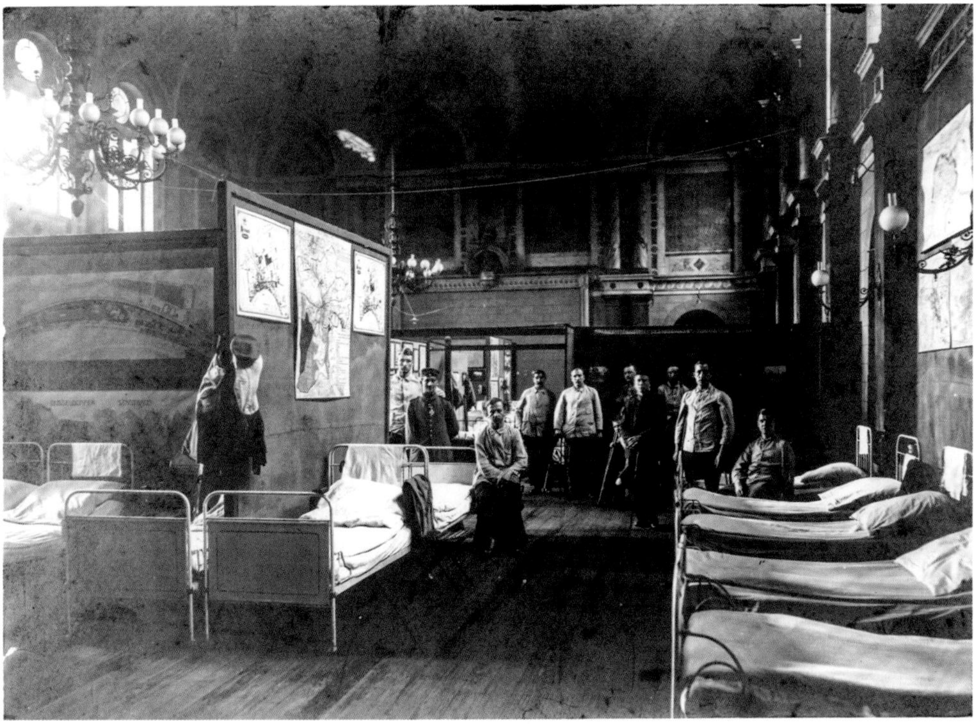

Reservelazarett im Ballsaal des Restaurants Flora an der Palmenstraße (Josef Henne, 1917; StAD 101-500-023).

keiten hinweg und trugen dazu bei, das gesteckte Ziel, wieder ein vollwertiger Mitarbeiter zu werden, zu erreichen. Der medizinische Lokalbefund ergab eine Abhärtung und Dehnung der Narben, zum Teil eine erhebliche Kräftigung der Muskulatur, eine Steigerung der Gelenkigkeit. Allerdings war der Erfolg nicht zuletzt davon abhängig, dass der einzuarbeitende Kriegsbeschädigte im Lazarett zunächst noch Soldat war und dass die soziale Therapie möglichst früh, auf alle Fälle noch vor Abschluss der rein ärztlichen Behandlung einsetzte.

Von den 85 im ersten Jahr abgeschlossenen Fällen wurde 67 Mal (78,8 %) eine Tagesvollschichtleistung erreicht; zwei Mal hatten Patienten bereits vorher als dienstfähig entlassen werden können. In zwölf Fällen war vorab eine Behandlung in einem anderen Lazarett erforderlich gewesen. In vier weiteren Fällen war das Ziel nicht erreicht worden. Von den Entlassenen waren über die Hälfte (54 %) dienstuntauglich, 9 % arbeitsverwendungsfähig, 14 % zunächst nur garnisonsdienstfähig und 20 % zunächst noch ungeeignet und daher verlegungsbedürftig. Hinsichtlich der Berufswahl wechselten 40 % überhaupt nicht; 20 % ergriffen vorübergehend einen dem früheren ähnlichen Beruf, 16 %

dauernd, während 24% ihren Beruf vollständig wechselten. Oberster Grundsatz war: *Niemand darf erwerbsunfähig, niemand darf aber auch arbeitslos aus dem Lazarett entlassen werden.*[26] Vorab wurde mit dem früheren oder einem anderen Arbeitgeber Kontakt aufgenommen und die schriftliche Zusage erwirkt, dass der Entlassene eingestellt würde, und festgehalten, für welche Tätigkeit er vorgesehen war.

Resümierend dürfen wir festhalten, dass die in Düsseldorf-Oberbilk erstmals eingerichteten Lazarett-Werkstätten das Ergebnis der Erkenntnis waren, dass die Genesenden einen sinnvollen Zeitvertreib brauchten und die in den ersten Monaten betriebene reine Beschäftigungstherapie nicht ausreichte, um die Stimmung der Kriegsversehrten dauerhaft zu heben. Dagegen hielt man die möglichst frühzeitige, nützliche Arbeit, am besten im erlernten Beruf, dazu wesentlich besser geeignet. Diese wurde zur praktischen Orthopädie ausgebildet, in dem man die Berufsarbeit unter Nutzung der von der modernen Arbeitswissenschaft gefundenen Erkenntnisse so ausrichtete bzw. gestaltete, dass die beschädigten Glieder in besonderer Weise eingebunden und gefordert wurden. Sie sollten dadurch gekräftigt und wieder funktionstüchtig gemacht werden. Im Unterschied zur bekannten *orthopädischen Pendelei*, wie sie im *medico-mechanischen Saal* betrieben wurde, hatten die beruflich eingewöhnten Bewegungen den Vorteil, dass sie unbewusst und durch den Arbeitsgang veranlasst durchgeführt und nicht im Bewusstsein der Verletzung ängstlich vermieden wurden.

Am wichtigsten war die soziale Komponente der Arbeitstherapie in der Lazarett-Werkstätte. Der Kriegsbeschädigte wurde schulmäßig in seinen alten, ähnlichen oder auch neuen Beruf so eingearbeitet, dass er schließlich in der Lage war, bei seinem anatomischen oder physiologischen Handicap die höchstmögliche Erwerbsfähigkeit in seinem Beruf zu erreichen. Und dies, ohne dem Wettbewerb mit seinen gesunden Arbeitskollegen ausgesetzt zu sein und in einem dem Genesungsprozess entsprechenden langsamen Steigerung der Anforderungen. Durch den Beweis dafür, dass er den wirklichen Anforderungen des Zivilberufs auch unter den veränderten Voraussetzungen gewachsen war, vermochte er das Selbstvertrauen in seine Leistungsfähigkeit zurückzugewinnen.

Es war das erste Mal, dass die militärische Kriegsbeschädigtenfürsorge neben der Heilbehandlung und neben der Rentenversorgung auch die soziale Wiederherstellung einbezog. In Düsseldorf wurde erstmals überzeugend nachgewiesen, dass diese organisierte Lazarettarbeit mitten im Industriebetrieb einen wesentlichen Teil des gesamten Genesungsverfahrens bildete. Das Ausbildungsprinzip, bei dem man sich am früheren Beruf orientierte, fand rasch große Anerkennung und allgemeine Verbreitung in der Kriegsbeschädigtenfürsorge während und nach dem Krieg. Eine wesentliche Voraussetzung für

26 Probst/Schmitz, Lazarett-Werkstätten (wie Anm. 8), S. 41.

den Erfolg des Düsseldorfer Projekts war die harmonische Zusammenarbeit zwischen den Militärbehörden, der Lazarett- und der Unternehmensleitung.

Im Dezember 1916 kam der in Friedenszeiten in Metz stationierte, nun jedoch in Karlsruhe tätige Generalarzt nach Düsseldorf, um das Projekt beim Phoenix kennenzulernen; außerdem besichtigte er die Werkstatt zur Herstellung künstlicher Glieder im Florahospital.[27] Bereits einige Tage zuvor war in Berlin eine Sonderausstellung von Ersatzgliedern und Arbeitshilfen für Kriegsbeschädigte eröffnet worden. Neben künstlichen Gliedern wurden auch Vorrichtungen zum Bedienen von Handwerkszeugen und Maschinen vorgestellt, wie sie beim Phoenix in Düsseldorf zur Verwendung kamen. Im Zusammenhang mit dieser Ausstellung veranstaltete die Deutsche Vereinigung für Krüppelfürsorge im Sitzungsaal des Reichtags eine Tagung. Dieser 1915 gegründete Verein wollte den Übergang von Kriegsversehrten ins Zivilleben fördern und Anregungen für die Entwicklung künstlicher Gelenke und sonstiger Hilfsmittel geben. Dem widmete sich auch der im August des genannten Jahres in Köln stattfindende vierte Kongress für Krüppelfürsorge. Einen Schwerpunkt bildeten die Beratungen über die Wiedereingliederung der Kriegsbeschädigten in Beruf und Alltag. Bei allen diesen Veranstaltungen wurden die beim Phoenix in Düsseldorf gemachten Erfahrungen berücksichtigt und die dort erbrachten Pionierleistungen gewürdigt.

27 Dabei handelte es sich um einen Vetter des Justizrats Richard Statz, Ehemann der Adele Statz; in deren Tagebuch ist der Besuch unter dem 12.2.1916 vermerkt; vgl. Wessel, Tagebuch Adele Statz (wie Anm. 11).

Die Geschichte der Düsseldorfer Kriminalpolizei von 1926 bis 1938

Werkstattbericht zu einem Forschungsprojekt der Mahn- und Gedenkstätte Düsseldorf[1]

Mit zwölf Abbildungen

Von Bastian Fleermann

Überblick

Die Forschungen zur Polizeigeschichte haben in den vergangenen drei Jahrzehnten große Fortschritte gemacht. Sie haben sich dabei weiterentwickelt von einer spröden Behördengeschichte, die vor allem von pensionierten Polizeibeamten für ihre Kollegen geschrieben worden war, hin zu einer modernen Sozial-, Alltags-, Mentalitäts- und Konfliktgeschichte, deren Perspektiven recht weit gespannt sind: Das Handeln von Polizeibeamten ist das Resultat gesellschaftlicher, politischer und rechtlicher Rahmenbedingungen. Polizisten sind von der Gesellschaft geprägt, aus der sie selbst kommen; sie prägen mit ihrem polizeilichen Handeln allerdings auch wiederum die Gesellschaft, in der sie wirken. Dies alles gilt in dieser dialektischen Ausprägung selbstverständlich auch für die Polizei im NS-Staat. Auffallend ist allerdings, dass die Forschung zum Nationalsozialismus sich grundsätzlich immer auf das Handeln der Geheimen Staatspolizei (Gestapo) oder der Schutzpolizei beschränkt hat. Der Kriminalpolizei schenkte niemand Beachtung, über Jahrzehnte hinweg. Die Anzahl derjenigen Historiker, die diese Lücke systematisch füllen wollten und sich der Kripo zuwandten, ist erschreckend gering: Nur Patrick Wagner (1996

1 Der Verfasser hat im Rahmen des DGV-Winterprogramms am 5.10.2017 einen Vortrag zu diesem Thema gehalten, der allerdings nicht auf einem Manuskript basierte, sondern frei formuliert wurde. Dieser Text ist also eine spätere Zusammenfassung und zugleich ein Werkstattbericht über ein Forschungsprojekt der Mahn- und Gedenkstätte Düsseldorf, das noch 2018 zum Abschluss kommen soll.

und 2002) und Thomas Roth (2010) haben entsprechende Studien vorgelegt.[2] Den Opfern und Verfolgten der nationalsozialistischen Kriminalpolitik haben sich jüngst mehrere Historikerinnen zugewandt: Zu nennen sind die Arbeiten von Dagmar Lieske (2016)[3], Sylvia Köchl (2016)[4] und Julia Hörath (2017)[5].

Ein Forschungsprojekt der städtischen Mahn- und Gedenkstätte Düsseldorf, das 2014/2015 seinen Anfang nahm und noch 2018 durch die Veröffentlichung eines umfangreichen Sammelbandes zum Abschluss kommen soll, nimmt die Geschichte der Düsseldorfer Kriminalpolizei in Weimarer Republik und NS-Staat in den Blick. Genau genommen reicht der zeitliche Rahmen von der Verstaatlichung der Düsseldorfer Polizei (1926) bis in die ersten Jahre nach Krieg und Befreiung 1945.[6] Da der Zuständigkeitsbezirk der Kripo Düsseldorf stets äußerst umfangreich war (zwischen 1927 und 1936 galt die Abteilung als „Landeskriminalpolizeistelle" für mehrere Landgerichtsbezirke und von 1936 bis 1945 als „Kriminalpolizeileitstelle" für das nördliche Rheinland und fast die ganze Provinz Westfalen), ist das Projekt nicht nur stadt-, sondern auch regionalhistorisch angelegt. Neben den Studien zur Düsseldorfer Kriminalpolizei fließen somit auch Einzelbeiträge mit lokalen Forschungen zu Dortmund, Hilden, Mönchengladbach und Wuppertal mit ein. Im Mittelpunkt aller Studien stehen zwei chronologisch aufeinander aufbauende Erzählstränge: Die rasante Modernisierung der Kripoarbeit in den Weimarer Jahren und die Barbarisierung und Entgrenzung während der NS-Zeit, wobei letzterer eindeutig mehr Raum geboten wird.

Dabei stehen vor allem die durch die Kriminalpolizei verfolgten Menschen im Vordergrund. Neben „normalen" Dieben oder Verbrechern waren es in der NS-Zeit vor allem Menschen, die man aus sozialrassistischen Gründen brutal verfolgte. Unter dem verharmlosenden Schlagwort einer *Vorbeugenden*

2 Patrick Wagner, Volksgemeinschaft ohne Verbrecher. Konzeptionen und Praxis der Kriminalpolizei in der Zeit der Weimarer Republik und des Nationalsozialismus (Hamburger Beiträge zur Sozial- und Zeitgeschichte 34), Hamburg 1996; Ders., Hitlers Kriminalisten. Die deutsche Kriminalpolizei und der Nationalsozialismus zwischen 1920 und 1960, München 2002; Thomas Roth, Verbrechensbekämpfung und soziale Ausgrenzung im nationalsozialistischen Köln. Kriminalpolizei, Strafjustiz und abweichendes Verhalten zwischen Machtübernahme und Kriegsende (Schriften des NS-Dokumentationszentrums 15), Köln 2010.

3 Dagmar Lieske, Unbequeme Opfer? „Berufsverbrecher" als Häftlinge im KZ Sachsenhausen (Forschungsbeiträge und Materialien der Stiftung Brandenburgische Gedenkstätten 16), Berlin 2016.

4 Sylvia Köchl, „Das Bedürfnis nach gerechter Sühne", Wege von „Berufsverbrecherinnen" in das Konzentrationslager Ravensbrück, Wien 2016.

5 Julia Hörath, Asoziale und Berufsverbrecher in den Konzentrationslagern 1933 bis 1938, Göttingen 2017.

6 Im Sommer/Herbst 2018 soll ein umfangreicher Sammelband im Droste-Verlag erscheinen.

Verbrechensbekämpfung ging man nach 1933 daran, als *asozial* Stigmatisierte massenhaft zu internieren – ohne richterliche Anordnung, ohne Strafprozess und vor allem: ohne einen justitiablen Grund. Unter den diskriminierenden Fremdbezeichnungen *Asoziale*, *Arbeitsscheue* oder *gefährliche Gewohnheitsverbrecher* fasste man Menschen zusammen, die aus unterschiedlichsten Gründen zu den sozialen Außenseitern in den Städten und Gemeinden des rheinisch-westfälischen Industriereviers zählten. Bettler, Obdachlose oder Wanderarbeiter waren ebenso darunter wie Alkoholiker, Morphinisten, *Gammler* und *Herumtreiber*, Prostituierte und Zuhälter, Kleinkriminelle und Vorbestrafte, *umherschweifende* oder *verwahrloste* Jugendliche, *Fürsorgezöglinge* oder säumige Unterhaltszahler, Sinti, Roma und Jenische, Homosexuelle, die man pauschal als *Sittenstrolche* oder *gefährliche Sittlichkeitsverbrecher* bezeichnete, oder auch wegen Bagatelldelikten oder *Rassenschande* vorbestrafte Juden.

Massenhaft wurden diese Menschen in Arbeitshäuser, Arrestanstalten oder in *Vorbeugehaft* verschleppt, die – ganz ähnlich wie die *Schutzhaft* der Gestapo – in Konzentrationslagern vollstreckt wurde. Diese Deportationspraxis setzte mit Sammelverhaftungen und Razzien direkt im Frühling 1933 ein, betroffen waren davon vor allem Bettler und Prostituierte. Sie steigerte sich kontinuierlich bis 1937/1938, um von diesem Zeitpunkt an tatsächlich zu einem Massenphänomen anzuwachsen. Zeitweilig machten die von der Kriminalpolizei verhafteten und deportierten Menschen innerhalb der Häftlingsgesellschaften der KZs die Mehrheit aus. In Sachsenhausen oder Buchenwald gab es bis zum November 1938 weit mehr *Asoziale* als Kommunisten oder jüdische Häftlinge. Sie wurden mit einem schwarzen Winkel an der Häftlingskleidung gekennzeichnet, die ebenfalls durch die Kripo eingelieferten *Berufsverbrecher* (*BVer*) erhielten einen in grüner Farbe. Niemand weiß, wie viele Menschen durch die Kripo insgesamt deportiert wurden; man schätzt alleine die Opferzahl dieser Gruppe auf zwischen 80.000 und 200.000 KZ-Tote.

Neben dieser Art der „Verbrechensbekämpfung" eröffnete der Kriegsbeginn für die Kriminalbeamten neue Betätigungsfelder. In praktisch allen annektierten oder besetzten Ländern Europas wurden Kriminalisten eingesetzt, um *deutschfeindliche Elemente*, *Banditen*, Plünderer, angebliche Saboteure oder *Zersetzer* aufzuspüren und zu isolieren oder erschießen zu lassen. In den berüchtigten *Einsatzgruppen der Sicherheitspolizei und des SD*, die als mobile Mordeinheiten des Reichssicherheitshauptamtes in der Sowjetunion ab Mitte 1941 hunderttausende Juden, aber auch Roma, psychisch Kranke oder *Asoziale* erschossen, waren ebenfalls grundsätzlich immer Beamte der Kriminalpolizei. Dem Forschungsprojekt ist es gelungen, auch unter diesen Tätern des Holocaust Beamte zu identifizieren, die zuvor ihren Dienst bei der Düsseldorfer Kriminalpolizei getan hatten.

Vom Criminal-Beamten zum Kürten-Profiler (1900–1933)

Die erstmalige Unterscheidung zwischen der uniformierten Schutz- und einer Kriminalpolizei wurde in Düsseldorf durch ein Regulativ von 1893 festgeschrieben. Darin sah man sich in der Verpflichtung, *strafbare Handlungen insbesondere Verbrechen und Vergehen gegen die Person oder das Eigenthum zu erforschen.* Zu diesem Zweck werde *die Kriminal-Abtheilung bestimmt.*[7] Und auch der städtische Verwaltungsbericht berichtete davon, dass *in der Criminal-Abtheilung* [...] *wegen der erhöhten Anforderungen eine Arbeitstheilung stattfinden* musste. *Der Abtheilung wurde ein fernerer Polizei-Commissar und ein Polizei-Wachtmeister überwiesen.* Man unterschied hier noch zwischen einem *Criminal-Büreau* und einem *Sitten-Büreau.*[8] 1891 gab es nur fünf Beamte, die sich um *Criminalsachen* kümmerten, 1910 waren es immerhin schon 48. Diese hatten – bevor sie Dienst taten – eine Ausbildung an der am 1. Oktober 1901 auf Anregung des Düsseldorfer Regierungspräsidenten Hans-Dietrich von Holleufer begründeten Polizeischule (*Kommunale Polizeischule der Rheinprovinz*) zu absolvieren. Die Schule, die von den Städten Barmen, Krefeld, Duisburg, Düsseldorf, Elberfeld und Essen gemeinsam getragen und verantwortet wurde, befand sich bis etwa 1907/1908 an der Gerresheimer Straße 28, spätestens ab 1911 in dem Gebäudekomplex der Kaserne des 39er-Infanterieregiments (Ulmenstraße/Tannenstraße) in Düsseldorf-Derendorf.

Leitete die Düsseldorfer Kripo von 1913 bis 1936: Regierungs- und Kriminalrat SS-Sturmbannführer Paul Schmitz-Voigt (Bundesarchiv).

Ihre Aus- und Fortbildung erhielten die Anwärter oder Beamten in der Ermittlungstaktik von Kapitalverbrechen, Steckbrieflehre, Anthropometrie, Fingerabdruckverfahren, „Gaunerpraktiken, Gaunersprache und Zigeunerwesen“. Daneben wurden die Auszubildenden nicht nur theoretisch gebildet, sondern auch körperlich trainiert, wie etwa im Schwimmen, Laufen, Schießen und sogar in fernöstlichen Selbstverteidigungstechniken (Jiu Jitsu). Diese Form der Ausbildung genoss bereits vor dem Ersten Weltkrieg international ein hohes Ansehen.

Seit 1913 war Paul Schmitz-Voigt Chef der Düsseldorfer Kriminalabteilung. Schmitz-Voigt, geboren 1883, war am 1. Oktober 1911 zur Polizeiverwaltung Düsseldorf versetzt und hier schon wenige Wochen später der Kriminal-Abteilung zugeteilt worden. Zum 1. Januar 1913 wurde er angestellt als *Polizei- und Kriminal-*

7 Dienstanweisung für die Kriminal-Abteilung der Polizei-Verwaltung der Stadt Düsseldorf, Düsseldorf 1893 (Archiv der Deutschen Hochschule der Polizei, Münster).

8 Verwaltungsbericht der Stadt Düsseldorf 1893/1894, S. 126.

kommissar und leitete fortan die Abteilung. Unterbrochen von seiner Teilnahme am Ersten Weltkrieg wurde er Anfang 1919 Kriminalkommissar und Adjutant des Düsseldorfer Polizeichefs. Schon in dieser Zeit positionierte sich Schmitz-Voigt eindeutig im rechten politischen Spektrum: 1919/1920 arbeitete er als Verbindungsoffizier bei dem berüchtigten *Freikorps Lichtschlag*, das sich bei den Kämpfen gegen linke Aufständische im Ruhrgebiet und in Düsseldorf durch besondere Brutalität ausgezeichnet hatte. Während seiner Ausweisung aus dem besetzten Rheinland hörte er Vorlesungen in Verwaltungsrecht, Rechts- und Finanzwissenschaften, Kriminalistik, Staats- und Verwaltungswissenschaften an der Verwaltungsakademie Berlin und arbeitete parallel 1925/1926 in den verschiedenen Dezernaten der Berliner Kriminalpolizei. Dort stieg er 1925 zum Kriminaldirektor auf, kehrte dann aber rasch wieder nach Düsseldorf zurück.[9]

Unter den neuen preußischen Innenministern, Staatssekretären und anderen spezialisierten Ministerialbeamten – von Carl Severing und Albert Grzesinski bis Wilhelm Abegg oder Erich Klausener – eröffnete sich nach den unruhigen Jahren 1918 und 1919 nun die Möglichkeit, die Polizei nachhaltig zu demokratisieren, zu entmilitarisieren und zu modernisieren. Das weitgehend schlechte Image des autoritär-wilhelminischen Schutzmannes mit Pickelhaube sollte durch das neue Leitbild vom gut ausgebildeten „Freund und Helfer" abgelöst werden, der als „Kamerad der Bevölkerung" für Transparenz und Hilfsbereitschaft stehen sollte.[10] Die Herausforderung bestand darin, dieses demokratisierte Bild mit dem Vertrauen in eine wehrhafte und schlagkräftige Truppe zu verbinden. Ein regelrechter Spagat musste gelingen: Der Polizeibeamte sollte freundlich, aber zupackend, gerecht gegenüber dem Bürger und hart gegenüber den Gesetzesbrechern zugleich sein.

Auf der Ebene der unteren Verwaltungsbezirke (Provinzen, Regierungsbezirke oder Landgerichtsbezirke) wurden Mitte der 1920er Jahre so genannte *Landeskriminalpolizeistellen* (LKP) gebildet. Für einen Teil des Regierungsbezirks Düsseldorf (Landgerichtsbezirke Elberfeld, Düsseldorf und Mönchengladbach mit Ausnahme der zum Regierungsbezirk Aachen gehörenden Amtsgerichtsbezirke Erkelenz und Wegberg) errichtete man die Landeskriminalpolizeistelle beim Polizeipräsidium in Elberfeld. Diese LKP-Stelle wurde zum 1. Mai 1927 nach Düsseldorf verlagert. Vorausgegangen waren der Abzug der alliierten Truppen

9 Vgl. Joachim Schröder (Hrsg.), Die Münchner Polizei und der Nationalsozialismus, Essen 2013, S. 159.

10 Vgl. Stefan Naas, Die Entstehung des Preußischen Polizeiverwaltungsgesetzes von 1931, Tübingen 2003, S. 189ff.; Daniel Schmidt, Preußens neue Polizei im Westen. Struktur und Entwicklung der uniformierten Polizei in der Rheinprovinz und in Westfalen 1919–1933, in: Geschichte im Westen. Zeitschrift für Landes- und Zeitgeschichte 31, 2016, S. 47–69, hier: S. 58f.

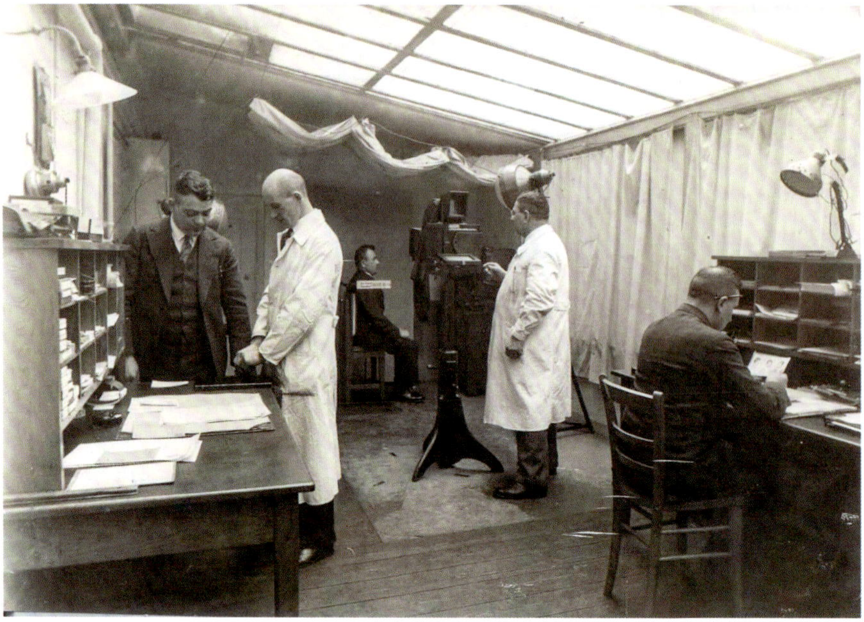

Die Vermessung des Verbrechers: Düsseldorfer Kripobeamte stellen 1932 Szenen aus dem Erkennungsdienst nach: Fotografie, Fingerabdruckverfahren, Karteikartensammlung (Sammlung Mahn- und Gedenkstätte).

1925, die Verstaatlichung der Düsseldorfer Polizei zum 1. Juli 1926 und – damit verbunden – die Berufung eines staatlichen Polizeipräsidenten; eine Stelle, die mit dem erfahrenen Verwaltungsjuristen Hans Langels besetzt wurde. Die Landeskriminalpolizeistelle Düsseldorf war zuständig für die Landgerichtsbezirke Düsseldorf, Kleve und Krefeld und den zum Regierungsbezirk Düsseldorf gehörenden Teil des Landgerichtsbezirks Mönchengladbach.[11] Festgeschrieben wurden dann erstmals die genauen Aufgaben der Kripo: *5. die Kriminalpolizei einschließlich der Verhütung und Verfolgung strafbarer Handlungen gegen notwirtschaftliche Bestimmungen, ferner einschließlich der mit der Kriminalpolizei untrennbar verbundenen sittenpolizeilichen Aufgaben (die Gesundheitspolizei, die Fürsorge und Pflegetätigkeit verbleibt den Gemeinden) und einschl.* [ießlich] *des Kost- und Quartiergängerwesens und der Konkubinate.*[12]

11 Runderlass, Ministerialblatt für die innere Verwaltung (im Folgenden: RdErl.) vom 17.3.1927, Runderlass, Ministerialblatt für die innere Verwaltung (im Folgenden: MBliV.) 1927, Sp. 315. Vgl. auch Landeskriminalpolizei (Vorschriften für die staatliche Polizei Preußens 34), Berlin 1927, S. A 10.

12 Zitiert nach: Michael Dybowski, Ein Blick zurück. Streiflichter der Polizei in Düsseldorf, in: Hans Lisken (Hrsg.), 50 Jahre Polizeipräsidium am Jürgensplatz. Festschrift, Düsseldorf 1983, S. 4–46, hier: S. 25.

Nun kamen zahlreiche Neuerungen der Ermittlungs- und Kriminaltechnik zum Einsatz: So hielt in Düsseldorf das Fingerabdruckverfahren (Daktyloskopie) schon recht früh Einzug in den Kripoalltag. Hinzu kamen Möglichkeiten der graphologischen Analyse von Bekenner- oder Erpresserschreiben sowie der chemischen Untersuchung von Brandstellen. Einschüsse von Projektilen oder Schmauchspuren an Gewehr- oder Pistolenläufen konnten ballistisch untersucht werden. Der Einsatz der Fotografie führte zu einem enormen Gewinn für den Fahndungsdienst, es wurden große Bildkarteien angelegt, die auch nach Deliktgruppen aufgeteilt wurden („Verbrecheralben"). Erleichtert wurde auch die Kommunikation durch Telefonanschlüsse und Fernschreiben und damit die schnelle Vernetzung mit anderen Kripostellen. Die ab 1928 standardisierte Loch- oder Hollerithkarte ermöglichte den effizienteren Einsatz von Karteisystemen und deren Abgleich. Der Erkennungsdienst und die Spurensicherung wurden modernisiert, die Sammlung und Auswertung von Informationen vorangetrieben. Beamte, die zu einem Mordtatort kamen, hatten fortan Pipetten, Pinzetten, Papiertütchen, Fotoapparate und Notizbücher bei sich zu führen. Speziell ausgebildete Spürhunde konnten eingesetzt werden, um Spuren zu verfolgen. Derer gab es in Düsseldorf im Jahre 1929 20, zudem 40 Diensthunde, die einzelne Streifen begleiteten. Die forcierte Erweiterung des Fuhrparks führte zum Aufbau einer Fahrbereitschaft mit mehreren Dienstautos und einigen Überfallwagen, mit denen die Beamten schneller vor Ort waren.

Der „Vampir von Düsseldorf": Peter Kürten (1930; Sammlung Mahn- und Gedenkstätte).

Alle Bemühungen um ein positives Image einer effizient und modern arbeitenden Kriminalpolizei gerieten ab dem Frühjahr 1929 ganz massiv ins Wanken: Zwischen dem 8. Februar und dem 7. November ermordete der Düsseldorfer Eisengießer Peter Kürten acht Menschen mit Schere, Messer und Hammer, bis zum Frühling 1930 verübte er weitere 20 Attacken, deren Opfer allerdings überlebten. Die Leichen der Ermordeten – darunter ein Mann sowie drei kleine Kinder – mit ihren Dutzenden Einstichen und Schlagwunden offenbarten eine energische und obsessive Mordlust; dass es sich um sexuell bedingte „Lust-

Kriminalbeamte suchen während der Kürten-Mordserie einen Tatort nach verwertbaren Spuren ab (Sammlung Mahn- und Gedenkstätte).

morde" handelte, war den Ermittlern recht früh klar. Kürten wurde erst im Mai 1930 in Düsseldorf-Pempelfort verhaftet, nachdem seine Frau Auguste ein geplantes Treffen mit ihm der Polizei offenbart hatte. Ihr hatte er am Tag zuvor ein diffuses Geständnis abgelegt. „Aufgeklärt" wurde die Mordserie also nicht durch die Kriminalpolizei, sondern durch Zufälle – und nicht zuletzt durch Kürten selbst. 1931 wurde Kürten von einem Düsseldorfer Schwurgericht, das aufgrund des überwältigenden Presseinteresses in einer Polizeiturnhalle an der Tannenstraße und nicht im Landgericht an der Mühlenstraße getagt hatte, wegen Mordes in neun Fällen neunmal zum Tode verurteilt, außerdem zu 15 Jahren Zuchthaus für die sieben Mordversuche. Am 2. Juli wurde das Urteil auf dem Hof des Kölner Gefängnisses („Klingelpütz") durch das Fallbeil vollstreckt.

1933: „Ab nach Brauweiler!"

Die Phase der „Machtergreifung" und damit verbundener Personal-Säuberungen überstanden die meisten Kriminalbeamten in Düsseldorf recht

Während der Mordserie Kürten wurden die Düsseldorfer Beamten von Experten aus Berlin unterstützt. Der Leiter der Berliner Mordkommission, Kriminalrat Ernst Gennat (3. v. l.), verbrachte mehrere Monate in Düsseldorf (Sammlung Mahn- und Gedenkstätte).

unbeschadet: Der allergrößte Teil der Kripoangehörigen – vom Düsseldorfer Kripochef Schmitz-Voigt bis zum Kriminalassistenten-Anwärter – blieb nach dem 30. Januar 1933 im Dienst. Auffallend ist jedoch, dass die von den neuen Akteuren in Berlin (Hermann Göring als kommissarischer Innenminister Preußens, Kurt Daluege als Polizeichef im Innenministerium sowie Arthur Nebe im preußischen Landeskriminalpolizeiamt) nun forcierte Kriminalpolitik auch in Düsseldorf gnadenlos durchgesetzt wurde. Hatten sich die nationalistisch eingestellten oder sogar schon NSDAP-nahen Beamten vor 1933 über die *Schranken* des Weimarer Rechtsstaates beschwert und diesem *Verweichlichung* bis hin zur Selbstaufgabe vor der Kriminalität vorgeworfen, so fielen nun sämtliche Schranken: Endlich, so das Empfinden vieler Kripobeamter, könne man mit neuen Machthabern und ebenso neuen Rechtsmitteln den *Berufs- und Gewohnheitsverbrechern* zu Leibe rücken. Wenngleich die nüchternen Kriminalitätsstatistiken der Jahre um 1930 eine ganz andere Sprache sprechen, galt die Zeit von Wirtschaftsnot und existenzieller Krisenerfahrung als Periode von Dunkelmännern und Ganoven, von organisierten Einbrecherbanden, Serien- und Kindermördern, als regelrechter „Nährboden" der moralischen Verkommenheit. Nun aber war man zufrieden über neue Möglichkeiten, die der NS-Staat seinen Kriminalisten an die Hand gab. Zu nennen sind vor allem der preußische Vorbeugehafterlass vom

13. November sowie das Reichsgesetz gegen *Gefährliche Gewohnheitsverbrecher* vom 24. November 1933. Beides stellte eine enorme Verschärfung dar: Vorbestrafte und Wiederholungstäter konnten nun ohne Anlass verhaftet und in Arbeitshäuser oder KZs verbracht werden; Kleinkriminelle konnten nach der regulären Haft in Sicherungsverwahrung genommen, *Sittlichkeitsverbrecher* in Gefängnissen kastriert, Trinker in Zwangsentzug genommen werden. Sowohl die Düsseldorfer Exekutive (Kripo) nahm diese *Werkzeuge* regelmäßig in Anspruch wie auch die Judikative (Landgericht). Noch bevor aber dem Milieu der Straftäter das Leben schwer gemacht wurde, verschärfte die Kriminalpolizei auch den Zugriff auf soziale Außenseiter, die zum Stadtbild gehörten, nun aber nicht mehr akzeptabel erschienen. Seit dem Frühjahr 1933 häuften sich – das ist aus den Haftbüchern des Polizeipräsidiums deutlich ablesbar – die Verhaftungen von Bettlern, *Landstreichern*, Prostituierten und Zuhältern, Alkoholikern, Fürsorgeempfängern und anderen Menschen, die man als *Asoziale*, *Gemeinschaftsfremde* oder *Arbeitsscheue* stigmatisierte. In diesem Zusammenhang sind auch die bis ins Bizarre gesteigerten Nachtrazzien in den städtischen oder den konfessionellen Asylen oder Obdachlosenheimen sowie die brutale Räumung der *Asozialensiedlung* am wilden Heinefeld 1936 zu sehen. Oftmals wurden die Betroffenen zu mehrwöchigen Haftstrafen verurteilt oder in die bei Köln gelegene Provinzialarbeitsanstalt in Brauweiler verbracht.

Einem vermehrt repressiven Zugriff durch Kripo und Behörden sahen sich auch die Düsseldorfer Prostituierten ausgesetzt, die entweder als konzessionierte Dienstleisterinnen in Bordellen amtlich erfasst waren oder aber auf dem „wilden" Straßenstrich arbeiteten oder Gelegenheitsprostitution betrieben. Schon Ende März/Anfang April 1933 war es zu größeren Festnahmeaktionen gekommen. Einem Zeitungsbericht[13] zufolge wurde *Düsseldorfs Stadtbild* [...] *vom Dirnen- und Zuhälterunwesen gesäubert.* Dabei wurden *20 Mädchen aufgegriffen und jetzt dem Schnellrichter vorgeführt, der sie zu Haftstrafen bis zu 6 Wochen verurteilte und ihre Ueberweisung an die Landesanstalt* [Brauweiler] *verfügte. Es ist ein erschütterndes Bild menschlicher Verkommenheit, das diese Mädchen bieten.*

Bei einer weiteren Razzia wurden 70 Prostituierte festgenommen. Von ihnen war – wie die Zeitung zu wissen meinte – *jede vierte bis fünfte geschlechtskrank. Wie sie selber sagen, schleppen sie jede Nacht 4 bis 7 Freier mit. Und nun bedenke man, daß jede vierte bis fünfte krank ist, um ermessen zu können, welch eine ungeheure Gefahr für die Volksgesundheit dieses Dirnenunwesen in sich birgt.*[14]

13 Volksparole vom 6.4.1933.

14 Ebd.

Im Juni 1933 ließ der Polizeipräsident die Kripo noch einmal rigoros gegen das Milieu vorgehen. Wiederum berichtete die „Volksparole" darüber: Die Zeitung verkündete eine *große Razzia gegen lichtscheues Gesindel*, die in den vorangegangenen Tagen und Nächten auf Anregung des Behördenleiters von der Kripo durchgeführt worden sei. *Im Sinne aller bisherigen energischen Maßnahmen der nationalen Regierung und der ihr unterstellten Behörden greifen auch die Polizei- und Strafvollstreckungsbehörden mit aller Schärfe durch, die erforderlich ist, um die Allgemeinheit vor Rechtsbrechern und Störern der öffentlichen Sicherheit und Ordnung zu schützen.* In diesem Zusammenhang verwies der Redakteur auf die *dringende Notwendigkeit* der *Bekämpfung des Dirnenunwesens mit all seinen die Oeffentlichkeit gefährdenden und störenden Begleiterscheinungen. Infolge völlig unzureichender Gesetzgebung des letzten Jahrzehnts hatten sich Dirnen und Zuhälter in unerträglicher Weise auf der Straße und in Lokalen breitgemacht und den Unwillen der anständigen Bevölkerung hervorgerufen. Die Düsseldorfer Polizei hat daher diesem trüben Kapitel ein besonderes Augenmerk zugewendet und ihm mit durchgreifenden Maßnahmen entgegenzuwirken versucht. In den letzten Wochen wurden neben fortlaufenden Maßnahmen wiederholt größere Razzien durchgeführt, bei denen stets eine große Anzahl unzuchttreibender Frauen und Männer aufgegriffen und festgenommen worden sind. Immer wieder stellte das Städtische Gesundheitsamt eine erhebliche Zahl der Festgenommenen als geschlechtskrank fest. Diese Frauen und Männer bilden eine außerordentliche Gefahr für die deutsche Volksgesundheit und müssen rechtzeitig vom Verkehr mit anderen Menschen ausgeschlossen werden.*

In der vergangenen Nacht führte ein großes Aufgebot der Kriminalpolizei und der Düsseldorfer SS. wieder eine umfangreiche Razzia nach Personen der oben bezeichneten Art durch. Insgesamt wurden *von den zahlreichen Streifen, die aus Kriminalbeamten und SS.-Männern zusammengesetzt waren,* [...] *von den Straßen und aus allen möglichen Schlupfwinkeln 156 Frauen und 35 Männer aufgegriffen und festgenommen.*[15]

Auch der Zugriff auf Alkoholabhängige, vor allem auf solche, die durch öffentliches und exzessives Trinken auf Straßen und in Parkanlagen von den Behörden als eine Gefährdung für die öffentliche Ordnung angesehen wurden, verschärfte sich nun stetig. Die neuen Erlasse des preußischen Innenministeriums *gaben der Fürsorgestelle die Möglichkeit, Trunksüchtige den gemeingefährlichen Geisteskranken gleichzusetzen und so nötigenfalls kurzerhand Zwangsunterbringungen in Heil- und Pflegeanstalten herbeizuführen.*[16] Ein Verwaltungsbericht gibt auch Auskunft darüber, wie viele Trinker in geschlossene Anstalten eingewiesen wurden: Im Jahre 1933 waren es 88, 1934 70 und 1935 82.[17]

15 Volksparole vom 15.6.1933

16 Verwaltungsbericht der Stadt Düsseldorf 1933/1936, S. 226.

17 Ebd.

Der Kampf gegen die *asozialen Elemente*

Um den repressiven Zugriff auf die sozialen Außenseiter möglichst effektiv zu gestalten, einigten sich Kriminalpolizei und städtische Ordnungsbehörden 1935 auf gemeinsam durchzuführende Nachtstreifen. In einem eigens erstellten Merkblatt wurde aufgelistet, wie die Streifen mittwochs, samstags und sonntags mit den festgestellten Personen zu verfahren hatten: Aufgegriffene Jugendliche unter 14 Jahren sollten einem Waisenhaus an der Oberbilker Allee 157 überstellt werden, die älteren dem Obdachlosenasyl am Sybelwerk in Rath. Weibliche Jugendliche wurden dem Mädchenheim an der Klosterstraße 86 oder dem Gertrudisheim an der Ulmenstraße 83 zugeführt. Erst an diesen Orten wurden die Eltern vom Zugriff auf ihre Jugendlichen informiert und konnten dann die Heranwachsenden abholen. Entlaufene männliche *Fürsorgezöglinge*, die aus geschlossenen Heimen entwichen waren, sollten von der Kripo in das Obdachlosenasyl an der Färberstraße 136 gebracht werden; bei den weiblichen unterschied man nach Konfessionszugehörigkeit: Die evangelischen Mädchen brachte man in das Bethanien- oder das Dorotheenheim, die katholischen in das Gertrudisheim. Bei den erwachsenen Obdachlosen standen das Asyl Sybelwerk (männlich) und die oben genannten Heime (weiblich) zur Verfügung. Geschlechtskranke Prostituierte sollten dem Pflegeamt oder nachts direkt in die Hautklinik der Städtischen Krankenanstalten übergeben werden.[18]

Die NSV blickte in einer 1935 vom NSV-Gaumtsleiter Dr. Robert Friedrich herausgegebenen umfangreichen Broschüre auf – so der Titel – *Zwei Jahre Tatsozialismus im Gau Düsseldorf* zurück und bilanzierte darin eine Erfolgsmeldung nach der anderen. Für unseren Zusammenhang relevant erscheint vor allem der Abschnitt, in dem wiederholt eine Unterscheidung zwischen *erbgesunden* Familien, die der Unterstützung durch die NSV tatsächlich bedürften, und *asozialen Elementen*, die sich solche Leistungen mit krimineller Energie erschleichen würden.[19]

Dort heißt es: *Die hinter uns liegende liberalistische und marxistische Epoche kannte den Begriff der Volksgemeinschaft nicht. Die Bevölkerung zerfiel nach ihrer Auffassung in sogenannte führende Schichten, das sind diejenigen Staatsbürger, die zur Gesellschaft gerechnet wurden, und in das Volk. Im Volk gab es nicht nur Menschen, die für den Bestand dieser Gesellschaftsordnung oder des verflossenen Staates Wert und Bedeutung hatte, sondern auch solche, die lediglich auf der Verzehrseite standen, deren Existenz und Tätigkeit für diese Gesellschaftsordnung und diesen Staat eine Belastung darstellten. Für diese Menschen hat die liberalistische und marxistische Auffassung den Begriff asoziale Elemente geprägt.*

18 StAD 0-1-4-16, Bl. 60.

19 Robert Friedrich (Hrsg.), Zwei Jahre Tatsozialismus im Gau Düsseldorf, Düsseldorf 1935, S. 43f.

Das Heer dieser Asozialen wuchs von der Machtübernahme von Jahr zu Jahr, und es rekrutierte sich nicht nur aus rassisch und erbbiologisch Minderwertigen, sondern zum überwiegenden Teil aus Menschen, die asozial, also der bestehenden Ordnung gegenüber feindlich gesinnt waren, weil diese Ordnung selbst immer unvernünftiger und naturwidriger geworden war [...]. *Denn asoziale Elemente waren ja rassisch und erbbiologisch Minderwertige, oder – juristisch betrachtet – in der Regel Verbrecher aus Neigung und Instinkt. Die liberalistische Welt liegt im Sterben. Mit ihr sterben auch ihre typischen Erscheinungen und die von ihr geprägten Begriffe. Es ist aber notwendig, den Begriff der asozialen Elemente nicht sterben zu lassen, sondern ihn festzuhalten und ihm den Inhalt und die Bedeutung zu geben, die ihm aus der nationalsozialistischen Betrachtungsweise heraus künftig zukommen muss. Wir kennen den liberalistischen Gegensatz von Gesellschaft und Volk nicht, wir kennen auch nicht die marxistischen Klassengegensätze. All das ist durch den Begriff der deutschen Volksgemeinschaft überwunden, der sich seit der Machtübernahme von Jahr zu Jahr immer deutlicher und bewusster in den Herzen und Hirnen der deutschen Menschen formt. Was nun nicht zu dieser Gemeinschaft gehört, das wollen wir künftig asoziale Elemente nennen. Wir spüren aber sofort, dass wir darunter nicht nur die rassisch und erbbiologisch Minderwertigen, nicht nur die Verbrecher und diejenigen verstehen dürfen, die aus eigener Schuld immer wieder auf der Verzehrseite des Volksvermögens bleiben werden, sondern wir reihen in diese Kategorie auch diejenigen ein, die sich mit vollem Bewusstsein selbst aus der Volksgemeinschaft ausschließen, indem sie, obwohl sie dazu imstande wären, die Pflichten, die dieser Volksgemeinschaft auferlegt sind, nicht erfüllen wollen* ... Der betreffende Abschnitt endet mit einer eindeutigen Warnung: *Wer sich bewusst der Zugehörigkeit der NSV. und der Mitarbeit in ihr entzieht, obgleich er dazu in der Lage wäre, verletzt seine soziale Pflicht und wird sich künftig gefallen lassen müssen, von der deutschen Volksgemeinschaft als asoziales Element gewertet zu werden.*

„Vom Nichtstun ins Konzentrationslager"

Vor diesem programmatischen Hintergrund nutzten die Düsseldorfer Kriminalisten die Überweisung in KZs aufgrund des preußischen Vorbeugeerlasses als probates Mittel, Menschen aus dem eigenen Nahbereich zu entfernen. Am 12. Januar 1934 berichtete etwa die Düsseldorfer „Volksparole" vom Fall dreier Männer.[20] Es ging um eine Kooperation der Stadtverwaltung (und hier vermutlich des Wohlfahrtsamtes) mit der Kriminalpolizei bei der *Behandlung* dreier *asozialer Elemente.* Die Verwaltung hatte angekündigt, sie würde *mit aller Schärfe* solche Personen *heranholen* und dabei *vor keinem Mittel zurückschrecken*, um ein *Verantwortungsgefühl wieder zu wecken.* Dass diese Worte *keine leere Drohung*

20 Volksparole v. 12.1.1934.

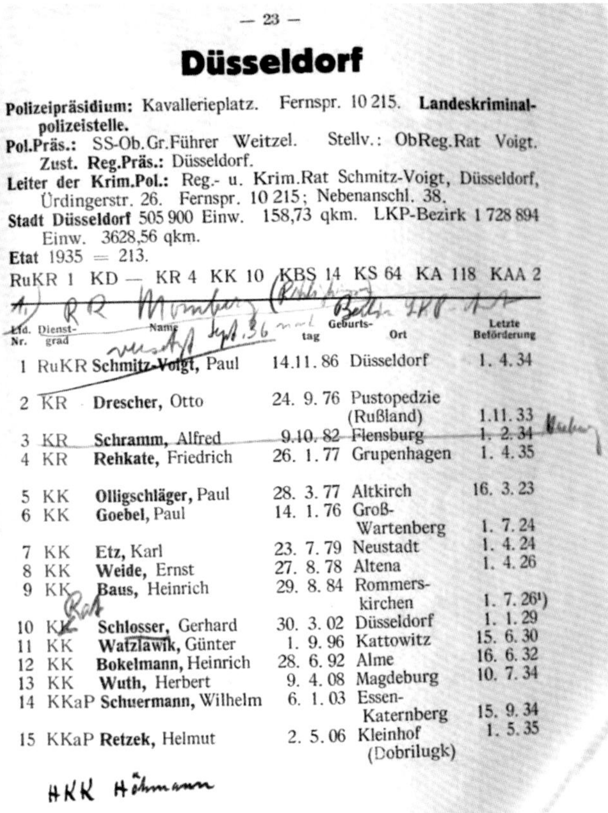

— 23 —

Düsseldorf

Polizeipräsidium: Kavallerieplatz. Fernspr. 10 215. **Landeskriminalpolizeistelle.**
Pol.Präs.: SS-Ob.Gr.Führer Weitzel. Stellv.: ObReg.Rat Voigt.
Zust. Reg.Präs.: Düsseldorf.
Leiter der Krim.Pol.: Reg.- u. Krim.Rat Schmitz-Voigt, Düsseldorf, Ürdingerstr. 26. Fernspr. 10 215; Nebenanschl. 38.
Stadt Düsseldorf 505 900 Einw. 158,73 qkm. LKP-Bezirk 1 728 894 Einw. 3628,56 qkm.
Etat 1935 = 213.
RuKR 1 KD — KR 4 KK 10 KBS 14 KS 64 KA 118 KAA 2

Lfd. Nr.	Dienstgrad	Name	Geburtstag	Geburtsort	Letzte Beförderung
1	RuKR	**Schmitz-Voigt,** Paul	14.11.86	Düsseldorf	1. 4.34
2	KR	**Drescher,** Otto	24. 9.76	Pustopedzie (Rußland)	1.11.33
3	KR	**Schramm,** Alfred	9.10.82	Flensburg	1. 2.34
4	KR	**Rehkate,** Friedrich	26. 1.77	Grupenhagen	1. 4.35
5	KK	**Olligschläger,** Paul	28. 3.77	Altkirch	16. 3.23
6	KK	**Goebel,** Paul	14. 1.76	Groß-Wartenberg	1. 7.24
7	KK	**Etz,** Karl	23. 7.79	Neustadt	1. 4.24
8	KK	**Weide,** Ernst	27. 8.78	Altena	1. 4.26
9	KK	**Baus,** Heinrich	29. 8.84	Rommerskirchen	1. 7.26[1])
10	KK	**Schlosser,** Gerhard	30. 3.02	Düsseldorf	1. 1.29
11	KK	**Watzlawik,** Günter	1. 9.96	Kattowitz	15. 6.30
12	KK	**Bokelmann,** Heinrich	28. 6.92	Alme	16. 6.32
13	KK	**Wuth,** Herbert	9. 4.08	Magdeburg	10. 7.34
14	KKaP	**Schuermann,** Wilhelm	6. 1.03	Essen-Katernberg	15. 9.34
15	KKaP	**Retzek,** Helmut	2. 5.06	Kleinhof (Dobrilugk)	1. 5.35

Die Dienstaltersliste der Düsseldorfer Kripo (1935; Sammlung Mahn- und Gedenkstätte).

waren, ginge aus der Tatsache hervor, *daß auf ihre Veranlassung am gestrigen Tage drei Burschen, die sich durch ihre Gesinnungslosigkeit besonders auszeichneten, ins Konzentrationslager gewandert sind.*

Der 19-jährige Leonhard G., dessen voller Name, Geburtsdatum und Wohnadresse in der Zeitung zu lesen war, wurde als renitent und faul beschrieben – allerdings nur gegenüber seinen Eltern. Er würde lange schlafen, frech sein und jede Arbeit ablehnen. Zudem sei er mit *Erziehungsbehörden in Berührung gekommen. Trotzdem*, so war weiter zu lesen, *hatte er es verstanden, sich mit öffentlicher Unterstützung und mit anderen unkrontrollierbaren Einnahmen einen vergnüglichen Tag zu machen.* Was unter *unkrontrollierbaren Einnahmen* konkret zu verstehen war, geht aus der Pressemitteilung nicht hervor. Der zweite junge Mann, Georg P., Jahrgang 1911, wurde ebenfalls als *Faulenzer* beschrieben, den seine Eltern einem Arbeitslager in Blankenheim/Eifel übergeben hatten, der aber von dort wieder zurück nach Düsseldorf gekehrt war, weil, wie das Blatt ironisch formulierte, *ihm die Gegend nicht gefiel.* Er wolle nicht arbeiten, läge seiner Mutter auf der Tasche und habe zusätzlich in die kleine Wohnung in der Friedrichstadt noch seine Freundin einziehen lassen. *Sein einziger Trieb war, durch Nichtstun viel Geld zu verdienen und andere für sich arbeiten zu lassen.*

Über Josef T., den dritten junge Mann, 1914 geboren, wusste die „Volksparole" zu berichten, er habe immer dann, wenn er seinen Willen nicht bekommen habe, den *wilden Mann* gespielt; er sei *seelisch abnorm* und bereits als 16-jähriger in eine Heilanstalt eingewiesen worden, heute sei er ein *Zuhälter und* [ein] *rabiater Bursche.* T. habe nie gearbeitet, habe bei seinen Eltern gewohnt und dort seine Freundin einquartiert, *die tagsüber schläft und abends ihrem Gewerbe nachging.* Zusammenfassend befand die Zeitung, es handle sich bei allen dreien jungen Männern um *impertinent freche, arbeitsscheue* [...] *Volksschädliche übelster Sorte. Für solche Elemente ist das Konzentrationslager der einzig mögliche Aufenthaltsort. Hier werden sie lernen, was der nationalsozialistische Staat unter Arbeitsleistung und Wohlfahrtsunterstützung, aber auch was er unter Einordnung und eiserner Disziplin versteht* [...]. *Eltern und Kinder gehören als Lebensgemeinschaft, als Familie zueinander. Und wer diese Lebensgemeinschaft so frech heruntergezerrt und sie so entwürdigt, wie wir es oben an drei Beispielen geschildert haben, der hat nichts anderes verdient, als daß ihm Gelegenheit gegeben wird, im Konzentrationslager wieder ein anständiger und brauchbarer Mensch zu werden.*

Abgesehen von dem bewusst hämischen Tonfall des Artikels ist vor allem die Tatsache relevant, dass hier Stadtverwaltung, Fürsorge- und Wohlfahrtsbehörden sowie die schließlich ausführende Kriminalpolizei in einer Zusammenarbeit drei Männer internieren ließen, die im Grunde gar nicht dem Raster des *Gewohnheitsverbrechergesetzes* entsprachen, also nicht durch Straftaten, sondern nur durch ihren unangepassten Lebensstil aufgefallen waren. Der Artikel dürfte das Ziel einer Abschreckung gegenüber *Faulenzern* und *rabiaten Burschen* verfolgt haben, wobei im Frühjahr 1934 das Wort *Konzentrationslager* in der öffentlichen Wahrnehmung bereits eindeutig zu interpretieren war und offenkundig keiner weiteren Erklärung bedurfte.

Mitte der 1930er Jahre konnte die Düsseldorfer Kriminalpolizei auf eine Zeit zurück blicken, in der sie auf die Verbindlichkeiten eines Rechtsstaates keine Rücksichten mehr hatte nehmen müssen, sondern auf eine Periode, in der manche Forderungen der Kriminalisten durch das neue Regime *endlich* umgesetzt wurden. So zog auch das „Düsseldorfer Tageblatt" im Spätsommer 1935 eine überwiegend positive Bilanz und schätzte den Rückgang der Kriminalität als direkte Folge der neuen Gesetze und Verordnungen ein.[21] Hier hieß es: *Die umfassenden Maßnahmen der Polizei- und Justizbehörden haben in der letzten Zeit wesentlich dazu beigetragen, daß Ruhe und Ordnung herrschen. Die exemplarischen Strafen, die seit der nationalen Revolution von den Gerichten verhängt werden*[,] *sowie vor allem die Sicherungsverwahrung, machen sich in einem erheblichen Rückgang des Berufsverbrechertums bemerkbar.* Trotzdem dürfe nicht übersehen werden, dass *nach wie vor der Bekämpfung der Kriminalität größte Aufmerksamkeit zugewandt werden muß.*

21 *Bilanz der Kriminalität. Wirksame Maßnahmen der Landeskriminalpolizei Düsseldorf gegen das Verbrechertum,* in: Düsseldorfer Tageblatt vom 13.9.1935.

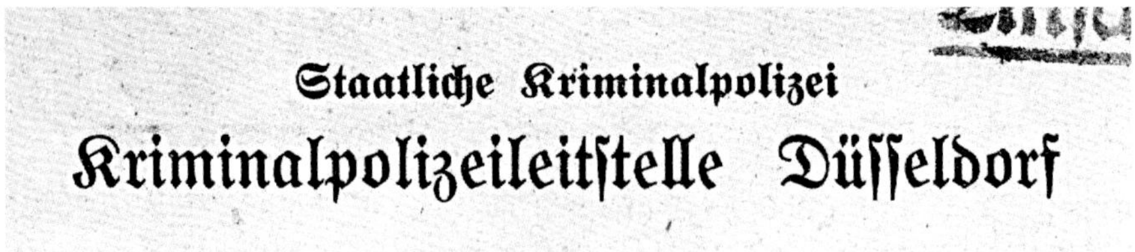
Staatliche Kriminalpolizei
Kriminalpolizeileitstelle Düsseldorf

Briefkopf der Düsseldorfer Leitstelle (Landesarchiv NRW, Abt. Rheinland).

Sommer 1936: Leitstelle für Rheinland und Westfalen

Im Zuge einer umfassenden Neuordnung und Neuausrichtung der Kriminalpolizei wurden im Sommer 1936 auch die regionalen Kripo-Strukturen angegangen. An die Stelle der bisherigen Landeskriminalpolizeistellen trat eine differenziertere Organisation von 13 Kriminalpolizeileitstellen (KPLSt), die mit geringen Ausnahmen weiterhin für den Bezirk der bisherigen Landeskriminalpolizeistellen zuständig blieben, und diesen unterstellten Kriminalpolizeistellen (KPSt). Die Kriminalpolizeistellen hatten zugleich die kriminalpolizeilichen Belange für ihren Ortsbezirk wahrzunehmen. In Düsseldorf wurde eine der Kriminalpolizeileitstellen errichtet, sie war den Kriminalpolizeistellen Düsseldorf, Bochum, Dortmund, Essen, Recklinghausen und Wuppertal übergeordnet und führte die Bezeichnung *Staatliche Kriminalpolizei – Kriminalpolizeileitstelle Düsseldorf.*[22] Die einzelnen Kriminalpolizeistellen hatten wiederum jeweils eigene Verantwortungsbereiche:

Kriminalpolizeistelle Essen
Adresse: Büscherstraße 2 [Polizeipräsidium].
Zuständigkeitsgebiet: vom Regierungsbezirk Düsseldorf die Kreise Rees und Dinslaken. Stadtkreise Duisburg, Essen, Mülheim/Ruhr und Oberhausen.

Kriminalpolizeistelle Recklinghausen
Adresse: Westerholder Weg 27 [Polizeipräsidium].
Zuständigkeitsgebiet: Regierungsbezirk Münster.

Kriminalpolizeistelle Dortmund
Adresse: Adolf-Hitler-Allee 1–3 [Polizeipräsidium].
Zuständigkeitsgebiet: vom Regierungsbezirk Minden die Kreise Wiedenbrück, Paderborn, Höxter, Warburg, Düren [sic!] und Lipperode. Vom Regierungsbezirk Arnsberg außer

22 RdErl. vom 20.9.1936, MBliV. 1936, Sp. 1339 mit Anlage. S. auch Bundesarchiv Berlin, R58, Nr. 241, Bl. 76. Der Erlass, von Innenminister Frick unterzeichnet, trat am 1.10.1936 in Kraft.

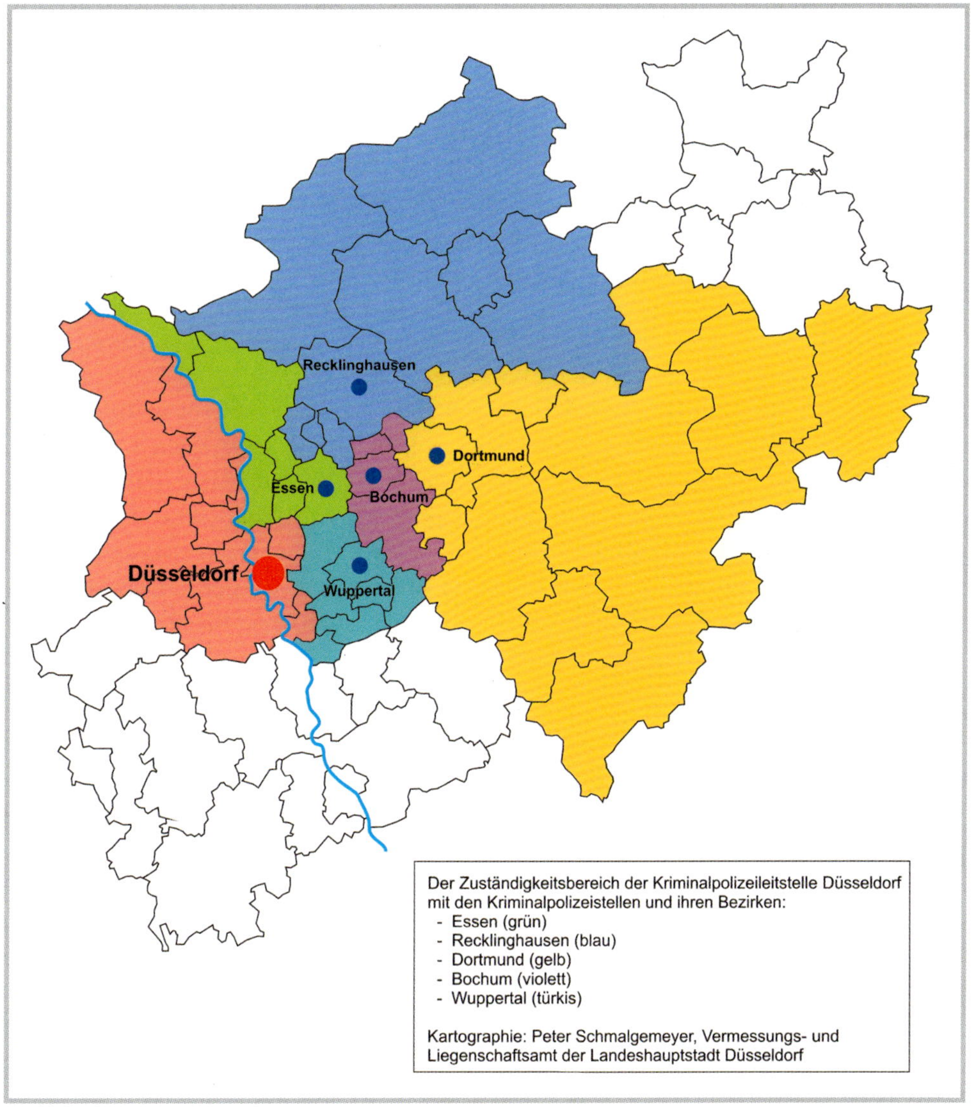

Nahezu ganz Rheinland und Westfalen: Räumliche Ausdehnung des Leitstellenbezirkes (Kataster- und Vermessungsamt der Stadt Düsseldorf, 2015).

auch per juristischer Definition des Weimarer Rechtsstaates eher in das Feld der Fürsorge oder der kommunalen Aufsicht gehörten oder überhaupt nicht repressiv behandelt werden mussten. Nun aber ging die Kripo mit einem

23 Reichsministerialblatt der inneren Verwaltung (im Folgenden: RMBliV.) 1936, S. 1939.

stattlichen Personal- und Zeitaufwand gegen alle diejenigen vor, die man als Außenseiter und *Gemeinschaftsfremde* stigmatisierte: als *Asoziale* und *Arbeitsscheue* klassifizierte Menschen, die überwiegend den sozialen Unterschichten oder ohnehin schon marginalisierten Randgruppen angehörten; Kleinkriminelle, Bettler, Landstreicher und Obdachlose, Wanderarbeiter; Zuhälter, Prostituierte, Geschlechtskranke oder sexuell freizügige Personen, die sich dem Zugriff der Gesundheitsämter entzogen oder die mit einer Abtreibung die nationalsozialistische Familienpolitik untergraben hatten; *Zigeuner* oder *nach Zigeunerart umherziehende Personen*; *Fremdrassige*; kinderreiche Unterschichtenfamilien; *Gammler*, Alkoholiker und Rauschgiftsüchtige, säumige Unterhaltszahler, *schwachsinnige* Arbeitsverweigerer, notorische oder *selbstverschuldete* Fürsorgeempfänger, deviante Jugendliche, die sich der HJ verweigerten oder *herumlungerten*, sowie alle anderen, die durch ihren unangepassten Lebensstil, ihr alltägliches Verhalten oder durch einzelne Äußerungen nach Meinung der Kripo *bewiesen* hatten, dass sie in die nationalsozialistische, leistungsorientierte und *arische* Volksgemeinschaft nicht integrierbar seien. Sie alle galten als *Volksschädlinge* und *Ballastexistenzen*, die der Allgemeinheit schaden und sie nachhaltig belasten würden.[24] Diese Gruppe war außerordentlich heterogen. Ulrich Herbert hat darauf hingewiesen, dass es sich insgesamt um Sammelbegriffe gehandelt habe, die „alle irgendwie sozial auffälligen, als unangenehm oder ‚unnatürlich' empfundenen, aber juristisch nicht sicher klassifizierbaren Verhaltensweisen umfasste[n] und als Ausdruck einer jedenfalls in der Mehrzahl der Fälle ererbten, also nicht besserungsfähigen Anlage im einzelnen definierte[n]."[25]

Hierbei war es ganz unerheblich, ob diese Personen kriminelle Taten im strengeren Sinne des Strafgesetzbuches begangen hatten oder nicht. Die bloße Einschätzung eines Dienststellenleiters reichte aus, um eine Person entsprechend zu klassifizieren und polizeilich zu behandeln. Die Ermessensspielräume und die Schwammigkeit der dienstlichen Formulierungen waren immens. Spätestens ab 1937/1938 galt die Überstellung in ein KZ als probates Mittel, unliebsame Personen mit abweichendem Lebensstil endgültig zu isolieren und *unschädlich* zu machen. Hierbei spielte der Gedanke der Vorbeugung, der *kriminalbiologischen Generalprävention*, eine fast größere Rolle als der einer eigentlichen Strafverfolgung

24 Vgl. auch Wolfgang Ayaß, Die Einweisung von „Asozialen" in Konzentrationslager: die „Aktion Arbeitsscheu Reich" und die kriminalpolizeiliche Praxis bei der Verhängung von Vorbeugungshaft, in: Dietmar Sedlaczek u. a. (Hrsg.), „minderwertig" und „asozial". Stationen der Verfolgung gesellschaftlicher Außenseiter, Zürich 2005, S. 89–105; Christa Schikorra, Schwarze Winkel im KZ. Die Haftgruppe der „Asozialen" in der Häftlingsgesellschaft, in: Sedlaczek, Stationen (wie oben), S. 105–127.

25 Ulrich Herbert, Best: Biographische Studien über Radikalismus, Weltanschauung und Vernunft 1903–1989, Bonn 1996, S. 175.

und Ahndung. Es ging um die Frage, was jemand aufgrund seiner Biographie, seiner Herkunft oder seiner *angeborenen Asozialität* in Zukunft tun könnte und wie dies zu verhindern sei. Diese Zerstörung des *Berufsverbrechertums* war vielen Kripoakteuren nicht nur eine Herzensangelegenheit, sondern für die ganze Polizei eine wichtige Prestigeangelegenheit.

Dabei wurde die Kripo mit einem Instrument versehen, das– vergleichbar mit der „Schutzhaft" der Gestapo – den Kommissaren ganz neue Handlungsfelder eröffnen sollte. Mit dem *Grundlegenden Erlaß über die vorbeugende Verbrechensbekämpfung durch die Polizei* des Reichsinnenministeriums vom 14. Dezember 1937 war ein Maßnahmenkatalog in Kraft gesetzt worden, der das kriminalpolizeiliche Vorgehen vereinheitlichen und steuern sollte.[26] Hier wurde der Opferkreis der Kriminalprävention enorm erweitert, wobei man abermals juristisch schwammige Begriffe benutzte, den Kripostellen jedoch ein größtmögliches Maß an Autonomie zutrug: Es ging nun nicht mehr nur um *Gewohnheitsverbrecher*, sondern die Kripo konnte auch *Asoziale* deportieren – ohne jeden Gerichtsbeschluss. Vorbeugungshaft konnte folglich gegen Personen angeordnet werden, die durch ihr *asoziales Verhalten die Allgemeinheit* gefährdeten, wobei in den Ausführungsrichtlinien, die das RKPA am 4. April 1938 zum Grunderlass herausgab, den Konzentrationslagern ausdrücklich die Funktion als *staatliche Besserungs- und Arbeitslager* zugewiesen wurde. Der Erlass erbrachte drei Neuerungen: 1. Das Konzept der Kriminalprävention wurde reichsweit vereinheitlicht; und 2. Die Ausweitung der Opfergruppen auf *Arbeitsscheue* und *Asoziale* und die damit einhergehende Auflösung starrer juristischer Definitionen zugunsten einer auf persönlichem Ermessen beruhender Schwammigkeit. *Berufsverbrecher* und *Asoziale* wurden nun als Einheit verstanden, da man davon überzeugt war, das *Verbrechertum* [habe] *im Asozialen seine Wurzeln* und würde sich aus ihm – einem schier uferlosen Reservoir gleichend – permanent neu speisen.

März 1937: Der Schlag gegen die „Berufsverbrecher"

Bereits am 27. Januar 1937 forderte Heydrich die Kripostellen dazu auf, *zu einem bestimmten Zeitpunkt eine größere Anzahl Berufsverbrecher unerwartet in vorbeugende Polizeihaft zu nehmen*. Die Kripostellen sollten eine Auswahl der infrage kom-

26 Abgedruckt bei: Wolfgang Ayaß, „Gemeinschaftsfremde". Quellen zur Verfolgung von „Asozialen" 1933–1945 (Materialien aus dem Bundesarchiv 5), Koblenz 1998, Quelle Nr. 50, sowie bei Christian Faludi (Hrsg.), Die „Juni-Aktion" 1938. Eine Dokumentation zur Radikalisierung der Judenverfolgung, Frankfurt a. M./New York 2013, S. 121. Vgl. Friedrich Wilhelm, Die Polizei im NS-Staat. Geschichte ihrer Organisation im Überblick, Paderborn 1997 (²1999), S. 79ff., S. 101.

menden Personen treffen und diese dem preußischen Landeskriminalpolizeiamt mitteilen. Himmler legte am 23. Februar nach. Er veröffentlichte schließlich die Richtlinien für die Inhaftierung von 2.000 *Berufs- und Gewohnheitsverbrechern sowie gewohnheitsmäßigen Sittlichkeitsverbrechern*, die keiner geregelten Arbeit nachgingen.[27] Himmler wollte die betreffenden Personen *schlagartig in einem Tage im ganzen Reichsgebiet* festnehmen und *in den Konzentrationslagern* internieren lassen.[28] Den Forschungen von Sven Langhammer zufolge wurden etwas mehr als 500 Häftlinge dieser Sonderaktion, die am 9. März stattfand, in das KZ Lichtenburg deportiert, 85 davon kamen aus dem Regierungsbezirk Düsseldorf.[29] Neben dem KZ Lichtenburg brachte man die Häftlinge auch nach Dachau (300)[30], Sachsenburg (730), Sachsenhausen (300)[31] und Moringen (29). Eine unbekannte Anzahl weiblicher *Berufsverbrecherinnen* aus dem Raum Düsseldorf deportierte die Kripo im März in das Frauenkonzentrationslager Moringen. Bereits am 11. März, also nur zwei Tage nach Beginn der Verhaftungsaktion, wurden noch einmal fast 500 Vorbeugungshäftlinge in das KZ Sachsenburg bei Frankenberg an der Zschopau verschleppt, darunter waren 91 Männer aus dem Regierungsbezirk Düsseldorf. Sie wurden alle ab dem Sommer auf die Konzentrationslager Buchenwald und Sachsenhausen verteilt.[32]

Die Auswertung des Düsseldorfer „Polizeihaftbuches“ für den besagten Zeitraum ergibt zu dieser Verhaftungsaktion etwas genauere Anhaltspunkte: Demnach wurden 94 Männer und fünf Frauen in Düsseldorf und in der Umgebung verhaftet und im Polizeigefängnis des Präsidiums am Mackensenplatz inhaftiert.[33] Eine erste Verhaftung und Überführung fand bereits am Abend des 8. März statt (21:35 Uhr) und betraf einen in Essen wohnenden Mann, zu dem der Haftgrund *vorbeugende Polizeihaft* eingetragen wurde. Am Dienstag, dem 9. März, fand dann die erste Einlieferung um 6:20 Uhr statt. Die Männer stammten überwiegend

27 Vgl. Sven Langhammer, Die reichsweite Verhaftungsaktion vom 9. März 1937 – eine Maßnahme zur „Säuberung des Volkskörpers“, in: Hallische Beiträge zur Zeitgeschichte 17, 2007, S. 55–77, S. 60. Siehe auch Lieske, Berufsverbrecher (wie Anm. 3), S. 145ff.; Wagner, Volksgemeinschaft (wie Anm. 2), S. 256.

28 Peter Longerich, Heinrich Himmler: Biographie, München 2008, S. 237; Nikolaus Wachsmann, KL – Die Geschichte der nationalsozialistischen Konzentrationslager, München 2016, S. 172; Wilhelm, Polizei (wie Anm. 26), S. 101.

29 Vgl. Langhammer, Verhaftungsaktion (wie Anm. 27), S. 66.

30 Vgl. Stanislav Zamecnik, Dachau-Stammlager, in: Wolfgang Benz/Barbara Distel (Hrsg.), Der Ort des Terrors, Bd. 2: Dachau, frühe Lager, München 2005, S. 233–274, hier: S. 247.

31 Vgl. Hermann Kaienburg, Konzentrationslager Sachsenhausen, in: Wolfgang Benz/Barbara Distel (Hrsg.), Der Ort des Terrors, Bd. 3: Sachsenhausen, Buchenwald, München 2006, S. 17–96, hier: S. 30. Am 10.3.1937 wurden 141 Personen eingeliefert, die als *Vorbeugehäftlinge* aufgenommen wurden.

32 Vgl. Langhammer, Verhaftungsaktion (wie Anm. 27), S. 72.

33 Haftbuch Männer, LAV NRW R, BR 2132 Nr. 35, Bl. 228ff./ab lfde. Nummer 588.

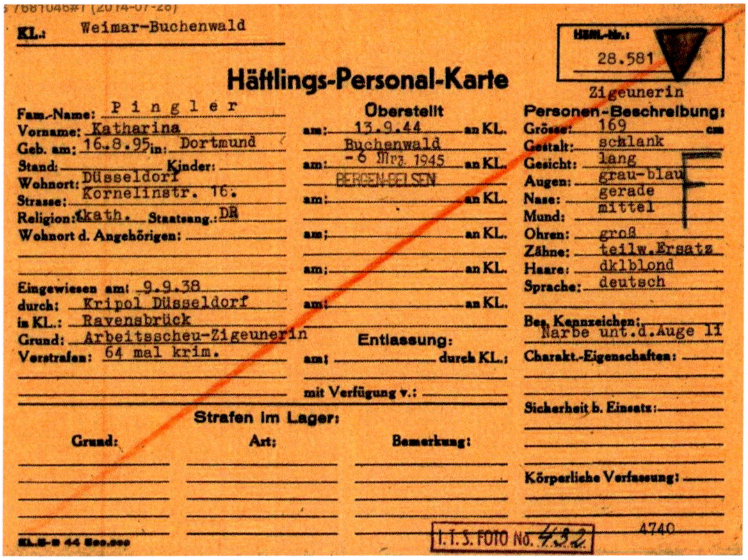
7681046#1 (2014-07-28)
KL.: Weimar-Buchenwald
Häftl.-Nr.: 28.581
Zigeunerin

Häftlings-Personal-Karte

Fam.-Name: Pingler
Vorname: Katharina
Geb. am: 16.8.95 in: Dortmund
Stand: Kinder:
Wohnort: Düsseldorf
Strasse: Kornelinstr. 16.
Religion: kath. Staatsang.: DR
Wohnort d. Angehörigen:

Eingewiesen am: 9.9.38
durch: Kripol Düsseldorf
in KL.: Ravensbrück
Grund: Arbeitsscheu-Zigeunerin
Vorstrafen: 64 mal krim.

Überstellt
am: 13.9.44 an KL. Buchenwald
am: -6 Mrz. 1945 an KL. BERGEN-BELSEN
am: an KL.
am: an KL.
am: an KL.
am: an KL.

Entlassung:
am: durch KL.:
mit Verfügung v.:

Personen-Beschreibung:
Grösse: 169 cm
Gestalt: schlank
Gesicht: lang
Augen: grau-blau
Nase: gerade
Mund: mittel
Ohren: groß
Zähne: teilw. Ersatz
Haare: dklblond
Sprache: deutsch
Bes. Kennzeichen: Narbe unt.d.Auge li
Charakt.-Eigenschaften:
Sicherheit b. Einsatz:
Körperliche Verfassung:

Strafen im Lager:
Grund: Art: Bemerkung:

KL.5-B 44 500.000
I.T.S. FOTO No. 432
4740

Häftlingskartei aus dem KZ Buchenwald: Die Düsseldorferin Katharina Pingler galt den Kripobeamten als „arbeitsscheue Zigeunerin". Sie kam nach Ravensbrück, Buchenwald und noch im Frühjahr 1945 nach Bergen-Belsen (Sammlung Gedenkstätte Buchenwald).

aus Düsseldorf, aber auch aus Moers, Duisburg, Immigrath, Langenfeld und anderen kleinen Städten der Region. Als Haftgrund wurde entweder *Berufsverbrecher* oder *auf Anordnung von L.K.P.* eingetragen, die Schutzpolizisten, die für die Gefangenenaufnahme zuständig waren, handelten also im Auftrag des Landeskriminalpolizeiamtes, regional vertreten durch die Düsseldorfer Leitstelle. Ab dem Nachmittag mehrten sich Einlieferungen von Männern aus dem Umland, besonders aus Leverkusen und Krefeld. Dann kam eine größere Gruppe von Männern aus Neuss. Die Einlieferungen dauerten insgesamt bis 18:00 Uhr. Sie führten zu einer völligen Überfüllung der Hafträume, so dass schon ab dem Spätvormittag die Verhafteten auch in Fluren und mehreren Teeküchen festgehalten wurden[34], was eindeutig der Düsseldorfer Polizeigefängnisordnung zuwider lief.[35] Zwischen 6:20 und 16:24 Uhr wurden fünf Frauen eingeliefert, vier aus Düsseldorf und eine aus Moers.[36]

Mit den festgenommenen Männern und Frauen wurde unterschiedlich verfahren: Während die männlichen Häftlinge direkt am Morgen des Folgetages (10. März 1937, 5.15 Uhr) mit demselben *Transport* deportiert wurden, ließ man die Frauen bis zum 15. März im Präsidium. Sie gingen um 7:45 Uhr *auf Transport ins Lager*. Wohin und in welche Konzentrationslager die beiden Züge fuhren, ist nicht zu rekonstruieren. Als Ziele kommen Dachau, Lichtenburg und Sachsenburg in Betracht. Von insgesamt 2.000 angeblichen *Berufsverbre-*

34 Vgl. ebd, ab Bl. 248/ lfde. Nr. 642.

35 Polizeigefängnisordnung der Polizeiverwaltung Düsseldorf, in: Sammlung der Mahn- und Gedenkstätte GED-71-005-300.000.

36 Haftbuch Frauen, LAV NRW R, BR 2132, Nr. 66, ab Bl. 172/lfde. Nr. 297.

chern, deren Verhaftung Himmler im gesamten Reich angeordnet hatte, kamen somit alleine rund 100 Personen aus dem Raum Düsseldorf, die nur an einem einzigen Tag verhaftet wurden. Rechnet man die 91 Männer aus dem ganzen Regierungsbezirk hinzu, die wenige Tage später noch zusätzlich verschleppt wurden, sowie einige weibliche Häftlinge, kommt man auf einen Anteil von über 200 Menschen, also zehn Prozent der Gesamtanzahl dieser reichsweit konzertierten und geplanten Aktion. Zum Vergleich: Im Großraum Hamburg waren es 167 Häftlinge – also deutlich weniger.[37] Die Kriminalpolizeileitstelle Köln beantragte beim LKPA 210 Verhaftungen für die drei Regierungsbezirke Köln, Trier und Koblenz, von denen jedoch nur 177 genehmigt und letztlich 120 durchgeführt wurden. Von diesen 120 *Berufsverbrechern* stammten 70 aus Köln und dem Umland.[38]

Die „Juni-Aktion" (1938)

Bei der „Juni-Aktion" (13.–18. Juni) verschleppte man 10.000 Männer in Konzentrationslager, unter ihnen – und das war hier ein Sonderfall – auch erstmalig darin enthalten eine Gruppe von rund 2.300 jüdischen und jüdischstämmigen Männern, denen man eine Vorstrafe von mindestens vier Wochen Länge oder sonstige Bagatellen nachweisen konnte. Dies war die erste Massendeportation jüdischer Menschen; man hatte sie pauschal zu *Kriminellen* gemacht.[39] In der Praxis lieferten die Kripoleitstellen, die jeweils *200 männliche arbeitsfähige Asoziale* zu verhaften hatten, so also auch jüdische Männer ab, die durch einen selbst verursachten Verkehrsunfall, Steuersäumigkeit, durch Probleme mit Behörden oder andere Bagatelldelikte von der örtlichen Kripo in die Listen aufgenommen wurden.

Auf der Basis des Schnellbriefes aus dem RKPA gab der stellvertretende Düsseldorfer Polizeipräsident, SS-Standartenführer August Korreng, am 3. Juni exakte Anweisungen an die Kripoabteilungen des Leitstellenbezirkes heraus.[40]

37 Vgl. Lothar Gruchmann, Justiz im Dritten Reich 1933–1940: Anpassung und Unterwerfung in der Ära Gürtner, München ³2001, S. 725.

38 Vgl. Thomas Roth, Die Kölner Kriminalpolizei: Organisation, Personal und „Verbrechensbekämpfung" eines lokalen Kripo-Apparates 1933–1945, in: Harald Buhlan/Werner Jung (Hrsg.), Wessen Freund und wessen Helfer? Die Kölner Polizei im Nationalsozialismus, Köln 2000, S. 299–369, hier: S. 336.

39 Vgl. Raphael Gross/Ben Barkow/Michael Lenarz (Hrsg.), Novemberpogrom 1938. Die Augenzeugenberichte der Wiener Library, London/Frankfurt a. M. 2008, S. 43ff.; Raphael Gross, November 1938. Die Katastrophe vor der Katastrophe, München 2013, S. 37.

40 Dieser als *Streng vertraulich!* überschriebene Brief hat sich erhalten im StA Solingen, B 809 (unpag.).

In den fünf zu Düsseldorf gehörenden Kriminalpolizeistellen (KPSt) sollten in Vorbeugehaft genommen werden:

KPSt Dortmund	mindestens 40 *männliche arbeitsfähige Personen (asoziale)*
KPSt Bochum	mindestens 25 *männliche arbeitsfähige Personen (asoziale)*
KPSt Essen	mindestens 30 *männliche arbeitsfähige Personen (asoziale)*
KPSt Recklinghausen	mindestens 40 *männliche arbeitsfähige Personen (asoziale)*
KPSt Wuppertal	mindestens 25 *männliche arbeitsfähige Personen (asoziale)*

Bei einer Gesamtzahl von 200 Personen ergab sich rein rechnerisch die Vorgabe, dass in der KP(L)St Düsseldorf selbst noch einmal 40 Personen verhaftet werden mussten, um das Soll zu erfüllen. Korreng ergänzte jedoch noch einmal explizit: *Die Zahl nach oben ist nicht begrenzt.* Er legte Wert darauf, dass die Kripobeamten die bis zur eigentlichen Aktion (diese sei *schlagartig am 14.6.1938 durchzuführen*) bestehenden Tage nutzen sollten, um *sofort die Verbindung mit den zuständigen Arbeits- und Wohlfahrtsämtern sowie Staatspolizeistellen aufzunehmen, sodaß die sichere Gewähr gegeben ist, daß bei dieser Aktion wirklich asoziale Personen berücksichtigt werden.* Er zielte besonders auf *Landstreicher und Bettler* sowie *Zigeuner* ab. Die Juden seien *getrennt zu halten.* Innerhalb der ersten fünf Tage nach der Verhaftung sollten die KP-Stellen bestimmte Papiere vorlegen – und zwar *hier, Polizeipräsidium, Zimmer 339.* Hierzu zählten ein *krimineller Lebenslauf* in dreifacher Ausfertigung, Tabellen, Abschriften aus den Strafregisterauszügen sowie erkennungsdienstliches Material. Außerdem seien die Vorbeugehäftlinge sofort amtsärztlich zu untersuchen. Sie alle sollten dann *in das Konzentrationslager Buchenwald bei Weimar* überführt werden.[41] Soweit die behördlichen Vorgaben aus Berlin und Düsseldorf.

Wie viele Menschen aber wurden tatsächlich verhaftet? Eine Auswertung des Polizeihaftbuches des Düsseldorfer Polizeipräsidiums[42] nennt insgesamt 167 Männer, die in diesen Juni-Tagen aufgrund des Erlasses vom 14. Dezember 1937 verhaftet worden sind. Die Verhaftungsaktion dürfte in den Hafträumen des Polizeigefängnisses zu Überfüllungen geführt haben.[43] Von den 167 Häftlingen wurden 13 Personen wieder entlassen, 154 Personen wurden am 20. Juni 1938 um 23.00 Uhr *auf Transport* geschickt, der in das KZ Sachsenhausen führte – und nicht wie zunächst befohlen nach Buchenwald. Rund die Hälfte der Deportierten stammte aus Düsseldorf. Aber auch aus den anderen Städten des Kripostellenbereichs wurden insgesamt 85 Männer mit diesem Transport deportiert, darunter waren 36 aus Krefeld, acht aus Mönchengladbach, acht aus Neuss, jeweils vier aus Kleve, Emmerich und Kamp-Lintfort, je drei aus

41 Vgl. ebd.

42 LAV NRW R, BR 2132, Nr. 39, Bl. 123, 124, 128, 130–150, 152–174 und 177.

43 Polizeigefängnisordnung der Polizeiverwaltung Düsseldorf, in: Sammlung der Mahn- und Gedenkstätte GED-71-005-300.000.

Wickrath und Kempen sowie aus anderen niederrheinischen Gemeinden. Die Festnahmen hatten bereits am 9. Juni begonnen, in der Nacht vom 13. auf den 14. kam es zu einer regelrechten Verhaftungswelle. Die letzten Einlieferungen fanden noch am Tag vor dem Sammeltransport statt. Bei den eingetragenen Haftgründen handelte es sich um die Bezeichnungen *Asozial und Arbeitsscheuer*, *Zuhälter*, *§ 175a Vorbeugehaft*, *Landstreicher*, *ohne Wohnung* und so weiter. Dass darunter auch Obdachlose waren, belegt eine interne Aktennotiz aus dem Präsidium, in der sich die für das Polizeigefängnis zuständige Abteilung der Schutzpolizei Ende Juni 1938 darüber beschwerte, dass überhaupt Obdachlose aufgenommen würden: Hier zeigt sich, dass die kriminalpräventive Politik noch nicht überallhin vorgedrungen war. Der Schupo-Offizier dachte noch in klassischen Verwaltungszusammenhängen, er drängte darauf, dass die Obdachlosen als *schutzbedürftige Personen* angesehen und von den Wohlfahrtseinrichtungen der Kommune untergebracht werden sollten. Ganz offenbar hatte er den tieferen Sinn der „Juni-Aktion" und die Theorie hinter dem rigiden Umgang mit sozialen Außenseitern noch nicht verinnerlicht.[44]

Wie viele Männer im Juni 1938 im gesamten Leitstellenbezirk Düsseldorf, also auch im Ruhrgebiet und in Westfalen, tatsächlich verhaftet worden sind – unabhängig von den Vorgaben –, ist nicht bekannt.[45] Belegbar ist jedoch, dass es sehr viel mehr waren als die 200 geforderten Verhafteten: Zu den 176 Männern aus dem Raum Düsseldorf kamen schon alleine fast 300 aus dem Regierungsbezirk Arnsberg, also aus der Kripostelle Dortmund. Hier wurden 297 Männer im Rahmen der „Juni-Aktion" festgenommen und im Dortmunder Polizeigefängnis „Steinwache" inhaftiert, von wo aus der Großteil (239 Personen) zunächst nach Sachsenhausen und Buchenwald deportiert wurde. 121 von den Festgenommenen waren Bettler, Obdachlose, *Versorgungsempfänger*, Juden, Sinti oder andere aus der Stadt Dortmund, 176 kamen aus den übrigen Städten oder Kreisen des Regierungsbezirkes Arnsberg. Die Männer waren zwischen 16 und 70 Jahre alt. Der Historiker Henning Borggräfe hat den weiteren Haftverlauf vieler dieser Männer detailliert rekonstruieren können.[46] Ferner wissen wir, dass

44 Polizeihauptwachtmeister Wolf am 29.6.1938 intern an die Polizeiverwaltung Düsseldorf, Polizeigefängnisordnung der Polizeiverwaltung Düsseldorf, in: Sammlung der Mahn- und Gedenkstätte GED-71-005-300.000.

45 Die Zahlen aus anderen KPL-Stellen belegen, dass fast durchgängig sehr viel mehr Menschen verhaftet wurden als gefordert. So hätte sich bei 200 Personen für jeden der 14 bestehenden KPL-Stellen eine Gesamtzahl von 2.800 ergeben; tatsächlich kamen rund 10.000 Menschen in die KZs. Vgl. Ayaß, Einweisung (wie Anm. 24), S. 90ff.

46 Henning Borggräfe, Die Rekonstruktion von Verfolgungswegen im NS-Terrorsystem. Eine Fallstudie zu Opfern der Aktion „Arbeitsscheu Reich", in: Ders. (Hrsg.), Wege, Orte und Räume der NS-Verfolgung (Freilegungen. Jahrbuch des International Tracing Service 5), Göttingen 2016, S. 56–82.

es alleine auf dem Duisburger Stadtgebiet (Kriminalpolizeistelle Essen) mindestens 31 *Asoziale* waren, die ebenfalls hinzuzurechnen sind.[47] Wir müssen für den ganzen Leitstellenbezirk also von einigen hundert Deportierten ausgehen – immerhin liegen für den Regierungsbezirk Münster (KPSt Recklinghausen), das Bergische Land (KPSt Wuppertal), das mittlere Ruhrgebiet (KPSt Essen und Bochum) überhaupt keine belastbaren Zahlen vor.

In der Presse schlug sich diese Großrazzia im Juni 1938 seltsamerweise kaum nieder. Die „Düsseldorfer Nachrichten" berichteten am 19. Juni lediglich über die Aktionen der Berliner Kripo. Dort seien *zahlreiche kriminell schwer belastete Personen* sowie *asoziale und kriminelle Elemente* festgenommen worden, darunter auch 143 Juden. Bei den Aktionen, so hieß es in der kurzen Pressemeldung, seien *alle im Rahmen des normalen polizeilichen Fahndungsdienstes* durchgeführt worden.[48]

Die Opfer der „Juni-Aktion" aus dem Rhein- und Ruhrgebiet sind zum großen Teil nach Sachsenhausen gekommen, da Buchenwald recht schnell überbelegt war.[49] Im fragmentarisch überlieferten Einlieferungsbuch des KZ-Buchenwald sind aus der Stadt Düsseldorf für den relevanten Zeitraum (14. bis 19. Juni) nur drei Männer identifizierbar. Die Haftwege der drei Düsseldorfer sind aber durchaus aufschlussreich. Alex Redin war 37 Jahre alt und war im lettischen Riga geboren worden. Er lebte bei seiner Mutter in Düsseldorf-Gerresheim auf der Luitzgasse 9. Er galt als *staatenlos* und war bereits im März 1938 verhaftet worden. Er wurde am 14. Juni 1938 in das KZ Buchenwald eingeliefert und in Block 37 untergebracht. Unter der Haftnummer 5477 wurde er als sogenannter *Ausweisungshäftling* registriert. Unter dieser eher seltenen Kategorie subsumierte die SS Personen, die durch eine zeitlich begrenzte KZ Haft zum Verlassen des Landes gepresst werden sollten. Es kam jedoch nicht zu einer Ausbürgerung oder Abschiebung: Alex Redin wurde am 10. Oktober 1940 von Buchenwald aus zum Polizeigefängnis Düsseldorf überstellt und somit aus den Lagerunterlagen gestrichen. Gustav Peitzmann war 1891 in Düsseldorf geboren worden, wo der ungelernte Fabrikarbeiter auch lebte. Als Adresse wird die seines Bruders Wilhelm ausgewiesen (Eisenstraße). Peitzmann wurde ebenfalls am 14. Juni in das KZ Buchenwald eingeliefert und hier als *ASR-Häftling* (*Arbeitsscheu Reich*) mit der Haftnummer 5485 registriert. Untergebracht war er zunächst in Block 30, später in Block 25. Im Rahmen einer *Amnestiewelle* anlässlich des 50. Geburtstages Adolf Hitlers wurde Peitzmann am 20. April 1939 entlassen. Albert Kaltwasser, geboren 1887 in Düsseldorf, war Bauunternehmer und lebte auf der Oberbilker Allee 70. Am 14. Juni 1938 wurde er in das KZ Buchenwald eingeliefert und

47 Ebd., S. 171. Beispiele dafür sind abgedr. bei Ayaß, Gemeinschaftsfremde (wie Anm. 26), Quellen Nr. 70, 71 und 72, S. 138f.

48 Düsseldorfer Nachrichten v. 19.6.1938, Razzia der Berliner Polizei.

49 Vgl. Borggräfe, Rekonstruktion (wie Anm. 46), S. 62.

hier ebenfalls unter der Rubrik *ASR-Häftling* registriert. Seine Haftnummer lautete 5503. Kaltwasser war in Block 27 untergebracht. Während seiner Haft wurde er zu Instandsetzungs- und -haltungsarbeiten in den SS-Unterkünften des Lagers herangezogen. Am 19. Juli 1940 erfolgte seine Entlassung.[50]

Ein Beispiel für einen im Rahmen der „Juni-Aktion" verhafteten Sinto ist der 1916 geborene Joachim „Pesso" Mettbach, der in Düsseldorf und Oberhausen lebte: *Am 13. Juni 1938, morgens um vier Uhr, kam die Gestapo* [gemeint ist: die Kriminalpolizei, Anm. d. Verf.] *und hat uns geholt. Wir wussten doch gar nicht, wohin. Kamen ins Gefängnis rein, da waren auch viele Juden im Gefängnis, auch Deutsche, Politische, dann haben sie ein Sammellager gemacht. Als der Transport ging, bin ich mit den Juden und anderen Zigeunern nach Sachsenhausen bei Berlin ins KZ rein gekommen. Furchtbar, wer im KZ war, das war furchtbar! Der Empfang, nur der Empfang, wie wir da reingekommen sind, mit Schlägen. Wie wir mit dem Zug ankamen, stand da schon die SS. Ja, und dann, da waren ja ältere Männer dabei, die haben sie kaputt geschlagen, die alten Leute. Und wie wir da reinkamen, war es noch schlimmer, noch schlimmer, der Empfang im KZ. Da gingen uns erst die Augen auf, wo wir da gelandet sind. Da waren zwei, drei Baracken nur Sinti, aus allen Himmelsrichtungen kamen die daher.*[51]

Weitere Beispiele für die im Rahmen der Aktion deportierten Düsseldorfer lassen sich für den am 22. Juni erfolgten Transport nach Sachsenhausen anführen, darunter waren – wie Mettbach schildert – auch jüdische Männer: Jakob Winter, Jahrgang 1883, zum Beispiel galt als *arbeitsscheuer Jude*. Er wurde nach Sachenhausen deportiert und erhielt dort die Häftlingsnummer 3795. Winter wurde im Oktober wieder entlassen. Auch der 1903 in Düsseldorf geborene Adolf Jülich wurde in Sachsenhausen unter der Häftlingsnummer 3831 als *arbeitsscheuer Jude* aufgenommen. Am 14. Januar 1940 starb er dort angeblich an einem *Herzschlag*.[52] Auch die Landkreise und kleinen Kommunen im ländlichen Raum bemühten sich, ihre Soll-Zahlen zu erreichen. Hier wurde der spezielle Charakter der „Juni-Aktion" besonders deutlich, weil man erstmals Juden in größerer Anzahl verhaftete, die in den Jahren zuvor durch kleinste Bagatellen aufgefallen waren: Aus Aldekerk verschleppte man Otto Mendel

50 Freundliche Mitteilung des Archivs der Stiftung Gedenkstätten Buchenwald und Mittelbau-Dora vom 25.8.2015 an den Verfasser, Basis sind elektronische Häftlingsdatenbanken.

51 Sammlung der Mahn- und Gedenkstätte GED-32-011-300.000, Interview Nr. 11 vom 11.4.1990.

52 Sammlung der Mahn- und Gedenkstätte GED, Datenbank-ID 2739. Kim Wünschmann, Before Auschwitz. Jewish Prisoners in the Prewar Concentration Camps, Havard 2015, gibt an (S. 186), dass in Sachsenhausen 13, 24 Prozent (824 Personen) der insgesamt 6.224 eingelieferten ASR-Häftlingen jüdisch waren. In Buchenwald war dieser Anteil deutlich höher: Von 2.378 Männern waren 1.256 jüdische Häftlinge (52, 82 Prozent); in Dachau waren unter den 923 ASR-Häftlingen 179 als Juden kategorisierte Männer. So kommt Wünschmann auf die Gesamtzahl von 2.259 Juden, die Opfer der Juni-Aktion wurden.

Düsseldorfer Kriminalbeamte bei einer Feier 1943 (Bilderbestand Klaus Dönecke, Sammlung Mahn- und Gedenkstätte).

(Jahrgang 1904), aus Wickrath den Viehhändler Moritz Levy (1903).[53] Wie man vermuten darf, hat es tatsächliche Verbrecher oder Schwerststraftäter in Wickrath und Aldekerk nicht gegeben. Tatsächlich lebten Mendel und Levy in sehr bürgerlichen Verhältnissen wie sie typisch waren für das niederrheinische Landjudentum. Die in Aldekerk alteingesessenen Mendels wohnten im Haus Hochstraße 35. Die Viehhändler- und Metzgerfamilie war allgemein gut angesehen. Sohn Otto arbeitete in der Metzgerei Becks. Im Sommer 1938 – so sollte er sich später erinnern – wurde er ins Bürgermeisteramt Aldekerk vorgeladen und dort verhaftet. Wohl über die Haftanstalt in Kleve kam Mendel schließlich ins Polizeigefängnis Düsseldorf, von wo aus er am 22. Juni deportiert wurde. Durch persönliche Bekanntschaften zu zwei SS-Wachmannschafts-Angehörigen aus seiner Heimat gelang es ihm im Oktober, das KZ gegen die Vorlage von Auswanderungspapieren zu verlassen. Otto Mendel emigrierte nach Mexiko.[54]

53 LAV NRW R, BR 2132, Nr. 39, lfd. Nummern 1.520 und 1.540.

54 Vgl. Johanna Klümpen-Hegmans, Juden in Kerken, in: Bernhard Keuck (Hrsg.), Juden in der Geschichte des Gelderlandes (Veröffentlichungen des Historischen Vereins für Geldern und Umgegend 101), Geldern 2002, S. 249–261, hier: S. 258f., die den Haftweg etwas abweichend schildert. Mendel sei über Köln nach Sachsenhausen deportiert worden;

Kriminalrat und SS-Sturmbannführer Dr. Hans Schumacher leitete in Düsseldorf die Personalstelle und den Erkennungsdienst und war für die „vorbeugende Verbrechensbekämpfung" verantwortlich (Sammlung Mahn- und Gedenkstätte).

Kriminalrat und SS-Sturmbannführer Rudolf Momberg hatte schon den Mörder Peter Kürten gejagt. Chef der Kripo war er dann von 1936 bis 1944 (Sammlung Mahn- und Gedenkstätte).

Auch Moritz Levy, der seit 1927 bei der Familie Süßkind, Markt 6, in Wickrath wohnte, lebte in recht geordneten Verhältnissen. Die Hausgemeinschaft wirkte gemeinsam im lokalen Viehhandel. Auch er überlebte das KZ Sachsenhausen und emigrierte Ende Oktober 1938 ebenfalls nach Mittelamerika.[55]

Ähnlich verhielt es sich auch auf dem Lande in Westfalen. Unter den jüdischen Betroffenen der „Juni-Aktion" war auch der 1882 geborene Siegmund Rothschild aus Ahlen im Münsterland. Am 14. Juni war er von der Kripostelle Recklinghausen verhaftet und wenige Tage später in das KZ Sachsenhausen deportiert worden. Obwohl auch diese Familie dem kleinbürgerlich-mittelständischen Milieu zuzurechnen war, geriet der Mann offenbar in das Blickfeld der örtlichen Kriminalpolizei, vermutlich aufgrund eines länger zurückliegenden Bagatelldelikts. Rothschild starb in Sachsenhausen am 12. Juli an *inneren Blutungen*, wie man der Familie lapidar mitteilte. Der Leichnam wurde auf Kosten der Angehörigen nach Ahlen überführt.[56]

Solche Fälle gab es in allen Bezirken, die zur Leitstelle Düsseldorf gehörten: In Essen und Duisburg beispielsweise wurden Zuhälter und *Asoziale* verhaftet und deportiert. In Dortmund nahm die Kripo mindestens acht Sinti fest, die nach Sachsenhausen verschleppt wurden. Hier liefen die Verhaftungen schon ab dem 11. Juni an, am 20. Juni war auch hier wie in Düsseldorf ein *Sammeltransport* ins KZ Sachsenhausen zusammengestellt worden, der am selben Tag losfuhr.[57]

seine Haft im Düsseldorfer Polizeipräsidium und der dann erfolgte Weitertransport sind jedoch zweifelsfrei nachzuweisen.

55 Freundliche Auskunft des StA Mönchengladbach (Melderegister) an den Verf. vom 29.6.2016.

56 Vgl. die Schilderungen seiner Tochter Marga Spiegel, Retter in der Nacht: wie eine jüdische Familie im Münsterland überlebte, Münster 1999, S. 86.

57 Stefan Mühlhofer, Ausgrenzung, Entrechtung und Deportation der Sinti und Roma in Dortmund 1933 bis 1945, in: Karola Fings/Ulrich Friedrich Opfermann (Hrsg.), Zigeunerverfolgung im Rheinland und in Westfalen 1933–1945. Geschichte, Aufarbeitung und Erinnerung, Paderborn 2012, S. 109–116, hier S. 112.

Ausblick (1939–1945)

Die hier in einigen Fallbeispielen dargestellte Radikalisierung der nationalsozialistischen Kriminal- und Präventionspolitik erlebte mit dem Kriegsbeginn eine weitere, noch heftigere Steigerung: Dutzende Düsseldorfer Kripobeamte wurden in den *auswärtigen Einsatz* abkommandiert, wo sie – vor allem im besetzten Polen oder in der Sowjetunion – abermals gegen *Banditen*, *Partisanen*, *Asoziale* vorgingen oder sich an Geiselerschießungen, Ghettoüberwachung oder Massenmordaktionen aktiv beteiligten. Das hier beschriebene Forschungsprojekt hat die Lebensläufe zahlreicher Kriminalpolizisten aus dem Rhein- und Ruhrgebiet in alle möglichen Winkel des besetzten Europas verfolgt und den Beamten schwere Kriegsverbrechen und Beteiligungen am Holocaust nachweisen können. Diejenigen Kollegen, die in Düsseldorf verblieben, waren – eingesetzt an der *Heimatfront* – ebenfalls Teil dieser erneuten Radikalisierung. Gemeinsam mit der Gestapo machten sie Jagd auf Zwangsarbeiter, angebliche Plünderer oder *verwahrloste Jugendliche*, die in den Trümmern der zerbombten Stadtteile als Teil der deutschen Katastrophengesellschaft aufgegriffen wurden und die man entweder an die Strafjustiz überstellte oder sie, besonders seit Januar/Februar 1945 geschah dies immer häufiger, direkt vor Ort exekutierte.

Im Gegensatz zur Gestapo, die man vor dem Internationalen Militärtribunal von Nürnburg zu Recht zur verbrecherischen Organisation erklärt hatte, gelang es den Beamten der Kriminalpolizei sehr schnell, die eigenen Taten zu vertuschen oder zu bagatellisieren. Altgediente Kriminalisten und SS-Veteranen waren Bestandteil der Nachkriegspolizei; sie bildeten Netzwerke und beeinflussten das öffentliche Geschichtsbild der deutschen Kriminalpolizei über Generationen hinweg. Auch diese Nachwirkungen sind Teil des Forschungsprojektes.[58]

58 Vgl. Stefan Noethen, Alte Kameraden und neue Kollegen. Polizei in Nordrhein-Westfalen 1945–1953, Essen 2003.

Auf kaiserlichen Befehl

Ein Einblattdruck aus dem 15. Jahrhundert im Stadtarchiv Düsseldorf

Mit fünf Abbildungen

Von Clemens von Looz-Corswarem

Als das Stadtarchiv Düsseldorf noch in der Heinrich-Ehrhardt-Str. 61 in Derendorf untergebracht war, gab es dort einen alten hölzernen Schubladenschrank, in dem besondere Archivalien, sog. „Zimelien", aufbewahrt wurden. Bei Führungen von Besuchern durch das Magazin konnte der Archivar die Schubfächer aufziehen und den Gästen so einige besonders schöne und interessante Urkunden, Akten, Pläne und sonstige Objekte im Original vorlegen. In den Schubladen fanden sich unter anderem die älteste erhaltene Urkunde der Stadt, der Originalvertrag des Architekten Tussmann für den Bau des alten Rathauses, das sogenannte *Copeybuch* Lacomblets mit der Abschrift der Stadterhebungsurkunde, einige von Maximilian Friedrich Weyhe gezeichnete Pläne des Hofgartens und ein Einblattdruck mit der Jahreszahl 1469. Bei diesem Stück wurde bei den Führungen nie vergessen, darauf hinzuweisen, dass es sich um etwas ganz Besonderes handele, eine Inkunabel, einen Frühdruck, der nur ein Jahr nach dem Tod des Erfinders der Buchdruckerkunst, Johannes Gutenberg (um 1400–1468), entstanden sei.

Bei den Vorbereitungen für den Umzug des Stadtarchivs in die alte Paketpost am Hauptbahnhof (2007–2010) wurde dieser Schubladenschrank aufgelöst und die dort befindlichen Archivalien den Beständen des Archivs zugeordnet. Dabei erhielt der Einblattdruck die Signatur 0-2-1-136. Er wurde dann auch anlässlich des Tags der Archive im März 2008 im Rathaus Düsseldorf in einer Vitrine gezeigt. Die Legende wies zwar damals darauf hin, dass es sich um einen Frühdruck aus dem Jahre 1469 handele, aber niemand hatte sich bis dahin für den Inhalt und die Geschichte des Stückes interessiert. Um es gleich vorweg zu sagen: Wie dieser frühe Einblattdruck in das Stadtarchiv Düsseldorf gekommen ist, konnte nicht geklärt werden. Das Stück muss als zufälliges Sammelgut angesehen werden.

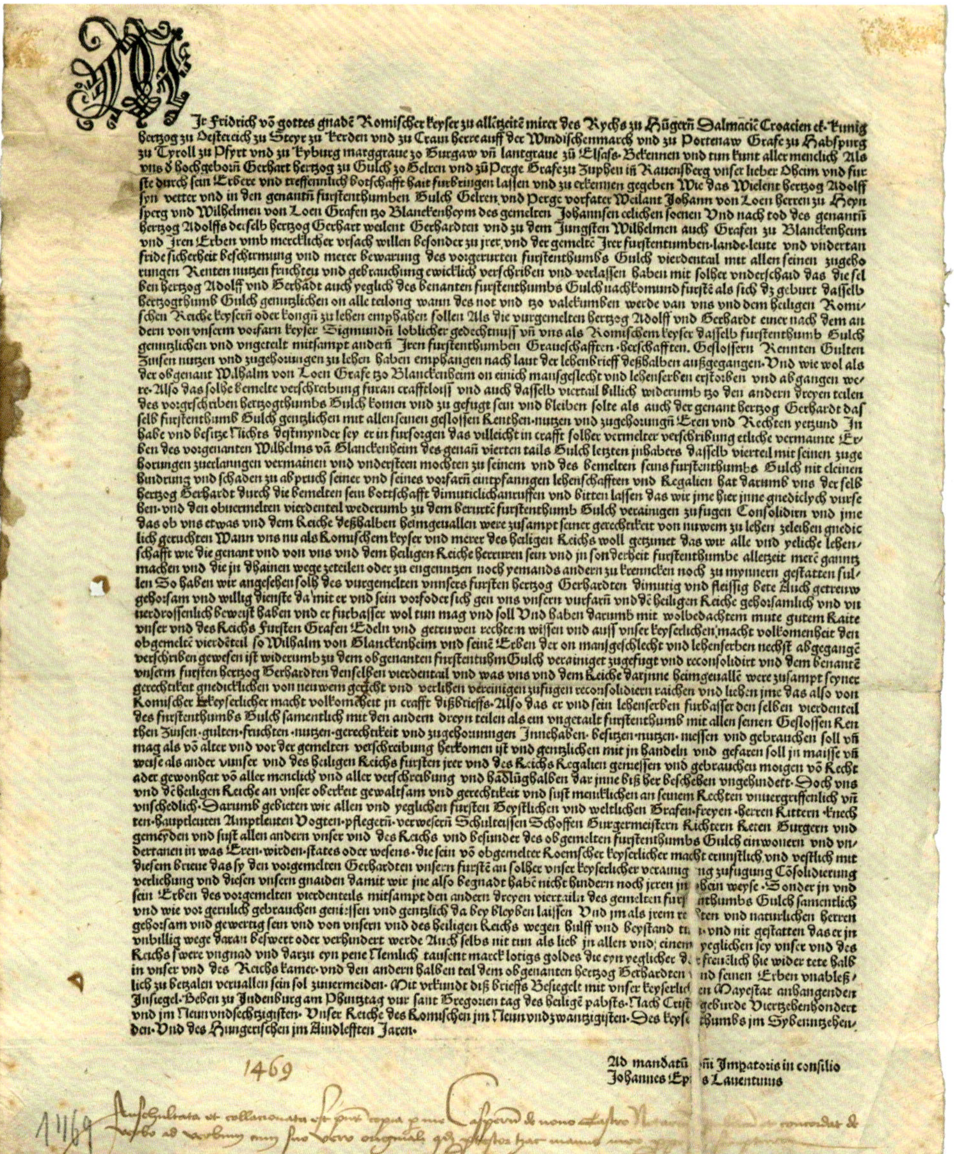
Wir Fridrich vō gottes gnadē Romischer keyser zu allczeitē merer des Rychs zu Hūgern Dalmaciē Croacien et Kunig
hertzog zu Oesterreich zu Steyr zu Kerden vnd zu Crain herre auff der Windischenmarch vnd zu Portenaw Grafe zu Habspurg
zu Tyroll zu Pfyrt vnd zu Kyburg marggraue zo Burgaw vn̄ lantgraue zū Elsass. Bekennen vnd tun kunt aller menclich Als
vns d' hochgeborn̄ Gerhart hertzog zu Gulch zo Gelren vnd zū Perge Grafe zu Zuphen in̄ Rauensberg vnser lieber Oheim vnd fur
ste durch sein Erbere vnd treffennlich botschafft hait furbringen lassen vnd zu erkennen gegeben Wie das Wielent hertzog Adolff
syn vetter vnd in den genantn̄ furstenthumben Gulch Gelren vnd Perge vorfater Weilant Johann von Loen herren zu Heyn
sperg vnd Wilhelmen von Loen Grafen tzo Blanckenheym des gemelten Johannsen celichen soenen Vnd nach tod des genantn̄
hertzog Adolffs derselb hertzog Gerhart weilent Gerhardten vnd zu dem Jungsten Wilhelmen auch Grafen zu Blanckenheim
vnd Iren Erben vmb mercklicher vrsach willen besonder zu jrer vnd der gemeltē Irer furstentumben. lande. leute vnd vndertan
fride sicherheit beschirmung vnd merer bewarung des vorgerurten furstenthumbs Gulch vierdentail mit allen seinen zugeho
rungen Renten nutzen fruchten vnd gebrauchung ewicklich verschriben vnd verlassen haben mit solher vnderschaid das dieselben hertzog Adolff vnd Gerhadt auch yeglich des benanten furstenthumbs Gulch nachkomund furstē als sich dz geburt dasselb
hertzogthumb Gulch genntzlichen on alle teilong wann des not vnd tzo valekumben werde van vns vnd dem heiligen Romi-
schen Reiche keyseren̄ oder kongn̄ zu lehen emphahen sollen Als die vurgemelten hertzog Adolff vnd Gerhardt einer nach dem an
dern von vnserm vorfarn keyser Sigmundn̄ loblicher gedechtnuss vn̄ vns als Romischem keyser dasselb furstenthumb Gulch
genntzlichen vnd vngetailt mitsampt anderñ Iren furstenthumben Graueschafften. herschafften. Geslossern Renten Gulten
Zinsen nutzen vnd zugehorungen zu lehen haben emphangen nach laut der lehenbrieff deßhalben außgegangen. Vnd wie wol als
der obgenant Wilhalm von Loen Grafe tzo Blanckenheim on einich mansgeslecht vnd lehenserben erstorben vnd abgangen we-
re. Also das solhe bemelte verschreibung furan crafftloss vnd auch dasselb viertail billich widerumb tzo den andern dreyen teilen
des vorgeschriben hertzogthumbs Gulch komen vnd zu gefugt sein vnd bleiben solte als auch der genant hertzog Gerhardt das
selb furstenthumb Gulch gentzlichen mit allen seinen geslossen Renthen. nutzen vnd zugehorungn̄ Eren vnd Rechten yetzund In
habe vnd besitze Nichts destmynder sey er in fursorgen das villeicht in crafft solher vermelter verschribung etliche vermainte Er-
ben des vorgenanten Wilhelms vā Blanckenheim des genañ vierten tails Gulch letzten inhabers dasselb vierteil mit seinen zuge
horungen zuerlanngen vermainen vnd vndersteen mochten zu seinem vnd des bemelten seins furstenthumbs Gulch nit cleinen
hindrung vnd schaden zu abpruch seiner vnd seines vorfarn̄ entpfanngen lehenschafften vnd Regalien hat darumb vns derselb
hertzog Gerhardt durch die bemelten sein bottschafft diemuticlich anruffen vnd bitten lassen das wir jme hier inne gnediclych vurse
hen. vnd den obuermelten vierdenteil wederumb zu dem berurtē furstenthumb Gulch verainigen zufugen Consolidirn vnd jme
das ob vns etwas vnd dem Reiche deßhalben heimgeuallen were zusampt seiner gerechtikeit von nuwem zu lehen zeleihen gnedic
lich geruchten Wann vns nu als Romischem keyser vnd merer des heiligen Reichs woll getzimet das wir alle vnd yeliche lehen-
schafft wie die genant vnd von vns vnd dem heiligen Reiche herruren sein vnd in sonderheit furstenthumbe allezeit merē ganntz
machen vnd die in dhainen wege zeteilen oder zu engenntzen noch yemands andern zu trennecken noch zu mynnern gestatten sul-
len So haben wir angesehen solh des vurgemelten vnnsers fursten hertzog Gerhardten diemutig vnd fleissig bete Auch getreuw
gehorsam vnd willig dienste da mit er vnd sein vorfoder sich gen vns vnsern vurfarn̄ vnd dē heiligen Reiche gehorsamlich vnd vn
uerdrossenlich beweyst haben vnd er furbasser wol tun mag vnd soll Vnd haben darumb mit wolbedachtem mute gutem Raite
vnser vnd des Reichs Fursten Grafen Edeln vnd getruwen rechtem wissen vnd auss vnser keyserlichen macht volkomenheit den
obgemeltē vierdēteil so Wilhalm von Blanckenheim vnd seinē Erben der on mansgeschlecht vnd lehenserben nechst abgegangē
verschriben gewesen ist widerumb zu dem obgenanten furstentuhm Gulch verainiget zugefugt vnd reconsolidirt vnd dem benantē
vnserm fursten hertzog Gerhardten denselben vierdentail vnd was vns vnd dem Reiche darinne heimgeuallē were zusampt seyner
gerechtikeit gnedicklichen von neuwem gerucht vnd verlihen vereinigen zufugen reconsolidiern raichen vnd lihen jme das also von
Romischer keyserlicher macht volkomenheit in crafft dißbrieffs. Also das er vnd sein lehenserben furbasser den selben vierdenteil
des furstenthumbs Gulch samentlich mit den andern dreyn teilen als ein vngetailt furstenthumb mit allen seinen Geslossen Ren
then Zinsen. gulten. fruchten. nutzen. gerechtikeit vnd zugehorungen Innehaben. besitzen. nutzen. niessen vnd gebrauchen soll vn̄
mag als vō alter vnd vor der gemelten verschreibung herkomen ist vnd gentzlichen mit in handeln vnd gefaren soll in maisse vn̄
weise als ander vnnser vnd des heiligen Reichs fursten jrer vnd des Reichs Regalien geniessen vnd gebrauchen moigen vō Recht
ader gewonheit vō aller menclich vnd aller verschreibung vnd hādlūghalben dar inne biß her beschehen vngehindert. Doch vns
vnd dē heiligen Reiche an vnser oberkeit gewaltsam vnd gerechtikeit vnd sust menklichen an seinem Rechten vnuergriffenlich vn̄
vnschedlich. Darumb gebieten wir allen vnd yeglichen fursten Geystlichen vnd weltlichen Grafen. freyen. herren Rittern. knech
ten. hauptleuten Amptleuten Vogten. pflegern̄. verwesern̄ Schulteissen Schoffen Burgermeistern Richtern Reten Burgern vnd
gemeyden vnd sust allen andern vnser vnd des Reichs vnd besunder des obgemelten furstenthumbs Gulch einwonern vnd vn-
dertanen in was Eren. wirden. states oder wesens. die sein vō obgemelter Roemscher keyserlicher macht ernnstlich vnd vestlich mit
diesem brieue das sy den vorgemelten Gerhardten vnsern furstē an solher vnser keyserlicher veraini[...]ng zufugung Cōsolidierung
verlihung vnd diesen vnsern gnaiden damit wir jne also begnadt habē nicht hindern noch jrren in [...]hein weyse. Sonder jn vnd
sein Erben des vorgemelten vierdenteils mitsampt den andern dreyen viertailn des gemelten furs[...]nthumbs Gulch samentlich
vnd wie vor gerulich gebrauchen geniessen vnd gentzlich da bey bleyben laissen Vnd jm als jrem re[...]ten vnd naturlichen herren
gehorsam vnd gewertig sein vnd von vnsern vnd des heiligen Reichs wegen hulff vnd beystand t[...] vnd nit gestatten das er jn
vnbillig wege daran beswert oder verhindert werde Auch selbs nit tun als lieb jn allen vnd einem [...] yeglichen sey vnser vnd des
Reichs swere vngnad vnd darzu eyn pene Nemlich tausent marck lotigs goldes die eyn veglicher d[...] freuelich hie wider tete halb
in vnser vnd des Reichs kamer. vnd den andern halben teil dem obgenanten hertzog Gerhardten [...]nd seinen Erben vnableß-
lich zu betzalen veruallen sein sol zuuermeiden. Mit vrkundt diß brieffs Besiegelt mit vnser keyserlic[...]en Mayestat anhangenden
Insiegel. Geben zu Judenburg am Phintztag vur sant Gregorien tag des heiligē pabsts. Nach Crist[...] geburde Viertzehenhondert
vnd jm Neun vnd sechtzigisten. Vnser Reiche des Romischen jm Neun vnd zwantzigisten. Des keyse[...]thumbs jm Sybenntzehen-
den. Vnd des Hungerischen jm Aindlefften Jaren.

Ad mandatū [...]ni Imperatoris in consilio
Johannes Ep[...]s Lauentinus

1469

Abb. 1: Einblattdruck im Stadtarchiv Düsseldorf, Ende 15. Jahrhundert (StAD 0-2-1-136.0000).

Abb. 2: Urkunde Kaiser Friedrichs III. vom 9. März 1469 für Herzog Gerhard von Jülich-Berg (LA NRW, Abt. Rhld., Jülich-Berg Urk. 1138).

I

Bei dem Blatt handelt es sich um den Druck einer Urkunde, die Kaiser Friedrich III. (1415–1493) am 9. März 1469 in Judenburg (Steiermark) ausgestellt hatte. Darin vereinigt er auf Bitten des Herzogs Gerhard von Jülich und Berg, nach dem kinderlosen Tod des Wilhelm von Loen, Grafen von Blankenheim und Herrn von Jülich, dessen vierten Teil des Herzogtums Jülich wieder mit dem Herzogtum Jülich und belehnt Herzog Gerhard mit dem Gesamtherzogtum. Er gebietet nicht nur allen Fürsten des Reichs, den Herzog in seinen Rechten zu unterstützen, sondern auch allen Amtspersonen, Einwohnern und Untertanen des Herzogtums, Herzog Gerhard von Jülich gehorsam zu sein. Und das alles bei Androhung einer Strafe von 1.000 Mark lötigen Goldes, zur Hälfte zu zahlen an den Kaiser und zur Hälfte an Herzog Gerhard.

Ein handschriftlicher Vermerk unter der gedruckten Urkunde von Notar Caspar de Novo Castro bezeugt, dass dieser den Druck mit dem Original kollationiert habe und er buchstabengetreu übereinstimme.[1] Der Inhalt der Urkunde ist seit langem bekannt. Schon Christoph Jacob Kremer hat in seiner Geschichte der Herren von Heinsberg 1769 auf diese Urkunde hingewiesen und sie abgedruckt.[2] Auch im vierten Band des Urkundenbuchs für den Niederrhein von Theodor Joseph Lacomblet aus dem Jahre 1858[3] sowie den Regesten Kaiser Friedrichs III. von Joseph Chmel, 1859 ist sie auszugsweise wiedergegeben.[4] In dem verdienten Nachweis der Überlieferung der bei Lacomblet abgedruckten Urkunden von Wolf-Rüdiger Schleidgen findet sich der Hinweis, dass sich die Originalurkunde im Staatsarchiv Düsseldorf, heute NRW Landesarchiv Rheinland in Duisburg, unter der Signatur Jülich-Berg U 1138 befinde.[5]

Wir wollen uns zunächst mit dem Inhalt der Urkunde befassen. Warum bat Herzog Gerhard von Jülich-Berg im Jahre 1469 Kaiser Friedrich III., ihm diese Urkunde auszustellen, ihn erneut zu belehnen und mit diesem allerhöchsten Befehl und dieser juristischen Klarstellung der Lehnsverhältnisse zu unterstützen?

Mit der genaueren Betrachtung des Schriftstücks tauchen wir in die höchst komplizierten dynastischen Auseinandersetzungen zwischen den linksrheinischen Territorien und Fürstenfamilien des 15. Jahrhunderts ein. In dieser Zeit war es keineswegs ausgemacht, wie sich die Territorienlandschaft am Niederrhein entwickeln würde, welche der Familien ihre Selbstständigkeit wahren, welche durch geschickte Heirats- und Bündnispolitik, Durchsetzungsvermögen, gezielten Einsatz ihrer finanziellen Ressourcen, militärisches Geschick, Glück und nicht zuletzt die Zufälle von Geburt und Tod ihrer Mitglieder sich letztlich durchsetzen würden.

Im ersten Teil der Urkunde, in der sog. Narratio, wird versucht, diesen ziemlich verwirrenden Hintergrund darzustellen. Dabei gewinnt man den

1 Stadtarchiv Düsseldorf (StaD), Nr. 0-2-1-136.

2 Christoph Jacob Kremer, *Geschichte der Herren von Heinsberg des jüngeren Geschlechts im Herzogthum Gülich, einer besonderen Linie des Grävlich Sponheimischen Hauses in der Pfalz. Akademische Beiträge zur Gülich- und Bergischen Geschichte*, Mannheim 1769, Bd. 1, S. 125, Druck Nr. LII, S. 125–128.

3 Theodor Joseph Lacomblet, Urkundenbuch für die Geschichte des Niederrheins oder des Erzstifts Cöln, der Fürstenthümer Jülich und Berg, Geldern, Meurs, Cleve und Mark, und der Reichsstifte Elten, Essen und Werden, 4. Bd., Düsseldorf 1858, S. 436f., Nr. 346 (hier fehlt der letzte Teil mit der Poenformel).

4 Joseph Chmel, Regesta chronologico-diplomatica Friderici III. romanorum imperatoris (regis IV.). Auszug aus den im k.k. geheimen Haus-, Hof- und Staats-Archive zu Wien sich befindenden Reichsregistraturbüchern vom Jahre 1440–1493, 2. Abt.: Vom Jahre 1452 (März) bis 1493, Wien 1859, S. 553, Nr. 5536 (1469 März 9).

5 Wolf-Rüdiger Schleidgen, Theodor Joseph Lacomblet. Urkundenbuch für die Geschichte des Niederrheins – Nachweis der Überlieferung (Veröffentlichung der Staatlichen Archive des Landes Nordrhein-Westfalen, Reihe C: Quellen und Forschungen 10), Siegburg 1981, S. 185.

Eindruck, dass der Aussteller der Urkunde selbst keine präzisen Vorstellungen von den genealogischen Zusammenhängen hatte und lediglich wiedergibt, was ihm Herzog Gerhard von Jülich-Berg mitgeteilt hatte.

Es heißt dort: *wie das wielent hertzog Adolff syn Vetter und in den genanten furstenthumben Gulch, Gelren und Perge vorfater, weilant Johann von Loen, herren zu Heynsperg und Wilhelmen von Loen, grafen tzo Blannckenheym, des gemelten Johannsen eelichen sonen, und nach tod des genanten hertzog Adolffs derselb hertzog Gerhart weilent Gerhadten und zu dem jungsten Wilhelmen, auch grafen zu Blanckenheim und iren Erben umb mercklicher ursach willen, besonder zu irer und der gemelten irer furstentumben, lande, leute und undertan fride, sicherheit, beschirmung und merer bewarung des vorgerurten furstenthumbs Gulch viertentail mit allen seinen zugehorungen, renten, nutzen, fruchten und gebrauchung ewicklich verschriben und verlassen haben, mit solcher underschaid, das dieselben hertzog Adolff und Gerhardt auch yeglich des benanten furstenthums Gulch nachkomend fursten, als sich das geburt, dasselb herzogthum Gulch genntzlichen on alle teilong, wann des not und tzo valekumben werde, van uns und dem h. Romischen Reiche, keysern oder kunigen zu lehen empfahen sollen; als die vurgemelten hertzog Adolff und Gerhardt einer nach dem anderen von unserm vorfarn keyser Sigmunden loblicher gedechtnuss und uns als Romischem keyser desselb furstenthumb Gulch genntzlichen und ungeteilt mitsampt anderen iren furstenthumben, graveschafften, herschafften, geslossern, rennten, gulten, zinsen, nutzen und zugehorungen zu lehen haben empfangen nach laut der lehenbrieff deshalben ausgegangen.*[6]

Diese kryptische Erzählung erinnert an Ereignisse aus dem ersten Viertel des 15. Jahrhunderts und führt uns die Beziehungen der Adelsgeschlechter und Territorialherren von Jülich, Berg, Geldern und Heinsberg vor Augen. Am 25. Juni 1423 war Herzog Reinald von Jülich und Geldern bei Arnheim ohne direkte Erben verstorben.[7] Es ist verständlich, dass bei einem so attraktiven Erbe, wie es die beiden Territorien Jülich und Geldern waren, mehrere Interessenten und Prätendenten bereit standen, um diese Länder für sich in Besitz zu nehmen.

Als mögliche Erben und Bewerber traten Adolf von Berg (ca. 1370–1437) und Johann II. von Loen-Heinsberg (ca. 1365–1439) auf. Beide konnten familiäre Verbindungen geltend machen. Während Adolf von Berg beide Herzogtümer Jülich und Geldern beanspruchte, konzentrierte sich Johann II. von Loen-Heinsberg mit seinem Anspruch weitgehend auf das Herzogtum Jülich.

Herzog Adolf von Berg ist den Düsseldorfern bekannt. War er es doch, der sich nach der von seinem Vater Herzog Wilhelm I. im Jahre 1397 verlorenen Schlacht von Kleverhamm gegen diesen auflehnte, ihn Ende 1403 in Mon-

6 Nach StaD, Nr. 0-2-1-136.0000. Der bei Lacomblet, Urkundenbuch (wie Anm. 3) wiedergegebene Urkundentext weicht leicht in der Schreibweise ab.

7 Karl Theodor Wenzelburger, Reinald IV. von Jülich, Geldern und Zytphen, in: Allgemeine Deutsche Biographie, Bd. 27, Leipzig 1888, S. 728.

heim gefangen setzte, einkerkerte und entmachtete. War er es doch, der der Stadt Düsseldorf für ihre Unterstützung gegen den Vater zunächst großzügig Privilegien und Vorrechte einräumte, diese dann aber bei nächster Gelegenheit willkürlich wieder zurücknahm. War er es doch, der sich durch ständige kleinere und größere Fehden einen Namen machte und wohl nicht zu Unrecht als „kriegerischer und gewalttätiger Charakter" bezeichnet wird.[8] Seine Rechte auf Jülich begründeten sich über die männliche Linie, beide, der Erblasser Reinald von Jülich-Geldern und er, stammten in direkter männlicher Linie von Wilhelm I. von Jülich (†1361) ab. Das gab seinem Anspruch ein besonderes Gewicht, wozu noch seine mächtige Stellung als Herzog von Berg kam.[9]

Die Ansprüche des zweiten Bewerbers Johann II. von Loen-Heinsberg auf Jülich kamen von seiner Mutter, Philippa von Jülich (um 1335–24. August 1390) her, der Tochter Wilhelms von Jülich-Geldern, des Bruders und Vorgängers des 1423 kinderlos verstorbenen Herzog Reinald.[10] Johann II. von Loen-Heinsberg war wahrscheinlich auch keine einfache Persönlichkeit, auch er trat durch zahllose Fehden hervor, griff schnell zum Schwert, um wirkliche oder vermeintliche Rechte durchzusetzen. Er wird in der Literatur „der Streitbare" genannt.[11]

Da abzusehen gewesen war, dass Reinald von Jülich-Geldern ohne Nachkommen bleiben würde, hatten sich die beiden Prätendenten, die die größten Ansprüche besaßen, Adolf von Berg und Johann von Loen-Heinsberg, bereits im Jahre 1420 in einem Vertrag über die Übernahme des Herzogtums Jülich geeinigt.[12] Eine Einigung über Jülich lag in beider Interessen, denn es war vorauszusehen, dass sich die Übernahme des Herzogtums Geldern weitaus problematischer gestalten würde als die von Jülich. Und wirklich wurde Adolf von Berg in endlose Kämpfe mit Johann von Egmond verwickelt, der die Herzogswürde in Geldern für seinen minderjährigen Sohn Arnold beanspruchte. Dieser konnte dabei auf die Unterstützung der Landstände und der Herzöge

8 Erich Wisplinghoff, Vom Mittelalter bis zur Ende des Jülich-Klevischen Erbstreits (ca. 700–1614), in: Hugo Weidenhaupt (Hrsg.), Düsseldorf. Geschichte von den Ursprüngen bis ins 20. Jahrhundert, Bd. 1, Düsseldorf 1988, S. 161–445, hier S. 199f.

9 Karl Strauven, Adolf, Herzog von Jülich-Berg, in: Allgemeine Deutsch Biographie, Bd. 1, Leipzig 1875, S. 96–98; Wisplinghoff, Mittelalter (wie Anm. 8), S. 199f.

10 Kremer, Heinsberg (wie Anm. 2), S. 39f. Dabei spielte auch der bisher nicht ausgezahlte Brautschatz Philippas eine Rolle, der bis 1364 schon auf 22.500 Gl. angewachsen war.

11 Pfarrer Lückerath, Die Herren von Heinsberg. 2. Neudruck der geschichtlichen Abhandlungen aus den Jahresberichten über die höhere Stadtschule zu Heinsberg für die Schuljahre 1887/88 bis 1890/91, Heinsberg 1912, S. 46f.; Severin Corsten, Johann der Streitbare und die „Jülicher Quart", in: Heimatkalender des Kreises Heinsberg 1993, S. 13 – 22; Kremer, Heinsberg (wie Anm. 2), S. 39f.

12 Kremer, Heinsberg (wie Anm. 2), S. 47f.; Hermann Keussen (Bearb.), Urkundenbuch von Krefeld und der Grafschaft Moers, Bd. 1 (799–1430), Krefeld 1938, Bd. 2 (1431–1480), Krefeld 1939, Bd. 3 (1481–1540), Krefeld 1940, hier Bd. 1, S. 296, Nr. 1367 (1420 Juli 13).

von Kleve rechnen. Letztlich konnte Adolf von Berg, obwohl er vom Kaiser nicht nur mit Jülich, sondern auch mit Geldern belehnt worden war, seine Ansprüche auf Geldern nicht durchsetzen.[13]

In dem Vertrag vom 31. März/1. April 1420 hatten sich Herzog Adolf von Berg und Graf Johann von Loen-Heinsberg darauf verständigt, dass nach dem Tod ihres Verwandten Reinald von Jülich-Geldern Herzog Adolf sofort das Schloss Randerath und Graf Johann die Länder Born und Brüggen mit den dazugehörenden Burgen und Städten erhalten sollte. Das übrige Jülich wollten sie so teilen, dass Adolf drei Viertel und Johann ein Viertel, das sogenannte „Jülicher Quart“ gemeinschaftlich besitzen sollten. Vom Kaiser mit Jülich belehnt werden sollte allerdings nur Adolf. Im Jahre 1423, nach dem Tod Reinalds von Jülich-Geldern, nahm Adolf von Berg also, wie verabredet, den Jülicher Herzogstitel an, wogegen sich Johann von Loen-Heinsberg mit einem Viertel des Erbes seiner Mutter begnügen[14] und nur *herre zu Gulche, zu Heinsberg ind zu Lewenberch* nennen sollte.[15]

So jedenfalls ist vereinfacht erklärt, *des vorgerurten furstenthumbs Gulch Viertentail*, das „Jülicher Quart“ der Heinsberger, zustande gekommen, welches letztlich aus einem Viertel der Einkünfte des Herzogtums und Beteiligung an herrschaftlichen Entscheidungen bestand. Es ist verwunderlich, dass es bei dem Charakter der beiden Protagonisten zu keinen ernsthaften Auseinandersetzungen darüber kam. Jedenfalls blieb das „Jülicher Quart“ bis 1468 in der Familie der Heinsberger. Johann der Streitbare hatte es 1433 seinem zweiten Sohn Wilhelm (1399–1438) vermacht, der 1411 die Erbtochter des Grafen von Blankenheim geheiratet hatte und sich deshalb Graf von Loen, Heinsberg, Blankenheim und Herr zu Jülich nannte. Auch dessen Sohn Gerhard (1431–1460) konnte sich an dem Viertel der Einkünfte aus dem Herzogtum Jülich freuen.[16]

13 Clemens von Looz-Corswarem, Geldern und die Nachbarn Kleve, Jülich und Berg vom Spätmittelalter bis 1543, in: Johannes Stinner/Karl-Heinz Tekath (Hrsg.), Gelre – Gelder – Gelderland. Geschichte und Kultur des Herzogtums Geldern, Geldern 2001, S. 123–128, hier S. 125; Matthias Böck, Herzöge und Konflikt. Das spätmittelalterliche Herzogtum Geldern im Spannungsfeld von Dynastie, ständischen Kräften und territorialer Konkurrenz (1339–1543), Geldern 2013, S. 386f.

14 Theodor-Josef Lacomblet, Düsseldorf, mit stetem Hinblick auf die Landesgeschichte aus urkundlichen Quellen dargestellt, 3. Abschnitt, in: ders. (Hrsg.), Archiv für die Geschichte des Niederrheins, Bd. 4, Düsseldorf 1863, S. 221–330, hier S. 237ff.; Corsten, Johann (wie Anm. 11), S. 20ff.

15 Lacomblet, Urkundenbuch 4 (wie Anm. 3), Nr. 125, S. 143f. (1420 April 1) *daran sall unse herre van dem Berge ind syne erven dru deill haben ind unse herre van Heynsberg ind synde erven den vierden deill, ind sulle die als in gemeynschaft besitzen, haben und halden.* Böck, Herzöge (wie Anm. 13), S. 386; Kremer, Heinsberg (wie Anm. 2), S. 47.

16 Kremer, Heinsberg (wie Anm. 2), S. 63f., S. 83–94; Lückerath, Heinsberg (wie Anm. 11), S. 55; Corsten, Johann (wie Anm. 11), S. 20f.

Genealogische Übersicht

(In die Tafel wurden nur die für die Verbindung der Häuser Jülich und Heinsberg wichtigen Personen aufgenommen.)

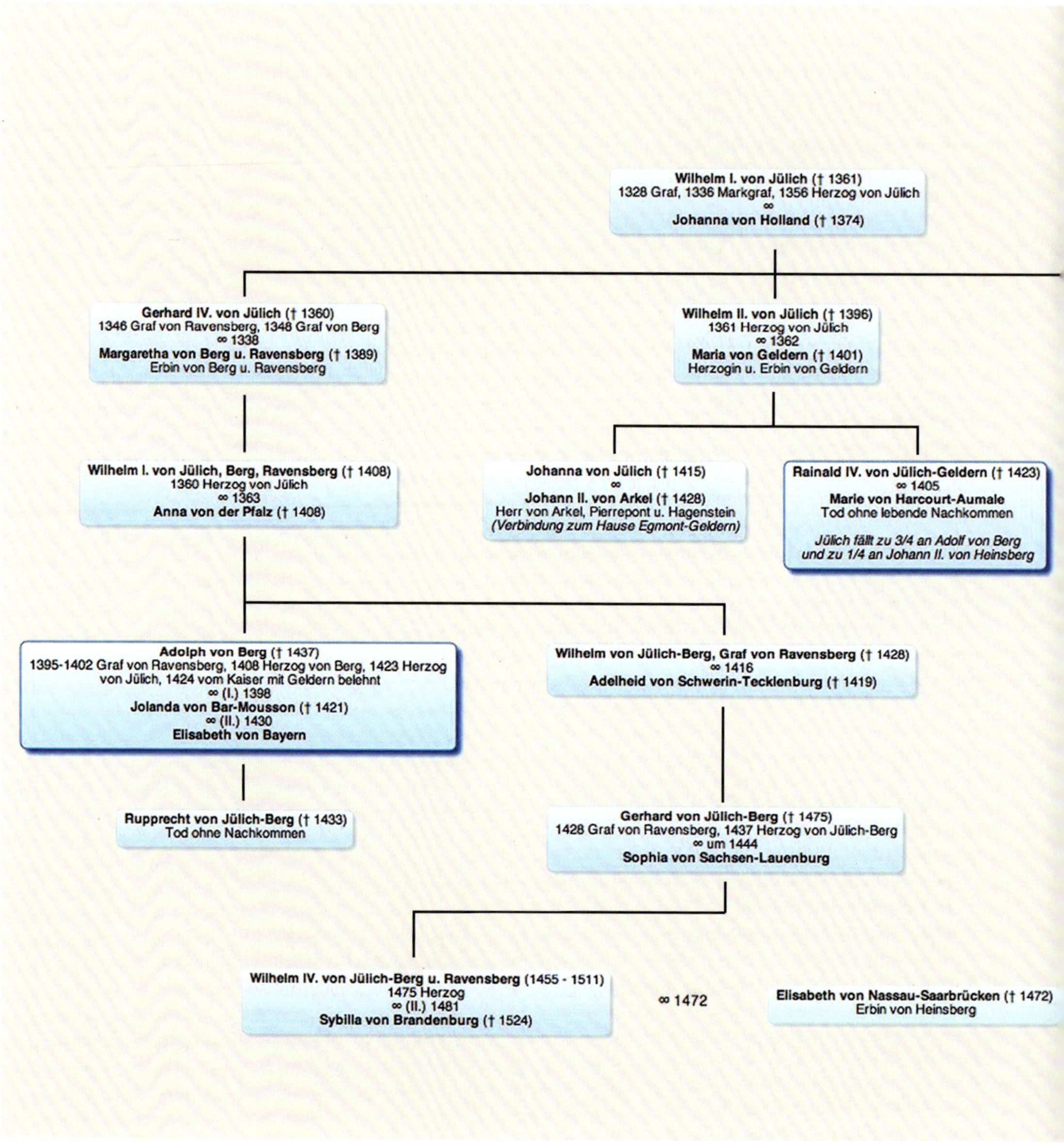

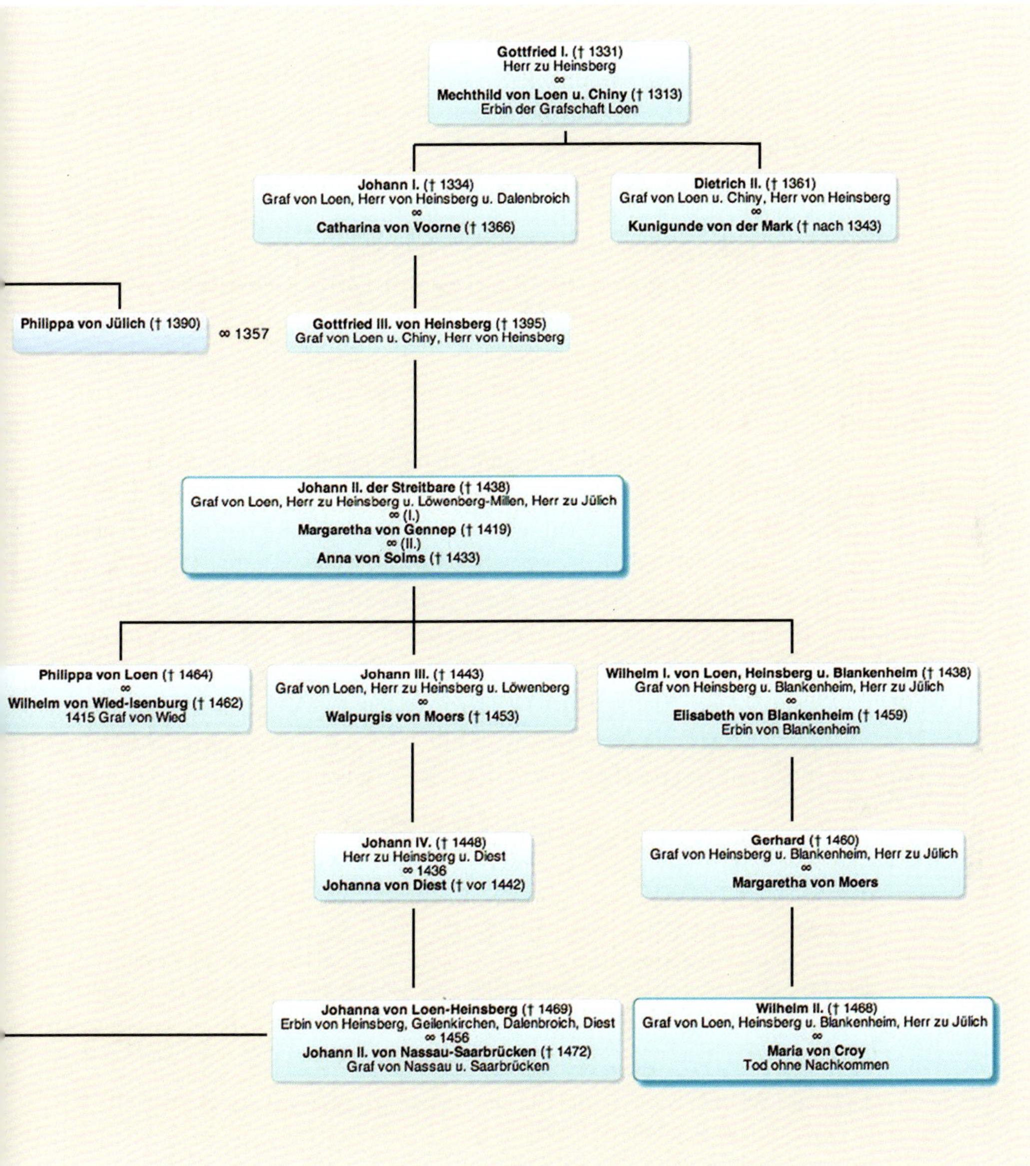
Gottfried I. († 1331)
Herr zu Heinsberg
∞
Mechthild von Loen u. Chiny († 1313)
Erbin der Grafschaft Loen
Johann I. († 1334)
Graf von Loen, Herr von Heinsberg u. Dalenbroich
∞
Catharina von Voorne († 1366)
Dietrich II. († 1361)
Graf von Loen u. Chiny, Herr von Heinsberg
∞
Kunigunde von der Mark († nach 1343)
Philippa von Jülich († 1390)
∞ 1357
Gottfried III. von Heinsberg († 1395)
Graf von Loen u. Chiny, Herr von Heinsberg
Johann II. der Streitbare († 1438)
Graf von Loen, Herr zu Heinsberg u. Löwenberg-Millen, Herr zu Jülich
∞ (I.)
Margaretha von Gennep († 1419)
∞ (II.)
Anna von Solms († 1433)
Philippa von Loen († 1464)
∞
Wilhelm von Wied-Isenburg († 1462)
1415 Graf von Wied
Johann III. († 1443)
Graf von Loen, Herr zu Heinsberg u. Löwenberg
∞
Walpurgis von Moers († 1453)
Wilhelm I. von Loen, Heinsberg u. Blankenheim († 1438)
Graf von Heinsberg u. Blankenheim, Herr zu Jülich
∞
Elisabeth von Blankenheim († 1459)
Erbin von Blankenheim
Johann IV. († 1448)
Herr zu Heinsberg u. Diest
∞ 1436
Johanna von Diest († vor 1442)
Gerhard († 1460)
Graf von Heinsberg u. Blankenheim, Herr zu Jülich
∞
Margaretha von Moers
Johanna von Loen-Heinsberg († 1469)
Erbin von Heinsberg, Geilenkirchen, Dalenbroich, Diest
∞ 1456
Johann II. von Nassau-Saarbrücken († 1472)
Graf von Nassau u. Saarbrücken
Wilhelm II. († 1468)
Graf von Loen, Heinsberg u. Blankenheim, Herr zu Jülich
∞
Maria von Croy
Tod ohne Nachkommen

Zu Ende war es dann mit dem „Jülicher Quart“ beim tragischen, kinderlosen Tod des letzten Heinsbergers der Blankenheimer Linie, des jungen Grafen Wilhelm (1451–1468). In unserer Urkunde heißt es nur *und wiewol als Wilhelm von Loen, grafe zu Blanckheim on einich mansgeslecht und lehnserben erstorben und abgangen were, also daz solche bemelte verschreibung furan crafftlos und auch dasselb viertail billich widerumb zu den andern dreyn teiln des herzogtumbs Gulch komen und zugefuugt sein und bleiben sollte.*[17]

Die Umstände des Tods des jungen Grafen Wilhelm von Blankenheim müssen wirklich als tragisch bezeichnet werden, und sie haben damals großes Aufsehen erregt.[18] Wilhelm wurde am 5. Januar 1468 eher zufällig von Reisigen des Kölner Erzbischofs bei Wichterich (bei Euskirchen) erschlagen.[19] In der Koelhoff'schen Chronik liest sich das folgendermaßen: *Ind want des byssoff lude niet bescheid und kuntschaff van den widerpart kriegen konden, gaven sy sich mit yn eyn mangelung und des bischoffs dienre erstaichen den vurscreven Greven mit eym swerde durch syn hals mit synre dienre* [...] *ind geschach by Wichterich ...*[20] Die junge Witwe Maria von Croy war durch dieses Ereignis tief getroffen; sie stellte in einer eindringlichen Klageschrift, die sie an alle Fürsten und Herren der Umgebung versandte, den Erzbischof von Köln als Urheber der ruchlosen Tat dar.[21]

Wenn jetzt Gerhard von Jülich – bzw. seine Ehefrau Sophie von Sachsen-Lauenburg, die für den um 1460 blödsinnig gewordenen Gemahl die Geschäfte führte, und sein ältester Sohn Wilhelm – sich von Kaiser Friedrich III. eine Urkunde ausstellen ließ, worin er sich den Rückfall des „Jülicher Quart“ und die volle Souveränität über das Herzogtum Jülich verbriefen ließ, dann deshalb, weil diese Rechte nicht unangefochten waren.[22] So fühlte sich Graf Vinzenz von Moers (ca. 1414–1499), der Bruder der Mutter des getöteten Wilhelm ebenfalls als Erbe des „Jülicher Quart“. Es war ihm sogar gelungen, sich in einem Moment, als der Kaiser auf Gerhard von Jülich wegen seiner Annäherung an Burgund nicht gut zu sprechen war[23], diese Rechte vom Kaiser verbriefen zu

17 StaD, Nr. 0-2-1-136; Kremer, Heinsberg (wie Anm. 2), S. 93.

18 Lacomblet, Düsseldorf (wie Anm. 14), S. 282f.

19 Corsten, Johann (wie Anm. 11), S. 22; Ingrid Joester, Rheinische Fehden im 15. Jahrhundert. Eine unbekannte Chronik aus den Jahren 1468–1488, in: Annalen des Historischen Vereins für den Niederrhein 171, 1969, S. 45–80, hier S. 53.

20 Koelhoff'sche Chronik, Köln, 1499, Nachdruck Köln 1972, S. 319.

21 Lacomblet, Düsseldorf (wie Anm. 14), S. 283; vgl. auch H. Forst, Ein Lied auf den Tod des Grafen Wilhelm von Blankenheim und Heinsberg im Gefecht bei Wichterich 1468, in: Zeitschrift des Bergischen Geschichtsvereins 23, 1887, S. 222.

22 Kremer, Heinsberg (wie Anm. 2), S. 94f.

23 Er war von Friedrich III. wegen seiner Parteinahme für Burgund am 4.4.1475 in die Reichsacht gesetzt worden, Kremer, Heinsberg (wie Anm. 2), S. 95.

lassen[24], konnte diese aber nicht durchsetzen. Erst 1477 verzichtete er förmlich auf das „Jülicher Quart".[25] Auch Dietrich von Manderscheid hatte als Erbe der Grafschaft Blankenheim zwar zunächst auf jede Beteiligung an Jülich verzichtet, diesen Verzicht aber bald widerrufen und sich durch die Besetzung von Burgen in eine positivere Position zu bringen versucht. Jungherzog Wilhelm von Jülich-Berg musste mit Gewalt gegen ihn vorgehen.[26] Erst nach jahrelangen Prozessen und Fehden wurde vereinbart, dass Dietrich von Manderscheid die reiche Herrschaft Blankenheim als Lehen von Jülich-Berg behaupten konnte.[27]

Lacomblet vermutet, dass Kurfürst Friedrich I., der Siegreiche von der Pfalz, der Bruder des Kölner Erzbischofs Ruprecht, dabei mitgewirkt hat, dass Kaiser Friedrich III. am 9. März 1469 den durch den Tod des Grafen Wilhelm von Blankenheim erledigten Mitbesitz am Herzogtum Jülich dem Herzogtum wieder zugeschlagen und Herzog Gerhard von Jülich damit belehnt hat.[28]

Es fehlt also nicht an ausreichenden Motiven für die Ausfertigung unserer Urkunde.

Die Hauptlinie der Heinsberger starb übrigens auch bald aus, und ihre Besitzungen gingen ebenfalls an Herzog Wilhelm von Jülich-Berg über. Wilhelm hatte 1472 Elisabeth, die Tochter des Grafen Johann von Nassau-Saarbrücken und der Johanna von Loen-Heinsberg, geheiratet, die das Erbe ihrer Mutter, die Herrschaften Heinsberg, Löwenberg, Diest und Zichem, mit in die Ehe brachte. Auf der Kippe stand die Sache, da Elisabeth starb, ohne Erben zu hinterlassen, und nach dem Heiratsvertrag die Herrschaften an einen anderen

24 Kremer, Heinsberg (wie Anm. 2), S. 95 (29.8.1475); Lacomblet, Düsseldorf (wie Anm. 14), S. 290; Keussen, Urkundenbuch (wie Anm. 12), Bd. 2, S. 326, Nr. 3712; Werner Paravicini, Moers, Croy, Burgund. Eine Studie über den Niedergang des Hauses Moers in der zweiten Hälfte des 15. Jahrhunderts, in: Annalen des Historischen Vereins für den Niederrhein 179, 1977, S. 7–113, hier S. 50.

25 Max Barkhausen, Die Grafen von Moers als Typen kleiner Territorialherren des späteren Mittelalters. Ein Ausschnitt aus der niederrheinischen Territorialgeschichte, in: ders., Aus Territorial- und Wirtschaftsgeschichte. Ausgewählte Aufsätze, Krefeld 1963, S. 56–107, hier S. 92; auch Keussen, Urkundenbuch (wie Anm. 12), S. 337, Nr. 3777 (1477 Dez. 11).

26 Lacomblet, Düsseldorf (wie Anm. 14), S. 289; Corsten, Johann (wie Anm. 11), S. 22; Harald Herzog, Burg Blankenheim, in: Gerd J. Nettersheim (Hrsg.), 900 Jahre Blankenheim. Von der gräflichen Residenz zur modernen Gemeinde, Blankenheim. 2015, S. 60–73, hier S. 62.

27 Peter Neu, Die Grafen von Manderscheid – ein historischer Überblick, in: Die Manderscheider. Eine Eifeler Adelsfamilie. Herrschaft – Wirtschaft – Kultur, Ausst.-Kat. Blankenheim, Gildehaus 4.5.–29.7.1990; Manderscheid, Kurhaus 16.8.–11.11.1990, Pulheim 1990, S. 13–28, hier S. 16; Keussen, Urkundenbuch (wie Anm. 12), Bd. 2, S. 337 Nr. 3777 (1477 Dez. 11).

28 Lacomblet, Düsseldorf (wie Anm. 14), S. 283.

männlichen Verwandten hätten zurückgegeben werden müssen. Aber Herzog Wilhelm gelang es, die Länder für die Summe von 60.000 Gulden zu kaufen.[29]

Erklärt werden sollte noch, warum die Heinsberger bis zu ihrem Aussterben den Titel Loen-Heinsberg, Heinsberg-Loen oder einfach nur Loen (Loon, Lohn, Loyn, Lon, Loos, Los, Looz) trugen. Das hängt damit zusammen, dass nach dem söhnelosen Tod des letzten Grafen Ludwig IV. von Loen am 21. Januar 1336 die bedeutende Grafschaft im heutigen Belgien, die in etwa der Provinz Belgisch Limburg entspricht, über die Erbtochter Mathilde von Loen an Dietrich von Heinsberg († 1361) gelangte[30], der sie aber ebensowenig wie sein Neffe Gottfried von Heinsberg (1325–1395) und dann der Verwandte Arnold von Rummen († vor 5. Mai 1373) gegen den Bischof von Lüttich behaupten konnte. Dieser ließ die Grafschaft nach heftigen Kämpfen militärisch besetzen und zog sie als erledigtes Lehen ein.[31] Gegen den Bischof von Lüttich waren die Heinsberger bzw. ihre Verwandten mit ihrer eher bescheidenen territorialen Basis machtlos. Diese Schmach und diesen Verlust haben sie nie verwunden und ihren – wenn auch völlig unrealistischen – Anspruch auf die Grafschaft Loen durch das weitere Führen des Titels deutlich gemacht, was offensichtlich auch auf Reichsebene akzeptiert wurde.

Damit ist der Entstehungsgrund der Urkunde vom 1469 erklärt. Es ist aber noch nicht geklärt, warum sie als Einblattdruck am Ende des 15. Jahrhunderts vervielfältigt wurde.

II

Bei genauer Betrachtung des Drucks nämlich, besonders wenn man die entsprechenden Kataloge und Handbücher zu Rate zieht, stellt sich heraus, dass der Druck gar nicht im Jahre 1469 entstanden sein kann, sondern mindestens zweieinhalb bis drei Jahrzehnte später, wohl in den 1490er Jahren.

Wolfgang Schmitz führt unser Stück in seiner Arbeit über die Kölner Einblattdrucke des 15. Jahrhunderts auf.[32] Auch in dem umfassenden Verzeichnis

29 Lacomblet, Düsseldorf (wie Anm. 14), S. 300; Otto R. Redlich, Wilhelm IV., in: Allgemeine Deutsche Biographie, Bd. 43, Leipzig 1898, S. 100–106, hier S. 101; Severin Corsten, Der Übergang der Heinsberger Länder an Jülich-Berg, in: Guido v. Büren/Erwin Fuchs (Hrsg.), Jülich. Stadt – Territorium – Geschichte. Festschrift zum 75jährigen Jubiläum des Jülicher Geschichtsvereins (Jülicher Geschichtsblätter 67/68), Kleve 2000, S. 421–434.

30 Kremer, Heinsberg (wie Anm. 2), S. 38; Lückerath, Heinsberg (wie Anm. 11), S. 32f.

31 J. Baerten, Het graafschap Loon (11de–14de eeuw), Assen 1969, S. 141–150.

32 Wolfgang Schmitz, Die Kölner Einblattdrucke des 15. Jahrhunderts (Veröffentlichung des Kölnischen Geschichtsvereins 35), Köln 1979, S. 86f., Nr. 14 und 15.

der typographischen Einblattdrucke des 15. Jahrhunderts von Falk Eisermann[33] ist das Stück beschrieben. Bekannt waren damals zwei Fragmente in München, von denen sicher eines aus der Kurpfälzischen Bibliothek Mannheim, der bekannten Sammlung Redinghoven, stammt und auch, wie unser Stück, den handschriftlichen Zusatz: *Auscultata et collacionata est presens copia per me Casparum de Novo Castro notarium publicum et concordat de verbo ad verbum cum suo originali quod protestor hac manus mee proprie scriptura* trägt. Aufgrund der verwendeten Schrifttype, einer Oberrheinischen Bastarda, die um 1485 aufkommt, konnte dieser Einblattdruck eindeutig der Kölner Offizin des Ludwig von Renchen zugewiesen werden, die diese Schrift von 1492 bis ca. 1500 verwendete.[34]

Unser Druck im Stadtarchiv Düsseldorf wäre neben den beiden Münchner Fragmenten das einzige vollständige Exemplar gewesen, wenn sich nicht durch *einen dieser kaum glaublichen, aber schönen Zufälle* 2015 weitere fünf überwiegend vollständige Exemplare im Landesarchiv NRW in Duisburg gefunden hätten.[35]

Wenigstens eines dieser Duisburger Exemplare trägt auch den Kollationsvermerk des Notars Caspar de Novo Castro, d. h. man kann davon ausgehen, dass diese Drucke in Serie mit dieser notariellen Beglaubigung versehen wurden, um dann versandt zu werden.

Dass die Urkunden erst viele Jahre später zum Druck gebracht wurden, war offensichtlich keine Seltenheit. Gerade im Zusammenhang mit den Souveränitätsrechten des Herzogs Wilhelm von Jülich-Berg sind in den 1490er Jahren in der selben Kölner Druckerei unter Verwendung der selben Type mehrere Urkunden als Einblattdrucke hergestellt worden, die sich auf Herrschaftsrechte des Jülichers beziehen.[36] So finden wir unter den von der Offizin von Ludwig von Renchen in Köln gefertigten Einblattdrucken alleine zwölf Blätter, die in das politische Umfeld des Herzogs Wilhelm gehören. Dabei kann man zwei Gruppen unterscheiden, einmal Drucke, die wohl in die direkte Auseinandersetzung mit Karl von Egmont (-Geldern) gehören, und eine größere Gruppe,

33 Falk Eisermann, Verzeichnis der typographischen Einblattdrucke des 15. Jahrhunderts im Heiligen Römischen Reich Deutscher Nation, Bd. 2, Wiesbaden 2004, S. 461f., Nr. F 61 und F 62.

34 Vgl. auch Gesamtkatalog der Wiegendrucke, hrsg. v. der deutschen Staatsbibliothek, Bd. 9, Stuttgart/Berlin 1991, Sp. 150, Nr. 10345 und 10346; vgl. Joachim Schüling, Der Drucker Ludwig von Renchen und seine Offizin. Ein Beitrag zur Geschichte des Kölner Buchdrucks, Wiesbaden 1992, S. 68 (Type 5).

35 Mitteilung von Falk Eisermann, Berlin, vom 8.9.2017 an den Verf.; Diese Exemplare sind – ebenso wie das Düsseldorfer Exemplar – bereits im Online Gesamtkatalog der Wiegendrucken unter Nr. 10345 berücksichtigt (http://gesamtkatalogderwiegendrucke.de/docs/GW10345.htm; 5.4.2018). Es handelt sich um die Signaturen LA Rheinl., Jülich-Berg II, Nr. 2370; Jülich-Berg, Urkunden Nr. 1138; Handschriften L X 1; u. Handschriften N I 2 I.

36 Schmitz, Einblattdrucke (wie Anm. 32), S. 21–31.

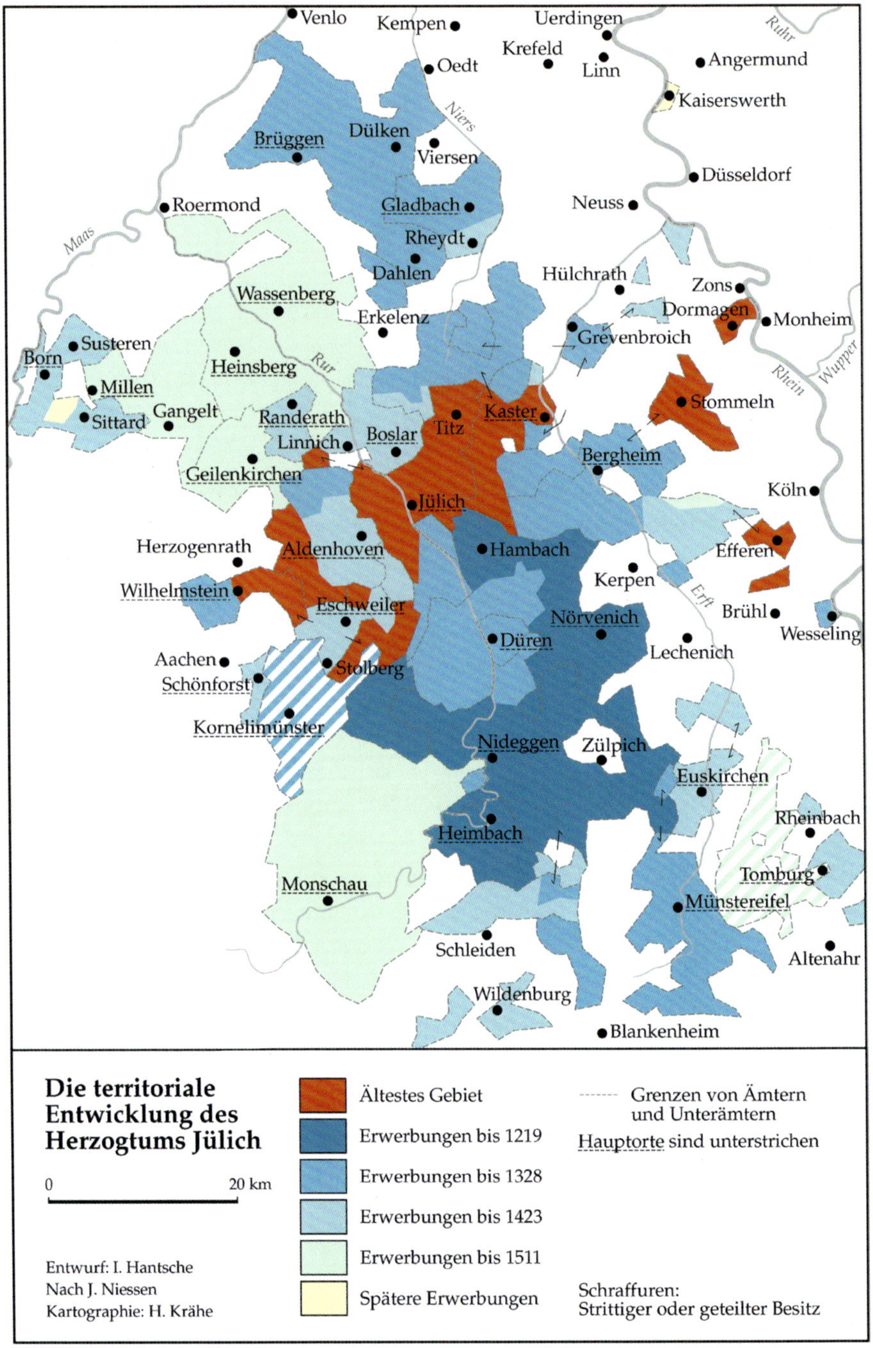

Abb. 3: Die territoriale Entwicklung des Herzogtums Jülich (aus: Irmgard Hantsche, Atlas zur Geschichte des Niederrheins [Schriftenreihe der Niederrhein-Akdemie 4], Bottrop 2000, Nr. 11, S. 36. Für die Genehmigung des Abdrucks danke ich Frau Prof. Dr. Irmgard Hantsche).

die sich auf die Pfandschaften bzw. Übertragungen der kleinen Herrschaften Brüggen (mit Dülken u. Dahlen), Born (mit Süchteln, Sittard u. Susteren) und Wassenberg beziehen.[37]

Wenden wir uns zunächst den Drucken im Zusammenhang mit Karl von Egmont zu, zu denen ja auch unser Einblattdruck der Urkunde von 1469 passen könnte. Das sind – neben unserer Urkunde von 1469 – ein Schreiben Kaiser Friedrichs III. an Karl von Egmont vom 29. Juli 1493, worin er diesen wegen Anmaßung des Herzogtums Geldern vor sein Gericht lädt[38], ein weiteres Schreiben König Maximilians an Karl von Egmont vom 31. August 1495 wegen Anmaßung des Herzogtums Jülich[39] und die chronologisch letzte Urkunde, die vielleicht nicht in diese Serie gehört, das Verbot Herzog Wilhelms IV. von Jülich vom 2. Juni 1498, in seinen Territorien die von Karl von Egmont mit dem Jülicher Wappen geprägten Münzen zu verwenden.[40]

Schon Falk Eisermann vermutete, dass es sich bei diesen jülich-bergischen Drucken von Urkunden um Empfängerausfertigungen handelte, die von Herzog Wilhelm IV. von Jülich-Berg gezielt als Propagandamittel eingesetzt werden sollten. Es heißt dort zu unserer Urkunde: „Vermutlich war es Herzog Wilhelm IV. von Jülich, der die Urkunde zu diesem Zeitpunkt (um 1495) veröffentlichen ließ, um den Ansprüchen zu begegnen, die Karl von Egmont, Herzog von Geldern, auf Jülich geltend machte."[41] Auch Wolfgang Schmitz hat diesen Zusammenhang gesehen und beschrieben.[42]

Karl von Egmont war Ende März 1492 durch Vermittlung des Grafen Vinzenz von Moers aus französischer Gefangenschaft nach Geldern zurückgekehrt und hatte unter dem Schutz französischer und lothringischer Truppen die Herrschaft übernommen. Er zeigte sogleich ein „ausgeprägtes fürstliches Selbstbewusstsein" und bezeichnete sich nicht nur als Herzog von Geldern und Zytphen, sondern auch als Herzog von Jülich.[43] Damit brachte er sich sofort

37 Dazu Severin Corsten, Die Einlöse der Pfandschaften Born, Brüggen und Wassenberg (1494). Urkundendrucke als Mittel staatlicher Öffentlichkeitsarbeit, in: Annalen des Historischen Vereins für den Niederrhein 205, 2002, S. 35–47, S. 37f. Für den Hinweis auf diesen Beitrag danke ich Herrn Martin Früh, Duisburg.

38 Schüling, Renchen (wie Anm. 34), S. 20, Nr. 13; Eisermann, Verzeichnis (wie Anm. 33), S. 489, Nr. F-93.

39 Schüling, Renchen (wie Anm. 34), S. 32, Nr. 29; Schmitz, Einblattdrucke (wie Anm. 32), S. 98, Nr. 52.

40 Schüling, Renchen (wie Anm. 34), S. 52f., Nr. 55; Schmitz, Einblattdrucke (wie Anm. 32), S. 110, Nr. 86.

41 Gesamtkatalog Wiegendrucke (wie Anm. 34), Bd. 9, Sp. 150 Nr. 10345; Eisermann, Verzeichnis (wie Anm. 33), S. 461, Nr. F-61.

42 Schmitz, Einblattdrucke (wie Anm. 32), S. 28–31.

43 Otto R. Redlich, Jülich und Geldern am Ausgang des 15. Jahrhunderts, in: Düsseldorfer Jahrbuch 9, 1895, S. 38–75, hier 38f.; Böck, Herzöge (wie Anm. 13), S. 590.

in Gegensatz zu den Herzögen von Jülich-Berg und Kleve-Mark, die bereits die Erbeinung vorbereiteten und sich auf die Seite der Gegner von Karl von Egmont stellten.[44] Schmitz sieht als auslösendes Moment für die Herstellung der Drucke die im Herbst 1494 eröffneten Verhandlungen um das Herzogtum Geldern, bei denen Karl von Egmont sich vorgeblich bereit erklärt hatte, sich dem Schiedsspruch der Kurfürsten zu unterwerfen. In diesem Zusammenhang musste Wilhelm von Jülich-Berg alles tun, um Karl von Egmont dazu zu bewegen, den Titel eines Herzogs von Jülich und damit den Anspruch auf das Herzogtum Jülich fallen zu lassen.[45] Als der Schiedsspruch gegen Karl von Egmont ausfiel, dachte dieser keineswegs daran, seine Ansprüche auf Jülich aufzugeben. Am 28. Juni 1495 hatte König Maximilian in Worms Herzog Wilhelm IV. feierlich mit den Herzogtümern Jülich und Berg sowie Ravensberg belehnt. Nur wenige Tage später, bei der Eröffnung des berühmten Wormser Reichstages von 1495, wurde ein Schreiben Karls von Egmont-Geldern verlesen, worin sich dieser den Titel eines Herzogs von Jülich beilegte.[46] König Maximilian hat dies dann Karl von Egmond-Geldern am 11. August 1495 ausdrücklich verboten. Er durfte bei Strafe weder Titel noch Wappen von Jülich führen.[47] Dieser königliche Erlass liegt nicht nur als Urkunde, sondern auch als Einblattdruck vor, er ist wahrscheinlich sofort durch Wilhelm IV. von Jülich-Berg in Köln bei von Renchen zum Druck befördert worden.[48] Doch Karl von Egmont hielt sich nicht daran und stellte weiterhin eine Bedrohung für Wilhelm von Jülich-Berg dar. Wie ging es weiter?

1497 erklärten sich die Herzöge von Jülich und Kleve bereit, König Maximilian bzw. seinen Sohn Philipp bei der Rückeroberung von Geldern zu unterstützen, was aber, wie wir wissen, zu einem aufreibenden Kleinkrieg mit wechselnden Erfolgen und einer starken Verwüstung beider Territorien führte.[49] Unter französischer Vermittlung kam dann am 29. Dezember 1499 in Orleans ein Frieden zwischen Karl von Geldern und dem Herzog von Jülich-Berg zustande, der für Geldern die Rückgabe des kurz zuvor eingenommenen Erkelenz und für Jülich den Verzicht Karls von Geldern auf die Führung des Titels eines Herzogs von Jülich brachte. Das war für den Jülicher ein großer Erfolg, hatte doch König Maximilian trotz scharfer Strafandrohungen nicht erreicht, den

44 v. Looz-Corswarem, Geldern (wie Anm. 13), S. 126.

45 Schmitz, Einblattdrucke (wie Anm. 32), S. 28–31.

46 Lacomblet, Düsseldorf (wie Anm. 14), S. 308.

47 Lacomblet, Urkundenbuch 4 (wie Anm. 3), S. 579, Nr. 469 (1495 Aug. 31); Böck, Herzöge (wie Anm. 13), S. 603.

48 Schüling, Renchen (wie Anm. 34), S. 32, Nr. 29; Schmitz, Einblattdrucke (wie Anm. 32), S. 98, Nr. 52.

49 Lacomblet, Düsseldorf (wie Anm. 14), S. 309; Böck, Herzöge (wie Anm. 13), S. 599f. u. 606.

Herzog von Geldern zu diesem Verzicht auf den Titel zu bewegen. Letztlich war damit eine nach dem Tod Reinalds von Jülich-Geldern 1423 entstandene Auseinandersetzung beendet.[50]

Es ist angesichts dieser Vorgänge also gut denkbar, dass die durch die Kanzlei des Herzogs Wilhelm von Jülich-Berg veranlassten Drucke von Urkunden, die die von Karl von Egmont auf Jülich gerichteten Ansprüche abwehren sollten, in der Mitte der 1490er Jahre in Köln entstanden sind. Was ein wenig irritiert, ist der auf unserer Urkunde von 1469 bei mehreren Exemplaren nachweisbare Beglaubigungsvermerk durch den Notar Caspar de Novo Castro. Deshalb scheint es notwendig, auch die andere Serie von ebenfalls bei Ludwig von Renchen in Köln gedruckten, zum Teil älteren Urkunden, die sich auf die Pfandschaften bzw. Übertragungen der kleinen Herrschaften Brüggen und Born sowie Wassenberg beziehen, genauer in den Blick zu nehmen.[51] Diesen acht Einblattdrucken ist gemeinsam, dass sie zum einen alle in der Sammlung Redinghoven nachgewiesen sind und zum anderen auch – wie unser Stücke aus dem Stadtarchiv Düsseldorf – den Kollationsvermerk des Notars Caspar de Novo Castro tragen. Dieser Kollationsvermerk ist bei den anderen bekannten Drucken gegen Karl von Egmont, den Urkunden vom 20. Juli 1493, vom 31. August 1495 und vom 2. Juni 1498, nicht nachzuweisen, so dass auch denkbar ist, dass der Druck der Urkunde von 1469 gar nicht in die Serie der gegen Karl von Egmont gerichteten gehört, sondern bei den auf die Pfandschaften von Born und Brüggen etc. gerichteten Urkundendrucken eingereiht werden muss.

III

Bei den auf den Erwerb der Herrschaften Brüggen, Dülken, Dahlen, Venrath, Born, Süchteln, Sittard, Susteren und Wassenberg durch Herzog Wilhelm IV. von Jülich-Berg bezogenen Einblattdrucken aus der Offizin des Ludwig von Renchen in Köln handelt es sich um folgende Stücke[52]:

50 Redlich, Wilhelm IV. (wie Anm. 29), S. 104; Böck, Herzöge (wie Anm. 13), S. 609f.; v. Looz-Corswarem, Geldern (wie Anm. 13), S. 126f. Der Herzog von Kleve hatte sich nicht am Frieden von Orleans beteiligt, so dass die gesamte Auseinandersetzung erst 1503 mit der Unterwerfung Karls endete.

51 Corsten, Einlöse (wie Anm. 37), S. 37f.

52 Ebd., S. 37f., vgl. auch Schmitz, Einblattdrucke (wie Anm. 32), S. 108–111, Nr. 78, 79, 80, 81, 87, 88, 89 u. 90; Eisermann, Verzeichnis (wie Anm. 33), S. 586–589, Nr. V-22, V-23, V-24, V-25, S. 615–618, W-40, W-41, W-42, W-43, W-44; Schüling, Renchen (wie Anm. 34), S. 48–59, Nr. 48, 49, 50, 51, 56, 57, 58, 59. Die Originalurkunden liegen meist im Landesarchiv Duisburg, sie sind nachgewiesen in: Keussen, Urkundenbuch (wie Anm. 12), Bd. 2 und 3.

1. 1459 April 1: Graf Vincenz von Moers bestätigt, dass ihm Herzog Gerhard von Jülich-Berg und Graf Gerhard von Blankenheim (als Inhaber des „Jülicher Quart“) die Herrschaft Brüggen wegen einer Schuld von 55.000 Gulden verpfändet haben.
2. 1477 Dez. 11: Graf Vinzenz von Moers verzichtet auf das durch den Tod seines Neffen Wilhelm von Blankenheim freigewordene „Jülicher Quart“ zugunsten von Herzog Wilhelm von Jülich-Berg.
3. 1493 Jan. 16: Graf Vinzenz von Moers übergibt dem Mann seiner Enkelin Margarete, dem Grafen Wilhelm von Wied, die Grafschaft Moers mit allem Zubehör.
4. 1493 Jan. 24: Graf Wilhelm von Wied begibt sich in den Schutz von Herzog Wilhelm von Jülich-Berg und berechtigt ihn, die Herrschaft Brüggen gegen die herabgesetzte Summe von 25.000 Gulden einzulösen.
5. 1494 Juni 18: Graf Vinzenz von Moers und sein Schwieger(enkel)sohn Graf Wilhelm von Wied bieten Herzog Wilhelm von Jülich-Berg die Abtretung von Brüggen, Wassenberg und Born an.
6. 1494 Juni 21: Graf Wilhelm von Wied tritt das Land Brüggen an Herzog Wilhelm von Jülich-Berg ab.
7. 1494 Juni 21: Graf Wilhelm von Wied tritt die Herrschaft Wassenberg an Herzog Wilhelm von Jülich-Berg ab.
8. 1494 Juni 21: Graf Wilhelm von Wied gestattet dem Herzog Wilhelm von Jülich Berg die Wiedereinlöse des Landes Born.

Dass diese Drucke nicht nur in entsprechenden Aktenstücken des Landesarchivs in Duisburg zu finden sind, sondern auch in der Sammlung Redinghoven, darf nicht verwundern. Hat doch der jülich-bergische Hofrat, Geheime Rat und Archivar Johann Godfried von Redinghoven (1628–1704) in Düsseldorf eine umfangreiche Sammlung von Dokumenten zur jülich-bergischen und niederrheinischen Geschichte aus den von ihm als Archivar durchgesehenen Urkunden und Akten erstellt. So sind 79 Foliobände (davon 73 erhaltene) mit Urkundenabschriften, genealogischen Ausarbeitungen, Wappendarstellungen und Dokumenten zusammengekommen, die sich zunächst in der kurfürstlichen Bibliothek in Mannheim befanden, wo sie auch von dem bereits genannten Christoph Jacob Kremer ausgewertet wurden, und die jetzt in der Bayerischen Staatsbibliothek in München liegen.[53] Ganz offensichtlich fanden sich in den von Redinghoven durchgesehenen Akten jeweils mehrere Exemplare der in den 1490er Jahren

53 Woldemar Harleß, Johann Godfried Redinghoven, in: Allgemeine Deutsche Biographie, Bd. 27, Leipzig 1888, S. 534ff.; Corsten, Einlöse (wie Anm. 37), S. 39; Friedrich Wilhelm Oediger, Landes- und Gerichtsarchive von Jülich-Berg, Kleve Mark, Moers und Geldern, Bestandsübersichten, Siegburg 1957, S. 58f.

hergestellten Einblattdrucke von Urkunden, bei denen er sich bedient, und sie seiner Sammlung einverleibt hat. Bei diesen Einblattdrucken handelte es sich fast bei allen um Stücke, die, sozusagen auf Vorrat, mit dem Beglaubigungs- und Kollationsvermerk des Notars Gerhard de Novo Castro versehen waren.

Abb. 4: Burg Blankenheim /Eifel: Stahlstich von Henry Winkler nach einer Zeichnung von Theodor Verhas, um 1850.

Will man auf den inhaltlichen Zusammenhang dieser Urkundendrucke eingehen und die Frage stellen, wann und warum sie von der jülich-bergischen Kanzlei in Düsseldorf in Köln in Auftrag gegeben wurden, so müssen wir – wie bei unserer Urkunde von 1469 – wieder in die erste Hälfte des 15. Jahrhunderts zurücksteigen.

Herzog Reinald von Jülich (um 1365–1423), der – wie wir bereits gesehen haben – ohne legitime Nachfolger geblieben war und als dessen Erben sich schon früh die Verwandten und Nachbarn Herzog Adolf von Berg und Graf Johann II., der Streitbare, von Loen-Heinsberg positioniert und dessen Länder noch bei Lebzeiten Reinalds im Vertrag vom 31. März/1. April 1420 unter sich aufgeteilt hatten, hatten die Rechnung ohne den Wirt gemacht bzw. das Fell des Bären etwas zu früh verteilt. Denn Reinald von Jülich verpfändete am 4. Juni 1421 die ihm gehörende Herrschaft Born mit den Städten[54] Sittard und Süsteren[55] für 10.000 Gulden an Graf Friedrich von Moers.[56] Das war gegen Johann den Streitbaren von Heinsberg gerichtet, der sich im Teilungsvertrag – außer dem Jülicher Quart – ja gerade diese für ihn günstig gelegene Herrschaft

54 Heute ist Born ein Ortsteil der Gemeinde Brüggen an der Schwalm im Kreis Viersen, nicht weit von der niederländischen Grenze.

55 Sittard und (Echt-)Susteren sind heute Gemeinden in der niederländischen Provinz Limburg in der Nähe der deutschen Grenze.

56 Keussen, Urkundenbuch (wie Anm. 12), Bd. 1, S. 302, Nr. 1403 (1421 Juni 4).

als volles Eigentum ausgewählt hatte. Am 7. August 1421 überließ Reinald dem Moerser auch noch für zunächst 12.000 Gulden die Herrschaft Brüggen mit den Städten Dülken und (Rhein-)Dahlen. Diese Pfandschaft wurde später im Wert auf 22.500 Gulden erhöht und vereinbart, dass beide Pfandschaften nur gemeinsam eingelöst werden könnten. Schließlich wurde die Pfandsumme durch weitere Darlehen auf 114.000 Gulden erhöht.[57] Damit hatte Reinald die Erben seines Landes vor vollendete Tatsachen gestellt, denn beide, Adolf von Berg und Johann von Loen-Heinsberg, hätten gemeinsam zu drei bzw. einem Viertel eine gewaltige Summe aufbringen müssen, um die Herrschaften wieder einzulösen und in den Genuss der Einnahmen aus diesen Ländern, Burgen und Städten zu kommen.

Graf Friedrich von Moers (um 1380–1448), unter dem die kleine Herrschaft Moers mit der Stadt Krefeld die größte Bedeutung gewinnen sollte – sein Bruder Dietrich war konfliktfreudiger Erzbischof von Köln, zwei weitere Brüder waren Bischöfe von Münster und Utrecht –, konnte durch den Erwerb von Pfandschaften sein Territorium um das Doppelte vergrößern. Friedrich stand in enger Verbindung mit den Herzögen von Burgund, war zeitweise Statthalter des Herzogtums Luxemburg und der Grafschaft Chiny sowie Graf von Saarwerden, das er 1418 seinem jüngeren Bruder überließ. Auch sein einziger Sohn Vinzenz von Moers (ca. 1414–1499) führte diese Politik zunächst fort, bis er dann in späteren Jahren Fehlentscheidungen traf, unglücklich zwischen den Machtblöcken Geldern, Burgund, Kleve, Jülich-Berg, Kurköln und dem Reich taktierte und schließlich bei seinem Tode 1499 „politisch wie finanziell ein Trümmerfeld" hinterließ.[58]

Zunächst aber konnte Vinzenz von Moers 1450 von Herzog Gerhard von Jülich gegen ein Darlehen die Zusicherung erhalten, dass die Pfandschaften Born und Brüggen zu seinen und seines Nachfolgers Lebzeiten nicht eingelöst werden sollten.[59] Dann konnte er am 23. September 1451 von Graf Johann von Nassau-Saarwerden, dem Schwiegersohn Johanns des Streitbaren von Loen-Heinsberg, gegen 18.000 Gulden die Herrschaft Wassenberg als Pfandschaft übernehmen, die zu Brabant gehörte und die der Burgunder an den Heinsberger

57 Barkhausen, Moers (wie Anm. 25), S. 78f.; Corsten, Einlöse (wie Anm. 37), S. 41–44; Keussen, Urkundenbuch (wie Anm. 12), Bd. 1, S. 302, Nr. 1408 (1421 Aug. 7) u. S. 307, Nr. 1441.

58 Corsten, Einlöse (wie Anm. 37), S. 45.

59 Barkhausen, Moers (wie Anm. 25), S. 86; Margret Wensky, Moers im Mittelalter (900–1500), in: dies. (Hrsg.), Moers. Die Geschichte der Stadt von der Frühzeit bis zur Gegenwart, Bd. 1. Von der Frühzeit bis zum Ende der oranischen Zeit (bis 1702), Köln/Wien 2000, S. 69–157, hier S. 89f.

verpfändet hatte.[60] Wassenberg ist heute ein Städtchen von ca. 18.000 Einwohnern an der niederländischen Grenze im Kreise Heinsberg.

War Vinzenz von Moers zu Beginn seiner Regierung noch in der Lage, sein Territorium durch die Übernahme von Pfandschaften zu vergrößern, so wurde er später durch seine bedingungslose Unterstützung Adolfs von Egmont-Geldern in die Auseinandersetzung mit Karl dem Kühnen von Burgund hineingezogen, der nicht nur Geldern, sondern auch seine Länder besetzte und verwüstete, ehe er 1475 zur Belagerung von Neuss schritt.[61] Dadurch wurden riesige Schulden angehäuft. Auch nach dem Tod Karls des Kühnen 1477 hielt er an seiner Freundschaft zur Familie der Egmont fest, wodurch er sich in Gegensatz zu König Maximilian setzte. Vinzenz von Moers ging sogar so weit, dass er seinen Enkel Bernhard als Geisel in Frankreich zurückließ, um 1492 den jungen Karl von Egmont auszulösen und in sein Land zurückzuführen.[62]

Durch alle diese Aktionen wurden die Verhältnisse umgekehrt. Nun war er es, der Schulden hatte und dringend Geld benötigte.[63] Als ihm in fortgeschrittenem Alter die Regierung zu entgleiten drohte (er war jetzt an die 80 Jahre alt), verschrieb er seine Länder und Pfandschaften am 16. Januar 1493 dem Grafen Wilhelm von Wied, dem Mann seiner Enkelin Margareta, Tochter seines bereits verstorbenen ältesten Sohnes Friedrich. Da dabei sein noch in Geiselhaft befindlicher Enkel Bernhard nicht berücksichtigt wurde, gab es starke innerfamiliäre Streitigkeiten. Wichtig ist für uns, dass in die Jahre 1493 und 1494 die Urkunden fallen, in denen Graf Wilhelm von Wied bereit war, sich in den Schutz Herzogs Wilhelm von Jülich zu begeben und eine geringere Summe für die Ablöse von Brüggen zu fordern, in denen Graf Vinzenz von Moers und sein Schwieger(enkel)sohn Graf Wilhelm von Wied Herzog Wilhelm von Jülich-Berg die Abtretung von Brüggen, Born und Wassenberg anbieten, in denen auch die Herrschaft Wassenberg veräußert und Herzog Wilhelm von Jülich-Berg

60 Barkhausen, Moers (wie Anm. 25), S. 86; Severin Corsten, Wassenberg unter der Pfandherrschaft des Grafen Vincenz von Moers 1451–1494, in: Heimatkalender des Kreises Heinsberg 1979, S. 29–33.

61 Böck, Geldern (wie Anm. 13), S. 540f.

62 Claudia Rotthoff-Kraus, Geldern und Habsburg zur Zeit Maximilians I. als Herzog von Burgund, in: Stinner/Tekath, Gelre (wie Anm. 13), S. 139–144, hier S. 144; Böck, Geldern (wie Anm. 13), S. 583–585; Paravicini, Moers (wie Anm. 24), S. 58.

63 Schon am 31.1.1480 hatte Graf Vincenz von Moers, von Alter und Schulden gedrückt (er war ca. 65 Jahre alt) und da ihm seine Söhne bereits im Tode vorausgegangen seien, seine Schlösser und Städte Moers, Krackau (bei Krefeld), Brüggen, Dulken, (Rhein-)Dalen, Süchteln und Wassenberg gegen 60.000 Gl. dem Herzog Wilhelm von Jülich-Berg auf die Dauer von 14 Jahren zur Verwahrung übergeben, bis sein Enkel, Graf Bernhard, der sich am Hofe des Herzogs befinde, die Herrschaft antreten könne. Lacomblet, Urkundenbuch 4 (wie Anm. 3), S. 507f., Nr. 409.

die Einlöse der Herrschaft Born gestattet wird.[64] Corsten weist besonders auf die Urkunde vom 18. Juni 1494 hin, in der sowohl Graf Vinzenz von Moers als auch sein Schwieger(enkel)sohn Wilhelm von Wied gemeinsam auftreten. Es ist beim Druck der Urkunde eigens vermerkt, dass beide, also auch der alte Vinzenz von Moers, diese Urkunde mit eigener Hand unterschrieben haben.[65]

Ein wichtiges Ereignis mag in diesem Zusammenhang auch die Vorladung des Grafen Vincenz von Moers durch König Maximilian vor das Reichskammergericht vom 27. November 1494 sein, mit der Anschuldigung, er habe die Grafschaft Moers vom Reich zu Lehen gehabt, sie aber in fremde Hände gebracht und brabantische und geldrische Pfandschaften unter unziemlicher Erhöhung des Pfandschillings verpfändet.[66] Das mag auf die Pfandschaft Wassenberg gemünzt sein, denn bei Born und Brüggen handelte es sich ursprünglich um Jülicher Besitz, worüber sich Wilhelm von Wied ja bereits mit Herzog Wilhelm von Jülich geeinigt hatte.

Der Druck dieser Urkunden, die wahrscheinlich alle gleichzeitig in Auftrag gegeben wurden, wird also erst nach der Ausstellung der letzten Urkunde, also nach dem 21. Juni 1494, erfolgt sein. Dafür spricht, dass alle – und dazu kann man getrost unseren Druck der Urkunde von 1469 zählen – mit dem Beglaubigungsvermerk des Notars Caspar de Novo Castro versehen sind. Vereinfacht würde das Rätsel einmal, wenn der Notar seine Beglaubigung datiert hätte (was er aber in keinem der Fälle getan hat) oder wenn wir wenigstens Informationen zu seiner Person hätten. Leider ist es bisher nicht gelungen, einen Notar Caspar de Novo Castro in anderem Zusammenhang nachzuweisen.[67]

Wenn man wieder davon ausgeht, dass die Jülicher Kanzlei diese Drucke herstellen ließ, als die darin verbrieften Rechte angegriffen wurden und man glaubte, mit Dokumenten, die die eigene Position unterstützen, in die Öffentlichkeit gehen zu müssen, so scheint eine solche Situation im Jahre 1498 gekommen zu sein. Graf Vinzenz von Moers erhob Einspruch gegen die Abtretung der Pfandschaften und verklagte seinen Schwieger(enkel)sohn beim Reichskam-

64 Barkhausen, Moers (wie Anm. 25), S. 97; Paravicini, Moers (wie Anm. 24), S. 59, geht davon aus, dass Herzog Wilhelm von Jülich den Grafen von Wied bei der Einlöse der Pfänder unter Druck gesetzt hat.

65 Keussen, Urkundenbuch (wie Anm. 12), Bd. 3, S. 141, Nr. 4501 (1494 Juni 18); Schmitz, Einblattdrucke (wie Anm. 32), S. 109, Nr. 81; Eisermann, Verzeichnis (wie Anm. 33), S. 589, V-25; Schüling, Renken (wie Anm. 34), S. 50, Nr. 51; Corsten, Einlöse (wie Anm. 37), S. 39f.

66 Barkhausen, Moers (wie Anm. 25), S. 97.

67 Auch Corsten, Einlöse (wie Anm. 37), S. 38, Anm. 11, schreibt: „Der Notar konnte nicht ermittelt werden". Corsten weist aber auf einen Notar Hermann de Novo Castro hin, der in einer Urkundenabschrift von 1495 des Düsseldorfer Lambertusstifts genannt wird und einen Johann de Novocastro, der später Schulmeister in Schleiden war.

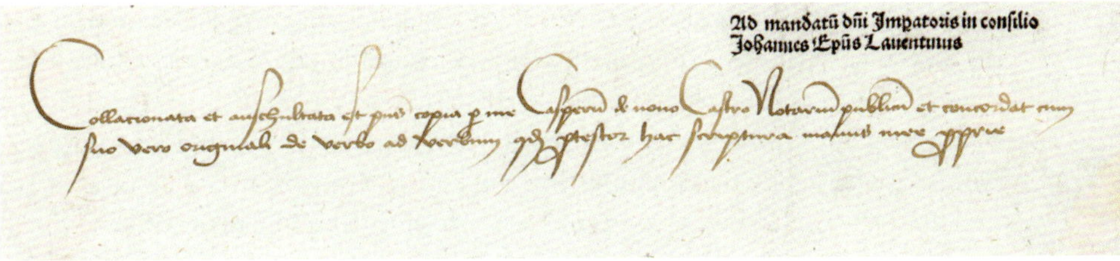

Abb. 5: Handschriftlicher Vermerk des Notars Caspar de novo Castro: Ausschnitt aus dem Einblattdruck der Urkunde von 1469 im Landesarchiv NRW (Jülich Berg Urk. 11381). Für die Überlassung danke ich Herrn Falk Eisermann, Berlin.

mergericht wegen der Auszahlung einer Rente.[68] Auch in seinem Testament vom 1. Februar 1498 wiederrief Vinzenz von Moers die Übertragung der Grafschaft Moers an Wilhelm von Wied und damit alle von diesem getätigten Rechtsakte, d.h. auch die Übergabe der Pfandschaften an Herzog Wilhelm von Jülich-Berg.[69] In diesem Zusammenhang schien es Herzog Wilhelm von Jülich-Berg wohl sinnvoll, öffentlich daran zu erinnern, dass die Verpfändung der Herrschaft Brüggen an Vinzenz von Moers 1459 sowohl durch Herzog Gerhard von Jülich-Berg als auch durch Graf Gerhard von Loen-Heinsberg-Blankenheim als Inhaber des „Jülicher Quarts" erfolgte, dass das „Jülicher Quart" – und damit auch das Teileigentum an den Pfandschaften – 1469 an ihn übergegangen war, dass Vinzenz von Moers nach dem Tod seines Neffen Gerhard von Blankenheim 1477 auf Ansprüche auf das „Jülicher Quart" zu seinen Gunsten verzichtet hatte, dass Vinzenz von Moers 1493 seine gesamte Herrschaft mit den Pfandschaften an Graf Wilhelm von Wied übergeben hatte, dass er 1494 zusammen mit Wilhelm von Wied ihm die Abtretung von Born, Brüggen und Wassenberg gemeinsam angeboten habe und schließlich, dass Wilhelm von Wied Herzog Wilhelm die Pfandschaften Brüggen, Born und Wassenberg abgetreten hatte. Da waren, wie sich jetzt jeder an den gedruckten Urkunden überzeugen konnte, rechtsgültige Verträge geschlossen worden, da war nichts zurückzunehmen und anzufechten.[70]

Severin Corsten weist noch darauf hin, dass sich von einem dieser Dokumente, der Urkunde vom 16. Januar 1493, beglaubigte handschriftliche Abschriften vom 11. November 1498 und 12. März 1499 im Landesarchiv Duisburg erhalten

68 Barkhausen, Moers (wie Anm. 25), S. 98.

69 Keussen, Urkundenbuch (wie Anm. 12), Bd. 3, S. 170, Nr. 4670 (1498 Febr. 1); Paravicini, Moers (wie Anm. 24), S. 62.

70 Keussen, Urkundenbuch (wie Anm. 12), Bd. 3, S. 120, Nr. 4431 (1493 Jan. 16); Corsten, Einlöse (wie Anm. 37), S. 46f.

haben[71], und argumentiert, dass diese nicht angefertigt worden wären, wenn zu diesem Zeitpunkt schon Drucke vorgelegen hätten. Denn wer hätte sich die Mühe gemacht, eine Urkunde abzuschreiben, wenn er einen der Drucke hätte nehmen können? Am 30. April 1499 starb Graf Vinzenz von Moers, wohl 85-jährig.[72] Danach ging es um die Frage, was galt – sein Testament (zu Gunsten seines Schwiegersohnes Charles de Croy und seines sich damals noch in Gefangenschaft befindenden Enkels Bernhard – oder die Übertragung der Grafschaft Moers an seinen Schwieger(enkel)sohn Wilhelm von Wied und die von diesem getätigten Rechtsgeschäfte? Selbstverständlich war Herzog Wilhelm von Jülich-Berg an dem Letzteren interessiert, hing davon doch die für ihn günstige Einlöse der Pfandschaften ab. Diese Diskussion gedachte die Kanzlei Wilhelms von Jülich-Berg in Düsseldorf wohl mit dieser öffentlichkeitswirksamen Veröffentlichung der Beweisurkunden zu beeinflussen, wobei man sich des damals modernsten Kommunikationsmittels, des Drucks, bediente.

Es spricht also sehr viel dafür, dass die Einblattdrucke – und damit auch der Druck der Urkunde von 1469 – noch im Jahre 1499 entstanden sind. Der Druck der Urkunde Kaiser Friedrichs III. für Gerhard von Jülich-Berg im Stadtarchiv Düsseldorf weiß also nicht nur einiges zu erzählen, sondern ist auch eine echte Inkunabel, ein Wiegendruck und damit zu Recht eine Zimelie, die unter die besonderen Stücke des Archivs gezählt werden muss.[73]

71 Keussen, Urkundenbuch (wie Anm. 12), Bd. 3, S. 175 Nr. 4688; Corsten, Einlöse (wie Anm. 37), S. 46.

72 Paravicini, Moers (wie Anm. 24), S. 63.

73 Es sei denn, dass die Drucke mit den Ansprüchen des Charles de Croy zusammenhängen, die dieser als Ehemann der ältesten Tochter des Vincenz von Moers im Jahre 1506 auf das Land Born und die anderen Pfandschaften anmeldete, aber das wäre eine eigene Untersuchung wert, vgl. Paravicini, Moers (wie Anm. 24), S. 63f., zumal es dem Befund widerspricht, der sich aus der Untersuchung der verwendeten Schrifttypen beim Drucker Ludwig von Renchen in Köln ergibt.

Marie Gallison-Reuter – eine Wanderin zwischen den Welten

Mit sechs Abbildungen

Von Annett B ü t t n e r

Am Abend des 11. September 1954 ging in Kaiserswerth das Leben von Marie Gallison-Reuter zu Ende. Die „Düsseldorfer Stadtpost" berichtete darüber: *Im biblischen Alter von 93 Jahren verschied eine der bekanntesten deutschen Persönlichkeiten, deren Name in aller Welt mit Hochachtung genannt wird, eine Mittlerin zwischen Amerika und Deutschland, die in beiden Ländern als Sängerin und Musikpädagogin, als Fürsorgerin und als Schriftstellerin bekannt war und seit 1925 als „Ehrendiakonisse" in Kaiserswerth, dem sie Zeit ihres Lebens in großer Liebe verbunden war, lebte.*[1] Heute ist sie weitgehend in Vergessenheit geraten. Wer war diese einzige „Ehrendiakonisse", die je in Kaiserswerth gelebt hat?

Kindheit und Studienzeit

1861 kam sie als Marie Reuter in Lübeck zur Welt und wuchs mit drei Brüdern auf. Ihr Vater war Lehrer am bekannten Katharinen-Gymnasium, das wenig später von den Brüdern Thomas und Heinrich Mann besucht wurde. Ihr ungestümes Wesen und das wenig ansprechende Äußere brachten ihr in der Kindheit den Spitznamen *die Hex* ein. Als die Fünfzehnjährige auf einem Familientreffen verkündete Sängerin werden zu wollen, erntete sie nur Gelächter. Auf den Rat ihrer Mutter hin nutzte sie zunächst die damals für Frauen einzige Möglichkeit, eine höhere Ausbildung zu erlangen und wurde Lehrerin. Ihr Studium begann sie zunächst in ihrer Heimatstadt. Um sich selbst zu disziplinieren, entschied sie sich dann für das Lehrerinnenseminar der Kaiserswerther Diakonissenanstalt, das als besonders streng galt. Als „höhere Tochter" aus behüteten Verhältnissen tat sie

1 Düsseldorfer Stadtpost vom 13.9.1954, in: Archiv der Fliedner-Kulturstiftung (künftig: AFKS): Bestand 4-1 Schwesternakten, 154.

sich zunächst schwer mit der Disziplin und den spartanischen Lebensumständen.[2] Die kahlen, weiß getünchten Wände und gardinenlosen Fenster empfand sie als ebenso bedrückend wie die dort herrschende *unerbittlich strenge Zucht*[3], schrieb sie später in ihren Erinnerungen. Dazu gehörten das Aufstehen um 5.00 Uhr, die Eintönigkeit des immer gleichen Tagesablaufes, die spärlichen Mahlzeiten und das mühsame Anheizen des Ofens im Wohnzimmer. Da es damals noch keine Wasserleitung gab, mussten die Schülerinnen reihum das Wasser von der Pumpe holen und in Eimern mehrere Etagen nach oben tragen. *Im Winter war das Wasser in den eisernen Schalen oft gefroren, auch wenn wir diese abends unter unsere Betten gestellt hatten. Um uns überhaupt waschen zu können, mußten wir das Eis mit unseren Stiefelabsätzen abschlagen. Es war eine gräßliche Arbeit, diese eingefrorenen Waschschalen, ohne heißes Wasser haben zu können, zu reinigen. An einem bitterkalten Wintermorgen, als ich beim Wasserholen ahnungslos mit meinen nassen Fingern den eisernen Schwengel der Pumpe anfasste, riß ich mir die Haut von der Hand ab*[4], berichtete sie in ihrer Autobiographie. Dennoch empfand sie die Zeit in Kaiserswerth als gute Schule für das Leben: *„Hier mußt du aushalten", sagte ich mir, „hier empfängst du, was dir not tut, hier wirst du für den Lebenskampf gestählt"!* Zu den Unterrichtsfächern am Lehrerinnenseminar gehörte auch Englisch, zu dem sie schon in frühester Jugend eine besondere Beziehung hatte. Außerdem sprach sie mit ihrer Mitschülerin Dora Brooke[5], einer in Indien geborenen Tochter eines englischen Vaters und einer deutschen Mutter, ausschließlich englisch und festigte damit ihre sprachliche Vorliebe. Von ihrer Kaiserswerther Musiklehrerin Diakonisse Lina Schorch erhielt sie zusätzlich Klavierunterricht, wofür sie sich mit dem Abschreiben von Noten revanchierte. 1881 bestand Marie Reuter das Examen als Lehrerin für mittlere und höhere Schulen.

Anschließend konnte sie endlich die ihrer eigentlichen Begabung entsprechende Gesangsausbildung beginnen. Vom damals sehr bekannten Sänger und Gesangspädagogen Julius Stockhausen[6] (1826–1906) erhielt sie in Frankfurt a. M. Unterricht am Hochschen Konservatorium. Als die Ehefrau Stockhausens hörte, dass Marie Reuter ihr Examen in Kaiserswerth gemacht hatte, empfing sie

2 Vgl. dazu AFKS, Bestand 3-1/04 Schulen, Seminaristinnenakte 541 Marie Reuter.

3 Marie Gallison-Reuter, Aus meinem Leben in zwei Welten. Erinnerungen aus bewegter Zeit in Deutschland und Amerika, Kaiserswerth [3]1929, S. 62.

4 Ebd., S. 59f.

5 Zu Dora Brooke vgl. Anna Sticker, Lebensbild Dora Brooke, in: Kaiserswerther Mitteilungen 4, 1947, S. 2–11. Zu Dora Brooke hielt M. Gallison-Reuter zeitlebens Kontakt.

6 Eine wissenschaftliche Biographie dieses bedeutenden Gesanglehrers steht bis heute aus. Vgl.: Julia Wirth-Stockhausen: Julius Stockhausen, der Sänger des deutschen Liedes nach Dokumenten seiner Zeit dargestellt, Frankfurt a. M. 1927, sowie Alois Büchl: Stockhausen, Julius, in: Ludwig Finscher (Hrsg.), Die Musik in Geschichte und Gegenwart, Personenteil Bd. 15, Kassel u.a. 2006, Sp. 1513–1514.

Abb. 1: Das Kaiserswerther Lehrerinnenseminar in der Fliederstraße (Fotosammlung der Fliedner-Kulturstiftung Kaiserswerth).

sie mit den Worten: *Allen Respekt, dann verstehen sie ja zu arbeiten!*[7] Stockhausens hartes Gesangspensum stellte ihre Stimme allerdings vor höchste Herausforderungen – mehrere Entzündungen der Stimmbänder waren die Folge. Dennoch konnte sie für ihre Persönlichkeit positive Eindrücke sammeln, denn in ihrer Frankfurter Zeit lernte sie Größen des Musikbetriebes, wie Johannes Brahms, Clara Schumann und den russischen Pianist und Komponist Anton Rubinstein persönlich kennen. Ihre Kommilitonin Monika Hunnius (1858–1934) wurde später eine bekannte deutsch-baltische Schriftstellerin.[8] Die weitere Ausbildung Reuters erfolgte in Paris durch Pauline Viardot-Garcia[9] (1821–1910), die bedeutendste Gesangspädagogin ihrer Zeit, die ebenfalls als Sängerin, Pianistin und Komponistin europaweit gefeiert wurde.

7 Gallison-Reuter, Leben (wie Anm. 3), S. 83.

8 Marie Gallison-Reuter, Leben in zwei Welten, Veränderte Neuauflage, Heilbronn 1950, S. 263f. Hunnius schrieb u. a. „Mein Onkel Hermann“, eine Biographie des Großvaters von Hermann Hesse. Dieser versah die erste Ausgabe mit einer persönlichen Widmung.

9 Vgl. Beatrix Borchard, Pauline Viardot-Garcia. Fülle des Lebens, Köln u. a. 2016.

Leben und arbeiten in den USA

Abb. 2: Marie Gallison im Radcliffe-College in Boston (Schlesinger Library, Radcliffe Institute, Harvard University).

In Paris lernte sie auch ihren späteren Mann, den amerikanischen Maler, Juristen und Mediziner Henry Hammond Gallison (1850–1910) kennen.[10] Mit ihm ging sie 1885 schließlich in die USA, wo sie unerwartet zunächst für den Unterhalt der Familie sorgen musste, da ihr psychisch kranker Schwager das Vermögen durchgebracht hatte und ihr Mann aufgrund seiner geringen Bekanntheit mit seinen Bildern noch kein Geld verdienen konnte. Schnell avancierte Marie Gallison-Reuter zu einer der gefeiertsten Sängerinnen und arbeitete unter anderem mit den Bostoner Symphonikern zusammen. Neben ihrer Tätigkeit als Sängerin wirkte sie erfolgreich als Musikpädagogin und ab 1899 als Chorleiterin, u. a. am Radcliffe-College, einem für die akademische Ausbildung von Frauen gegründeten Institut der Harvard-Universität.[11] Damit leitete sie den ersten Frauencollege-Chor in den USA.[12] 35 Jahre war sie in Amerika erfolgreich in ihrem Beruf tätig.

Die Ehe blieb kinderlos. Der frühe Tod ihres Mannes und der Ausbruch des Ersten Weltkrieges ließen sie 1915 zunächst besuchsweise wieder nach Deutschland zurückkehren. Dort wollte sie vor allem die sozialen Verhältnisse studieren um gezielt Hilfe leisten zu können. Unterwegs besuchte sie auch die Kaiserswerther Diakonissenanstalt, deren Mittelpunkt sich unterdessen vom Kaiserswerther Markt an die Alte Landstraße verschoben hatte: *Nie hätte ich diese Anstalt wiedererkannt! Wie hatte sich alles mit den Jahren verändert, überall zeigte sich Fortschritt! Vor dem Torweg des kleinen Pförtnerhäuschens setzte mich die Elektrische ab, und ich stand*

10 Henry Gallison beschäftigte sich überwiegend mit Landschaftsmalerei. Seine Werke werden bis heute im Kunsthandel angeboten.

11 Vgl. zur Geschichte des Radcliffe-Colleges: https://www.radcliffe.harvard.edu/about-us/our-history; 1.7.2017.

12 Vgl. http://www.girlchoir.org/events/radcliffe-choral-society/; 1.7.2017.

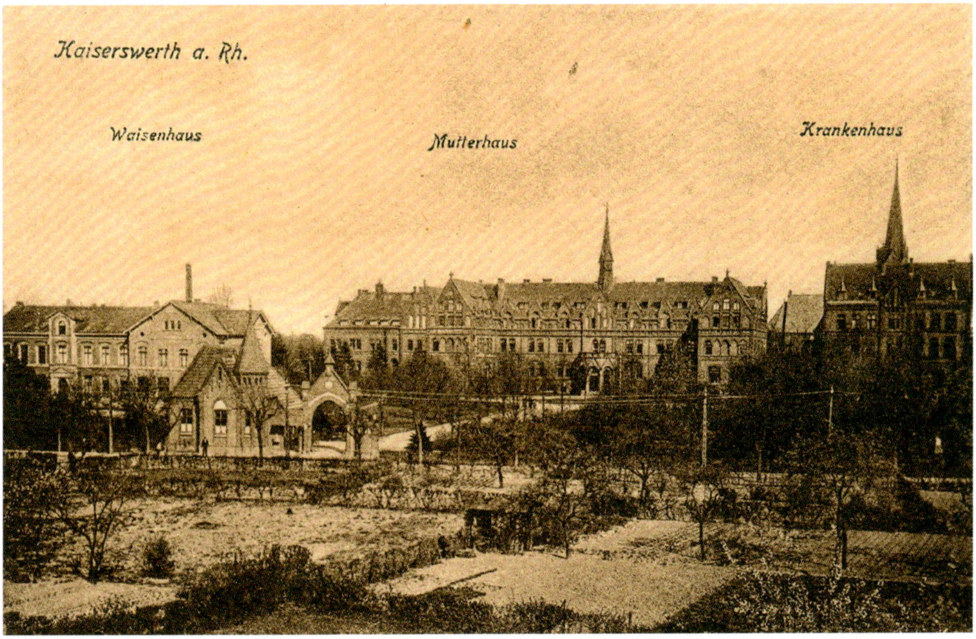

Abb. 3: Die neuen Gebäude der Diakonissenanstalt an der Alten Landstraße (Fotosammlung der Fliedner-Kulturstiftung Kaiserswerth).

vor dem neuen großen Mutterhause, welches fast im Freien lag. Es gab keine weißgetünchten Wände mehr, keine kleinen, eisernen Oefen, sondern Zentralheizung und Gardinen vor den Fenstern[13], schrieb sie später in ihren Erinnerungen.

Reisen zwischen den Kontinenten

Die Person Gallison-Reuters bietet aufgrund ihrer Verwurzelung in Deutschland und den USA eine gute Gelegenheit, die Mentalitäten vor und nach dem Ersten Weltkrieg auszuloten. Trotz ihres jahrzehntelangen Auslandsaufenthaltes behielt sie, wie übrigens auch ihre Mitstudentin Dora Brooke, ihren nationaldeutschen Patriotismus, in den sie als Kind und Jugendliche hineingewachsen war, ganz selbstverständlich bei. In ihrer Bostoner Wohnung hingen beispielsweise Bilder Wilhelms II. und Bismarcks. Thomas Nipperdey beschrieb die dazu führenden Konstellationen im Deutschen Kaiserreich wie folgt: „Die Schule [...], die protestantischen Kirchen, die öffentlich-offizielle ‚Atmosphäre', die von Traditionen und Ritualen bestimmte Symbolwelt, die die Lücken der modernen Rationalität erfüllte,

13 Gallison-Reuter, Leben (wie Anm. 3), S. 341.

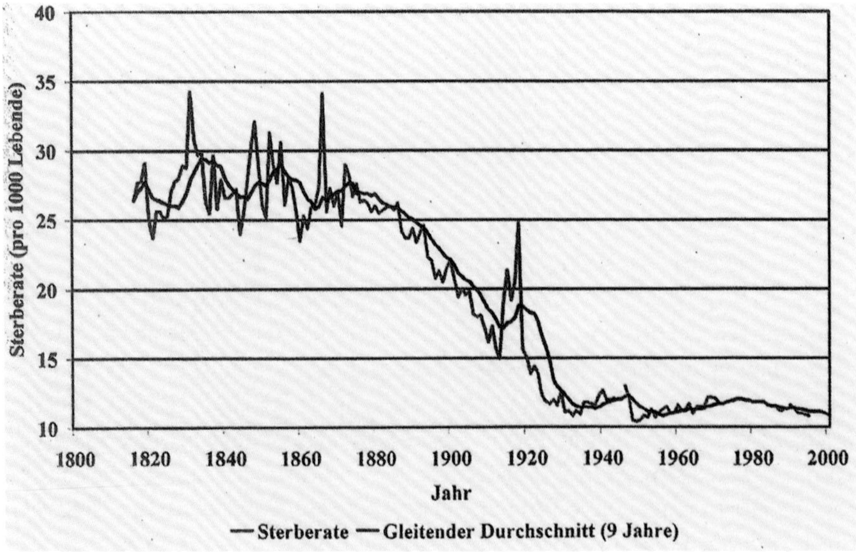

Abb. 4: Sterblichkeit in Deutschland (aus: Jörg Vögele: Gesundheitsverhältnisse im 19. und 20. Jahrhundert – der Rückzug des Todes, in: T. Noack/H. Fangerau/J. Vögele, Geschichte, Theorie und Ethik der Medizin, München u. a. 2007, S. 81).

haben den Nationalpatriotismus zum Normalmaß für alle gemacht […]".[14] In Kaiserswerth war dieser Nationalismus seit der Gründung der Diakonissenanstalt monarchisch geprägt, was zu großer Distanz zur Weimarer Republik beitrug.[15] Die mit dem Versailler Vertrag für Deutschland verbundenen extremen Härten lösten bei Marie Gallison-Reuter wie bei vielen Zeitgenossen geradezu Entsetzen aus. Insbesondere die dort von den Siegermächten Deutschland allein zugeschriebene Schuld am Ausbruch des Ersten Weltkrieges und die zunächst nicht festgelegte und damit beliebig erweiterbare Höhe von Reparationszahlungen erschienen ihr als unbillige Härten.[16] Die mit dem Vertrag einhergehende britische Lebensmittelblockade traf vor allem die deutschen Bevölkerung. Wie Abb. 4 zeigt, führte die

14 Thomas Nipperdey, Deutsche Geschichte 1866–1918, Bd. 2: Machtstaat vor der Demokratie, München 1998, S. 596f.

15 Vgl. Annett Büttner, Die Kaiserswerther Diakonissenanstalt und das Haus Hohenzollern, in: Wittlaer Jahrbuch 2015, S. 148–160.

16 Gerade die Kriegsschuldfrage wurde in den vergangenen Jahren von der Geschichtswissenschaft kontrovers diskutiert. Einig waren sich die meisten Autoren aber darin, dass eine ausschließliche Schuldzuschreibung an Deutschland nicht gerechtfertigt ist. Vgl. dazu u. a.: Christopher Clark, Die Schlafwandler. Wie Europa in den Ersten Weltkrieg zog, München 2013 sowie Gerd Krumeich, Juli 1914. Eine Bilanz, Paderborn 2014. Zur Diskussion vgl.: www.hsozkult.de/publicationreview/id/rezbuecher-21344 vom 30.7.2014; 14.7.2017.

Hungersnot verbunden mit einer Epidemie der Spanischen Grippe zu höheren Todesraten als im Krieg selbst, was private Hilfeleistungen doppelt nötig machte.

Der Kriegseintritt der USA im Frühjahr 1917 hatte dort zu einer deutschfeindlichen Stimmung geführt, die mit der antikommunistischen Hysterie unter Senator Joseph McCarthy (1908–1957) nach dem Zweiten Weltkrieg vergleichbar ist. Deutsche und deutschlandfreundliche Amerikaner wurden in großer Zahl verhaftet und durch viele Familien deutschen Ursprungs ging ein Riss zwischen den Generationen. Marie Gallison berichtet sogar von Besuchen durch die Geheimpolizei und Fällen von Lynchjustiz an Deutsch-Amerikanern sowie von Belohnungen der Regierung für die Anzeige von „Landesverrätern".[17] Diese Konstellation macht es verständlich, dass sich Marie Gallison-Reuter in den USA nicht mehr uneingeschränkt zu Hause fühlte. Ende 1919 löste sie ihren amerikanischen Haushalt auf und reiste im Auftrag des Zentralkomitees der New Yorker Quäker-Vereinigung[18] nach Deutschland. Zuvor wurde ihr noch eine besondere Ehre zuteil. Die Bitte um Entlassung aus dem Dienst am Radcliffe-College wurde abgelehnt und in eine dauernde Beurlaubung umgewandelt, da ihre Verbindung zum College eine lebenslange sein sollte. In Deutschland angekommen, sollte sie alle größeren Städte bereisen und wöchentlich Berichte über die dringendsten Bedürfnisse nach Amerika liefern. Zu diesem Zweck erhielt sie Empfehlungsschreiben an alle Oberbürgermeister, Schulärzte, Wohlfahrtsämter und Pastoren. Der Gesundheitszustand der deutschen Bevölkerung übertraf ihre schlimmsten Erwartungen. In ihren Erinnerungen schrieb Marie Gallison-Reuter: *Es war mir unter anderen schrecklichen Anzeichen einer Hungersnot aufgefallen, daß so selten Hunde, Katzen und Pferde zu sehen waren. Was bedeutete das? Waren sie aufgezehrt? Wie elend grau und bleich sahen die Kinder aus, wie verbittert die Gesichter der Erwachsenen! Nur bei den Kindern hörte man noch Lachen, wenn sie auch ihre Spiele unterbrachen, um sich ermattet auf dem Boden auszuruhen. Welche Seligkeit für mich, meine Liebesgabenkisten öffnen und den Inhalt verteilen zu können.*[19] Im Herbst 1920 wurde sie wieder nach New York zurückgerufen, um durch Vorträge insbesondere vor Deutsch-Amerikanern Gelder für die Quäkerspeisung zu sammeln. Erneut machte sich die nun schon fast Sechzigjährige im Winter auf eine mühsame Rundreise und versuchte, mit ihren Vorträgen in Kirchen und Sälen zu überzeugen und möglichst viel Geld einzuwerben. Solcherart Unterstützungsreisen waren im konfessionellen Bereich

17 Gallison-Reuter, Leben (wie Anm. 3), S. 344f. und 351f.

18 Das American Friends Service Committe (AFSC) organisierte nach dem Ersten und Zweiten Weltkrieg vor allem Lebensmittellieferungen nach Deutschland und in andere vom Krieg betroffene Länder. Vgl.: Lutz Caspers, Quäkerspeisung nach dem Ersten Weltkrieg, in: Gesellschaft zur Förderung vergleichender Staat-Kirche-Forschung e. V. (Hrsg.), Vorträge, Analysen, Diskussionen, Berlin 1996, S. 78–82.

19 Gallison-Reuter, Leben (wie Anm. 3), S. 359.

zu dieser Zeit nicht selten. So unternahm beispielsweise 1923 die Zentrumspolitikerin und Reichstagsabgeordnete Helene Weber (1881–1962) im Auftrag des Katholischen deutschen Frauenbundes eine Reise durch die USA, um Spenden für die katholische Frauenarbeit zu sammeln.[20]

Marie Gallison-Reuter pendelte in diesen Jahren buchstäblich zwischen den Welten, denn der Sommer 1921 führte sie wieder nach Deutschland zurück, wo sie der Kaiserswerther Diakonissenanstalt ihre besondere Hilfe zusagen wollte. Dies wiesen Verwaltungsleiter Pastor Deodat Disselhoff (1869–1952) und die Vorsteherin Elisabeth von Buttlar (1868–1956) mit folgender Begründung zurück: *Nein, das erlauben wir ihnen nicht, ihre Arbeit ist größer – wir sind nur e i n e Anstalt, sie arbeiten für ganz Deutschland. Wir erhalten ja Brosamen von ihrer Arbeit; denn bekommen unsere vielen Waisenkinder nicht auch Quäkerspeisung?*[21]

Im Herbst desselben Jahres nahm sie ihre Tätigkeit in den USA wieder auf und sammelte Beiträge für eine von den Quäkern geplante *Drei-Millionen-Spende.* Um die Vorträge zugkräftiger zu machen, setzte das Zentralkomitee auf die modernste Technik und gab ihr ein schweres Filmvorführgerät nebst einem allerdings unzuverlässigen Studenten als Träger mit, was die Reisen noch mühsamer machte. Sie zeigte damit die Geschichte der Quäkerspeisung in Deutschland und deutsche Stadtansichten und verbesserte so den emotionalen Zugang zu den Deutsch-Amerikanern.[22] Nebenbei warb sie für die Kaiserswerther Anstalt, die sie geschickt mit dem international bekannten Namen Florence Nightingales verband, die 1850 und 1851 für einige Wochen zur Ausbildung in Kaiserswerth weilte.[23] Ihrem Bruder schrieb Marie Gallison nach Deutschland: *Das Zentralkomitee* [der Quäker] *wünscht, daß ich Schwesterntracht anlegen soll, weil sie mich schützt, wenn ich spät abends, oft nach Mitternacht nach Hause komme, denn eine Schwester greift niemand an. Sie wollten gerne die Kaiserswerther Tracht, die ist ja aber ganz unmöglich, denn wie sollte ich die bei meinen wahnsinnigen Reisen rein halten können. Bin ja oft wochenlang nicht zwei Nächte hintereinander in demselben Ort. Ich habe nach Kaiserswerth geschrieben und gebeten, daß sie mich als Hilfsschwester aufnehmen, und ihnen eine Beschreibung meiner Tracht geschickt. Eine Brosche soll ich auch tragen* […] *So laß ich mir ein silbernes Herz machen. In der Mitte ein gotisches*

20 Vgl. Annett Büttner, Die christliche Frau – Helene Weber und die katholische Frauenbewegung, in: Helene-Weber-Forschungskolleg, Homepage – Beiträge zur Biographie: http://www.helene-weber.de/files/uploads/helene-weber/Kollegtexte/Buettner_Die%20christliche%20Frau%20copy.pdf, S. 123; 1.7.2017.

21 Gallison-Reuter, Leben (wie Anm. 3), S. 376. [Hervorhebung durch die Verfasserin des Aufsatzes].

22 Marie Gallison, Begegnungen auf meinem Wege durch zwei Welten, Düsseldorf-Kaiserswerth 1931, S. 145ff.

23 Vgl. Kaiserswerther Diakonie (Hrsg.), Florence Nightingale. Kaiserswerth und die britische Legende, Düsseldorf 2001.

D, das steht für „Deo, Deutschland, Dienen oder Diakonisse“.[24] Mit einer selbst entwickelten, an amerikanischen Vorbildern angelehnten Tracht reiste sie künftig durch Amerika. Ihr Wunsch, *auf irgend eine Art und Weise mich als zu Kaiserswerth gehörend*[25] ansehen zu können wurde im Sommer 1922 erfüllt. Der Schwesternrat fasste am 15. Juni einen entsprechenden Beschluss und in einer nach der Einsegnung von 29 Schwestern abgehaltenen Diakonissenkonferenz wurde sie unter Beibehaltung ihrer amerikanischen Tracht als Hilfsschwester aufgenommen.[26] Sie sollte sie bis zu ihrem Lebensende tragen.

Abb. 5: Marie Gallison-Reuter in der von ihr entworfenen Schwesterntracht (Fotosammlung der Fliedner-Kulturstiftung Kaiserswerth).

Als die Quäker im Sommer 1922 ihre Arbeit in Deutschland vorübergehend einstellten, wurde auch Marie Gallison-Reuter vom sozialdemokratischen Reichspräsident Friedrich Ebert (1871–1925) zu einem Abschiedsempfang nach Berlin eingeladen. Nicht ohne Distanz beschrieb sie ihn, den *früheren Sattlermeister, an Stelle der Hohenzollern* als einen würdevollen, natürlichen Mann.[27] Selbstbewusst forderte sie ihn vor der ganzen Gesellschaft auf, Ernst mit den Schlagwörtern „Los von Versailles“ und „Weg mit der Schuldlüge“ zu machen, wofür sie von der Gesellschaft einhellige Zustimmung erntete.[28] Diese Anekdote illustriert noch einmal eindrücklich die Bedeutung des Versailler Vertrages als eine schwere Bürde für die politischen Verhältnisse der Weimarer Republik. Aufschlussreich für Gallisons eigene politische Orientierung sind weitere Charakterisierungen führender

24 Gallison-Reuter, Leben (wie Anm. 3), S. 377f. Ihr erschien insbesondere die Kaiserswerther Haube zu aufwändig. Deren Rüschen wurden beim Waschen abgetrennt. Sie ergaben einen ca. 5 m langen Streifen, der anschließend wieder gleichmäßig gereiht und angenäht werden musste.

25 AFKS, 4-1 Schwesternakte 154, Brief Gallisons vom 3.1.1922.

26 Gallison-Reuter, Leben (wie Anm. 3), S. 389 sowie O. A., Die Diakonissenkonferenz am 15. Juni, in: Grüße des Kaiserswerther Mutterhauses an seine Schwestern 5, 1922, S. 20.

27 Gallison-Reuter, Leben (wie Anm. 3), S. 390.

28 Ebd., S. 391.

Politiker. So erschien ihr der Reichskanzler und kurzzeitiger Außenminister Joseph Wirth (1879–1956, Zentrum) als ein liebenswürdiger Schwächling und Philipp Scheidemann (1865–1939, SPD) als vor Eitelkeit triefender Hohlkopf. Ihrer nationalkonservativen Einstellung gemäß bewertete sie Generalfeldmarschall August von Mackensen (1849–1945), den noch nicht zum Reichspräsidenten berufenen Paul von Hindenburg (1847–1934) und General Erich Ludendorff (1865–1937) als fromme, tapfere Heerführer oder gewaltige Erscheinungen, wobei Ludendorff ihr als geistig regster in Erinnerung blieb. Von Mackensen widmete sie auch die erste Ausgabe ihrer Erinnerungen.[29] 1922 hatte sie die Bekanntschaft der als „Engel von Sibirien" verehrten Schwedin Elsa Brändström (1888–1948) gemacht, die für ihren Einsatz für deutsche Kriegsgefangene in Russland nach dem Ersten Weltkrieg international gefeiert wurde. Mit ihr verband sie daraufhin eine Brieffreundschaft und sie sammelte künftig auch für das Elsa-Brandström-Werk.

Die endgültige Rückkehr nach Deutschland

Im Dezember 1925 kehrte Marie Gallison endgültig nach Deutschland zurück, um sich im Kaiserswerther Diakonissenmutterhaus zur Ruhe zu setzen. Dort begann sie an ihren Erinnerungen zu schreiben, die den programmatischen Titel *Aus meinem Leben in zwei Welten* trugen und in fünf Auflagen erschienen sind. Den Erlös aus dem Verkauf dieses unter Zeitgenossen populären Buches spendete sie der Diakonissenanstalt. 1932 stellte die über 70-jährige das durch Vortragsreisen in Deutschland verdiente Geld zur Anlage eines Tiefenbrunnens zur Verfügung, der ihr zu Ehren Marienbrunnen genannt wurde.[30] Er versorgte vor allem die Anstaltsgebäude auf dem Fronberg einschließlich der Gärtnerei, der Wäscherei und des Freibades und kam den ca. 2.000 Anstaltsgenossen bis nach dem Zweiten Weltkrieg zugute.[31]

Als Korrespondentin für amerikanische Zeitungen versuchte sie, Verständnis für Deutschlands besondere Situation in den 1920er-Jahren zu wecken. In der Zeit des Nationalsozialismus erreichten sie dann immer wieder Anfragen ihrer amerikanischen Freunde, ihr doch die tatsächliche Lage in Deutschland und die Ziele Hitlers wahrheitsgemäß mitzuteilen. Sie schaffte es tatsächlich, von

29 Im Nachlass Mackensens im Bundesarchiv befindet sich eine Akte über die Sammlungstätigkeit M. Gallison-Reuters, die für die vorliegende Arbeit nicht ausgewertet wurde Vgl.: BArch, N 39 Mackensen, August von, Sign. BArch N39/419.

30 Marie Gallison-Reuter sprach unter anderem in der Frankfurter Paulskirche vor über 2.000 Menschen, vgl. Gallison-Reuter, Leben (wie Anm. 3), S. 268f.

31 Vgl. dazu: Annett Büttner, Baden in Kaiserswerth, in: Düsseldorfer Jahrbuch 86, 2016, S. 213–244, hier S. 237f.

Abb. 6: Marie Gallison-Reuter im Alter (Fotosammlung der Fliedner-Kulturstiftung Kaiserswerth).

Hitler in Berlin empfangen zu werden. Um seinem „hypnotischen" Einfluss zu widerstehen, hatte sie zwölf Fragen vorbereitet, die sie ihm vorlegen wollte. Dabei lenkte sie das Gespräch auch auf die Judenverfolgung und hielt ihm das Beispiel des Kaiserswerther Schulleiters Karl Mützelfeldt (1881–1955) vor Augen, der mit einer konvertierten „Halbjüdin" verheiratet war und sich um der Zukunft seiner Kinder wegen gezwungen sah, nach Australien auszuwandern.[32] Durch dieses konkrete Beispiel in die Enge getrieben wurde Hitler so aufgeregt, dass Gallison lieber das Thema wechselte. Insgesamt empfand sie ihn als einen *Idealisten, der immer in den Wolken schwebte*[33], und erklärte seine zunehmende Radikalisierung durch den Einfluss von Reichspropagandaminister Goebbels, was aus heutiger Sicht beschönigend und eindimensional wirkt. Dennoch durchschaute sie seine Absichten hinsichtlich der christlichen Kirchen, denn sie schrieb in ihren Erinnerungen: *Hitler hatte behauptet, ein praktischer Christ zu sein und seine Anhänger glauben gemacht, er unterstützte sowohl Protestanten als auch Katholiken.* [...] [Später] *änderte er seine Meinung und versuchte, beide Konfessionen zu zerschlagen.*[34] Richtig erkannte sie auch die Versuche

32 Vgl. dazu: Volker Stolle, „Den christlichen Nichtariern nimmt man alles": der evangelische Pädagoge Karl Mützelfeldt angesichts der NS-Rassenpolitik, Berlin 2007.

33 Gallison-Reuter, Leben (wie Anm. 3), S. 274.

34 Ebd., S. 272.

der Nationalsozialisten, die christliche Sozialarbeit durch die Nationalsozialistische Volkswohlfahrt und die „Braune Schwesternschaft" zurückzudrängen. Während des Zweiten Weltkrieges, als in Kaiserswerth zeitweise bis zu 600 Soldaten in Lazaretten versorgt wurden, engagierte sich Gallison in der Betreuung dieser Patienten indem sie sie besuchte, ihnen Bücher besorgte und Briefe für sie schrieb. Darüber hinaus sprach sie betagten Kaiserswerthern in ihren Wohnungen Trost zu. Dabei hielt sie sich häufig nicht an die Vorschriften, bei Alarm einen Bunker aufzusuchen. Ihre dunkle Tracht fungierte als „natürliche" Tarnung, denn die Diakonissen mussten ihre weißen Hauben mit schwarzen Schleiern verdecken, um der Artillerie kein gut sichtbares Ziel zu bieten. Erst gegen Ende des Krieges gab sie diese Tätigkeit aus gesundheitlichen Gründen auf.

Nach Kriegsende ließ sie aus ihrem in den USA angelegten Privatvermögen Lebensmittel nach Kaiserswerth liefern. In einem Brief an den Leiter der zuständigen Bank schrieb sie im Mai 1946: *Das große Liebeswerk von Kaiserswerth, dem fast 2.000 Schwestern angehören und das etwa 2.000 Kranke, Alte, Sieche, Kinder und Jugendliche in den verschiedenen Anstalten und Schuleinrichtungen versorgt, hat durch den Krieg großen Schaden genommen und leidet große Not. Das Mutterhaus lag mit seinen Anstalten beim Ausgang des Krieges, als sich die Front an den Rhein verlagerte, 7 Wochen unter Bombenwurf und Artilleriebeschuss. Daß nur verhältnismäßig wenige Schwestern und Schützlinge in dieser schweren Zeit zu Tode kamen, ist uns allen ein großes Wunder. Aber die Gebäude der Anstalt, namentlich im alten Stadtteil Kaiserswerth, sind traurig zugerichtet. Die Lebenshaltung ist seit Ausbruch des Krieges sehr eingeschränkt. Die zugewiesenen Lebensmittelrationen stellen knapp 1200 Kalorien pro Tag dar. Es fehlt an allem: an Kartoffeln, Brot und Mehl, Butter, Fett und Fleisch.*[35] Die über 85-jährige hatte in den vergangenen Jahren selbst erheblich abgenommen und konnte nun nicht mehr nach Amerika reisen.

Später avancierte sie zur einzigen „Ehrenschwester" Kaiserswerths, die bisher bekannt ist.[36] In ihrem 90. Lebensjahr vollendete sie 1950 die zweite, bis zu dieser Zeit reichende Neuausgabe ihrer Erinnerungen, die sie zunächst in englischer und später in deutscher Sprache verfasste.[37] Den Verkaufserlös dieser Publikation spendete sie wieder der Diakonissenanstalt.

Im Alter von 93 Jahren verstarb Marie Gallison-Reuter am 11. September 1954 im Schwesternkrankenhaus Tabea in Kaiserswerth. Statt Blumenspenden erbat sie sich von der Trauergemeinde Geldspenden zur Ausbildung von Schwestern für das Ausland. Über ihren letzten Lebensweg sagte sie: *Nun geh ich leise in den Himmel mit meinem alten Knotenstock.*[38]

35 AFKS, 4-1 Schwesternakte 154, Brief Gallisons vom 7.5.1946.

36 O.A., Tante Hex, in: Die Taube von Kaiserswerth 85, 3/1951, S. 9–12, hier S. 12 sowie Gallison-Reuter, Leben (wie Anm. 3), S. 156.

37 Gallison-Reuter, Leben Neuauflage (wie Anm. 8).

38 Anna Sticker, Marie Gallison-Reuter, in: Kaiserswerther Mitteilungen 4, 1954, S. 52–55, hier S. 55.

Der anarcho-syndikalistische Fabrikarbeiter und Schmied Anton Rosinke (1881–1937)

Zum 80. Jahrestag seines Todes durch Gestapofolter

Mit sieben Abbildungen

Von Hans Bernd Ashauer-Jerzimbeck

Einführung: Bisherige Würdigung Anton Rosinkes als politisch Handelnder in der Arbeiterbewegung

Diese Todesanzeige erschien in den gleichgeschalteten „Düsseldorfer Nachrichten" am 18. Februar 1937. Keinen deutlichen Hinweis gibt es in der Anzeige dafür, dass er in Gestapohaft durch Folter zu Tode gekommen war. Verhaftet wurde Anton Rosinke, weil die Gestapo von seiner aktiven Teilnahme in einem Widerstandsnetz erfahren hatte.[1] Der Tochter war die Aufgabe der Anzeige durch die Gestapo ausdrücklich verboten worden.[2] Bei der Beerdigung wurden auch noch einmal Genossen des Anarchisten wegen Verdachts auf *Vorbereitung zum Hochverrat*

Plötzlich und unerwartet verschied am 14. Februar mein lieber Mann, unser guter Vater, Schwiegervater, Großvater, Bruder, Schwager und Onkel

Herr Anton Rosinke

im Alter von 55 Jahren.

Um stille Teilnahme bitten
die trauernden Hinterbliebenen.

Düsseldorf-Eller, den 17. Februar 1937.

Die Einäscherung findet Samstag, den 20. Februar, vormittags 10½ Uhr, im Krematorium Düsseldorf, Stoffeler Friedhof, statt. (7161*
Trauerhaus: Vennemannstraße 14.

Todesanzeige Anton Rosinke vom 18.2.1937.

1 Aus der Akte August Schrötges: *M.Gladbach, den 11. Januar 1937: … Die Anarchisten aus Dülken und Duisburg standen weiter mit dem Anarchisten Rosinke aus Düsseldorf und Melzer aus Mühlheim, illegal in Verbindung.* („Rosinke" wurde als ein Name von zweien auf dieser Seite durch gesperrten Druck hervorgehoben.) Landesarchiv NRW, Abteilung Rheinland (im Folgenden LAV NRW R), RW 0058, Nr. 31 696, Abb. 129.

2 Ulrich Klan, Toni Binder, Nachruf auf eine Düsseldorfer Anarcho-Syndikalistin, in: Schwarzer Faden, Nr. 29, Grafenau 1988, S. 56f.

verhaftet.[3] Die Familie trotzte den Gestapo-Anweisungen – obwohl sie mit der Verhaftung von Freunden und Bekannten rechnen musste –, weil sie sich nicht die Art ihres Trauerns aufzwingen lassen wollte.[4]

In den letzten Jahren nannte die „Mahn- und Gedenkstätte Düsseldorf" auf der aktuellen Homepage und deren Vorversion Anton Rosinke stellvertretend für die Verfolgten der anarchistischen Bewegung: „Nach dem Reichstagsbrand vom Februar 1933 setzte die Verfolgung der Anarchisten durch die Nationalsozialisten mit aller Härte ein. Der bekannte Anarchist Anton Rosinke wurde 1937 verhaftet und im Polizeipräsidium ermordet."[5] Ein Buch aus dem Jahre 1978[6] zeigt Anton Rosinkes Foto, noch ohne seine politische Ausrichtung zu nennen. Die Broschüre „Ungesühnte Nazi-Morde in Düsseldorf" lässt einen Augen- und Ohrenzeuge seiner Qualen, den inhaftierten KPD-Widerständler Rudi Treiber, mit einer Schilderung zu Wort kommen.[7] Selber früher in der anarchistisch orientierten „Freien Jugend-Gruppe" und dadurch auch mit Anton Rosinke bekannt[8], verschweigt dieser nicht dessen politische Ausrichtung. In der historiographischen Fachliteratur, die neben Anderen auch von Anarchisten und ihren Sympathisanten erstellt wurde, ist die geschichtliche Einordnung von Anton Rosinke geleistet worden ist.[9] Aufbauend auf den Ergebnissen des Buches von Ulrich Klan und Dieter Nelles, schilderte der Deutsche Gewerkschaftsbund, Kreis Düsseldorf den Widerstand und das Schicksal von Anton Rosinke und auch seinen Hintergrund in der Zeit der Weimarer Republik.[10] Auch schloss sich eine Ehrung durch eine Nachfolgeorganisation von Anton Rosinkes politischer Heimat, FAU[11], 1987 in Düsseldorf an.[12]

3 Ulrich Klan/ Dieter Nelles, „Es lebt noch eine Flamme". Rheinische Anarcho-Syndikalisten/-innen in der Weimarer Republik, Grafenau-Döffingen 1986.

4 *Ich störte mich an beidem nicht, in irgendeiner Form musste ich das getane Unrecht in die Welt hinausschreien.* Brief von Antonie Binder an Rudolf Rocker vom 16.12.1946, in Rudolf Rocker Papers. International Institute of Social History (im Folgenden: IISG Amsterdam), Briefe an Rudolf Rocker, Nr. 59.

5 http://www.ns-gedenkstaetten.de/nrw/duesseldorf/forschung-und-projekte/widerstand-in-duesseldorf.html, 28.2.2018.

6 Karl Schabrod, Widerstand Gegen Flick und Florian, Frankfurt a. M. 1978.

7 Heinz Düx, Ungesühnte Nazi-Morde in Düsseldorf, Düsseldorf 1979, S. 27.

8 Klan/Nelles, Flamme (wie Anm. 3), S. 217.

9 Ebd.

10 „... eine lebendige politisch-soziale Kultur mit zahlreiche Organisationen, die dem sozialdemokratischen oder kommunistischen Milieu durchaus vergleichbar war". Deutscher Gewerkschaftsbund, Kreis Düsseldorf (Hrsg.), Verfolgung und Widerstand in Düsseldorf 1933–1945, ein Stadtführer, Düsseldorf 1989, S. 78.

11 FAU (Freie Arbeiter Union), gegründet 1977, https://de.wikipedia.org/wiki/Freie_Arbeiterinnen-_und_Arbeiter-Union, 28.3.2018.

12 Zum 50. Jahrestag des Todes – dokumentiert in: Direkte Aktion 63, 1987, o. S.

13 Ein begleitendes Flugblatt – aus Privatbesitz zur Verfügung gestellt – mit der Überschrift „ERINNERN!" nennt als einen Anlass für die nachdrückliche Erinnerung, dass an

Kranzlegung am 14. Februar 1987 vor dem Polizeipräsidium Düsseldorf und danach auf dem Grab.[13] *Aufschriften der Schleifen: „Zum 50. Jahrestag der Ermordung von Anton Rosinke" und „Es rettet uns kein höh'res Wesen" (aus der „Internationalen") (Foto: Privatbesitz).*

Die Ehrung aus der Organisation oder Bewegung heraus meint immer auch sie selber, zusammen mit der Person – sei es als eigene Aufwertung oder neutraler als eigene Zuordnung, ja sogar als Selbstverpflichtung, ein geistiges Erbe mit Konsequenzen, wie Verfolgung, zu übernehmen.

Berichte aus Organisationen und Bewegungen können als Grundlage von Ehrungen und Würdigungen einen weiteren Blickwinkel einnehmen. Der kühle, analytische Blick kann der Begleiter des pathetischen Gefühls sein. So schrieb Ernst Binder, Schwiegersohn von Anton Rosinke sowie Begleiter und Beobachter seiner Widerstandsaktionen, 1946 in einem Bericht: *Zum geschlossenen Widerstand hat es 1933 nicht gereicht, und so mussten die besten Kräfte der Arbeiterbewegung in einem Kleinkrieg verzettelt werden. Wenn aber die Arbeiterschaft aus den Erfahrungen die Lehre zieht, dass die geschlossene Abwehr zur rechten Zeit die weitaus ökonomischere Kräfteanwendung ist, dann sind diese Opfer nicht sinnlos gewesen.*[14] Dies entspricht Martin Niemöllers bekannten Zeilen: *Als die Nazis die Kommunisten holten, …*[15], jedoch ohne dessen Selbstanklage.

Diese jetzt vorliegende Kurzbiographie soll eine neue Grundlage sein für Ehrungen unterschiedlicher Provenienz. Anders als Anekdoten erlauben lebensgeschichtliche Daten die Unterscheidung von Fakten (samt quellenkritischer Bewertung) und den Schlussfolgerungen aus ihnen. Außerdem sollten diese

Anton Rosinke und den anarcho-syndikalistischen Widerstand, „gegen den Strich" erinnert werden soll, gegen den Strich der hauptsächlichen Ehrung des Widerstandes um den 20. Juli 1944. Ein ernst gemeintes Erinnern auch durch Menschen, die nicht zu den eigenen politischen Kreisen gehören, schien damals vor 30 Jahren wohl noch nicht vorstellbar.

14 Bericht von Ernst Binder in: „Internationales Institut für Sozialgeschichte (IISG, Amsterdam) Rudolf Rocker Papers Nr. 59. „Arbeiterbewegung" muss, aus dem Stift von Ernst Binder kommend, sehr weit gefasst werden, war er doch Buchhalter und kein Arbeiter in engerem Sinne. „…(Der einzige Büroangestellte der FAUD – der ging mit Vatermörder und Zylinder zur Arbeit.)" – Aussage seiner Frau Antonie Binder aus: Klan, Binder (wie Anm. 2).

15 Vgl. Harald Marcuse, The Origin and Reception of Martin Niemöller's Quotation „First hey came for the communists–", Juli 2014, http://www.history.ucsb.edu/faculty/marcuse/projects/niem/articles/Marcuse2014NiemoellerQuote147gWeb.pdf; 28.3.2018.

biographische Daten nicht allein dem Finden oder Bestätigen überindividueller Regeln und Gesetzmäßigkeiten in Soziologie und Geschichtswissenschaft dienen. Genauso wichtig ist die Chance bei einer Biographie Empathie für die Person oder einzelne ihrer Verhaltensweisen zu entwickeln. Die objektiven Anteile können einfühlsam abgewogen und bewertet werden. Dadurch besteht die Chance Etikettierungen, wie Held oder Opfer, und die damit verbundene eigene Distanzierung zu überwinden.

Anarchismus und Syndikalismus als historische Phänomene

Anarchismus und Syndikalismus prägten Anton Rosinke als Prinzipien seines Lebens. Anarchie als Ideal des Anarchismus ist im Alltagsverständnis oft ein anderes Wort für Gesetzlosigkeit, Eigenmächtigkeit, das Recht des Stärkeren, Terror, Unordnung, Chaos, Spontaneität, Egoismus und Hedonismus. Zugestanden wird anarchisches Verhalten der Boheme und Künstlerkreisen als Resultat eines besonderen Charakters und Voraussetzung für erfolgreiches Arbeiten. Dieses Alltagsverständnis des Begriffs „Anarchie" ist mal eine Teilbeschreibung, mal eine zu große Verallgemeinerung, aber immerhin nicht abwegig.

Theoretisch durchdacht wird der „Anarchismus" seit der neuzeitlichen Aufklärung in Gesellschafts- und Politiktheorien. Deren Thesen werden in gesellschaftlichen und politischen Krisen und Umbrüchen von bestimmten Gruppen und Einzelnen als Richtschnur des Handelns genommen.[16] Außerdem gibt es historische und soziologische Untersuchungen der nach diesen Kriterien handelnden Einzelnen oder Gruppen.[17]

Anarchisten sehen eine anarchistische Gesellschaftsordnung realisiert in den ersten Jahrzehnten der Vereinigten Staaten[18] und in den ersten Jahren im Spanischen Bürgerkrieg ab 1936 im Katalonien um das hoch-industrialisierte Barcelona.[19] Folgt man dem aktuellen Aufsatz von Bert Altena, so passen die Untersuchungsparameter für soziale Bewegungen schlecht auf den Anarchismus

16 Vgl. Klaus Schubert/Martina Klein, Das Politiklexikon. Begriffe, Fakten, Zusammenhänge, Bonn [6]2016, S. 23: „3) Sammelbegriff, der zahlreiche unterschiedliche, sozialphilosophisch-politische Ideen und Bewegungen zusammenfasst, die jegliche Form staatlicher, kirchlicher etc. Autorität ablehnen und die uneingeschränkte Freiheit des Individuums in einer solidarischen Gesellschaft propagieren."

17 Vgl. Bert Altena, Anarchism as a Social Movement 1870–1940: in: Sozial.Geschichte Online 18, 2016, S. 15–62 http://duepublico.uni-duisburg-essen.de/servlets/DerivateServlet/Derivate-41178/04_Altena_Anarchism.pdf; 28.3.2018.

18 Paul Goodman, Nur ein altmodisches Liebeslied, in: Hans Peter Duerr (Hrsg.), Unter dem Pflaster liegt der Strand, Berlin 1974, S. 135–138, hier S. 137.

19 Augustin Souchy, Vorsicht Anarchist, Grafenau 1974, S. 108f.

und es müssen Besonderheiten berücksichtigt werden.[20] Was den Syndikalismus betrifft: Dieser trachtet, die wirtschaftliche Selbstverwaltung von zusammenhängenden Arbeitsprozessen durch Gewerkschaften als Gestaltungsprinzip der gesamten Gesellschaft zu nehmen – in Abgrenzung zum Unionismus, der ohne weitergehende Ambitionen alle gewerkschaftlichen Arbeitskämpfe in einer einzigen Organisation vereinigen will. Diese gewerkschaftliche Ausrichtung jenseits von Parteien und Parlament ist besonders verbreitet in romanischsprachigen Ländern, aber auch in Deutschland vom Ende des 19. Jahrhunderts bis zum Beginn der Naziherrschaft.[21]

Stationen seines Lebensweges

Situation von Anton Rosinke als Arbeitsmigrant aus Westpreußen in Gerresheim und seine Familiengründung

Geboren wurde Anton Rosinke[22] am 18. Dezember 1881 in Rheda, Kreis Neustadt, nordwestlich von Danzig. Sein Vater war Fischer.[23] Er selber war zum Schmied ausgebildet.[24] Er besaß keine höhere Schulbildung und genoss damit nicht das Privileg, nur ein Jahr Militärdienst leisten zu müssen. Als Ausgebildeter

20 „Der Anarchismus […] konfrontiert die Theorie der sozialen Bewegung mit einer großen Zahl von Problemen: seine Ziele sind schwer zu erreichen und zu messen, seine Ideologie hat viele Facetten, es fehlen feste Organisationen, er verschwindet und taucht wieder auf binnen Kurzem oder Langem und es fehlt die Art von Kollektivität, mit der die Theorie sozialer Bewegungen normalerweise arbeitet. Es ist so weit eine Bewegung von Individuen, die nach ihren anarchistischen Prinzipien lebt, wie es eine Bewegung ist, die sich einer fundamentalen Änderung der Gesellschaft widmet. Dieser Kombination von persönlichem Lebensstil und Bewegung zur Veränderung sollte Rechnung getragen werden, wenn man das Beharrungsvermögen des Anarchismus versucht zu verstehen.“, Altena, Anarchism (wie Anm. 17), S. 24 (Übersetzung durch den Verfasser).

21 Vgl. Schubert/Klein, Politiklexikon (wie Anm. 16), S. 304f.: „Dem Anarchismus verwandt, strebte der S. eine Gesellschaft an (Anarchosyndikalismus), die ohne Staatsapparat einen selbstverwalteten, föderativ aufgebauten Sozialismus verwirklicht und die wirtschaftliche Produktion strikt an den gesellschaftlichen Bedürfnissen ausrichtet.“

22 Sein Geburtsvorname war Josef, wie der seines Vaters, er nannte sich selber „Anton“. Stadtarchiv Düsseldorf: E-Mail-Auskunft vom 8.6.2016 zu Informationen aus melde- und standesamtlichen Unterlagen und handschriftliche Ergänzungen hierzu.

23 Ebd.

24 Gegenüber der Gestapo gab er 1934 „Hammerschmied“ an (LAV NRW R, RW 0058, Nr. 72083, Abb. 74) und hob damit auf die kunstfertige Seite des Berufes ab (https://de.wikipedia.org/wiki/Schmied; 28.3.2018).

in der Fußartillerie[25] hat er wahrscheinlich zwei Jahre beim Militär verbracht.[26] Zum ersten Mal ist Anton Rosinke 1904 mit seinem Bruder Johann bei der Bürgermeisterei Eller in Neueller 9, jetzt Bertastraße 9, gemeldet. Sein Bruder, Schlosser von Beruf[27], war drei Jahre jünger. Beide sind offensichtlich in jungen Jahren (etwa 23 und 20 Jahre alt) als Arbeitswanderer aus einem ländlichen Gebiet in ein schnell wachsendes Industriegebiet nach Eller zugezogen – so wie viele Menschen damals.

Sozialer, gesellschaftlicher, ökonomischer und beruflicher Hintergrund

Als Arbeiter gehörten die Gebrüder Rosinke zur politisch und damit gesellschaftlich benachteiligten Bevölkerungsschicht, deren Wahlstimme im Königreich Preußen beträchtlich weniger Wert als die der Mittel- oder Oberschicht besaß.[28] Ihre Frauen hatten bis zur Weimarer Republik gar kein Wahlrecht. Aufgrund ihrer Ausbildung verrichteten die Brüder Arbeit in Metall verarbeitenden Betrieben[29] oder in Hüttenbetrieben[30]. Besonders in Hüttenbetrieben waren die Arbeitsbedingungen sehr schwierig: „Nachdem um die Jahrhundertwende beinahe überall in der Industrie die tägliche Arbeitszeit auf zum Teil sehr deutlich weniger als zwölf Stunden gesunken war, erwies sich die Hüttenindustrie als Hort der Reaktion in der Arbeitszeitfrage. Die Unternehmer lehnten weiterhin strikt eine Verkürzung der Zwölfstundenschicht ab und verwiesen dabei auf die betriebstechnischen Erfordernisse. Besonders erschwerend kamen der wöchentliche Schichtwechsel, der für die Arbeiter vierzehntäglich eine durchgehende

25 Landesarchiv Berlin, ABrPr, Rep. 30, Nr. 16481, Abb. 1–48, hier Abb. 3.

26 Gerhard A. Ritter/Klaus Tenfelde, Arbeiter im Deutschen Kaiserreich 1871 bis 1914, Bonn 1992, S. 732.

27 LAV NRW R, Polizeiakte über die in Düsseldorf und Umgebung lebenden Anarchisten., Reg. Bez. Düsseldorf, Pol. Akten, Nr. 15 988, Abb. 121/122.

28 Ritter/Tenfelde, Arbeiter (wie Anm. 26), S. 90f.

29 Düsseldorf/Adressbücher, Anton Rosinke, 1907: *Platzarbeiter* (= äquivalent: PlatzmeisterInnen – sorgen für die sachgemäße Lagerung, Sortierung und Ausgabe von Materialien und Maschinen und koordinieren wichtige organisatorische Aufgaben.) – http://www.ams.at/bis/bis/StammberufDetail.php?noteid=812; 28.3.2018; 1909: *Bohrer*, 1924–1933: *Schmied*; Johann Rosinke: 1920–1922: *Dreher*, 1924–1928: *Vorzeichner* (Ein Vorzeichner ritzt auf dem Werkstück die auszuschneidende Form gemäß der technischen Zeichnung ein.) 1929–1937: *Werkmeister*.

30 Düsseldorf/Adressbücher, Anton Rosinke, 1910 und 1911: *Bohrrohrarbeiter* – Nach Auskunft von Antonie Binder an Ulrich Klan hat Anton Rosinke auch bei Mannesmann im Stahlwerk Oberbilk gearbeitet. Da dieses von 1864 bis 1979 dort stand, ist die Zeit, wann er dort gearbeitet hat, nicht eingrenzbar.

24stündige Arbeitszeit bedeutete, und die beinahe gewohnheitsmäßig überaus starke Belastung durch Überstunden hinzu.“[31]

Auch wenn „ … noch während der Arbeitszeit, Zeit und Raum für oftmals dringend notwendige Ruhepausen … [blieb]“[32], muss festgestellt werden: „… vor allem mit der Verwissenschaftlichung der Betriebsabläufe unter dem Einfluss des Taylorismus in den letzten Jahren vor Kriegsausbruch [setzte sich; der Verfasser] ein genaueres betriebsorganisatorisches und unternehmerisches Kalkül über die Kosten der Arbeit durch, dass sich in zunehmenden Kontrollen der Arbeitszeit niederschlug“.[33]

Der Sonntag war nicht immer ein freier Tag, obwohl sich dies ab Ende des 19. Jahrhunderts verbreitete; dasselbe geschah zeitversetzt mit dem Samstagnachmittag.[34] Es gab weder einen bezahlten Jahresurlaub[35] noch Arbeitsschutz (mit der Folge häufiger Arbeitsunfälle).[36] Ein Verständnis für Anton Rosinkes schwere Lage und auch für seine radikale Reaktion darauf ab 1908 kann dieses Zitat über die allgemeine Situation in Fabriken wecken: „Mühsal, Monotonie und physische Ermüdung dominierten die Arbeitserfahrungen, in denen überdies immer das Unbehagen über Antreiberei, grobe Umgangsformen und überzogene Disziplinierung mitschwang.“[37]

Private Entwicklung – Familie, Wohnen

Mindestens zwei Jahren lang wohnte Anton Rosinke mit seinem Bruder in der Siedlung Neu-Eller an der Bertastraße, bestehend aus festen Häusern mit Anbauten für die Kleintierzucht und einem Garten für die Selbstversorgung.[38] Am 7. April 1906 zog er in die Hardenbergstraße 19, einem Quartier aus der

31 Ritter/Tenfelde, Arbeiter (wie Anm. 26), S. 365.

32 Ebd., S. 361, Anm. 207. – Vgl. die Aufsätze von Alf Lüdtke, Arbeitsbeginn, Arbeitspausen. Arbeitsende, in: Gerhard Huck (Hrsg.), Sozialgeschichte der Freizeit, Wuppertal ²1980, S. 95–122; Alf Lüdtke, Cash, Coffeebreaks, Horseplay: „Eigensinn“ and Politics among Factory Workers in Germany in Germany ca. 1900, in: Michael Hanagan/Charles Stephenson (Hrsg.), Confrontation, class consciousness, and the labor process. Studies in proletarian class formation, New York u. a. 1986, S. 65–95.

33 Ritter/Tenfelde, Arbeiter (wie Anm. 26), S. 361.

34 Vgl. ebd., S. 367.

35 Ebd., S. 368.

36 Ebd., S. 369.

37 Ebd.

38 Die Anbauten und Gärten sind auch heute noch bei einem Teil der Häuser der damaligen „Siedlung Neu-Eller“ zu erkennen. Sie wurde erbaut von Richard Wolters, Mitglied des Eller Gemeinderats, auf seinem dortigen Grundbesitz. Die Straße ist benannt nach seiner Frau Berta Wolters. Düsseldorf/Adressbuch 1952, Straßenverzeichnis, Bertastraße.

Gründerzeit.[39] Drei Wochen vorher, am 19. März 1906, ist seine zukünftige Schwiegermutter mit seiner zukünftigen Frau und fünf weiteren Kindern zwischen neun und 16 Jahren in diese Wohnung eingezogen – aus Kilau, Kreis Neustadt, in Westpreußen kommend. Einen Monat später zog er zusammen mit der Ursprungsfamilie seiner Geliebten in die Hardenbergstr. 13. Dieses umgehende Zusammenziehen einer zugewanderten Witwe mit sechs Kindern und eines jungen Mannes, wenig älter als ihre älteste Tochter, alle mit ursprünglicher Herkunft aus der gleichen Gegend, könnte aus einem zufälligen Treffen kurz nach Ankunft der Familie in Gerresheim resultieren. Für den Verfasser ist es wahrscheinlicher, dass der Zuzug nach Gerresheim eine Verabredung war, die die Option einer gemeinsamen Zukunft enthielt. Im selben Jahr heirateten Martha Abraham und Anton Rosinke und bekamen noch in diesem Jahr eine Tochter, die am selben Jahrestag wie Anton Rosinke geboren wurde.[40] Bei seiner Hochzeit lebten seine eigenen Eltern nicht mehr. Bis 1911 wohnte die Familie Rosinke und die Ursprungsfamilie seiner Frau, Familie Abraham, in unterschiedlichen Häusern, aber immer sehr nahe beieinander. Von einer gegenseitigen Unterstützung kann deshalb ausgegangen werden. Es folgten in der Familie Rosinke 1907, 1909 und 1910 noch drei Kinder, während sie in diesem südlichen Teil des alten Gerresheims lebte. Das letzte Kind kam 1913 nach dem Umzug in die Bertastraße (Untergeschoss der Hausnummer 2) zur Welt.

Das neue Siedlungsgebiet an der Grenze zwischen Eller und Gerresheim verließ die Familie erst wieder elf Jahre später, ca. 1922.[41] Möglicherweise war der Wegzug aus der Gründerzeitsiedlung „ins Grüne" durch die vergrößerte Familie bedingt. Doch sollte man sich nicht einen Umzug in eine Idylle vorstellen. Ulrich Klan fasst eine Aussage der ältesten Tochter Antonie über die Versorgungslage in der Familie zu dieser Zeit und später so zusammen: *Hunger nicht zu knapp, […], kein Geld für Kinderschuhe, so dass der Vater sich Feierabends noch als Laienschuster betätigte – aber dennoch vielfache Beiträge zu all den Organisationen und Zeitungen, die unterstützt werden mussten, dazu an Büchern und Musikinstrumenten für die Kinder nicht gespart – …*[42]

39 „Östlich der Heyestraße, rund um die evangelische Gustav-Adolf-Kirche, liegt ein kleines gründerzeitliches Viertel mit Geschosswohnungsbau." https://de.wikipedia.org/wiki/de:Gerresheim?uselang=en; 27.7.2016.

40 Stadtarchiv Düsseldorf (wie Anm. 22).

41 Ebd.

42 Klan, Binder (wie Anm. 2), S. 56.

Anton Rosinke, Aufnahmezeit unbekannt (Foto: Privatbesitz).

Martha Rosinke mit den fünf Kindern der Familie 1918 (Foto: Privatbesitz).

Von 1910 bis 1918: In anarchistischen Kreisen vor dem Ersten Weltkrieg und in der jungen Familie

Gegenüber der Gestapo sagte Anton Rosinke in einem Verhör 1934 aus, er sei *bis zum Jahre 1907 Mitglied der Sozialdemokratischen Partei Deutschlands*[43] gewesen und habe sie verlassen *wegen der inkorrekten Stellungnahme des Führertums.*[44] Damit meinte er die Konflikte in der Partei vor dem Ersten Weltkrieg und die von der Parteiführung initiierten Unvereinbarkeitsbeschlüsse von Mitgliedschaften in der Sozialdemokratischen Partei mit der Zugehörigkeit zu Lokalistenverbänden.

Aus früheren Zeiten trug er auch eine Tätowierung mit Kreuz und Krone[45], ein Hinweis darauf, dass er nicht von Jugend auf gegen die Kirche und König bzw. Kaiser eingestellt war. Am 13. November 1908 erklärte er seinen Austritt aus der katholischen Kirche[46], was ein Akt mit möglichen gesellschaftlichen Konsequenzen war.[47] In der Wochenzeitschrift „Der freie Arbeiter“ schildert Anton Rosinke, er habe einem Sozialdemokraten vorgeworfen, dass dieser

43 LAV NRW R, RW 0058, Nr. 72083, Abb. 76.

44 Ebd. Abb. 75.

45 Eintrag im *Personalblatt, II. Signalement: Besondere Kennzeichen* durch die Polizeiverwaltung Düsseldorf vom 28.2.1910: Landesarchiv Berlin, ABrPr, Rep. 30, Nr. 16481, Abb. 3.

46 Pfarrarchiv St. Margareta, Düsseldorf-Gerresheim, Nr. 195.

47 Die in der Arbeiterschaft verbreiteten Glaubenszweifel waren stark in der eigenen Lebenssituation begründet. Vgl. Ritter/Tenfelde, Arbeiter (wie Anm. 26); Ritus, Sitte und soziales Leben und deren kirchliche Formen boten aber vielen Arbeitern inneren Halt. Vgl. ebd. S. 776.

den Gästen einer Maifeier *ihre Meinungsfreiheit* [beschränke], *wie der Pfaffe seinen Gläubigen von der Kanzel, welcher doch immer betont, das kannst du nicht lesen, das sollst du nicht lesen, sonst bist du der Hölle geopfert.*[48]

Linien der Auseinandersetzungen

Der Konflikt mit der Sozialdemokratischen Partei Deutschlands zeigt sich in derselben Zuschrift an „Der Freie Arbeiter“: *Wenn Herr Gauer* [Düsseldorfer Kriminalkommissar; d. Verf.] *uns vornehmlich die Vernichtung offen angedroht hat, so wollen es die hiesigen Führer der Sozialdemokratie durch ihre Bevormundungssucht und Totschweigetaktik versuchen.* [...] *Nicht genug, dass die betreffenden Führer in der Heyestraße Aufstellung nahmen und die Arbeiter vom Besuch unserer Versammlung abhielten.* Daraufhin schildert er, dass er am 1. Mai im Festlokal der Sozialdemokratischen Partei an der Verteilung älterer Exemplare „Des Freien Arbeiters“ gehindert wurde.[49] Die Auseinandersetzung mit der Sozialdemokratie und mit der politischen Polizei sind in diesen Jahren die beiden dominierenden Konfliktlinien, die sich z. T. überkreuzten. Direkte Konflikte mit der Kirche gab es nach Austritt aus der katholischen Kirche nicht, da der Bruch vollständig war.

Am 28. Februar 1910, stellte die Polizeiverwaltung seine Zugehörigkeit zur anarchistischen Bewegung fest: *Der Fabrikarbeiter, Anton Rosinke,* [...], *dissident*[50], *ist als Anhänger der anarchistischen Bewegung ermittelt. Rosinke verkehrt seit längerer Zeit mit den anarchistischen Führern, ist Abonnent anarchistischer Zeitungen und hat am 25. Dezember vorigen Jahres hier veranstalteten Konferenz der Anarchisten Rheinlands und Westfalens teilgenommen. Einige Tage nach dieser Konferenz hat er, wie vertraulich festgestellt, in Erwartung einer bei ihm vorzunehmenden Haussuchung Papiere sowie sonstiges anarchistisches Schriftentum und Drucksachenmaterial beiseite geschafft. Bei seiner Vernehmung bekannte sich Rosinke in herausfordernder Weise als Anhänger des Anarchismus, im Übrigen verweigerte er jedoch weitere Auskunft.*[51]

Die Entdeckung war erstaunlich spät, denn die Konferenz und die Gründung der sie tragenden „Anarchistischen Föderation Rheinland und Westfalen“ (AFRW), waren nicht Aktivitäten, zu denen man sich verlaufen konnte.[52] Hier

48 Anton Rosinke, Eingesandtes. Herrn Gauers Rache, in: Der freie Arbeiter v. 11.5.1912, Nr. 19, ohne Seitenangabe, zitiert nach: Landesarchiv Berlin, ABrPr, Rep. 30, Nr. 16481, Abb. 17.

49 Ebd.

50 Dissident bedeutet: aus der Kirche ausgetreten.

51 Landesarchiv Berlin, ABrPr, Rep. 30, Nr. 16481, Abb. 2.

52 Möglicherweise gehörte er deshalb nicht zu den Verdächtigen und unter besonderer Beobachtung stehenden Personen, weil er nicht zu den Arbeitern der Glashütte gehörte und nicht in deren Wohnviertel lebte.

musste schon vorher bei Anton Rosinke eine Überzeugung für die dahinter stehende Weltanschauung durch Beschaffung von Lesematerial und Gespräche heran gereift sein. Auch musste er an Diskussionen und strategische Überlegungen in konspirativen, politischen Gruppen teilgenommen haben.[53]

Anton Rosinke trug in der Bewegung die Strategie mit zwei Entwicklungsstränge, die sich aus und im Widerspruch zu der Sozialdemokratie entwickelt hatten, zusammenzuführen: Zum Einen die anarchistischen Arbeiter, die in der „Anarchistischen Föderation Deutschlands" (AFD) – zu der Anton Rosinke gehörte – sich über mehrere Zwischenschritte aus der Oppositionsbewegung der „Jungen" zur Sozialdemokratischen Partei Deutschlands entwickelte und zum Anderen die Arbeiter, die in der syndikalistischen „Freien Vereinigung deutscher Gewerkschaften" (FVdG) aus der „lokalistisch" orientierten Gewerkschaftsopposition entwickelt hatten.[54]

Die Zusammenarbeit in Rheinland und Westfalen war – neben der in Hamburg –die erste regionale in ganz Deutschland und ein Beitrag zur Weiterentwicklung eines politischen Diskurses.[55]

Die Beschattungen, Vorladungen und Haussuchungen führten beide Gruppen zur Weitergabe und Lesen von Agitationsliteratur über Anarchismus und Syndikalismus und befeuerten die Solidarisierung unter den Arbeitern in Gerresheim. Anton Rosinke stellte dies in seinem Beitrag zum „Freien Arbeiter" fest: *Aber das Eine wollen wir Ihnen verraten: Sie verschaffen durch Ihr schneidiges Vorgehen hier am Orte unserer Bewegung Popularität!*[56]

Wachsen des Anarchismus in Düsseldorf und Gerresheim kurz vor dem Ersten Weltkrieg

Die Polizeiberichte der Düsseldorfer Polizeiverwaltung, z.T. an das Polizeipräsidium in Berlin, über die feindlichen Dialoge und tätlichen Auseinander-

53 Tatsächlich waren die Gruppen von Spitzeln unterwandert, was die Anarchisten nicht in seinem ganzen Ausmaß wahrnahmen. Vgl. Ulrich Linse, Organisierter Anarchismus im Deutschen Kaiserreich von 1871. Beiträge zu einer historischen Strukturanalyse Bayern, Berlin 1969, S. 249f.

54 Entsprechend einer Aussage von Hartmut Rübner möchte der Verfasser betonen, dass die Vereinigung dieser hier nur skizzierten Entwicklungsstränge weder zwangsläufig noch bruchlos verlaufen ist. – Hartmut Rübner, Verfolgung und Widerstand deutscher AnarchosyndikalistInnen, in: Graswurzelrevolution 381, Sept. 2013, S. 17.

55 Kurzfristig gab die AFRW 1910 das Blatt „Der Weckruf, Organ für Anarchismus und Syndikalismus" heraus, das schon im Titel das Bemühen um Kooperation ausdrückt. – LAV NRW R, Reg. Düsseldorf, Politische Akten, Nr. 42784, Bl. 189–206.

56 Anton Rosinke, Eingesandtes. Herrn Gauers Rache, in: Der freie Arbeiter (wie Anm. 48).

setzungen zwischen Anarchisten, Syndikalisten und deren Sympathisanten auf der einen und Spitzel und Kommissare auf der anderen Seite vermitteln einen lebhaften Eindruck:

Ein Jahr nach seiner Entdeckung als Anhänger der anarchistischen Szene, am 16. Dezember 1910, dokumentiert die Düsseldorfer Polizeiverwaltung den Ansatz, eine anarchistische Organisation (Vermutung der Polizei: ein Diskutierklub) aufzubauen, bei dem Anton Rosinke als *eifrigster Agitator* und Organisator erscheint.[57]

Siebzehn Monate später, am 17. Mai 1912, wurde nach Berlin berichtet: *Der Fabrikarbeiter Anton Rosinke ist z. Zt. der eifrigste Agitator der Düsseldorfer Anarchisten. Seine Haupttätigkeit entfaltet er im Industrievorort Gerresheim, woselbst es ihm gelungen ist, unter den Mitgliedern der dort bestehenden freien Vereinigung aller Berufe zahlreiche Personen für die anarchistische Idee zu interessieren.* Seit Mai 1912 nämlich wurden die Liste der ermittelten Anarchisten immer länger.[58] Gab es 1907 in Düsseldorf 25 Personen auf der Liste, so gab es 1912 hier 86 Personen.[59]

Über ein Jahr später, am 3. Februar 1914 wird in einem Bericht an das Polizeipräsidium in Berlin die Dynamik geschildert, die zu einem großen Teil durch Anton Rosinke ausgelöst wurde: *Dem Vorstandsmitglied des Propaganda-Vereins Düsseldorf (Anton) – Rosinke – ist es durch unermüdliche Agitation und unentgeltliches Verbreiten von Zeitungen gelungen, fast ein ganzes, nur von Arbeitern bewohntes Viertel in Gerresheim für den Anarchismus zu interessieren. Er ist mit Grabowski und Häusler geistiger Leiter des genannten Vereins und tritt überall brüsk mit seiner anarchistischen Gesinnung hervor und stärkt dadurch nicht unwesentlich auch das Selbstbewusstsein der übrigen Mitglieder.*[60] Zur Stärkung des Selbstbewusstseins und des Zusammenhalts haben sicher auch die Sängervereine „Freie Sänger 04" und „Vorwärts" beigetragen, die von vielen aus dem „Anarchistischen Propagandaverein" besucht wurden.

Die folgenden Zitate aus einer bespitzelten Versammlung zeigen, in welcher äußeren Erscheinung und inneren Verfassung ein Teil der Anarchisten oder an Anarchismus interessierten Arbeiter im Allgemeinen auftraten: Auf einer *öffentlichen, politischen Versammlung*[61] in Krefeld am 5. September 1908 beschrieb der Spitzel das Erscheinungsbild: *von den von auswärts Erschienenen waren drei Personen etwas besser gekleidet, 13 trugen dürftige Kleidung und sahen wie Maurer oder Handlanger aus.*[62] Von der Anarchisten-Konferenz am 23. Januar 1910 in Elberfeld gibt ein

57 Landesarchiv Berlin, ABrPr, Rep. 30, Nr. 16481, Abb. 8.
58 LAV NRW R, Polizeiakte (wie Anm. 27) ganze Akte.
59 Nach Sigrid Wohlmann, Die Anarchisten in Wuppertal 1880–1920, Staatsexamensarbeit, Wuppertal 1966, zitiert nach Klan/Nelles (wie Anm. 3), Anm. 90, S. 53.
60 Landesarchiv Berlin, ABrPr, Rep. 30, Nr. 16481, Abb. 37.
61 LAV NRW R, Reg. Düsseldorf, Politische Akten, Nr. 42784, Abb. 99/100.
62 Ebd., Bl. 101.

Spitzel einen mündlichen Beitrag wieder: *...; jeder Genosse müsse ein Redner sein, damit die traurigen Bilder auch vor Gericht verschwänden. Er – Redner – erinnere nur an die Gerichtsverhandlung in Cöln, wo einzelne Genossen eine klägliche Rolle gespielt hätten, und zwar, weil sie nicht hätten reden können.*[63]

Die Stimmung auf einem Kongress in Halle an der Saale, wo Anarchisten unterschiedlicher Ausrichtung sich begegneten und ihre Auffassungen über den Weg zu einer herrschaftslosen Gesellschaft unversöhnlich aufeinander stießen, fasste ein Teilnehmer so in Worte: *Die meisten Teilnehmer sind abgereist; der Kongress ist vorbei. Ein herzlicher Verkehr der Menschen fand kaum statt; wie sie gekommen waren, gehen die meisten. Nur einige Freundesgrüppchen aus gleichen Orten sitzen zusammen.*[64]

Auf dieser Folie sind folgende vier Charakterisierungen von „ermittelten" Anarchisten durch die Düsseldorfer Polizeikommissare zu betrachten (Der erste Bericht ist vollständig wiedergegeben):

1. Bericht vom 10. Mai 1912 über den Arbeiter H.H., geb. 23. Mai 1873: *H. unterhält schon seit längerer Zeit regen Verkehr mit den in Düsseldorf Gerresheim ansässigen Anarchisten. Er ist Mitglied des in Düsseldorf-Gerresheim bestehenden Gesangverein „Vorwärts", der sich fast ausschließlich aus Anarchisten und Mitgliedern der freien Vereinigung aller Berufe zusammensetzt. An der am 23. März d. Js. in Düsseldorf-Gerresheim abgehaltenen Anarchistenversammlung hat H. ebenfalls teilgenommen. Bei dieser Versammlung konnte man beobachten, dass er mit den anwesenden Anarchisten auf vertrautem Fuße stand. Er zeichnete sich besonders dadurch aus, dass er die anwesenden Beamten des politischen Kommissariats in jeder Weise herauszufordern suchte. Er spuckte vor ihnen aus, ließ Ausdrücke wie Spitzel usw. fallen und man konnte merken, dass er nur die Absicht hatte, mit den Beamten anzubändeln. Bei der in dieser Versammlung erfolgten Festnahme des Anarchisten F. [...] versuchte H., sich auf den überwachenden Polizeikommissar zu stürzen, woran er nur durch energisches Eingreifen seiner Ehefrau und mehrerer handfester Genossen gehindert wurde. Bei seiner Vernehmung bestritt H., Anarchist zu sein, er gab aber zu, Abonnent der Zeitung „Der freie Arbeiter" zu sein und ein reges Interesse für die anarchistische Bewegung zu haben. Ich habe H. in das Verzeichnis der Anarchisten aufgenommen. Die erforderlichen Mitteilungen sind gemacht. Ein Personalbogen ist beigefügt.*[65]
2. Bericht vom 10. Mai 1912 über den Glasmacher W. V., geb. am 8. Oktober 1887: *Er trägt ein cynisches Wesen zur Schau.*[66]
3. Bericht vom 15. März 1913 über die Ehefrau des Anarchisten, Fabrikarbeiter T. H., geb. am 10. August 1879: *Die Ehefrau H., welche über ihre Gesinnung jede*

63 Ebd., Abb. 146f.

64 Kurze Notizen vom Kongress Deutscher Anarchisten (1910), in: Der Sozialist. Organ des Sozialistischen Bundes, 2. Jahrgang, Nr. 11, v. 1.6.1910.

65 LAV NRW R, Polizeiakte (wie Anm. 27), Abb. 5/6.

66 Ebd., Abb. 9/10.

Auskunft verweigert, zeigt für ihr Geschlecht ein außergewöhnliches Interesse für den Anarchismus, verbunden mit einem außergewöhnlich provozierenden Wesen.[67]

4. Bericht vom 5. April 1913 über den Bäckergesellen A. M. H., geb. am. 9. Januar 1885: [Er] *gibt zu, Anarchist zu sein und eine besonders revolutionäre Gesinnung zu pflegen. An seiner früheren Arbeitsstelle soll H. sich geäußert haben, dass er im Falle eines Krieges eher auf den Kaiser als auf den Feind schießen würde. Über Einzelheiten und das innere Wesen des Anarchismus ist H. sich weniger klar, dagegen ist er ein zu Gewalttätigkeiten neigender und durchaus radikal gesinnter Mensch.*[68]

Die politischen Polizeikommissare – auch wenn sie überzeugt waren, das innere Wesen des Anarchismus durch den häufigen Kontakt zu Anarchisten erkannt zu haben – blieben Menschen, die die herrschenden Verhältnisse, von denen sie auch sehr profitierten, ohne Einschränkungen bejahten und unterstützten.[69] So ist auch die Einschätzung von Anton Rosinke in seiner Personalakte *Er ist ein Fanatiker, der bei jeder Gelegenheit seinem unversöhnlichen Hass gegen die bestehenden Verhältnisse unzweideutig Ausdruck gibt*[70], nicht so gemeint, dass schwierige „Verhältnisse" ein gewisses, distanziertes Verständnis hervorrufen dürften.

Erziehung und Bildung

Zur Eskalation kam es bei einer Ferrer-Gedächtnisfeier[71]: *Rosinke nahm an der Ferrer-Gedächtnisfeier am 12.10.1913 in Düsseldorf teil. Die Veranstaltung wurde unter großem Tumult aufgelöst.*[72] Auch die anwesenden Kinder und Jugendlichen erlebten die gewaltsame Auflösung mit.[73] Der Bericht über die Ermittlung eines

67 Ebd., Abb. 81/82.

68 Ebd. Abb. 101/102.

69 Die Verfolgungen nahmen 1908 zu; 1909 wurden 245 Haussuchungen gezählt. Vgl. LAV NRW R, Reg. Düsseldorf, Politische Akten, Nr. 42784, Bl. 147.

70 Landesarchiv Berlin, ABrPr, Rep. 30, Nr. 16481, Abb. 37.

71 Der anarchistische Pädagoge, Francisco Ferrer (1859–1909) begründete in Spanien eine moderne, religionslose Schule. Er wurde 1909 in Barcelona während anarchistischer Aufstände von einem Kriegsgericht zum Tode verurteilt und erschossen. Vgl. https://de.wikipedia.org/wiki/Francesc_Ferrer_i_Gu%C3%A0rdia; 28.3.2018. Auch die liberale Frankfurter Zeitung stellte das Todesurteil damals als offensichtliches Unrecht dar. Vgl. https://www.seniora.org/erziehung/schule-bildung/francisco-ferrer-die-moderne-schule-escuela-moderna.html?highlight=WyJmZXJyZXIiXQ==; 9.4.2018.

72 Landesarchiv Berlin, ABrPr, Rep. 30, Nr. 16481, Abb. 37. Nach Matull sollte die Gedächtnisfeier im „Kaufhaus", einem damaligen Gewerkschaftsgebäude in der Bergerstr. 8 der Düsseldorf Altstadt stattfinden, Wilhelm Matull, Der Freiheit eine Gasse: Geschichte der Düsseldorfer Arbeiterbewegung, Düsseldorf 1980.

73 LAV NRW R, Polizeiakte (wie Anm. 32), Abb. 152–154.

Maschinenschreiners als Anarchisten vier Monate später zeigt erst den Sinn der Gedächtnisfeier und erklärt die harsche Reaktion der politischen Polizei in Düsseldorf: *F.D. gehört zu den sog. „Freunden der freien Schule", einer Gruppe hiesiger Anarchisten und Syndikalisten, welche besonders unter der Verherrlichung Ferrers die planmäßige Erziehung ihrer Kinder zu Anarchisten erstrebt.*[74] Man darf vermuten, dass Anton Rosinke auch bei den Plänen zum Aufbau einer freien Schule eine wichtige Rolle spielte. Seine älteste Tochter war zum Zeitpunkt der Ferrer-Gedächtnisfeier fast sieben Jahre alt, also gerade im Schulalter. Antonie Rosinke wurde auch am 5. Juli desselben Jahres von ihrem Vater und ihrem Onkel, Johann Rosinke, in deren Heimat mitgenommen[75], d. h. ihr Vater kümmerte sich um sie. Das Heranwachsen der Kinder brachte die Themen „Erziehung" und „Bildung" in seine Überlegungen und Pläne ein.

Festnahme und Einziehung zum Krieg

Vor der Reise wurde eine Beschattung während der ganzen Reise mit der Bemerkung veranlasst: … *Anton Rosinke,* […], *einer der verwegensten anarchistischen Agitatoren Düsseldorfs* …

In seiner Zuschrift an den „Freien Arbeiter" im Mai 1912 schreibt er zwar selbstbewusst *Sind wir es als Anhänger der anarchistischen Weltanschauung gewöhnt, ungeladene Besuche der Leute des Herrn Gauer zu empfangen, was uns bekanntlich ganz kalt lässt,* …, so sammelt er jedoch auch für den Inhaftiertenfonds der Wochenzeitung, z. B. am 9. August 1910.[76] Noch am 9. Juni 1913 stellte die politische Polizei fest, dass Rosinke, Franz und Schottke den Inhalt von Schriften, die sie in New York besorgt hatten, zu aufreizend fanden. Sie vernichteten die Broschüren aus Furcht vor der evtl. hohen Strafe im Falle der Weiterverbreitung.[77] Die Einstufung als gefährlicher Anarchist führte etwas mehr als ein Jahr später zu seiner Festnahme am ersten Kriegstag, 1. August 1914.[78] Wie lange er im Gefängnis war, ist nicht mehr

74 Ebd., Abb. 166/167.

75 Königlicher Polizei-Präsident Danzig, 18. Juli 1913: *Anton Rosinke, dessen 6jährige Tochter und Johann Rosinke trafen am 5. Juli zum Besuch ihrer beiden in Rheda (Kreis Neustadt …) wohnenden Brüder ein und verließen Rheda am 13. Juli 1913 früh, um nach Düsseldorf zurückzufahren.* Landesarchiv Berlin, ABrPr, Rep. 30, Nr. 16481, Abb. 33.

76 Ebd., Abb. 7.

77 Ebd., Abb. 41

78 *Am Mobilmachungstage – 1. 8. 14 – wurde Anton Rosinke festgenommen und in das kgl. Gefängnis Düsseldorf eingeliefert.* Landesarchiv Berlin, ABrPr, Rep. 30, Nr. 16481, Abb. 43.

festzustellen. Spätestens Ende November 1914 muss er jedoch entlassen worden sein, da er am 2. Dezember 1914 eine Karte per Feldpost nach Hause schrieb:

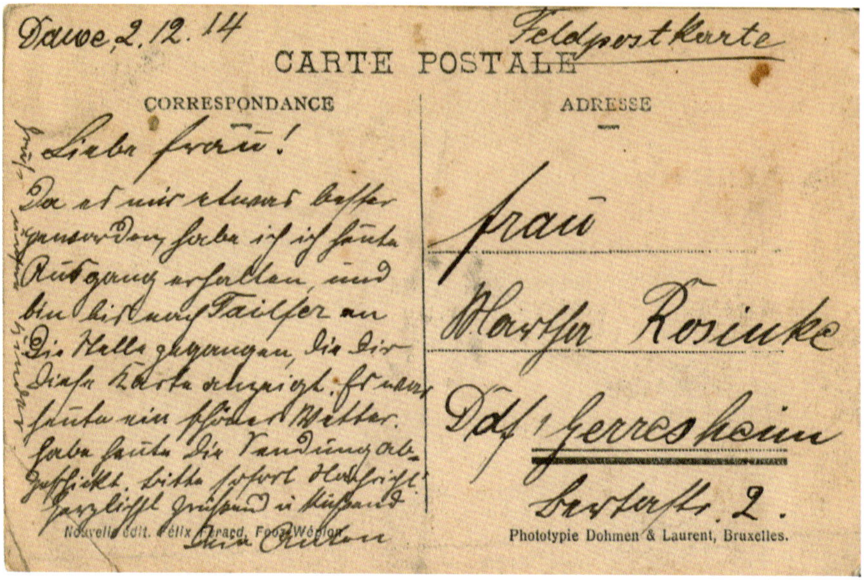

„Dave, 2.12.14 Liebe Frau! Da es mir etwas besser geworden, habe ich heute Ausgang erhalten und bin bis nach Tailfer an die Stelle gegangen, die dir diese Karte anzeigt, Es war heute ein schönes Wetter. Habe heute die Sendung abgeschickt. Bitte sofort Nachricht. Herzlich grüßend und küßend dein Anton – Seitlich: Grüße unsere Kinder Vorderseite auf dem Foto: Dort war ich heute:" (Postkarte aus Privatbesitz).

Von 1918 bis 1933: Anton Rosinke in der aufkommenden anarcho-syndikalistischen Bewegung und in konsolidierter Privatsphäre

In der ersten Station seines Lebens in Düsseldorf fand man vor allem Aufbegehren und Rebellion, aber auch Gestaltung dieses Strebens nach Veränderung, durch die soziale Organisation am Ort und die Anpassung der politischen Organisation mittels Bündnisse. Auch die Perspektive in Zukunft seine Kinder anders erzogen zu sehen, brauchte Kompromissbereitschaft. Auf die gesellschaftliche Entwicklung in Deutschland im Verlaufe des Ersten Weltkriegs und die Unruhezeiten in der frühen Phase der Weimarer Republik hin handelte er sowohl durch Beteiligung an machtpolitischen Bestrebungen als auch durch

79 Eine zweite Postkarte vom gleichen Ort hat den Inhalt: *6. Juni 15. Geliebte Frau! u. Kinder! Hätte heute gerne einen Brief geschrieben bin aber nicht dazu gekommen, weil müde. Im Laufe der Woche aber. Es ist hier ordentlich heiß. Müßen jeden Tag baden. Geschäft geht gut. Wie steht es mit den Frieden liebe Frau? Herzlichen Gruß und Kuß Euer Vater* – aus Privatbesitz.

Vorderseite der Feldpostkarte Anton Rosinkes an seine Familie (Privatbesitz).

sozialpolitisches Engagements bis in den Privatbereich. Dabei blieb er seiner speziellen politischen Ausprägung treu.

Entwicklung der FAUD bis 1924

Gegen die Burgfriedenspolitik der SPD erstarkte mit selbstständigen Organisationen während des Krieges der sozialdemokratische Radikalismus (Vertreter z. B. Rosa Luxemburg und Karl Liebknecht). Dieser Radikalismus hatte in Hinsicht auf die Spontaneität von großen Streiks zu der „älteren radikalen Tradition des Anarchismus und Syndikalismus“ Berührungspunkte. Doch erst „...die sozialen Grundlagen sowohl für die Rekonstruierung der ‚Freien Vereinigung‘ wie für das Entstehen der linkskommunistischen Tendenz nach 1918 bildeten sich in der Opposition gegen die Kriegspolitik der Sozialdemokratie und der ‚Freien Gewerkschaften‘ ...“[80] Die politische Umwälzung „war das Ergebnis der spontanen Erhebung der Arbeiter und Soldaten gegen den immer sinnloser erscheinenden Krieg und das materielle Elend, das dieser

80 Hans Manfred Bock, Syndikalismus und Linkskommunismus von 1918 bis 1923. Ein Beitrag zur Sozial- und Ideengeschichte der frühen Weimarer Republik, Darmstadt 1993, S. 56. Auszeichnung durch den Verfasser.

mit sich gebracht hatte".[81] Die anarchistisch-syndikalistische Bewegung und die Linkskommunisten hatten in der ersten Phase der Weimarer Republik bis zum Mai 1919 „erhebliche Opfer und verzeichnete(n) geringe Erfolge ihrer agitatorischen Bemühungen."[82]

Zunächst gab es gemeinsame Aktionen, so z. B. den großen Bergarbeiter-Generalstreik im Ruhrgebiet 1919.[83] Am militärisch geführten „Ruhrkampf" nach dem Kapp-Putsch beteiligten sich in der Hauptsache syndikalistische und linkskommunistische Arbeiter[84], auch Anton Rosinke.[85]

Mit der *Prinzipienerklärung des Syndikalismus* von 1919[86], erstellt durch Rudolf Rocker, entstanden Grundsätze und damit Abgrenzungen zu anderen linken Gruppierungen. Die wesentlichen Prinzipien zur herrschaftsfreien Vergesellschaftung des Eigentums seien: Orientierung an Fähigkeiten und Bedürfnissen, föderale Strukturierung der Gesellschaft von unten nach oben, Antiparlamentarismus, Antinationalismus und Antistaatlichkeit sowie Antimilitarismus. Der Syndikalismus geht von der *Erkenntnis* [aus], *daß der Sozialismus letzten Endes eine Kulturfrage ist* ... also nicht hauptsächlich ein Resultat ökonomischer Verhältnisse (wie es Arbeiterunionen sahen).[87] So kam 1921 die Initiative der rheinisch-westfälischen FAU aus Düsseldorf mit einzelnen linkskommunistischen Verbänden in Gesamtdeutschland eine gemeinsame „Kampfgemeinschaft" zu bilden[88], in einen Konflikt mit den in Berlin formulierten Grundsätzen. Auf dem 13. Kongress der anarcho-syndikalistischen „Freie Arbeiter Union Deutschland" (FAUD) in Düsseldorf im Oktober 1921 gerieten die Vertreter der „Föderation der Kommunistischen Anarchisten Deutschlands" (FKAD)[89] (unterstützt von anderen) *mit Carl Windhoff, dem Vertreter der syndikalistischen Richtung, und ebenso mit der Geschäftskommission* [aus Berlin; der Verfasser] *in eine derart heftige Debatte, dass es nach Angaben des Protokolls zu einem „minutenlangen Tumult"*

81 Ebd., S. 87.

82 Ebd., S. 117.

83 Vgl. ebd., S. 120.

84 Vgl. ebd., S. 291.

85 *Rosinke beteiligte sich aktiv am bewaffneten Aufstand gegen den Kapp-Putsch in der Roten-Ruhr-Armee* ..., nach Informationen der Tochter von Anton Rosinke an Ulrich Klan und Klan/Nelles (wie Anm. 3) S. 178.

86 Rudolf Rocker, Prinzipienerklärug des Syndikalismus, Referat auf dem 12. Syndikalisten-Kongress, 27.–30.12.1919 im „Luisenstädtischen Realgymnasium" zu Berlin, https://anarchistischebibliothek.org/library/rudolf-rocker-prinzipienerklarung-des-syndikalismus; 28.3.2018.

87 Ebd.

88 Hartmut Rübner, Freiheit und Brot. Die Freie Arbeiter-Union Deutschlands. Eine Studie zur Geschichte des Anarchosyndikalismus, Berlin/Köln 1994, S. 79.

89 Nachfolger der „Anarchistischen Föderation Deutschland" (AFD) vor dem Ersten Weltkrieg. Sie war wie diese an Kropotkins Theorie der sozialen Anarchie orientiert.

kam, der fast zum Abbruch des Kongresses geführt hätte.[90] Obwohl der Name Rosinke nicht zu finden ist, wird er teilgenommen und im Sinne der anarchistischen Föderation gesprochen haben, denn rein syndikalistische Zielsetzungen abzuwehren und für eine breite Aufstellung der FAUD zu plädieren, war seine Linie. Doch die gemeinsame Aktionen mit Linkskommunisten und die gleichzeitige Mitgliedschaft in der Organisation FAUD und einer linkskommunistischen Organisation sollten auf dem Kongress für beendet erklärt werden: *Die Erfahrung hat gezeigt, dass jede Partei, in den Besitz der Macht gelangt, stationär und in der Folge reaktionär wirken muss. Parteien sind Organisationen von Gesinnungsverwandten, nicht von Interessensgleichen.* [...] *Demzufolge können Mitglieder anarcho-syndikalistischer Organisationen einer politischen Partei nicht angehören.*[91] Dabei fanden sich zu Beginn des Kongresses *ca. 700 Sängerinnen und Sänger' im Kaisersaal der alten Düsseldorfer Tonhalle*[92] *zu einem* [...] *Konzert zusammen.*[93] Für viele, die am Konzert und am Tumult beim Kongress bald darauf beteiligt waren, muss der Wechsel zwischen Harmonie und Streit emotional aufrührend gewesen sein – besonders für Leute, die die Veranstaltungen mit organisiert bzw. unterstützt hatten, wie Anton Rosinke. Die Auseinandersetzungen der rheinisch-westfälischen FAU mit der Geschäftskommission in Berlin wurden nicht beendet, da Rudolf Oestreich gegen Ende 1921 von Berlin nach Düsseldorf-Gerresheim gezogen war[94] und als langjähriger Herausgeber des „Freien Arbeiters" die Opposition gegen die Berliner Geschäftsstelle auf anderen Feldern weiter trieb. Auch hier ist – trotz fehlender Belegquellen für die Vermutung – kaum vorstellbar, dass Anton Rosinke nicht damit in einem Zusammenhang stand. Im Gegensatz zur Zeit vor dem Krieg, wo die Zusammenarbeit zwischen Anarchisten und Syndikalisten im Rheinland, namentlich in Düsseldorf, sich prototypisch entwickelte – auch durch Anton Rosinkes belegtes Engagement und ersichtliche Fähigkeiten –, entwickelte sich Anfang der 1920er Jahre ein Machtkampf zwischen der Geschäftskommission in Berlin und den besonders anarchistisch orientierten Gruppen im Rheinland.

90 Vgl. „Die Schöpfung, Sozialrevolutionäres Organ für sozialistisches Neuland" (Wochenzeitung, zeitweise Tageszeitung, im Folgenden zitiert als „Die Schöpfung"), Düsseldorf 1921–1924, hier: 1, 1921, Nr. 78; zitiert nach: Rübner, Freiheit (wie Anm. 95), S. 81.

91 Siehe Ergänzung zur Prinzipienerklärung auf dem 13. Kongress der FAUD im Oktober 1921 in Düsseldorf, in: Mit uns voran!, in: Freie Arbeiter Union Deutschlands (Anarcho-Syndikalisten) (Hrsg.), Titel der Broschüre: Mit uns voran! Berlin 1931, S. 19f.

92 Die alte Tonhalle befand sich auf der Schadowstr. 89–93, dort wo sich heute eine Karstadtfiliale befindet. https://de.wikipedia.org/wiki/Alte_Tonhalle; 28.3.2018.

93 Die Schöpfung 1, 1921, Nr. 67; zitiert nach Klan/Nelles (wie Anm. 3), S. 337, Anm. 31.

94 Vgl. Rübner, Freiheit (wie Anm. 88), S. 81.

Der Bauverein wurde von dem Besitzer der „Gebrüder Schöndorff AG" und einem Teil seiner Belegschaft gegründet.[111] Ab 1924 nennt das Adressbuch der Stadt Düsseldorf als Beruf nicht mehr, wie 1922, *Fabrikarbeiter*, sondern *Schmied*. Dies passt mit einer Arbeit in der „Gebrüder Schöndorff AG", nämlich Waggonbau, überein. Aufgrund der sozialen Einstellung des Besitzers Albert Schöndorff kann man von besseren Arbeitsverhältnissen ab dieser Zeit für die nächsten Jahre guter Konjunktur bis 1929 ausgehen.[112]

Bessere Wohn- und Arbeitsverhältnisse mögen den einzelnen Bewohnern einen leichteren Zugang zueinander ermöglicht haben, indem sie die menschliche, private Seite statt die ideologische der Einzelnen wahrnehmbar machten. Dadurch hatte Anton Rosinke einen *Einfluss auf seine* [in der Regel sozialdemokratischen; der Verfasser] *Arbeitsbrüder* [...], *der nicht durch die unterschiedlichen Doktrinen in der Arbeiterbewegung begrenzt war.*[113] Man darf von sich gegenseitig befruchtenden Beziehungen und einem Zusammenhalt ausgehen. Allgemein galt für die Siedlung „Freiheit" Jahrzehnte lang, dass sie von den Bewohnern als lebendige Gemeinschaft erlebt wurde, wie die Erinnerungen alter Bewohner in einer Radiosendung zeigen.[114]

Eine wichtige Beförderung für Integration in einer Siedlung entspringt einem gemeinsamen Engagement für die eigenen Kinder. So bemühte sich die anarcho-syndikalistische Bewegung während des Schulstreiks 1921 für die weltliche Schulen einen eigenen Weg zu einer Ferrer-Schule zu finden.[115] Als sich nur eine Vorstufe in Form von Kindergruppen realisieren ließen[116], unterstützten die Anarchosyndikalisten auch die Einrichtung von weltlichen Schulen. Jahre später, 1929, äußert Anton Rosinke indirekt seine Zufriedenheit mit dem Kompromiss „weltliche Schule": *Musikliebende, geweckte Proletariersöhne und -töchter der weltlichen Schulen haben sich unter der Leitung ihres Kameraden und Bildners* [...] *zu einer Orchestergemeinschaft vereint ...*[117]

111 Vgl. https://de.wikipedia.org/wiki/Albert_Sch%C3%B6ndorff; 28.3.2018.

112 Während der Weltwirtschaftskrise ging die Zahl der Beschäftigten von 1600 (1929) auf 350 (1933) zurück. Vgl. https://de.wikipedia.org/wiki/Gebr._Sch%C3%B6ndorff; 28.3.2018. Da Anton Rosinke bis 1933 dort beschäftigt war (*Seit 09.05.1933 erwerbslos.* LAV NRW R, RW 0058, Nr. 72083, Bl. 74), scheint er als ein verlässlicher Arbeiter eingeschätzt worden zu sein.

113 https://www.anarchismus.at/texte-anarchosyndikalismus/anarchistinnen-gegen-hitler/7326-anarchosyndikalistischer-widerstand-aufzeichnungen-1; 28.3.2018.

114 Vgl. Gretel Rieber, In der Freiheit. Geschichte einer Siedlung, WDR Köln 1984.

115 Klan/Nelles (wie Anm. 3), S. 224–237.

116 Antonie Rosinke, die älteste Tochter, ... [organisierte] *die Exkursionen, Fahrten und Spiel- und Lernkreise der Düsseldorfer „Freien Kindergruppen": lange Wanderungen ins Neandertal, Gruppenspiele „ohne Sündenbock", botanische Erkundungen* ..., vgl. Klan, Binder (wie Anm. 2), S. 57.

117 „Proletarische Feier" zitiert nach: Klan/Nelles (wie Anm. 3), S. 341, in: Der Syndikalist 11, 1929, November. Hervorhebung durch den Verfasser

Dieser Realitätssinn, der auch die Fähigkeit zur Ambiguitätstoleranz[118] voraussetzt, zeigte sich in Diskussionen, wie 1922, als in der „Schöpfung" ein Beitrag die Bemerkung enthielt: *Die brutalen ökonomischen und sozialen Verhältnisse schlagen uns andauernd unsere Prinzipien um die Ohren. Wir haben zu wählen* und damit für Konzessionen und Kompromisse plädierte.[119]

Die FAUD von 1925 bis 1933

In den besseren konjunkturellen Zeiten von 1925 bis 1929 und nach der Weltwirtschaftskrise von 1929 bis 1933 veränderte die FAUD ihre Ziele weg von direkten revolutionären Veränderungen hin zu einerseits betrieblichen Agitation[120] und andererseits „einer Zusammenarbeit mit anderen gesellschaftlichen Gruppierungen (z. B. Freidenker, Freie Schulbewegung, antimilitaristische Vereinigungen)".[121] Doch weiterhin standen die FAUD-Mitglieder in den Betrieben unter großem Druck der Arbeitgeber und Gewerkschaften; 1930 wurde ihr die Tariffähigkeit wegen des klassenkämpferischen und revolutionären Charakters vom Reichsarbeitsgericht aberkannt.[122]

Anton Rosinkes Leben in gewerkschaftlicher, kultureller und privater Hinsicht von 1925 bis 1933

Am 16. und 17. November 1929 fand die zweite Halbjahreskonferenz der Provinzarbeiterbörse Rheinprovinz – als Vorläufer eines Elements selbst verwalteter Wirtschaft verstanden – in Krefeld mit Anton Rosinke als Schriftführer statt. Folgendes Zitat aus seinem Bericht gibt ein Verständnis von dem Verlauf der Konferenz und es zeigt den Ton, den er als produktiv für die gemeinsame Zusammenarbeit erachtete. *Ergänzend streifte K. T. die im Halbjahr getroffenen Gesamtkundgebungen – die internationale Kundgebung in Düsseldorf und zwei Antikriegskundgebungen in Köln und Duisburg-Beek; er bemängelte den ungenügenden Besuch, besonders der beiden letzten Kundgebungen. Mehr Kampffreudigkeit im Ideellen*

118 Ambiguitätstoleranz bedeutet Unsicherheits- oder Ungewissheitstoleranz; https://de.wikipedia.org/wiki/Ambiguit%C3%A4tstoleranz; 28.3.2018.

119 „Die Schöpfung" 1, 1921/22, Nr. 135, zitiert nach Bock (wie Anm. 87), S. 175.

120 „ ... Ausbildung eines fest strukturierten ‚Funktionärskörpers', mit theoretisch fundierten Kenntnissen in der politischen Ökonomie", Rübner, Freiheit (wie Anm. 88), S. 261.

121 Ebd.

122 Vgl. Helge Döhring, Anarcho-Syndikalismus in Deutschland 1933–1945, Stuttgart 2013, S. 20f.

und bessere Ablieferung der Beiträge wäre erwünscht. In scheinbarer Behaglichkeit und Ruhe existiert unsere Ortsgruppe Wirges im Westerwald. Ist es auch eine unserer entferntesten Gruppen, so müssten sich die dortigen Kameraden doch etwas aktiver beteiligen. Eine Verbindung mit den Kameraden der naheliegenden Gruppe Leuscheid würde das Leben beider Gruppen eminent fördern.[123] Anton Rosinke schlägt hier den Ton eines etwas väterlichen Genossen an, der sanft tadelt, ermahnt, ermuntert. Doch als jemand, der über Jahrzehnte Konferenzen, Sitzungen mitgemacht, schriftlich festgehalten oder geleitet hat, war er sicher „mit allen Wassern gewaschen" und konnte diplomatisch reden. Dies zeigt sich besonders bei der Wiedergabe des Konferenzpunktes, der Düsseldorf betraf: *Als Schmerzenskind der Organisation ist unsere Genossenschaftsdruckerei in Düsseldorf zu anzusehen. Sind doch noch ein großer Teil Verpflichtungen für gekaufte Maschinen abzutragen, die aus eigener Arbeit nicht getragen werden. Hier haben in dankenswerter Weise einzelne Ortsgruppen sowie auch die PAB. Zuwendungen machen müssen.*[124] Die Formulierung legt nahe, dass die Ortsgruppe Düsseldorf – und er selber – eine bestimmte Entscheidung herbeigeführt haben.

Die Wahl in die Beschwerdekommission der „Föderation Kommunistischer Anarchisten Deutschlands"[125] 1926 spricht dafür, dass er als Vertrauensperson eingeschätzt wurde.

In kultureller Hinsicht war Anton Rosinke auch zwischen 1925 und 1933 exponiert auf dem Terrain der Musik in seiner Bewegung. Sein jüngster Sohn wurde Musiker.[126] (Seine älteste Tochter Antonie arbeitete als Hutmacherin in einer Hutfabrik[127], ebenso wie die Zweitälteste.[128] Über die dritte Tochter ist das nicht bekannt. Der älteste Sohn wurde Schreiner.[129]) Sein Schwiegersohn war schon seit 1920 Mitglied der „Freien Sänger".[130]

Das Zusammenführen von meldeamtlichen Informationen über Ernst Binders Frau, Antonie Binder[131], und solche seiner Akte zur Haftstrafe wegen *Vorbereitung zum Hochverrat* zeigt Überraschendes: Zum einen wurde die Heirat für den 30. Mai 1925 festgestellt, zum anderen wird ersichtlich, dass Ernst

123 Der Syndikalist 49, 1929, Organisatorisches, Arbeiterbörsen, II. Halbjahreskonferenz der PAB. Rheinprovinz am 16. und 17.11.1929 in Krefeld, o. S.

124 Die Druckerei sollte für ganz Deutschland Druckaufträge erledigen. In der Zeit des Nationalsozialismus wurde sie eine Zeitlang zum Drucken illegaler Flugblätter benutzt (Vgl. https://www.anarchismus.at, Suchwort: „Druckerei").

125 *1926 wurden für die Geschäftsstelle der Reichs-FKAD von der „Union anarchistischer Vereine Berlins und Umgegend*; gewählt: … *in die Beschwerdekommission Anton Rosinke aus Düsseldorf-Eller, Sperberstraße 16*, in: Der freie Arbeiter, Nr. 5, 1926, o. S..

126 Laut mündlicher Information des Urenkels von Anton Rosinke.

127 Hutfabrik C. J. Debrüs in Düsseldorf, vgl. LAV NRW R, RW 0058, Nr. 43 302, Bl. 15.

128 LAV NRW R, RW 0058, Nr. 72 083, Bl. 48.

129 Vgl. Düsseldorfer Adressbücher der Fünfziger Jahre Friedrich-Engels-Str. 14.

130 Vgl. LAV NRW R, RW 0058, Nr. 43 302, Bl. 14.

131 Stadtarchiv Düsseldorf (wie Anm. 22).

Binder etwa vier Monate später eine zehnmonatige Haftstrafe wegen Privaturkundenfälschung zusammen mit Betrug absitzen musste.[132] Das eigentlich Überraschende ist jedoch, dass aus solch einer Krise eine gute, enge Beziehung auch zwischen Schwiegersohn und Schwiegervater noch erwachsen konnte. Da muss auch noch viel Wohlwollen aufgrund von großer Lebenserfahrung seitens Anton Rosinke eine Rolle gespielt haben. Ernst Binder war bis in die Gefangenschaft durch die Gestapo noch eine Stütze für Anton Rosinke, stand trotz Meinungsunterschieden loyal zu seinem Schwiegervater und verfasste ein wichtiges, einfühlsames Dokument über ihn und seine letzten Tage.[133]

Von 1933 bis 1937: Zwischen Widerstand, Anpassungsdruck des totalitaristischen Herrschaftssystems und Verfolgung

Für Anton Rosinke trifft zu, was die Gestapo in Mönchengladbach am 11. Januar – 16 Tage vor seiner Verhaftung – über seine verhörten Genossen schrieb: *Bei allen Beschuldigten handelt es sich um alte fanatische frühere Funktionäre, die fast sämtlich nach der Machtübernahme in Schutzhaft gesessen und bei der Entlassung erklärt haben, sich nicht mehr staatsfeindlich zu betätigen.*[134] Diese Personen, hierunter Heinrich Dortans – rührig in einer Fleischerei- und Hausbaugenossenschaft[135] und mit Heinrich Hillebrandt verantwortlich für die Flucht und Beschaffung von Medien für die Herstellung von Flugblättern via Venlo[136] – und Anton Rosinke kannten sich durch eine vieljährige Zusammenarbeit. Neben Kontakten zu den besonders tätigen Genossen in Dülken hatten sie Kontakt zu einer anarchistischen Gruppe in Aachen um Simon Wehren. Dieser war A. Rosinkes Anlaufstelle für Fluchthilfe, für den Erhalt eines Mitteilungsblatts aus Vaals, Holland und einer getarnten Broschüre aus Belgien.[137]

Auch Anton Rosinke war schon vor 1937 in Gestapohaft gekommen – nämlich 1934.[138] Noch konnte die Gestapo keinen Anhalt für die Bekräftigung von

132 Gefangenpersonalakte Ernst Binder: LAV NRW R, Gerichte Rep. 163, Nr. 97, 1938.

133 https://www.anarchismus.at/texte-anarchosyndikalismus/anarchistinnen-gegen-hitler/7326-anarchosyndikalistischer-widerstand-aufzeichnungen-1; 28.3.2018.

134 LAV NRW R, RW 0058, Nr. 31 696, Bl. 130.

135 Klan/Nelles (wie Anm. 3), S. 288–289.

136 Ebd., S. 171f.

137 Wie Anm. 124, Suchwort „Mitteilungsblatt“.

138 Im Januar 1934 wurden wir dann aber doch verhaftet, teils auf Betreiben der Spitzel Huppertz, teils durch das Verhängnis, daß noch ein Zivilprozeß gegen uns als Vertreter der „Freien Sängergemeinschaft Deutschland“ lief. – Ebd., Stichwort: „Januar 1934“.

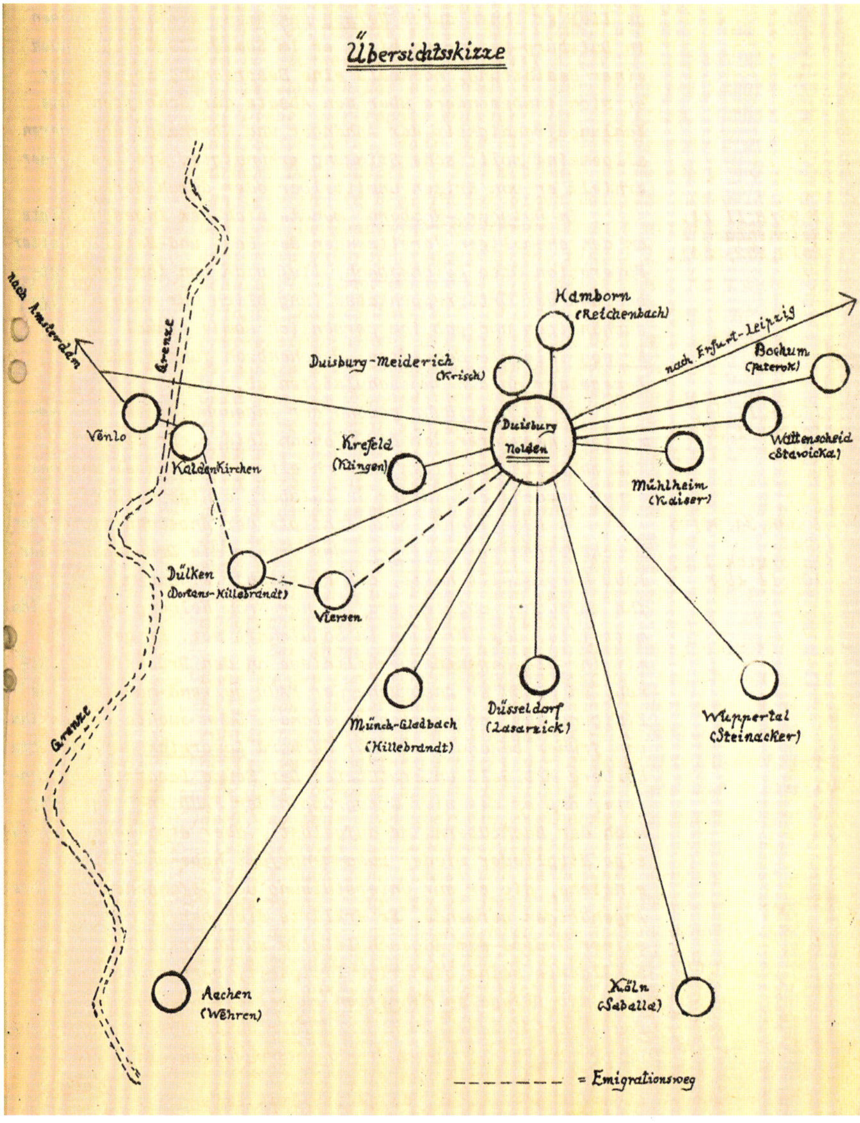

Übersichtsskizze der Widerstandsverbindungen der FAUD am Niederrhein und im Bergischen Land bis 1937 (LAV NRW R, RW 0058, Nr. 29 121, Bd. I, Bl. 142).

Verdachtspunkten finden. Ein Sparbuch erwies sich als das einer Tochter und nicht, wie verdächtigt, aus einer politischen Organisation.[139]

139 Vgl. LAV NRW R, RW 0058, Nr. 72083, Bl. 75/76.

Ein Umstand, nämlich jahrzehntelang gesammelte Gesangsliteratur zur Verbrennung der Gestapo anliefern zu müssen, war erniedrigend und verletzend: *Von den über zwei Zentnern revolutionärer Gesangsliteratur, die man in unserem Hause gefunden hatte, konnte ich glaubhaft machen, dass ich sie zur Verfügung des Gerichts gehalten hätte, da der laufende Zivilprozeß mit dem ehemaligen Verleger noch nicht entschieden war. Als besonderen Scherz mussten Anton und ich dieses Material zum Präsidium schaffen.*[140]

Anton Rosinke kam zum zweiten Mal in Gestapohaft, als er bei einer späteren Haussuchung „rebellierte". *Man nahm ihn kurzerhand mit und nun erlebte er acht Tage auf dem Präsidium, die er bei seiner Rückkehr mit folgenden Worten beschrieb: ‚Wenn die mich noch einmal holen, lassen sie mich lebendig nicht mehr heraus.' Wie entsetzlich wahr! Acht Tage unter schlimmstem Druck, nächtliche Vernehmungen, bei denen dieser starke Mann Schlägen und schlimmsten Erniedrigungen wehrlos ausgesetzt war, ließen ihn ahnen, dass er das nicht ein weiteres Mal ertragen würde.*[141]

Bei der dritten Inhaftierung, am 27. Januar 1937, waren die Ermittlungen aus Mönchengladbach der Anlass[142], den dauernden Verdacht nun durch ein Geständnis unter Folter zu bestätigen. Wie bereits zu Anfang dieses Beitrags erwähnt, gab es einen Augen- und Ohrenzeugen für seinen schlimmen Zustand in der Haft: … [er] *schleppte sich* […] *mühsam und stöhnend, gestützt von dem offen Mitleid empfindenden Polizisten, die Treppe hinunter.*[143]

Schlusswort

Anton Rosinkes Tochter, Antonie Binder, machte schon vor 30 Jahren durch Erzählungen von ihrem Vater und seiner Gemeinschaft das Erinnern möglich. Das Buch „Es lebt noch eine Flamme" gab nicht nur ihr, sondern den damals noch Lebenden aus der syndikalistischen-anarchistischen Jugend eine Chance, dass ihre Erinnerungen nicht verschwanden. (Antonie Rosinke und eine andere Person gaben dazu noch einen Druckkostenzuschuss.) Versteht man dies als späte Form von Bewältigungsbemühungen – in dem Sinne, nicht mehr das „Unrecht in die Welt hinauszuschreien", sondern Worte und Erklärungen dazu zu finden, – so war damit erst einmal etwas Unverzichtbares passiert.

140 Wie Anm. 124, Suchwort: „Gesangsliteratur". Im Rahmen der Recherchen zu diesem Aufsatz wurde eine Rekonstruktion vieler Werke des Komponisten Peter Heinrich Ortmann aufgefunden. Die Rekonstruktionen bewerkstelligte er aus dem Gedächtnis, laut Vorwort von 1945 bis 1948.

141 Wie Anm. 124, Suchwort: „nächtliche Vernehmungen".

142 Vgl. bspw. LAV NRW R, RW 0058, Nr. 17798, Abb. 28.

143 Düx, Nazi-Morde (wie Anm. 7), S. 27.

Die Hoffnung besteht, dass das vor über 30 Jahren Gesagte und Aufgeschriebene nun auch gehört und gelesen wird. Die Grundlage dafür, eine gewisse Publizität von Anton Rosinkes Leben, ist im diesem Jahr gelegt worden: durch die Setzung eines Stolpersteins am 7. Juli 2017, zwei Zeitungsartikel, zwei kleine Gedenkveranstaltungen und eine größere Gedenkveranstaltung bei der Mahn- und Gedenkstätte Düsseldorf, die am 2. November 2017 stattfand.

Zur Gründungsgeschichte des Kaiser-Wilhelm-Institutes für Eisenforschung

Mit drei Abbildungen

Von Manfred R a s c h

1917 wurde das heutige Max-Planck-Institut für Eisenforschung als zweites Institut der 1911 gegründeten Kaiser-Wilhelm-Gesellschaft zur Förderung der Wissenschaften außerhalb Berlins errichtet. Die anderen Institute waren alle in Berlin-Dahlem angesiedelt, wo ein deutsches Oxford entstehen sollte. Die Gründung des Instituts hat eine lange und verwickelte Vorgeschichte, die bisher nicht ausführlich dargestellt wurde.[1]

1 Bisher erschienen an Arbeiten von Historikern über die Gründung des Eisenforschungsinstituts: Lothar Burchardt, Die Kaiser-Wilhelm-Gesellschaft im Ersten Weltkrieg (1914–1918), in: Rudolf Vierhaus/Bernhard vom Brocke (Hrsg.), Forschung im Spannungsfeld von Politik und Gesellschaft. Geschichte und Struktur der Kaiser-Wilhelm-/Max-Planck-Gesellschaft, Stuttgart 1990, S. 163–196; Ulrich Marsch, Zwischen Wissenschaft und Wirtschaft. Industrieforschung in Deutschland und Großbritannien 1880–1936, Paderborn u. a. 2000, S. 339–371; Sören Flachowsky, „Alle Arbeit des Instituts dient mit leidenschaftlicher Hingabe der deutschen Rüstung." Das Kaiser-Wilhelm-Institut für Eisenforschung als interinstitutionelle Schnittstelle kriegsrelevanter Wissensproduktion 1917–1945, in: Burghard Ciesla/Rüdiger Hachtmann u. a. (Hrsg.), Gemeinschaftsforschung, Bevollmächtigte und der Wissenstransfer. Die Rolle der Kaiser-Wilhelm-Gesellschaft im System kriegsrelevanter Forschung des Nationalsozialismus, Göttingen 2007, S. 153–214; ders., Von der Wagenburg der Autarkie zu transnationaler Zusammenarbeit. Der Verein Deutscher Eisenhüttenleute und das KWI/MPI für Eisenforschung 1917–2009, in: Helmut Maier/Andreas Zilt/Manfred Rasch (Hrsg.), 150 Jahre Stahlinstitut VDEh 1860–2010, Essen 2010, S. 671–708, hier S. 671–676; Manfred Rasch, 100 Jahre Max-Planck-Institut für Eisenforschung in Düsseldorf. Zur Gründungsgeschichte des Kaiser-Wilhelm-Instituts für Eisenforschung, in: stahl und eisen 137, 2017, S. 188–192.

Vorgeschichte

Die Stahlindustrie verdankte dem Vereinigten Königreich zahlreiche technische Innovationen, so im 18. Jahrhundert die von Benjamin Huntsman (Tiegelstahl) und Henry Cort (Puddelstahlherstellung), sowie im 19. Jahrhundert das von Henry Bessemer und Gilchrist Thomas entwickelte industrielle Blasstahlverfahren für unterschiedliche Roheisensorten mit und ohne Phosphor als Begleitelement. Dies waren die Ergebnisse empirischer Versuche von Tüftlern und Praktikern, nicht der akademischer Forschung. In Deutschland gab es zur gleichen Zeit zwar schon Bergakademien und Polytechnische Schulen, die sich auch mit den Grundlagen des Eisenhüttenwesens beschäftigten[2], aber auch auf den deutschen Hüttenwerken herrschte noch der Glaube an die Empirie vor. So schrieb Joseph Schlink (1831–1893), technisches Vorstandsmitglied der Friedrich Wilhelms-Hütte in Mülheim/Ruhr, Vorstandsmitglied des 1860 gegründeten Vereins deutscher Eisenhüttenleute (VdEh)[3] und einer der eifrigen Beiträger der seit 1881 erscheinenden Fachzeitschrift Stahl und Eisen in ihrem ersten Jahrgang: *Die Frage: Ist das Studium auf einer technischen Hochschule für Maschinen- und Hüttentechniker unbedingt nothwendig? beantworte ich mit einem offenen Nein,* [..] *Der Verfasser verkennt keineswegs die Lichtseiten eines ausgedehnten akademischen Studiums, leugnet aber die unbedingte Nothwendigkeit desselben.*[4] Dagegen hatte schon 1862 der Mitbegründer des VdEh Eduard Elbers (1830–1903), Mitinhaber eines Puddel- und Walzwerks bei Hagen, angeregt, eine vereinseigene hüttenmännische Versuchsstation zu errichten ... *mit der Hauptaufgabe, dem gesamten Eisenhüttenprozeß bis zur Erzeugung des Schmiedeeisens und Stahls auf wissenschaftlichem Wege näherzutreten.*[5]

Auf den deutschen Hochofen- und Stahlwerken gab es zwar schon Laboratorien, eines der ersten war 1807/1808 für die Kokshochöfen der Königshütte in

2 Seit 1863 hatte die Bergakademie Berlin einen Lehrstuhl für Eisenhüttenkunde; 1872 erhielt die spätere RWTH Aachen einen Lehrstuhl für Allgemeine Hüttenkunde, siehe Gertrud Milkereit, Zum Verhältnis zwischen Forschung und Praxis im westdeutschen Eisenhüttenwesen zwischen 1870 und 1910 am Beispiel des Lehrstuhls für Allgemeine Hüttenkunde an der Technischen Hochschule Aachen und seine Beziehungen zum Verein Deutscher Eisenhüttenleute, in: Technikgeschichte 44, 1977, S. 293–301; Stefan Krebs, Technikwissenschaft als soziale Praxis. Über Macht und Autonomie der Aachener Eisenhüttenkunde 1870–1914, Stuttgart 2009, S. 60–65.

3 Erst seit den 1940er Jahren schreibt sich der Verein mit großem D für „Deutscher".

4 Stahl und Eisen 1, 1881, S. 86, 88; zu Joseph Schlink siehe Ralf Stremmel, Joseph Schlink (1831–1893), in: Wolfhard Weber (Hrsg.), Ingenieure im Ruhrgebiet (Rheinisch-Westfälische Wirtschaftsbiographien 17), Münster 1999, S. 26–56.

5 Zitiert nach Helmut Maier, Ingenieure, Eisenhüttenleute und der Technische Verein für Eisenhüttenwesen 1860–1880, in: 150 Jahre Stahlinstitut (wie Anm. 1), S. 21–42, hier S. 32; zu Eduard Elbers siehe Walther Däbritz/Herbert Dickmann, 75 Jahre Verein Deutscher Eisenhüttenleute 1860–1935, in: Stahl und Eisen 55, 1935, S. 1297.

Oberschlesien errichtet worden, doch diese dienten ausschließlich zur Kontrolle der eingesetzten Rohstoffe, nicht aber zur Steuerung des Produktionsprozesses; dafür war die Analytik noch zu zeitintensiv. Metallurgische Forschung wurde in den Betriebslaboratorien nicht systematisch betrieben. Die eigentliche Gründungswelle für Laboratorien setzte in der rheinisch-westfälischen Eisen- und Stahlindustrie erst nach der Mitte des 19. Jahrhunderts ein, als immer mehr Hochofenwerke ihr Roheisen mit Koks erschmolzen, sowie mit dem Übergang vom handwerklichen zum industriellen Frischprozess (vom Puddeln zum Bessemer- bzw. Thomas-Verfahren) und den dabei auftretenden Problemen.[6] Die Zeit war jedoch noch nicht reif für eine Einrichtung zur Gemeinschaftsforschung durch den VdEh. In der Regel waren die Vereinsmitglieder (unter 100 an der Zahl) Eigentümer von Hüttenwerken oder Maschinenbauanstalten oder aber Werksleiter bzw. Vorstandsmitglieder, die das Hüttenwesen noch für ein Handwerk hielten. Die meisten Hüttenbesitzer und Werksleiter wollten ihre eisenhüttenmännischen Kenntnisse im Konkurrenzkampf untereinander als Wettbewerbsvorteil für sich behalten. Die Anzahl der weitsichtigen Empiriker war noch zu gering, zudem hatten noch die wenigsten Vereinsmitglieder schon ein Polytechnikum besucht, wussten den Nutzen wissenschaftlicher Arbeit zu schätzen.

Da die angewandten chemischen Analysen keine Auskunft über die geforderten mechanischen Eigenschaften geben konnten, mussten vermehrt auch physikalische Untersuchungsmethoden herangezogen werden. Alfred Krupp (1812–1887) erwarb 1862 auf der Weltausstellung in London für sein Essener Unternehmen eine Zerreißmaschine zur Qualitätskontrolle. Bis dahin gehörte die Bruchprobe, also das okulare Erfahrungswissen, neben der chemischen Analyse zu den wichtigsten Prüfverfahren des Eisens. In der 1889 erstmals vom VdEh herausgegebenen *Gemeinfaßlichen Darstellung des Eisenhüttenwesens* wurde ihr selbst noch im Jahr 1896 eine maßgebliche Rolle zugebilligt: *Die Prüfung des Roheisens ist ziemlich einfach. Vielfach begnügt man sich mit der Beurteilung des frischen Bruches, dessen Aussehen ja allerdings schon manchen Schluß auf die Zusammensetzung zuläßt.* Aber weiter hieß es doch auch: *Doch täuscht man sich beim Verlaß auf diese rein äußerlichen Kennzeichen leicht, da nicht die Zusammensetzung allein das Gefüge beeinflusst. Der richtigste Weg bleibt immer die Anstellung einer chemischen Analyse.*[7]

6 Siehe Manfred Rasch, Erfahrung, Forschung und Entwicklung in der (west-)deutschen Eisen- und Stahlerzeugung. Versuch einer Begriffserklärung und Periodisierung der letzten 200 Jahre, in: Ferrum – Nachrichten aus der Eisenbibliothek, Stiftung der Georg Fischer AG Schaffhausen 68, 1996, S. 4–29.

7 Verein deutscher Eisenhüttenleute (Hrsg.), Gemeinfaßliche Darstellung des Eisenhüttenwesens, Düsseldorf [3][1896], S. 61.

Abnahmevorschriften und Lieferbedingungen aufgrund physikalischer Versuche legten die im VdEh zusammengeschlossenen Fachleute nicht in eigener Regie gemeinschaftlich fest, um die Abnahmebedingungen der Kunden, insbesondere der Eisenbahngesellschaften, zu beeinflussen, diese Möglichkeit erscheint nicht erkannt worden zu sein, vielmehr wurden die staatlichen Materialprüfungsämter als vermeintlich neutrale Institution mit diesen Aufgaben betraut.[8] Diese und die 1887 gegründete Physikalisch-Technische Reichsanstalt leisteten relevante Forschungsarbeit für die Eisen- und Stahlindustrie, so untersuchte letztere u. a. die elektromagnetischen Eigenschaften des Eisens und seiner Legierungen, ein nicht nur für die junge Elektroindustrie wichtiges Thema.[9] Die einzelnen Bundesstaaten bauten spezielle Einrichtungen an ihren Technischen Hochschulen und Bergakademien aus, zum Teil unterstützt von Schwerindustrie und VdEh. Am 1. Dezember 1874 eröffnete der Sächsische Staat das Eisenhütteninstitut der Bergakademie Freiberg/Sachsen.

Anfang der 1880er Jahre waren zahlreiche analytische Methoden für den hüttenmännischen Prozess ausgearbeitet, doch die Vergleichbarkeit der Daten war nicht gewährleistet, da jedes Laboratorium nach eigenen Regeln Proben nahm und analysierte. Eine Standardisierung und Normierung wurde notwendig. Anstoß bzw. Anlass zu entsprechenden Bemühungen gaben vermutlich die 1883 in der Alkaliindustrie erzielte Einigung über Untersuchungsmethoden für Rohstoffe und Produkte sowie die Einführung des Thomas- bzw. Siemens-Martin-Verfahrens in der Stahlindustrie und die dabei auftretenden Qualitätsprobleme. Die Initiative ging vom Verein analytischer Chemiker aus, der zusammen mit dem VdEh eine gemeinsame Kommission bilden wollte, um die wichtige Mangananalyse im Eisen zu standardisieren. Das Vorhaben scheiterte jedoch schon 1884 mit dem unerwarteten Tod des Kommissionsvorsitzenden. Dem VdEh gelang es im 19. Jahrhundert noch nicht, die notwendige technisch-wissenschaftliche Arbeit als Gemeinschaftsprojekt zu verstetigen.[10]

1888 unternahmen einige Chefchemiker großer rheinisch-westfälischer Hüttenwerke einen regional begrenzten Versuch, die Bestimmung von Schwefel und Mangan im Roheisen sowie der Phosphorsäure in der Thomasschlacke,

8 Zu den Lieferbedingungen ausführlich Milos Vec, Zerreißproben in der Massenfabrikation. Selbstregulierende Normierung von Eisen- und Stahlprodukten durch den Verein Deutscher Eisenhüttenleute 1860–1914, in: Maier/Zilt/Rasch, 150 Jahre (wie Anm. 1), S. 823–850.

9 David Cahan, Meister der Messung. Die Physikalisch-Technische Reichsanstalt im Deutschen Kaiserreich, Weinheim u. a. 1992. Elektromagnetische Arbeiten erwähnt im Schreiben Ehrensberger an Gustav Krupp von Bohlen und Halbach vom 18.10.1912, in: Historisches Archiv Krupp (HAK) FAH IV E 256, S. 51–55.

10 Dieses und das Vorgehende nach Rasch, Erfahrung (wie Anm. 6).

die als Düngemittel verkauft wurde, zu standardisieren.[11] Sie scheiterten ebenfalls. Vermutlich spielten Konkurrenzängste noch immer eine nicht unerhebliche Rolle. 1895 stellten dann die Hochschullehrer Prof. Hermann Wedding (1834–1908), Berlin, und Hans Freiherr Jüptner von Jonstorff (1853–1941), damals noch Chemiker bei der Österreichischen-Alpinen Montangesellschaft, Donawitz, beim V. Internationalen Kongress zur Vereinbarung einheitlicher Prüfungsmethoden für Bau- und Konstruktionsmaterialien in Zürich den Antrag, einheitliche Analysenmethoden für Eisen und Stahl zu vereinbaren, ebenfalls ohne Erfolg.[12] Erst ein 1907 wiederum im rheinisch-westfälischen Industriegebiet unternommener Versuch hatte Erfolg. Das Ruhrgebiet war mittlerweile seit mindestens zwei Jahrzehnten Deutschlands wichtigstes Montanrevier mit den meisten und produktivsten Hochöfen und Stahlwerken. In regelmäßigen Abständen trafen sich die dortigen Laboratoriumsleiter, um einschlägige technische und wissenschaftliche Fragen zu besprechen. Mit Unterstützung des VdEh wurden diese Treffen 1911 für Teilnehmer aus dem gesamten Deutschen Reich geöffnet und der Chemikerausschuss beim VdEh gegründet. Vorsitzender war der Leiter des chemischen Laboratoriums der Firma Fried. Krupp AG, Dr. Ehrenfried Corleis (1855–1919). Damals besaßen mindestens 74 deutsche Hüttenwerke ein größeres chemisches Laboratorium.[13] Schon 1907 hatte der VdEh eine Hochofenkommission eingerichtet und im gleichen Jahr mit dem Verein deutscher Ingenieure eine Kraftbedarfskommission gebildet, um den Energieverbrauch der Walzwerke zu ermitteln. Mit Geduld und taktischem Geschick erreichte Wilhelm Wollenweber (1877–1952), Betriebsdirektor der Kokereien und chemischen Fabriken der Steinkohlengewerkschaft ver. Constantin der Große, Bochum, zusammen mit dem VdEh-Geschäftsführer Emil Schrödter[14] (1855–1928) 1912 die Errichtung der Kokereikommission, um den Kokereichemikern und Ingenieuren aus Bergbau und Stahlindustrie ein

11 Bericht über die bisherigen Arbeiten der vom Verein deutscher Eisenhüttenleute eingesetzten Commission zur Einführung einheitlicher Untersuchungsmethoden, in: Stahl und Eisen 11, 1891, S. 373–375; Chemiker-Zeitung 1883, S. 784.

12 Hans Freiherr Jüptner von Jonstorff, Fortschritt im Eisenhütten-Laboratorium in den letzten 10 Jahren, Bd. 2, Leipzig 1896, S. III.

13 Ehrenfried Corleis, Bericht über die letzten Arbeiten der Chemikerkommission [Verein deutscher Eisenhüttenleute. Chemikerkommission Bericht 1], [Düsseldorf] 1911; Dieter Sommer u. a., Die analytische Chemie in der Stahlindustrie, in: Stahl und Eisen 130, 2010, Heft 10, S. 30–42; ders., 100 Jahre Chemikerausschuss im Stahlinstitut VDEh, in: Handbuch für das Eisenhüttenlaboratorium. Sonderband zum 100-jährigen Bestehen des Chemikerauschusses. Analytische Chemie – Dienstleistung für den Werkstoff Stahl, Düsseldorf 2011, S. 7–47, hier S. 12–19.

14 Nachruf in: Stahl und Eisen 48, 1928, S. 1633–1636; Dietmar Bleidick, Emil Schrödter und Otto Petersen. Zwei starke Geschäftsführer, in: Maier/Zilt/Rasch, 150 Jahre (wie Anm. 1), hier S. 71–80.

Abb. 1: Friedrich Springorum (1858–1938), erster Kuratoriumsvorsitzender, o. D. (Stahlinstitut VDEh, Düsseldorf).

schungsgelder erhielt[26], regte im September 1915 erneut die Gründung eines Eisenforschungsinstituts unabhängig von den Technischen Hochschulen an.[27] Obwohl bis März 1917 innerhalb des VdEh über Anbindung und Aufgaben eines solchen Instituts keine Einigkeit bestand, sprach der VdEh-Vorsitzende Friedrich Springorum (1858–1938), selbst Eisenhüttenmann mit Forschungsinteressen, zudem Vorstandsvorsitzender der Eisen- und Stahlwerk Hoesch AG, das Thema auf der Hauptversammlung am 4. März 1917 an.[28] Vermutlich hatte er sich dabei schon mit seinem zukünftigen Nachfolger Albert Vögler (1877–1945) als Vereinsvorsitzenden abgestimmt. Springorums Rücktritt erfolgte offiziell erst einige Monate später. Vögler, selbst nicht Eisenhüttenmann, sondern Maschinenbauer, glaubte nicht an baldige wissenschaftlich-chemische Fortschritte und war daher zunächst kein Befürworter des Projekts.[29] Zwischenzeitlich hatte das Projekt Eisenforschungsinstitut einen zusätzlichen Impuls erhalten durch die Errichtung der Kaiser Wilhelm Stiftung für kriegstechnische Wissenschaft (KWKW) im Herbst 1916, die entstanden war aus einer Initiative des Chemikers und Direktors des Kaiser-Wilhelm-Instituts für physikalische Chemie und Elektrochemie Fritz Haber (1868–1934) und dem Mäzen und Industriellen Leopold Koppel (1854–1933).

26 Vgl. Schreiben Schrödter an den VdEh-Vorstand vom 14.2.1914, in: Stiftung zur Industriegeschichte Thyssen (im Folgenden: SIT) FWH/1570.

27 Schreiben Simmersbach an Springorum oder Schrödter (?) vom 15.9.1915 (Hektografie), in: SIT FWH/1571.

28 Stahl und Eisen 37, 1917, S. 250.

29 Manfred Rasch, Albert Vögler, die Industrie und die Wissenschaften. Annäherung an ein Thema, in: Ulrich S. Soénius (Hrsg.), Bewegen – Verbinden – Gestalten. Unternehmer vom 17. bis zum 20. Jahrhundert. Festschrift für Klara van Eyll zum 28. September 2003, Köln 2003, S. 313–333.

Ihr lag der Gedanke zugrunde, Militär und Wissenschaft in engeren Kontakt zu bringen, um das Wissen und die Fähigkeiten der Wissenschaftler für die materiell und personell unterlegene deutsche Kriegsführung verstärkt zu nutzen.[30] Unter Mitwirkung der Königlich Preußischen Akademie in Berlin waren sechs Fachausschüsse gebildet worden, drei naturwissenschaftliche und drei technische. Bei den technischen Fachausschüssen hatte die Akademie bei zweien die Leitung nicht mit eigenen Akademiemitgliedern besetzen können. Dies waren der Ausschuss für maschinelle und verkehrstechnische Hilfsmittel der Kriegsführung (Alois Riedler) und derjenige für Metallgewinnung und Metallbearbeitung (Fritz Wüst). Die Akademiemitglieder Fritz Haber, Walther Nernst und Emil Fischer, selbst Leiter von Fachausschüssen der KWKW, hatten den Aachener Hochschullehrer Fritz Wüst ohne Rücksprache mit der Akademie für die Leitung auserkoren[31], zumal er in Aachen schon einen Kreis kompetenter Kollegen besaß, die er in den Ausschuss berufen sollte. Da die Stahl- und Metallindustrie für die Kriegsführung der Mittelmächte von eminenter Bedeutung war, fielen in dieser Branche die kriegsbedingten Defizite hinsichtlich Qualitätssicherung und Rohstoffversorgung und ihre baldige Abstellung besonders auf.[32]

Wollte der VdEh die Gründung eines Eisenforschungsinstituts zeitnah realisieren und zudem Einfluss auf die Institutsarbeit gewinnen, so war der scheidende Vereinsvorsitzende der bessere Förderer als der amtierende, nicht nur, dass er zukünftig dem Projekt mehr Zeit widmen konnte, sondern er brachte auch die fachliche Qualifikation als studierter Eisenhüttenmann mit. Als erster studierter Eisenhüttenmann war er 1905 an die Spitze des VdEh gewählt worden und hatte in den folgenden Jahren der Eisenhüttenkunde ein größeres wissenschaftliches Gewicht sowohl im Verein als auch im eigenen Unternehmen gegeben.[33]

30 Manfred Rasch, Wissenschaft und Militär: Die Kaiser Wilhelm Stiftung für kriegstechnische Wissenschaft, in: Militärgeschichtliche Mitteilungen 44, 1991, S. 73–120.

31 Im Schreiben der Akademie an Schmidt-Ott vom 21.12.1916 wurde Fritz Wüst als Leiter der Fachgruppe Metalle benannt (Original in: Geheimes Staatsarchiv Preußischer Kulturbesitz, Rep. 76 Vc, Sekt. 1, Tit. 8, Abtl. 8, Stiftungssachen 17, Bd. 1, S. 45). Aus einem Brief von Emil Fischer an Wilhelm Waldeyer vom 20.12.1916 (Berlin-Brandenburgische Akademie der Wissenschaften, Archivsignatur der Akademie der Wissenschaften der DDR – Zentrales Archiv, II – XI – 159, Bl. 22) ist bekannt, wie es zum Akademievorschlag Fritz Wüsts kam: Nernst, Haber und Emil Fischer waren intern übereingekommen und hatten ihn ohne Diskussion in der Gesamtakademie vorgeschlagen.

32 VdEh (Hrsg.), Aus den Kriegsaufgaben des Vereins deutscher Eisenhüttenleute im Jahre 1917, Druckschrift, streng vertraulich, in: SIT FWH/1579.

33 Fritz Springorum, Experimentelle Untersuchungen des Hoesch-Verfahrens, in: Stahl und Eisen 30, 1910, S. 396–411; Walther Bertram, Friedrich Springorum, in: Rheinisch-Westfälische Wirtschaftsbiographien 5, 1953, S. 122–146, hier S. 133f.; Stahl und Eisen 31,

Neue Laborbauten in der Stahlindustrie zu Forschungszwecken

Jahr	Firma	Leitung
1904	Rheinische Stahlwerke errichten in [Duisburg-] Meiderich ein neues Laboratorium nach dem Vorbild des chemischen Laboratoriums von Prof. Ernst Beckmann, Universität Leipzig	Hugo Kinder
1907	Henschel & Sohn, Abteilung Henrichshütte gründet eine Versuchsanstalt in Hattingen	Dr. August Stadeler
1909	Zentralisation von chemischen Laboratorien und chemisch-physikalischer Versuchsanstalt der Fried. Krupp AG in einem großzügigen Neubau (11.000 qm) in Essen	Dr. Benno Strauß
1912–1913	Deutsch-Luxemburgische Bergwerks- und Hütten-AG, Werk Dortmunder Union nimmt neue Versuchsanstalt in Betrieb	Carl Waldeck

Vögler unterstützte Springorum bei seinen Bemühungen um das KWI für Eisenforschung, überließ diesem bis 1935 den Vorsitz im Kuratorium des Instituts, dem er aber satzungsgemäß als Vertreter des VdEh ebenfalls seit Gründung angehören sollte.[34]

Berufung Fritz Wüsts zum ersten Institutsdirektor

Noch 1917 erfolgte recht schnell die Zustimmung des VdEh-Vorstands zur Errichtung eines Eisenforschungsinstituts. Er wollte das Institut nicht dem Einfluss der Kaiser-Wilhelm-Gesellschaft zur Förderung der Wissenschaften (KWG) oder gar des preußischen Kultusministeriums überlassen, das im April/Mai schon über die Einbindung der Metallindustrie in das neue Institut nachdachte, zumal die Metallgesellschaft unter Richard Merton dafür eine Million Mark spenden wollte[35], und das im April 1917 Fritz Wüst mit einem Gutachten

1911, S. 1611, 1651 wegen Förderung des eisenhüttenmännischen Hochschulbetriebs und der Eisenhüttentechnik, d. h. des „Hoesch-Prozesses“; ebd. 40, 1920, S. 1494; Karl-Peter Ellerbrock, „Generationswechsel“. Friedrich Springorum und die Modernisierung des Vereins Deutscher Eisenhüttenleute im Kaiserreich 1905–1917, in: Maier/Zilt/Rasch, 150 Jahre (wie Anm. 1), S. 43–69.

34 Nach Springorums Rücktritt vom Kuratoriumsvorsitz und nach seinem eigenen Rücktritt als VdEh-Vorsitzender 1936 war Vögler Vorsitzender des Kuratoriums bis zu seinem Tod 1945. Tätigkeitsbericht des KWI für Eisenforschung 1936, S. 13, in: SIT FWH/1595.

35 Ulrich Marsch, Zwischen Wissenschaft und Wirtschaft. Industrieforschung in Deutschland und Großbritannien 1880–1936, Paderborn u. a. 2000, S. 339–371, hier S. 344.

Über die Entwicklung, den Stand metallurgischer Erkenntnisse in Deutschland und Mittel zu deren Förderung beauftragt hatte. Diese Denkschrift vollendete Wüst am 12. März 1917.[36] Offiziell stimmte der VdEh erst 1918 der Gründung innerhalb der KWG zu, während Senat und Verwaltungsausschuss der KWG schon im Mai 1917 der Gründung eines Eisenforschungsinstituts durch den VdEh und einem Anschluss an die KWG zugestimmt hatten.[37] Offensichtlich gab es – heute quellenmäßig nicht mehr belegbare – Bedenken gegen die Errichtung des Instituts, denn der neue Geschäftsführer des VdEh, Otto Petersen, sah sich im Juni 1917 genötigt, eine 45 Druckseiten umfassende vertrauliche *Denkschrift zur Errichtung eines Instituts für Eisenforschung* vorzulegen, in der er zunächst die historische Entwicklung über Wissenschaft und Stahlforschung vor allem in Deutschlands Feindstaaten unter besonderer Berücksichtigung der jüngsten kriegsbedingten Entwicklungen darlegte, bevor er auf die Errichtung des Eisenforschungsinstituts und den zukünftigen Standort einging. Interessanterweise wies er auch auf die Bedeutung des Instituts und seiner Forschungen in einem zukünftigen Wirtschaftswettbewerb hin.[38] Eine Aussprache hierüber fand am 19. Juni 1917 beim Stahlwerksverband in Düsseldorf statt, in dessen Nachgang die Denkschrift versandt wurde. Der Vorstand des VdEh wählte auf Vorschlag von Paul Reusch (1868–1956), Vorstandsvorsitzender der Gutehoffnungshütte Aktienverein für Bergbau und Hüttenbetrieb, der schon 1917 für *eine rein wissenschaftliche Anstalt und seine vollkommene Unabhängigkeit* eingetreten war[39], den Aachener Professor für Eisenhüttenkunde Fritz Wüst (1860–1938)[40] zum Direktor. Wüst entsprach nicht dem später so formulierten Harnack-Prinzip der KWG, demzufolge nur junge Forscher zur Entwicklung eines neuen Forschungsgebiets als Institutsdirektor berufen werden sollten.[41] Schon mit der Berufung Ernst Beckmanns (1853–1923) 1912 zum Direktor des KWI für Chemie und Fritz Hofmanns (1866–1956) 1918 zum Direktor des Schlesischen Kohlenforschungsinstituts der KWG war von dieser Regel abgewichen worden. Für den VdEh war Fritz Wüst lange Zeit persona non grata gewesen, da er als Aachener Hochschullehrer mit seinem Kollegen eine eigene Fachzeitschrift in

36 Vgl. Protokoll der VdEh-Vorstandssitzung am 3.4.1917, in: SIT FWH/1571; vgl. Helmut Maier, Forschung als Waffe. Rüstungsforschung in der Kaiser-Wilhelm-Gesellschaft und das Kaiser-Wilhelm-Institut für Metallforschung 1900–1945/48, Bd. 1, Göttingen 2007, S. 158–163.

37 Marsch, Wissenschaft (wie Anm. 35), hier S. 344.

38 Ebd.

39 Vgl. Protokoll der VdEh-Vorstandssitzung am 3.4.1917, in: SIT FWH/1571.

40 Nachruf in: Stahl und Eisen 58, 1938, S. 449f.

41 Siehe Bernhard vom Brocke/Hubert Laitko (Hrsg.), Die Kaiser-Wilhelm-/Max-Planck-Gesellschaft und ihre Institute. Studien zu ihrer Geschichte, Bd. 1 (Das Harnack-Prinzip), Berlin 1996.

Abb. 3: Fritz Wüst (1860–1938) zum 65. Geburtstag (Stahlinstitut VDEh, Düsseldorf).

Konkurrenz zur Vereinszeitschrift Stahl und Eisen herausgab. Außerdem hatte er sich 1909 in einer öffentlichen Rede zum Kaisergeburtstag über *Die Entwicklung der deutschen Eisenindustrie in den letzten Jahren*, die gedruckt verbreitet worden war, kritisch über die zukünftigen Möglichkeiten des Thomas-Verfahrens geäußert, was zu erheblichem Wirbel bei den zahlreichen deutschen Thomasstahlwerken geführt hatte und nur durch eine schriftliche Klarstellung durch Wüst in seiner eigenen Zeitschrift Metallurgie entschärft worden war.[42] Jedoch war es im Vorfeld der Eröffnung des neuen Instituts für Eisenhüttenkunde 1910 in Aachen zu einer Verständigung gekommen. Dem VdEh-Vorstand stellte sich der Hochschullehrer am 23. Januar 1918 vor. Wüst wollte als Institutsdirektor nicht nur die chemisch-technischen Probleme des Eisenhüttenwesens und den Stahlbau behandeln, sondern auch branchenbezogene, weltweite Wirtschaftsstatistik und Fachbibliographie mit Patentschau betreiben und seinem Institut ein Museum mit historischer Abteilung angliedern. Die Industrie wünschte hingegen zusätzlich den Korrosionsschutz behandelt.[43] Obwohl Hochschullehrer, gegen deren Mitarbeit in den vereinseigenen Kommissionen die Eisen- und Stahlindustrie seit Jahren Bedenken erhoben hatte, berief der VdEh auf Vorschlag Vöglers Wüst umgehend in den Vereinsvorstand.[44] Alternative Kandidaten wurden im Sitzungsprotokoll nicht diskutiert. Wüst nahm das Amt an, war es doch mit einem deutlich üppigeren Salär ausgestattet als seine Hochschulprofessur, auch bei Berücksichtigung der Vorlesungsgelder. Wüsts neues Gehalt (40.000 Mark) lag – durch die kriegsbedingte Inflation – doppelt so hoch wie das Anfangsgehalt der anderen KWI-Direktoren. Mit der deutlichen Gehaltssteigerung verbunden war der Verzicht auf die Anmeldung von Patenten auf eigenem Namen, aber auch die Abgabe von 50 Prozent der Nettoeinnahmen aus Patenten sowie der Verzicht auf Einnahmen aus Vorträgen und Gutachten. Die Industrie

42 Vorgang in: HAK WA 4/1520.

43 Protokoll der VdEh-Vorstandssitzung am 23.1.1918, in: SIT FWH/1571.

44 Rundbrief an den VdEh-Vorstand vom 9.3.1918: ebd.

als maßgeblicher Finanzier der einzelnen Kaiser-Wilhelm-Institute und der Kaiser-Wilhelm-Gesellschaft selbst hatte diese Gewinnbeteiligung schon bei den ersten 1912 in Berlin-Dahlem eröffneten Instituten durchgesetzt. Neu war im Vertrag mit Fritz Wüst dessen Verzicht auf Vorträge und Gutachten.[45] Dieser Passus dürfte unmittelbar auf den VdEh zurückgehen und dessen Erfahrungen bei der Errichtung von Gemeinschaftsforschungseinrichtungen in Form von Kommissionen wiederspiegeln. Bis in die ersten Jahre des 20. Jahrhunderts hinein hatte der unternehmerische Konkurrenzgedanke in der Stahlindustrie sowohl die Errichtung dauerhafter Kartelle als auch die Durchführung von langfristigen Gemeinschaftsprojekten verhindert.[46] Wüst war durch den Vertrag formal ein Diensterfinder. Seine Bestellung verzögerte sich und erfolgte erst zum 19. Januar 1919. Danach musste er sich selbst an der Hochschule vertreten, da der vorgesehene Nachfolger Prof. Paul Oberhoffer mittlerweile einen Ruf an die Technische Hochschule Breslau angenommen hatte.[47]

Standortwahl und eigenes Publikationsorgan

Das Eisenforschungsinstitut nahm zum 1. April 1918 mit zwei wissenschaftlichen Mitarbeitern seinen Betrieb im Hüttenmännischen Institut der Technischen Hochschule Aachen auf, wo Fritz Wüst bisher seinen Lehrstuhl hatte, und von wo er spezielle zusätzliche Forschungen für die Kaiser Wilhelm Stiftung für kriegstechnische Wissenschaft (KWKW) durchführte, zum Teil mit einem neu eingestellten Assistenten des Kaiser-Wilhelm-Instituts für Eisenforschung.[48] Das

45 Manfred Rasch, Auf dem Weg zum Diensterfinder: Zur kommerziellen Nutzung von Forschungsergebnissen aus Kaiser-Wilhelm-Instituten, in: Dieter Hoffmann/Birgit Kolboske/Jürgen Renn (Hrsg.), Dem Anwenden muss das Erkennen vorausgehen. Auf dem Weg zu einer Geschichte der Kaiser-Wilhelm-/Max-Planck-Gesellschaft, Berlin ²2015, S. 219–242.

46 Allgemein Helmut Uebbing, Stahl schreibt Geschichte. 125 Jahre Wirtschaftsvereinigung Stahl, Düsseldorf 1999.

47 Kaiser-Wilhelm-Institut für Eisenforschung. Jahresbericht, Typoskript 24.5.1919, in: thyssenkrupp Konzernarchiv (im Folgenden: tkA) H/2089, Schreiben Wüst an das Kuratorium vom 24.5.1919.

48 Friedrich Körber, der spätere Direktor des Eisenforschungsinstituts, soll schon im Juni 1917 für Arbeiten des Fachausschusses VI an Wüsts Hochschulinstitut abkommandiert worden sein, siehe Flachowsky, Arbeit (wie Anm. 1), hier S. 161; Dipl.-Ing. Peter Bardenheuer war zum 1.4.1918 für das Kaiser-Wilhelm-Institut für Eisenforschung eingestellt worden, musste aber *Versuche zur Herstellung von Führungsbändern aus weichem Flusseisen auf verschiedenen Werken im Auftrag der KWKW* [..] *beaufsichtigen* [..], *für welchen Zweck ein anderer sachverständiger Herr nicht zur Verfügung stand*, laut: Kaiser-Wilhelm-Institut für Eisenforschung, Jahresbericht, Typoskript 24.5.1919, in: tkA H/2089.

Aachener Institut war – wie im Fall des schlesischen Kohlenforschungsinstituts der Kaiser-Wilhelm-Gesellschaft die Technische Hochschule Breslau – eine provisorische Lösung, da man kriegsbedingt weder Zeit, Geld noch Baumaterial für einen Neubau eines Eisenforschungsinstituts aufbringen wollte. Übrigens erfolgte die Nutzungsgenehmigung des Kultusministeriums für die Räume der Technischen Hochschule Aachen nachträglich am 17. Mai 1918.[49]

Erst 1919 erzielte Vögler den Standortkompromiss für das seit 1917 favorisierte Düsseldorf gegen Oberschlesien und andere Standorte im Ruhrgebiet (Essen, Dortmund, Mülheim/Ruhr), aber auch Münster in Verbindung mit der dortigen Universität wurde genannt.[50] In Mülheim/Ruhr, wo schon das KWI für Kohlenforschung beheimatet war, wollte dessen Direktor mit der Ansiedlung eines weiteren Forschungsinstituts im Ruhrgebiet ein Wissenschaftszentrum vergleichbar Berlin-Dahlem errichten. Bei Separation des Rheinlands vom Deutschen Reich (Rheinische Republik) hätte der VdEh jedoch auf Düsseldorf als Institutsstandort verzichtet. Dann wäre Dortmund zum Zuge gekommen, für das sich Friedrich Springorum als Dortmunder Unternehmer ausgesprochen hatte, nicht aber im gleichen Maße Albert Vögler.[51] Der Stadt Düsseldorf fehlte im Vergleich zu Köln oder Frankfurt noch immer eine „richtige" Hochschule. Neben der Kunstakademie und der Akademie für praktische Medizin war 1911 die Ansiedlung einer Akademie für praktische Verwaltung geglückt. Ein renommiertes Forschungsinstitut, wie es die der Kaiser-Wilhelm-Gesellschaft waren, versprach zusätzlichen Prestigegewinn, Oberbürgermeister und Regierungspräsident glaubten 1918 an ein Vorrecht Düsseldorfs, zumal sie sich bei der Gründung des Kaiser-Wilhelm-Instituts für Kohlenforschung 1914 vergeblich Hoffnungen gemacht hatten. Das vom letzten königlich preußischen Kultusminister Friedrich Schmidt-Ott (1860–1956) wegen seiner Technischen Hochschule favorisierte Aachen schied nach dem Krieg u. a. wegen seiner Grenzlage aus, obwohl es zunächst noch Wüsts Eisenforschungsinstitut provisorisch beherbergte. Schon in seiner Denkschrift vom Juni 1917 hatte sich Otto Petersen dezidiert gegen die Angliederung des Eisenforschungsinstituts an eine Technische Hochschule ausgesprochen, da die Hochschullehrer mit zusätzlichen Lehraufgaben betraut seien und zudem keine Technische Hochschule in einem Industriegebiet liege, also die räumliche Nähe zur Praxis fehle.[52] Aachen lag

49 Ebd.

50 Schreiben Handelshauptmann Provinz Westfalen an den VdEh vom 12.8.1919, Durchschlag, ebd.

51 Siehe Schreiben Springorum an Dortmunds Oberbürgermeister Dr. Eichhoff, Durchschlag 21.10.1919 ebd.

52 Otto Petersen, Denkschrift zur Errichtung eines Institutes für Eisenforschung, Typoskript in: HAK WA 4/1250, S. 36.

Abb. 2: Provisorium des Kaiser-Wilhelm-Instituts für Eisenforschung in der Rheinischen Metallwaaren- und Maschinenfabrik AG (aus: 50 Jahre Kaiser-Wilhelm-Institut für Eisenforschung Max-Planck-Institut für Eisenforschung in Düsseldorf, Düsseldorf 1967, S. 15).

nach dem Krieg im besetzten Gebiet, was die Reisefreiheit Wüsts einschränkte. Er war sogar 1919 für mehrere Wochen von den belgischen Besatzungstruppen inhaftiert worden.[53] Das Eisenforschungsinstitut zog 1922 nach Düsseldorf in die nicht mehr für die Kriegsproduktion benötigten Hallen der Rheinischen Metallwaaren-[!] und Maschinenfabrik AG. Die provisorisch geplante Unterbringung an der Technischen Hochschule Aachen sollte wie manches andere Provisorium länger existieren als gedacht. Erst 1935 konnte dann in Düsseldorf ein Neubau bezogen werden, aber schon 1919 hatte die Stadt dem VdEh die Überlassung eines geeigneten Grundstücks angeboten.[54]

Für den Standort Düsseldorf sprach zudem, dass der VdEh dort bereits über eine umfangreiche Fachbibliothek verfügte, die er in den Folgejahren noch stärker serviceorientiert ausbaute.[55] Fachzeitschrift und Bibliothek blie-

53 Schreiben Petersen an Springorum vom 17.5.1919, in: tkA H/2089; Protokoll der VdEh-Vorstandssitzung am 3.10.1917 ebd.; Anlage *zur Frage des Standorts des Instituts* zum Schreiben an den VdEh-Vorstand vom 27.6.1917, in: SIT FWH/1593; Protokoll der VdEh-Vorstandssitzung am 28.10.1919 ebd.; Manfred Rasch, Baugeschichte des Kaiser-Wilhelm-Instituts für Kohlenforschung 1912–1945 (Zeitschrift des Geschichtsvereins Mülheim a.d. Ruhr 65), Mülheim/Ruhr 1993, S. 69.

54 Volker Ackermann, Der Verein Deutscher Eisenhüttenleute und die Stahlstadt Düsseldorf 1860–2010, in: Maier/Zilt/Rasch, 150 Jahre (wie Anm. 1), S. 293–312; Vertragsentwurf [1919], in: tkA H/2089.

55 Ulrike Stellmacher, Stahlwissen sammeln und verbreiten. Die Bibliothek des Vereins Deutscher Eisenhüttenleute, in: Maier/Zilt/Rasch, 150 Jahre (wie Anm. 1), S. 505–524.

und der preußischen Kultusbürokratie geschlossen auftreten zu können.[64] Der VdEh sollte für die Stahlindustrie im KWI für Eisenforschung der „Ausschuss" sein, der am technisch-wissenschaftlichen Fortschritt interessiert war und der nach außen neutral erschien, ohne unbedingt wirtschaftliche Interessen zu verfolgen. Deshalb traten als Institutsfinanziers der VdEh und seine persönlichen Mitglieder und nicht die Industrie auf. Die als Durchlauffinanzierung gedachte Tätigkeit des VdEh war zunächst auf zehn Jahre befristet. Sie eröffnete dem VdEh als neues Betätigungsfeld die Überwachung der stahlbezogenen Grundlagenforschung in Ergänzung zur anwendungsbezogenen Forschung ihrer Fachausschüsse. Darüber hinaus gewann die Industrie durch diesen Schritt langfristig auch unmittelbaren Einfluss auf den VdEh und seine Finanzen. Denn die Industrie war bald der größte Beitragszahler, wenn auch zunächst nur projektbezogen. Diese Entwicklung wurde jedoch erst nach dem Zweiten Weltkrieg nach außen deutlich[65], denn der VdEh betonte weiterhin seinen Charakter als den einer *Personengesellschaft.*[66] Dennoch veränderte sich der Verein in kurzer Zeit grundlegend. Schon auf der Sitzung am 3. Oktober 1917 beantragte der Vorstand mit Erfolg, dass auch Wirtschaftsvertreter – und nicht nur Techniker – in den VdEh-Vorstand zu berufen seien; 1920 folgte die Forderung, dass alle bedeutenden Eisen- und Stahlunternehmen im VdEh-Vorstand vertreten sein sollten. Die Schaffung eines Ältestenrats des Vorstands löste das dadurch entstandene numerische Problem eines übergroßen Vorstands ohne Satzungsänderung. Zwanzig Jahre später hielt das Vorstandsprotokoll fest, dass sich die Vertretung der großen Stahlunternehmen im Vorstand bewährt habe, *besonders bei vielfachen wichtigen finanziellen Entscheidungen.*[67]

Zu Vöglers weiteren Verdiensten um das KWI für Eisenforschung zusammen mit dem neuen VdEh-Geschäftsführer Otto Petersen (1874–1953) und dem Unternehmer Friedrich Springorum und vor allem Adolf Wiecke (1867–1928)[68], Generaldirektor und stellvertretender Vorstandsvorsitzender der Linke-Hofmann-Lauchhammer AG sowie Vorsitzender der Mitteldeutschen

64 Vgl. Rasch, Geschichte (wie Anm. 56), S. 39–41.

65 Siehe Banken, Haushalt (wie Anm. 60), S. 795–821.

66 Vgl. Protokoll der VdEh-Vorstandssitzung am 10.10.1922, in: SIT FWH/1572.

67 Protokoll der VdEh-Vorstandssitzung am 3.10.1917, in: SIT FWH/1571 bzw. am 24.9.1920, in: SIT FWH/1572; Zitat aus Aktennotiz über die Vorbesprechung der Hauptvorstandssitzung vom 23.3.1938, in: Stahlinstitut VDEh Archiv Aa 51.

68 Adolf Wiecke war von 1913 bis 1922 Vorstandsvorsitzender der AG Lauchhammer, nach der Verschmelzung mit den Linke-Hofmann-Werken technischer Generaldirektor und stellvertretender Vorstandsvorsitzender der Linke-Hofmann-Lauchhammer AG bis zu deren Auflösung 1926. Er gehörte seit 1916 dem Vorstand des VdEh und seit 1924 dem Kuratorium des KWI für Eisenforschung an, vgl. Nachruf in: Stahl und Eisen 48, 1928, S. 752.

Gruppe des VDESI, zählt, das Fortbestehen des Eisenforschungsinstituts in der deutschen Hyperinflation durch eine wertbeständige Umlage gesichert zu haben, zumal infolge von deutschen Gebietsverlusten und Produktionsrückgängen das ursprünglich geplante produktionsabhängige Finanzaufkommen nicht mehr die 1917 kalkulierten Kosten deckte. Zusätzlich unterstützten jene Werke, die den Erzausschuss des VdEh finanzierten, auch das KWI und dessen entsprechende Abteilung.[69] Spätestens ab 1926 förderte zudem die Notgemeinschaft der deutschen Wissenschaft, die spätere DFG, das Institut mit kleinen Geldbeträgen.[70]

Institutsgremien und Forschungsfreiheit

Das Eisenforschungsinstitut wurde innerhalb der KWG mit dem formalen Anspruch auf wissenschaftliche Unabhängigkeit gegründet. Die KWG als Finanzier des Eisenforschungsinstituts gab neben ihrem Namen nur 20.000 Mark jährlich zum Institutsetat; im Kuratorium besaß sie zusammen mit der preußischen Kultusverwaltung die selbe Anzahl an Sitzen wie die Industrie. Jedoch waren einige KWG-Vertreter zugleich – einer Forderung des VdEh folgend – Vertreter der Eisen- und Stahlindustrie, wie z. B. Gustav Krupp von Bohlen und Halbach (1870–1950). Außerdem war Vorsitzender des Kuratoriums und damit entscheidend für die Institutsentwicklung der Eisenhüttenmann Friedrich Springorum und nicht der Präsident der Kaiser-Wilhelm-Gesellschaft Adolf von Harnack. Letzterer hatte sich Hoffnungen auf den Vorsitz gemacht und sah seine Nichtwahl als Ergebnis einer industriekritischen Rede zum zweiten Jahrestag des Kriegsausbruchs.[71]

Diese an Zahlen und Bestimmungen der Satzung orientierte formale Betrachtungsweise sagt relativ wenig über die Realität im Institut und die Freiheit der Forschung aus. Der erste Direktor Fritz Wüst legte jedoch Wert auf seine persönliche Forschungsfreiheit, unabhängig von den im Arbeitsvertrag eingegangenen Bedingungen, die eine Tätigkeit für private Auftraggeber ohne vorherige Zustimmung des Kuratoriums ausschloss. Nach unwidersprochenen Angaben des ersten Institutsdirektors habe ihn der Geschäftsführer des VdEh, Otto Petersen, im April 1917 über die Errichtung eines Eisenforschungsinstitutes

69 Vgl. Tätigkeitsbericht des KWI für Eisenforschung seit dem 1.1.1923, November 1923, in: SIT FWH/1593; schon 1920 war eine Sonderumlage in Höhe von 0,5 M/t Roheisen bzw. Rohstahl erhoben worden, vgl. Schreiben VdEh vom 6.5.1920, in: SIT FWH/1572.

70 Vgl. die jeweiligen Tätigkeitsberichte des KWI für Eisenforschung, beispielsweise für 1929, in: SIT FWH/1594.

71 Adolf von Harnack, An der Schwelle des dritten Kriegsjahrs, Berlin 1916.

und dessen finanzieller Unterstützung durch den VdEh unterrichtet. *Bezüglich der Patentfrage solle ihm das Recht auf und aus den Patenten zustehen, 25 % der Gewinne solle er an das Institut abführen.*[72] Bei weiteren Verhandlungen, unter anderem am 19. Mai 1917 mit dem VdEh-Vorsitzenden Albert Vögler, wurde vereinbart, dass Wüst als Institutsdirektor keine Privatarbeiten übernehmen dürfe, als Kompensation aber ein höheres Jahresgehalt beziehe. Am 24. November 1917 vereinbarten der neu ernannte preußische Kultusminister Schmidt[-Ott] und der ehemalige Vorsitzende des VdEh, Vorstandsvorsitzender der Eisen- und Stahlwerk Hoesch AG und designierter Kuratoriumsvorsitzender des Eisenforschungsinstituts, Friedrich Springorum, mit Wüst ein Jahresgehalt von 40.000 Mark. „*Gegenüber dieser Festsetzung seiner Bezüge verpflichtet sich Geheimrat Wüst auf jede gewinnbringende private Tätigkeit zu verzichten.* [..] *Patente auf Erfindungen des Direktors und der Angehörigen des Instituts sollen durch das Institut genommen werden. Die Entscheidung über die Patentnahme steht dem Direktor zu, bei Meinungsverschiedenheiten dem Kuratorium. Die Patentkosten trägt das Institut. Das Nettoerträgnis des Patents wird zur Hälfte zwischen Institut und Erfinder geteilt. Sofern das Institut auf Entnahme eines Patents oder seine Weiterführung verzichtet, hat der Erfinder bezüglich der Verwertung freie Hand.*[73]

Wüsts Gehalt lag doppelt so hoch wie das Anfangsgehalt der anderen Kaiser-Wilhelm-Institut-Direktoren. Mit der deutlichen Gehaltssteigerung verbunden war jedoch der Verzicht auf die Anmeldung von Patenten auf eigenem Namen, aber auch die Abgabe von 50 Prozent der Nettoeinnahmen aus Patenten sowie der Verzicht auf Einnahmen aus Vorträgen und Gutachten. Wüst war damit ein Diensterfinder. Dies entsprach jedoch nicht der von ihm selbst wahrgenommenen Rolle als Wissenschaftler. Im Frühjahr 1922 protestierte Wüst gegen entsprechende Kuratoriumsbeschlüsse. Er wollte – wohl auch angesichts der rapiden Geldentwertung – trotz entgegenstehender Regelung in seinem Arbeitsvertrag Privataufträge annehmen und die dabei gewonnenen Erkenntnisse nur den jeweiligen Auftraggebern zugänglich machen. Auf einer Kuratoriumssitzung stellten sich die Industrievertreter Albert Vögler, Gustav Krupp von Bohlen und Halbach sowie Friedrich Springorum erneut gegen ihn, so dass der Kuratoriumsvorsitzende Springorum feststellen konnte, *dass es die Auffassung des gesamten Kuratoriums sei, dass Privataufträge nur angenommen werden sollen, wenn die Ergebnisse der Allgemeinheit zu gute kommen.*[74] Der Gedanke, dass staatlich alimentierte Wissenschaftler verpflichtet seien, die Ergebnisse ihrer Forschungen der Allgemeinheit kostenlos zur Verfügung zu stellen, war erstmals mit dem

72 Aktenaufzeichnung über die Sitzung des Kuratoriums des Kaiser-Wilhelm-Instituts für Eisenforschung am 22.7.1922, in: VDEh-Archiv Ac 311.

73 Vereinbarung, verhandelt am 24.11.1917 im Kultusministerium: ebd.

74 Aktenaufzeichnung über die Sitzung des Kuratoriums des Kaiser-Wilhelm-Instituts für Eisenforschung am 22.7.1922, ebd.

Bemühen von Mitarbeitern der Physikalisch-Technischen Reichsanstalt um Patentierung von Erfindungen gegen Ende des 19. Jahrhunderts entstanden.[75] Friedrich Springorum und vor allem Albert Vögler waren die exponierten Vertreter der Gemeinschaftsforschung im VdEh, der formal ein Zusammenschluss der Eisenhüttenleute und nicht der Stahlindustrie war. Die Branchenvertretung war – wie gesagt – der Verein Deutscher Eisen- und Stahl-Industrieller. Vermutlich sahen Springorum und Vögler den Gemeinschaftsgedanken durch den Wunsch Wüsts in Gefahr und verboten ihm deshalb jegliche Privattätigkeit, etwa als Geschäftsführer einer von Paul Reusch angeregten Hochofenversuchsgesellschaft, um eine Auflösung der Gemeinschaftsausschüsse innerhalb des VdEh, aber auch des Eisenforschungsinstituts zu verhindern, was das Ende stahlindustrieller Gemeinschaftsforschung bedeutet hätte. Formal wurden Ausschüsse und Eisenforschungsinstitut vom VdEh, tatsächlich aber von den einzelnen Industrieunternehmen finanziert. Das Kaiser-Wilhelm-Institut für Eisenforschung sollte eine Gemeinschaftsforschungseinrichtung sein und nicht wie ein Hochschulinstitut geführt werden, dessen Direktor vollkommen frei in der Wahl und Annahme seiner Privataufträge war.

Mit dem oft spontanen oder gar cholerischen Fritz Wüst, der dem Kuratoriumsvorsitzenden Springorum persönlich schrieb, *dass ich die größte Dummheit meines Lebens begangen hatte, indem ich in die Dienste der deutschen Eisenindustrie trat*[76], einigten sich VdEh und Kultusministerium auf eine vorzeitige Pensionierung mit 62 Jahren. Diese erlaubte ihm wieder – wie ein Hochschullehrer – private Aufträge anzunehmen, nur dass er jetzt nicht mehr ein vom Staat bzw. von der Industrie finanziertes Institut leitete. Der VdEh zeigte sich großzügig und stockte seine Pension auf. Wüst, als designierter Institutsdirektor 1917 in den Vorstand des VdEh berufen, gehörte diesem weiterhin an und wurde anlässlich seiner runden Geburtstage entsprechend geehrt. Seine Verdienste um das Eisenhüttenwesen standen außer Zweifel, jedoch fühlte er sich der Gemeinschaftsforschung nicht ausreichend verpflichtet und brachte somit das Finanzierungsmodell des Eisenforschungsinstituts in Gefahr. Es bleibt festzuhalten, dass die unbefriedigende Regelung der Patentfrage und der Privataufträge für Fritz Wüst mit ein Grund war, von seinem Posten als Direktor des Kaiser-Wilhelm-Instituts für Eisenforschung zurückzutreten. Dies war ein einmaliger Vorgang in der Geschichte der Kaiser-Wilhelm-Gesellschaft, der nur durch seine vorzeitige Pensionierung kaschiert wurde. Bei Wüst als langjährigem Hochschulbeschäftigten ging Eigennutz vor Gemeinwohl, was die Stahlindustrie im Übrigen akzeptierte, nicht jedoch bei ihrer Gemeinschafts-

75 Siehe Rasch, Weg (wie Anm. 45), hier S. 228–231.

76 Schreiben Wüst an Spingorum vom 29.5.1922, Abschrift in: VDEh-Archiv Ac 311.

dass in der Kölner Gesellschaft eine Sensibilität für diese Themen spürbar ist, spielten Fragen der Industriedenkmalpflege in Düsseldorf lange Zeit nur eine untergeordnete Rolle. Zwar war die Düsseldorfer Industriegeschichte immer wieder Gegenstand von Publikationen[1], aber eine breit geführte Auseinandersetzung um den Umgang mit dem industriekulturellen Erbe gab es kaum. Wichtige Industriebauten wurden ohne Diskussion niedergelegt, der letzte Düsseldorfer Ziegelringofen nur durch ehrenamtliches Bürgerengagement gerettet. Im Zuge der Gerresheimer Ortskernsanierung zwischen 1989 und 1994 riss man ohne Dokumentation eine der ältesten Drahstiftefabriken der Region aus den 1840er Jahren ab, die im Boden darunter erhaltenen Spuren eines spätmittelalterlichen Kloster erschienen für die Ortsgeschichte bedeutender.

In anderen Regionen war man zu diesem Zeitpunkt schon weiter. Besonders die Internationale Bauausstellung IBA Emscher Park setzte hier zwischen 1989 und 1999 Maßstäbe.[2] In diesem Zusammenhang entstand die „Route der Industriekultur“ als ein Projekt des Regionalverbandes Ruhr. Die Route verbindet als touristische Themenstraße die wichtigsten und touristisch attraktivsten Industriedenkmäler des Ruhrgebiets.[3] Damit wurde eine enge flächendeckende Verknüpfung von bisher mehr akademisch diskutierter Industriedenkmalpflege und Tourismus auf den Weg gebracht. Auch in der Region Nürnberg oder am Main erkannte man schon früh den Wert einer vernetzten Industriekultur als touristisches Angebot.[4] Abseits der Großstädte Köln und Düsseldorf fand aber auch in unserer Region ab den 1980er Jahren die Industriekultur ein breiteres Interesse. In Wuppertal entstand mit dem Museum für Frühindustrialisierung das erste Industriemuseum des Rheinlands. Der Landschaftsverband Rheinland folgte mit seinem dezentral organisierten LVR-Industriemuseum mit den Standorten in Oberhausen, Ratingen, Bergisch Gladbach, Engelskirchen und Euskirchen. Unter dem Netzwerk Industriekultur Bergisches Land e. V. schlossen sich ab 1997 mehrere industriekulturelle Initiativen zusammen, um

1 U. a. Friedrich-Wilhelm Henning, Düsseldorf und seine Wirtschaft. Zur Geschichte einer Region, 2 Bd., Düsseldorf 1981; Stadtmuseum Düsseldorf, Aspekte Düsseldorfer Industrie 1831–1981, Ausst.-Kat. Stadtmuseum Düsseldorf 11.10.1981–3.1.1982, Düsseldorf 1982, Horst A. Wessel, Mannesmann in Düsseldorf. Das Werk Rath und seine Beschäftigten bis zum Ende des Ersten Weltkrieges, in: Düsseldorfer Jahrbuch 61, 1988, S. 119–155.

2 Siehe Karl Ganser, Liebe auf den zweiten Blick. Internationale Bauausstellung Emscher Park, Dortmund 1999; Roland Günter, Im Tal der Könige. Ein Reisebuch zu Emscher, Rhein und Ruhr (Im Auftrag der IBA Emscher Park), Essen ^{4}1999.

3 Siehe www.route-industriekultur.ruhr/; 27.2.2018; Kommunalverband Ruhrgebiet, Route Industriekultur. Ein Erlebnisführer, Essen, 2001.

4 Siehe Centrum Industriekultur Nürnberg, Industriekulturpfad, Nürnberg 1983; Kulturregion Frankfurt RheinMain (Hrsg.), 35 Industriekultouren Rhein-Main. Route der Industriekultur Rhein-Main, Hanau 2012.

Abb. 1: Rheinschiene: Die chemische Industrie bei Dormagen (Foto: Niklas Bildhauer).

nach dem Motto „gemeinsam stark" ihre Unternehmungen besser vermarkten zu können.[5] Vergleichbare Initiativen entlang des Rheins selbst blieben jedoch lange Zeit aus.[6]

Zwei lokale Initiativen wollen mehr

Der Kampf um die Rettung des letzten Düsseldorfer Ziegelringofens und die Schließung der Gerresheimer Glashütte 2005 waren die Auslöser zur Gründung des Förderkreises Industriepfad Düsseldorf-Gerresheim e. V. Der kurz „FKI" genannte Verein hatte sich zur Aufgabe gestellt, einen durch Bürgerspenden finanzierten, 4,5 Kilometer langen industriekulturellen Infopfad vom letzten Düsseldorfer Ziegelringofen an der Bergischen Landstraße durch Gerresheim bis hinunter zur ältesten westdeutschen Eisenbahnlinie zu realisieren. Zwar war der Ziegelringofen 1988 unter Denkmalschutz gestellt worden, doch ohne Nutzungskonzept verfiel er zusehends.

Vor diesem Hintergrund entwickelten 2006 Peter Henkel und Gaby und Peter Schulenberg die Idee eines Industriepfads. Die gesamtstädtische indust-

5 http://www.bergnetz.net/ueber-uns/; 17.3.2018.

6 Milena Karabaic, Industriekultur im Rheinland. Industriedenkmalpflege, Industriemuseen und das „LVR-Netzwerk Industriekultur", in: Walter Buschmann (Hrsg.), Zwischen Rhein-Ruhr und Maas. Pionierland der Industrialisierung – Werkstatt der Industriekultur, Essen 2013, S. 18–23.

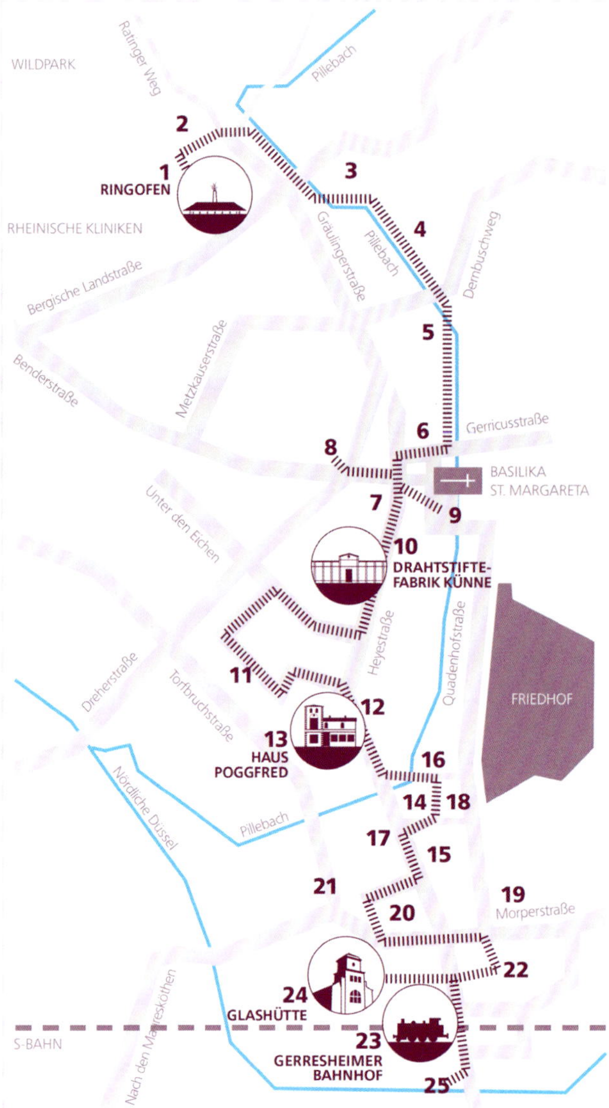

Abb. 2: Der Industriepfad in Düsseldorf-Gerresheim (FKI).

riegeschichtliche Entwicklung Düsseldorfs sollte anhand des kleinräumigen landstädtischen Gerresheims nachgezeichnet werden.[7] Als ein weiteres wichtiges Ziel sahen sie zudem die Entwicklung zukunftsfähiger Nutzungskonzepte für die bedrohten Industriedenkmäler Ringofen Sassen, den Bahnhof Gerresheim sowie die letzten historischen Bauten auf dem Glashüttengelände. Am 30. November 2007 wurde dann der „Förderverein Industriepfad Düsseldorf-Gerresheim e. V." (FKI) unter Vorsitz des Architekten und Städteplaners Professor Niklaus Fritschi gegründet.

Der Industriepfad macht anhand 24 „sprechender Orte" Industriegeschichte und -kultur erlebbar. In Verbindung mit Teilen der politischen Geschichte wird der Pfad zu einem facettenreichen Abbild der Entwicklung Düsseldorfs in den letzten ca. 170 Jahren. Die gesamtstädtischen Bezüge können in allen Stationen verfolgt werden, sei es im Vergleich der Wohnquartiere (Gerresheim – Flingern, Lierenfeld) oder im skeptischen Nebeneinander der Konfes-

7 Peter Henkel in Zusammenarbeit mit Gaby und Peter Schulenberg und Otfried Reichmann, Der Industriepfad Düsseldorf-Gerresheim. Ein Projekt, in: Peter Henkel (Hrsg.), Die Stadt Gerresheim vor der Eingemeindung 1909. Ihr Beitrag zur Düsseldorfer Stadtentwicklung (Studien zur Düsseldorfer Wirtschaftsgeschichte 7), Düsseldorf 2010, S. 127–153.

sionen (Gerresheim – Oberbilk). Der Verbindung von Stadtteil und Stadt trägt die Konzeption der Stelen Rechnung, die an den einzelnen Stationen aufgestellt werden. Niklaus Fritschi entwarf die 2,20 Meter hohen, dreiseitig oben abgeschrägten gebürsteten Edelstahlsäulen mit einer Seitenbreite von 19 Zentimetern. Sie sind damit elegant und dezent zugleich und können selbst auf engen Bürgersteigen aufgestellt werden. Eine Seite enthält jeweils einen Übersichtsplan des Pfads mit allen Stationen. Während eine zweite Seite die jeweilige Station in Gerresheim erläutert, stellt die letzte Seite den Bezug zum übrigen Stadtgebiet her. Finanziert werden die Stelen durch Spenden aus der Bevölkerung. Gingen die ursprünglichen Planungen davon aus, pro Jahr nicht mehr als maximal zwei Stelen durch Spenden finanzieren zu können, waren die Reaktionen so positiv, dass schon 2015 alle Stelen finanziert waren.[8]

Aber die Arbeit des FKI ist weiter gefasst. Zwischen Mai und Oktober finden einmal samstags im Monat offene Führungen statt. Darüber hinaus werden individuell zugeschnittene Führungen auf Anfrage auch außerhalb Gerresheims angeboten. Zudem hat der Verein seit 2009 vierzehn Ausstellungen gezeigt und sechs Veröffentlichungen[9] sowie zahlreiche Aufsätze vorgelegt (Stand 2017). Ferner hat der Verein ein praxisorientiertes pädagogisches Konzept entsprechend der schulischen Richtlinien entwickelt. Konzeptioniert von Lehrern, kann das Arbeitsmaterial auf der Website des Vereins heruntergeladen werden. Im Jahr seines zehnjährigen Jubiläums zog der FKI dann die Konsequenz aus seiner breiten Entwicklung und benannte sich in „Industriekultur Düsseldorf – FKI" um.

Das Konzept der dreiseitigen Edelstahlstelen überzeugte auch die Kölner Initiative „Rheinische Industriekultur" unter der Leitung von Prof. Walter Buschmann. Der 2003 gegründete Verein verfolgt einen weiter gefassten Ansatz, der sich räumlich auf das gesamte Rheinland erstreckt. Neben der flächendeckenden Erfassung von industriekulturellen Objekten auf der eigenen Website[10] ist die „Via Industrialis" das Hauptprojekt des Vereins. Die Via Industrialis mit ihren sechs Teilrouten ist ein Führer zu den spannenden Orten der Industrie- und Verkehrsgeschichte in Köln.[11] Das Spektrum reicht von bedeutenden

8 Vgl. Peter Henkel (Hrsg.), Der Industriepfad Düsseldorf-Gerresheim, Düsseldorf ^{2}2017.

9 Neben dem o.g. Führer zum Pfad: Peter Henkel, Niklaus Fritschi, 175 Jahre Eisenbahn Düsseldorf-Elberfeld. Die erste Eisenbahnlinie in Westdeutschland als Düsseldorfs dritte Geburtsstunde, Düsseldorf 2013; Peter Henkel (Hrsg.), 150 Jahre Glashütte Gerresheim, Düsseldorf 2014; Beaten Johlen-Budnik/Peter Henkel/Peter Stegt, Kirchturm und Schlot. Zwischen Seelenheil und Kapitalertrag, Düsseldorf 2016; Peter Henkel, Jürgen Wiener, Die Spur der Steine, Düsseldorf 2016; Peter Henkel (Hrsg.) Düsseldorf auf Draht. Die Geschichte einer vergessenen Industrie, Düsseldorf 2017.

10 http://rheinische-industriekultur.com; 11.2.2018.

11 http://www.via-industrialis.de; 11.2.2018.

Abb. 3: Eine Stele der Via Industrialis vor der DesignPost in Köln-Deutz (Foto: Peter Henkel).

Zeugnissen aus der frühindustriellen Zeit wie den Barockbauten aus der Seidenweberzeit an der Mülheimer Freiheit bis zu hochkarätigen großindustriellen Anlagen aus der Zeit der Hochindustrialisierung wie der Gasmotorenfabrik Deutz, in der Nicolaus August Otto den Viertaktmotor erfand. Darüber hinaus führt die Route zu wichtigen Hafen- und Verkehrsbauten, die in engem Zusammenhang mit der Industrialisierung entstanden bzw. ausgebaut wurden: Häfen, Bahnhöfe, Bahnbetriebswerke und Brücken. Diese spannenden Orte Kölner Industriekultur werden mit den Düsseldorfer Stelen nach eigenem Layout gekennzeichnet.

Die sehr gute Zusammenarbeit der beiden Vereine führte letztendlich zur Überlegung, nicht nur die Kooperation zu vertiefen, sondern auch eine industriekulturelle Dachroute für die Rheinschiene zu entwickeln. 2014 legten Walter Buschmann und Peter Henkel ein gemeinsames Papier vor, wie eine solche „Industrieroute Rheinschiene" aussehen könnte.[12] Das Konzept überzeugte den Düsseldorfer Oberbürgermeister Thomas Geisel, der sich beim LVR für das Projekt stark machte. So entstand eine kleine Arbeitsgruppe, zu der neben Buschmann und Henkel nun auch Dr. Walter Hauser, Leiter des LVR-Industriemuseums, zählte. Unterstützt durch die Landeshauptstadt fand am 16. September 2016 im Gerresheimer Bahnhof ein erster Workshop zum Thema „Industrieroute Rheinschiene" statt. Dabei erhielt die Arbeitsgruppe, nun noch ergänzt um Dr. Karlheinz Wiegmann, Direktor des Städtischen Museums Schloss Rheydt und des TextilTechnikums, den Auftrag, die Planungen zu einer Industrieroute voranzutreiben. So entstand, finanziert durch

12 Walter Buschmann/Peter Henkel, Konzeptpapier Industrieroute Rheinschiene. Ein Identifikations- und Kulturprojekt zwischen Düsseldorf und Köln. Eine Diskussionsgrundlage zu einer industriehistorischen Kooperation auf kommunaler Ebene, Düsseldorf 2014.

den FKI, das LVR-Industriemuseum und mit Landesmitteln, ein erster Flyer, der eine Auswahl von 30 industriekulturellen Objekten zwischen Bonn und Wesel vorstellt.[13] Nach der Präsentation des Flyers im Schokoladenmuseum in Köln am 27. Juli 2017 begann die Arbeit an einer Website, die im Frühjahr 2018 online ging.[14]

Das Konzept

Die Industrieroute Rheinschiene will Industriekultur entlang des Rheins touristisch erfahrbar machen. Die Route erschließt das industriekulturelle/industriehistorische Erbe niederschwellig in einem touristisch-kulturellen Ansatz. Sie hebt unter verschiedenen Gesichtspunkten (s. u.) Orte und Objekte zwischen Bonn und Wesel sowie zwischen Mönchengladbach und Wuppertal in den Vordergrund und möchte Initiativen vor Ort entlang der Rheinschiene vernetzen bzw. bei ihrer Initiierung helfen. Idealerweise steht sie Pate bei der Entwicklung verschiedener lokaler industriekultureller Routen. Sie formuliert Standards und hilft bei der touristischen Erschließung. Dabei ist es nicht ihr Ansatz, alle industriekulturellen Objekte in ihrem Gebiet im Sinne eines Inventars zu erfassen. Vielmehr versteht sie sich als qualitative Auswahl, die auch für den Nichtfachmann ein interessantes Angebot zur rheinischen Industriekultur bietet. Sie steht dafür in engem Austausch mit der Website der Rheinischen Industriekultur, die einen wissenschaftlichen Präsentationsansatz verfolgt.[15]

Die Zugänge zu den einzelnen Objekten können auf verschiedenen Wegen erfolgen. Zunächst ist der gesamte Raum der Route in fünf Teilräume gegliedert. Sie bezeichnen Räume entweder anhand der hier vorherrschenden Industrie oder beschreiben einen Wirtschaftsraum. Von Norden nach Süden sind das:

Niederrheinisches Steinkohlenrevier

Als westlicher Ausläufer des Ruhrkohlebergbaus ragt das Niederrheinische Steinkohlenrevier linksrheinisch in das Gebiet von Kamp-Lintfort, Neukirchen-Vluyn und Moers bis nach Kempen. 1854 fand Franz Haniel erstmals linksrheinisch bei Homberg Steinkohle und erbrachte damit den Nachweis,

13 Industrieroute Rheinschiene – Industriekultur entlang des Rheins erleben. Förderkreis Industriepfad Düsseldorf (Hrsg.), Düsseldorf 2017. Zu beziehen über FKI per Mail: info@industriekultur-duesseldorf.de

14 www.industrieroute-rheinschiene.de; 9.4.2018.

15 http://rheinische-industriekultur.com/; 17.3.2018.

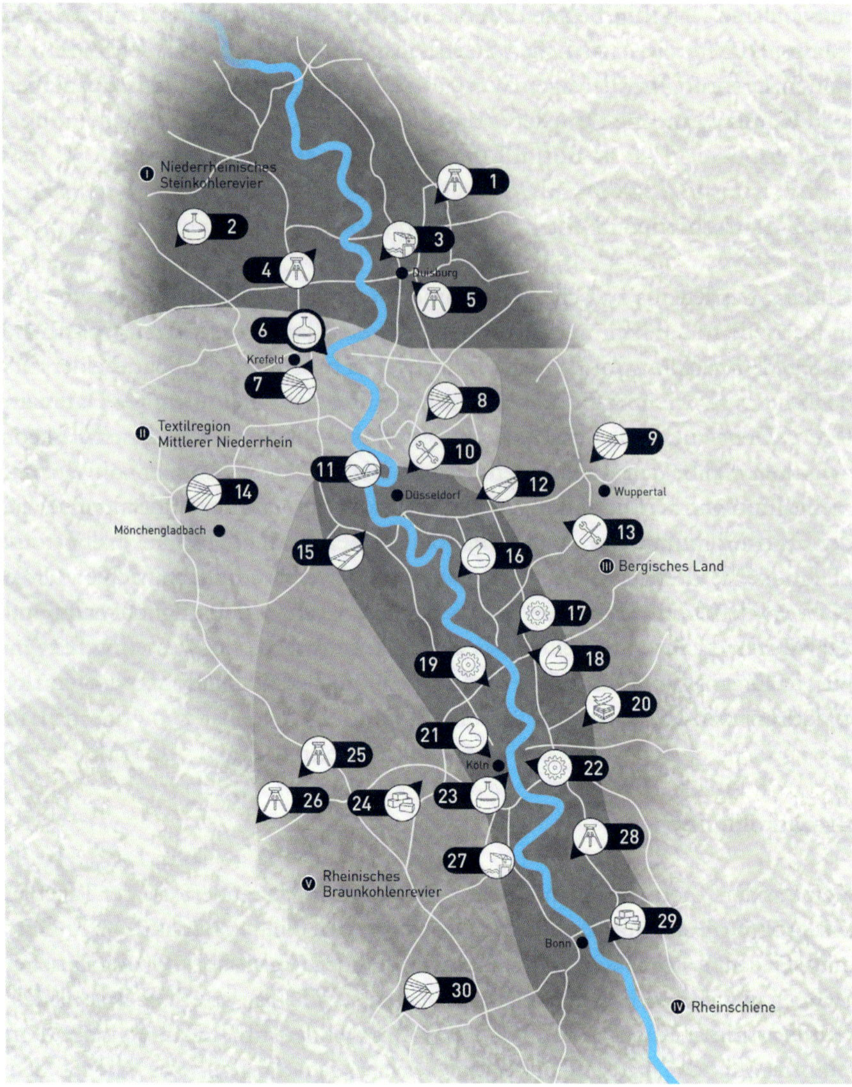

Abb. 4: Karte der Industrieroute mit 30 ausgewählten Objekten (Foto: Peter Henkel).

aber nach 1900 setzte sich der industrielle Tagebau durch, der Brikettfabriken, Großkraftwerke und die chemische Industrie belieferte. Spätestens in der Mitte des 21. Jahrhunderts wird der Abbau auslaufen. Die Braunkohleverstromung hat aus Klimaschutzgründen keine Zukunft. Die Seen, die in den ehemaligen Gruben entstehen sollen, werden am Ende des Jahrhunderts zu den größten

Seen Deutschlands gehören. Industriekulturell wird das Revier u. a. durch die „Straße der Energie" erschlossen.[21]

Neben diesen regionalen Zugängen hat die Arbeitsgruppe noch zehn Themen definiert, die als Industriezweige oder Typengruppen prägend für den Raum der Industrieroute Rheinschiene sind:

- Chemie
- Eisen und Stahl
- Lebensmittel
- Maschinen und Motoren
- Montan
- Papier
- Rheinbrücken
- Rheinhäfen
- Textil
- Ton, Steine, Erden
- Verkehr

Die Zuschreibung dieser Themen zu den einzelnen Objekten ist unabhängig von den Regionen der Route. Während die Regionen einen geographischen Zugang bieten, setzen die Themen auf einen inhaltlichen Zugang über Industriezweige und Typen. Kategorisiert werden die Objekte der Rheinschiene in drei Bereiche, die sich durch die Infrastruktur und Qualität unterscheiden:

Die Highlights der Rheinschiene bilden Objekte und Orte mit einer besonders hohen historischen Bedeutung und einer entsprechenden Infrastruktur, meist musealer Art, die über eine hohe Enttäuschungsresistenz verfügen. Sie bilden das Rückgrat der Industrieroute. Aufgrund ihrer hohen Heterogenität sind die Highlights mit drei unterschiedlichen Prädikaten versehen:

Ankerpunkte

Das sind Orte und Objekte mit hoher historischer Bedeutung und musealer Infrastruktur und weitergehenden Informationen. Darunter fallen natürlich die LVR-Industriemuseen, aber auch andere Industriemuseen wie der Freundenthaler Sensenhammer in Leverkusen-Schlebusch, das Duisburger Binnenschifffahrtsmuseum oder das TextilTechnikum in Mönchengladbach.

Blickpunkte

Hierunter fallen Objekte und Orte, die historisch wichtig sind, aber zugleich auch eine Aussichtsfunktion haben oder mit besonders hoher ästhetisch-künst-

21 Arno Kleinebeckel, Unternehmen Braunkohle. Geschichte eines Rohstoffs, eines Reviers, einer Industrie im Rheinland, Köln ²1986; Alexander Weuthen, Die Geschichte des Braunkohlentagebaus im rheinischen Braunkohlerevier und seine ökologischen und sozialen Auswirkungen, München 2016.

lerischer Ausstrahlungskraft versehen sind, wie die Rheinbrücken, Fördertürme, Wassertürme oder Halden.

Still alive
Etwas, das die Rheinschiene in großen Teilen von der Route der Industriekultur an der Ruhr unterscheidet, sind die noch arbeitenden Traditionsunternehmen. Daher wurde ihnen eine eigene Rubrik zugeordnet, in der noch produzierende Unternehmen, die Führungen anbieten oder über Informationscenter verfügen, dargestellt werden. Dazu gehören die großen Traditionsunternehmen wie Bayer, Ford oder Henkel.

Geheimtipp
Darüber hinaus gibt es als weitere Kategorie die Geheimtipps. Hierunter sind Objekte zu finden, die durchaus von überregionaler Bedeutung sind, aber ohne museale oder informatorische Infrastruktur und Erläuterung sind, wie z. B. das Deutzer Gasmotorenwerk in Köln, in dem der Otto-Motor erfunden wurde. Bis auf eine Besichtigung von außen ist dort in der Regel nichts möglich. Sie können auch an „Unorten", umgegeben von Industriebrachen, zu finden sein. Trotzdem sind sie als authentischer Ort der Industriegeschichte von hoher Wichtigkeit.

Lokalmatadore
Ergänzt werden dies Objekte von regionaler und überregionaler Bedeutung durch die Lokalmatadore. Das sind Objekte mit oder ohne Infrastruktur, von lokaler Bedeutung oder von besonderer Bedeutung (bauliche Besonderheit, Erfindungsort etc.), die in einem zu definierenden Radius zu einem der Highlights liegen. Im städtischen Raum kann dieser Radius an der Fußläufigkeit orientiert sein, im ländlichen Raum, wo man eher mit dem PKW oder Fahrrad unterwegs ist, kann dieser Radius auch auf mehrere Kilometer ausgedehnt sein, wie zum Beispiel die Schiffsbrücke an der alten Wuppermündung.[22]

Durch diese Struktur wird eine Clusterbildung ermöglicht, die Interessierte einlädt, die Umgebung um einen Anker- oder Blickpunkt zu erkunden und Verdecktes zu entdecken. Da die Denkmalpflege die gesetzlich zugewiesene Funktion hat, Objekte von historischer Bedeutung zu ermitteln, die zugleich verbunden sind mit dem notwendigen Maß an Authentizität und Integrität, wird es sich hauptsächlich um Industriedenkmale handeln. Die Industrieroute Rheinschiene wird aber auch zusätzliche Objekte aufnehmen, im Sinne einer umfassenden Definition von Industriekultur.[23]

22 http://schiffsbruecke.com/; 17.3.2018.

23 NRW/LWL/LVR u. a. (Hrsg.), Industriekultur 2020. Positionen und Visionen für Nordrhein-Westfalen, Essen 2014, S. 254–259.

Orte der „Industrieroute Rheinschiene"

An dieser Stelle soll nur eine kleine Auswahl von Objekten der Industrieroute Rheinschiene folgen, die die thematische Spannbreite abbildet. Da die Industrieroute noch in der Entstehungsphase ist, kann diese Auswahl keinen Anspruch auf Vollständigkeit erheben. Die Auswahl erfolgte von Norden nach Süden.

Diebels Altbierbrauerei Issum (Lebensmittel)

Die Brautradition mit den beiden obergärigen Bierspezialitäten Alt und Kölsch gehört fest zum Rheinland.[24] Ursprünglich in kleinen Hausbrauereien hergestellt, wie heute noch in Düsseldorf und Köln, vollzog sich während der Industrialisierung auch im Braugewerbe ein Wandel hin zu Großbetrieben. Dafür ist die Diebels-Brauerei beispielhaft. 1878 von Josef Diebels aus Krefeld gegründet, wuchs das Unternehmen von 10.000 Hektolitern Jahresproduktion 1898 auf eine Million im Jahre 1981. Spätestens seit den 1970er Jahren wurde auf den bundesweiten Vertrieb gesetzt. 2001 verkaufte die Familie die Brauerei an die belgische Interbrew-Gruppe, heute Anheuser-Busch InBev. Neben Diebels Alt werden auch andere Marken des Konzern hier abgefüllt. Führungen durch die Brauerei sind auf Anfrage möglich, damit gehört die Brauerei, die thematisch für Lebensmittel steht, in die Kategorie „Still alive".

Bergwerk West, Kamp-Lintorf (Montan)

Entstanden 1907–1914, repräsentiert das Bergwerk für ca. 2.000 Bergleute und eine Tagesförderung von 5.000 t eine der planmäßig errichteten Großanlagen des linksrheinischen Steinkohlenbergbaus. Ungewöhnlich und wohl geprägt durch die französischen Investoren unter Beteiligung von de Wendel ist die prägnante Außenwirkung der Zeche mit Backsteinbauten entlang einer Allee. Am Zechenplatz stehen als Förderanlagen ein Fördergerüst aus dem Jahr 1911 und ein Förderturm von 1955/1956. Im Zuge des Ausstiegs aus der Steinkohleförderung wurde die Anlage als letzte linksrheinische Zeche am 31. Dezember 2012 stillgelegt. Die Zeche war und ist mit den denkmalwerten Bauten Mittelpunkt ausgedehnter Siedlungen für die Angestellten im Westen und die Bergleute im Osten des Ortes. Um den zukünftigen Umgang mit der Anlage gab es intensive Diskussionen. So wird nun die Anlage mit einer Ausstellung

24 Gerd Fischer, Bierbrauen im Rheinland, Köln 1985.

Abb. 5: Das Bergwerk West. (Foto: T. Peuckert).

im ehemaligen Werkstattgebäude in die Landesgartenschau 2020 integriert.[25] In der Region Niederrheinisches Steinkohlenrevier liegend und das Thema „Montan“ darstellend, ist das Bergwerk ein „Blickpunkt“ der Industrieroute.

Hafen Krefeld (Rheinhäfen)

Seit dem Mittelalter übernahm das damals selbständige Uerdingen die Funktion des Hafens für Krefeld. Mit der Eingemeindung Linns verfügte Krefeld jedoch seit 1901 über einen eigenen direkten Rheinzugang. Die vor Linn liegende Rheininsel Meygrind wurde künstlich mit dem Festland verbunden und dort zwischen 1903 und 1906 ein großer Industriehafen angelegt. Mit der Eingemeindung Uerdingens nach Krefeld 1929 konnten beide Häfen miteinander verbunden werden und stellen heute mit einer Hafenuferlänge von über

25 Walter Buschmann, Zechen und Kokereien im rheinischen Steinkohlenbergbau. Aachener Revier und westliches Ruhrgebiet, Berlin 1998; Moitra (wie Anm. 16); ders., Der linke Niederrhein als Steinkohlenrevier. Raumbildung zwischen den Regionen, in: Buschmann (wie Anm. 17), S. 212–232.

elf Kilometern den viertgrößten Hafen in NRW dar. Charakteristisch sind die Drehbrücke über der Hafeneinfahrt und die neu gestaltete Hafenpromenade in Uerdingen.[26] Von diesem „Blickpunkt" lassen sich die ehemalige Weinbrennerei Dujardin, aber auch das Haus der Seidenkultur[27] oder die von Mies van der Rohe entworfenen Gebäude der Verseidag[28] besichtigen. Damit lassen sich direkt am Hafen liegende Lebensmittelindustrie und die für Krefeld so wichtige Seidenherstellung kombinieren.

Brücke der Solidarität, Duisburg (Rheinbrücken)

Auf der Duisburger Brücke der Solidarität manifestierte sich der Protest, aber auch die Angst der Stahlarbeiter an der Ruhr. Die Schließung einer Reihe von Hüttenwerken im Revier sorgte für steigende Arbeitslosenzahlen, Perspektivlosigkeit und Verunsicherung. Als nach einem massiven Markteinbruch im Herbst 1986 auch noch das Krupp-Hüttenwerk Rheinhausen geschlossen werden sollte, regte sich eine neue Form des Protestes. 5.600 Kruppianer waren durch die Schließungspläne von der Arbeitslosigkeit bedroht. Am 2. Dezember 1987 blockierten mehrere tausend Stahlarbeiter die Rheinbrücke Rheinhausen-Hochfeld, hinzu kamen die Blockade der A40 und die Besetzung der Krupp-Zentrale in der Villa Hügel in Essen. 164 Tage dauerte dieser Arbeitskampf, als dessen Höhepunkt der Zug von 50.000 Stahlkochern aus dem gesamten Ruhrgebiet zur Brücke am 20. Januar 1988 gilt. An diesem Tag wurde auch ein von Auszubildenden gefertigtes Namensschild mit der Aufschrift „Brücke der Solidarität" angebracht. Diese Bezeichnung wurde kurze Zeit später von der Stadt Duisburg offiziell anerkannt. Auch wenn die Proteste die Werksschließung nicht verhindern konnten, haben sie doch dazu geführt, dass der Bund und das Land zusätzliche Mittel für den Strukturwandel bereitstellten. Die Brücke selbst war zwischen 1945 und 1950 anstelle der gesprengten Admiral-Graf-Spee-Brücke nach Plänen von Krupp als Stabbogenbrücke errichtet worden.[29]

26 Stadt Krefeld (Hrsg.), 100 Jahre Rheinhafen Krefeld 1906–2006, Krefeld 2006.

27 Elisabeth Kremes, Die Paramentenweberei Hubert Gotzes in Krefeld, in: Buschmann (wie Anm. 17), S. 72–84.

28 Christine Lange, Ludwig Mies van der Rohe. Das Färberei und HE-Gebäude, Krefeld, 1930–31 und 1935, in: Buschmann (wie Anm. 17), S. 154–165; Norbert Hanenberg, Daniel Lohmann, Mies van der Rohes Verseidag – Neue Erkenntnisse zur Baugeschichte und Erhalt, in: Buschmann (wie Anm. 17), S. 166–177.

29 Waltraud Bierwirth, AufRuhr. Rheinhausen 1987/1997, Essen 1997.

Abb. 6: Das Epanchoir in Neuss (Foto: Peter Henkel).

Epanchoir, Neuss (Verkehr)

Zu den zeitlich ältesten Objekten der Industrieroute zählt das Epanchoir in Neuss. Mit dem 1809 begonnenen Bau des Nordkanals verfolgte Napoleon einen ambitionierten Plan, um die Zölle der niederländischen Häfen zu umgehen. Der Kanal sollte den Rhein direkt mit dem französisch kontrollierten Hafen Antwerpen verbinden. Unter der Bezeichnung *Grand Canal du Nord* war ein 16 Meter breites Wasserbauwerk mit neun Schleusen auf 53 Kilometern Länge zwischen Neuss-Grimlinghausen und Venlo geplant. Aufgrund der politischen Entwicklung endeten die Arbeiten aber bereits 1811. Zur Euroga 2002 wurde entlang des Kanallaufs die „Fietsallee" am Nordkanal ausgewiesen, über die man heute per Rad den Kanal und seine Geschichte entdecken kann. Das Epanchoir in Neuss war das erste Wasserbauwerk seiner Art in Deutschland und sollte an der Kreuzung von Obererft und Nordkanal den Wasserstand des Kanals regulieren. Später teilweise überbaut, wurde es nach dem Abriss eines

Gebäudes der St. Augustinus-Kliniken rekonstruiert und auf 22 mal 45 Metern seit 2016 wieder erlebbar gemacht.[30] Es zählt zu den „Geheimtipps" der Route.

Mannesmann, Düsseldorf (Eisen und Stahl)

Direkt an der Rheinuferpromende gelegen, stellen die beiden Mannesmann-Häuser geradezu Inkunabeln des Industrieverwaltungsbaus dar. Das ältere, errichtet 1910–1912, entstand nach dem Umzug der Mannesmannröhren-Werke von Berlin nach Düsseldorf als prestigeträchtige Konzernzentrale. Der Entwurf stammt von Peter Behrens, an der Ausführung waren über sein Büro alle namhaften Architekten der damaligen Zeit wie Walter Gropius, Mies van der Rohe und Le Corbusier beteiligt. Das Gebäude markiert bei Behrens die Wende vom geometrisierenden Jugendstil zum Neoklassizismus mit Anklängen an italienische Renaissancepaläste.[31]

Nicht minder bedeutend ist das benachbarte, 88 Meter hohe Mannesmann-Hochhaus mit 25 oberirdischen Geschossen, gebaut 1956–1958 nach Paul Schneider-Esleben. Es war das erste deutsche Hochhaus in Skelettbauweise mit vorgehängter Fassade aus emaillierter Stahlblechbrüstung und Festverglasung. Stahlrohre als Teil des konstruktiven Skeletts verweisen auf die Röhrenfabrikation des Auftraggebers, die blau-weiße Fassade auf die Mannesmannfarben. Nach der seinerzeit größten Übernahmeschlacht der Wirtschaftsgeschichte fiel Mannesmann an die britische Vodafone, die das Ensemble bis 2012 nutze. Heute werden beide Gebäude durch die Landesregierung NRW genutzt. Sie zählen zweifelsohne zu den „Blickpunkten" der Route. Thematisch ergänzt wird dieser Standort durch den Stahlhof, das Walzstahlhaus und dem Neuen Stahlhof in Düsseldorf.

Ringofen Sassen, Düsseldorf (Ton, Steine, Erden)

Zwischen 1880 und 1950 war die Ziegelindustrie in Düsseldorf eine prägende Industrie. Mehr als 400 Feldbrand- und über 40 Ringofenziegeleien versorgten die Stadt mit dem notwendigen Baustoff. Um Düsseldorf herum

30 Hans Scheller/Jürgen Huck (Hrsg.), Der Nordkanal zwischen Neuss und Venlo, Neuss 1980; Klaus Karl Kaster, „Wir heben einen Schatz" – Von der Idee zur Wirklichkeit. Die Restaurierung des Epanchoirs, eines ingenieurtechnischen Meisterwerks aus napoleonischer Zeit in Neuss, in: Jahrbuch für den Rhein-Kreis Neuss 2018, S. 214–223.

31 Horst A. Wessel, Die Mannesmann-Verwaltung am Düsseldorfer Rheinufer, in: Düsseldorfer Jahrbuch 84, 2014, S. 239–264.

Gesenkschmiede Hendrichs, Solingen (Maschinen und Motoren)

Das Museum in Solingen wartet mit einer Besonderheit auf. Es befindet sich nicht nur in einer samt Einrichtung komplett erhaltenen historischen Fabrik, deren älteste Teile von 1886 stammen, sie ist auch noch funktionsfähig. Das erleben die Besucher, wenn vor ihren Augen die Museumsschere produziert wird. Darüber hinaus gibt die 1896 errichtete Fabrikantenvilla Einblick in Wohlstand und Lebenssituation der Eigentümerfamilie. Das Unternehmen F. & W. Hendrichs – Scherenschlägerei und Gesenkschmiede, das mit 33 Fallhämmern zu den größten in Solingen zählte, stellte 1986 seine Produktion ein und öffnete bereits wenige Monate später seine Pforten als Schauplatz des LVR-Industriemuseums. Mehrere Nebenstellen des Museums – u. a. ein Schleifkotten, eine Dampfschleiferei und eine Taschenmesserreiderei – erschließen die besondere Solinger Industriegeschichte. Das LVR-Museum ist ein „Ankerpunkt" der Route.[36]

Bayer, Leverkusen (Chemie)

Kein Ort entlang des Rheins steht so sehr für die Industrialisierung wie Leverkusen. 1861 verlagerte der Chemiker Carl Leverkus seine Ultramarinfabrik von Wermelskirchen nach Wiesdorf, dem heutigen Stadtzentrum Leverkusens. Der Fabrik und der Werksiedlung gab er in Anlehnung an den Familienstammsitz bei Lennep den Namen Leverkusen. 1891 erwarb die Farbenfabriken vorm. Friedrich Bayer & Comp. die Ultramarinfabrik am Rhein. Unter der Planung von Carl Duisberg entstand ein hochmodernes Werksareal mit angeschlossenen Werkssiedlungen. Parallel zum Unternehmen wuchs auch der Ort. 1930 wurden mehrere Gemeinden mit Wiesdorf unter dem Namen Leverkusen zusammengefasst. Neben den Werksanlagen aus der Gründungszeit, der Hauptverwaltung Pharma und der Tablettenfabrik entlang der Kaiser-Wilhelm-Allee sind weitläufige Werkssiedlungen für Angestellte, Arbeiter und Direktoren des Unternehmens erhalten. Das Informationszentrum der Bayer AG, das Baykomm Communication Center, öffnet dem Besucher die Unternehmenswelt von Bayer. Das Koloniemuseum auf der Nobelstraße vermittelt einen Eindruck der Lebens- und Wohnwelt der Bayerarbeiter in einer Arbeiterkolonie in den 1920er Jahren. Direkt gegenüber dem Museum befindet sich das Bayer Erholungsheim,

36 Rheinisches Industriemuseum (Hrsg.), Gesenkschmiede Hendrichs. Solinger Industriegeschichte zwischen Handwerk und Fabrik, Essen 1999.

Abb. 8: Die Papiermaschine PM3 im LVR Industriemuseum Alte Dombach (Foto: Peter Henkel).

das heute kulturell genutzt wird.[37] In Leverkusen kombinieren sich auf engem Raum die Kategorien „Still alive" und „Geheimtipp".

Papierfabrik Alte Dombach, Bergisch Gladbach (Papier)

Bei Bergisch Gladbach liegt das größte Papiermuseums Deutschlands. Seit 1582 wurde an der Strunde Papier hergestellt. Die 1618 gegründete Dombach-Mühle war die dritte Papiermühle an diesem Bach, der durch seinen gleichmäßigen Wasserstand die notwendige Voraussetzung bot. Die Mühle entwickelte sich unter Gustav Müller erfolgreich, er erweiterte den Betrieb

37 Stefan Blaschke, Unternehmen und Gemeinde. Das Bayerwerk im Raum Leverkusen 1891–1914, Köln 1999; Stadtarchiv Leverkusen (Hrsg.), Leverkusen, Geschichte einer Stadt am Rhein, Bielefeld 2005.

um die Neue Dombach. 1818 plante er sogar, hier die erste Papiermaschine Deutschlands in Betrieb zu nehmen, die aber im Dauerbetrieb scheiterte, und geriet in wirtschaftliche Schwierigkeiten. 1827 übernahm der Hauptgläubiger Jakob Maurenbrecher aus Düsseldorf die Alte und Neue Dombach. Unter der Familie Maurenbrecher wurde die Papiermühle zu einer Papierfabrik ausgebaut. Die Papierfabrik Zanders kaufte 1876 die Neue und Alte Dombach, damals arbeiteten hier 160 Menschen. Bereits 1900 wurde die Alte Dombach stillgelegt, 1930 dann die Neue Dombach. 1987 übertrug Zanders die Alte Dombach an den LVR, der dort seit 1999 das LVR-Industriemuseum Alte Dombach führt. Sehenswert ist die 40 Meter lange Papiermaschine PM4 aus dem Jahre 1889 in der direkt benachbarten Neuen Dombach. Neben einem Themenspielplatz für Kinder kann man sich im „Ankerpunkt" der Industrieroute Rheinschiene auch selbst als Papierschöpfer versuchen. An der Gohrsmühle (ehemals Zanders) im Zentrum von Bergisch-Gladbach wird noch heute Papier produziert. Die Fabrik steht im Bereich der ehemaligen Braunkohlegrube Johann Wilhelm. Die ehemalige Direktorenvilla im Stadtzentrum, die Villa Zanders, wird heute als Kunstgalerie genutzt.[38]

Deutz Motoren AG, Köln (Maschinen und Motoren)

„Deutz ist die Wiege der Weltmotorisierung", so lautet oft die Bewertung der Deutz Motoren AG. 1864 gründete Nicolaus August Otto die erste Gasmotorenfabrik der Welt und entwickelte den Otto-Motor. Von 1872 an arbeiteten Gottfried Daimler und Wilhelm Maybach zehn Jahre lang für die Gasmotoren-Fabrik Deutz AG. Auch Ettore Bugatti hat einige Jahre in Deutz gearbeitet. Ohne die hier gemachten Erfahrungen wären ihre späteren Entwicklungen nicht denkbar. Beachtenswert war der gemeinsame Ausstellungspavillon der Gutehoffnungshütte (GHH) Oberhausen und der Deutz AG bei der großen Industrieausstellung 1902 in Düsseldorf. Diese Konstruktion gilt als Nobilitierung des Stahlfachwerkbaus außerhalb der Industriearchitektur. Während die Halle der Deutz AG nach der Ausstellung in vereinfachter Form auf dem Werksgelände Verwendung fand, ging die Halle der Gutehoffnungshütte nach Mexiko, wo sie heute als Nationalmuseum genutzt wird. Nach wie vor zählt die Deutz AG zu den weltweit führenden Motorenherstellern. Im firmeneigenen Technikum in Köln-Porz kann die Geschichte der Motorenherstellung besich-

38 Sabine Schachtner, Größer, schneller, mehr. Zur Geschichte der industriellen Papierproduktion und ihrer Entwicklung in Bergisch Gladbach, Köln 1996.

tigt werden. Da die noch bestehenden Werkanlagen z.Zt. brach liegen, zählt dieser zentrale Ort der Automobilgeschichte zu den „Geheimtipps" der Route.[39]

Hohenzollernbrücke, Köln (Rheinbrücken)

Sie zählt sicherlich zu den berühmtesten Rheinbrücken und bildet mit dem Kölner Dom das Köln-Panorama schlechthin. Zwischen 1907 und 1911 errichtet, löste sie die alte Dombrücke ab, die als erste feste Kölner Rheinbrücke seit römischer Zeit gilt. Auf Wunsch des Kaisers Wilhelm I. wurde die Brücke in der Achse des in Fertigstellung begriffenen Domes angelegt; dies ermöglichte den Bau des Hauptbahnhofs in unmittelbarer Domnähe. Die als dreiteilige Gitterkastenbrücke konstruierte und deshalb auch „Mausefalle" genannte erste Brücke wurde durch eine Bogenbrücke mit zwei kleineren seitlichen und einem großen Mittelsegment von insgesamt etwa 350 m Länge ersetzt. Die Hohenzollernbrücke ist heute eine reine Eisenbahn- und Fußgängerbrücke. Die von Franz Schwechten als neuromanische Burgen gestalteten Brückenköpfe trug man nach dem Zweiten Weltkrieg ab. 1989 wurde die Brücke, deren südlicher Straßenteil nach 1945 nicht wiederhergestellt worden war, nach Norden um eines auf drei Gleispaare erweitert.[40] Von diesem „Blickpunkt" hat man einen hervorragenden Blick auf das Schokoladenmuseum mit Rheinauhafen.

Lindt-Schokoladenmuseum, Köln (Lebensmittel und Rheinhäfen)

Im ehemals durch Handelsschifffahrt geprägten Rheinauhafen liegt das Schokoladenmuseum. Hans Imhoff, Inhaber der Stollwerck AG, einem seinerzeit weltweit führenden Schokoladenhersteller, ließ das Museum als Erweiterung des Preußischen Zollamtes (1891) bis 1993 errichten. Die Ausstellung zeigt die Geschichte der Schokoladenherstellung von den Maya und Azteken bis hin zur heutigen industriellen Produktion, die anhand einer Miniaturproduktionsanlage demonstriert wird. Das Museum gehört heute zu den meistbesuchten Museen Deutschlands. Die Lage an der Hafenspitze im Bereich einer alten Schwenkbrücke und eines Malakoffturms steht symbolisch für den Strukturwandel des

39 http://rheinische-industriekultur.com/seiten/objekte/orte/koeln/objekte/Gasmotorenfabrik.html; 17.3.2018; Walter Buschmann, Kölner Industriekultur. Bedeutung und Überlieferung, in: ders., Rhein-Ruhr (wie Anm. 6), S. 107–125; https://www.deutz.com/ueber-uns/tradition-und-kultur/technikum/; 17.3.2018.

40 Lothar Hammer, Köln: Die Hohenzollernbrücke und die deutsche Brückenarchitektur der Kaiserzeit, Köln 1997.

Rheinauhafens, der zwischen 1892 und 1898 als neuer innerstädtischer Hafen Kölns entstand. Zwischen 1998 bis 2009 wurde er zu einem Wohn-, Büro- und Dienstleistungsquartier umgestaltet, das klassische Hafen- mit anspruchsvoller zeitgenössischer Architektur wie den Kranhäusern verbindet. In einer der drei Zollhallen befindet sich heute zudem das Deutsche Sport- und Olympia Museum. Während das Schokoladenmuseum als „Ankerpunkt" zählt, gehört der Rheinauhafen zu den „Blickpunkten" der Route.[41]

Keramion, Frechen (Ton, Steine, Erden)

Der Frechener Raum galt seit der Frühen Neuzeit als ein Zentrum der Steingutherstellung. Zahlreiche Bodendenkmäler, besonders die frei zugänglichen Töpferöfen in der Broichgasse, dokumentieren dies eindrucksvoll. Diesen Bezug greift das Keramion auf, ein Museum, das der Frechener Steinzeugunternehmer Gottfried Cremer begründete. Peter Neufert und Stefan Polonyi konzipierten das außergewöhnliche Museum 1971 in optischer Anlehnung an eine Töpferscheibe. 2002 wurde die Privatgalerie für internationales Steingut mit dem städtischen Keramikmuseum zur Stiftung Keramion zusammengelegt. Schwerpunkte bilden rheinisches Steinzeug und Irdenware vom 13. bis zum 20. Jahrhundert, wie die berühmten Bartmannkrüge. Die Sammlung Cremer legt ihren Schwerpunkt auf deutsche Kunstkeramik des 20. Jahrhunderts. Hinzu kommen regelmäßige Sonderausstellungen.[42] Das Keramion ist ein „Ankerpunkt" für die Region innerhalb der Industrieroute Rheinschiene.

Indemann, Inden (Montan)

Oben auf der Abraumhalde Goltsteinkuppe steht die 36 m hohe Stahlkonstruktion des Indemanns. Auf zwölf Ebenen, die über 216 Stufen erklommen werden können, bietet sich ein eindrucksvolles Panorama der sich ändernden Landschaft des Tagebaus Inden. Besonders im Dunkeln ist der illuminierte Indemann eine unverwechselbare Landmarke. Das Braunkohlerevier hat den Naturraum nachhaltig verändert und eine beeindruckende Industrielandschaft entstehen lassen. Weitere Aussichtspunkte wie der Römerturm bei der Sophienhöhe im

41 Andrea Durry, Das Schokoladenmuseum: Geschichte und Gegenwart der Schokolade, Köln 2008; Ulrich Krings, Köln. Der Rheinauhafen. Geschichte – Gestalt – Umnutzung, in: Buschmann (wie Anm. 6), S. 334–360.

42 Stiftung Keramion (Hrsg.), Dr. Gottfried Cremer – Gründer des Keramion, Köln 2006; Stiftung Keramion (Hrsg.), Keramion, Frechen 2008.

Hambacher Tagebau oder der Skywalk bei Garzweiler erlauben imponierende Ausblicke und sind somit „Blickpunkte“ der Industrieroute.[43]

Kennedybrücke, Bonn (Rheinbrücken)

Um dem steigenden Verkehr zwischen den beiden Rheinseiten und auf dem Rhein gerecht zu werden, plante die Stadt Bonn bereits seit 1889 den Bau einer Rheinbrücke. Dem standen zunächst langwierige Verhandlungen zur Entschädigung der Fährgesellschaft und die eindeutige Klärung der Standortfrage entgegen. So dauerte es bis 1898, ehe die Rheinbrücke nach Plänen von Bruno Möhring erbaut werden konnte. Sie war seinerzeit die größte Bogenbrücke der Welt, errichtet von der Gutehoffnungshütte, Oberhausen. Deutsche Truppen sprengten das Bauwerk kurz vor Kriegsende. 1948/1949 wurde an ihrer Stelle auf den alten Pfeilern eine neue Brücke errichtet, die seit 1963 Kennedybrücke heißt. An die Streitigkeiten zur Errichtung der ersten Brücke erinnern noch heute die Brückenmännchen, Steinskulpturen, die auch an der neuen Brücke verbaut wurden. An der Südseite dieses „Blickpunktes“ wurde 2011 über die gesamte Breite eine Solaranlage angebracht. Sie gilt als die erste dieser Art an einer europäischen Flussbrücke.[44]

Abb. 8: Das Brückenmännchen an der Bonner Kennedy-Brücke (wikicommons).

Rohmühle, Bonn (Ton, Steine, Erden)

In Anbetracht des vornehmen Restaurants und der modernen Büros in den historischen Gebäuden verwundert es vielleicht, dabei an den Überresten der zweitältesten deutschen Zementfabrik (1856–1858) zu stehen. Hier befand sich das Labor von Hermann Bleibtreu, dem Doyen der deutschen Zementproduktion nach englischem Vorbild. Nach der ersten Portland-Zementfabrik in Stettin folgte das Bonner Werk als Teil des Bonner Bergwerks- und Hüttenvereins.

43 http://www.indeland.de/assets/userfiles/img/locations/indemann/Flyer-Indemann.pdf; 17.3.2018.

44 „Kennedybrücke Bonn“, in: KuLaDig, Kultur.Landschaft.Digital., https://www.kuladig.de/Objektansicht/O-31663-20120118-2; 11.4.2018.

Zentraler Bestandteil der Anlage war die viereinhalbgeschossige Kalksteinmühle. Der Bonner Zement wurde u. a. auch für den Bau des Kölner Doms verwendet. 1987 wurde der Betrieb geschlossen. Von einem umfangreichen Gebäudebestand blieben die denkmalwerten Bauten Rohmühle, Verwaltung und Wasserturm erhalten. Das Innere des Restaurants lässt den industriellen Charakter der Anlage aber noch deutlich erkennen.[45]

LVR-Industriemuseum Tuchfabrik Müller Euskirchen (Textil)

Die alte Tuchfabrik in Euskirchen, heute Standort des LVR-Industriemuseums und „Ankerpunkt" der Industrieroute Rheinschiene, ist eine der besterhaltenen historischen Fabrikanlagen. 1801 ursprünglich als Papiermanufaktur entstanden, entwickelte sie sich zu einer Tuchfabrik, in der robuste Wollstoffe, Loden und Militäruniformen produziert wurden. Seit den 1950er Jahren geriet sie unter Druck, auch bedingt durch den überalterten Maschinenpark aus der Jahrhundertwende. 1961 stellte die Fabrik den Betrieb ein, wurde aber vom Eigentümer über Jahrzehnte in Stand gehalten in der Hoffnung, später einmal die Produktion wieder aufnehmen zu können. So blieb die Fabrik in ihrem Originalzustand von 1961 erhalten, mit allen Spuren, die der Fabrikalltag bis dahin hinterlassen hatte. Am Tor der Färberei ist noch das Rezept einer Farblösung angeschrieben. Der LVR übernahm die Anlage 1988 und reaktivierte die Maschinenanlagen, so dass die Besucher die verschiedenen Produktionsschritte miterleben können.[46]

Diese Auswahl kann nur einen ersten Eindruck der „Industrieroute Rheinschiene" vermitteln. Der 2017 vorgelegte Flyer weist schon 30 Objekte aus. Auf der Website werden laufend weitere qualifizierte Objekte aufgenommen, wodurch die Route zunehmend an Kontur gewinnt. Zudem ist zurzeit eine Wanderausstellung in Planung, die das Projekt „Industrieroute Rheinschiene" in die Region tragen soll.

45 http://rheinische-industriekultur.com/seiten/objekte/orte/bonn/objekte/zementfabrik.html; 17.3.2018.

46 Landschaftsverband Rheinland/Rheinisches Industriemuseum Euskirchen (Hrsg.), Erinnerungsstücke einer Fabrikwelt. Die Tuchfabrik Müller, Ausst.-Kat. Rheinisches Industriemuseums Euskirchen, Essen 2000; http://www.industriemuseum.lvr.de/de/euskirchen/Tuchfabrik_Mueller_1.html; 17.3.2018.

Chronik der Stadt Düsseldorf für 2017

Bemerkenswerte Ereignisse

Zusammengestellt von Andrea Trudewind, Stadtarchiv Düsseldorf

Die angeführten Daten geben in der Regel den Tag des Vorkommnisses wieder. In einzelnen Fällen kann auch der Tag der Bekanntgabe in der Presse genannt sein.

Januar

1.1. Jörn Hohenhaus wird neuer Kanzler der Kunstakademie.

7.1. Die Messe feiert ihr 70-jähriges Bestehen. Sie wurde 1947 als Nowea (Nordwestdeutsche Ausstellunggesellschaft) gegründet.

16.1. Das traditionsreiche Gewürzhaus in der Altstadt eröffnet neue Geschäftsräume an der Kapuzinergasse.

18.1. Der ehemalige Messe-Chef Kurt Schoop (1967–1984) stirbt in Travemünde im Alter von 95 Jahren.

19.1. Eine bei Bauarbeiten an der Schwannstraße gefundene Fünf-Zentner-Bombe aus dem Zweiten Weltkrieg wird erfolgreich entschärft.

20.1. Seit 60 Jahren gibt es Radarkontrollen. Der erste Versuch fand in Düsseldorf statt.

21.–29.1. Die weltgrößte Wassersport-Messe „Boot“ findet statt. Bei einem Meeresumweltsymposium hält Fürst Albert von Monaco die Eröffnungsrede.

22.1. Das Junge Schauspielhaus feiert sein 40-jähriges Bestehen. Erste Leiterin war Barbara Oertel-Burduli.

26.1. Prof. Susanne Hahn von der Heinrich-Heine-Universität erhält den mit 100.000 € dotierten Preis für Philosophie und Sozialethik der Hamburger Max-Uwe-Redler-Stiftung.

Februar

1.2. Bis Ende Februar läuft der Räumungsverkauf von Galeria Kaufhof im Carsch-Haus. Das Untergeschoss wird umgebaut und das Angebot neu sortiert. Die restlichen vier Etagen werden ab Sommer vom Warenhaus „Saks off 5th" übernommen.

5.2. Weil das Klostergebäude abgerissen wird, wird in der Firminus-Klause der Franziskaner an der Immermannstraße zum letzten Mal Essen an Mittellose ausgeteilt.

7.2. Die letzte Schuhmusterschau GDS startet. Nach 61 Jahren übernimmt nun die Igedo die Präsentation von Schuhmoden.

19.2. Die derzeit älteste Düsseldorferin, Lucie Neumann, stirbt im Alter von 110 Jahren. Bis zu ihrem 107. Lebensjahr lebte sie in einer eigenen Wohnung, bevor sie in ein Altenheim zog.

20.2. Am Elbsee wird das „vabali spa Düsseldorf" mit zehn Saunen, zwei Dampfbädern und einem Laconium, zwei Pools und zahlreichen Ruheräumen als Wellness-Center eröffnet.

28.2. Das in Düsseldorf gegründete Textilgeschäft Strauss schließt nach 105 Jahren.

März

4.3. Erstmals findet die Verleihung des Friedrich-Becker-Preises in Düsseldorf statt. Der Preis erinnert an den Düsseldorfer Goldschmied Friedrich Becker (1922–1997, u. a. Oberbürgermeisterkette) und wurde 1999 von seiner Witwe und der Gesellschaft für Goldschmiedekunst in Hanau gestiftet. Diesjähriger Preisträger ist Michael Becker aus München (zufällige Namensgleichheit).

9.3. An der Theodorstraße wird bei Bauarbeiten eine Fünf-Zentner-Bombe aus dem Zweiten Weltkrieg direkt neben der Auffahrt zur A52 gefunden. Für die Entschärfung wird die Autobahn 52 gesperrt, später auch die A44. Ca. 8.000 Anwohner werden evakuiert.

9.3. Bei einem Amoklauf im Hauptbahnhof verletzt ein 36-jähriger Mann, offensichtlich psychisch gestört, sieben Menschen zum Teil schwer. Nach einem Fluchtversuch, bei dem er sich verletzt, kann er festgenommen werden.

21.3. Die Heinrich-Heine-Gesellschaft und das Heinrich-Heine-Institut haben erstmals den „Heinrich-Heine-Taler" verliehen. Erster Preisträger ist Prof. Dr. Joseph Anton Kruse, der 34 Jahre das Heine-Institut geleitet und viel über Heine publiziert hat.

25.3. Zum 17. Mal findet die Nacht der Museen statt. Themen in diesem Jahr sind unter anderem Frankreich und der Grand Départ.

28.–30.3. Düsseldorf ist Gastgeber des 16. Deutschen Kinder- und Jugendhilfetags.

31.3. Das Textilgeschäft Bornemeyer an der Schadowstraße schließt nach fast 90 Jahren.

April

1./2.4. Die griechische Gemeinde feiert zum ersten Mal ein Griechenland-Fest auf dem Marktplatz.

5.4. Für das Schulgebäude des Heinrich-Hertz-Berufskollegs an der Redinghovenstraße wird der Grundstein gelegt.

5.4. Die Abrissarbeiten der Epiphaniaskirche in Rath beginnen. Auf dem Gelände entstehen eine Kindertagesstätte und eine Kapelle für ökumenische Gottesdienste.

5.4. Seit 25 Jahren engagieren sich Männer und Frauen in der Armenküche in der Altstadt, zurzeit sind dies 60 Personen. Die Finanzierung läuft komplett über Spenden. Nur die Räumlichkeiten werden von der Stadt zur Verfügung gestellt.

8.4.–30.7. Im Museum Kunstpalast findet eine große Lucas-Cranach-Ausstellung statt.

13.–17.4. Die U19 Champions Trophy (früher: BV04 Osterturnier) findet erstmals am Flinger Broich statt. Zum vierten Mal in Folge gewinnt die Fußballmannschaft von RB Salzburg.

22.4. Am Burgplatz ersetzen nun farbige Keramikelemente die ursprüngliche Gestaltung mit aufgemalten Farbtupfern an der Mauer der Freitreppe. Das Kunstwerk „Rivertime“ stammt von Prof. Hermann-Josef Kuhna.

30.4. Mehr als 16.000 Läufer (viele Staffeln) nehmen am Rhein-Marathon teil. Sieger sind Robert Chemonges (Uganda, 2:10:30 Std.) und Doroteia Alves (Portugal, 2:32:00 Std.)

30.4. Die evangelische Pauluskirche in Unterrath wird wegen der Zusammenlegung von Gemeinden geschlossen. Ein Abriss des Gebäudes ist nicht vorgesehen.

Mai

4.–10.5. Die Messe Interpack ist die größte Fachmesse, die seit 1958 alle drei Jahre regelmäßig in Düsseldorf stattfindet.

11.5. Das neue Schulgebäude des Albrecht-Dürer-Berufskollegs an der Paulsmühlenstraße feiert Richtfest.

11.–14.5. Mit verschiedenen Veranstaltungen wird die 25-jährige Städtepartnerschaftvon Düsseldorf und Moskau gefeiert.

12.5. Der diesjährige Helmut-Käutner-Preis wird an die Filmregisseurin Margaretha von Trotta verliehen.

14.5. An der Landtagswahl in Nordrhein-Westfalen beteiligen sich in Düsseldorf 67,8 Prozent der Wahlberechtigten. Ergebnis in Düsseldorf: CDU: 30,9 %; SPD: 26,6 %; Grüne: 8,1 %; FDP: 17,5 %; Piraten: 0,9 %; Linke: 6,2 %; AfD: 6,3 %; Sonstige: 3,6 %.

19.5. Das Hallenbad in Unterrath wird 50 Jahre alt.

20.5. 650.000 Besucher kommen zum 16. Japan-Tag an den Rhein, der mit einem großen Feuerwerk endet.

29.5.–5.6. Auf dem Messegelände findet die Tischtennis-Weltmeisterschaft statt. Es nehmen 130 Nationen mit 700 Aktiven teil. Die deutschen Spieler scheiden im Viertelfinale aus. Einzelsieger der Finals (Herren und Damen) sind die Chinesen Ma Dong und Ding Ning.

Juni

1.6. Christian Zaum wird als neuer Beigeordneter vereidigt. Zu seinem Ressort gehören Rechtsamt, Ordnungsamt, Amt für Statistik und Wahlen, Amt für Wohnungswesen und die Bereiche Datenschutz und Regionale Angelegenheiten.

1.6. Mit dem ersten Spatenstich startet der Bau des Projekts „Kö-Bogen II“ am Gustaf-Gründgens-Platz.

1.–4.6. Bei der 25. Jazz Rally finden 65 Konzerte in Düsseldorf statt, zu denen rund 300.000 Besucher kommen.

8.–11.6. Der Bücherbummel auf der Königsallee hat ca. 200.000 Besucher.

24.–25.6. Rund 1.800 Teilnehmer aus 30 Nationen nehmen an verschiedenen Disziplinen (Junioren, Senioren, Sprint-Europameisterschaft, Amateure) des Triathlons teil. Bei der Sprint-Europameisterschaft gewinnen Joao Pereira (Portugal) und Laura Lindemann (Potsdam).

30.6. Die Grundschule an der Krahnenburgstraße in Lichtenbroich feiert ihr 60-jähriges Bestehen mit einem Sommerfest und einer Zirkus-Projektwoche.

30.6. Zum Grand Départ der Tour de France findet an Schloss Benrath ein Lichterfest mit einem Konzert der Düsseldorfer Symphoniker statt. Dabei ist auch internationale Prominenz: Fürst Albert von Monaco, Tourdirektor Christian Prudhomme, der französische Generalkonsul Vincent Muller und viele andere.

31.6./1.7. Gelungener Start der Tour de France mit einem Zeitfahren in Düsseldorf. Trotz Regens kommen an beiden Tagen insgesamt 1,3 Mio. Fahrradbegeisterte an den Streckenrand. 2.500 freiwillige Helfer sorgen an der ganzen Strecke für einen reibungslosen Ablauf der Veranstaltung.

Juli

1.7. Die Band Kraftwerk gibt im Rahmen des Grand Départ im Ehrenhof eines ihrer seltenen Konzerte.

1.7. Der Lernort Studio feiert 40-jähriges Bestehen. Ziel der Einrichtung ist es, die Kreativität von Schülern zu stärken.

1.7. Die Notfallpraxis feiert ihr 25-jähriges Jubiläum. Zunächst war der Sitz an der Erkrather Straße. Später zog man zum Evangelischen Krankenhaus um.

4.7. Der Düsseldorfer Polizeihistoriker Klaus Dönecke stirbt im Alter von 62 Jahren. Er hatte den Verein „Geschichte am Jürgensplatz" mitgegründet und die Rolle der Düsseldorfer Polizei im Nationalsozialismus untersucht. Für seine Verdienste wurde er mit dem Bundesverdienstkreuz, als Gerechter unter den Völkern bei Yad Vashem, dem Verdienstorden des Landes NRW und der Josef-Neuberger-Medaille ausgezeichnet.

4.7. Der neue Rheindüker wird seiner Bestimmung übergeben. Abwasser aus dem Düsseldorfer Norden fließt nun durch eine neue Leitung unter dem Rhein in das Klärwerk Meerbusch-Ilverich.

7.7. Das Düsseldorfer Kom(m)ödchen feiert sein 70-jähriges Bestehen.

7.–9.7. Zum 17. Mal findet das Frankreichfest statt. In diesem Jahr kommen mehr als 100.000 Besucher zur Rheinpromenade.

8.7. Zum Open Source Festival kommen 7.000 Musikfans auf die Rennbahn.

9.7. Mit einem Tag der offenen Tür wird im Kinderhospiz Regenbogenland ein Erweiterungsbau für ein Jugendhospiz eingeweiht.

10.7. Feuerwehrsprecher Heinz Engels geht nach 44 Jahren in den Ruhestand. 2001 wurde er erster hauptamtlicher Pressesprecher der Feuerwehr.

30.7.–28.8. Der Heimatverein Düsseldorfer Jonges feiert sein 85-jähriges Bestehen mit einer Ausstellung im Stadtmuseum.

August

1.8. Der neue Rektor der Kunstakademie, der Architekt Karl-Heinz Petzinka, nimmt seine Tätigkeit auf.

8.8. Die Entschärfung einer Fliegerbombe aus dem Zweiten Weltkrieg an der Merziger Straße in Derendorf verläuft ohne Probleme. Drei Hauptverkehrsachsen sind von Sperrungen betroffen. Ein Pflegeheim muss komplett geräumt werden.

12.–26.8. Das 40° Urban Art-Festival findet alle zwei Jahre in Düsseldorf statt. In diesem Jahr wird die Straßenkunst in Holthausen präsentiert.

15.8. Der Kraftwerksblock „Fortuna“ der Stadtwerke auf der Lausward wird wegen seiner Klimafreundlichkeit ausgezeichnet. Er gehört nun zur „Klima.Expo.NRW“.

16.8. Die Ballett-Kompanie von Martin Schläpfer an der Deutschen Oper am Rhein ist zum vierten Mal in Folge bei einer Kritiker-Umfrage zur Tanzkompanie des Jahres gewählt worden.

19.8. Im Alter von 103 Jahren stirb der Maler Karl Otto Götz. Er war 1959–1979 Professor an der Kunstakademie Düsseldorf.

24.8. Peter Albers, Leiter der Düsseldorfer Feuerwehr, wird auf der Kniebrücke mit einem Spalier von Mitarbeitern aller Dienststellen in den Ruhestand verabschiedet.

28.8. Am Kö-Bogen wird der Joachim-Erwin-Platz eingeweiht.

September

1.9. Die Juristin Brigitta Radermacher wird neue Regierungspräsidentin in Düsseldorf.

1.9. Das Bündnis „Düsseldorfer Appell“ kämpft seit 25 Jahren gegen Fremdenfeindlichkeit.

3.9. Der Kö-Lauf findet in verschiedenen Disziplinen und Altersklassen auf der Königsallee statt.

12.–17.9. An dem diesjährigen internationalen Aeolus-Wettbewerb nehmen 260 Musiker aus 44 Ländern teil. Es wird kein erster Preis verliehen, sondern zwei zweite Preise: Demin Matvey aus Russland (Flöte) und Eudes Bernstein aus Paris (Saxophon). Der dritte Preis geht an Christoph Schneider aus Frankfurt am Main (Klarinette). Der Publikumspreis wird ebenfalls an Demin Matvey verliehen.

14.9. Die Servicestelle für Antidiskriminierungsarbeit (Sabra) wird eröffnet. Sie bietet Beratung bei Vorfällen von Rassismus und Antisemitismus.

22.–24.9. Nach umfangreicher Sanierung wird die Wiedereröffnung des Aquazoos drei Tage lang gefeiert.

25.9. An der Neubrückstraße/ Ecke Mutter-Ey-Platz (Andreasquartier) wird das Mutter-Ey-Denkmal, geschaffen von Bert Gerresheim, eingeweiht.

25.9. Die Ferdinand-Heye-Schule in Gerresheim feiert ihr 150-jähriges Bestehen.

28.9. Die Künstlerin und Kunstmäzenin Gabriele Henkel stirbt im Alter von 85 Jahren.

28.9. Seit 200 Jahren gibt es ein Eichamt in Düsseldorf. Seit 1974 ist der Sitz der Landesbehörde in Heerdt.

30.9. Mit einem Festakt feiert das Gymnasium an der Koblenzer Straße sein 50-jähriges Bestehen.

Oktober

1.10. Die neue Firminusklause der Franziskaner wird vom Stadtdechanten an der Oststraße 40 eingeweiht. Im neuen Speisesaal finden 50 Personen Platz. Die alte Klause an der Immermannstraße wurde im Februar geschlossen, weil die Klostergebäude abgerissen wurden.

6.10. Mit einem Festakt feiert das Max-Planck-Institut für Eisenforschung sein 100-jähriges Bestehen.

6.–8.10. Zum 70. Jubiläum der Partnerschaft zwischen Düsseldorf und Reading (Großbritannien) findet erstmalig das „Reading-Weekend“ in Düsseldorf statt.

8.10. Im Museum Kunstpalast findet die Abschiedsfeier des Freundeskreises für den langjährigen Direktor Beat Wismer statt.

11.10. Das neue „Andreasquartier“ hinter dem alten Amts- und Landgericht an der Mühlenstraße wird eingeweiht.

15.10. Die Galerie Paffrath auf der Königsallee wird 150 Jahre alt.

17.10. Das Roncalli-Apollo-Varieté unter der Kniebrücke feiert sein 20-jähriges Bestehen.

17.10. Die Buchhandlung BiBaBuZe (Bilker Basis-Buch-Zentrale) ist seit 40 Jahren am Bilker Bahnhof ansässig.

18.10. Nach Abschluss der Bauarbeiten der Wehrhahnlinie wird der Corneliusplatz mit dem wieder aufgebauten Schalenbrunnen freigegeben.

18.10. Die erste Einkaufspassage auf der Königsallee, das Kö-Center, wird 50 Jahre alt.

19.10. Die Josef-Neuberger-Medaille der jüdischen Gemeinde wird in diesem Jahr an den Sozialrichter Jan-Robert von Renesse und den Verein Heimatsucher verliehen.

22.10. Die A-Jugend des DSD (Deutscher Sportklub Düsseldorf e. V.) gewinnt die Deutsche Hockey-Meisterschaft auf der Heim-Anlage an der Altenbergstraße in Grafenberg.

25.10. Die Altstadtwache der Polizei zieht um zur Heinrich-Heine-Allee 1.

27.10. Die letzte Maschine von Air Berlin landet in Düsseldorf, nachdem die Fluggesellschaft wegen Insolvenz den Betrieb einstellt. In Düsseldorf sind 2.000 Mitarbeiter betroffen.

November

2.11. Düsseldorferinnen und Düsseldorfer, die sich seit Jahren ehrenamtlich im sozialen oder kulturellen Bereich oder im Tier- oder Umweltschutz engagieren, werden mit dem Martinstaler ausgezeichnet. Preisträger sind: Heike Dammann, Andreas Halfmann, Hermann Hegenscheidt, Susanne Hertel, Hermann-Josef Jann, Dr. Wolf Jenkner, Jaqueline Joliet, Klaus-Peter Pfitzmann, Monika und Achim Skowronek, Günther Steinert, die „Futuro Si"-Initiative für Kinder aus Lateinamerika und die Initiative „SMS, sei schlau, mach mit, sei fit".

4.11 Die Polizei bricht in der Innenstadt eine Demonstration von Kurden ab, da es zu Krawallen kommt und verbotene Fahnen gezeigt werden.

8.11. Unter der Theodor-Heuss-Brücke wird eine öffentliche Sportfläche eröffnet, auf der Fußball, Handball und Basketball gespielt werden kann.

17.–19.11. Die neue Kunstmesse Art Düsseldorf findet in zwei Hallen der Böhlerwerke statt.

22.11. Die Düsseldorfer Firma IOX Lab erhält den Gründerpreis NRW. Seit 2015 entwickelt die Firma intelligente und vernetzte Produkte aus dem Bereich „Internet of Things".

23.11.–30.12. Die Weihnachtsmärkte in Düsseldorf sind erstmals bis zum Ende des Jahres geöffnet. Neu ist eine Eisbahn auf dem Corneliusplatz.

27.11. Die Düsseldorfer des Jahres werden vom lokalen Fernsehsender Center TV ausgezeichnet. Die Preisträger in den verschiedenen Kategorien sind: Kabarettist Dieter Nuhr für seinen Einsatz für SOS-Kinderdörfer (Ehrenamt); Kabarettist Christian Ehring (Kultur); Zero-Künstler Heinz Mack (Lebenswerk); Brigitte Grass, Präsidentin der Hochschule Düsseldorf (Wirtschaft); Ruderclub Germania Düsseldorf 1904 (Sport); Oliver Bannach, Institut für physikalische Biologie der Heinrich-Heine-Universität (Innovation & Nachhaltigkeit).

Dezember

5.12. Das Kosmetikunternehmen L'Oréal hat seine neue Europazentrale am Kennedydamm/Ecke Roßstraße bezogen. Das Gebäude hat 16 Etagen, 22.000 m² Bürofläche und ist 60 m hoch.

6.12. Die Initiative Foodsharing wird mit dem mit 2.500 Euro dotierten Umweltpreis der Landeshauptstadt ausgezeichnet.

8.12. Im Rahmen einer großen Gala wird im Maritim-Hotel der Deutsche Nachhaltigkeitspreis verliehen. Preisträger sind unter anderem Königin Mathilde von Belgien, Verhaltensforscherin Jane Goodall, Sängerin und Aktivistin Anni Lennox und Musiker Marius Müller-Westernhagen.

11.12. Die älteste Düsseldorferin, Felicitas Rau, feiert ihren 110. Geburtstag.

12.12. Die Förderpreise der Landeshauptstadt werden in diesem Jahr wie folgt verliehen: Bildende Kunst – Liza Diekwisch (Malerin) und Robert Olawnyi (Medienkünstler); Darstellende Kunst – Ann-Kathrin Adam (Tänzerin) und Rymon Zacharei (Tänzer); Musik – „Heinzen-Mead" (Duo) und „Gato Preto" (Band); Literatur – Marlene Röder (Autorin); Wissenschaft – Junior-Professorin Dr. Annika Herr (Gesundheitsökonomin).

12.12. In einem ersten Abschnitt des Hofgartens können die Gaslaternen wieder leuchten. Sie waren seit dem Sturm Ela 2014 defekt.

14.12. Die Einrichtung einer Kunstkommission wird vom Stadtrat beschlossen. Sie ist für die Koordination der künstlerischen Projekte am Bau und im öffentlichen Straßenraum zuständig.

16.12. An der Heidelberger Straße in Eller wird das Richtfest für einen großen Skaterpark gefeiert.

26.12. Der Düsseldorfer Schausteller Oskar Bruch sen. stirbt im Alter von 77 Jahren. Er hat insgesamt 40 Großanlagen entworfen.

31.12. Bürgermeister und Ratsmitglied Günter Karen-Jungen (Bündnis 90/ Die Grünen) gibt sein Mandat aus gesundheitlichen Gründen ab. 28 Jahre lang war er in der Kommunalpolitik tätig.

Besprechungen

Agnes *Maagh, Die merowingerzeitliche Siedlung von Meerbusch-Strümp, Rhein-Kreis Neuss* [Universitätsforschungen zur prähistorischen Archäologie 295], Bonn (Verlag Dr. Rudolf Habelt) 2017 – 450 S., davon 122 Tafeln, 1 Beilage, zahlr. Abb., ISBN 978-3-7749-4075-8, € 96,00.

Es kann als Glücksfall angesehen werden, dass die Aufbereitung der archäologischen Ergrabung einer merowingerzeitlichen Siedlung in Meerbusch-Strümp als Dissertationsthema an die Verf. vergeben wurde. Die von Marcus *Trier* von Januar bis September 1991 durchgeführte Grabung auf einem ehemals landwirtschaftlich genutzten Gelände in Strümp, das für den Bau einer Wohnsiedlung vorgesehen war, deckte eine der wenigen bisher bekannten merowingerzeitlichen Siedlungsareale im Rheinland auf. Während bisher für die Zeit vom 5. bis 8. Jahrhundert, zwischen der Römerzeit und der Karolingerzeit, im Rheinland meist Gräberfelder untersucht wurden, konnte durch die Aufdeckung dieses Siedlungsareals das Forschungsbild der Archäologie für diesen Zeitraum stark erweitert werden und das, obwohl auf dem ca. 13 ha großen Gelände lediglich Gruben, Grubenhäuser, Pfostenstellungen und Wasserbecken nachgewiesen werden konnten. Hinzu kamen zahllose stark zerscherbte Keramikfunde, Knochen, Glasfragmente, Perlen, Messer, Beschläge, Nägel, Eisenschlacken, Fibeln, eine Nadel, ein Bronzeknopf sowie Schleif- und Malsteine. Aus der Lage der Gruben bzw. Grubenhäuser und den Pfostenstellungen, die sich nur als Erdverfärbungen zeigten, konnten ca. zwölf Gehöfte unterschiedlicher Zeitschichten wahrscheinlich gemacht werden.

Die Verf. gibt zunächst einen forschungsgeschichtlichen Überblick, untersucht die Besiedlungsgeschichte des Raumes, wobei sie auf die Grabungen im benachbarten Krefeld-Gellep verweist, geht auf geologische und topographische Voraussetzungen ein und beschreibt die Ausgrabungsfläche. Vor allem aber widmet sie sich sehr detailliert den Funden und Befunden. Sie beschreibt und untersucht die 1.829 Keramikfragmente, ordnet sie Gefäßtypen zu, vergleicht sie mit anderer merowingerzeitlicher Keramik und kann die verschiedenen Fundstellen grob datieren. Das gleiche unternimmt sie mit den übrigen Funden. Für die Eisenschlacken und ein in einem Grubenhaus (Befund 58) gefundenes Pferdeskelett hat sie Beiträge von Spezialisten eingeworben. Ebenso gründlich untersucht sie die Befunde, die Gruben, Pfostenstellungen und Brunnen und vergleicht diese mit anderen erforschten merowingerzeitlichen Siedlungen.

So kann die Verf. eine Besiedlung des Fundplatzes in Meerbusch-Strümp vom ausgehenden 5. bis zum Anfang des 7. Jahrhunderts mit Schwerpunkt im 6. Jahrhundert festmachen. In dieser Zeit wird der Ort aus zehn bis elf Gehöften bestanden haben. Die gefundene Eisenschlacke spricht für Schmiedetätigkeit, wobei ältere Eisenware eingeschmolzen und zu neuer verarbeitet wurde. Die als Wasserbecken anzusprechende Grube kann für die Verarbeitung von Flachs gedient haben. Keramik- und sonstige Funde sprechen für Handel der Bewohner, was bei der Lage der Siedlung an der nahegelegenen alten Römerstraße nachvollziehbar ist.

Einen umfangreichen Teil der Arbeit macht der Fund- und Befundkatalog aus, bei dem jedes Stück in seinem Fundzusammenhang beschrieben wird. Auf Farbtafeln wird jedes Keramikstück abgebildet und seiner Gefäßform zugeordnet, die Befunde z. B. der Grubenhäuser werden mit Längs- und Querschnitten gezeigt, Indices und Übersichten über die Grabungsfläche beschließen den gewichtigen Band, dem ein Gesamtgrabungsplan als Beilage zugegeben ist.

Aufgrund der sehr gründlichen Aufarbeitung des Fundmaterials und der zahlreichen Querverweise auf andere Grabungen und Fundstellen handelt es sich um einen wichtigen Beitrag zur frühen Siedlungsgeschichte des rheinischen Raumes.

Köln — Clemens *von Looz-Corswarem*

Theo *Haefs, Kultus- und Kunstgegenstände in den Kirchen und Kapellen der Pfarrei Hildegundis von Meer in Meerbusch* [Im Rheinbogen. Schriftenreihe des Heimatkreises Lank e. V. 20]; Goch (B.O.S.S. Druck und Medien GmbH) 2016 – 192 S., zahlr. farb. Ill., ISBN 3-930042-18-5, € 19,50.

Die Pfarrei „Hildegundis von Meer“ (Bistum Aachen) wurde 2010 gegründet. Dazu wurden die Gemeinden St. Stephanus Lank, St. Cyriakus Nierst, St. Franziskus Strümp, St. Martin Langst-Kierst, St. Nikolaus Osterath und St. Pankratius Ossum-Bösinghoven zusammengeführt. Ihren Namen erhielt die Pfarrei nach Hildegundis von Meer (1112–1183), die im Jahre 1166 auf dem Gebiet der Stadt Meerbusch das Prämonstratenserinnenkloster Meer stiftete. Sie wirkte dort als dessen erste Äbtissin. St. Stephanus wurde zur Pfarrkirche, die anderen Kirchen wurden zu Filialkirchen bestimmt.

Angeregt durch verschiedene Besuche in Ausstellungen und in den Domschatzkammern von Aachen, Köln und Xanten begann Verf. bereits um 2010 damit, nicht nur die Kunst- und Kultusgegenstände, sondern auch die kirchlichen Gebäude selbst, seien es Kirchen, seien es Kapellen, zu fotografieren. Die in der Folge angestellten Recherchen zu diesen Objekten führten zu der Entstehung dieses Buches. Das Thema wird sogar erweitert, denn es werden auch einige Glasmalereien, Glocken und Fahnen vorgestellt.

Die einzelnen (früheren) Gemeinden werden jeweils in einem eigenen Kapitel vorgestellt. Deren Aufbau ist gleichbleibend: Nach einer Außenansicht der Kirche wird deren Geschichte referiert. Daran schließt sich die mit zahlreichen Fotos unterlegte Beschreibung der Innenausstattung an: Hochaltäre (auch mit Hinweisen auf Veränderungen), Seitenaltäre, Tabernakel, Kanzeln, Gemälde, Statuen, liturgische Geräte, Reliquiare (auch die Orte ihrer Präsentation), Taufbecken, Paramente, Messbücher, Fahnen und Glocken. Auch auf Kreuzwegstationen und auf plastischen Schmuck im Umfeld des Gotteshauses wird hingewiesen. Auf diese Weise wird zum jeweiligen Standort ein beachtliches und gründliches Kompendium zusammengetragen, das einen sehr guten Überblick zum vorhandenen sakralen Kunstbesitz ermöglicht und von guten farbigen Abbildungen unterstützt wird.

Mit wenigen Ausnahmen handelt es sich überwiegend um Werke, die im 19. und 20. Jahrhundert entstanden sind, darunter mehr Historismus und weniger Jugendstil. Dabei ist bei den Objekten des 20. Jahrhunderts ein deutlicher Aufschwung nach der Liturgiereform des Zweiten Vatikanischen Konzils zu beobachten. Dies trifft natürlich auch für die Innenräume der Kirchen zu – in einem Fall (St. Stephanus in Lank) wird ein Hochaltar vor den Veränderungen der Liturgiereform gezeigt.

Der Leser dieses verdienstvollen Buches erwartet sicher nicht, hier Objekte zu finden, die den Vergleich mit den Schätzen der oben angesprochenen Domschatzkammern erlauben. Doch gibt dieser Band die Möglichkeit, Einblick in die künstlerische Gestaltung von Liturgie und Kirchenraum in ländlichen Gemeinden zu nehmen in Zeiten, die noch vom Selbstbewusstsein der Gemeinden Zeugnis ablegen. Und auch von Zeiten, in denen keine Mühe gescheut wurde, die eigene Pfarrkirche zur größeren Ehre Gottes würdig auszustatten.

Ein Glossar zu den benutzten Fachbegriffen und ein Literaturverzeichnis beschließen den Band, der auch abseits der erfassten Region auf Interesse stoßen wird.

Köln — Hanns Michael *Crass*

Peter Christoph *Slawek*, *Adelige Amtleute und ihr Lohn für Loyalität?!* Die Entstehung der klevischen Unterherrschaften Wissen und Diersfordt unter Herzog Johann II. in den Jahren 1497/98; Diss. RuhrUniversität Bochum 2016 / Saarbrücken (Südwestdeutscher Verlag für Hochschulschriften) 2017 – 218 u. IX S., 2 Abb., ISBN 978-3-8381-5315-5, € 53,90.

Herzog Johann II. von Kleve (1481–1521) schuf 1497 und 1498 im Abstand von nur wenigen Monaten zwei Unterherrschaften bzw. verlieh den Lehen zweier Adelsfamilien, der von Loë und von Wylich, mit einem besonderen Privileg einen herausgehobenen Status mit eigenen Herrschaftsrechten innerhalb des Territoriums. Dabei handelte es sich ganz offensichtlich um die Errichtung von Unterherrschaften, die sich allerdings der bisherigen Definition dieser Herrschaftsform entziehen. Sie gehörten weder zu den sich im Hoch- und frühen Spätmittelalter herausbildenden „echten“ oder „alten“ Unterherrschaften, die ihre Sonderrechte erfolgreich gegen die Egalisierung der Landesherrschaft bzw. Territorialisierung verteidigen konnten, noch zu den „unechten“ Unterherrschaften, die in Kleve erst nach 1614 als adelige Verwaltungsbezirke eingerichtet wurden.

Diese Besonderheit in der Herrschaftsstruktur eines spätmittelalterlichen Territoriums, verbunden mit einer für die beiden genannten Adelsfamilien guten Quellenlage – für die Herrschaft Wissen liegen die Regesten von Dieter *Kastner* und für Diersford die Inventare von Carl *Wilkes* und Rudolf *Brandts* vor –, waren für den Verf. Anlass, sich in der bei Dieter *Scheler* in Bochum entstanden Dissertation mit diesem Phänomen zu befassen. Dabei geht er zunächst auf die Merkmale von Unterherrschaften ein, untersucht das Herrschaftsgefüge des Herzogtums Kleve und beschreibt die Geschichte des Landes unter Herzog Johann II., um sich dann ausführlich den Protagonisten der beiden Adelsgeschlechter in der Verwaltung und gesellschaftlichen Struktur des Territoriums und in Bezug zu Herzog Johann II. zu widmen. Dabei wird deutlich, dass sowohl Wessel von Loë (1461–1509) als auch Adolf von Wylich (1460–1498) zu den hervorragendsten und einflussreichsten Adeligen im Herzogtum gehörten, auf die der schwache, stets verschuldete und von den Ständen unter Druck gesetzte Herzog angewiesen war. Ihr Einfluss am Hof, verbunden mit der – auch finanziellen – Abhängigkeit Johanns II. von ihnen, könnte so stark gewesen sein, dass sie dem Herzog die Erhebung ihres Besitzes zur Unterherrschaft (und damit Schaffung eines eigenen Gerichtsstandes) diktieren konnten.

So ist eine anschauliche Darstellung dieser beiden Adelsfamilien entstanden, deren Macht und Einfluss im Territorium außer auf glücklichen genealogischen Zufällen auf den Funktionen ihrer Mitglieder als Amtleute, hohe Hofbeamte und als Finanziers des Herzogs beruhte. Grundlage bildeten dabei sicherlich (neben Eigenbesitz?) vor allem die Lehen, die stärkere Rechte gegenüber dem Herzog beanspruchen konnten als die jüngeren, wegen finanzieller Verstrickung meist auch erblichen Amtleutestellen.

Im Anhang werden beide Herrlichkeitsurkunden als Foto, als Regest und im Volltext wiedergegeben.

Köln — Clemens *von Looz-Corswarem*

Joachim *Schüll*, *Schull*. Niederländische Schiffer auf dem Rhein vom 15. bis 18. Jahrhundert: Eine Familiengeschichte, Norderstedt (Books on Demand) 2016 – 208 S., 79 Abb., ISBN 978-3-7412-8270-8, € 38,99.

Es gibt Bücher, bei denen ein Rezensent zögert, sie der Öffentlichkeit vorzustellen. Das gilt unter anderem dann, wenn es sich bei ihnen um einen speziellen, eher auf die eigene Familie des Autors bezogenen Inhalt handelt, und auch dann, wenn der Autor nicht unter den Fachleuten, sondern unter den Amateuren, den Liebhabern im positiven Sinne des Wortes, zu finden ist. Bei dem vorliegenden Buch handelt es sich um eine Familiengeschichte, die aber m. E. deshalb gewisse Aufmerksamkeit verdient, weil sie einem für den Niederrhein wichtigen Berufsstand, den Schiffern, gewidmet ist und weil sie zeigt, wie Genealogie und Familiengeschichte über die Beschäftigung mit der eigenen Familie hinaus zu allgemeinen, durchaus beachtlichen Ergebnissen kommen können.

Der Verf., pensionierter Kaufmann aus Köln, verfolgt in diesem Buch seine Vorfahren, die vom 15. bis 18. Jahrhundert als niederländische Schiffer vornehmlich auf großer Fahrt zwischen den Niederlanden und Köln unterwegs waren. Im Vorwort und in der Darstellung nehmen die Annäherung an das Thema und die Quellen, der Weg der Erkenntnis, einen großen Raum ein. So begleitet der Leser den Autor bei der Durchsicht der familiären Unterlagen, beim Auffinden von spezieller Literatur bis zu seinen zahlreichen Reisen in deutsche und niederländische Archive, auf seinen erfolgreichen Streifzügen durch das Netz bis hin zur Annäherung an die Schrift der Frühen Neuzeit und das Niederländische.

Erste Schiffer mit dem Namen Schull finden sich in Tiel und in Zollrechnungen des 15. Jahrhunderts, lassen sich dann im 16. Jahrhundert als Schifferfamilie fassen, von der im 17. und 18. Jahrhundert einige Schiffer Profil gewinnen, so dass ausführliche Biographien möglich werden. Dazu gehört, dass anhand der noch vorhandenen zahlreichen Zollregister in niederländischen und deutschen Archiven sowie sonstiger Quellen Auskunft über die Art und Größe der verwendeten Schiffe, die Ladung rheinauf und rheinab, die Funktion der Schiffergilde, die Auseinandersetzung mit den staatlichen und städtischen Stellen wegen schlechter Hafen- und Frachtverhältnisse und die wirtschaftlichen Bedingungen beschrieben werden können. Interessant z. B., wieviele Kinder auf den Schiffen geboren und dann in der nächstgrößeren Stadt getauft werden, interessant auch, wie die Schiffer untereinander heiraten, familiäre Netzwerke bilden und ihrem Beruf über Generationen treu bleiben.

Um seiner Familiengeschichte Hintergrund zu geben, steuert der Autor zahlreiche Kapitel und Exkurse über den Fluss und die Schifffahrt sowie das Leben der Schiffer allgemein und zu den verschiedenen Kriegen und politischen Ereignissen bei, die die Schifffahrt beeinträchtig haben. Anmerkungen und Nachweise folgen den jeweiligen Kapiteln. Auszüge aus Zolllisten, Erläuterungen, Begriffserklärungen und Quellen-

und Literaturhinweise bilden den Anhang. Schade, dass der Autor für seinen Exkurs über den Holzhandel das Buch von *Ebeling* (Der Holländer Holzhandel, 1991) nicht berücksichtigt hat. Auch sonst hätte die Arbeit gewonnen, wenn sie von einem Historiker gegengelesen worden wäre.

Immerhin ist es neben der Arbeit von Hans *Heubes* über die niederländische Schifferfamilie Knipscheer 1973 m.W. das einzige Werk, das sich der niederrheinischen Schifffahrt von der genalogischen Seite her nähert. Es sollte von jedem, der sich mit Schifffahrt auf dem Rhein in der Frühen Neuzeit befasst, wenigstens zur Kenntnis genommen werden.

Köln — Clemens *von Looz-Corswarem*

Klaus *Jörns*, *Die Stuckdekorationen in der ehemaligen Jesuiten- und Hofkirche St. Andreas in Düsseldorf*, Düsseldorf (Grupello Verlag) 2017 – 270 S., 232 fbg. Abb., ISBN 978-3-89978-254-7, € 24,90.

Klaus *Jörns* hat es sich zur Aufgabe gemacht, das Dekorationssystem und das Bildprogramm der Stuckierungen in St. Andreas zu erforschen, was bis dato in dieser Vollständigkeit nicht geschehen ist. Der 1943 geborene Volkswirt *Jörns* absolvierte von 2002 bis 2008 ein Zweitstudium der Kunstgeschichte, Klassischen Archäologie und Alten Geschichte an der Universität Bonn. 2015 promovierte er in Kunstgeschichte mit der nun publizierten Arbeit. In dieser zieht er kenntnisreiche Vergleiche vor allem mit den Jesuitenkirchen Il Gesù in Rom, St. Michael und der Hofkirche in der Residenz in München und der als Vorbild für St. Andreas in Düsseldorf geltenden Hofkirche Unsere Liebe Frau zu Neuburg an der Donau. Dabei zeichnet *Jörns* die Entwicklung des zunehmenden Einsatzes von Stuckarbeiten nach, die sich vom rahmenden Beiwerk zum eigenen Dekorationssystem entwickelten.

Es gehört zu einem der Verdienste dieser Arbeit, den Kalkschneider Johann Kuhn, der den Großteil der Stuckarbeiten in St. Andreas schuf, mehr ins Licht der Betrachtung zu holen, als dies bis dato geschehen ist. Neben dem Stuck, den der Protestant Johann Kuhn während des Dreißigjährigen Krieges im 17. Jahrhundert anbrachte, werden jedoch auch die durch architektonische Veränderungen notwendig gewordenen Stuckierungen aus dem 18. Jahrhundert in St. Andreas behandelt, über die bisher wenig bekannt war. Vor allem aber widmet sich Jörns in bisher nicht dagewesener Ausführlichkeit der Beschreibung und Interpretation der Bildszenen der ehemaligen Jesuitenkirche in Düsseldorf.

Nach der Konversion Wolfgang Wilhelms von Pfalz-Neuburg zum katholischen Glauben, die er 1614 in Düsseldorf bekanntgab, leitete er eine aktive Rekatholisierungspolitik ein, an deren Spitze wie üblich die Jesuiten standen, die seit 1619 in Düsseldorf ansässig waren. Sie übernahmen die Leitung des Gymnasiums und erhielten die Erlaubnis, neben ihrem Kolleg eine Kirche zu errichten. Der Grundstein für St. Andreas wurde 1622 gelegt. *Jörns* legt im Folgenden den Einfluss des 1540 gegründeten Ordens auf das Bauwerk dar, der Bilder ganz bewusst als Mittel der Seelsorge und Mission in das Programm seiner Kirchen aufnahm.

Der Autor beschreibt die Entwicklung der Stuckdekoration in römischen Kirchen und bebildert die erläuterten Beispiele detailliert. Die Darstellung gipfelt in der Mutterkirche des Jesuitenordens Il Gesù in Rom, die als Vorbild für die Architektur des weltweit agierenden Ordens diente. Über München, Salzburg, Köln und Neuburg bereitet *Jörns* anschließend systematisch die Beschreibung der Düsseldorfer Jesuitenkirche vor. Deren Baugeschichte umreißt er zunächst, um sich dann ihrer Stuckdekoration zu widmen. Lehrreich sind dabei beispielsweise die durch bildliche Vergleiche untermauerten Werksvergleiche von Johann Kuhn in verschiedenen anderen Kirchen sowie der direkte Bildvergleich zwischen Darstellungen der Brüder Capelli in Neuburg an der Donau und Kuhn in Düsseldorf.

Insgesamt präsentiert *Jörns* eine umfassende und stringent aufgebaute architektur- und kunstgeschichtliche Arbeit mit Vergleichen quer durch die frühe europäische Baugeschichte des Jesuitenordens, die in ihrer Systematik angenehm zu lesen ist, viele Erkenntnisse über das Bildprogramm der ehemaligen Jesuitenkirche in Düsseldorf weiterentwickelt sowie detailliert und kenntnisreich einordnet.

Düsseldorf — Julia *Lederle-Wintgens*

Doris *Törkel* / Stefan *Schweizer* / Christof *Baier* (Hrsg.), *Gärten und Parks in Düsseldorf.* Gartenkunst und Landschaftskultur vom 17. bis zum 21. Jahrhundert. Eine Kooperation des Gartenamtes der Landeshauptstadt Düsseldorf, der Stiftung Schloss und Park Benrath und des Instituts für Kunstgeschichte der Heinrich-Heine-Universität [Gartenkunst und Landschaftskultur im Rheinland 2]; Düsseldorf (Grupello Verlag) 2017 – 351 S., 367 fbg. u. s/w Abb., 2 Kart., ISBN 978-3-89978-271-4, € 29,90.

Wer nicht weiß, dass Düsseldorf immer schon (oder zumindest seit 150 Jahren) als Gartenstadt berühmt war, wird mit diesem ansprechenden, sehr gut gemachten Band über diese Tatsache nicht nur informiert, sondern auch davon überzeugt. Für das Zustandekommen dieses Buches bilden drei Institutionen die Voraussetzung: das Garten-, Friedhofs- und Forstamt der Landeshauptstadt, die Stiftungsprofessur für Gartenkunst am Institut für Kunstgeschichte der Heinrich-Heine-Universität und die Stiftung Schloss und Park Benrath.

Stefan *Schweizer*, Honorarprofessor für Kunstgeschichte an der Heinrich-Heine-Universität und zugleich Wissenschaftlicher Vorstand der Stiftung Schloss und Park

Benrath, gibt eingangs des ersten Kapitels einen historischen Rückblick über eineinhalb Jahrhunderte Gartenkunst und Landschaftskultur. Hier finden wir die Quellen der Düsseldorfer Gartenkultur: eine weit zurückreichende Hofgärtnertradition, eine effektive städtische Gartenverwaltung und die Beachtung und Befolgung des Garten- und Promenadenkonzeptes von Maximilian Friedrich Weyhe (1775–1846) seit Anfang des 19. Jahrhunderts. Weitere historische Beiträge steuern Christof *Baier*, Juniorprofessor für Gartenkunstgeschichte an der Heinrich-Heine-Universität, und Doris *Törkel*, Leiterin des Garten-, Friedhofs- und Forstamtes der Landeshauptstadt Düsseldorf, bei. Im Rückblick auf das 20. Jahrhundert schildert Claus *Lange* das Düsseldorfer Gartenamt und seine Gartendirektoren. Heidi *Bartling* befasst sich mit dem Grünordnungsplan, den der Rat der Stadt am 25. Juni 2015 beschlossen hat. Auch der Orkan Ela, der am 9. Juni 2014 über Düsseldorf wütete, wird mit seinen Zerstörungen beschrieben, ebenso wie die Aufräumarbeiten und die denkmalgerechte Wiederherstellung, für die allerdings trotz aller Hilfs- und Spendenbereitschaft noch viele Jahre benötigt werden.

Das zweite Kapitel widmet sich Klima und Naturraum, das dritte Privatgärten. (In die Überschrift dieses Kapitels sind auch die Friedhöfe geraten; diese folgen jedoch erst am Ende des Bandes.) Hier wird auch die Kunst im öffentlichen Raum behandelt, auch in Form der Denkmäler für Weyhe (Hofgarten) und Heinrich Heine (Schwanenspiegel), sowie Villenkolonie und Siedlungsgrün. Das vierte Kapitel stellt Park- und Gartenanlagen in die urbane Öffentlichkeit, auch im historischen Rückblick und in Betrachtung der Düsseldorfer Ausstellungen GeSoLei, Schaffendes Volk und EUROGA 2002+.

Das fünfte Kapitel, die Aufzählung der Düsseldorfer Grünanlagen, ist in sechs Teile untergliedert und beginnt mit den Landhausgärten. Hierzu zählen auch der Hofgarten, der Schlosspark Benrath und die Parks der anderen Düsseldorfer Schlösser, jeweils mit historischen Ausführungen und mit prachtvollen Farbfotos illustriert. An zweiter Stelle folgen die Stadtparks, die öffentlichen Grünanlagen und die Straßenbegrünung entlang des äußeren Stadtringes und die Düsselbegrünungen. Der dritte Teil bringt die botanischen Gärten, den Schulgarten (Räuscherweg, Bilk) und den Stadtwald. Im vierten Teil geht es um die Parkanlagen für Unternehmen und öffentliche Einrichtungen, auch um japanische Gärten. In diesen Teil gehört auch der seit 1970 stark begrünte Campus der Heinrich-Heine-Universität, der sich bis in den Botanischen Garten Bilk fortsetzt. Teil fünf behandelt begrünte Stadtplätze, beginnend mit Königsallee, Kö-Gärtchen und Graf-Adolf-Platz. Im sechsten Teil werden die Friedhöfe vorgestellt, wobei auch Pläne, Gesamtansichten und einzelne von Künstlern gestaltete Grabsteine abgebildet werden.

Die jeweiligen Beschreibungen haben ungefähr die gleiche Länge, sind überschaubar und attraktiv mit Bildmaterial ausgestattet. Der Anteil an historischen Ausführungen bildet ein gutes Fundament für die Beschreibung des heutigen Zustandes. Auf zwei Karten von Innenstadt und Stadtrand wird die Lage der besprochenen Objekte angezeigt. Die damit verbundenen Ziffern werden auch in der Beschreibung wiedergegeben. Bildnachweis, Literaturverzeichnis und Personenregister beschließen den Band. Beim Personenregister muss hervorgehoben werden, dass bei allen Namen der Beruf oder die Amtsbezeichnung und die Lebensdaten angefügt sind. Der informative Band bietet somit nicht nur eine „Augenweide“, sondern kann auch als Nachschlagewerk benutzt werden. Man darf ihn getrost ein Standardwerk zu den Gärten und Parks in Düsseldorf nennen.

Köln Hanns Michael *Crass*

Friedrich *Ahrens*, *Pufferstaat zwischen Preußen und Frankreich*. Das Großherzogtum Berg und seine Postversorgung (1806–1813): Das Postbotenedikt und seine Auswirkungen. Beitrag zur Bergischen Postgeschichte [Moderne Postgeschichte 67]; Berlin (morgana-edition) 2017 – XII u. 218 S., zahlr. Abb., ISBN 978-3-943844-39-9, € 39,50.

Postgeschichte ist eine Spezialdisziplin, die häufig von engagierten Liebhabern der Materie betrieben wird. Das muss kein Nachteil sein, im Gegenteil, es kann, wegen unkonventioneller Ansätze, zu interessanten und wichtigen Erkenntnissen führen. Der Verf., promovierter Pharmazeut, lange Referatsleiter für Arzneimittelwesen im Bundesgesundheitsministerium, der am 23. Februar 2010 seinen 80. Geburtstag feiern konnte und der sich seit Jahrzehnten intensiv mit der Postgeschichte Ratingens befasst hat, untersucht im vorliegenden Bändchen die Organisation der Briefpost im Großherzogtum Berg zwischen 1806 und 1813. Dabei geht er von einem Edikt Joachim Murats aus, das dieser kurz nach der Übernahme seiner Herrschaft am 28. August 1806 zur Privilegierung von Postboten erlassen hatte.

Dieses Edikt, das – auch im Hinblick auf einen sicheren Transport von Amtspost – nichtprivilegierte Briefboten verbot, war ein Schritt sowohl zur Professionalisierung der Post und flächendeckenden Postversorgung als auch zur Verstaatlichung der Post, die durch einen Erlass Napoleons vom 25. Februar 1809 weiter betrieben wurde.

Schon im ersten, mit „Grundlagen“ überschriebenen Teil, in dem der Verf. außer Hinweisen auf die umfangreiche und zum Teil am entlegenen Orte erschienene Literatur, auf Begrifflichkeit, Einwohnerzahl, Wirtschaft und Verwaltung des Großherzogtums eingeht, behandelt er die Postdienste in den zum Großherzogtum gehörenden ehemaligen Territorien und deren postalische Eigenheiten (mit Exkurs auf die „Hamburger Fußbotenpost“). Der zweite, gewichtige Teil besteht aus einer Tabelle der Munizipalitäten im Großherzogtum Berg und ihrer Postversorgung. Immerhin 315 Ortschaften sind erfasst, zu denen noch 39 Orte kommen, die nicht im offiziellen Munizipalitätsverzeichnis aufgeführt sind. Dazu gehören auch Tabellen über Einwohnerzahlen und Größe der Postexpeditionen 1809. Erschlossen wird dieser Teil durch ein alphabetisches

Ortsverzeichnis. Diese Zusammenstellung ist eine Kärrnerarbeit, zu der die Archive aller Orte angeschrieben wurden. Einen weiteren großen Teil bildet der Anhang, der als Faksimile (mit Transkription bzw. Übertragung) einige Dutzend Quellen zur bergischen Postgeschichte wiedergibt, darunter die genannten Edikte, Auszüge aus Adresskalendern und Zusammenstellungen über Abgangs- und Ankunftszeiten der verschiedenen Postlinien. Ein ausführliches Quellen- und Literaturverzeichnis sowie mehrere Indices beschließen den für die bergische Postgeschichte nützlichen Band.

Köln — Clemens *von Looz-Corswarem*

Guido *von Büren* / Michael D. *Gutbier* (Hrsg.), *Das Preußische Jahrhundert.* Jülich, Opladen und das Rheinland zwischen 1815 und 1914 [Jülicher Forschungen 11 / Montanus. Schriftenreihe zur Lokal- und Regionalgeschichte in Leverkusen 16]; Goch (Pagina Verlag) 2016 – 624 S. zahlr. Abb., ISBN 978-3-944146-68-3, € 29,80.

Vielfach wurde 2015 an die Inbesitznahme der Rheinlande durch Preußen vor 200 Jahren, 1815, erinnert. Ein besonderes und in vieler Hinsicht bemerkenswertes „Ausstellungs- und Forschungsprojekt" haben der Jülicher und der Opladener Geschichtsverein durchgeführt, indem sie gemeinsam sowohl in Ausstellungen als auch in dem vorliegenden Begleit- und Ergebnisband das „Preußische Jahrhundert" zwischen 1815 und dem Beginn des Ersten Weltkrieges 1914 allgemein für das Rheinland und für ihre jeweilige Stadt aufgearbeitet und dargestellt haben. Besonders ist dieses Vorhaben auch, weil mit Jülich und Opladen (seit 1975 Teil der Stadt Leverkusen) zwei Orte in den Blick genommen werden, die, der eine links-, der andere rechtsrheinisch, zwar eine gemeinsame Jülich-bergische Vorgeschichte besitzen, sich dann aber doch in der Preußenzeit weitgehend unterschiedlich entwickelt haben. Besonders ist das Unternehmen ebenfalls, weil durch die detaillierte Betrachtung der politischen, wirtschaftlichen, gesellschaftlichen und kulturellen Entwicklung in den beiden Orten im 19. Jahrhundert im Vergleich Erkenntnisse wachsen, wie sie bei einer isolierten Stadtgeschichte dieser Zeit nicht deutlich würden. Überdies entsteht – nicht nur durch mehrere qualitätvolle einführende Aufsätze zur Vorgeschichte und zum Preußenbild im Rheinland, sondern auch durch die den beiden Protagonisten gewidmeten Beiträge – eine gute Vorstellung des wechselnden Verhältnisses Preußens zum Rheinland und umgekehrt der Rheinländer zu Preußen.

Der Band enthält 67 meist zwei- bis zu 17-seitige Beiträge von 37 Autoren, dazu fünf Grußworte. Fünf Beiträge sind der Vorgeschichte, der Geschichte Brandenburg-Preußens vor 1815, der Franzosenzeit, dem Wiener Kongress und dem Herrscherwechsel, weitere vier dem Preußenbild gewidmet, wobei der Aufsatz von Willi *Arnolds* über „Preußen ohne Maske" hervortritt, in dem er die negativen Einflüsse akzentuiert.

In den folgenden Kapiteln werden Jülich und Opladen vorgestellt, wie sie preußisch wurden, wie sich die Verwaltung in beiden Orten unter den Preußen entwickelte (mit sieben Beiträgen), wie sich Wirtschaft und Gesellschaft veränderten (13 Beiträge), wobei Bevölkerungsentwicklung und Industrialisierung, Eisenbahn, Ansiedlung von Fabriken, Entstehen von Infrastruktur etc. im Blick stehen, sowie wie sich Religion und nationale Identität (zehn Beiträge) verhielten, d. h. wie sich der rheinische Protestantismus in den beiden Orten zu Preußen stellte, vor allem aber wie die Katholiken auf die Preußische Gesetzgebung im Kölner Ereignis und im Kulturkampf reagierten. Eigene Abschnitte sind Militär und Gesellschaft gewidmet (vier Beiträge), wobei das Militär in der (1859 aufgegebenen) Festung Jülich naturgemäß eine größere Rolle spielte als in Opladen. Im Kapitel über Bürger und Untertan (acht Beiträge) finden wir Beiträge zum Karneval, zum Zeitungswesen, zur Revolution von 1848 und zu Bürgergesellschaften, im Kapitel über Bürger und Kultur (sieben Beiträge) neben einem umfangreichen und beachtenswerten Beitrag über die Düsseldorfer Malerschule (Schirmer ist eng mit Jülich verbunden) einen Aufsatz über die Zuccalmaglios sowie mehrere Beiträge über das Schul- und Vereinswesen in beiden Städten. Zwischen den einzelnen Beträgen finden sich, graphisch hervorgehoben, sowohl Kurzbiographien von Politikern, Pfarrern, Fabrikanten und sonstigen Persönlichkeiten der beiden Städte als auch Auszüge aus Originalquellen, Zeitungsberichten, Lebenserinnerungen und Briefen, die bestimmte Situationen veranschaulichen. Abgeschlossen wird die Sammlung durch eine Projekt(bild)dokumentation, die Auswertung einer Publikumsbefragung und einen den Bogen zum Anfang schließenden Aufsatz zum Preußischen Jahrhundert in den beiden Städten.

Der attraktive Band ist reich bebildert. Er stellt, nicht nur durch die einleitenden und zusammenfassenden Beiträge, sondern auch die Aufsätze zu den einzelnen Themenbereichen, eine sehr wichtige Publikation zum Thema Rheinland und Preußen dar. Gleichzeitig können beide Städte, Jülich wie Opladen, froh über eine so gründliche Aufarbeitung ihrer Geschichte im 19. Jahrhundert sein.

Köln Clemens *von Looz-Corswarem*

Ernst *Huckenbeck*, *Vom niederrheinischen Schulwesen in den ersten Jahrzehnten des 19. Jahrhunderts*; Hilden (Stadtarchiv) 2015 – 83 S., ISBN 978-3-940710-40-6, € 6,00.

Nach der Lektüre dieses vom Stadtarchiv Hilden herausgegebenen Bändchens weiß man nicht, was größer ist: Der Schrecken über die zu Beginn des 19. Jahrhunderts im Niederbergischen herrschenden Schulverhältnisse oder das Erstaunen darüber, in welchem Maße sich die damals bestehenden Zustände dann rasch zum Besseren gewandelt haben bzw. der Dank dafür, dass es uns und unseren Kindern erspart geblieben ist, in dieser Zeit zur Schule gehen zu müssen.

Der Verfasser hat zahlreiche Dokumente zusammengetragen, die das Schulwesen in der Region, die heute in etwa dem Kreis Mettmann entspricht, aus der Sicht der Lehrer und der Schulaufsicht betreffen. Dabei handelt es sich um das Ergebnis der Prüfungen von Lehramtsbewerbern, der Befragung von schon länger tätigen Lehrern und um Berichte der unteren Schulaufsicht, im vorliegenden Fall des evangelischen Schulpflegers im Kanton Mettmann, an die Behörde. Wir erfahren, wie die Lehrer zu ihrem Beruf gekommen sind, welche Ausbildung sie gemacht haben, mit welchen Lehrmitteln sie arbeiteten und welche Lehrmethoden sie anwandten. Außerdem enthalten die Berichte Angaben über Schulgebäude und ihre Ausstattung einschließlich Pausenhof, über die Belegung des meist einzigen Klassenraums für Kinder sämtlicher Jahrgänge bzw. Leistungsgruppen, über den Schulbesuch, das Schulgeld und die Einkünfte der Lehrer.

Bis zu Beginn des 19. Jahrhunderts gab es im Herzogtum Berg keine geregelte Lehrerausbildung. Der damals normale Weg führte über das Hospitieren und die Arbeit als Hilfslehrer, ggf. ergänzt durch ein Selbststudium. Wenn man der Auffassung war, genug gelernt zu haben, bewarb man sich um eine freie Lehrerstelle. Selbstverständlich spielte damals die Konfessionszugehörigkeit eine entscheidende Rolle, denn alle Schulen waren konfessionell und der zuständige Ortspfarrer übte, unabhängig von seiner pädagogischen Qualifikation, die Kontrolle aus. Entsprechend hoch war der Stellenwert des Religionsunterrichts, von Bibel und Kathechismus als Lehrbüchern. Am Beginn des Unterrichts standen das Gebet und das geistliche Lied. Ab 1801 mussten sich die Lehramtsanwärter zunächst einer Prüfung in Düsseldorf unterziehen; außerdem wurden mehrwöchige Kurse eingerichtet, die ebenfalls mit einer Prüfung abschlossen. Auch die bereits tätigen Lehrer mussten sich nun einer Prüfung unterziehen. Wie damals allgemein üblich, arbeiteten auch die Lehrer so lange, wie es ihnen möglich war – eine regelrechte Pensionierung gab es noch nicht. Zwar erfahren wir nicht immer, wie alt die Prüflinge bzw. Befragten waren. Aber die überlieferten Angaben weisen Lehrer mit teilweise mehr als 80 Lebensjahren nach. Jedoch war mehr als die Hälfte der Schulmeister in der betrachteten Region um die 30 Jahre alt. In einem Fall bewarb sich ein Kandidat um eine Stelle, die nach dem Tod des Schulmeisters seit Monaten von dessen Frau wahrgenommen wurde.

Die veröffentlichten zeitgenössischen Berichte, die der Herausgeber sachkundig kommentiert, ergänzen und bereichern unsere Kenntnisse vom niederbergischen Schulwesen durch die konkreten Aussagen der unmittelbar Beteiligten. Ob die Tatsache, dass auch ein Wissenschaftler wie Johann Friedrich Benzenberg aus einer solchen Schule hervorgegangen ist, erstaunt oder beruhigt, darüber soll der Leser selbst befinden.

Hilden — Horst A. *Wessel*

Cordula *Grewe, Wilhelm Schadow.* Werkverzeichnis der Gemälde mit einer Auswahl der dazugehörigen Zeichnungen und Druckgraphiken, hrsg. v. Bettina *Baumgärtel* u. Hans *Paffrath*; Petersberg (Michael Imhof Verlag) 2017 – 384 S., 286 Farb- und s/w Abb., ISBN 978-3-7319-0500-4, € 69,00.

In allen Publikationen zur Düsseldorfer Malerschule wird Wilhelm von Schadow (6. September 1788–19. März 1862) als eine, wenn nicht DIE dominierende Künstlerpersönlichkeit dargestellt und entsprechend gewürdigt. Doch erst jetzt wird ein opulentes Werkverzeichnis seiner Gemälde (mit einer Auswahl der dazugehörigen Zeichnungen und Druckgraphiken) von Cordula *Grewe*, heute Professorin für europäische Kunstgeschichte und -theorie des 18. bis 21. Jahrhunderts an der Indiana University Bloomington, vorgelegt. Verf. ist dazu in besonderer Weise, zusammen mit dem Museum Kunstpalast Düsseldorf und der Galerie Paffrath Düsseldorf, prädestiniert, hatte sie doch 1998 an der Albert-Ludwigs-Universität in Freiburg/Br. unter dem Titel „Wilhelm Schadow (1788–1862). Monographie und Catalogue Raisonné" ihre Dissertation in drei Bänden, damals als Hochschulschrift in Form von Mikrofiches, eingereicht. Nach fast 20 Jahren, in denen sie immer wieder Beiträge zum Werk Schadows und zur Düsseldorfer Malerschule verfasst hatte, nahm sie sich ihre Arbeit erneut vor, aktualisierte diese, bereichert um manche Neuentdeckung, Neuinterpretation und Neubewertung, und legt sie nun als stattliches, reich illustriertes Buch vor.

Vorliegendes Werkverzeichnis besteht in seiner heutigen Form zwar nicht aus drei Bänden, ist aber dennoch deutlich in drei Teile gegliedert. Den Anfang bildet eine schlicht mit „Wilhelm Schadow" überschriebene Einführung, in der Leben, Werk und Leistung des Künstlers und des Akademiedirektors und -erneuerers, eingebettet nicht nur in die künstlerischen Strömungen der ersten Hälfte des 19. Jahrhunderts, sondern auch in die politische Entwicklung des 1815 ins Königreich Preußen eingegliederten Rheinlandes, kenntnisreich beschrieben werden. Hier wird auch auf Vormärz, 1848er Revolution und die damit verbundenen Auswirkungen auf die Kunstakademie Düsseldorf und die Anfeindungen ihres Direktors eingegangen.

Den zweiten Teil bildet der Katalog als ein Hauptbestandteil des Werkverzeichnisses. Er beginnt mit den „Historien", den religiösen, literarischen und mythologischen Themen, die chronologisch angeordnet sind. Er setzt mit Kopien nach Gemälden von Anton van Dyck, Francesco Melzi und Guercino ein, die 1805/1806 entstanden – da war Schadow gerade 17 Jahre alt. Die berühmten Fresken der Casa Bartholdy in Rom (heute Alte Nationalgalerie Berlin) von 1816/1817 (Nr. 8 u. 9) stehen am Anfang der reifen Periode. Beschlossen wird dieser Teil mit Nr. 65, jenem riesigen Triptychon „Purgatorium, Paradies, Hölle", an dem Schadow von 1848 bis 1852 arbeitete, die Vollendung aus Krankheitsgründen aber seinen Schülern überlassen musste, und mit Nr. 66, einer „Beweinung Christi" von 1853 in St. Andreas, Düsseldorf.

Die ausführlichen Texte zu den einzelnen Gemälden sind nicht nur sehr gut geschrieben, sondern auch angefüllt mit einer Fülle von Informationen zum jeweiligen Werk, mit Hinweisen zu Vorbildern, Entstehung, Sammlungsgeschichte, belegt mit vergleichenden Abbildungen von Zeichnungen und Druckgraphik. Man kann diese Texte, die keineswegs nur dürre und knappe Katalogeinträge darstellen, durchaus als Abhandlungen zu den Gemälden betrachten – Abhandlungen, die keine Frage unbeantwortet lassen.

An die „Historien" schließen sich die „Bildnisse" an, deren Katalognummern fortgesetzt werden: 67 bis 160, ebenfalls in chronologischer Anordnung. Die Porträts bringen Schadow frühen Ruhm. Das wird bereits 1810 in den Bildnissen der Königin Luise und des Königs Friedrich Wilhelm III. von Preußen (Nr. 76–77) ersichtlich, beide als Halbfiguren und als Pendants gegeben. Der Eindruck ist gewaltig und verschafft Schadow weitere Aufträge, gerade auch aus der Aristokratie. Die Bildnisse der Prinzessin Marianne und ihres Gemahls Prinz Friedrich Wilhelm Karl von Preußen, mit und ohne Kinder, nehmen hier einen besonderen Rang ein (Nr. 105–109). Aber auch Personen aus Familie und Freundeskreis finden eindrucksvolle Darstellung, für die nur Karl Leberecht Immermann (Nrn. 131/132) und Sophie und Rudolf Schadow, die Kinder des Künstlers (Nr. 135) erwähnt werden sollen (Gemälde im Museum Kunstpalast Düsseldorf). Die ausführlichen Texte zu den Bildnissen setzen die Qualität der vorangegangenen Texte fort.

Der dritte Teil ist „Verzeichnis aller Werke" überschrieben, wobei die Unterteilung in Historien und Bildnisse beibehalten wird. Hier wird eingangs mitgeteilt, dass der gerade vorgestellte Katalog ein „Katalog der Hauptwerke" sei, der nur eine Auswahl der wichtigsten Werke enthalten habe (S. 294). Die genauere, besser vollständige Katalogisierung sämtlicher Werke werde hier im „Verzeichnis der Werke" vorgenommen. Damit ist auch der Fließtext des Kataloges beendet: die Texte im Verzeichnis sind in gleichbleibender Weise genormt: Nach der Nummer, dem Verweis auf eine Abbildung folgen der Titel des Werkes, der Aufbewahrungsort (mit Inventarnummer), Malart, Bildträger, Maße und Provenienz. Die Literaturangaben sind in einem eigenen Absatz aufgeführt und umfassen den Zeitraum von der Entstehung des Bildes bis heute. Weitere Informationen folgen im ausführlichen Literaturverzeichnis (S. 346–375), das in „Ungedruckte Quellen", „Schriften von Wilhelm Schadow" und „Literatur" unterteilt ist. Ein Personenregister hilft dabei, den Band zu erschließen.

Das aus Anlass des 150-jährigen Jubiläums der Galerie Paffrath herausgegebene Werkverzeichnis Wilhelm Schadows stellt, auch im Hinblick auf Bibliographie und Register, das maßgebliche und unverzichtbare Handbuch dar, auf dem die weitere Beschäftigung mit Schadow als Künstler und Akademiedirektor aufbauen muss.

Köln — Hanns Michael *Crass*

Christa *Holtei, Die Düsseldorfer Malerschule.* Kunst – Geschichte – Leben; Düsseldorf (Droste Verlag) 2017 – 175 S., zahlr. fbg. u. s/w Abb., ISBN 978-3-7700-1598-6, € 25,00.

Die Überraschung ist gelungen. Die genau einhundertjährige Geschichte der Düsseldorfer Malerschule von 1819–1918 nebst Einbeziehung der Geschichte der *Kurfürstlich-Pfälzischen Academie der Maler, Bildhauer und Baukunst* ab 1773 wird in dieser Neuerscheinung auf gerade 170 Seiten so erzählt, dass alles Wesentliche auf intelligente und anschauliche Weise mitgeteilt wird. An Abbildungen wird dabei nicht gespart.

Ausgehend von den Wurzeln der Kunstakademie im 18. Jahrhundert wird die Darstellung in vier größere Kapitel gegliedert: 1. Von der Zeichenschule zum Kunstbetrieb (1773–1819), 2. Die Zeichen der Zeit: Vom Fresko zur Ölmalerei (1819–1848), 3. Zankapfel Genremalerei (1848–1867) und 4. Der zögernde Aufbruch in die Moderne (1867–1918). Mit Blicken nach Rom (Lukasbund und Nazarener) und Berlin, zu anderen Akademieorten wie Wien und München, beschreibt Verf. die Entwicklung der jungen Akademie in dem gerade ins Königreich Preußen eingegliederten Düsseldorf. Stehen zuerst die Lehrer der Akademie, vor allem Peter Cornelius und Wilhelm von Schadow im Blickpunkt, so schließen sich bald die vielen Schüler aus dem In- und Ausland an, deren Zahl sich im Lauf der Jahre auf nahezu 4.000 Absolventen beläuft. Diese vielen, teils recht eigensinnigen und stürmischen jungen Künstler stellen das relativ kleine Düsseldorf vor große Herausforderungen. Hier wird die Darstellung gleichzeitig zu einer Sozialgeschichte der Stadt, vor allem, als auch „Frauenzimmer und Malweiber" als Schülerinnen nach Düsseldorf kommen, dort allerdings kostspieligen Privatunterricht nehmen müssen, da ihnen der Zutritt zur Kunstakademie verwehrt ist.

Die Akademie selbst sieht sich vor großen Problemen, einmal inhaltlich-künstlerischen – der Zwiespalt zwischen Historien- und Genremalerei, die Anerkennung des Stilllebens, zum anderen organisatorischen – Lehrplan, Berufungen, Raum- und Baufragen.

Dies alles wird sehr gut lesbar beschrieben, ohne Auslassungen, ohne Redundanz. Der Leser ist nach Beendigung der Lektüre umfassend informiert. Der Kundige findet alles, der Neuling (an den Verf. wohl zuerst denkt) erhält vielerlei Anregungen und kann sich bei gewecktem Interesse weiter mit der Düsseldorfer Malerschule beschäftigen. Allerdings bietet vorliegendes Werk dabei wenig Hilfestellung, denn durch den anfangs erwähnten überschaubaren Umfang entfällt ein wissenschaftlicher Anhang mit Anmerkungen, Register und Bibliographie.

Köln

Hanns Michael *Crass*

Roland *Kanz* / Christiane *Pickartz* (Hrsg.), Düsseldorfer Malerschule. Gründerzeit und beginnende Moderne; Petersberg (Michael Imhof Verlag) 2016 – 208 S., zahlr., überw. fbg. Abb., ISBN 978-3-7319-0364-2, € 29,95.

Die oben angesprochene weitere Beschäftigung mit der Düsseldorfer Malerschule wird nun umgehend möglich mit einer stattlichen Neuerscheinung zum Thema. Sie ist hervorgegangen aus einer Tagung „Düsseldorfer Malerschule – Gründerzeit und beginnende Moderne", die in Bonn vom 14.–16. Mai 2015 stattgefunden hat. Allerdings bietet der vorliegende Band keine Gesamtdarstellung, obwohl dies vom Titel her zu erwarten wäre. Vielmehr fasst er Vorträge zu einzelnen Künstlern, Gemälden oder Ereignissen zusammen, wie sie auf Tagungen vorgetragen werden. Das Vorwort sagt dazu: Die „Aufsätze, so unsystematisch ihre Zusammenstellung auch ist, sollen eine weitere Anregung bieten", und die „Forschung zur Düsseldorfer Malerschule in der fraglichen Zeit um ein paar Schlaglichter bereichern" (S. 7).

So steht am Anfang der zehn hier vereinten Aufsätze ein Beitrag von Christian *Scholl* zu Eduard Bendemanns (1811–1889) Deckenbildern im ersten Cornelius-Saal der Berliner Nationalgalerie 1875. Durch spätere Umbauten um 1900 wurde die Wirkung der Gemälde eingeschränkt, im Zweiten Weltkrieg folgte ihre Zerstörung. Verf. zieht nach den erhaltenen Reproduktionen das Fazit, dass die Bendemann'sche Ausmalung zwar nicht zu den Höhepunkten der Monumentalmalerei im 19. Jahrhundert gehöre, doch immerhin ein solides kompositorisches Können erkennen lasse.

Sabine *Schroyen* schildert das „Kaiserfest" des Künstlervereins Malkasten, das dort aus Anlass des Besuches von Kaiser Wilhelm I. am 6. September 1877 gefeiert wurde. Im Mittelpunkt stand ein Festspiel zum Thema „Geschichte des Rheins: Poesie und Sagen". Doch auch historisch-politische Szenen kamen zur Darstellung wie z. B. Blüchers Überquerung des Rheines am 1. Januar 1814. (Dies kann auch als Vorbereitung zur Grundsteinlegung des Niederwalddenkmals angesehen werden, die der Kaiser im Anschluss am 16. September 1877 in Rüdesheim vornahm.) Einzelne Werke der Düsseldorfer Maler spielten dabei keine Rolle. Die fast dreistündige Aufführung, obwohl von Künstlern gestaltet, bediente sich überwiegend historischer Themen, die so bisher noch nicht zu sehen gewesen waren.

Carl Gehrts (1853–1898) und seinem verschollenen Gemälde „Das Gastmahl des Markgrafen Gero" widmet sich Christiane *Pickarts*. (Eine Neuerscheinung zu Carl Gehrts ist jüngst im DJb 86, 2016, S. 496–497, vorgestellt worden.) Dieses erste große Historienbild Gehrts' von 1881 wurde im selben Jahr in Berlin und 1882 in Hannover gezeigt; dann verliert sich seine Spur. Es wurde aber als Holzschnitt in der Zeitschrift „Daheim" abgebildet, so dass dadurch eine Vorstellung des Gemäldes gegeben ist. Wir erleben ein wüstes Gelage, an dessen Ende die slawischen Gäste des Markgrafen (900–965) ermordet werden. Vorbereitende Zeichnungen sind im Museum Kunstpalast Düsseldorf in Verwahrung, aber auch im Archiv des Künstlervereins Malkasten und in der Sammlung der Dr. Axe-Stiftung. Verf. verankert die Entstehung des Gemäldes im Kontext des Kulturkampfes im Deutschen Kaiserreich und belegt dies damit, dass zwei Dominikanermönche zu den Mordhetzern gehörten. Dominikaner gab es im 10. Jahrhundert noch nicht, zudem waren Dominikaner zwischen 1875 und 1887 aus Düsseldorf infolge des Klostergesetzes von 1875 vertrieben.

Im Anschluss stellt Verf. eine Schrift von Carl Gehrts vor, die den Titel *Ueber monumentale Maltechnik* trägt, 1889 in Düsseldorf als handschriftliches Manuskript verfasst wurde und sich heute noch im Besitz der Nachfahren des Künstlers befindet. In dieser Schrift steht die Freskomalerei im Mittelpunkt, mit der sich Gehrts auseinander setzen musste, um seinen Auftrag für das Treppenhaus der Düsseldorfer Kunsthalle ausführen zu können. Die Freskomalerei hatte er während seiner Ausbildung nicht erlernt; er tritt hier sozusagen als Autodidakt auf. Das Manuskript mit seinen 28 eng beschriebenen Seiten wird Blatt für Blatt nebst dem Einband im Faksimile abgebildet und jeweils von Andrea *Bartsch* transkribiert. In der Folge begann Gehrts mit der Ausmalung des Treppenhauses im Jahre 1889 und beendete sie 1897.

Holger Th. *Gräf* steuert einen Beitrag zu Peter Janssens (1844–1908) Historienzyklus in der Aula der Marburger Universität bei, den er mit einer kurz gefassten Lebensbeschreibung des Künstlers beginnt, wobei er auch auf die politische Lage nach dem Deutsch-Österreichischen Krieg von 1866 eingeht. Die bauliche Vollendung der Aula war 1890 erreicht. Janssen schuf den siebenteiligen Zyklus, für den er den Auftrag 1891 erhielt, in den Jahren 1895–1903. Der Inhalt des Zyklus war lange umstritten. In langwierigen Verhandlungen einigte sich die Universität mit dem Berliner Ministerium darauf, die Themen aus der Vorgeschichte Marburgs und der Geschichte der Universität auszuwählen: Scholastik und Askese des Mittelalters, Reformation und freie Wissenschaft, ein Bogen vom mittelalterlichen Kloster hin zu einer modernen Universität Preußens, vom Katholizismus zum Protestantismus, 1230–1723. Janssen hatte damit Lokal- und Universitätsgeschichte zu einer preußisch-deutschen Bildungsgeschichte geformt. Die Gemälde entstanden im Düsseldorfer Atelier und wurden im Spätsommer 1903 in der Aula angebracht. Janssen selbst hielt sie für den Höhepunkt seines Schaffens. Verf. vertieft mit diesem Beitrag einen früheren Aufsatz in dem Katalog „Naumburg und die Düsseldorfer Malerschule“ von 2015 (s. a. DJb 86, 2016, S. 494–495).

Eine weniger verfolgte Richtung schlägt Aniko *Dworok* ein. Der Beitrag „Ludwig Knaus und Mihály Munkácsy“ beschreibt die Beziehung zwischen diesen beiden Malern. Der Ungar Mihály Munkácsy (1844–1900) wurde bereits um 1865 in den Bann von Ludwig Knaus (1829–1910) gezogen, den er nach Stationen in Wien und München schließlich 1868 in Düsseldorf besuchte. Er blieb bis 1872 in Düsseldorf, war dort Privatschüler von Knaus und Mitglied im Künstlerverein Malkasten. Ab 1872 zog er nach Paris, unternahm Reisen nach Amerika und in seine Heimat Ungarn. Unter dem Einfluss von Gustave Courbet entfernte er sich von der Kunstrichtung, wie sie in Düsseldorf praktiziert wurde. Verf. stellt anschaulich die Übernahmen, ja

Parallelen zu den Werken von Knaus dar, wobei Munkácsy die „schönen" Züge und Motive Knaus' in Realismus übertrug.

Martina *Sitt* zeigt im Werk von Eugen Bracht (1842–1921) anhand der Darstellung von „Gestein" (von einzelnen Gesteinsformationen bis hin zu Gebirgsmotiven) und „Baum" das Erbe, das der Maler aus der Zeit seines Studiums an der Düsseldorfer Kunstakademie behielt. Bracht kam nach der Ausbildung bei (den früheren Düsseldorfern) Johann Wilhelm Schirmer und Carl Friedrich Lessing in Karlsruhe 1861 nach Düsseldorf. Hier blieb er bis 1864, entwickelte sich künstlerisch weiter unter dem Einfluss vieler Reisen, darunter zwei in den Orient. Ab 1902 lehrte er als Professor des Meisterateliers für Landschaftsmalerei.

Dietrich *Bieber* behandelt die vielfach belegte Künstlerkooperation in der Düsseldorfer Schule am Beispiel von German Grobe (1857–1938) und Ludwig Fay (1859–1906). Er führt damit eine frühere Untersuchung aus dem Jahre 2009 fort. Grobe war 1879 zuerst Schüler von Eduard von Gebhardt und besuchte im Anschluss 1880–1883 die Landschaftsklasse von Eugen Dücker. Fay studierte nicht an der Akademie, sondern lernte als Privatschüler bei Emil Hüntens, einem bekannten Schlachtenmaler, die anatomisch vollendete Darstellung des Pferdes. In ihrem gemeinschaftlichen Arbeiten waren die Rollen klar geteilt – Grobe übernahm die Landschaft, Fay die Staffage, dabei vor allem Pferde, sein Spezialgebiet als Tiermaler. Verf. unterstreicht dies mit einer Anzahl von Gemälden, die eher unbekannt geblieben sind, da sie sich im Privatbesitz befinden.

Julia *Hümme* stellt den Maler Gregor von Bochmann (1850 in Estland geboren – 1930 in Hösel gestorben) als Zeichner vor. Da er nicht als Lehrer an der Düsseldorfer Kunstakademie tätig war, ist er heute mehr oder weniger vergessen, erhielt jedoch einen überraschend ausführlichen Eintrag im Lexikon der Düsseldorfer Malerschule. Eine Ausstellung von 70 seiner Arbeiten im Ostholstein-Museum in Eutin im Sommer 2014 erhielt leider keinen Katalog – eine verpasste Gelegenheit, die sein Werk hätte in Erinnerung rufen können. Die Themen seiner Gemälde sind auch die Hauptmotive seiner Zeichnungen: Es handelt sich um estnische Landschaften mit arbeitenden Bauern, Pferdefuhrwerke in rasender Fahrt oder um die holländische Küste mit Fischern und ihren Familien, Kindern und Tieren. Bochmann wurde zu seiner Zeit gern als „altmeisterlich" bezeichnet, doch trat er mit seinen Aquarellen, oftmals in der Natur angefertigten Studien, schon nahezu als Impressionist auf.

„Die Schirmerschule und die beginnende Moderne. Aspekte zur Düsseldorfer Landschaftsmalerei im späten 19. Jahrhundert" überschreiben Marcell *Perse* und Börries *Brakebusch* ihren Beitrag, einen Werkstattbericht über Restaurierungen von Landschaftsbildern der Schüler Johann Wilhelm Schirmers (1807–1863), die im Museum Zitadelle Jülich aufbewahrt werden. Von den rund 300 Schülern, die Schirmer in Düsseldorf und Karlsruhe hatte, werden hier einige vorgestellt und ihr Weg in den Naturalismus, auch unter dem Einfluss der Schule von Barbizon, verfolgt, auch mit Hervorhebung der Lichtstimmung, der Lichtphänomene und der Atmosphäre. Die Restaurierungen an den in Jülich vorhandenen Gemälden zeigen, dass es sich lohnt, vergessene Maler der Düsseldorfer Schule neu zu entdecken.

Die in diesem Band vorgelegten Einzelaspekte unter dem weiten Dach der Düsseldorfer Malerschule sind durchaus erwünscht und gewinnbringend, zumal sie von ausgewiesenen Kennern verfasst wurden, die hier ihre bisherigen Arbeiten vorstellen und weiterführen. Stehen diese Beiträge auch nicht immer in unmittelbarer Beziehung zueinander, so führen sie eben in verschiedene Richtungen und bedienen unterschiedliche Interessen. Darauf kann dann wiederum erfolgreich aufgebaut werden, da einige Themen längst nicht erschöpfend behandelt sind, wie z. B. das letzte Kapitel über den Bestand im Museum Zitadelle Jülich gezeigt hat. Erschlossen wird die Vielfalt des Bandes über ein Personenregister. Auf eine Bibliographie wurde verzichtet, da die Literatur in die zahlreichen Anmerkungen zu den jeweiligen Beiträgen eingearbeitet ist.

Köln — Hanns Michael *Crass*

Sabine *Brenner-Wilczek* / Peter *Hasubek* / Joseph Anton *Kruse* (Hrsg.), *Immermanns theatralische Sendung*. Karl Leberecht Immermanns Jahre als Dramatiker und Theaterintendant in Düsseldorf (1827–1837). Zum 175. Todestag Immermanns am 25. August 2015; Frankfurt / Main (Peter Lang Verlag) 2016 – 241 S., 5 Abb., ISBN 978-3-631-66687-6, € 49,95.

Zum 175. Todestag von Karl Leberecht Immermann (24. April 1796 in Magdeburg–25. August 1840 in Düsseldorf) fand vom 17.–19. April 2015 eine Veranstaltung im Heine-Institut in Düsseldorf unter dem Titel „Karl Leberecht Immermann als Dramatiker und Intendant des Düsseldorfer Stadttheaters 1834 bis 1837“ statt. Getragen wurde sie von der Immermann-Gesellschaft, der Heinrich-Heine-Gesellschaft und dem Heinrich-Heine-Institut. Die dort gehaltenen Vorträge bilden den Inhalt des vorliegenden Bandes. Sein Ziel ist es, die führende Rolle und Leistung Immermanns bei der Reform des Düsseldorfer Stadttheaters und als dessen Intendant festzuhalten. Auch Immermanns dramatisches Werk aus seiner Düsseldorfer Zeit wird dargestellt.

Packend führt Peter *Hasubek* in die Thematik der Tagung ein und schildert Immermanns „theatralische Sendung“, dabei auch auf dessen Biographie eingehend. Er beschreibt Jugend, Ausbildung und den „Brotberuf“ des Juristen am Düsseldorfer Landgericht, den Immermann als „Galeerenbank“ empfand. Immermann erhielt Urlaub und konnte sich dadurch verstärkt und mit enormem Einsatz an die Reform des Theaters begeben, dabei immer in einer Art Gratwanderung zwischen den die Reformen tragenden „Mustervorstellungen“ und den Stücken, die das zahlende Publikum zu seiner Unterhaltung erleben wollte. Jedoch die Mittel reichten nicht; am 31. März 1837 wurde die Düsseldorfer Bühne aus finanziellen Gründen geschlossen.

Von diesem Schlag erholte sich Immermann nicht mehr. Zugleich litt er auch darunter, dass es ihm nicht gelungen war, Felix Mendelssohn Bartholdy und Christian Dietrich Grabbe dauerhaft in seine Pläne einzubinden.

Ein weiterer, sehr lesenswerter Beitrag von Peter *Hasubek* beschäftigt sich mit der nicht ganz glücklichen Freundschaft von Heine und Immermann: „Ich ehre Sie und liebe Sie von ganzer Seele". Den Verlauf dieser Freundschaft (bei dem einige Fragen offen bleiben müssen, da nicht alle Briefe erhalten sind) begleitet Verf. von 1822 an, dem Jahre, in dem Immermann Gedichte Heines rezensierte, worauf dieser enthusiastisch reagierte und den Briefwechsel eröffnete. In einer Art „Waffenbrüderschaft" sahen sie sich, wohl oder übel die Kontroverse mit August von Platen gemeinschaftlich durchstehend. Gegenseitige Hilfestellungen und Empfehlungen folgten im Laufe der Jahre, doch ließ sich schließlich eine gewisse Abkühlung des Verhältnisses nicht leugnen. Verf. sieht den Grund hierzu in der andersartigen Schreibweise Heines, in den unterschiedlichen Intentionen des literarischen Schaffens. Zum gänzlichen Bruch kam es jedoch nicht: Ein letzter Brief Immermanns an Heine vom 27. Februar 1839 ist mit *unverändert Ihr Freund Immermann* gezeichnet.

Um eine Freundschaft Immermanns geht es auch im Beitrag von Ralf *Wehner*. Er schildert die Beziehung zu Felix Mendelssohn Bartholdy, die in großer Harmonie und Herzlichkeit begann als Dichter und Komponist 1833–1835 zusammen für die Intendanz des Stadttheaters verantwortlich waren. Hier wurde der Plan gefasst, mit „Mustervorstellungen" das angestrebte (und erhoffte) künstlerische Profil des Zwei-Sparten-Hauses dem Publikum vertraut zu machen. Zu diesen Aufführungen zählten Mozarts „Don Juan" (dem ein Theaterskandal folgen sollte) und Immermanns „Trauerspiel in Tyrol", umgearbeitet zu „Andreas Hofer, der Sandwirth von Passeyer". Der festlichen Eröffnung des Theaters (das umgebaute Gießhaus am Marktplatz) am 28. Oktober 1834 wurde ein Vorspiel von Immermann beigegeben – „Kurfürst Johann Wilhelm im Theater" –, dass das Publikum mit Düsseldorfer Lokalkolorit einbeziehen sollte. Doch kurz nach der Eröffnung wuchs Mendelssohn Bartholdy die Belastung als Musikdirektor des Theaters über den Kopf, und er bat den Verwaltungsrat um Entlassung aus der Verwaltungsarbeit. Immermann konnte ihn nicht mehr umstimmen und war verletzt. Weitere Schwierigkeiten in der Zusammenarbeit belasteten das Verhältnis und führten zum Bruch. Später begrub Immermann seinen Groll, doch zu der Zeit hatte Mendelssohn Bartholdy Düsseldorf schon verlassen. Verf. bringt zum Abschluss seines Beitrages eine Zeittafel (S. 199–213) mit einer Zusammenfassung derjenigen Dokumente der Korrespondenz, die im Jahre 2015 bekannt und nachweisbar waren. Der Schriftwechsel besteht aus 18 Briefen von Mendelssohn und aus 19 Briefen von Immermann. Nach dem Bruch versiegte der direkte Briefwechsel, doch wurden Briefe verfasst, die an den Verwaltungsrat gingen, zum Teil mit der Bitte, dem „anderen" etwas auszurichten. Diese Zeittafel sieht Verf. als eine erste Grundlage für eine spätere Auswertung.

Immermann und das Theater im Vormärz wird von Norbert Otto *Eke* behandelt. Zuerst beschreibt Verf. die recht desolaten Verhältnisse der Theater, deren Bühnen von schlecht ausgebildeten Schauspielern dominiert wurden, denen Dramaturgen und Regisseure fehlten und die im Schatten der Oper standen. Der Hunger nach neuen unterhaltenden Stücken war groß, so dass wenig Zeit für Proben erübrigt werden konnte. So war es nicht verwunderlich, dass Immermann in den 1820er und 1830er Jahren sein Reformkonzept entwickelte und in den Jahren seiner Intendanz (28. Okt. 1834–31. März 1837) zu verwirklichen suchte. Er setzte auf die Disziplinierung, Ordnung, Planung, Übung und Kontrolle, auch auf Qualitätssteigerung der zu spielenden Stücke und wünschte letztlich Theaterschulen zur Verbesserung der Situation. Er forderte Ensemblebildung und Ensembleleistung, auch wenn er nicht auf durchreisende „Stars" verzichten konnte, aus finanziellen Gründen auch nicht durfte. Wie schon Peter Hasubek im ersten Beitrag zeigte, scheiterte die Intendanz aus finanziellen Gründen, aber auch an der Trägheit der Schauspieler. Immermanns Erwartungen sind Träume geblieben.

Immer wieder wird in den unterschiedlichen Beiträgen der 31. März 1837 erwähnt, an dem das Stadttheater Düsseldorf aufgelöst wurde. Was war der Grund? Immermann sah in Felix Mendelssohn Bartholdy die Person, die durch ihre Aufkündigung der Zusammenarbeit in der Intendanz dem Theater den Todesstoß versetzt habe. Doch das war seine persönliche Meinung. Vielmehr hatte Mendelssohn Bartholdy, zusätzlich zu seinem Dienst in der Kirchenmusik und im Städtischen Musikverein, sehr viel Zeit und Mitarbeit in den Sektor des Stadttheaters eingebracht, sogar deswegen teilweise auf das Komponieren verzichtet. Aus heutiger Sicht gab es auch andere Gründe für den Niedergang: die Spielplangestaltung im Schauspielsektor, für die Immermann verantwortlich war, die Behäbigkeit des Verwaltungsrates und der Aktionäre in Hinsicht der Gewinnung neuer Geldquellen, die schlecht besuchten Aufführungen an auswärtigen Spielstätten in den Sommermonaten, die geringen freiwilligen Beiträge zum Bestand des Theaters von gerade noch 15 Personen (Januar 1837) und die wiederholten Kredite bei der Düsseldorfer Sparkasse.

Der Tagungsband, eine Fundgrube zu Immermann und Düsseldorf, ist jedoch mit der Theatergeschichte noch nicht erschöpft. Er bietet des weiteren Informationen zu Werken und Dokumenten des Dichters Immermann: „Trauerspiel in Tyrol" und „Andreas Hofer" (Patricia *Czezior*), „Merlin. Eine Mythe" (Joseph Anton *Kruse*), „Die Verkleidungen" (Jan *von Holtum*) und „Rollenhefte und Regiebücher von Karl Leberecht Immermann in den Beständen des Düsseldorfer Heinrich-Heine-Instituts" (Sabine *Brenner-Wilczek*).

Zusätzlich zu den Anmerkungen mit eingearbeiteter Literatur der jeweiligen Beiträge besitzt der Band ein Verzeichnis der abgekürzt zitierten Literatur. Auf ein Register wurde verzichtet. Auf dem rückwärtigen Buchdeckel erhält der Leser

Informationen zu den Herausgebern; auch werden die Anschriften der Referenten mitgeteilt.

Köln Hanns Michael *Crass*

Helga *Becker*, *Anton Josef Reiss (1835–1900)*. Leben und Werk [Wissenschaftliche Beiträge aus dem Tectum Verlag. Reihe: Kunstgeschichte 6]; Marburg (Tectum Verlag) 2017 – 766 S., zahlr. s/w Abb., ISBN 978-3-8288-3861-1, € 59,95.

Vorliegendes voluminöses Werk wendet sich dem heute fast vergessenen, zu seiner Zeit sehr bekannten Bildhauer Anton Josef Reiss zu. Verf., Doktorandin von Frau Professor Hiltrud *Kier*, hat sich über viele Jahre mit Reiss, der in der großen fünfbändigen „Kunst des 19. Jahrhunderts im Rheinland" von 1980 zwar verschiedentlich Erwähnung, doch außer einer Kurzbiographie keine längere Darstellung gefunden hat, beschäftigt. Ihm widmete sie sich in ihrer Magisterarbeit von 2009. Ein Auszug aus dieser Arbeit konnte 2012 in Heft 4 der „Rheinischen Heimatpflege" unter dem Titel „Frühwerke des Bildhauers Anton Josef Reiss (1835–1900). Auf den Spuren eines Düsseldorfer Künstlers" vorgestellt werden (S. 257–272). In der Folge baute Helga *Becker* das Thema weiter aus, so dass in ihrer Dissertation von 2016 an der Universität Bonn nun das Schaffen Reiss' in Gänze umfasst wird.

Anton Josef Reiss wurde am 25. Oktober 1835 in Düsseldorf geboren. Zusammen mit zwei älteren Schwestern wuchs er als Sohn des Fruchthändlers Josef Reiss auf. 1851–1856 studierte er an der Kunstakademie Düsseldorf; zuerst in der Elementarklasse bei Josef Wintergerst (Zeichnen nach der Natur), dann in der Vorbereitungsklasse bei Karl Ferdinand Sohn und Carl Anton Heinrich Mücke. In der dritten Klasse entschied sich Reiss für die Bildhauerei, in der er von Julius Beyerle unterrichtet wurde. Beyerle übte großen Einfluss auf Reiss aus und sah in ihm seinen talentiertesten Schüler. Nach Abschluss seines Studiums trat Reiss Reisen in verschiedene Länder an: Deutschland (Berlin, München, Dresden), Belgien, Holland und Frankreich (Paris). Italien hat er wohl nicht bereist, zumindest gibt es dafür keine Belege. Die Mitgliedschaft im Künstlerverein Malkasten erwarb er 1859. Aus diesem Jahr stammt auch sein erstes bekanntes Werk, eine Maria mit Kind in Sigmaringen. Diese Arbeit für Karl Anton Fürst von Hohenzollern-Sigmaringen empfahl ihn an aristokratische Kreise.

Ein erster Höhepunkt seines Schaffens war der figürliche Schmuck (Maria und vier Propheten) für die Mariensäule in Düsseldorf 1865, geplant für den Friedrichplatz, aufgestellt schließlich auf dem Maxplatz. Von da an lag der Schwerpunkt von Reiss' Schaffen im Bereich der sakralen Kunst. Ausnahmen bildeten z. B. ein Kriegerdenkmal in Duisburg (1876), dort auch der Mercator-Brunnen auf dem Burgplatz (1878), in Düsseldorf vier Personifikationen auf dem Neubau des Rathauses (1884). Arbeiten in Kirchen in Holland, in Deutschland (Krefeld-Hüls) folgten in geringen Zeitabständen. 1882–1886 schuf Reiss die Figuren zum Kalvarienberg an der Nordseite von St. Lambertus in Düsseldorf. In der Zeit des Kulturkampfes gingen die Aufträge von kirchlicher Seite zurück. Doch erhielt Reiss kurz nach diesem Zeitpunkt im Jahre 1885 vom preußischen Staat den Auftrag zur Marmor-Pietà in St. Gereon in Köln, die jedoch erst 1892–1897 geschaffen wurde. Ansonsten lebte Reiss von Aufträgen der privaten Hand. So entstanden z.B. die Statuen der „Vierzehn Nothelfer" für die Stoffeler Kapelle (1886–1889). Auch war er der Schöpfer von Grabmälern auf verschiedenen Friedhöfen. Krankheiten beeinträchtigten Reiss' Schaffenskraft. Einer der letzten Aufträge betraf die plastische Ausschmückung der Kirche St. Mariä Empfängnis in der Oststraße in Düsseldorf, die er zusammen mit seinem Schüler Alexander Iven (1854–1934) von 1897–1899 schuf.

Reiss war als selbständiger Unternehmer mit eigenem Atelier in der Düsseldorfer Gesellschaft, in Kirche und in caritativen Vereinen aktiv und präsent. Auf diese Weise blieb er bekannt und erhielt seine vielfältigen Aufträge. Seine letzten Jahre waren von Krankheit überschattet. Er starb am 1. Februar 1900 und wurde auf dem Nordfriedhof begraben. Das Grab ist heute nicht mehr erhalten.

Stilistisch lässt sich Reiss den Spätnazarenern zurechnen, deren religiöse Stimmungsmalerei an der Kunstakademie Düsseldorf seit den Tagen von Peter Cornelius und Wilhelm von Schadow vorherrschte und über Franz Ittenbach, Ernst Deger und die Brüder Andreas und Karl Müller an Reiss weitergegeben wurde. Er blieb dieser Malerei verpflichtet, setzte sie als Leitbild in seine plastischen Werke um und zielte damit auf die Erneuerung des christlichen Glaubens, dem die Bevölkerung des Rheinlandes durch die Ideen der französischen Besetzung entfremdet worden war. Auch die plastische Ausgestaltung am Weiterbau des Kölner Domes ab 1842 wurde in dieser Absicht ausgeführt. An den Arbeiten am Dom war Reiss allerdings nicht beteiligt.

Reiss' Werk wird von Verf. in sechs Themenbereiche eingeteilt: Am Anfang stehen Altäre und Heiligenfiguren in Kirchen in St. Stephanus in Grefrath bei Neuss und in St. Quirinus in Neuss, in St. Cyriakus in Krefeld-Hüls, in der Frauenkirche in Wijhe/Holland, in St. Lambertus und in der Stoffeler Kapelle, beide in Düsseldorf. Es folgt zweitens das unwidersprochene Hauptwerk seines Schaffens: die Pietà in St. Gereon/Köln; dann drittens Kalvarienberge, Kruzifixe und Kreuzwegstationen in Oberhausen-Styrum, in Groningen und Uithuizen in Holland und nochmals St. Lambertus in Düsseldorf. Die viertens folgende Gruppe der Denkmäler wird in sakrale und profane unterteilt: die figürliche Ausstattung der von Gottfried Renn entworfenen Mariensäule in Düsseldorf und Brunnen und Kriegerdenkmal in Duisburg. Statuen, die Personifikationen (Rathaus in Düsseldorf) darstellen, gehören in die fünfte, Grabmäler in die sechste Gruppe. 184 s/w Abbildungen illustrieren im Anschluss die bisherige Darstellung.

Zusätzliche s/w Abbildungen in unterschiedlicher Anzahl weist auch der umfangreiche Katalog (Nr. 1–84) auf, der chronologisch aufgebaut ist (z. B. sind es bei der Mariensäule 18 Gesamt- und Detailaufnahmen (Katalognummer 8) und bei den Kreuzwegstationen in St. Mariä Empfängnis in Düsseldorf sogar 94 Abbildungen (Katalognummer 83). Die einzelnen Katalogeinträge sind identisch aufgebaut: Ort, Objekt, Material, Größe, Datierung, Erhaltungszustand, Chronik und Zusätzliches, Quellen und Literatur und eine Beschreibung des jeweiligen Objektes. Berücksichtigt werden auch verlorene Werke. Insgesamt erfolgt die Behandlung der einzelnen Werke so detailliert, ja minutiös, dass keine Wünsche offen bleiben. Die Standorte von Altären oder Statuen in den Kirchen werden sogar anhand der Grundrisse des jeweiligen Bauwerkes zur Anschauung gebracht.

An den Katalog schließt sich ein zweigeteiltes Verzeichnis der Abbildungen an: a) Abbildungen im allgemeinen Abbildungsteil, b) Abbildungen im Katalogteil. Es folgen das Quellenverzeichnis und ein sehr ausführliches Literaturverzeichnis (40 Seiten). Orts- und Personenregister wurden nicht erstellt.

Verf. hält fest, dass zu vielen Bildhauern des 19. Jahrhunderts umfassende Darstellungen und Werkverzeichnisse noch ausstünden und dringend notwendig seien. Für den Künstler Anton Josef Reiss gilt dies nun nicht mehr: Sein Leben und Werk liegen mit der Arbeit von Helga Becker mustergültig erfasst vor!

Wo viel Licht ist, da gibt es auch Schatten. Dies betrifft eine Anzahl der s/w Abbildungen, die sehr klein und sehr dunkel in tiefem Grau ausfällt. Oft sind die im Text ausführlich beschriebenen Details nicht zu erkennen oder nur zu erahnen. Die Ziffern, die im Text auf die Fußnoten verweisen, sind zu klein gedruckt, vor allem, je höher sie ausfallen (1182 sind es insgesamt). Dann sind sie fast unleserlich. Der Katalog mit seinen 84 Nummern wäre wesentlich schneller zu handhaben, wenn er jeweils am Kopf einer Seite in Form eines lebenden Kolumnentitels die behandelte Katalognummer anzeigte. Stattdessen sind die Seiten 175–663 durchgängig mit „8. Katalog (chronologisch)“ überschrieben, was nicht hilfreich ist, wenn z. B. Katalognummer 77 (Pietà in St. Gereon Köln) gebraucht wird und nach langem Blättern auf S. 590 gefunden wird. Diese Minuspunkte, die nicht der Verf. zur Last gelegt werden können, hätte man seitens des Lektorates vermeiden sollen.

Der Preis ist mit rund 60,00 Euro stattlich, aber akzeptabel und nachvollziehbar. Nicht nachvollziehbar ist der Hinweis des Verlages auf dem rückwärtigen Buchdeckel, dass Verf. ihr Werk „einer breiten Öffentlichkeit“ vorstelle. Nein, es handelt sich um eine großartige, profunde Darstellung für Spezialisten der Plastik in der zweiten Hälfte des 19. Jahrhunderts im rheinländischen Umfeld der Kölner Domvollendung mit einem Schwerpunkt im Düsseldorfer Raum.

Köln — Hanns Michael *Crass*

Hartmut *Frank* / Karin *Lelonek* (Hrsg.), *Peter Behrens.* Zeitloses und Zeitbewegtes: Aufsätze, Vorträge und Gespräche 1900–1938 [Schriftenreihe des Hamburgischen Architekturarchivs]; München / Hamburg (Dölling & Galitz) 2015 – 1.151 S., zahlr. s/w Abb., ISBN 978-3-86218-032-5, € 79,90.

Das beginnende 20. Jahrhundert war in Architektur und Design eine äußerst bewegte Zeit – unabhängig vom nach wie vor wirkungsmächtigen und gleichermaßen rückwärtsgewandten Historismus. In Berlin, vor allem aber in Wien, Darmstadt und Paris gingen zahlreiche Architekten und Designer neue Wege – vom Jugenstil über Art déco bis hin zur Neuen Sachlichkeit. Peter Behrens (1868–1940) dürfte als einer der prominentesten Vertreter dieser Zeit gelten und ist hinsichtlich seiner eigentlichen Profession nicht auf eine bestimmte Tätigkeit festzulegen, denn er war nicht nur Designer und Architekt, sondern auch noch Maler. Nicht umsonst wird er als einer der wirkungsmächtigsten Industriedesigner seiner Zeit bezeichnet.

Wer sich sein Œuvre anschaut, der mag denken, es mit einem künstlerischen Universalgenie zu tun zu haben: Behrens entwarf Bauten aller Art (Industrieanlagen genauso wir Verwaltungsgebäude, Kirchen, Wohnhäuser samt kompletter Innengestaltung, Krematorien, Bahnhöfe etc. pp), zudem gestaltete er Küchengeräte und Lampen und hatte Einflüsse auf die Typographie – so stammt die Gestaltung des Schriftzugs „Dem deutschen Volke" am Reichstagsgebäude von Peter Behrens. Über viele Jahre wurde wenig zu Behrens geschrieben, denn seine zwar wenig bedeutsame, aber mit seinem Namen verknüpfte Tätigkeit für das NS-Regime (so sollte er die neue AEG-Hauptverwaltung an der von Albert Speer geplanten Nord-Süd-Achse in Berlin bauen) lud sicherlich nicht wenige, allerdings deutlich stärker „belastete" Architekten nachgerade dazu ein, auf den bereits 1940 Verstorbenen zu verweisen.

Aber Peter Behrens war nicht nur im engeren Sinne künstlerisch tätig und technisch äußerst innovativ, sondern auch publizistisch tätig und leitete zudem über viele Jahre die Düsseldorfer Kunstgewerbeschule. Im anzuzeigenden Buch wurden fast 120 Aufsätze und Vorträge von und Gespräche mit Peter Behrens (wieder) abgedruckt. Dies sind sicherlich nicht alle Texte, an denen er (mit)gearbeitet hat, allerdings ist dies die wohl derzeit umfangreichste Zusammenstellung seines schriftlichen Schaffens. Drei sehr kenntnisreiche Aufsätze von Hartmut *Frank*, Silvia *Malcovati* und Karin *Lelonek* führen in Behrens' künstlerisches und schriftstellerisches Werk ein bzw. informieren über die editorischen Grundsätze der Publikation. Dem folgen auf fast 1.000 Seiten (!) Texte aus den Jahren 1900 bis 1938. Abgeschlossen wird die Anthologie von einer kurzen Vita, einem Personenindex und den üblichen Nachweisungen.

Mit diesem Werk ist es möglich, sich ein umfassendes Bild vom Schaffen Peter Behrens' aus seiner Feder und Perspektive zu machen. Natürlich war er für Düsseldorf auch jenseits seiner Tätigkeit an der Kunstgewerbeschule und später auch an der Kunstakademie bedeutend, man denke nur an das ikonische Mannesmannhaus. Aus gutem

Grund führt zudem der Fachbereich Architektur und Design der hiesigen Hochschule die Zusatzbezeichnung „Peter Behrens School of Arts". Abschließend sei bemerkt, dass neben dem inhaltlichen Schwergewicht des Buches auch dessen Gestaltung ganz im Sinne des Protagonisten sein dürfte. Zahlreiche sorgsam und gleichermaßen kenntnisreich ausgewählte Abbildungen illustrieren sein umfassendes Schaffen.

Düsseldorf — Benedikt *Mauer*

Karsten Heinz *Schönbach, Die deutschen Konzerne und der Nationalsozialismus 1926–1943* [Hochschulschriften 38]; Berlin (trafo Verlagsgruppe Dr. Wolfgang Weist) 2015 – 658 S., ISBN 978-3-86464-080-3, € 59,80.

Es bedarf großer Ausdauer und der Überwindung eines mit fortschreitender Lektüre wachsenden Unwillens, sich durch diese Veröffentlichung zu arbeiten. Das liegt weniger am Umfang dieses eng gedruckten Buches, auch nicht an den häufigen Verstößen gegen die Regeln der Zeichensetzung, der Grammatik und der Rechtschreibung oder an den zahlreichen Wiederholungen bei der Wortwahl, ungewöhnlichen Bezeichnungen wie „Bankencommunity", „Highsociety" und Formulierungen, wie „die Bevölkerung war dünn gesät", „ein Mandat bekleiden", sondern vor allem an dem blinden Eifer des Verfassers, der in der Erfüllung seiner Mission, nachweisen zu müssen, dass die Wirtschaft in ihrer Gier nach Macht und Profit die Demokratie vernichtete, den Staat korrumpierte, Europa sowie große Teile der Welt eroberte und durch den von ihr bewusst herbeigeführten Weltkrieg zerstörte. Dabei verfügt der Verfasser weder über die nötigen historischen Kenntnisse, noch über das erforderliche Rüstzeug, um die teilweise mit beachtlichem Aufwand aufgespürten Dokumente zu bewerten und sachgerecht einzuordnen. Abschreckend ist die Verwendung von abwertend verstandenen Begriffen bzw. deren Häufung. Da findet sich nicht selten bis zu zehn- und mehr Mal auf einer Seite der Begriff „Großindustrieller", „Nazi-Industrieller", „Kohlebaron"; Hugo Stinnes wird außerdem als „Industriekapitän" tituliert. Es ist die Rede von „Industriellen kleineren Kalibers", von „diversen adligen Herrschaften".

Sachbegriffe werden nicht abgegrenzt und oft willkürlich durcheinander verwendet. „Schwerindustrie" ist meist Bergbau- und Eisenindustrie, aber auch nur letztere, manchmal sogar einschließlich Elektroindustrie und Chemischer Industrie, Verkehrsbetrieben und Reedereien; ähnlich verhält es sich mit „Montanindustrie". Im übrigen, so der Verfasser, entbehrt „die Unterscheidung in ‚Kohleflügel' und ‚Eisenseite' [..] jeglicher technischen Grundlage". Banken sind in der Regel Großbanken, werden jedoch auch in Verbindung mit Versicherungen betrachtet. Währungsangaben erfolgen vor und nach 1923 grundsätzlich in „Mark". Das „Gesetz gegen Wettbewerbsbeschränkungen" heißt „Antitrustgesetz". Zahlreiche Unternehmensnamen, beispielsweise Berghütte

Berg- und Hüttenwerks-Gesellschaft, Hermann Göring-Werke, Mannesmannröhren-Werke AG, Vereinigte Stahlwerke AG, Phoenix AG für Bergbau und Hüttenbetrieb, Rheinische AG für Braunkohlen und Brikettfabrikation, de Wendel, erscheinen in falscher und dazu noch in wechselnder Schreibweise, desgleichen Familiennamen wie Louis Ravené, August von der Heydt und de Wendel, auch Verbandsbezeichnungen wie Verein deutscher Eisenhüttenleute und Ortsbezeichnungen wie Mülheim an der Ruhr, das auch als Ruhrort (!) erscheint. Deutsche Adelsprädikate werden bei ein und demselben Familiennamen mal genannt, mal weggelassen. Wolffs Telegraphisches Bureau W.T.B. (seit 1934 Deutsches Nachrichtenbüro) wird als „von Wolff betriebenes Pressebüro" bezeichnet. Was sich hinter dem „Langnamverein" verbirgt, das erfährt der Leser erst viele Seiten nach der mehrmaligen Verwendung des Begriffs. Im Zusammenhang mit dem Stahlhof, dem Sitz der Stahlverbände in Düsseldorf, heißt es mehrfach „auf dem Stahlhof". Der Industrieklub wird zum „berüchtigten Düsseldorfer Industrieklub", die „Ruhrlade" ist ein „Finanzierungsgremium für die politischen Parteien", der „Keppler-Kreis" ein „Verband von Großindustrie und Bankiers". Verf. hält es für wichtig, mehrfach zu betonen, dass Adolf Hitler einen „schwarzen" Mercedes fuhr. Archivalien werden zu „Archivarien". Über das rein Formale hinaus geht es, dass wiederholt Aussagen und sogar Zitate nicht, unzulänglich oder falsch belegt sind. Ein Zitat aus der New York Times und die Stellungnahme eines amerikanischen Politikers, der an den Nürnbergern Prozessen beteiligt war, werden ausschließlich in deutscher Sprache wiedergegeben.

Unternehmer wie Robert und Carl Bosch werden an einigen Stellen miteinander verwechselt, Reinhard Mannesmann wird zum Großindustriellen und europäischen Störenfried gestempelt, der im Hause von Ernst Poensgen aufgewachsene Alfred Sohn-Rethel zum „Günstling des Großindustriellen Ernst Poensgen" gemacht. Robert Bosch wird in die politisch rechte Ecke gedrängt und als Heuchler dargestellt – der bereits in kaiserlicher Zeit wegen seiner herausragenden sozialen Leistungen für seine Mitarbeiter als „roter Bosch" beschimpfte und angefeindete Unternehmer scheint dem Verfasser völlig unbekannt. Fritz Thyssen, Vertreter der zweiten Generation, wird zum „Spross einer der ältesten, angesehensten und einflussreichsten Industriellen-Dynastien von der Ruhr". Günther Quandt und sein enges Verhältnis zu Joseph Goebbels wird erwähnt, nicht jedoch, dass Magda Goebbels vorher mit Quandt verheiratet war. Dass Vögler von Hitlers Rede im Industrieklub enttäuscht war und durch Fritz Thyssen daran gehindert wurde, das auch zu sagen, wird ebenso unterschlagen wie dass dieser anschließend im General-Anzeiger für Dortmund „aufs Eindringlichste vor den nationalsozialistischen Experimenten" gewarnt und im November 1932 zu den Mitunterzeichnern des bereits genannten Aufrufs „Mit Hindenburg für Volk und Reich" gehört hat und damit klar gegen die NSDAP stand.

Rüstung, und zwar bereits seit den frühen 1920er Jahren, ist grundsätzlich Vorbereitung zum Angriffskrieg. Dass ein Krieg ausbrechen kann, das bedeutet für den

Verfasser, dass er ausbrechen muss und dass die Industriellen und Bankiers darauf aus waren. „Selbst im Falle eines vollständigen Sieges und der Eroberung des größten Teils des europäischen Russlands [wäre] der Drang nach kriegerischer Expansion noch lange nicht gestillt gewesen. Hinter all diesen Eroberungen – also hinter dem Kaukasus, hinter den eroberten französischen Gebieten und hinter dem Ural – hätte es immer wieder neue Kriegsziele gegeben." Wenn von Konzernen die Rede ist, dann sind immer ausnahmslos die Spitzenmanager und ihre Helfer gemeint, nie die Angestellten und gewerblichen Mitarbeiter – letztere erscheinen nur einmal, und zwar als die, die von den Unternehmern im Schulterschluss mit den Regierenden, insbesondere den „Nazis", „ihrer sozialen Rechte beraubt und misshandelt" werden – „wie einst der Bauer an die ‚Scholle' an seinen Arbeitsplatz gebunden [..] und ähnlich wie einst die Leibeigenen nichts mehr als eine willenlose ‚Gefolgschaft', die politisch und gesellschaftlich unmündig den ‚Arbeitgebern' ausgeliefert war".

Grundsätzlich werden, wie das gerade zitierte Beispiel belegt, zunächst – analog der vom Verfasser zitierten Ausführungen von Adolf Hitler in „Mein Kampf" – pauschale Behauptungen erhoben. Anschließend werden diese wiederholt relativiert: „Es soll damit keineswegs ein voreingenommenes Urteil über die Kohlebarone, ihr Verhältnis zu Hitler, zum NS-Regime und der NSDAP abgegeben werden" oder „Es soll hier nicht gesagt sein, dass die antidemokratisch eingestellten Industriellen und Bankiers deswegen automatisch Anhänger einer Hitler-Diktatur waren". Doch in einem Zusatz heißt es dann wieder: „Trotzdem wird aber deutlich, dass die politische Einstellung dieser Herren auf einer Mischung von altpreußischem Militarismus und Monarchismus basierte [..] Aus diesem Grund war das Vorhandensein von polititschem Antisemitismus und Rassismus in ihren Reihen nichts Ungewöhnliches." „Zwar ist richtig, dass einige politische Vertreter und Verbindungsleute der Großindustrie über die allgemeinen antikapitalistischen NSDAP-Aktivitäten immer wieder klagten [..] trotz dessen die Industrieführer für die Nazis eintraten". Manche Aussagen bleiben bewusst unbestimmt: Der „Kohleflügel der deutschen Schwerindustrie [..] Diese Gruppe von Förderern war bereits am Wahlerfolg der Nazi Partei bei den Reichstagswahlen vom 14. September 1933 nicht unbeteiligt". „Das einzige Manko dieses Berichts ist, dass er bei den Industriegeldern [..] nicht zwischen vor und nach 1933 differenziert. Aber für den hier zu untersuchenden Sachverhalt ist das unerheblich." „Welche Industrielle hier zu den Finanziers dieses ersten Wahlerfolgs der NSDAP zählten, ist unbekannt." „Es sei vor einer Verallgemeinerung innerhalb der Schwerindustrie gewarnt."

Dass Carl Duisberg sich auf einer Tagung des Reichsverbands der Deutschen Industrie öffentlich zur Republik bekannt und gegen Hitler die Kandidatur von Hindenburgs tatkräftig unterstützt hat und dies in der Literatur als Beweis für dessen demokratische Republiktreue bewertet wird, das vermag den Verfasser nicht zu überzeugen. Als Gegenbeweis führt er dazu an, dass „1931 die IG Farben durch Lohnunterschlagungen die Gesetze eben jener Republik aufs Gröblichste verletzte." Abgesehen davon, dass er den Beweis für die Gesetzesverletzung schuldig bleibt, wird nicht dargelegt, in wie weit der Aufsichtratsvorsitzende Duisberg dafür verantwortlich zeichnete. Daraus, dass Ernst Poensgen als einziger sich gegen Hitlers Anschauungen äußerte und die anderen schwiegen, wird geschlossen, dass Fritz Thyssen kein Einzelgänger war. Dagegen heißt es an anderer Stelle: „Welche Großindustrielle sie [die NSDAP] insgesamt als Förderer aktivieren konnte, lässt sich im Nachhinein nicht mehr vollständig rekonstruieren. Fest steht jedoch, dass es sicher zur Zeit der Reichstagswahl vom 14. September 1930 bereits einen großen Kreis von Förderern und Sympathisanten gehandelt haben muss [..] Wie Hitler nämlich [..] in seinem Buch ‚Mein Kampf' erklärte, besteht die wirkungsvollste Propaganda darin, entsprechende Stigmata [..] schlagwortartig solange zu verwerten, bis sie auch bestimmt den Letzten erreichen." Ohne Beleg erfahren wir, dass die „Nazi-Partei im Christentum verwurzelt war", dass „Hitler sich also in seinem Buch ‚Mein Kampf' die Auffassungen der deutschen Kapitalelite zueigen machte." Zahlreiche Belege stammen aus Berichten und Veröffentlichungen, die erst viele Jahre nach den Ereignissen verfasst wurden, und das z. T. von Personen, die selbst Partei waren.

Wie wenig der Verfasser die Zeit kennt, über die er urteilt, das wird an vielen Stellen eklatant deutlich. Er wundert sich, dass man in den 1920er und Anfang der 1930er Jahren von „Volkskörper", „Volksgemeinschaft" und „Erbfeind" sprach und die Versailler-Friedensbedingungen als unerfüllbar bezeichnet wurden; er sieht darin eine enge Übereinstimmung mit dem Nationalsozialismus. Der Chef des Bochumer Vereins Borbet wird als typisches und verallgemeinertes Beispiel für die die NSDAP fördernde und unterstützende Schwerindustrie angeführt. Dabei ist dessen Sonderrolle bereits damals bekannt gewesen. Das gilt auch für den höchst unglücklich agierenden Fritz Thyssen, der ein ganz anderes Deutschland hatte mitschaffen wollen und bitter dafür büßen musste – unter den Nationalsozialisten und in der Nachkriegszeit. Die ohne sein Wissen und ohne seinen Willen veröffentlichte Schrift „I paid Hitler" erscheint im Literaturverzeichnis als sein Werk (ohne jeden Hinweis). Die Ruhrbesetzung ist für den Verfasser der Beweis dafür, dass die Reichswehr das Land nicht zu verteidigen vermochte. Den Rückkauf von Anteilen des Gründerwerks in Komotau durch die Mannesmannröhren-Werke, die diese, um einer Enteignung zu entgehen, nach dem Ersten Weltkrieg an landeseigene Banken abgegeben hatten, wird als „Raub" und „Beute" gewertet. Die Aussage einer Großbank im Geschäftsbericht für 1933, dass nämlich die *tatkräftigen Maßnahmen der Regierung* [..] die *Kreise der Wirtschaft mit Zuversicht und Vertrauen erfüllt* haben, wird vom Verfasser nicht auf die Versuche zum Abbau der Arbeitslosenzahlen und zur Überwindung der Wirtschaftskrise zurückgeführt, sondern willkürlich mit Reichtagsbrand, Ermächtigungsgesetz, Partei- und Gewerkschaftsverboten in Verbindung gebracht. Den Hinweis auf die Unterschriften unter den Wahlaufruf „Mit Hindenburg für Volk und Reich" verbindet er mit der Aussage „die Unterschriften der ‚einfachen Leute' wird man auf diesem Aufruf vergeblich suchen." Dass der Staat für die den Rüstungsunternehmen gegebenen Kredite uneingeschränkt bürgte, ist keineswegs ein Beleg für eine uneingeschränkte Verflechtung von Banken und Staat. Der Zentrums-Partei unterstellt er, dass sie mit ihrem zögerlichen Einverständnis zu einer Regierungsbeteiligung der NSDAP (wenn auch ohne einen Kanzler Adolf Hitler) die Demokratie abschaffen wollte. Die Rolle der Garantiemächte Polens wird völlig falsch interpretiert; sie haben keineswegs Polen geopfert, damit das Deutsche Reich in die Sowjetunion einmarschierte.

Auch an wirtschaftshistorischen bzw. unternehmensrechtlichen Kenntnissen scheint es dem Verfasser zu mangeln. Die Weltwirtschaftskrise ist für ihn eine „Rüstungskrise". In offensichtlicher Unkenntnis der verlorenen Industrieregionen Oberschlesien und Saarland einerseits und andererseits eben der Weltwirtschaftskrise wundert er sich, „dass in der Weimarer Republik die Produktion von Roheisen und Rohstahl selbst in der Phase der konjunkturrellen Erholung (1924–1928) lediglich 60 % des Standes von 1913 und im Jahre 1932 – also kurz vor dem Machtantritt der NSDAP-Führung – den niedrigsten Stand seit Beginn des 20. Jahrhunderts erreichten". „Die Not, welche die Arbeiterschaft [..] während der Weltwirtschaftskrise litt, hätte nicht solche Ausmaße erreichen müssen, wenn wenigstens ein paar Prozente der Dividende für die Arbeiter aufgewendet worden wären. Die Konzern- und Bankdirektoren lebten daher weiterhin in luxuriösestem Wohlstand, während die Arbeiter weiter ins Elend hinab sanken." Dieses Verhalten der Unternehmer findet seine Erklärung in den „materiellen Zwängen, denen der Unternehmer unterliegt, solange er Unternehmer ist." Es geht ihnen ausschließlich um den Gewinn, soziale Aspekte müssen außer acht gelassen werden. Der „Abriss des sozialen Systems der Republik" ist zwangsläufig.

Der Vorstandschef von Wintershall, August Rosterg, bekleidete keineswegs gleichzeitig das Amt des Vorstandsvorsitzenden der Westfalenbank, sondern war Mitglied des Aufsichtsrats der Bank. Emil Georg von Stauß war ab 1932 im Aufsichtsrat der Deutschen Bank und übte keineswegs „weiterhin praktisch die Geschäfte eines Bankdirektors aus". Stimmrechtsübertragungen besagen nichts über den Besitz von Anteilen. Es ist abenteuerlich, den Industrieunternehmen zu unterstellen, sie hätten sich bewusst bei der Verwaltung und dem Betrieb der Werke im Osten verweigert, um den Staat zu erpressen.

In Anbetracht dessen kann es nicht verwundern, dass die Stellungnahme eines Ernst Poensgen als „Selbstrechtfertigung" abgetan und die Übereinstimmung mit den Aussagen von Unternehmerkollegen als Beleg für eine abgesprochene Unwahrheit gewertet wird. Verf. geht sogar weit über die Anschuldigen von DDR-Historikern aus der Zeit des „Kalten Krieges" hinaus. Zahlreiche wichtige Veröffentlichungen, vor allem die, die seinen abstrusen Thesen widersprechen (Ackermann, Gattineau, Heuss, Plumpe, Wessel), hat er übersehen. Auf welchen Irrwegen der Verfasser unterwegs ist, das zeigen nicht zuletzt die letzten Kapitel des Buches: „Historische Anbahnung des Bankenkapitalismus in Deutschland 1900–1932"; „Der Raubzug nach Südosteuropa", „Der Raubzug durch Europa", „Der Raubzug nach Osten", in denen es von „Beutejägern" etc. nur so wimmelt. Dass es große Schwierigkeiten gegeben habe, diese Ausarbeitungen als Dissertation anzuerkennen, das will man nach der Lektüre gern glauben.

Hilden Horst A. *Wessel*

Wolfgang *Ruppert, Künstler im Nationalsozialismus.* Die „Deutsche Kunst", die Kunstpolitik und die Berliner Kunsthochschule; Köln u. a. (Böhlau Verlag) 2015 – 372 S., 55 s/w u. 75 fbg. Abb., ISBN 978-3-412-22429-5, € 50,00.

Dieses bereits 2015 erschienene Buch ist das Ergebnis der Tagung „Künstler im Nationalsozialismus", die vom 1.–3. November 2013 in Kooperation mit dem Münchner Zentralinstitut für Kunstgeschichte in Berlin stattfand. Obwohl sich die Beiträge mit bedeutenden Künstlern wie Karl Hofer, Oskar Schlemmer, Käthe Kollwitz, Emil Nolde, Felix Nussbaum, Fritz Cremer, Charlotte Salomon u. a. befassen, soll an dieser Stelle aus dem Kapitel „Institutionen – unterschiedliche Vorstellungen von Kunst" lediglich der Aufsatz „Zur Geschichte der Staatlichen Kunstakademie Düsseldorf zwischen den Weltkriegen" (S. 149–165) wegen seines Düsseldorf-Bezuges hervorgehoben werden. Sein Verfasser James A. *van Dyke*, Associate Professor im Department of Art History & Archaeology an der University of Missouri in Columbia lehrt Geschichte der modernen Kunst sowie kunstwissenschaftliche Methoden.

Verf. ist der Ansicht, dass die Entwicklung der Düsseldorfer Kunstakademie in der nationalsozialistischen Diktatur, abgesehen von den Entlassungen unliebsamer Professoren im Zusammenhang mit der Machtübernahme der NSDAP 1933, bisher noch zu wenig behandelt wurde. Aufmerksamkeit verdient dieser Zeitabschnitt aus mehreren Gründen. In Düsseldorf wurden spätere prominente Künstler im nationalsozialistischen Deutschland gefördert, z. B. bereits vor 1933 Arno Breker und Hans Weidemann. Dem Lehrkörper gehörten u. a. Julius Paul Junghanns, Werner Peiner und Hans Schmitz-Wiedenbrück an. Auch die Reformen vor und nach 1933 verdienen Beachtung, ebenso wie die Modernisierung der Akademie vor 1933, die autokratisch durchgeführt wurde und elitäre Züge aufwies. Seit 1924 war Walter Kaesbach Direktor der Düsseldorfer Kunstakademie (s. a. DJb 86, 2016, S. 501–503), eine beispiellose Berufung eines Nichtkünstlers zum Akademiedirektor. Durch verschiedene Maßnahmen schuf er sich eine breite Gegnerschaft, die er jedoch bestehen konnte, hatte er doch die Rückendeckung des sozialdemokratisch regierten preußischen Staates. Doch nach Hitlers Ernennung zum Reichskanzler wurde Kaesbach am 29. März 1933 „zur Begeisterung der bürgerlichen und nationalsozialistischen Künstlerschaft seines Amtes enthoben".

Bis Ende 1933 verloren 16 Professoren oder Lehrkräfte ihre Stellen, darunter auch vier bekannte Künstler der Moderne, die teilweise noch von Kaesbach berufen worden waren: Heinrich Campendonk, Paul Klee, Oskar Moll und Ewald Mataré. Es folgte eine Wendung zur Tradition in der künstlerischen Ausbildung, unterstützt von drei neuen „wissenschaftlichen Hilfsfächern“: Rassenkunde, Wehrsport und nationalsozialistische Schulung. Die Studenten sollten somit auch ideologisch geprägt werden. Julius Paul Junghanns wurde Interimsdirektor, doch bereits im Oktober 1933 wieder vom Architekten Peter Grund aus Dortmund abgelöst. Grund war jung und ideologisch genehm und sollte den Vorrang der Architektur vor den bildenden und angewandten Künsten gewährleisten.

Die Kämpfe um genehme und nicht genehme Professoren und ihre Kunstauffassung gingen weiter. Peter Grund trat im Juli 1937 zurück. Ihm folgte Emil Fahrenkamp, gleichfalls Architekt. Sein Aufsatz „Akademie und Leben“ im Jahresbericht 1938 der Kunstakademie und verschiedene Personalveränderungen führten zu einer Verlagerung der Schwergewichte im akademischen Betrieb, nämlich zur Herabstufung der freien bürgerlichen Malerei, einem traditionellen Schwerpunkt der Düsseldorfer Kunstakademie. Im Jahresbericht war die Rede von „einseitiger Begünstigung“ und „Überzüchtung“ der Malerei, von „geduldeter Spezialwissenschaft“ der Architektur. Im Gegenteil müssten sich die bildenden Künste (trotz einer gewissen Aufwertung der Plastik) den Bedürfnissen der Architektur „unterwerfen“ und sich mit monumentaler Bauplastik und Wandbildern befassen. Entwurf und Ausstattung von Bauvorhaben des Staates und der Partei standen im Mittelpunkt. Beispiele dafür bilden die Hallen für die Ausstellung „Schaffendes Volk“ und das Gauehrenmal in Essen. Verf. zieht das Fazit: Die Akademie „funktionierte vor allem als Werkstatt für die Produktion von monumentalen Bauvorhaben und als Ausbildungsstätte für diejenigen, die diese künftig gestalten sollten“ (S. 156).

Hitler war der Auffassung, die Anzahl der Kunsthochschulen eher zu verringern als zu erhöhen. Der Kontakt mit den genehmen Künstlern sollte mittels neuer, quasistaatlicher Instanzen, die den Führern von Staat und Partei unmittelbar unterstanden, stattfinden oder sogar von Person zu Person gehalten werden. Dazu werden beispielhaft Arno Breker und Werner Peiner herangezogen.

Den Aufsatz beschließen Anmerkungen, in die auch die Sekundärliteratur aufgenommen ist. Darüber hinaus besitzt der ansonsten gut ausgestattete Band weder eine Bibliographie noch ein Register. Kurzbiographien informieren über die beteiligten Autoren.

Köln — Hanns Michael *Crass*

Maurice Philipp *Remy*, *Der Fall Gurlitt*. Die wahre Geschichte über Deutschlands größten Kunstskandal; Berlin (Europa Verlag) 2017 – 669 S., s/w u. fbg. Abb., ISBN 978-3-95890-185-8, € 35,00.

Der „Fall Gurlitt" hat einiges bewegt, in der Öffentlichkeit ein besonderes Interesse für die Geschichte des nationalsozialistischen Kunstraubs sowie des Umgangs mit „entarteter Kunst" geweckt bzw. wiederbelebt – die unglaublich gut besuchte Bonner Ausstellung zum Fall Gurlitt 2017/2018 ist hier als ein Beispiel zu nennen. Zudem kann die zu Recht wachsende Beachtung der viel zu lange vernachlässigten Provenienzforschung als ein positives Resultat der Entdeckung dieser Privatsammlung gewertet werden. Soviel sei vorweg bemerkt: Dieses Buch ist gründlich recherchiert. Es weist in der Darstellungsdichte und ebenso in der Durchdringung des Quellenmaterials weit über alle bisherigen Darstellungen zum „Schwabinger Kunstfund" hinaus (vgl. hierzu die Sammelrezension im DJb 87, 2017, S. 414–417). Dies liegt allerdings auch daran, dass der Autor in einem Maße Einblick in den schriftlichen Nachlass von Hildebrand und Cornelius Gurlitt nehmen konnte, wie es anderen Autorinnen und Autoren nicht möglich war. Die Buchvorstellung erfolgte fast parallel zur Bonner Ausstellung, kann allerdings in Opposition zu den Ergebnissen dieser Exposition gesehen werden. So oder so: Das vorzustellende Werk ist – unbeschadet der im Folgenden zu äußernden Detailkritik – ein großer Wurf.

Nach zwei Kapiteln, die sich der Entdeckung der Sammlung sowie der Berichterstattung darüber widmen, steigt Remy – beginnend mit dem Großvater Cornelius Gurlitts – in die chronologische Darstellung ein. Den familiären Hintergründen eine Künstler- und Kunsthistorikerdynastie spürt der Verfasser kenntnisreich nach. Für die Forschung und im Vergleich mit anderen Darstellungen wird es vor allem ab dem fünften Kapitel interessant, das sich mit der Zeit Hildebrand Gurlitts nach seiner Entlassung als Direktor des König-Albert-Museums und seinem Wechsel nach Hamburg beschäftigt, denn mit seiner Haltung, auch dort die „Moderne" zu fördern, begab er sich in der Hansestadt in Opposition zu vielen konservativen Kunstliebhabern, auch zur aufstrebenden NSDAP, zeigte auch nach der sogenannten „Machtergreifung" seine Ablehnung den neuen Machthabern gegenüber und wurde im Juli 1933 aus dem Amt gedrängt. Wegen seiner Großmutter, die vom Judentum zum protestantischen Bekenntnis konvertiert war, galt er als „Nichtarier" und musste sich schon direkt seit der sogenannten „Machtergreifung", spätestens seit dem Gesetz zur „Wiederherstellung des Berufsbeamtentums" vom 7. April 1933 um seine berufliche Zukunft sorgen. Mit seiner erzwungenen Entlassung setzte eine Lebensphase ein, die bis zum Kriegsende respektive der Bestallung zum Direktor des Düsseldorfer Kunstvereins währen und in die jene Entwicklungen fallen sollten, die für ihn, seine Familie und nicht wenige weitere Personen Folgen haben sollten – Hildebrand Gurlitts Leben als Kunsthändler. Und zwar nicht als irgendein Kunsthändler, sondern als einer der wenigen vom Reich mit der „Verwertung“ „entarteter Kunst“ beauftragt, die in unglaublichen Mengen aus den deutschen Museen (nicht aus Privatbesitz) geschafft wurde, um sie gegen Devisen im Ausland zu verkaufen. Zudem als Kunsthändler, der wenige Jahre später im besetzten Frankreich für den „Sonderauftrag Linz“ (vulgo: Führermuseum) einkaufen durfte und dies auch tat. Nebenbei erwarb er in dieser Zeit Kunst für seine eigenen Geschäfte und seine Privatsammlung.

Etwas mehr als ein Dutzend Kunsthändler hatte von der Aktion „Entartete Kunst“ profitiert, Gurlitt jedoch am meisten mit insgesamt 3.950 Werken, darunter 58 Ölgemälde. Er erhielt eine finanziell sicherlich interessante Provision, sicherte sich allerdings auch für seine Privatsammlung bzw. als Kunsthändler durchaus interessante Werke, so z. B. von Franz Marc und Paul Klee. Nun ist die sogenannte Beschlagnahmeaktion „Entartete Kunst“, die ausschließlich öffentliche Sammlungen betraf, von der „Raubkunst“ verfolgter Privatleute zu trennen, aber man wird fragen müssen, ob sich die daran beteiligten Kunsthändler nicht doch zu Handlangern des Regimes machten – unabhängig davon, ob sie diese Kunst schätzten oder auch nicht. Sicherlich kann man sie als Konjunkturritter bezeichnen.

Noch problematischer wurde es aber im Bereich der sogenannten „Raubkunst“ im Kontext der Judenverfolgung. Zwischen den Jahren 1934 und 1944 gingen zwischen 6.500 und 7.000 Kunstwerke durch Gurlitts Hände, Remy identifizierte ca. 70 Werke, die – nach der NS-Rassenideologie – aus jüdischem Besitz stammten, was ca. 1 % ausmachte. Die Schwierigkeiten, weitere Werke zu identifizieren, sind vielfältig. So steht die Forschung insbesondere in Frankreich – auch aufgrund schlechter Quellenlage – noch am Anfang. Hinzu kommt die allgemein schlechte Dokumentation bei Druckgrafiken angesichts ihrer Multiplizierbarkeit und ihres dementsprechend geringen Marktwertes. Die Beispiele der Leipziger Verlegerdynastie Hinrichsen und des Hamburger Arztes Ernst Wolffson belegen, dass Gurlitt von der „Arisierung“ jüdischer Kunstsammlungen profitierte. Ob er dies zu einem Geschäftsmodell machte oder nicht, kann hier egal sein. Fakt ist, dass er beherzt zugriff und nach dem Krieg in beiden Fällen hinsichtlich der Erwerbsgeschichte und des Verbleibs der Kunstwerke log. Dies darf als Indiz dafür gewertet werden, dass er um die moralische Untiefe seines Handelns gewusst hatte.

Für das geplante, aber nie realisierte „Führermuseum“ kaufte er im besetzten Frankreich 300 Kunstwerke und stand damit unter den 197 Kunsthändlern des „Sonderauftrags Linz“ auf Platz drei. Insgesamt erwarb er zwischen 1941 und 1944 in Frankreich 1.150 Kunstwerke, vorwiegend Graphik, von denen bis dato etwa sechs eindeutig als Raubkunst identifiziert sind. Ob er bei allen jeweils um ihre Herkunft wusste, ist nicht eindeutig zu klären. Dennoch musste einem erfolgreichen, versierten Kunsthändler, der sowohl bei der Aktion „Entartete Kunst“ als auch beim „Sonderauftrag Linz“ in der ersten Reihe der Einkäufer stand, das dünne Eis bewusst sein, auf dem er agierte. Remys Hinweis darauf, dass Gurlitt sich nicht mit Hilfe von Waffenverkäufen o. ä. bereichert habe und nach dem Krieg problemlos entnazifiziert worden sei, entspricht nicht der Einschätzung der Forschung hinsichtlich der Aussagekraft von Spruchkammerverfahren.

Mit dem Unfalltod Hildebrand Gurlitts endete die Geschichte seiner Sammlung bekanntlich nicht. Remy stellt dar, dass die Witwe hinsichtlich der Kunstsammlung wissentlich falsche Angaben machte. Ob dies nur mit der Erbsteuer zu tun hatte ober aber damit, dass sie sich scheute, die Karten bezüglich einiger Erwerbungshintergründe auf den Tisch zu legen, muss unklar bleiben. Remy belegt ihre durchaus dreiste Art im Umgang mit der Vergangenheit am Beispiel ihrer Aussage, über den Verbleib einer Spitzweg-Zeichnung aus dem Besitz der Leipziger Familie Hinrichsen nichts zu wissen – dabei hing genau dieses Kunstwerk in ihrem Flur. Sehr klar aber war Cornelius Gurlitt, dass mit einigen Stücken aus der väterlichen Sammlung etwas nicht stimmte, dies äußerte er unmissverständlich oder leicht verklausuliert in Briefen. Man handelte immer noch mit Kunst und nachdem Cornelius Gurlitt letztmalig einige Stücke in Paris verkauft hatte, klagte seine Schwester über die„*Unerfreulichkeiten dieser „Horror-Show“, die sich für uns drei Erben aus Papis Zauberkiste ergeben hatten.* Ein unbeschwerter Umgang mit Familienbesitz liest sich anders. Nach dem Tod ihrer Mutter schreibt Benita Gurlitt an ihren Bruder: *Seit Papis Tod scheint mir ein Fluch darauf zu liegen wie auf Wagners „Ring“. Was hatten wir schon anderes als Angst, Ärger, Sorge und Streit deswegen.*

Mit dem Tod seiner Mutter begab sich Cornelius Gurlitt immer weiter in eine selbstgewählte Isolation und verkaufte hin und wieder ein Kunstwerk, um seine täglichen Ausgaben zu finanzieren. Dies ging gut, bis er im Jahr 2010 von einem Verkauf in der Schweiz nach München zurückkehrend vom Zoll befragt wurde und angab, weniger als 10.000 € mit sich zu führen – tatsächlich trug er 9.000 € bei sich. Zudem gab er an, dass sein Vater ein bekannter Kunsthändler während der NS-Zeit gewesen sei. Nun war Gurlitt hinsichtlich der Bargeldmenge tatsächlich unter der anzeigepflichtigen Summe von 10.000 € geblieben, aber der Zoll und die Staatsanwaltschaft hatten Grund zu der Annahme, dass hier etwas verschwiegen wurde. Das daraufhin anlaufende juristische Prozedere, die Beschlagnahmung der Kunstwerke in München und Salzburg sowie die Arbeit der „Taskforce“ zur Aufklärung des Kunstfundes werden vom Autor nicht zuletzt aus formaljuristischen Gründen scharf kritisiert. Man mag diese Auffassung teilen oder auch nicht – Fakt ist und bleibt jedoch, dass man hinterher zweifelsfrei immer klüger ist. Die Beschlagnahmung als den eigentlichen „Schwabinger Kunstraub“ zu bezeichnen und Kapitelüberschriften wie „Treibjagd“ und „Enteignung“ zu wählen, wie Remy es tut, kann schon irritieren, denn hierbei wird übersehen, unter welchem enormen innen- und außenpolitischen Druck die Ermittlungsbehörden und nicht zuletzt die einbezogenen KunsthistorikerInnen standen.

Zusammenfassend kann gesagt werden, dass zukünftige Forschungen zu Hildebrand und Cornelius Gurlitt an diesem Buch definitiv nicht vorbeikommen werden. Dies liegt vor allem an der umfänglichen Sichtung und starken Durchdringung des

Quellenmaterials. Gleichwohl muss man nicht alle Schlüsse des Autors – gerade jene, die Hildebrand und Cornelius Gurlitt in Schutz zu nehmen scheinen – zwingend teilen.

Düsseldorf Benedikt *Mauer*

Wolfgang *Pehnt*, *Paul Böhm* – Buildings and Projects / Bauten und Projekte, Stuttgart / London (Edition Axel Menges) 2017 – 144 S. mit 191 Abb., ISBN 978-3-936681-85-7, € 69,00.

Der Architekturhistoriker Wolfgang *Pehnt* präsentiert in diesem großformatigen Bildband eine chronologische Werkschau der Bauten von Paul Böhm. Über Böhms Vater Gottfried hat Pehnt bereits eine Monographie veröffentlicht; kenntnisreich erläutert er hier nun das Verbindende im Schaffen dieser Familie, ohne das sich auch das Werk von Paul Böhm nicht erklärt: Der Bogen wird vom Großvater, dem Kirchenbaumeister Dominikus Böhm (1880–1955) über Paul Böhms Architekteneltern, den 1920 geborenen Vater Gottfried Böhm und die Mutter Elisabeth Böhm geb. Haggenmüller (1921–2012), geschlagen. Auch von Paul Böhms eigener Generation – er ist der jüngste von vier Brüdern, von denen drei Architekten wurden – sprang der Funke über: Die Begeisterung für diesen Beruf wurde auch an die nächste, noch studierende Generation weitergegeben.

20 ausgewählte Projekte von Paul Böhm aus 30 Jahren werden in diesem Bildband in Skizzen im typischen Böhm-Strich, Ansichten und Plänen vorgestellt, umgesetzte ebenso wie nicht – oder noch nicht – realisierte: neben zahlreichen Profanbauten von der Katholischen Pfarrkirche St. Theodor in Köln-Vingst über die Kölner Zentralmoschee, die auch den Einband ziert, bis hin zu Hotelkomplex und Tempelanlage in Wudang Shan in China.

Die Fotos von Christoph *Schroer-Heiermann* bieten den Architektenblick auf die Formensprache der Gebäude, ästhetisierend, aber nicht beschönigend oder überhöhend. So ist der Bildband nicht darauf angelegt, ein minimalistischer Augenschmaus zu sein. Die Texte, sowohl englisch als auch deutsch präsentiert, erlauben vielmehr zusammen mit den zahlreichen Abbildungen ein Hineinarbeiten in das umfangreiche Werk von Paul Böhm.

Düsseldorf Julia *Lederle-Wintgens*

Salvio *Incorvaia, Der klassische Punk*. Eine Oral History. Biografien, Netzwerke und Selbstbildnis einer Subkultur im Düsseldorfer Raum 1977–1983; Essen (Klartext Verlag) 2017 – 546 S., ISBN 978-3-8375-1704-0, € 29,95.

Die von Verlag, Gutachter und Verfasser vollmundig als „Pionierstudie" zur Düsseldorfer Punkszene ausgewiesene Monographie von Salvio *Incorvaia* bleibt, man muss es so deutlich sagen, vieles von dem schuldig, was man bei diesem Anspruch erwarten dürfte – allem voran einen wissenschaftlichen Standard – angefangen bei der sprachlichen Defizienz, die einem Forschungsband nicht angemessen ist. Das Buch wimmelt von semantischen Fehlern, stilistischen Schwächen und unpräziser Begrifflichkeit. Auch fehlt es an Systematik und konkreter Detailanalyse, die *Incorvaias* Thesen untermauern würde.

Schon der methodische Aufbau des Buches ist problematisch, in einem ersten Teil werden theoretische Grundlagen, aber auch Informationen zur Entstehung und zur Phänomenologie des Punk in Düsseldorf vermittelt. Leben und Alltag der Punks und ihre Kommunikationswege über Platten, Medien, Treffpunkte werden bereits hier ziemlich ausführlich beschrieben.

Incorvaias Materialgrundlage ist dünn, er behauptet, Archive zu Rate gezogen zu haben, gibt aber keines an. Er spricht oft von Fanzines, von denen es ja viele im Düsseldorfer Raum gab, nennt aber nahezu keines, und eine dezidierte Auswertung erfahren diese originären Informationsmedien der Szene auch nicht. Als seine wichtigsten Quellen bezeichnet er einen Fotoband, einen Film und Jürgen *Teipels* Interview-Collage „Verschwende Deine Jugend" (2001). Diese von *Teipel* vorsichtshalber als „Doku-Roman" getarnte Publikation hatte durch ihre stark willkürliche Zusammenstellung seinerzeit für große Missstimmung seitens der Interviewpartner, maßgeblicher Protagonisten der Düsseldorfer Punk-Ära, gesorgt, kann also kaum als eine sinnvolle Materialgrundlage dienen.

Im vierten Teil, dem Kernstück des Buches, wird auf Basis von zehn Zeitzeugen-Interviews versucht, typische Punk-Biographien zu dokumentieren. Kriterien für die Auswahl der Befragten, also seines Untersuchungs-Samples, lässt *Incorvaia* unerwähnt. Stattdessen ignoriert er die zahlreichen Äußerungen einschlägiger Düsseldorfer Punkgrößen in Form von Interviews oder Buchbeiträgen mit dem Hinweis, dass dieses Material schon zu bekannt sei. Das ist ein Fehler, denn gerade diese Protagonisten (Musiker, Fanzinemacher wie Peter Hein, Franz Bielmeier, die Bands D.A.F., Der Plan, Male) bildeten ja gerade das spezifische Netzwerk des Punk in Düsseldorf. Allein schon die sich überkreuzenden Aktivitäten dieser Musiker in verschiedenen Formationen sagt viel über die Lebendigkeit und Fluktuation der Szenerie aus, von der *Incorvaia* stets nur sehr global und abstrakt spricht. Dass er diesen Bereich ausspart, liegt offensichtlich an seinem spezifischen Erkenntnisinteresse, denn er möchte den Erweis erbringen, dass Punk quasi eine genuine Jugendbewegung aus sich selbst heraus war. Dabei unterschlägt er, dass es, zumindest einmal in Düsseldorf, durchaus einen starken Einfluss der Kunstszene auf die Herausbildung des Punk gegeben hat. Nach Auskunft der Betreiberin des Ratinger Hofs, Carmen Knoebel, hat ihr Mann Imi z. B. die Inneneinrichtung entwickelt, die alle Spuren der Hippiekultur restlos tilgte. Eine gewisse Plausibilität erhält diese Behauptung dadurch, dass der minimalistische Konstruktivismus von Imi Knoebels Kunst gut zur spartanischen Einrichtung des Szenelokals passt. Franz Bielmeier, Musiker von Mittagspause und Herausgeber des ersten deutschen Punk-Fanzines, mit dem späteren Fehlfarben-Sänger Peter Hein zusammen so etwas wie Keimzelle der Bewegung, bestätigte, dass die beiden sich schon früh (wohl 1977) mit dem Jungen Wilden Albert Oehlen über die neuen Platten austauschten. Kurzzeitig spielten sie auch gemeinsam in einer Band. Punk in Düsseldorf war also keine rein jugendliche *creatio ex nihil*, sondern ältere Kulturtrendsetter waren Stichwortgeber.

Dennoch sind die Interviews, die hier leider nur in teilweise wenig aussagekräftigen Bruchstücken überliefert werden, noch das Interessanteste an dem Band. So entdeckt man beispielsweise eine gemeinsame psychische Disposition bei fast allen Befragten, zumeist handelt es sich um Außenseiter mit kreativen Potenzialen, oft aus ländlichen oder Stadtrandgebieten, bei denen die Musik in der beginnenden Pubertät zum maßgeblichen Sublimierungselement wird. In der Interpretation der Lebensläufe greift *Incorvaia* das Meiste von dem auf, was er im theoretischen Vorbau bereits sattsam beschrieben hatte. In der allgemeinen Auswertung der Interviews, „Themen und Thesen", geschieht dies zum dritten Mal, manche Passagen, Statements und Wendungen tauchen gar vier-, fünfmal auf. Spätestens jetzt merkt man, dass das über 500 Seiten starke Buch ohne Probleme um ein gutes Drittel hätte gekürzt werden können – umso mehr, als *Incorvaia* am Ende jedes Mini-Kapitels schematisch noch einmal alles rekapituliert, was ein, zwei Seiten vorher bereits gesagt wurde. Das ist mühsam für den Leser, der sich auch deshalb nicht ernst genommen fühlt, weil ihm wirklich noch die allerletzten Begrifflichkeiten und Sachverhalte der Popkultur erklärt werden, etwa dass Bootlegs beliebt seien, weil Bands live oft anders spielten als auf Platte u. v. m. Selbst in Deutschland ist die Popkulturforschung längst weit genug gediehen, dass man viel mehr voraussetzen kann.

Neben diesen systematischen, methodischen, stilistischen Schwierigkeiten des Buches liegt der Kardinalfehler *Incorvaias* darin, dass er, wo er das Thema mit der Beschränkung auf den Düsseldorfer Raum ja schon so stark eingegrenzt hat, fast niemals konkret wird, keine Beispiele nennt, nicht die Netzwerke und Funktionsweisen der Szene, also ihre Infrastruktur, kultursoziologisch anhand archivischer Quellen, statistischer Daten, ja eventuell auch quantitativer Erhebungen, aufgearbeitet hat – das nämlich wäre wirklich ein Desiderat.

Düsseldorf — Enno *Stahl*

Helga *Meister, Neue Düsseldorfer Kunstszene in 70 Porträts*; Köln (Wienand Verlag) 2017 – 398 S., 133 farb. und 11 s/w. Ill., ISBN 978-3-86832-371-9, € 29,80.

Helga *Meister*, die Autorin des vorliegenden Bandes, Kunstkritikern und Kuratorin in Düsseldorf, braucht den Lesern des Düsseldorfer Jahrbuches nicht vorgestellt zu werden. Sie ist durch Wort und Schrift wohlbekannt, zudem stellt sie sich auf Seite 387 des Bandes selbst noch einmal vor. An dieser Autobiographie erkennt der Leser, dass die Entstehung der vorzustellenden Publikation in Frau Meisters Händen am besten aufgehoben war.

In das Werk wurde viel Mühe und Zeit investiert, werden in ihm doch genau 70 Künstler aus Düsseldorf aufgeführt und dies nicht in Form einer knappen Biographie, sondern nach jeweiligen ausführlichen Gesprächen oder Interviews. Von den vielen in Düsseldorf tätigen Künstlern wurden diese 70 ausgewählt, da sie zwischen 1960 und 1985 geboren wurden. Die ältere Generation mit ihren „Heroen" z. B. aus der Becher-Schule und ZERO wurde nicht berücksichtigt, da sie längst ihren Platz in der Kunst und in der Kunstgeschichte gefunden hat. Auch der Kunstmarkt wird hier nicht behandelt, vielmehr stehen künstlerische Strategien, Ideen und Visionen, Farben und Formen im Vordergrund. Neben Malerei und Zeichnung wird auch die Bildhauerei hervorgehoben, die sich in Innenräumen und auf Plätzen stark bemerkbar macht. Natürlich geht es auch um Fotografie und um neue Formen wie Theater, Film und Performance, wobei moderne elektronische Produktionsmittel zum Einsatz kommen.

Es herrscht lebhafte Bewegung, nicht nur wegen der steigenden Zahl von Meisterschülern, sondern auch durch Studierende aus dem Ausland, vergleichbar dem Ansturm auf die Königliche Kunstakademie im 19. Jahrhundert. Verf. urteilt: „Die Kunstakademie Düsseldorf ist für viele von ihnen so etwas wie ein Durchlauferhitzer zum Durchstarten" (S. 7).

Die Auswahl der 70 Künstler ist alphabetisch geordnet. Dem Namen des Künstlers ist jeweils ein klassifizierender Titel beigegeben z. B. „Ornament und Abstraktion", „Grenzgängerin der Wirklichkeit", „Die Schönheit der menschlichen Identität" oder „Der schweifende Blick". Die Porträts umfassen im Durchschnitt vier bis sechs Seiten; manchmal handelt es sich um aufgezeichnete Gespräche, in denen Verf. die Künstler zum Reden bringt. „Ich spüre in Deinen Arbeiten eine seltsame Dringlichkeit. Du verbindest Dich mit dem, was Du tust. Erzähle bitte von Deinem Leben" (S. 137). Andere sind lediglich Berichte ohne Interaktion mit dem Vorgestellten, die die reiche Erfahrung und die vielfältigen Erkenntnisse der Verf. widerspiegeln. In allen Fällen sind die Beiträge durch qualitätvolle farbige Aufnahmen verschiedenster Werke illustriert, die die Aussage der Texte nachvollziehbar machen.

Es soll hier keiner der Porträtierten hervorgehoben werden (wie es leider im Vorwort geschieht), es wäre eine Zurücksetzung der anderen. Zudem lassen sich hier im Rahmen einer Rezension 70 Personen nicht befriedigend aufzählen. Dies soll als

Hinweis dienen, dieses Buch einfach zur Hand zu nehmen, sei es als Lesebuch oder als Nachschlagewerk – die Lektüre wird in jedem Fall ein Gewinn sein. Im Anhang werden die 70 Künstler nochmals in einem Alphabet aufgeführt, diesmal mit den knappen Daten ihrer Biographie und ihrer Ausstellungen, leider ohne weiterführende Literaturhinweise.

Köln Hanns Michael *Crass*

Martin Wilhelm *Roelen*, *Wesel*. Kleine Stadtgeschichte. Mit einem Beitrag von Ursula *Maier-We*ber u. Claus *Weber*, hrsg. v. Stadtarchiv Wesel u. d. Historischen Vereinigung Wesel e. V. [Studien und Quellen zur Geschichte von Wesel 38]; Wesel (Selbstverlag des Stadtarchivs) 2017 – 248 S., zahlr. Abb., ISBN 978-3-924380-33-5, € 10,00.

Da die große zweibändige Stadtgeschichte von Wesel (1991) seit vielen Jahren vergriffen ist, legt der Weseler Stadtarchivar eine „Kleine Geschichte von Wesel" vor, um einem wachsenden Informationsbedürfnis entgegenzukommen. Dieses Bändchen, soll, wie der Verf. im Vorwort darlegt, das „Wesentliche zur Stadtgeschichte Wesels" enthalten. Er wendet sich bewusst an ein breites Publikum, weshalb er auf Anmerkungen verzichtet, seine Darstellung basiert aber auf zahlreichen Quellenstudien, auch des Verf. selbst, und einer umfassenden Literaturkenntnis.

Das Besondere an dieser Stadtgeschichte ist, dass sie nicht wie gewöhnlich rein chronologisch vorgeht und die Geschichte von der Vorgeschichte bis in die Nachkriegszeit erzählt, sondern sich grob am Gliederungsschema des Rheinischen Städteatlas orientiert. Davon wird aber mehrfach aus inhaltlichen Gründen abgewichen. So ist schon der erste Abschnitt, den Ursula *Maier-Weber* und Claus *Weber* für dieses Buch verfasst haben, der Urgeschichte und der römischen Zeit gewidmet. Sehr einprägsam wird hier der Natur- und Kulturraum, die Stein-, Bronze und Eisenzeit sowie auch sehr ausführlich die römische Zeit vorgestellt und dabei durchaus der weitere niederrheinische Raum in den Blick genommen.

Das Schema des Rheinischen Städteatlasses sieht seinerseits wieder untergliederte Themenbereiche vor, die jeweils vom Mittelalter bis in die Jetztzeit verfolgt werden. So finden wir unter „Siedlung" nicht nur die geographische Lage und die Verkehrsanbindung (Straßen, Eisenbahn, Flüsse, Hafen, Kran, Schifffahrt, Fähren, Deichwesen, Brücken), sondern auch Überlegungen zum Ortsnamen und eine Darstellung der Eingemeindungen. Unter „Topographie" wird die vom Grafenhof ausgehende Siedlungsentwicklung, Friedhöfe, Stadtbrände, Ziegeleien, Infrastruktur (Gas, Wasser, Strom, Telefonanschlüsse etc.), Straßennamen, öffentliche Gebäude, Gerichtsstätten und die Größe des umbauten Areals behandelt. Unter „Stadtbefestigung" werden auch die Festung und Garnison, unter „Herrschaft und Stadt" die Amtsträger, das Gerichtswesen,

Markt und Zoll, Stadtrechtsverleihung, Siegel, Wappen, Zünfte, Hansezugehörigkeit und Einteilung der Stadt vorgestellt. Unter „Gemeinde, Bürgermeister und Rat" gibt der Verf. eine kurze Darstellung der politischen Verhältnisse des Mittelalters und der Frühen Neuzeit, unter „Kirchen" zählt er nicht nur die mittelalterlichen Kirchen auf und beschreibt die Pfarrorganisation, sondern stellt auch die Einführung der Reformation und die für Wesel so wichtigen Gemeinden der Wallonen, Niederländer, Engländer und Hugenotten vor. Ein eigenes Kapitel ist den „Klöstern und Konventen" gewidmet, ebenso den „Schulen", dem „Gesundheitswesen" sowie der Sozial- und Altersfürsorge. Im Kapitel „Wirtschaft", worunter auch die Einwohnerzahl im Laufe der Jahrhunderte, die Fischerei, Mühlen, Druckereien sowie Maße und Gewichte behandelt werden, gibt der Verf. einen Überblick über die Wirtschaftsentwicklung der Stadt vom Mittelalter bis in die Nachkriegszeit. Das Kapitel „Bedeutende Ereignisse" nutzt er, um etwas ausführlicher Kriegsereignisse (z. B. 1629), die Erschießung der Schill'schen Offiziere und die nationalsozialistische Diktatur mit der Judenverfolgung, dem Zweiten Weltkrieg, der Umlegung und Enttrümmerung und dem Wiederaufbau Wesels darzustellen.

So ist sowohl ein historisches Nachschlagewerk als auch eine eindrucksvolle Darstellung der Geschichte Wesels entstanden, die schnelle und gründliche Information erlaubt und trotzdem gut lesbar ist. Vor allem ist die reiche Ausstattung mit Abbildungen und Karten zu loben, die die Geschichte Wesels anschaulich werden lässt. Eine Zeittafel von Doris Rulofs-Terfurth und eine umfangreiche Literaturliste schließen den Band ab.

Köln — Clemens *von Looz-Corswarem*

Jürgen *Kaiser* / Florian *Monheim*, *PilgerOrte im Rheinland*; Köln (Greven Verlag) 2017 – 248 S., 222 fbg. Abb., ISBN 978-3-7743-0639-4, € 48,00

Der von Jürgen *Kaiser* kurzweilig geschriebene und mit herrlichen Fotografien von Florian *Monheim* ausgestattete großformatige Band bietet auch dem nicht religiös geprägten Leser eine abwechslungsreiche Sammlung vorwiegend alter, jedoch auch neuer Pilgerstätten im Rheinland. Es sind insgesamt 36 Pilgerziele von A (Aachen) bis Z (Zülpich-Füssenich). Die zuletzt genannte Ortsbezeichnung zeigt, dass manchmal um griffiger Formulierungen willen auf Einheitlichkeit und korrekte Wiedergabe verzichtet wird; denn beispielsweise Lüftelberg, Neviges, Steinfeld, Walberberg und Wachendorf stehen ohne ihre städtische Zugehörigkeit.

Ähnliches gilt für die Untertitel, die zwar meist – wie „Abgesegneter Diebstahl", „Verfolgte Unschuld" oder „Königlicher Schweinehirt" – aufmerken und sogar schmunzeln lassen, jedoch nicht selten – wie „Jesuswindel und Josefhose" oder „Heiliger Frauenversteher" – etwas bemüht wirken. Die Düsseldorfer lernen ihren ersten Herzog, Wilhelm I., während der Zeit, als er noch liquide war, als Reliquienkäufer kennen. Und sie erfahren, was ihn bei seinem erfolgreichen Vorhaben leitete, seine neue Residenzstadt zu einem der sieben rheinischen Hauptwallfahrtsorte zu machen, die während der sogenannten „Römerwallfahrt" aufgesucht wurden, um einen bestimmten Ablass zu erlangen (die Vergebung zeitlicher Sündenstrafen, was leider nicht erklärt wird). Bemerkenswert ist, dass die Gebeine des Düsseldorfer Hauptheiligen, des heiligen Apollinaris, ursprünglich für Köln bestimmt waren und nur zwangsweise in Remagen verblieben, um später von bergischen Truppen geraubt und nach St. Lambertus gebracht zu werden. Selbstverständlich fehlt auch der heilige Quirinus von Neuss nicht in der Sammlung. Nebenbei erfahren wir, wie Hermann von Steinfeld zu seinem zweiten Vornamen Josef gekommen ist.

Der Autor versteht es, uns die Welt des Mittelalters und der Frühen Neuzeit, in der die meisten der hier vorgestellten Pilgerstätten entstanden und groß geworden sind, näher zu bringen. Die Heiligenlegenden und Wundergeschichten waren für die so zahlreichen Gefährdungen ausgesetzten Menschen der damaligen Zeit keine Märchen, sondern unübersehbare und nicht zu leugnende Zeichen des göttlichen Wirkens – oft veranlasst durch die Vermittlung und Fürsprache der jeweils angerufenen Heiligen. Auf wunderbare Weise sind Glaube und Aberglaube, Überirdisches und Profanes, Kunst und Kult, Spiritualität und Kommerz, Seelenheil und Sinnenfreude, Geschichte und Geschichtchen miteinander verbunden gewesen. Die Lektüre lohnt sich – und die Betrachtung der herrlichen, oft doppelformatigen Fotos erst recht!

Einiges hätte etwas sorgfältiger recherchiert und Korrektur gelesen werden können. Beispielsweise liegt die Antonius-Kapelle („Decke Tönnes") nicht auf halbem Weg von Bad Münstereifel zum Michelsberg, sondern in genau entgegengesetzter Richtung. Dass das Plusquamperfekt nach der Konjunktion „nachdem" nicht mehr gesetzt wird, das scheint wohl unausweichlich, „Partikel" (als Teilchen der Hostie) ist jedoch immer noch Femininum und „gedenken" steht mit dem Genitiv.

Hilden — Horst A. *Wessel*

Heinrich Theodor *Grütter* / Magdalena *Drexel* / Axel *Heimsoth* / Reinhild *Stephan-Maaser* (Hrsg.), *Der Geteilte Himmel.* Reformation und religiöse Vielfalt an Rhein und Ruhr. Ausstellungskatalog (Ruhr Museum Essen, 3.4.–31.10.2017); Essen (Klartext Verlag) 2017 – 430 S., durchg. fbg. Abb., ISBN 978-3-8375-1751-4, € 24,95.

Das Reformationsjubiläum 2017 war geprägt von einer Unmenge an Veranstaltungen in ganz Deutschland, aus naheliegenden Gründen insbesondere in Thüringen und Sachsen-Anhalt. Aber auch in Nordrhein-Westfalen wurde das Thema aufgegriffen, nicht zuletzt im Rahmen der Ausstellung „Der geteilte Himmel", die von April bis Oktober

2017 im Essener Ruhr-Museum präsentiert wurde. Der zu besprechende Ausstellungskatalog reflektiert dieses Ereignis, ist doch die Reformation auch an Rhein und Ruhr natürlich nicht spurlos vorübergegangen, sondern hat hier tiefe Spuren hinterlassen.

Im Katalog werden 20 Ausstellungsbereiche dokumentiert. Es fällt wohltuend auf, dass die Kuratoren nicht die Reformation zeitlich verengt in den Blick nehmen, sondern die Entwicklung der Konfessionen bis in die Gegenwart hinein thematisieren. Hinzu kommt der geglückte Versuch, die Bedeutung von Religion an sich (auch in einer mehr und mehr säkularen Gesellschaft) zu untersuchen – hierbei wird in einigen Bereichen auch das Verhältnis zu anderen Religionen bis in das 21. Jahrhundert hinein dargestellt. Als Beispiele seien hier etwa Titelblätter des „Spiegel" zu Eugen Drewermann und eine Karikatur aus „Charlie Hebdo" genannt, aber auch muslimische und jüdische Festtagskleider, Kirchen-, Synagogen- und Kirchenarchitektur. Insofern könnte diese Ausstellung durchaus für sich in Anspruch nehmen, die Geschichte der Konfessionen und Religionen an Rhein und Ruhr (sowie teils darüber hinaus) vom Mittelalter bis heute generell beleuchtet zu haben – damit folgt das Kuratorenteam dem Untertitel: „Reformation und religiöse Vielfalt an Rhein und Ruhr".

Das anzuzeigende Buch ist jedoch kein Handbuch zum Thema religiöse Vielfalt oder Reformation(en) im engeren Sinne und möchte dies wohl auch gar nicht sein. Vielmehr ist es in allererster Linie eine Dokumentation der präsentierten ca. 800 teils äußerst hochwertigen Exponate. Jeder der 20 Ausstellungsbereiche erfährt zudem eine kurze Einleitung, zehn von ihnen sind wiederum untergliedert, und jeder dieser Unterbereiche erhielt ebenfalls einen kurzen Einführungstext. Was allerdings dann doch fehlt, sind ausführlichere einführende Aufsätze, die die unterschiedlichen Bereiche intensiver darstellen und vielleicht auch als Klammern hätten fungieren können. Der einführende Text von Heinrich Theodor *Grütter* zur Ausstellungskonzeption sowie der Beitrag von Bernhard *Denkinger* zur Ausstellungsgestaltung sind sehr informativ, jedoch hätte jedem der 20 Themenblöcke eine ausführlichere Reflexion nicht schlecht getan. Aber diese Detailkritik soll das Verdienst der Autorinnen und Autoren nicht schmälern. All jene, die sich mit der Religionsgeschichte auf dem Gebiet des heutigen Bundeslandes Nordrhein-Westfalen ab ca. 1500 beschäftigen wollen, können dies mit Hilfe dieses Buches überblicksartig und reich bebildert tun.

Düsseldorf | Benedikt *Mauer*

Thomas *Schleper* (Hrsg.), *Erinnerung an die Zerstörung Europas.* Rückblick auf den Großen Krieg in Ausstellungen und anderen Medien; Essen (Klartext-Verlag) 2016 – 304 S., zahlr. Abb., ISBN 978-3-8375-1549-7, €29,90.

In der Fülle der in den Gedenkjahren anlässlich des Ersten Weltkriegs erschienenen Veröffentlichungen fällt die vom Landschaftsverband Rheinland vorgelegte großformatige Publikation auf. Sie ist kein zusätzliches Buch zu den damaligen Ereignissen, das bestimmte Aspekte näher betrachtet oder noch bestehende Lücken schließt. Sie will auch nicht, wie der Titel nahe legen könnte, an diese Umbruchzeit erinnern. Es geht ihr vielmehr darum, die medialen Aktivitäten der Gedenkjahre und deren Aufnahme und Verarbeitung durch die breite Öffentlichkeit kritisch zu reflektieren. Es wird gefragt nach der Verantwortung von Bildungseinrichtungen und wie diese im vorliegenden Fall dieser Verantwortung, nämlich der Wahrheit und Wahrhaftigkeit von und vor der Geschichte, gerecht geworden sind. Ferner geht es um Brucherfahrung und sogar um Ästhetik sowie darum, welche Schlussfolgerungen aus den gemachten Erfahrungen zu ziehen sind.

Dieser Aufgabe haben sich insgesamt 37 Autoren unterzogen. Zunächst werden die Aktivitäten, vor allem die Ausstellungen an den zwölf LVR-Standorten, betrachtet. Daneben haben zahlreiche weitere Akteure, vor allem im Rheinland, sich mit diesem damals und in den beiden Jahrzehnten danach als Urkatastrophe empfundenen Krieg sowie seinen direkten und indirekten Folgen auseinandergesetzt. Dabei werden auch Sonderaspekte, wie beispielsweise die der Bedeutung der Stereo-Fotografie im Krieg, die in dem auch sonst rührigen Fabry-Museum in Hilden in Ausstellung und Vortrag thematisiert wurde, berücksichtigt.

Die Veröffentlichung hat jedoch nicht allein die nationalen Aktivitäten im Blick. Sie betrachtet und wertet – und das ist im Hinblick auf den im Titel angesprochenen Europa-Aspekt und die Chancen, die nach dem Krieg zur nachhaltigen Ächtung des Krieges und vor allem zu einem vertrauensvollen Zusammenleben in Europa nicht genutzt wurden, von noch größerer Bedeutung – auch die der anderen am Kriegsgeschehen direkt beteiligten westlichen Nationen, nämlich Belgiens, Frankreichs und Großbritanniens. Die mediale Rezeption in den USA, deren Eingreifen auf der Seite der westlichen Alliierten kriegsentscheidend war, bleibt ebenso unbeachtet wie die Russlands, der Balkanstaaten, Italiens und Österreich-Ungarns. Auch die Niederlande, die wiederholt vom Krieg bedroht waren und den schwierigen Balanceakt einer immer wieder, insbesondere von Großbritannien, infrage gestellten Neutralität zu bewältigen hatten, hätten durchaus mit Gewinn einbezogen werden können – das Kriegsgeschehen auf den östlichen und südlichen Schauplätzen droht ohnehin oft aus dem Blick zu geraten oder im Vergleich zu den Ereignissen im Westen unter Wert veranschlagt zu werden.

Es versteht sich von selbst, dass, wie die Synopse zeigt, nicht nur die Behandlung des ohnehin sehr differenzierten Themas sehr unterschiedlich gewesen ist. Aufhorchen lässt die – auch von Gerd *Krumeich* in seiner Rede im Landtag von Baden-Württemberg getroffene – Feststellung, dass die Erinnerung an den Ersten Weltkrieg in allen betroffenen Nationen eine besondere Rolle spielt, nur bei den Deutschen nicht. Es gibt (noch?) keine gemeinsame europäische Erinnerung an diese Urkatastrophe. Leider sind auch die Hinweise gering, die in Anbetracht wachsender Rüstungsaufgaben, eines neu aufflammenden Nationalismus und einer nachlassenden Integrationsbereitschaft zuversichtlich stimmen könnten. Es bleibt jedoch, was *Krumeich* uns mit auf den Weg gibt, nämlich dass wir Europäer (und vor allem wir Deutschen) weiterhin die für unsere Zukunft entscheidende Aufgabe und Pflicht haben, auch in der Geschichtserfahrung aufeinander zuzugehen.

Hilden Horst A. *Wessel*

Irmgard *Siebert* (Hrsg.), *„Das Paradeis fanden wir ...“* Streifzüge durch die Bücherwelten der ULB Düsseldorf [Zeitschrift für Bibliothekswesen und Bibliographie, Sonderband 121]; Frankfurt / Main (Verlag Vittorio Klostermann) 2017 – 313 S., zahlr. sw u. fbg. Abb., ISBN 978-3-465-04290-7, € 79,00.

Hervorgegangen ist dieser Band unter dem poetischen Titel *Das Paradeis fanden wir, wie wirs begehrten ...* (Zitat aus dem Simplicissimus von *Grimmelshausen*) aus der Vortragsreihe „Schätze der Universitäts- und Landesbibliothek Düsseldorf“ zum 50-jährigen Jubiläum der Heinrich-Heine-Universität im Jahre 2015. Die seinerzeit gut bis sehr gut besuchten Vorträge im Haus der Universität bilden in ihrer gedruckten Fassung die Fortsetzung des 2011 erschienenen Bandes „Bibliothek und Forschung“ (s. a. DJb 83, 2013, S. 483–487).

Die Texte befassen sich mit den seit langem vorhandenen, gepflegten und teilweise auch publizierten Sonderbeständen oder -sammlungen, die neben den aktuellen Erwerbungen zu Forschung und Lehre Rang und Gewicht der Universitäts- und Landesbibliothek (ULB) ausmachen. Am Anfang steht der Beitrag von Irmgard *Siebert* „Der Künstlerfotograf Erwin Quedenfeldt – Dokumentar des Niederrheins und Vordenker der autonomen Fotografie“, der sich mit den in der ULB vorhandenen Werken Quedenfeldts (1869–1948) befasst: einem kompletten Satz der 1.559 Fotos umfassenden Niederrhein-Serie und zusätzlich einigen seltenen Mappenwerken. Im Jahre 2013 hat die ULB die komplette Serie digitalisiert und weltweit zugänglich gemacht. Nach einigen kleineren Ausstellungen mit Fotos von Quedenfeldt soll diese Bearbeitung weitere Forschungen anregen. Hingewiesen wird auch auf einen Bestand im Konzernarchiv Henkel, der im Auftrag von Konrad Henkel zwischen 1911 und 1915 entstand und in einer Festschrift zum 40-jährigen Firmenjubiläum veröffentlicht wurde. Die in die Fotografiegeschichte des frühen 20. Jahrhunderts eingebettete kenntnisreiche Darstellung wird von 30 s/w Abb. begleitet.

Ottfried *Dascher*, der Verf. des Standardwerkes zu Alfred Flechtheim „Es ist was Wahnsinniges mit der Kunst“, 2011 und 2013 (s.a. DJb 83, 2013, S. 479–480), beschreibt „Die Sammlung Flechtheim in der ULB Düsseldorf“ und geht dabei auch auf Leben und Wirken des Kunsthändlers ein. Die Sammlung hat ihren Schwerpunkt im gedruckten wie im außerhalb des Buchhandels publizierten Schrifttum, u.a. die Flechtheim-Kataloge, die Mappenwerke und die Ausgaben und Drucke der Galerie Flechtheim. Zudem existieren die Zeitschriften „Der Querschnitt“ 1921–1933 und „Omnibus“ 1931–1932. Abschließend spricht Verf. die Empfehlung aus, diese Sammlung zu digitalisieren, um die in ihrer Substanz gefährdeten Originale zu schonen.

Die Thomas-Mann-Sammlung der ULB Düsseldorf ist schon vielfach vorgestellt worden. Ihre Leiterin Ute *Olliges-Wieczorek* schildert hier nochmals deren Geschichte ab der Gründung durch Hans-Otto Mayer (1903–1983), den Ankauf durch die Freunde und Förderer der Universität 1969 und die Aufstellung im neuen Bibliotheksgebäude 1980. Hier stehen die vielfältigen Bestände der Sammlung im Sonderlesesaal zur Nutzung bereit. Breiten Raum nimmt der Bericht über Thomas Manns Besuch in Düsseldorf 1954 ein, ebenso wie die Vorstellung der Erzählung „Die Betrogene“, das einzige Werk, für das Thomas Mann Düsseldorf als Schauplatz wählte (s.a. DJb 65, 1994, S. 141–183).

Von Barbara *Engemann-Reinhardt* stammt der Beitrag „Bücher auf dem Weg von Ost nach West. Das Korczak-Archiv in der ULB Düsseldorf“. Aus eigenem Erleben schildert Verf. den Aufbau ihrer Sammlung zum Kinderarzt, Pädagogen und Schriftsteller Janusz Korczak (1878/79–1942), dem Pseudonym des polnischen Juden Henryk Goldszmit. Sie erweitert damit ihren Aufsatz zum selben Thema im Vorgängerband „Bibliothek und Forschung“ (2011, S. 11–28). Verf. trennte sich von ihrer Sammlung, um diese 2004 der ULB Düsseldorf zu übergeben. Das Archiv enthält viele Werke Korczaks aus zahlreichen Ländern, Sekundärliteratur, auch Diplomarbeiten, Konferenzmaterialien, Bulletins verschiedener Korczak-Gesellschaften und „Graue Literatur“, die ansonsten nicht nachgewiesen ist. Wichtig ist aber gleichzeitig die Schilderung von Korczaks Lebensweg von Kindheit und Jugend in Warschau, von Studium, beruflichen Tätigkeiten als Erzieher, Arzt, Leiter verschiedener Kinderheime bis zu seiner Ermordung in Treblinka.

Einen profunden Überblick zur Bibliotheksgeschichte ab 1770 gibt Anne *Liewert*, seit 2015 Leiterin der Historischen Sammlungen. Dazu zählt auch die Aufnahme geschlossener Sammlungen in den Bibliotheksbestand, z.B. 1921 die Bibliothek des Düsseldorfer Geschichtsvereins. 1805 wurde die Bibliothek des Theologen und Kirchenrechtlers Professor Philipp Hedderich (1744–1808) gekauft. Sie steht im Folgenden im Mittelpunkt der Untersuchung. In 40 Jahren zusammen getragen, umfasst sie 976 Werke, 1.753 Dissertationen und 179 Deduktionen. Ihr Gesamtwert bezifferte sich auf über 4.000 Taler. Im Unterschied zu späteren Übernahmen wurden diese Bände nicht geschlossen aufgestellt, sondern nach Fachzugehörigkeit getrennt in den Gesamtbestand eingeordnet. Übernommen wurde glücklicherweise auch der Bestandskatalog, den Hedderich selbst angelegt hatte. Er ist erhalten und bietet auf 152 Seiten 976 Einträge. Trotz einiger Unzulänglichkeiten erlaubt er in vielen Fällen die bibliographische Identifikation der Bände und somit die Rekonstruktion der Sammlungsstruktur. Anschaulich schildert Verf. die damit verbundenen Mühen und die daraus folgenden Erkenntnisse. Bände mit Provenienz Hedderich sind in mindestens 20 der 62 Signaturgruppen nachzuweisen, so dass man von einer „verborgenen Sammlung“ sprechen kann. Soweit die Bände ermittelt werden konnten, beeindruckt die Sammlung durch ihre fachliche Breite, besonders in den theologischen und juristischen Wissenschaften. Sie stellt eine bedeutende Quelle der katholischen Aufklärung zur Zeit Hedderichs dar.

Um Rekonstruktion und Erforschung eines Altbestandes geht es gleichfalls in dem Beitrag von Katrin *Janz-Wenig*: „Die mittelalterlichen juristischen Handschriften der Signaturengruppe E in den Historischen Sammlungen der ULB Düsseldorf“. Es lassen sich zwölf juristische Handschriften, zwischen 9. und 16. Jahrhundert entstanden, ermitteln. Überwiegend handelt es sich um Standardwerke des kanonischen Rechts. Nach Einzelheiten zu Inhalt und Geschichte der jeweiligen Handschriften beschließt eine beschreibende Übersicht in kurzer Katalogform diesen Beitrag.

Einen weiteren Teilbestand bearbeitet Eva *Schlotheuber* „Bücher aus Frauenhand. Die Chorbücher der gelehrten Dominikanerinnen aus Paradiese bei Soest“. Die prachtvollen Chorbücher in der Signaturgruppe D stammen aus dem 14. und dem angehenden 15. Jahrhundert. Sie enthalten zahllose eindrucksvolle Illustrationen biblischer Szenen insbesondere zu den Hochfesten. Diese entsprechen zwar der ikonographischen Tradition, doch wurden sie von den Nonnen selbständig auf die eigene Situation angepasst und sind deshalb kunsthistorisch oft mit nichts zu vergleichen. 14 Bände (neun Handschriften und fünf Drucke) kamen 1810 von Soest nach Düsseldorf; andere Druckwerke wurden zuvor verkauft. Vier der Chorhandschriften erging es ebenso. Sie erreichten zwar Düsseldorf, wurden aber als „wertlos“ eingestuft und 1850 für 472 Taler an einen Fürther Pergamenthändler verkauft. Dieser zerschnitt die Chorbücher und trieb Handel damit – so finden sich die kostbaren Fragmente heute weltweit verstreut. Den Kaufpreis investierte die Düsseldorfer Bibliothek in Neuerwerbungen und immerhin in die Reparatur der Einbände der fünf verbliebenen Soester Chorbücher.

Erstmals befasst sich der Beitrag von Ricarda *Bauschke-Hartung* „Christian Wierstraet: Die Belagerung von Neuss“ nicht mit einer Sammlung, sondern mit einem einzelnen Werk, einer Inkunabel aus dem Jahr 1476. Es handelt sich um eine Reimchronik, die die Belagerung von Neuss Juli 1474 bis Mai 1475 durch Herzog Karl den Kühnen, zum Inhalt hat und die nur noch in zwei Exemplaren erhalten ist. Gestützt auf diese

Chronik schildert Verfasserin sehr anschaulich den Verlauf dieser Belagerung, die die Neusser erfolgreich überstanden. 1825 gelangte die Chronik aus dem Besitz von Johann Heinrich Küpper in die Düsseldorfer Königliche Bibliothek, wurde dort repariert und konserviert. Von der zweiten Auflage, die 1497 gedruckt wurde, sind fünf Exemplare erhalten und auf Köln, Leipzig, London, Neuss und Wernigerode verteilt. Der Standort Düsseldorf ist nicht vertreten.

Wieder einen größeren Komplex behandelt Frank *Leimkugel* „Vesters Archiv: Ein Düsseldorfer Apotheker und seine Sammlung im Spannungsfeld privater, städtischer und universitärer Interessen". Nach einer biographischen Einführung zu Hans Helmut Bruno Vester (1913–2002), seinem beruflichen Werdegang und seiner Arbeit als Apotheker stellt Verf. Vesters früh erwachte Sammelleidenschaft in den Mittelpunkt. Vester sammelte alles, was in früheren Zeiten für die Anfertigung von Arzneien erforderlich war, dehnte sein Interesse schon bald auf die Pharmaziegeschichte aus. Nach der Unterbrechung durch den Zweiten Weltkrieg wurde seine Dokumentensammlung vergrößert und der Aufbau einer Spezialbibliothek in Angriff genommen. Die rastlose Sammeltätigkeit sprengte nicht nur die räumlichen Bedingungen, sondern überstieg auch die Kräfte am weiteren Ausbau, an der Erschließung und der Auskunftserteilung auf Anfragen aus aller Welt. So trug sich Vester mit Verkaufsabsichten; es gelang, einen Teil der Bibliothek für 450.000 DM an die Medizinische Akademie in Düsseldorf zu verkaufen, heute als „Pharmaziehistorische Bibliothek Dr. Helmut Vester" im Bestand der ULB Düsseldorf und dort zwischen 2009 und 2014 digitalisiert. Weitere Bände wurden auf Auktionen versteigert. Für das Archiv, bei teilweise überzogenen Forderungen, fanden sich in Düsseldorf keine Interessenten. 1991 entschloss sich Vester zu einer Leihgabe an das Schweizer Pharmaziehistorische Museum der Universität Basel. Andere Teile („Pharmakognostisches Kabinett", Münzsammlung) gingen gleichfalls 1991 an die medizinhistorische Sammlung der Ruhr-Universität Bochum.

Nach einer Einleitung zum Thema Gelehrtenbibliothek im Allgemeinen bringen Ulrich *Koppitz*, Alfons *Labisch* und Marie-Isabelle *Schwarzburger* in „Gelehrtenbibliotheken. Auf den Spuren der Neurowissenschaftler Eccles und Vogt" eine Beschreibung der Bibliothek des australischen Physiologen John Carew Eccles (1903–1997), einem der Pioniere der Neurowissenschaften. Ihr Wert besteht nicht nur in den einzelnen Werken, sondern vor allem in den Kommentierungen des aufgeschlossenen Lesers in Büchern und Aufsätzen / Sonderdrucken. Das Buch als „Massenprodukt wird durch persönliche Anmerkungen wie Ergänzungen, Zustimmung oder Ablehnung zu einem Unikat, das die Forschungen und zum Teil auch die Persönlichkeit des Lesers widerspiegelt" (S. 138). Teilweise sind in diesen Bänden auch Autorenkorrespondenzen abgelegt. Eccles' private Bibliothek kann seit 2010 im Institut für Geschichte der Medizin der HHU Düsseldorf als Präsenzbestand öffentlich genutzt werden. In die Fachbibliothek Theoretische Medizin wurde die private Institutsbibliothek der Hirnforscher Cécile und Oskar Vogt, erworben 1960 von der Medizinischen Akademie, inkorporiert. Die sich gegenseitig ergänzenden Klassiker der modernen Neurowissenschaften Eccles und Vogt leisten durch die Zusammenführung ihrer Bibliotheken einen wichtigen Beitrag zur medizinischen Forschung in Düsseldorf.

Thorsten *Lemanski* und Gisela *Miller-Kipp* widmen sich in ihrem Beitrag „Seinerzeit staatliche Bildungssteuerung, heute Fundgrube für Historiker. Die Schulprogramm-Sammlung der ULB Düsseldorf" einem Thema, das heute einen wichtigen Stellenwert einnimmt. Ab 1824 wurden in Preußen alle Gymnasien verpflichtet, über ihre Tätigkeiten „Schulprogramme" vorzulegen. Die ULB besitzt aus den Jahren 1802–1920 rund 39.000 Exemplare und verweist mit berechtigtem Stolz auf diesen „singulären Schatz" von historiographischem Reichtum, zumal es sich um die größte erschlossene und digitalisierte Sammlung in Deutschland handelt, die im Internet frei zugänglich ist. Zuvor wurden die empfindlichen Papierprogramme konservatorisch bearbeitet und in ihrer Aufbewahrung deutlich verbessert. Jetzt, mit der Veröffentlichung im Internet, ist die Schulprogramm-Sammlung nicht nur gesichert, sondern recht eigentlich für Wissenschaft und Forschung mit Gewinn zu nutzen.

Der letzte, persönlich gefärbte Beitrag „Wie Athanasius Kircher im Rhein versank. Streifzüge durch die Jahrhunderte Düsseldorfer Buch- und Bibliotheksgeschichte" von Eckhard *Grunewald* beschäftigt sich weniger mit einer Sondersammlung als vielmehr mit einem kultur- und geistesgeschichtlichen Rundblick, in dem das Verhältnis bekannter Düsseldorfer zum Buch und entsprechende Spuren in den Buch- und Bildbeständen der ULB ausgebreitet werden. Diese sehr gut und teilweise amüsant zu lesende Aufstellung führt dem Leser Jordanus de Trajecto, Johannes Monheim, Friedrich Spee, Athanasius Kircher (der sein unfreiwilliges Bad im eiskalten Rhein glücklicherweise unbeschädigt überstand), Joachim Neander, Heinrich Heine, die Brüder Jacobi, Goethe, Karl Immermann, Felix Mendelssohn Bartholdy sowie Wilhelm von Schadow und Robert Reinick vor Augen. Am Ende erlaubt Verf. dem Leser teilzuhaben an dem ihn am meisten faszinierenden Zeitraum: Es ist die intensive Zeit um 1830, in der Kunst und Literatur, Theater und Musik auf einmalige Weise zusammenklingen.

Den Band beschließen eine Bibliographie zum Bestand der ULB Düsseldorf (mit teilweise lückenhafter Angabe von Rezensionen) für die Jahre 2011–2015/2016, die damit diejenige des Vorgängerbandes fortsetzt, ein Personenregister, ein ausführlicher Bildnachweis und Kurzbiographien zu den Autorinnen und Autoren.

Insgesamt ist der schön gedruckte und reich illustrierte Band wiederum, wie sein Vorgänger „Bibliothek und Forschung" von 2011, nicht nur ein gründlicher historischer Rückblick auf verschiedene Sondersammlungen, sondern gleichzeitig eine Anregung, sich weiterhin gewinnbringend auch mit denen zu befassen, die noch im Dämmerlicht einer so großen Sammlung ruhen. Der bisherige Erfolg stellt eine Verpflichtung dar.

Köln — Hanns Michael *Crass*

Iris *Nestler (Hrsg.)*, *Meisterwerke der Glasmalerei des 20. Jahrhunderts in den Rheinlanden*, Band 2, Mönchengladbach (B. Kühlen Verlag) 2017 – 283 S., durchg. s/w u. fbg. Abb., ISBN 978-3-87448-4800-0, € 79,00.

Iris *Nestler*, ehemalige Leiterin des Linnicher Glasmalereimuseums, gibt nun den zweiten großangelegten Bildband heraus, der die enorme Entwicklung der Glasmalereikunst im Rheinland des 20. Jahrhunderts illustriert.

Auf 283 größtenteils bebilderten Seiten wird erneut über zahlreiche Künstler berichtet, die die Kunst der Glasmalerei im Rheinland in profanen und kirchlichen Bauten sichtbar prägten. Wieder feiert der Band die Blütezeit der Glasmalerei, die nach dem Zweiten Weltkrieg im kriegszerstörten Rheinland boomte. „In den Rheinlanden" – im ersten Band hieß es noch „im Rheinland" – wird dabei großzügig nicht nur als geographischer und historischer Raum definiert, sondern als Netzwerkraum der Künstler und ihrer Werke verstanden, was erklärt, dass selbst der Hagener Bahnhof in diesen „Rheinlanden" angesiedelt wird. Legte der erste Band vornehmlich den Schwerpunkt auf das Gebiet des Niederrheins, so werden nun unter anderem besonders herausragende Werke am Mittelrhein, wie beispielsweise die Fenster von Marc Chagall in St. Stephan Mainz, die von Jacques Le Chevallier in der Liebfrauenkirche Trier oder die von Emil Kiess in der Trinitatiskirche Mannheim, vorgestellt.

Wieder konnte *Nestler* namhafte Spezialisten gewinnen, die teils bereits am ersten Band mitschrieben. Neben Iris *Nestler* selbst sind es Justinus Maria *Calleen*, Vera *Henkelmann*, Jeannine *Hövelings*, Klaus *Hurtz*, Dominik *Meiering*, Helga *Remmen*, Dirk *Tölke*, Jürgen *Wiener* und Brigitte *Wolff-Wintrich*.

In Summe wieder ein sehr ansprechendes Werk, das einen ebenso prächtigen dritten Band erwarten lässt.

Düsseldorf — Julia *Lederle-Wintgens*

Ludger *Grevelhörster* (Text) / Rüdiger *Trebels* (Illustrationen), *Wie Deutschland entstand – und Hitler es zerstörte.* Deutsche Geschichte von 1871 bis 1949 für jugendliche Leser, Köln (Greven Verlag) 2017 – 288 S., 28 fbg. Ill., ISBN 978-3-7743-0682-0, € 18,00.

Dem Historiker und Lehrer Ludger *Grevelhörster* gelingt mit diesem Taschenbuch ein leicht zugänglicher und verlässlicher Überblick für junge Leser. Die kompakte Darstellung der geschichtlichen Abläufe von der Reichsgründung 1871 bis zur Entstehung der Bundesrepublik 1949 beantwortet vieles von Grund auf, nichts muss vorab gewusst oder zusammengesucht werden. Besonders, was Menschen dachten und fühlten, wird hier zur Erklärungsgrundlage für ihr Handeln. Kernfragen wie „Wer trägt die Schuld am Ersten Weltkrieg?", „Wie konnte Hitler an die Macht gelangen?" und „Warum kam es zur deutschen Teilung?" werden einer Generation beantwortet, die – anders als der Autor – Zeitzeugen solcher Ereignisse nicht mehr kennen können. Der Titel „Wie Deutschland entstand – und Hitler es zerstörte" suggeriert dabei etwas unglücklich eine Verknappung, die im Text so glücklicherweise überhaupt nicht vorkommt. Mit der Entstehung Deutschlands ist die Schaffung des Nationalstaats gemeint, und dass es nicht nur Hitler allein war, der Deutschland – und viele und vieles mehr – zerstörte, wird fundiert dargelegt.

Die geschmackvollen, in Erd- und Blautönen gehaltenen Illustrationen von Rüdiger *Trebels* muten zuweilen wie Bebilderung aus den 1950er Jahren an, manchmal auch wie geschichtsdidaktischer Comicstil, und erwecken dennoch, trotz des Verzichts auf die Abbildung von authentischen Quellen, keinen imaginären Eindruck, sondern unterstreichen das Berichtete in nicht zu reißerischer Form.

Grevelshörster übernimmt den Part des Erzählers und spricht die Leserschaft persönlich an. Er kommt dabei sachkundig in aller Kürze auf den Punkt, vergisst die Gegenwart der Zielgruppe nicht und will vorwurfsfrei und didaktisch Wissenlücken füllen. Zum Beispiel im Rahmen der Erläuterung, was Juden sind: „Der jüdische Glaube ist ein alter und altehrwürdiger Glaube, den man teilen kann oder auch nicht. Das ist jedermanns persönliche Angelegenheit. Ich könnte mir denken, dass du vielleicht noch nie einem Juden begegnet bist – eben weil es wegen der Zeit des Nationalsozialismus unter uns nur vergleichsweise wenige Menschen jüdischen Glaubens gibt. Dabei lebten Juden mindestens schon seit 1900 Jahren unter uns."

Warum er dieses Buch geschrieben hat, erklärt der Autor seinen Lesern auch: „Vielleicht denkst Du jetzt: Das ist doch alles vorbei, und etwas Vergleichbares passiert bestimmt nicht noch einmal. Eigentlich teile ich Deinen Optimismus. Ich bin also eher zuversichtlich, dass die Mehrheit der Menschheit aus der Geschichte gelernt hat. Andererseits bin ich mir manchmal nicht mehr so sicher. Erst vor wenigen Wochen habe ich gelesen, dass die Zahl der Übergriffe gegen Fremde und auch die Zahl judenfeindlicher Straftaten im vergangenen Jahr in Deutschland eine Rekordhöhe erreicht hat. Dasselbe gilt für die Zahl der Angriffe auf Flüchtlingsheime. Es wäre schön, wenn sich all diese unwürdigen Dinge nachträglich als ausgedörrte Seitenarme der dann jüngsten deutschen Geschichte erwiesen." Dies zeigt, dass dort, wo die Zeitzeugen inzwischen fehlen, es umso wichtiger ist, Geschichtszeugen wie Ludger *Grevelhörster* zu haben.

Düsseldorf | Julia *Lederle-Wintgens*

N.N., NRW – Geschichte in 66 Objekten, Düsseldorf (Droste Verlag) 2017 – 168 S., durchg. fbg. Abb., ISBN 978-3-7700-2023-2, € 16,99.

Im Rahmen der Feierlichkeiten rund um das Gründungsjubiläum Nordrhein-Westfalens erschienen 2016 zahlreiche Publikationen, die die 70-jährige Geschichte unseres Bundeslandes darstellen. Auch im Folgejahr blieb dieser Fokus auf die Landesgeschichte, die auch den Blick auf die Geschichte der Region vor 1946 nicht ausschloss, en vogue. Im vorliegenden Band wird die Geschichte unseres Landes nun anhand von Museumsobjekten erzählt, eine Vorgehensweise, die sich bewusst an Neil MacGregors 2011 veröffentlichter „Geschichte der Welt in 100 Objekten" orientiert. Warum die Geschichte Nordrhein-Westfalens nun just in 66 Objekten dargestellt wird, bleibt hingegen das Geheimnis der anonymen Autoren.

Die Präsentation der exemplarischen Museumsobjekte ist sowohl inhaltlich als auch bildlich ausgesprochen gut gelungen. Die ausgewählten Objekte stammen aus den Sammlungen der 34 Museen des Landschaftsverbands Westfalen-Lippe (LWL) und des Landschaftsverbands Rheinland (LVR). Der chronologische Aufbau ermöglicht einen leichten Zugang zur Entwicklung der Region, die Texte sind übersichtlich und informativ. Bestechend sind die detailreichen Farbaufnahmen der Objekte. Gelungenes Ziel dieser Präsentation ist, wesentliche Epochen ebenso wie möglichst viele Teilregionen Nordrhein-Westfalens zu berücksichtigen. Die Bandbreite der Objekte reicht beispielsweise vom versteinerten Vorfahren der Dinosaurier über die römische Prahmfähre von Wardt, die Paderborner Königspfalz und die Kölner Roten Funken bis hin zum Auswandererkoffer eines lippischen Zieglers.

Der Verlag bewirbt seine Publikation als Museumsbesuch vom heimischen Sofa aus. Das ist sie – und macht Lust auf mehr. Der Wunsch, die Objekte im Original zu sehen, kommt trotz – oder gerade eben wegen – der guten Aufnahmen schnell auf. So lässt sich der kleine Band durchaus auch als Reiseführer benutzen: durch unsere Geschichte und in die Museen der Landschaftsverbände.

Düsseldorf — Julia *Lederle-Wintgens*

Vereinsbericht

Bericht über das Jahr 2017

Erstattet von Clemens von Looz-Corswarem

Vorstand und Mitglieder

Der Vorstand des Düsseldorfer Geschichtsvereins besteht nach der Wahl durch die Mitgliederversammlung am 9. März 2016 und der Verteilung der Aufgaben in der konstituierenden Sitzung vom 19. April 2016 aus folgenden Mitgliedern: Vorsitzender: Prof. Dr. Volker Ackermann; Stellvertretender Vorsitzender und Schriftleiter: Dr. Benedikt Mauer; Schriftführer: Prof. Dr. Clemens von Looz-Corswarem; Schatzmeisterin: Kerstin Früh; Beisitzer: Dipl.-Vw. Felix Droste (z. b. V.); Dr. Bastian Fleermann (z. b. V.); Dr. Peter Henkel (Sommerprogramm, Exkursionen); Dr. Julia Lederle-Wintgens (z. b. V.); Sigrid Kleinbongartz M.A. (vom Vorstand kooptiert und am 8. März 2017 von der Mitgliederversammlung bestätigt) (z. b. V.)

Inhaber der **Lacomblet-Plakette** ist Prof. Dr. Klaus Müller (seit 13. März 2005).

Inhaber der **DGV-Verdienst-Medaille** sind Dr. Dieter Scriverius (seit 16. März 2006), Dr. Eckhard Berke (seit 14. März 2012) und Dr. Hanns-Michael Crass (seit 23. August 2012), Prof. Dr. Rolf Nagel (seit 9. März 2016).

Ehrenmitglieder sind Dr. Dieter Scriverius (seit dem 14. März 2007) und Prof. Dr. Horst A. Wessel (seit dem 23. August 2012).

Die **Mitgliedergliederversammlung**, zu der fristgerecht eingeladen worden war, fand am 8. März 2017 im Julo-Levin-Saal der Mahn- und Gedenkstätte Düsseldorf, Mühlenstraße 29, statt. Der Vorstand erstattete den Jahres- und Geschäftsbericht sowie den Kassenbericht. Die beiden Rechnungsprüfer, Herr Günther Rotteveel und Frau Sophie Wego bestätigten die ordnungsgemäße Kassenführung. Der Vorstand wurde daraufhin einstimmig (bei Enthaltung der anwesenden Vorstandsmitglieder) entlastet. Die Mitgliederversammlung wählte Herrn Günter Rotteveel und Frau Sophia Wego, erneut einstimmig zu Rechnungsprüfern. Frau Kleinbongartz, stellvertretende Direktorin des Stadtmuseums, wurde nach Kooptation durch den Vorstand zum Mitglied des Vorstands gewählt. Auf Anregung von Prof. Dr. Kurt Düwell wurde eine Führung durch die Ausstellung zur Landesgeschichte in der Villa Horion (Haus zur Parlamentsgeschichte) organisiert.

Die **Geschäftsstelle** im Stadtarchiv Düsseldorf wurde im Berichtsjahr wie bisher von Frau Heike Blumreiter betreut. Sie wird dabei von Herrn Martin Bitter unterstützt.

Der Düsseldorfer Geschichtsverein zählte am 31. Dezember 2017 485 Mitglieder. Es konnten 2017 16 Mitglieder neu gewonnen werden. Der Verein verlor 23 Mitglieder, davon durch Austritt 17, drei durch Tod, eines durch unbekannten Verzug sowie zwei durch Ausschluss wegen nicht gezahlter Mitgliedsbeiträge.

Verstorben sind im Berichtsjahr 2017 die Mitglieder:
Dr. Karl Dross († 25.7.2017)
Ursula Peters († 20.7.2017)
Joachim Schugt († Juli 2017)
Der Verein wird die verstorbenen Mitglieder in ehrender Erinnerung halten.

Neu hinzugekommen sind 2017 folgende Mitglieder:
Stephan Baum, Jonas Becker, Gottfried Boessen, Wolfgang Brockerhoff, Familie Günter Dreßler, Familie Thorsten Klomfass, Christoph Laugs, Familie Wolfgang u. Barbara Lenoir, Frank Leuwer, Artur Lux, Lothar Mirau, Marie-Isabelle Schwarzburger, Eckhard Eyk Stein, Ulrike Stursberg, Oliver Werner und Krista Witew.

Von Seiten des Vorsitzenden ergingen Rundbriefe an die Mitglieder im Mai, im August und im Dezember 2017, in denen der Vorsitzende über die jeweilig neuesten Entwicklungen im Düsseldorfer Geschichtsverein berichtete und auf Veranstaltungen und Publikationen hingewiesen hat. Ein ausführliches Protokoll der Jahreshauptversammlung vom 8. März 2017 mit Finanzbericht für 2016 wurde noch im März 2017 versandt.

Gedruckte Ankündigen des Sommerprogramms und des Winterprogramms wurden jeweils zu Beginn der entsprechenden Saison versandt. Außerdem wurden den Mitgliedern, die eine Mailadresse angegeben haben, Informationen über Vorträge und sonstige Veranstaltungen per Mail zugesandt.

Vorstandssitzungen

Der Vorstand kam im Berichtsjahr drei Mal zu Vorstandssitzungen zusammen, am 18. Januar, am 20. Februar (Vorstandsitzung und Strategiesitzung) und am 18. Oktober 2017.

Die Vorstandssitzungen fanden jeweils im Sitzungsraum des Stadtarchivs Düsseldorf, Worringer Straße 140, statt. Immer wiederkehrende Tagesordnungspunkte waren die Planung und Durchführung des Sommer- und Winterprogramms. Außerdem standen jeweils die Publikationen des Düsseldorfer Geschichtsvereins auf der Tagesordnung. Dies waren sowohl das Düsseldorfer Jahrbuch mit seinen unterschiedlichen Beiträgen als auch die realisierten und geplanten Sonderpublikationen. Bei den Publikationen wurde selbstverständlich stets auch ein kritischer Blick auf die Finanzierung der verschiedenen Vorhaben und die Rentabilität der durchgeführten Projekte geworfen. Über das Sommer- und Winterprogramm sowie die Publikationen des Jahres 2017 wird im Anschluss berichtet.

Außerdem standen im Berichtsjahr folgende Themen auf der Tagesordnung der Vorstandssitzungen: Projekt Reeser Platz, Projekt 1848, Kontakte zur Uni, Neugestaltung des Vereinsflyers, Internetseite des Vereins, Kontakte zu den Medien sowie zur Interessengemeinschaft Freundeskreise Düsseldorfer Kulturinstitute (u. a. ArtCard).

Veranstaltungen

Winterprogramm 2016/17 und 2017/18 im Berichtszeitraum 2017.
Im Rahmen des Winterprogramms 2016/17 fanden im ersten Quartal des Jahres 2017 zwei Vorträge statt:

Am Mittwoch, dem 8. Februar 2017, 18.00 Uhr, referierte Christian Liedtke M.A. (Heinrich-Heine-Institut) unter dem Titel „Überall und nirgends – Heine-Denkmäler weltweit“. Der Vortrag ist im Düsseldorfer Jahrbuch 87, 2017, S. 77–100, abgedruckt.

Am Mittwoch, dem 8. März 2017, 17.00 Uhr, sprach Ina Stenger M.A. (Heinrich-Heine-Universität Düsseldorf) über „Die Reichsmusiktage in Düsseldorf 1938 und 1939“. Auch dieser Vortrag ist unter dem Titel „Reichsmusiktage für die Volksgemeinschaft. Die NS-Musikpolitik am Beispiel der Reichsmusiktage 1938 und 1939 in Düsseldorf“ im Düsseldorfer Jahrbuch 87, 2017, S. 211 – 239, abgedruckt. Dieser Vortrag fand im Anschluss an die Jahreshauptversammlung statt.
Vom Winterprogramm 2017/18 fielen in das Berichtsjahr 2017 zwei Vorträge:

Am Donnerstag, dem 5. Oktober 2017, 18.30 Uhr, hielt Dr. Bastian Fleermann (Leiter der Mahn- und Gedenkstätte Düsseldorf) den Vortrag: „Die Düsseldorfer Kriminalpolizei in Weimarer Republik und Nationalsozialismus.“

Am Mittwoch, 15. November 2017, 18.00 Uhr, sprach Prof. Dr. Volker Ackermann (Vorsitzender des DGV) über „Bekenntnis zur machtvollen Idee des Nationalsozialismus – Der Heimatverein Düsseldorfer Jonges im Dritten Reich“.

Alle Vorträge fanden im Julo-Levin-Raum der Mahn- und Gedenkstätte statt. Für die kostenfreie Nutzung der Räumlichkeiten ist der Düsseldorfer Geschichtsverein der Mahn- und Gedenkstätte Düsseldorf zutiefst verbunden.

Sommerprogramm 2017

Die Sommerexkursionen am Sonntag standen unter dem Titel „Rheinische Industriekultur“ und fanden in diesem Jahr in Kooperation mit dem Förderkreis Industriepfad Düsseldorf e. V. statt, der 2017 sein zehnjähriges Jubiläum feierte.

1) Sonntagsexkursionen

Sonntag, 30. April 2017: Oberhausen-Eisenheim
Die erste Exkursion des Sommers führte nach Oberhausen-Eisenheim. Die Siedlung Eisenheim in Oberhausen gehört zu den ältesten erhaltenen Arbeitersiedlungen Deutschlands. Seit den 1960er Jahren vom Abriss bedroht, gelang es Prof. Roland Günter unter sehr großem persönlichen Einsatz, die Siedlung zu retten. Professor Günter führte sehr engagiert durch die Siedlung und lud die Gruppe zu einem kleinen Imbiss in seinen „Blauen Turm der Bücher“ ein. Danach führte der Düsseldorfer Fotograf Bernard Langerock in der St. Antony-Hütte durch seine Ausstellung „Tongyuanju – eine Arbeitersiedlung in Chongqing“. Hier wurde auf eindringliche Weise das Verschwinden der traditionellen Arbeitersiedlung Tongyanju am Rande der Megacity Chongqing dokumentiert.

Sonntag, 25. Juni 2017: Bergbau im Siegerland – Altenberg und Kreuztal-Burgholdinghausen
Die zweite Sonntagsexkursion widmete sich dem Bergbau im Siegerland. Besichtigt wurde die mittelalterliche Bergbauwüstung Altenberg, Ort der ersten montanarchäologischen Untersuchungen in Deutschland. Nach dem Mittagessen wurden mit der Grube „Victoria“ in Kreuztal-Burgholdinghausen die Reste einer erst 1929 geschlossenen Anlage besucht. Das Besondere daran ist, dass wir dem Weg des Erzes vom Schacht über die Aufbereitung bis zum Verladebahnhof noch heute im Gelände folgen können, ebenso wie die massiven

Folgen für die Umwelt noch klar erkennbar sind. Zum Abschluss wurde mit dem Stahlbergstollen ein liebevoll hergerichtetes Schaubergwerk besichtigt.

Sonntag, 30. Juli 2017: Uerdingen – darauf einen Dujardin!
Die Rheinstadt Uerdingen wurde infolge einer Hochwasserkatastrophe, der der ursprüngliche Ort zum Opfer gefallen war, nach 1284 an heutiger Stelle als kurkölnischer Besitz angelegt. Eine Führung durch den historischen Ortskern griff diese Geschichte auf. Wegen einer durch das Mittagessen verursachten Verspätung wurde die Führung durch die Firma Dujardin durch einen spontanen Besuch der Rhineside Gallery mit Streetart auf der Rheinpromenade ersetzt.

Sonntag, 27. August 2017: Unterwegs im Industriedorf Lintorf
Vorstandsmitglied Dr. Bastian Fleermann führte durch Lintorf, das er mit Recht als Industriedorf bezeichnete. Vor allem der Bergbau spielte in Lintorf eine wichtige Rolle. Zunächst besuchte die Gruppe die elterliche Helpensteinmühle von Dr. Fleermann, die bereits im 12. Jahrhundert nachgewiesen ist. Nach dem Mittagessen führte Michael Lumer, bester Kenner der Lintorfer Geschichte, fachkundig zu den Spuren der Lintorfer Industriegeschichte.

Samstag, 23. September 2017: Das älteste Blechwalzwerk Deutschlands
Das war sicherlich der Höhepunkt des Programms. Das um 1770 entstandene Blechwalzwerk Rasselstein ist der einzige und zugleich älteste Standort zur Herstellung von Weißblechen. Es fand eine sehr gute und detaillierte Werksführung statt, bei der ein Einblick in die Produktion gegeben wurde. Danach ging es in die Vulkan-Brauerei Mendig. Dort ging es nach dem Mittagessen in die Mendiger Unterwelt, in der jahrhundertelang in 30 m Tiefe Basalt für Mühlräder abgebaut wurde. Die so entstandenen Höhlen wurden als Bierlager genutzt.

2) Mittwochsführungen

Mittwoch, 17. Mai 2017: Vom Stahlhof zum Verwaltungsgericht
Aufgrund des enormen Zuspruchs in den letzten beiden Jahren wurde diese spannende Führung wiederholt. Nicht nur von außen ist der 1906–1908 errichtete Stahlhof sehenswert. Nach einem kurzen Einführungsvortrag ging die Führung kreuz und quer durch das geschichtsträchtige, auch kunsthistorisch hoch interessante Gebäude bis hinauf in den Turm des Stahlhofes.

Mittwoch, 28. Juni 2017: Wo Kunstwerke entstehen – Kunstgießerei Herbert Schmäke
Nur in kleiner Gruppe, die durch das Los ausgewählt worden war, konnte die 1926 gegründete Kunstgießerei Schmäke besichtigt werden. Professor Schmäke führte persönlich, wodurch der Besuch zu einem besonderen Erlebnis wurde.

Mittwoch, 13. Juli 2017: Zwischen Schatzkammer und alter Pfarrkirche – St. Margareta in Gerresheim
Die Kunsthistorikerin Dr. Beate Johlen-Budnik, die das Konzept der Schatzkammer von St. Margareta entwickelt hat, und der Historiker Peter Stegt erläuterten die Kunstschätze der Stiftskirche und Basilika St. Margareta sowie die Geschichte der Ende des 19. Jahrhunderts abgerissenen alten Pfarrkirche.

Mittwoch, 23. August 2017: Das Palais Spee und sein Garten
Einen Einblick in die Baugeschichte des Palais Spee und die Wohnkultur der adligen Eigentümer im 18. und frühen 19. Jahrhundert vermittelte die Führung durch unser Vorstandsmitglied Sigrid Kleinbongartz, die stellvertretende Leiterin des Stadtmuseums. Der Rundgang wurde durch die Besichtigung des kleinen, von Maximilian Friedrich Weyhe entworfenen Gartens abgeschlossen.

Mittwoch, 27. September 2017: Auf den Spuren der Düsseldorfer Festung
Der Archäologe Andras Kupka führte durch den unter seiner Leitung entstandenen ArcheoPoint in der U-Bahnstation Heinrich-Heine-Allee, in dem die beim Bau der Wehrhahnlinie freigelegten Überreste der Düsseldorfer Festung sichtbar gemacht worden sind.

Insgesamt wurde das Sommerprogramm als ein vielfältiges und gelungenes Programm bezeichnet und gut angenommen. Die Teilnehmerzahlen sind wieder gestiegen. Besonders die Mittwochsführungen erfreuen sich nach wie vor reger Nachfrage und waren allesamt ausgebucht.

Publikationen

1) Düsseldorfer Jahrbuch

Das Düsseldorfer Jahrbuch. Beiträge zur Geschichte des Niederrheins, Nr. 87, 2017, wurde der Presse am 13. Juni 2017 in der Mahn- und Gedenkstätte anlässlich einer Pressekonferenz vorgestellt. Es umfasst 440 Seiten und ist reich, meist farbig illustriert. Es enthält acht größere und vier kleinere Beiträge, dazu traditionell den Bericht über die Denkmalpflege und die Chronik der Stadt Düsseldorf für das

Jahr 2016. Der Besprechungsteil enthält die von Frau Heike *Blumreiter* zusammengestellte Bücherschau über Neuerscheinungen zur Düsseldorfer Stadtgeschichte sowie 32 Einzelbesprechungen (darunter Sammelbesprechungen zu Schriften im Zusammenhang mit dem Landesjubiläum NRW, dem Fall Gurlitt und zum Künstler Bert Gerresheim). Abgeschlossen wird der Band durch den Vereinsbericht für 2016 und eine Nennung der Verfasser der Beiträge.

Das Düsseldorfer Jahrbuch 87, 2017, enthält folgende größere Beiträge: Ulrike *Spengler-Reffgen*, „Marmor, Stein und Eisen spricht". Die Inschriften der Stadt Düsseldorf bis zum Jahr 1653; Leo *Peters*, „Man weis nicht bestimmt, was aus Düsseldorf wird". Verstreute Düsseldorfer Nachrichten vom 16. bis zum 19. Jahrhundert im Gräflich von Hoensbroech'schen Archiv von Schloss Haag bei Geldern; Christian *Liedtke*, Überall und nirgends – Heinrich Heines Denkmäler. Mit unbekannten Dokumenten zum Düsseldorfer Denkmalprojekt; Michael *Wiescher*, Rheinische Bürgersöhne in Texas; Heike M. *Blumreiter*, „Wohlstand im Allgemeinen verhält sich unveränderlich ohne Bedeutsamkeit und beschränkt sich auf den Ackerstand." Einige Anmerkungen zur Geschichte und Chronologie der frühen Gerresheimer Drahtstiftindustrie; Host A. *Wessel*, Die Düsseldorfer Kongregation der Ursulinen und die Schwestern von St. Salvator in Münstereifel. Eine Zweckvereinigung von 1881 mit nachhaltiger Wirkung; Ina *Stenger*, Reichsmusiktage für die „Volksgemeinschaft". Die NS-Musikpolitik am Beispiel der Reichsmusiktage 1938 und 1939 in Düsseldorf; Sebastian Hansen, „... um zu zeigen, daß wir auf einem neuen Wege sind". Politiker, Künstler und die Düsseldorfer Straßenbenennungen in der frühen Bundesrepublik.

An kleineren Beiträgen gab es: Clemens *von Looz-Corswarem*, Es geschah an der Schnellenburg. Das Unglück des niederländischen Frachtschiffs „Helena" bei Düsseldorf im Dezember 1830; Joachim *Schröder*, Spurensuche. Der jüdische Spanienkämpfer Georg Hornstein aus Düsseldorf; Julia *Lederle*, Das Rheinbahnarchiv im Stadtarchiv Düsseldorf; Horst A. *Wessel*, Regisseur Hugo Niebeling 1931–2016. Der Oscar-nominierte Film-Regisseur ist im Alter von 85 Jahren gestorben; Jörg A.E. *Heimeshoff*, Denkmalpflege in Düsseldorf im Jahr 2016, und Andrea *Trudewind*, Chronik der Stadt Düsseldorf für 2016.

2) Weitere Veröffentlichungen

Im November 2017 konnte das lang erwartete Bändchen von Manfred *Dresen*, Das Brauwesen im alten Düsseldorf. Brauereien und Brauer vom Mittelalter bis zum Ende des 19. Jahrhunderts (190 S., zahlr. Abb., ISBN 978-3-8375-1904-4, 7,00 €) der Öffentlichkeit vorgestellt werden. Es ist von Presse und Publikum gut aufgenommen worden und zum Zeitpunkt der Drucklegung dieses Jahrbuchs trotz höherer Auflage als üblich bereits vergriffen.

Der Verf. legt außer einer Einleitung zum Brauwesen im alten Düsseldorf eine umfassende Dokumentation der seit dem 18. Jahrhundert in Düsseldorf nachgewiesen Brauer und Brauereien vor. Er hat in unermüdlicher Arbeit Adressbücher, Zeitungen, Bürgerverzeichnisse und Akten durchforstet und konnte vor allem für das 19. Jahrhundert Hunderte von Brauereien und Brauern in Düsseldorf nachweisen. So ist eine einzigartige Schatztruhe für die lokale Wirtschaftsforschung entstanden. Die zum Teil engen familiären Vernetzungen einiger alteingesessener Düsseldorfer Brauerfamilien werden ebenso sichtbar wie die wechselhafte Geschichte kleiner und großer Düsseldorfer Brauhäuser. Vielfältiges, teils bisher unveröffentlichtes Bildmaterial macht den Katalogteil auch optisch zu einer Fundgrube.

Das Projekt „Erinnerungsorte Düsseldorf" konnte im Jahr 2017 dank der Initiative und des Einsatzes des Redaktionsteams (Dr. *Fleermann*, Dr. *Henkel*, Dr. *Mauer* und Dr. Enno *Stahl*) soweit gefördert werden, dass es im März 2018 erscheinen konnte. Besonders Dr. Stahl hat sich für die Fertigstellung des Bandes engagiert. Das Buch umfasst 408 Seiten mit Beiträgen von 41 Autoren.

Sonstige Aktivitäten des Düsseldorfer Geschichtsvereins

Die Teilnahme des DGV an dem Zusammenschluss der Förderkreise Düsseldorfer Kulturinstitute hat sich für die Mitglieder des DGV schon insoweit gelohnt, als bei der ArtCard-Aktion durch die große Zahl der Interessenten wieder ein deutlich niedrigerer Preis (50 statt 80 € pro Karte) erreicht werden konnte.

Das vom DGV beabsichtigte Engagement beim Vorhaben, das alte, von den Nationalsozialisten beschädigte Rübsam-Denkmal, das sich zur Zeit hinter der Tonhalle befindet, als ‚Gegendenkmal' an den Reeser Platz zu versetzen, wird nicht weiter verfolgt, da von Seiten der Bezirksvertretung 1 andere Pläne favorisiert werden.

Die Homepage des DGV wurde überarbeitet und die Einrichtung eines Downloadbereichs für Mitglieder vorbereitet, der sich in einer Testphase befindet und zur Jahreshauptversammlung 2018 freigeschaltet werden soll. Dann haben die Mitglieder mit einem Passwort Zugriff auf die elektronischen Versionen der Beiträge aus dem Düsseldorfer Jahrbuch ab 2017 sowie weitere geplante Publikationen.

Dank der Initiative des Vorstandsmitgliedes Frau Dr. Lederle ist der DGV wie das Stadtarchiv auch im Internet und in den sozialen Netzwerken aktiv. So kann auch der DGV über eine stetig wachsende Zahl von Interessenten bei Facebook berichten.

Verfasser der Beiträge

Hans Bernd Ashauer-Jarzimbeck, Lüneburger Weg 3, 40468 Düsseldorf (jerz@gmx.info)

Dr. Sebastian Beck, Uedesheimer Straße 58a, 40221 Düsseldorf (sebbeck1@freenet.de)

Dr. Annett Büttner, Fliedner-Kulturstiftung Kaiserswerth, Zeppenheimer Weg 20, 40489 Düsseldorf (info@fliedner-kulturstiftung.de)

Dr. Norbert Fasse, Otto-Pankok-Gesellschaft e.V., Münsterstraße 12, 48727 Billerbeck (norbert.fasse@gmx.de)

Dr. Bastian Fleermann, Mahn- und Gedenkstätte Düsseldorf, Mühlenstraße 29, 40213 Düsseldorf (bastian.fleermann@duesseldorf.de)

Dr. Lucrezia Hartmann, Maria-Theresia-Allee 26, 52064 Aachen (lucrezia.hartmann@gmx.de)

Dr. Peter Henkel, Mahn- und Gedenkstätte Düsseldorf, Mühlenstraße 29, 40213 Düsseldorf (peterhenkel@gmx.net)

Prof. Dr. Clemens von Looz-Corswarem, Ringstraße 55, 50765 Köln (clemens@looz-corswarem.de)

Prof. Dr. Stefanie Michels, Heinrich-Heine-Universität Düsseldorf, Institut für Geschichtswissenschaften / Geschichte der Europäischen Expansion, Universitätsstraße 1, 40225 Düsseldorf (stefanie.michels@hhu.de)

Prof. Dr. Manfred Rasch, Konzernarchiv ThyssenKrupp, Postfach, 47161 Duisburg (konzernarchiv@thyssenkrupp.com)

Gaby u. Peter Schulenberg, Dreherstraße 12, 40489 Düsseldorf (gpschulenberg@arcor.de)

Andrea Trudewind, Stadtarchiv Düsseldorf, Worringer Straße 140, 40213 Düsseldorf (andrea.trudewind@duesseldorf.de)

Prof. Dr. Horst A. Wessel, Marie-Colinet-Straße 5, 40721 Hilden (horstwessel@arcor.de)